문화예술 단체 재원조성

Art & Culture Organization Fundraising

김성규 지음

이음스토리

머리말

1년 전쯤 이음스토리 황용구 대표가 본서의 개정판을 의뢰해 왔다. 책에 있는 데이터가 너무 오래되었고 법도 바뀌어서 책을 사용하기가 어려운데 그나마 유사한 서적이 없으니 수고 좀 해달라는 거였다. 초판을 낸 이후에 보조금 정산과 관련하여 e나라도움 시스템이 도입되었고 세법을 비롯하여 기부금 관련 법률도 많은 변화가 있었으며, 기업에서는 ESG 경영에 대한 화두가 몇 년째 계속되고 있는 중이다. 무엇보다도 문화예술 기부에 대한 인식이 바뀌어가고 있으며, 많은 사례들이 축적되기 시작하였다. 필자도 재원조성에 대한 강의를 하며 이러한 변화에 대하여 별도의 자료를 배포해야 하는 불편함이 있어서 개정판에 대한 필요성은 느끼고 있었다. 그럼에도 8년 전에 이 책의 초고를 출판할 때에 너무 오랫동안 힘들게 작업한 기억이 남아있었고 그때보다도 집중력이나 열정이 더 떨어졌기에 무리라고 생각해서 몇 번이고 거절을 한 상태였다.

그러던 중 같이 스터디를 하고 있는 댐 멤버들을 중심으로 자신들이 도와줄테니 다시 해보자는 권유가 있었고, 고민 끝에 다시 작업하기로 한 이후에는 일사천리로 진행되었다. 댐 멤버들이 초고를 함께 읽으며 보완해야할 내용들에 대한 의견들을 주었다. 수정할 내용을 정리하며 방향을 잡을 때 정말 큰 도움이 되었다. 덕분에 많은 시간이 절약되었다. 이 지면을 통해 감사의 마음을 전한다. 특히나 댐의 총무를 맡고 있는 고대성은 새로운 원고의 교정을 봐주어 완성도를 높여주었다.

막상 초판을 다시 정독해 보니 부족한 점들이 눈에 많이 띄었고 부끄러움마저 느끼게 되어 이를 보완하고 싶은 욕구도 생겨 작업할 내용이 많아졌지만, 열심히 작업하고 주위의 도움이 더해져 개정 작업을 시작하며 제시했던 일정을 다행히 맞출 수가 있었다.

전체적으로 기존 데이터를 업데이트 시켰으며, 제1장에서는 기존의 내용을 압축하는 대신 조직별 특성과 펀드레이저에 대한 내용을 보강하였다. 제2장에서는 공공지원에 대한 이론적 배경을 보완하였고, 지원기관(공공, 민간)과 공공재원에 대하여 새롭게 정리하였다. 제3장은 기부금 모금과 기부사례에 많은 분량을 할애하였다. 제4장은 ESG경영에 대한 내용이 새롭게 삽입되었으며, 메세나협회에 대한 내용도 보강이 되었다. 이러다 보니 거의 신간 수준의 책이 되었다.

원고 작업을 하며 가장 큰 도움을 준건 김재중 연구원, 김태진 팀장, 김소영 회계사이다. 김재중은 한국문화예술위원회에서의 오랜 경험과 전문지식을 바탕으로 공공지원에 대한 부분에 대한 자료정리와 보완작업을 진행해주었다. 김태진은 오랜 모금 경력을 통해 얻은 소중한 경험을 정리해주었다. 김소영은 그동안 개정된 세법들에 대해 꼼꼼히 수정작업을 해주었다. 마지막으로 이 책을 출판하게 해준 황용구 대표를 비롯한 이음스토리 임직원에게도 감사의 마음을 전한다. 정제되지 않은 많은 분량의 원고를 편집하느냐 고생이 많았을 것이고, 더 이상 수림문화재단 지원이 없는 상태에서 먼저 발 벗고 나서 출판하자고 제안하지 않았다면 내가 먼저 출판을 결심하는 일은 없었을 것 같다.

이제 이 책은 나 혼자만의 것이 아닌 것 같지만 그래서 더 뿌듯하고 든든한 마음이 든다. 여러 사람을 힘들게 하면서까지 이 책을 집필하고 개정작업을 하는 이유는 우리나라 문화예술계에 조금이나마 도움이 되었으면 좋겠다는 작은 바람 때문이다. 이제 우리나라 문화예술계에 재원조성이 잘 정착되고 아트펀드레이저가 활발하게 활동하는 모습을 보고 싶다.

2023년 2월
김성규

목차
Contents

003 머리말

제1장 문화예술단체 재원조성의 기초

013 제1절 재원조성(Fundraising)의 개념
013 1. 재원조성의 정의와 범주
017 2. 문화예술단체 재원조성의 구분
035 3. 예술의 비영리성과 문화예술단체에서 재원조성의 필요성

042 제2절 조직별 재원조성의 역할
042 1. 문화예술 조직의 유형
044 2. 조직별 역할

051 제3절 펀드레이저
051 1. 펀드레이저의 정의
052 2. 펀드레이저의 업무
052 3. 펀드레이저의 자질과 능력
055 4. 전문직업인으로서의 아트펀드레이저

058 제4절 재원조성 전문 단체의 활성화

제2장 문화예술단체에 대한 지원

065 제1절 공공지원의 의미와 타당성
065 1. 공공지원 타당성에 대한 소고(小考)
070 2. 예술지원의 역사
072 3. 예술에 대한 공공지원의 경제학적 설명
084 4. 예술을 국가에서 지원하는 동기
090 5. 예술이 주는 편익(혜택)

098	6. 법령에서 강조하는 문화예술의 공공성
099	7. 공공지원의 한계
101	8. 예술에 대한 공공지원의 방식

103 제2절 우리나라의 문화예술 공공지원 구조 및 지원기관

103	1. 우리나라 문화예술 지원정책의 흐름
109	2. 예술에 대한 공공지원 구조
111	3. 중앙정부(문화체육관광부)
113	4. 지방자치단체
117	5. 한국문화예술위원회
134	6. 한국문화예술교육진흥원
140	7. 지역문화재단
154	8. 예술경영지원센터
165	9. 한국예술인복지재단
167	10. 한국장애인문화예술원

171 제3절 문화예술 지원을 위한 외부 공공재원

171	1. 복권기금
175	2. 국민체육진흥기금
178	3. 국제교류기금(한국국제교류재단)
181	4. 관광진흥개발기금

182 제4절 공공지원금 신청

182	1. 보조금을 받는 요령
184	2. e나라도움 시스템

186 제5절 보조금의 집행과 정산

186	1. 보조금 집행과 정산의 개요

	189	2. 민간단체 보조금의 관리에 관한 규정
	189	3. 보조금시스템의 사용
	190	4. 보조금 정산과 세법
	207	5. 보조금 정산과 관련한 이슈들

	213	**제6절 민간지원의 재원**
	214	1. 대산문화재단
	218	2. 수림문화재단
	221	3. CJ문화재단
	225	4. 세아이운형문화재단
	230	5. 파라다이스문화재단

제3장 **문화예술단체와** **기부**	**239**	**제1절 기부의 이해와 특징**
	239	1. 기부의 기본개념과 원리
	241	2. 문화예술 기부의 분류와 특성
	244	3. 기부 관련 이슈와 방안

	247	**제2절 우리나라의 기부 현황**
	247	1. 국세통계연보
	254	2. 2020 기빙코리아 인덱스(Giving Korea Index)
	257	3. 사회복지공동모금회 기부금 실적
	258	4. 나눔실태 및 인식 현황조사
	259	5. 문화예술 기부금품 규모 추산

	262	**제3절 기부금품 관련 법률**
	262	1. 기부금품의 모집 및 사용에 관한 법률
	264	2. 문화기본법

265	3. 문화예술진흥법
265	4. 문화예술후원 활성화에 관한 법률

267 제4절 기부 관련 세법

269	1. 세금에 대한 이해
273	2. 기부금에 대한 세법 개요
278	3. 기부금을 지출한 경우의 세무
290	4. 기부금을 수령한 경우의 회계 및 세무
294	5. 기부 관련 상속세와 증여세
297	6. 기부금 관련 세제의 국가별 비교

302 제5절 문화예술 기부 활성화를 위한 정책

303	1. 전문예술법인단체 지정제도
307	2. 문화예술 기부 활성화 정책의 문제점
309	3. 모금 교육과 컨설팅 프로그램
310	4. 전문모금기관의 필요성

312 제6절 기부와 투명성

312	1. 사회복지공동모금회의 시사점
314	2. 기부금 유용과 횡령의 시사점
316	3. 문화예술 분야의 사례와 시사점
317	4. 공익법인의 운영 의무
318	5. 연차보고서 작성
319	6. 투명성 체크리스트

321 제7절 기부금 모금

321	1. 기부금 모금에 앞서
323	2. 기부금 모금의 선행 조건

324	3. 기부금 모금의 개요
350	4. 기부금 모금의 구분
362	5. 개인기부 유치를 위한 세부 모금방안
379	6. 소규모 예술단체의 기부금 모금

385 제8절 후원회 운영

385	1. 후원회의 필요성
386	2. 후원회 운영 형태
387	3. 후원회의 특성
388	4. 바람직한 후원회 운영 방향
390	5. 국가나 지방자치단체 산하단체의 후원회

392 제9절 문화예술 기부 사례

392	1. 한국문화예술위원회 사례
399	2. 세종문화회관 사례
404	3. 소규모 예술단체 사례

제4장 문화예술단체와 기업협찬

417 제1절 기업과 예술

421 제2절 기업의 ESG경영

425 제3절 메세나

425	1. 메세나의 이해
426	2. 우리나라 메세나 역사
428	3. 우리나라의 메세나협회 현황
445	4. 메세나 관련 법률의 주요 내용

451 **제4절 협찬의 과정**

452 1. 사전준비 단계

454 2. 협찬의 실행

459 3. 사후관리

460 **제5절 기업과의 성공적인 파트너십 구축**

460 1. 기업 제안서에 담아야 하는 것

464 2. 제안 시 지켜야 하는 것

469 3. 파트너십을 위하여 예술단체가 주의해야 하는 것

471 4. 기업사회공헌 담당자가 알려주지 않는 10가지

478 **제6절 협찬과 관련한 세무**

제1장

문화예술단체 재원조성의 기초

제1절 재원조성(Fundraising)의 개념

제2절 조직별 재원조성의 역할

제3절 펀드레이저

제4절 재원조성 전문 단체의 활성화

술술 넘어가서 '술'이라고 부르게 되었고, 돌고 돈다고 하여 '돈'이라고 부르게 되었다는 말이 있다. 돌고 도는게 돈이라는 말은 생각할수록 또 경험할수록 기가 막히게 맞는 것 같다. 이러한 돈이 들어오는 것을 '수입'이라고 하며, 돈이 나가는 것을 '지출'이라고 한다. 또한 '수지'라는 말은 수입과 지출을 포괄하는 용어로, 비영리법인이 작성하는 '수지계산서'는 돈이 들어오고 나감을 요약해서 정리한 표라고 할 수 있다. 돈이 어디서 들어왔느냐를 정리해 보면 자금의 원천을 알 수 있으며, 어디에 지출했느냐를 정리해 보면 자금의 사용 내역을 파악할 수 있다. 이렇게 돈이 들어오고 나가는 것을 재무적인 관점에서 보면 돈이 들어오는 것은 자금의 조달적인 측면, 그리고 돈이 나가는 것은 자금의 운용적인 측면으로 구분하고 있다. 필자가 여기서 다루고자 하는 것은 자금의 조달적인 측면이다.

문화예술단체의 자금의 조달 원천은 사업으로부터 발생하는 수입, 공공지원금, 기부, 협찬 이외에도 은행으로부터의 차입, 투자의 유치, 출연 등 여러 가지가 있다. 이 모든 것을 재원조성이라고 하지는 않는다. 또한 각각의 용어에 대하여 정확하게 구분하는 것도 생각보다 쉽지는 않다. 재원조성에 대하여 정확하게 이해하고 접근하기 위해서는 우선 용어에 대한 개념 정리를 명확하게 해야 할 필요가 있다. 따라서 재원조성에 대하여 구체적으로 들어가기에 앞서 제1장에서는 용어를 중심으로 재원조성에 대한 내용을 풀어가 보려고 한다.

제1절
재원조성(Fundraising)의 개념

1. 재원조성의 정의와 범주

재원조성이라는 단어는 두 단어의 조합으로 이루어져 있다. '재원(財源)'은 재물이나 자금이 나올 원천이라는 뜻이지만 일반적으로 사용할 때에는 금전 자체를 의미하기도 한다. '조성'은 무엇을 만들어서 이룬다는 의미이며 '공원을 조성한다'와 같이 사용된다. 따라서 문자로만 보면 재물이나 자금이 나올 원천을 만들어서 이룬다는 것이다.

재원조성은 영어로는 Fundraising 이며 한글과 마찬가지로 'fund'와 'raising' 두 단어의 조합으로 이루어져 있다. fund는 기금, 자금, 재원, 자원 등의 단어로 번역할 수 있겠고, raising은 증가시킨다거나 일으킨다는 의미이다. 이 역시 문자로만 보면 기금이나 자금을 증가시키거나 일으킨다는 뜻이다.

한글과 영어의 단어 뜻은 약간의 차이가 있긴 하지만 거의 유사하다고 볼 수 있다. 그렇지만 우리나라 예술분야 현장에서 재원조성이라는 단어를 사용하는 경우와 비교하면 많은 차이가 있다. 예를 들어, 재원조성을 하는 주요한 방법 중에 협찬이라는 방식이 있다. 예술단체가 협찬을 받는다는 것은 재물을 모아서 조성하는 것은 아니며 기금을 증가시키는 것도 아니다. 대부분의 단체는 raising 시킬 Fund가 존재하지 않으며 받은 돈은 써서 없어져 남아있질 않는다. 그럼에도 재원조성이라고 부르고 있다. Fundraising이라는 단어를 사용하는 미국의 경우, 규모가 큰 공연장이나 예술단체들은 이미 Fund가 존재하며 이 Fund를 증가시킨다는 의미에서 Fundraising이라는 단어는 적절한 표현이 될 수 있다. 물론 단어의 뜻과 실제 사용되는 의미는 조금 다를 수 있으며, 애초에 사용되는 의미가 확대되어 사용되는 단어는 우리 주위에서 흔히 볼 수 있다. 예를 들어, 흑자와 적자라는 단어는 검은 글씨와 빨간 글씨라는 뜻이지만 이제는 이익과 손실이라는 의미로 사용되고 있다. 단어의 본래의 뜻이 중요한 것이 아니라 실제 사용되는 의미가 중요한 것이므로 말하는 사람과 듣는 사람이 서로 이해가 된다면 재원조성이라는 단어를 사용하는 것이 문제가 되지는 않을 것이다. 다만 본래의 뜻을 알고 사용할 필요가 있겠다.

예술분야 외에 금융 분야에서도 Fundraising이라는 단어가 사용되고 있다.

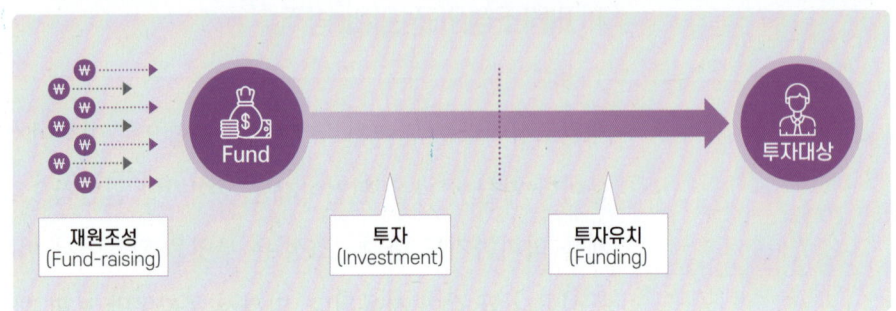

[그림1-1]
금융분야 재원조성
관련 용어 구분

우리 주위에서 증권회사나 은행 등이 특정 펀드나 기금을 조성하는 것을 쉽게 볼 수 있고, 사회생활을 하는 대부분의 사람들은 한 두 번씩 가입 권유를 받은 적도 있을 것이다. 금융회사가 펀드를 어떻게 운용할 것인지 설계한 후 돈을 투자자로부터 모으는 과정을 Fundraising이라고 한다. Fundraising을 통해 조성된 자금을 금, 영화, 공연, 벤처회사, 주식, 채권 등에 투자(Investment)를 하게 되는 것이고, 투자를 받는 쪽 입장에서는 투자유치(Funding)를 하게 되는 것이다.

그렇다면 문화예술계에서 왜 재원조성이란 단어가 많이 사용될까? 물론 돈이 부족하기 때문이겠지만, 사회복지, 교육, 종교와 같은 분야에서는 재원조성이란 단어보다는 주로 '헌금', '기부' 또는 '모금활동'과 같이 보다 구체적인 단어를 사용한다.

대부분의 예술행위는 비영리적인 요소가 있지만 예술이 향유자에게 전달되는 과정은 영리적인 형식을 그대로 따른다. 또 예술은 영리와 비영리가 한 시장에서 공존하고 있으며 경우에 따라서는 영리와 비영리 예술행위를 구분하기도 어렵다. 이러한 특징과 구조 속에서 다른 분야와 달리 문화예술계는 예술행위를 위해 조달되는 재원이 상당히 다양하게 나타난다. 공공으로부터 지원받은 공연이 수익행위와 같이 티켓을 팔기도 하면서 기업협찬을 받고 민간으로부터 기부도 원하고 있는 실정이다. 아주 가끔은 공공지원을 받은 공연이 이익을 창출하기도 한다. 그러다 보니 기부와 같은 특정 용어만 가지고는 예술단체가 재원을 마련하는 과정을 포괄하기 어렵게 된다. 이런 이유로 '재원조성'이라는 단어를 더 많이 사용하고 있는 것으로 보인다.

예술단체에서 재원이 유입되는 원천은 상당히 다양한 바, 어떤 것을 재원조성으로 보아야 할 것인가? 우선 예술단체에서 재원이 유입되는 경로를 나열해 보도록 하자.

> 티켓판매수입, 대관수입, 임대수입, 입장료 수입, 프로그램 판매수입, 초청료 수입, CD/DVD 판매수입, 기념품 판매수입, 협찬금, 후원, 아카데미수입, 주차수입, 공공지원, 민간지원, 자산 매각, 차입, 투자수입, 이자수입, 출연료, 저작권 수입, 광고수입, 임대수입, 아트숍 운영, 카페테리아 또는 식당 운영 수입, 장비(의상)대여, 출판, 백스테이지 투어 등

이렇게 다양한 유입(inflow) 경로 중 재원조성에 해당하는 것은 어떤 것일까? 반대로 재원조성이 아닌 것은 어떤 것일까? 가장 먼저 생각해야 하는 것은 단체의 고유한 목적사업 수입이다. 단체가 영위하는 목적사업으로부터 발생한 수입은 재원조성에 해당하지 않는다. 공연장에선 대관수입, 예술단이나 기획사의 티켓판매 수입 및 초청료 수입, 박물관의 입장료 수입 등은 문화예술단체의 가장 확실한 고유목적사업 수입이므로 재원조성의 방법은 아니다. 그렇다면 나머지는 모두 재원조성에 해당하는 방법인가?

예를 들어 보면, 공연장에서 카페테리아를 운영하는 것이 재원조성인지 생각해 보자. 일단 카페테리아 운영은 공연장의 고유목적사업은 아니라고 보아야 한다. 그렇다면 재원조성 방법인가? 그럴 수도 있고 아닐 수도 있다. 공연장 운영을 하는데 부족한 자금을 조달할 목적으로 카페테리아를 운영하여 수익을 창출하고 이를 공연장 운영에 보태려고 하였다면 재원조성의 한 방법이라고 할 수 있고, 공연장을 찾아오는 관객들의 편의를 위해 카페테리아를 운영하였다면 오히려 고유목적사업에 가까울 것이다. 자산매각도 경우에 따라서는 재원조성의 방법이 될 수도 있는 것이다. 통상적으로 자산매각은 다른 목적에서 이루어지지만 공연제작에 부족한 재원을 메우기 위해 보유하고 있는 차량을

매각하였다면 이는 재원조성의 방법으로 보아야 한다.

대부분의 문화공간(공연장, 박물관 등)은 예술교육사업을 진행하고 있으며, 공공예술단뿐만 아니라 민간예술단들도 아카데미를 진행하는 것을 종종 볼 수 있다. 예술교육을 하는 목적은 시민을 창작자로 키우기 위함일 수도 있고, 시민의 문화적 수준을 높이기 위해 또는 관객계발 목적 등 커리큘럼에 따라 다르겠지만 대부분은 고유한 목적사업으로 분류해야 한다. 그렇지만 일부 단체(특히 민간단체)는 부족한 재원을 마련할 목적으로 교육사업을 진행하기도 한다. 이 경우 아카데미 수입을 고유목적사업으로 분류해야 하는지 아니면 재원조성으로 구분해야 하는지 애매해진다.

어쩌면 재원조성 여부를 구분하는 것이 크게 의미가 있지 않을 수도 있다. 그렇지만 재원조성의 개념을 정리하기 위해서는 요소들을 살펴보아야 하기 때문에 굳이 재원의 유입경로를 나열해 본 것이다. 앞에서 살펴본 바와 같이 재원이 유입되는 경로 중 상당수는 재원조성일 수도 있고 아닐 수도 있다. 재원조성의 중요한 요소는 방법적인 것이 아니라 의도적인 활동이냐 하는 것이다. 재원조성인가 아닌가는 개별 행위로 구분 짓는 것이 아니라 다음과 같은 요건을 갖추었을 때 재원조성으로 보아야 할 것이다.

① 단체 또는 사업의 비영리성
② 단체의 고유한 목적사업과는 별개의 활동
③ 재원을 마련하고자 하는 목적성

단체에서 재원을 마련하고자 하는 목적을 갖고 벌이는 활동은 상당히 다양하며 이를 정형화시켜 모든 방법을 일반화할 수는 없을 것이다. 예를 들어 재원조성을 위해 별도의 식당이나 카페를 운영할 수도 있고 최근에는 NFT(대체불가능토큰)를 발행하기도 하지만 이러한 것을 재원조성에서 이론적으로 다룰 필요는 없을 것이다. 어떤 연극단체에서 공연을 준비하며 저녁에 회식하는 자리에서 단원들과 공연에 대하여 얘기를 하는 와중에 옆 테이블에 앉아있던 손님들과 합석을 하게 되었는데 이 자리에서 5백만 원의 협찬을 받게 된 적이 있었다. 이런 사례가 있었다고 해서 협찬을 잘 받기 위해서는 예술단체들에게 매일 술자리에서 옆 손님과 합석을 하라고 일반화시켜 얘기할 수는 없을 것이다.

2. 문화예술단체 재원조성의 구분

재원의 유입 경로 중에서 ① 단체의 고유목적 활동에서 창출되는 수입 ② 이자 수입과 같이 목적성을 갖고 의도적인 활동을 하지 않는 수입 ③ 재원조성에 해당하긴 하지만 개별적인 활동이라서 일반화시키기 어려운 활동을 제외하고 나면 결국 남는 것은 많지 않다. 중요한 것을 몇 개의 단어로 압축해 보면 지원, 협찬, 기부, 후원, 투자유치, 차입 등이 있다. 이러한 용어들은 명확하게 구분이 되는 것 같으면서도 막상 차이를 말하려고 하면 어려움을 겪게 된다. 그렇다면 지원, 협찬, 기부, 후원, 투자유치, 차입 등은 모두 재원조성 범주에 속한다고 보아야 할까?

문화예술단체에서 사업수입 이외의 재원을 마련하고자 할 때 가장 먼저 떠오르는 단어는 '펀드레이징' 또는 '지원'과 같은 것이다. 김주호·용호성은 재원조성(FundRaising)을 "어떤 단체가 그 단체의 설립 목적 달성을 위해 수행하는 예술 프로그램 운영과는 직접적으로 연계되지 않은 별개의 노력과 활동을 통해 외부로부터 단체의 운영에 필요한 재원을 마련해 나가는 모든 활동을 지칭한다."[1] 고 정의하고 있다. 이 개념은 문화예술단체의 비영리성을 기본적인 바탕에 두고 정의한 것이라고 보아야 한다. 운영수입이외의 재원을 마련해 가는 방법에는 차입도 있을 수 있지만, 이러한 차입은 향후 다시 상환해야 하는 부채이므로 Fundraising의 범주에 포함시키지는 않고 있다.

다음으로 투자유치 활동을 Fundraising에 포함시켜야 하는지를 살펴보도록 하자. 우리나라의 예술경영 활동의 범주를 보면 영리를 목적으로 활동하는 문화산업 분야도 일부 포함되어 있다고 보아야 하며, 문화산업 분야 중 영리사업에서는 이미 지원이 아니라 투자 형태로 재원이 마련되고 있다. 또한 한국콘텐츠진흥원 등에서 사용하는 지원 방식을 보면 모태펀드를 통하여 창업투자

---

[1] 김주호·용호성, 『예술경영』, 김영사, 2002, P177

회사와 함께 투자조합을 결성하여 투자하는 방식이 있다. 그렇다면 Funding을 별도로 구분하여 다룰 것인가 아니면 Fundraising에 포함시킬 것인가? 필자는 개인적으로 최소한 우리나라 예술경영의 현재의 모습으로는 Fundraising에 Funding이 포함되는 것이 맞다고 생각한다. 아무리 수익성이 떨어지는 공연일지라도 방법을 잘 연구하면 투자를 받지 못할 이유가 없으며, '투자와 협찬' 또는 '투자와 기부'가 결합된 형태의 재원조달 방식도 향후에는 등장할 것이라고 예상하고 있다. 2013년부터는 우리나라에서 임팩트투자(Impact Investing)라는 단어를 자주 볼 수 있는데, 착한투자 또는 사회투자라고 하여 투자와 후원이 결합된 형태라고 볼 수 있다. 이렇게 결합된 형태의 방식이 다양해지는 경우 Fundraising에서 Funding을 분리하여 다루기가 어려울 수도 있다. 다만 두 방식은 태동이 다르고 근본적인 목적도 다르다. 또한 순수예술을 하는 사람들은 Funding이란 용어에 대해 정서적으로 거부감을 갖고 있다. 따라서 아직까지는 Funding을 Fundraising에 포함시키는 것은 시기상조라고 보이지만 점차적으로 두 방식은 중첩되어 갈 것이다. 참고로 미국의 경우, 비영리단체는 Fundraising을 받고 영리단체는 Funding을 받으며, 영국의 경우 Fundraising보다는 Donation, Sponsorship이라는 용어를 자주 사용하고 있다.

이제까지 출간된 국내 대부분의 예술경영 서적을 보면 펀드레이징을 공공지원과 민간지원 등 재원의 소스에 따라 구분하고 있다. 하지만 최근에는 공공기금에서도 투자의 형식이 이루어지고 있으며, 민간지원의 경우에는 다양한 형태의 방식이 있어, 재원을 분류한 후 거래의 형태를 설명하기에는 한계가 있다. 따라서 본서에서는 펀드레이징을 우선 거래의 유형별로 구분하여 각각의 개념을 정리하고, 유형별 조달 방법과 관련 세제 등에 대해 검토할 것이다.

재원조성을 유형별로 구분하기에 앞서 다시 한 번 용어를 정리해 보도록 하자. 재원조성의 범주에서 투자유치와 차입을 제외하였으니 나머지는 지원, 후원, 기부 등과 같은 용어들이다. 이 중에서 지원이나 후원의 개념은 문화예술 영역에 있어서 매우 포괄적으로 사용되고 있으며, 상당 부분은 중복해서 사용하고 있다. 예를 들어 공공지원의 경우에도 포스터에는 후원자로 이름이 올라가 있게 된다. 반대로 기업이 문화예술단체에 기부하는 경우 이를 후원이라 하기도 하고 지원이라는 용어를 사용하기도 한다. 문화예술계에 종사하시는 사람들에게 기부와 협찬의 차이를 물어보면 나름대로 자신 있게 그 차이에 대하여 답하곤 한다. 그러나 후원과 협찬, 후원과 기부의 차이에 대하여 질문을 하면 대부분 머뭇거리게 된다.

지금부터는 재원조성과 관련하여 사용되는 용어들이 어떤 것들이 있고 그 의미와 정의가 무엇인지를 여러 측면에서 살펴보고, 재원조성을 어떻게 구분할 것인지 정리해 보겠다.

1) 문화예술 현장에서 사용되는 용어와 의미

길을 걷다가 주위에서 흔히 볼 수 있는 공연포스터를 보자. 그 포스터 어느 모서리에는 주최와 주관 그리고 후원, 협찬이라는 단어들이 어김없이 새겨져 있는 것을 볼 수 있다. 그렇다면 후원, 협찬의 의미는 무엇이며 기부와는 어떻게 다른 것인가. 우선 문화예술에 종사하는 사람들에게 정서적으로 이해하고 있는 의미를 물어보았다.

· 지원
  - 공연이나 전시 등 작품활동을 할 수 있도록 금전적인 혜택을 주는 것이다
  - 예술활동을 통해 돈을 벌 수가 없기 때문에 공공에서 부담하는 것이다.

· 후원(Patronage)
  - 금전을 매개로 하지 않고 도와주는 것을 의미한다.
  - 구체적인 반대급부를 상정하지 않고 비가시적인 내용의 지원을 지칭한다.
  - 현금이나 물품 등 가시적이고 직접적인 지원도 있으나 그보다는 후원명칭 사용을 허락하여 단체와 프로그램에 대한 신뢰성을 부여하거나, 홍보를 지원하는 식의 간접적인 형태의 지원을 내용으로 하는 경우가 많다. (언론사나 문화관광부 등 정부부처, 공공기관의 후원을 받는 경우가 대부분)

· 협찬(Sponsorship)

- 수혜자가 협회나 단체 또는 개인 여부와 관계없이 수혜자가 일정한 활동을 할 수 있도록 해 주고 협찬자의 판매촉진 측면에서 목적했던 이득을 볼 수 있도록 수혜자가 어떤 도움을 제공하기로 한 동의이다.
- 기업의 스폰서십은 한 기업이 문화예술단체에게 그 기업의 이름과 제품 혹은 서비스를 홍보해 줄 것을 분명한 조건으로 제시하면서 금전을 지불하거나 기업의 이미지 제고를 위한 지출행위의 일부이며 여기에는 기업의 사회적 책임의 수행이라는 의미도 포함하고 있다.
- 직접적인 반대급부를 매개로 하여 이루어지는 구체적이고 직접적인 현금이나 물품의 지원을 말한다.
- 상업적인 분명한 반대급부가 수반되며 기업들은 협찬을 통해 광고활동, 홍보, 판매촉진활동 등 마케팅 프로그램의 일환으로 이용한다.
- 기부자와 수혜자 사이에 동반자 관계(Partnership)를 형성(Win-Win 전략)한다.
- 협찬은 지원의 의미가 강한 반면 투자는 순수하게 수익을 얻기 위함이다.

· 기부
- 돈이나 귀중한 물건을 타인 또는 단체를 돕는 뜻에서 반대급부를 고려하지 않고 주는 것이다.

· 기금(Fund)
- 어떤 사업이나 계획을 위하여 적립하여 두는 자금, 예를 들어 문예진흥기금, 마사회기금 등이 있다.

· 출연금
- 재단법인, 특수법인 등의 기초가 되는 자금을 말한다.
- 지자체에서 설립한 문화재단, 공연장 등에 매년 주는 운영비도 출연금이라고 한다.

2) 용어를 혼용하여 사용하고 있는 사례

인터넷을 검색해 보면 재원조성과 관련한 용어를 쉽게 찾아볼 수 있지만, 생각보다 많이 혼용하여 사용하고 있음을 알 수 있다. 몇 가지 사례를 정리해 보면 다음과 같다.

· 순천만국제정원박람회

이신근 썬밸리그룹 회장이 후원회 회장으로, 유종완 효성 산업 회장이 부회장으로 선임됐다. 후원회는 정원박람회 재원 확보를 위한 자발적 기부 모집 활동과 분위기 확산을 위한 홍보 활동을 하게 된다. 이 회장은 "2023 정원박람회에 조금이라도 도움이 될 수 있어 기쁘게 생각한다."며 "정원박람회의 성공개최를 위해 홍보와 **후원** 활동에 최선을 다하겠다."고말했다. 허석 2023 순천만국제정원박람회 조직위원회 이사장(순천시장)은 "이 회장의 **기부**는정원박람회 성공적 개최를 위한 마중물이 될 것"이라며 "후원회장과 명예 홍보대사로서 정원박람회 성공개최를 위해 앞장서 순천시민을 대표해 감사드린다."고 말했다.이신근 회장은 순천 출신으로 장학사업과 어려운 이웃을 위한 나눔의 경영철학을 실천해온 것으로 알려졌다. 정원박람회 조직위는 기획재정부로부터 지정 기부금 단체로 지정돼, **기부**와 **협찬**, **기증**한 기업과 법인은 세제 혜택을 받을 수 있을 뿐 아니라 시민들의 자발적인 기부 참여도 가능하다.

· 강원국제트리엔날레2021

강원국제트리엔날레2021 공식 후원·협찬 모집 공고

후원·협찬분류 (예시)

분류	내용
현금기부	현금
현물기부	작품, 차량, 간식, 음식, 물, 컵, 우산, 행사복 등
소장품 대여	전시품 등
콘텐츠기부	셔틀버스, 체험코너, 판매코너 등
제휴	공모, 이벤트 등
기타	재능기부(아트 클래스) 등 그 외

· 울산세계옹기문화엑스포

파파존스 피자, 전국 주니어 스키대회 협찬.. 2000만원 기부

[이데일리 백주아 기자] 한국파파존스는 대한스키지도자연맹이 주최하는 전국 주니어 스키대회 메인 협찬사로 단독 참여 2000만원을 기부했다고 16일 밝혔다.전국 주니어 스키대회는 지난 15일까지 2일간 평창 용평리조트에서 개최됐다. 종목은 '레이싱스키대회'와 '스키기술선수권대회' 등 2가지로 초·중·고등생 참가자 각각 260명을 대상으로 진행됐다. 제6회 전국 주니어 레이싱스키대회는 2회전을 완주하는 경기이며 제10회 전국 주니어 스키기술선수권대회는 롱턴, 종합활강, 숏턴으로 구성된 3가지종목을 완주하는 대회. 우수한 성적을 낸 참가자에게는 메달과 상품이 지급됐다. 서창우 한국파파존스 회장은 "스키 꿈나무를 응원하는 한편 실질적 기량 강화에 도움이 되고자 2019년 이래 3회째 전국 주니어 스키대회를 지원하고 있다"며 "앞으로도 파파존스 피자는 미래 세대인아동 청소년을 후원하기 위한 유의미한 활동을 이어갈 예정"이라고 말했다. (이하 생략)

출처: https://www.edaily.co.kr/news/read?newsId=02883126632231176&mediaCodeNo=257&OutLnkChk=Y

3) 용어에 대한 사전적 의미

다음으로 관련 용어에 대한 사전적 의미를 찾아보도록 하자.

① 국립국어원의 표준국어대사전 웹서비스(www.korean.go.kr)

- 지원(支援) 「명」 지지하여 도움
  (활용 예시) 지원 대책/자금 지원/지원을 아끼지 않다/지원이 끊기다/무전기를 통해서 들려오는 중대장의 목소리는 더 이상의 지원은 기대하지 말라는 공허한 외침뿐이었다.

- 후원 (後援) 「명」 뒤에서 도와줌
  (활용 예시) 후원 단체/경제적 후원/후원을 받다/이름 모를 독지가들의 후원으로 고아원을 운영하고 있었다. /며칠 전에 서울서 편지가 왔는데 어떤 청년의 후원을 받아서 공부를 한다네….≪송영, 석공 조합 대표≫
  ※ 후원-하다 「동」【…을】 (활용 예시) 이 사진전은 각 방송사에서 후원한다./내 힘으로 될 수 있는 일이면 나도 무엇이든지 후원해 드리겠습

니다. ≪유진오, 화상보≫

- 기부 (寄附) 「명」 자선 사업이나 공공사업을 돕기 위하여 돈이나 물건따위를 대가 없이 내놓음.

  (활용 예시) 구두쇠가 장학금 기부를 약속하다니 믿을 수 없는 일이다./부친 윤직원 영감은 그래도 곧잘 기부는 하는 셈이지요. ≪채만식, 태평천하≫

  ※ 기부-하다 「동」【…에/에게 …을】 (활용 예시) 그는 매년 양로원에 많은 돈을 기부했다./그는 고학생들에게 학비를 기부하겠다고 약속했다./서원에 얼마의 장전을 기부할 테니, 이번만은 특별히 용서하여 주십사고 애걸복걸한다. ≪김동인, 운현궁의 봄≫

- 협찬 (協贊) 「명」 어떤 일 따위에 재정적으로 도움을 줌.

  (활용 예시)이번 공연은 세 방송사의 협찬으로 진행되었다./장난감 제조업체의 협찬을 받아 회관 일층 복도에 놀이방을 마련하기로 하였다.

  ※ 협찬-하다 「동」【…을】 (활용 예시) 여러 독지가께서 어린이들을 위하여 이 시설물들을 협찬하였습니다./병학·병국의 형제는 이전의 은혜도 있으니 조정에 머물러서 흥선 자기를 협찬해 줄 것을 아울러 부탁하였다. ≪김동인, 운현궁의 봄≫

- 기금 (寄金) 「명」 =기부금.

  기금 (基金) 「명」 어떤 목적이나 사업, 행사 따위에 쓸 기본적인 자금. 또는 기초가 되는 자금. ≒기본금·밑돈·예본금.

  (활용 예시) 기금을 조성하다/행사 기금이 마련되다/동창회 기금을 거두다/이번에 모은 돈은 장학 사업을 위한 기금으로 사용할 예정이다.

- 출연 (出捐) 「명」「1」 금품을 내어 도와줌.

  (활용 예시) 정부 출연 기관/실직자를 위한 기금 출연을 요청하다.

  「2」『법』어떤 사람이 자기의 의사에 따라 돈을 내거나 의무를 부담함으로써 재산상의 손실을 입고 남의 재산을 증가시키는 일.

  ※ 출연-하다 「동」【…에 …을】 (활용 예시) 장학 재단에 기금을 출연하다.

② 훈+국어대사전[2]

- 지원(支援) {명} 뒷받침하여 도움.
- 후원(後援) {명} (사람이나 사업을) 뒤에서 도와줌.
- 기부(寄附) {명} 어떤 일을 도울 목적으로 재물을 내어 놓음.
- 협찬(協贊) {명} 찬동하여 도와줌. 뜻이 같아서 도움.
  <참고 : '협찬'은 어떤 행사를 주최하는 측과 뜻이 맞아떨어져 그 일에 직접적으로 사용될 물질을 주어서 도울 때 쓰인다. 이에 비해 '후원'은 행사가 성공되도록 여러 가지 편의를 제공할 때 또는 특정 행사와 관계없이 개인이나 단체를 도울 때 사용된다.>
- 기금(基金) {명} 어떤 목적을 위하여 적립하거나 준비하여 두는 돈. 밑돈.
- 출연(出捐) {명} 금품을 내어 도움.

4) 법률에서의 용어 정의

재원조성과 관련된 용어 중 법률에서 정의하고 있는 용어를 살펴보기로 하자.

① 「기부금품 모집 및 사용에 관한 법률」상의 기부금에 대한 정의

기부금에 대하여 대표적으로 규정하고 있는 법이 「기부금품 모집 및 사용에 관한 법률」인데 이 법에서는 기부금품이라 함은 환영금품·축하금품·찬조금품 등 명칭여하에 불구하고 반대급부 없이 취득하는 금전 또는 물품이라고 정의하고 있다. 다만, 다음의 경우에는 기부금에 해당되지 않는다고 되어 있다.

가. 법인·정당·사회단체·종친회·친목단체 등이 정관이나 규약 또는 회칙 등에 의하여 그 소속원으로부터 가입금·일시금·회비 또는 그 구성원의 공동이익을 위하여 갹출하는 금품

나. 사찰·교회·향교 기타 종교단체가 그 고유활동에 필요한 경비에 충당하기 위하여 신도로부터 갹출하는 금품

다. 국가·지방자치단체·법인·정당·사회단체 또는 친목단체 등이 소속원 또는 제3자에게 기부할 목적으로 그 소속원으로부터 갹출하는 금품

[2] 남영신, 『훈+국어대사전』, 성안당, 2004

라. 학교기성회·후원회·장학회 또는 동창회 등이 학교의 설립 또는 유지 등에 필요한 경비에 충당하기 위하여 그 구성원으로부터 갹출하는 금품

그러나 이러한 「기부금품 모집 및 사용에 관한 법률」 상의 정의는 규제를 하기 위한 기부금에 해당되느냐에 대한 여부를 가리기 위한 것이므로 폭 넓게 범주를 정하고 있으며, 일반적인 기부금의 정의 또는 문화예술 분야의 관점과는 거리가 있다고 보아야 할 것이다.

② 세법에서의 기부금에 대한 관점

법인이 지출한 기부금은 법인의 입장에서 볼 때 순자산의 감소를 가져오는 사항이므로 손금(세무상 비용의 개념)으로 처리하는 것이 마땅하나, 기부금의 지출은 법인이 임의대로 지출할 수 있을 뿐 아니라 법인의 업무에 직접 관련 없이 지출되어 법인 소득금액을 감소시킬 우려가 있다. 따라서 세법에서는 기부금에 대하여 별도로 정의하고 이를 기초로 손금에 산입할 것인지 여부를 판단하고 있다.

세법에서 기부금이란 '타인에게 지급하는 것으로 당해 사업과 직접적인 관계가 없어야 하고 무상으로 제공하여야 하며 그 제공하는 것은 재산적 가치가 있어야 한다.'고 규정하고 있다. 이를 구체적으로 살펴보면 다음과 같다.

법인 또는 사업자 등으로부터 기부금을 제공받는 상대방은 특수관계가 없는 타인이어야 하며 이때 타인은 법인이든 자연인이든 간에 법률상 권리의무의 주체이면 족하다. 만약 특수관계자 중 사용인에게 금전이나 물품을 무상으로 지급하였을 경우 업무와 관련되었다면 그 성질에 따라 급여 혹은 복리후생비 등으로 비용처리 되며, 업무와 관련 없는 지출의 경우나 사회통념상 타당한 범위를 초과한 금액은 업무와 관련 없는 비용이 되어 세무상 손금으로 용인되지 않는다.

기부금을 받는 상대방이 특수관계가 없는 자 이어야 한다는 요건에 대한 예외로서 비영리법인이 정관에 규정된 고유의 목적을 달성하기 위하여 수익사업에서 생긴 소득을 그 법인의 고유의 목적에 지출하는 금액이 있다. 즉, 법인

격이 같은 동일법인내에서 고유목적사업에 사용한 금액을 고유목적사업 준비금과 상계하도록 하고 있는데 비영리법인의 목적사업에 필요한 재원을 충당하기 위하여 예외적으로 인정하고 있는 것이다.

무상이란 재산의 지출에 대한 반대급부로 돌아오는 대가가 없다는 것이며 이 점에 있어서 민법상 증여와 같다. 무상에는 지출되는 재산의 가액 중 일부의 가액이 대가적 반대급부가 없는 경우도 포함되어야 한다(부분적인 기부). 그러나 실제로는 재산적 지출에 대하여 구체적으로 얼마만큼이 부분적으로 기부금에 해당하는지는 그 측정이 매우 어려우므로 일정한 기준(정상가격)을 정하여 그보다 높은 가격으로 매입하거나 낮은 가격으로 양도하는 경우에 그 차액 중 실질적으로 증여한 것으로 인정되는 금액은 기부금으로 간주하고 있다.

길을 가다가 돌멩이를 주워 친구에게 주었다면 기부가 될까? 커피를 담아 사용하다 다 마시고 난 후에 버리려던 종이컵을 직장 동료에게 주면서 무상으로 기부한다고 하면 어떻게 반응할까? 이러한 거래는 기부가 아니다. 왜냐하면 재산적 가치가 없는 것을 주었기 때문이다.

주유소에서 주유를 하고 나면 휴지도 주고 물도 준다. 재산적 가치가 있는 것을 타인에게 무상으로 주는 것이다. 유흥업소가 밀집한 지역에 가면 길거리에서 라이터를 나눠 주기도 한다. 마찬가지로 재산적 가치가 있는 것을 타인에게 무상으로 주는 것이다. 그렇다고 이런 유형의 거래를 기부로 보진 않는다. 왜냐하면 이러한 거래는 사업과 관계가 있기 때문이다. 명절에 직원들에게 과일을 나눠 주면 복리후생비가 되며, 거래처에 주면 접대비가 된다. 사전에 불특정다수를 대상으로 홍보 목적으로 공지를 한 후 일정한 조건에 해당하여 고객에게 사은품을 주면 광고선전비가 된다. 이러한 것들은 모두 기부가 아닌 것이다.

사업과 직접 관계하여 무상으로 지출하는 금액은 접대비가 되므로 사업과의 직접 관계 여부는 기부금과 접대비를 구분하는 기준이 된다. 그러나 사업에 직접 관계없는 것이 어떠한 것인지 구분하는 것은 어려운 문제이다. 이는 지출의 효과가 사업에 영향을 미치는가의 문제가 아니라, 그 지출의 목적이 사업목적의 달성에 있는가 또는 그 외의 목적으로 지출되는가의 여부에 달려 있다. 실무적으로 국가 등에 대한 기부금과 지정기부금이 사업과 관계가 있는지의 여부에 대한 판단은 어렵지 않다. 즉, 지출의 목적이 자선 등의 공익목적이면 그 효과가 실질적으로 사업에 영향을 미친다고 하더라도 사업과 직접 관계가 없는 것으로 해석된다.

논란이 있을 수 있는 것은 공익목적이 아닌 경우로서 사업에 관계있는 지의 여부가 불분명한 경우인데, 사업과 관계없는 것이 분명하거나 불분명한 경우에는 기부금으로 보는 것이 타당하다고 본다. 즉 사업과의 관련 여부의 판단이 대단히 어려운 상태에서는 행정편의와 공평유지의 관점에서 기부금으로 의제(擬制)하는 것이다.

③ 「문화예술후원 활성화에 관한 법률」

법 제2조에서 용어에 대한 정의를 내리고 있으며, '문화예술후원'이란 문화예술 발전을 위하여 자발적으로 물적·인적 요소를 이전·사용·제공하거나 그 밖에 도움을 주는 일체의 행위를 말하고, '문화예술후원자'란 문화예술후원을 행하는 개인, 법인 또는 단체라고 하였다. 「문화예술후원 활성화에 관한 법률」은 프랑스의 메세나특별법에서 착안해 2013년말에 제정된 법으로, 처음에는 법률명칭에 '메세나'라는 용어를 사용하였다가 몇 차례에 걸친 입법과정에서 '문화예술후원'이라는 용어로 변경되었다. 이런 이유로 이 법에서 문화예술후원에 대한 범위가 굉장히 폭넓게 정의되어 있다.

④ 「공직선거법」

제112조에서 "기부행위라 함은 당해 선거구 안에 있는 자나 기관·단체·시설 및 선거구민의 모임이나 행사 또는 당해 선거구 밖에 있더라도 그 선거구민과 연고가 있는 자나 기관·단체·시설에 대하여 금전·물품 기타 재산상 이익의 제공, 이익제공의 의사표시 또는 그 제공을 약속하는 행위"라고 정의하고 있으며, 일반적으로 우리가 알고 있는 국회, 지방자치단체 의회, 지방자치단체장(시·도지사, 시군구청장 등) 또는 후보자 및 선거에 영향을 미칠 수 있는 사람들의 기부행위를 금지하는 내용이다.

5) 재원조성 관련 용어에 대한 정리

이상에서 살펴본 바와 같이 재원조성과 관련된 용어들이 상당 부분 혼용되어 사용되고 있음을 알 수 있다. 이렇게 용어를 사용하는 이유는 기부, 협찬, 후원, 지원이라는 단어가 기본적으로 일반명사로서 도와준다는 의미를 갖고 있기 때문이며, 혼용하여 사용하더라도 그 의미가 크게 달라지지 않으므로 문제될 것이 없다. 그렇지만 이러한 용어들이 재원조성에서 특정 거래 형태를 구분 짓는 용어로 사용된다면 이를 명확히 정리할 필요가 있는 것이다. 사회복지, 종교, 교육, 환경 분야 등 다양한 모금활동 또는 재원조성 활동을 하는 분야에서 위에서 열거한 용어들을 약간씩 다르게 사용하고 있으므로 필자는 우리나라 문화예술계 현실에 맞게 구분하였다.

재원조성을 구분하는 방식은 다양하지만, 재원조성에 대한 접근방법을 이해하기 위해서는 거래의 형태를 기준으로 구분하는 것이 바람직할 것이다. 따라서 개념을 별도로 정의한다기 보다는 재원조성을 크게 지원과 후원의 형태로 나누어 보았다.

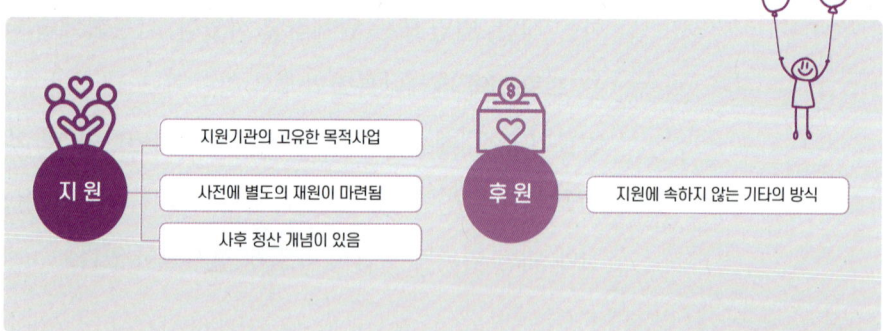

[그림1-2] 지원과 후원

지원으로 분류하는 기준을 크게 세 가지로 보았으며 첫 번째 기준으로는 지원하는 기관의 고유한 목적사업으로서 지원을 하는 것이고, 두 번째로는 지원하는 기관에는 사전에 별도의 예산이나 기금이 조성되어 있고, 마지막으로는 사후 정산의 개념이 있다는 것이다. 예를 들어, 한국문화예술위원회는 예술진흥이라는 고유한 목적이 있으며, 문예진흥기금이 별도로 조성되어 있고, 사업종료 후 정산을 해야 하기 때문에 지원으로 분류가 되는 것이다. 만약 삼성전자가 예술단체에게 돈을 주었다면 지원이 아닌 것이다. 그렇지만 삼성전자가 일정 재원을 출연하여 문화재단을 설립하고 그 문화재단에서 예술단체에게 돈을 주었다면 이건 지원의 개념으로 보아야 하는 것이다.

지원은 재원의 원천에 따라 다시 공공지원과 민간지원으로 구분할 수 있다. 지원으로 분류한 기준이 있는데도 불구하고 굳이 공공지원과 민간지원을 나누는 것이 의미가 없을지 모르겠지만, 민간지원보다 공공지원이 지원대상 선정과 사후정산에 있어서 훨씬 엄격하며 공공지원은 정책적 의지가 담겨 있으며 모든 예술 장르에 대해 형평성을 기하고자 하지만, 민간지원은 특정 예술을 중심으로 지원하는 특징이 있다고 하겠다.

재원조성에서 지원을 제외하고 나면 기부, 협찬, 후원 등이 남게 되는데, 이를 '후원'이라는 틀로 묶어 보았다. 용어에 대한 혼돈으로 많은 사람들에게 질문도 하고 고민도 오랫동안 했지만, 결과는 너무나도 단순했다. 후원을 개념으로 보고, 후원의 구체적인 행위로 기부와 협찬, 그리고 협의의 후원으로 분류한 것이다. 협의의 후원이란 명의사용 등의 정신적 후원, 근무지원, 물품지원 등과 같은 여러 형태의 후원행위를 총칭하는 것으로 정의하였다.

이렇게 분류하였을 때 부딪히는 문제는 많은 사람들이 협찬은 후원과는 다르게 인식하고 있다는 것이다. 실제로 협찬과 후원은 상당히 혼용되어 사용되고 있는 사례가 많음에도 불구하고, 그러한 혼용이 오히려 오류라고 생각하고 있다. 일부 영화제의 경우 광고효과를 노리고 기업이 영화제사무국에 먼저 접촉하는 경우를 보기는 했지만, 대부분의 협찬은 광고효과도 보면서 후원의 개념이 약간씩은 내재되어 있다고 보아야 한다. 다른 이야기일지는 모르지만, 언젠가 대학 후배가 찾아와 자체적으로 진행하는 연극에 스폰서를 해달라고 한 적이 있었다. 대신 프로그램에 우리 사무실을 홍보하여 주었다. 이 경우는 차라리 기부에 가깝다고 보아야 한다.

기업이 문화예술 사업 또는 행사에 협찬을 하면 단순 광고효과 이외에 기업 이미지 제고 등의 부수적인 장점이 있을 수 있고, 그렇기 때문에 협찬에 따른 상당한 대가를 받는 것이므로 후원이 아니라고 할 수 있다. 그렇다면 기부를 생각해 보자. 기부를 하는 목적은 여러 가지가 있겠지만 단지 사회적 책임 때문에 또는 문화예술 진흥을 위해서라고 할 수 있는가. 협찬과 마찬가지로 기업이 이미지를 제고하기 위해 기부를 하였다면 이런 경우는 기부로 분류할 수 없다는 논리와 비슷하게 된다. 기부는 협찬과 달리 대가가 없는 것인데, 기부를 통해 어떤 효과를 보았다고 대가를 받았다고는 할 수 없을 것이다. 협찬은 유형의 대가 이외에 무형의 대가가 포함되어 있을 수 있다. 무형의 대가는 문화예술 단체를 후원하는 하나의 이유가 되는 것이다. 따라서 필자는 협찬도 후원의 한 방법이라고 분류하였다.

용어와 관련하여 질문을 받는 것 중 하나는 기부금과 기금의 차이에 대한 것이다. 일단 용어도 비슷하고, 사전에서 본 바와 같이 기부금의 준말이 기금이다. 그러나 우리가 흔히 기금이라 하면, 어떤 목적을 위해 조성되어 있는 돈을 의미한다. 기부금의 법적 개념에 대하여 다시 한번 상기해보자. 기부금으로 성립되기 위해서는 타인에게 지급하는 것이어야 하며 당해 사업과 직접적인 관계없이 지출하는 가액이고 무상으로 지출하는 재산적 가치가 있는 것이어야 한다. 그렇다면 기금을 지출하는 것과 기부는 같다고 볼 수 있는가.

기금은 워낙 다양한 분야에서 공적, 사적으로 조성되고 있으며, 그 목적과 사용방법도 다르기 때문에 하나의 유형으로 설명하기는 어렵다. 기금 중에서 문화예술단체를 지원하는 경우를 한정해서 보면, 타인에게 지급하는 것이고 무상으로 지출하는 재산적 가치가 있는 것이다. 다만 기금은 고유목적을 위해 사용되는 것이므로 사업과 직접적인 관련이 없어야 하는 기부와는 다른 것이다. 그리고 또 한 가지 기금과 기부금은 상호연관성이 있다. 기부를 하게 되면 이 기부금을 가지고 기금을 조성하기도 하며, 향후 기금 조성 목적에 맞게 운영하게 된다.

후원의 가장 대표적인 방법으로는 기부와 협찬(스폰서십)이 있으며, 기타의 다양한 방식들이 있다. 기부와 협찬의 경우에는 물질적인 요소가 수반되어 예술단체의 입장에서는 재원조성의 방식으로 접근하게 되지만, 기타의 후원 방식들은 반드시 재원 등의 물질적인 요소가 수반되는 것이 아니기 때문에 재원조성에서 다룰 내용은 아니라고 하겠다. 명의사용을 하게 한다거나 인력을 파견한다고 하여 단체에게 재무적인 측면에서의 유입은 발생하지 않는 것이다.

[그림1-3] 후원의 종류

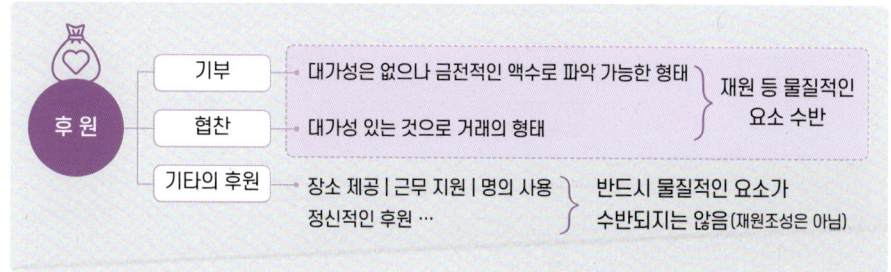

① 기부와 협찬

기부와 협찬은 대가성 여부에 따라 구분되지만 우리나라 현실에서는 거의 차이가 없다. 일례를 들어보자. A기업이 1,000만 원을 B공연단체에게 협찬을 하게 되면 B단체는 A기업에게 무슨 대가를 줄까? 프로그램이나 포스터에 기업 이름을 아주 깨알 같은 글씨로 명기해 줄 것이다. 돈을 더 많이 준다면 프로그램에 별도의 페이지로 광고를 삽입하기도 하고, 훨씬 더 많이 준다면 'XX와 함께 하는 XX공연'과 같은 타이틀을 붙여주거나 현수막을 걸기도 할 것이다. 만약 기업이 1,000만 원을 협찬이 아닌 기부를 하였다면 프로그램이나 포스터에 이름을 넣지 않을 것인가? 또 기부는 대가가 없는 것이기 때문에 티켓을 주지 않을 것인가? 현실에서 보면 거의 협찬이나 기부나 관계없이 동일한 수준의 대가를 지급하고 있다. 그럼 무엇이 차이가 나는 것인가? 돈을 준 기업이 협찬이라고 하면 세금계산서(또는 계산서)를 발행하고 기부로 해달라라고 하면 기부금영수증을 발행해 주는 것인가? 실제 기부와 협찬의 차이는 금액이나 대가로 구분하기는 어렵고 돈을 준 기업의 의도나 필요에 따라 달라질 수밖에 없는 것이 사실이다. 그렇지만 기부와 협찬은 많은 차이점이 있는 것이며 이에 따라 접근 방법도 달라야 한다. 기부와 협찬의 차이점을 표로 정리해 보면 다음과 같다.

[표1-1] 기부와 협찬

구분	기부	협찬
대가성	반대급부가 없음	광고 등의 반대급부가 있음
수혜 대상	문화예술단체를 대상으로 함 일부 구체적인 사업으로 한정하기도 함	구체적인 사업을 대상으로 함 단체에 대한 협찬도 가능
제공자 유형	개인, 기업 모두	기업
금액제한	제한 없음	Min, Max 존재

모집행위	주로 불특정 다수를 대상으로 함 별도의 행사나 이벤트를 개최하기도 함	주로 한정된 타깃 기업을 대상 이벤트 보다는 직접적인 접촉이 대부분
제공 목적	가치실현 또는 관계	경영자 기호 또는 사업의 긍정적 영향
기대 대가	목적사용(일부 간접효과)	반대급부 및 간접효과
투명성 요구 정도	높음	낮음

기부와 협찬의 가장 큰 차이는 분명 대가성 여부일 것이다. 그렇지만 우선 대가의 문제에 있어 우리나라 예술단체들은 관행적으로 티켓의존도가 높고, 단체티켓 구매와 협찬을 구분하지 못하고 있다. 대가를 제대로 개발하지 못하고 있는 것이다. 이렇듯 우리나라 예술단체들이 협찬이나 기부에 대한 기본적인 접근 절차를 제대로 수행하지 못하기 때문에 기부와 협찬을 혼용해서 사용하는 것이다.

대가성 여부 외에도 기부와 협찬은 여러 차이점을 발견할 수 있다. 우선 기부는 단체를 대상으로 이루어지지만 협찬은 해당 단체에서 수행하는 구체적인 프로젝트를 대상으로 이루어지게 된다. 가끔은 특정시설이나 프로젝트에 한정해서 사용할 것을 조건으로 기부를 하는 경우가 있지만 이를 제외하면 기부는 단체 전체가 수행하는 고유한 목적 활동에 사용할 것을 전제로 이루어지는 것이므로 단체가 운영비 등 다양한 지출에 자율적으로 사용할 수가 있는 것이다.

또 협찬은 한정된 기업만을 대상으로 접근하게 되지만, 기부는 불특정다수의 개인과 기업 모두가 대상이 된다. 기부는 금액의 많고 적음을 제한하지 않지만 협찬의 경우에는 최소한의 금액과 최대한의 금액이 정해져 있다. 협찬을 받을 경우 부담하여야 할 대가는 한계가 있기 때문에 협찬을 받으면 '기회비용'이 발생하게 된다. 한 기업에게서 협찬을 받으면 다른 기업으로부터 협찬을 받을 수 있는 기회가 없어지기 때문에 이러한 부분이 비용이라는 것이다. 기부의 경우에는 기회비용이 발생하지 않는다. 기부를 받았다고 해서 다른 기부자에게 기부를 못 받게 되지는 않는다.

물론 협찬의 최소 금액은 '0'이 될 수도 있으며, 최대한의 금액은 소요된 비용이 될 것이다. 만약 기업에서 제작비를 훨씬 초과하는 금액을 지급하겠다면 이는 이미 협찬의 개념을 넘어 공연수익으로 보아야 할 것이다.

투명성 요구 정도도 차이가 있게 되는데 기부는 매우 높은 수준의 투명성을 기부자가 요구하지만 협찬의 경우 협찬금을 어떻게 사용했는지는 중요하지 않고 효과에 더 관심을 갖게 되므로 투명성은 크게 중요하지 않다.

② 기타의 후원

후원의 가장 일반적인 방법이 기부와 협찬이지만 문화예술단체를 후원하는 방법은 이외에도 여러 가지가 있을 수 있다. 필자가 예술단체를 후원하는 방법 중 가장 많이 사용하는 것은 우습게도 밥 사주고 술 사주는 것이었다. 이것도 후원의 하나의 방식이라고 본다. 예술단체에 종사하는 직원이나 단원들이 기운을 내야 예술 활동을 더 활발하게 잘 할 것이라고 생각하였기 때문에 이러한 방식을 선호하였다. 가장 기본적이면서 중요한 후원은 예술가 또는 예술단체를 격려해 주는 것이라고 생각한 것이다. 하지만 이러한 활동이 예술단체에게 금전적인 도움을 주지는 못한다. 기타의 후원 방식은 수백 수천 가지가 있을 수 있지만 대부분은 예술단체 재원조성과는 관계가 없다. 그럼에도 불구하고 비교적 정형화되어 있는 몇 가지 후원 방식을 소개하면 다음과 같다.

• 물품지원

우리나라 중견기업 이상의 규모를 갖고 있는 회사라면 1년에 최소한 수십 건의 협찬 또는 기부 제안을 받게 되며, 그중 일부는 거절할 수 없는 경우도 있을 것이다. 요청하는 단체들의 사정들은 이해가 가지만 기업입장에서는 현금으로 지원하는 데는 한계가 있게 된다. 이런 경우 현금으로 협찬하는 것보다는 물품지원 형태가 보다 더 수월하게 협찬을 이끌어낼 수가 있다.

실제로 우리나라 공연이나 축제에서는 현금보다는 이러한 물품협찬이 보다 더 많이 이루어지고 있는 실정이다. 물품지원의 형태는 다양하게 나타나는데, 흔히 볼 수 있는 것이 방송국이나 신문사들이 광고 협찬을 하는 것이다. 이외에도 음료회사나 주류회사가 행사에 사용되는 음료와 주류를 무상으로 공급하기도 하며, 때로는 기업의 차량이나 비품을 행사에 이용하기도 하고 장소를 제공받기도 한다. 경우에 따라서는 항공사로부터 항공권을 받기도 하며, 변호사 또는 공인회계사 등의 전문직으로부터 단체와 관련된 사항에 대하여 무료자문을 받는 것도 물품지원의 한 형태라고 볼 수도 있다. 이러한 전문직의 무료자문이 단체의 소비자 또는 고객들에게 서비스하는 것이라면 다음에서 설명하는 근무지원에 좀 더 가까운 형태를 띠기도 한다. 경우에 따라서는 필요한 물품을 무상이 아닌 할인하여 구매하는 것도 가능한데, 이러한 할인도 물품지원이라고 보아야 할 것이다.

• 근무지원(Secondment)

문화예술단체들이 기업으로부터 후원을 받는 방법 중의 하나가 인력을 지원받는 것이다. 물론 이 직원에 대한 급여 등 제반비용은 기업에서 부담을 하기 때문에 문화예술단체는 그만큼 비용을 절감할 수 있으며, 기업에서 단련된 업무경험을 활용할 수 있는 장점도 있다.

　기업 입장에서는 기업 내부조직을 탄력적으로 운영할 수 있으며, 직원들은 새로운 환경에서 창조적인 도전기회를 갖게 되어 자기계발과 재충전의 시간을 가질 수 있는 장점이 있다. 반면에 자칫 잘못하면 직원들의 오해를 불러 일으켜 불만이 커질 수 있으므로, 사전에 직원과 근무지원의 취지, 기간, 근무조건 등에 대하여 명확하게 조율할 필요가 있다.

　우리나라에서는 근무지원 방식의 후원이 그다지 활발하게 이루어지지 않고 있어 사례가 많지 않으며, 경험도 부족하다. 때문에 근무지원을 하는 기업과 근무지원을 받는 문화예술단체의 입장 차이로 인한 오해가 많이 발생할 수 있다. 따라서 근무조건에 대하여 사전에 문서화된 계약서를 작성하여 근무조건을 명확하게 확정하여야 한다.

• 명의사용 등의 정신적 후원

문화관광부, 한국문화예술위원회 등의 명의를 후원자에 포함시킴으로써 대외적인 공신력을 높이는 것도 중요한 후원의 한 형태이다. 거리에서 보는 포스터에 문화관광부나 한국문화예술위원회가 포함되어 있다고 반드시 이러한 기관에서 지원금을 받은 것은 아니다. 이렇게 명의사용을 하는 것도 예술단체가 임의로 하여서는 안 되며, 사전에 해당기관에 공문 등을 통해 정식으로 허가를 받아야 하는 것임을 주지하여야 할 것이다.

• Star System

유명 연예인, 운동선수 등을 명예홍보대사로 임명하는 것이 최근에는 유행을 타고 있다. 국민건강과 관련한 경우, 지자체, 사회복지분야 등에서 이러한 Star System이 많이 활용되고 있으나 문화예술분야에서는 오히려 보기가 드문 실정이다. 가끔 영화나 공연을 홍보할 때 이러한 Star System을 이용하면, 추가적인 비용발생이 거의 없이 홍보효과를 가져올 수 있으므로 후원의 한 형태로 분류할 수 있다. 다만 당해 문화예술 행사의 주 소비자층과 연관된 유명인을 활용하지 않고, 단지 우리가 접촉할 수 있는 유명인을 대상으로 섭외를 하여 Star System을 도입한다면 오히려 역효과가 날 수 있다는 것에 유념하여야 한다.

• 악기 지원, 장소 지원

유망 예술인을 발굴, 선정하여 그 예술인에게 필요한 고가의 악기 등을 지원하거나 화가들이 작업할 수 있는 레지던시 공간을 제공함으로써 그 예술인이 정상의 유명 예술인으로 성장할 수 있도록 도와주는 형태이다. 이러한 후원은 우리나라에서는 GS, 금호 같은 기업에서 대표적으로 실시하였는데 이러한 형태는 순수한 후원일 경우가 많기 하지만 장기적으로는 투자의 목적을 갖고 실행하는 경우도 가끔 볼 수가 있다.

3. 예술의 비영리성과 문화예술단체에서 재원조성의 필요성

박인건은 <공연예술 재원조성>이란 글 말미에 "문화예술에 대한 재원조성은 우리나라 문화예술이 발달할 수 있는 밑거름으로 선진국으로 발돋움하기 위한 도구이며, 곧 우리나라의 경제와 예술의 균형적인 발전을 도모하여 선진 문화

한국으로 나아갈 수 있는 중추라 하겠다."[3]고 표현을 하고 있다. 이것은 문화예술단체에서 재원조성의 중요성을 단적으로 나타내는 말이라 할 수 있다.

그렇다면 왜 예술단체에서는 재원조성이 필요한가? 단지 돈이 없어서 또는 수익성이 떨어져서 꼭 재원조성이 필요한 것은 아닐 것이다. 어느 분야이건 돈이 부족하고 돈을 필요로 하고 있다. 그렇다고 모두 재원조성이 필요하다고 하지 않지만 예술분야에서는 재원조성을 언급하고 있다. 재원조성의 필요성을 이해하기 위해 우선 재무적인 관점에서 단체를 살펴보는 것이 좋겠다.

단체의 자금 흐름은 크게 유출(outflow)과 유입(inflow)으로 나누어 볼 수 있다. 유출(inflow)은 단체로 돈이 어디서 어떻게 들어오는가에 대한 경로를 말하며, 유입(outflow)은 자금을 어디에 어떻게 사용하는가에 대한 경로를 말한다.

기업의 경우 초기에 재원이 투입되면 자체적으로 순환되는 구조를 갖고 있다. 자재를 구입하여 제조 과정을 거치고 인건비와 홍보비 등을 지급하게 되며, 판매 과정을 거쳐 자금이 회수된다. 이렇게 들어오는 자금이 지출된 자금보다 클 경우 기업은 재무적인 관점에서 선순환 구조를 가지며 성장하게 된다. 반대로 지출된 금액보다 적게 유입되면 차입으로 이를 보충하거나 추가적인 재원을 투입하여 선순환 구조를 가지려고 노력할 것이다. 만약 inflow보다 outflow 자금이 지속적으로 적을 것이라고 예상되면 추가적인 재원을 투입하지 않을 것이다.

[그림1-4]
기업에서의 자금 흐름

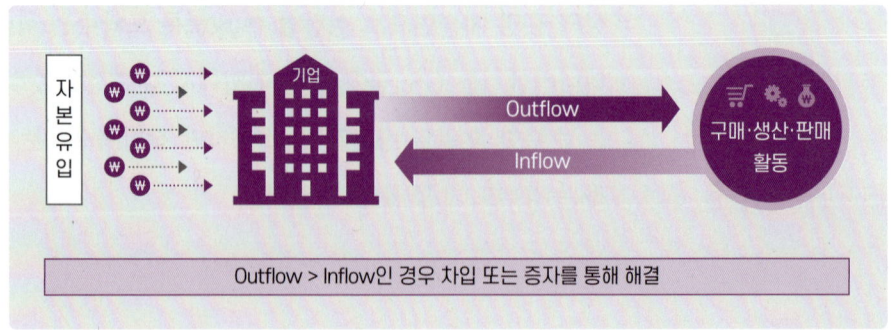

예술단체의 경우 재원이 순환하지 못하고 단절되기 때문에 초기에 투입된 자본을 공연 제작비 등에 사용하면 자금의 outflow는 일어나지만 이를 통해 inflow로 이어지지 않는다. 자금 흐름이 단절되는 현상이 발생한다. 따라서 지속적인 예술활동을 하기 위해서는 고유한 목적사업 이외에 자금을 조달하는 행위를 수행해야 한다.

3) 박인건 외, 『문화예술경영 이론과 실제』, 생각의 나무, 2002, p275

[그림1-5]
예술단체의 자금 흐름

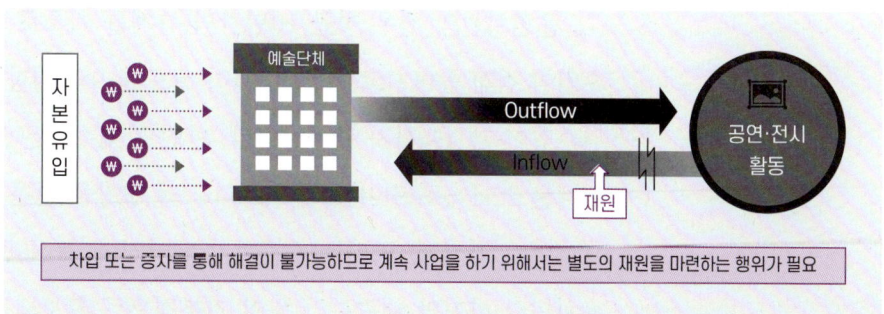

이러한 현상을 확인하기 위해 공연예술축제, 공연시설, 공연예술단체의 재무적인 상황을 살펴볼 필요가 있다. 문화예술단체를 대상으로 하는 여러 조사 중 예술경영지원센터에서 실시하고 있는 공연예술실태조사를 중심으로 정리해 보겠다. 우선 공공지원대상 공연예술축제 재정구조를 보면 [표1-2]와 같다.

[표1-2]
공공지원대상
공연예술축제 재정구조

구 분	2004년	2006년	2008년	2010년	2012년
공공지원	83.3	83.9	49.0	78.9	82.9
민간후원 및 자체수입금	16.7	16.1	51.0	21.1	17.1
합 계	100.0	100.0	100.0	100.0	100.0

* 자료 출처 : 2007, 2009, 2011, 2013 공연예술실태조사(문화관광부, 예술경영지원센터)

공공지원대상 공연예술축제 재정구조를 보면, 2008년을 제외하고는 민간후원과 자체수입금이 20% 수준에 머물고 있으며 나머지 재원은 공공에 의존하고 있다. 아마도 2008년에는 조사의 표본이나 외적인 변수에 문제가 있어 특이하게 결과가 나온 것으로 보이므로 예외적으로 보아야 할 것이다. 실태조사에서 나타나듯이 공공지원이 없다면 우리나라 대부분의 공연예술축제가 유지될 수 없을 것이다. 2015년 공연예술실태조사부터는 공연예술축제를 분리하여 통계를 작성하고 있지 않아 최근 자료를 정리하기가 어려워졌다.

다음으로 공연시설 재정 현황을 살펴보자.

[표1-3]
공연시설 재정 현황

구 분	2012년	2014년	2016년	2018년	2020년
자체수입	30.7	29.0	30.4	22.4	8.8
공공지원수입	56.5	58.5	58.4	66.5	77.4
기부금수입	1.6	1.4	4.3	4.1	4.4
기타 및 이월금	11.2	11.1	6.9	7.0	9.4
합 계	100.0	100.0	100.0	100.0	100.0

* 자료 출처 : 2013, 2015, 2017, 2019 공연예술실태조사 및 2021 공연예술조사보고서(문화관광부, 예술경영지원센터)

공연시설의 경우 최근 10년간의 통계를 기초로 하여 살펴보면 공공지원수입이 점점 높아지고 있으며, 특히 코로나19의 영향으로 2020년에는 공공지원수입이 77.4%까지 증가하였다. 반면 자체수입은 30% 수준이었으나 2018년에는 22.4%로 떨어졌고, 코로나19의 영향을 받은 2020년에는 안타깝게도 10%에도 훨씬 못 미치는 수준까지 떨어졌다. 물론 공연예술축제보다는 높은 수치이긴 하지만 대관수입 등이 기본적으로 확보되는 공연시설이 있는 것을 감안하면 결코 높은 수치가 아니며, 공공지원이 없다면 자체적으로 운영되기 어려운 구조로 보인다. 그나마 다행인 것은 기부금 수입이 4%대까지 증가하여 안정적으로 유지되고 있다는 것이다.

공연단체 재정 현황도 공연시설과 크게 다르지는 않다.

[표1-4] 공연단체 재정 현황

구 분	2012년	2014년	2016년	2018년	2020년
자체수입	42.0	45.4	42.4	42.7	26.9
공공지원수입	54.9	50.0	53.1	52.9	66.6
기부금수입	1.3	2.1	3.3	2.7	3.8
기타 및 이월금	1.8	1.5	1.2	1.7	2.7
합 계	100.0	100.0	100.0	100.0	100.0

* 자료 출처 : 2013, 2015, 2017, 2019 공연예술실태조사 및 2021 공연예술조사보고서 (문화관광부, 예술경영지원센터)

공연단체 역시 자체수입만으로 운영되기 어려운 구조이다. 자체수입은 전체 재원수입 중에서 40% 수준에 머물고 있고 공공지원 의존도는 지속적으로 50%를 상회하고 있으며, 코로나19의 영향으로 2020년에는 공공지원 의존도가 더욱 높아졌다. 공공시설과 마찬가지로 기부금 수입의 비중이 약간 증가하여 3%대에서 유지되고 있다는 점이 그나마 다행인 것 같다.

공연예술실태조사의 자료만 살펴보았지만 다른 문화예술 분야의 사정도 크게 다르지 않으며, 오히려 더 안 좋은 재무구조를 갖고 있는 분야도 있다. 이러한 구조 속에서 추가적인 차입이나 증자가 일어나야 지속적인 활동을 할 수 있겠지만, 향후에 발생할 inflow가 outflow보다 클 것이라고 기대할 수 없는 상황이기 때문에 만약 자본주의 사회에서 기업이 예술단체의 재무구조를 갖고 있다면 당연히 퇴출되어야 한다. 그렇지만 예술이 우리 사회에 제공하는 가치가 중요하기 때문에, 그리고 그 가치가 불특정 다수의 사람들이 누리고 싶어 하고 누려야만 하는 것이기 때문에 예술 활동은 꾸준히 이루어져야 하는 것이다. 이를 해결하기 위해서는 자체적인 사업수입 외에 단절이 일어나는 부분을 메워줄 자금의 공급이 필요해지는 것이다. 이러한 행위가 곧 재원조성이라고 할 수 있다.

문화예술단체가 재원조성이 필요한 이유는 우선 문화예술 자체가 갖는 비영리성에서 찾아볼 수 있다. 비영리조직이 고유의 목적사업을 수행하기 위해서는 대부분 목적사업 수행을 통해 얻는 수입만으로는 운영이 되지 못한다. 때문에 어찌 보면 너무나도 당연하게 목적사업을 수행하기 위한 재원을 마련하는 것이 비영리조직의 기본 구조가 될 수밖에 없는 것이다.

그렇다면 문화예술 단체 또는 사업은 왜 비영리로 보아야 하는가. 문화예술 단체가 영세하기 때문에? 문화예술 사업은 대부분 적자가 나기 때문에? 문화예술 단체는 사단법인이나 재단법인 또는 임의단체로 되어 있기 때문에?

여기에서 주의할 부분은 수익성과 영리성은 분명 다른 것이라는 점이다. 영리성은 이익을 추구한다는 것이지만, 수익성이란 이익을 창출할 가능성을 의미한다. 문화예술 범주를 떠나 경제 전반에 걸쳐 살펴보면, 적자가 나는 기업은 엄청 많다. 국세청에서 매년 발행하는 국세통계연보를 보면 법인세 신고 기업 중 1/3이 적자로 신고하였다. 만약 그들이 비영리성을 주장하며, 지원요청을 하면 어떨까? 웃을 수도 있다. 하지만 사회에 정말 필요한 물건을 만드는 것이고, 해봐야 이익이 나지 않는데도 하는 사업이라고 주장한다면?

그림을 그리는 행위는 비영리이지만, 그 그림을 나중에 판매하는 행위는 영리라고 한다. 그렇다면 판매를 목적으로 그리는 그림이 완전히 비영리행위라고 보아야 하는가?

또 티켓을 판매하는 공연은 영리인가 비영리인가? 이익이 나면 영리사업이 되고, 적자가 나면 비영리사업이 되는 것인가? 세계적인 가수 조수미씨가 예술의 전당에서 공연을 하면, 아마 이익이 날 것이다. 똑같은 장소에서 똑같은 내용으로 비교적 덜 알려진 가수가 공연한다면, 아마 적자가 날 것이다. 대부분의 사람들은 조수미씨의 공연은 영리사업이라고 하고, 다른 가수의 공연은 비영리사업이라고 한다. 하나는 이익이 나고 하나는 적자가 났기 때문에? 아니면 하나는 이익이 날 것으로 예상하고 다른 하나는 적자가 날 것으로 예상했음에도 진행한 공연이기 때문에?

말도 많고 탈도 많았던 운동장 오페라를 생각해 보자. 잠실운동장에서 막을 올렸던 2003년 오페라 아이다 공연은 대부분의 사람이 영리행위라고 이야기한다. 필자의 가정이지만 만약 그 공연은 애초에 문화예술의 대중화를 위한 공연이기 때문에 적자를 예상하였고, 자기가 추구하는 예술을 하기 위해 제작비를 많이 들여 혼신의 힘을 다했다며, 이익분배는 생각하지도 않았다고 주장한다면 갑자기 비영리가 되는 것인가?

예술은 인간의 가장 본질적인 것을 다룬다. 어찌 보면 예술은 우리가 사는 삶의 질을 결정한다. 또한 예술창작은 그 자체로서 가치가 있다는 사회적 공유를 바탕으로 한다. 예술가들이 추구하는 그들의 내면의 예술적 가치가 사회적 가치로 확장되는 것이다. 따라서 예술가들의 행위 자체는 당연히 비영리가 된다. 하지만 일반인들이 접하는 유형·무형의 예술은 대부분 무대공연, 축제 등의 형식을 갖추고 있으며, 어떤 경우에는 아주 영리적인 모습으로 예술이 담겨지기도 한다.

대부분의 문화예술 사업은 완전한 비영리와 완전한 영리 중간 사이에 놓여 있다. 어느 공연은 영리에 더 가까울 수도 있고, 어느 전시는 비영리에 가까울 수도 있다. 필자가 처음 문화예술계를 접하고, 티켓을 파는 공연을 영리목적의 수익사업이라고 얘기했다가 예술가에게 혼쭐난 적이 있다. 지금도 사실 명확하게 정리가 되지는 않는다. 이와 같이 혼돈스러울 수밖에 없는 것은 대부분의 문화예술 공연 등이 영리성과 비영리성을 함께 내포하고 있기 때문일 것이다. 영리성은 이익을 추구하는 것인데, 이는 사업 자체의 이익이나 단체의 이익보다는 참여자의 이익적인 측면에서 해석을 하여야 한다. 반대로 비영리성은 참여자가 이익을 공유하지 않겠다는 의지 또는 목적을 갖고 있다는 것을 의미한다. 문화예술 사업은 대부분 수익성이 떨어지거나 전혀 고려되지 않으며 그에 따라 이익의 배분에 대한 기대감이 없다. 하지만 참여자는 그래도 자신이 추구하는 가치를 목적으로 문화예술 행위 또는 사업 등을 갈구하고 있다. 때문에 완전한 비영리와 완전한 영리 문화예술 사업을 제외한 대부분의 문화예술 사업은 영리적인 형식의 사업을 하는 것이며, 그럼에도 불구하고 비영리성이 내포되어 있다고 보아야 할 것이다. 따라서 문화예술 사업을 단순히 영리 또는 비영리로 분류하는 이분법은 오히려 적정하지 않을 수 있다.

정리해 보면, 예술 창작은 비영리 행위이며, 예술이 향유자에게 전달되는 과정에서 일어나는 대다수의 문화예술 사업은 비록 그것이 영리적인 모습을 띄고 있다고 해도 비영리의 특성을 내포하고 있다. 따라서 별도의 재원조성을 하여야 하는 비영리조직의 특징을 문화예술단체도 갖고 있는 것이다.

제2절
조직별 재원조성의 역할

1. 문화예술 조직의 유형

예술단체를 구분하는 기준은 분류하고자 하는 목적에 따라 다양하게 설정할 수 있다. 지역별, 장르별로 나눌 수 있고, 공간을 보유하고 있는지, 장비를 보유하고 있는지 여부에 따라서도 구분한다. 때로는 국제교류 사업을 하는 단체나 예술교육 사업에 참여하는 단체로 구분하기도 하고 상근인력을 보유하고 있는지 여부로 구분하기도 한다. 재원조성을 담당하는 조직을 설명하기 위해서는 조직구조를 살펴보아야 하기 때문에 예술단체의 법적 성격으로 구분하는 것이 바람직하다.

예술 관련 사업을 하는 주체의 법적인 형태는 다음과 같이 구분할 수 있다.

그림 [1-6]
문화예술 조직의 법적 형태

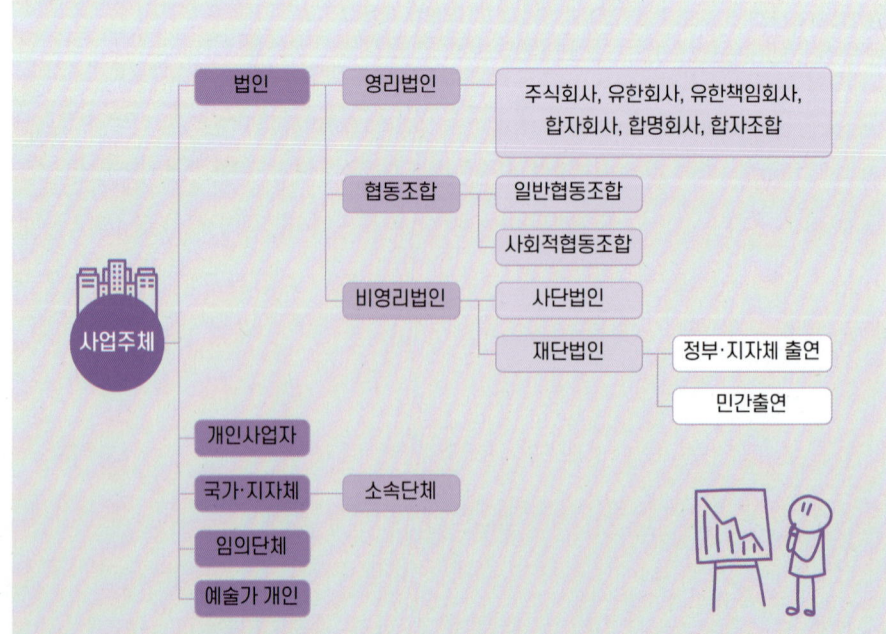

법인격 여부를 기준으로 다음과 같이 구분할 수도 있다.

표 [1-5] 문화예술 조직의 법인격 여부

구분			특징
법인격 없음	임의단체 (법인 아닌 단체)		· 법인설립 허가 없이 임의로 구성된 단체 · 세법상 "법인 아닌 단체"로 칭함
	법인으로 보는 단체		· 법인설립 허가를 얻지 않아 법인은 아니지만, 세법상 법인으로 간주함 · 즉, 민법상 법인은 아니지만, 세법상으로만 법인으로 보는 것임
법인격 있음	영리법인		· 통상적으로 주식회사로 설립됨 · 일반 협동조합 포함(사회적 협동조합 제외)
	비영리법인	사단법인	· 일정 인원으로 구성되어 법인설립 허가를 얻음 · 사회적 협동조합 포함
		재단법인	· 일정 재산으로 구성되어 법인설립 허가를 얻음
개인사업자			· 개인이 사업자등록을 하여 운영됨
개인			· 사업자등록 없이 활동 · 소득을 취득하는 경우 사업소득 또는 기타소득으로 원천징수됨

재원조성 중 '지원'을 받고자 하는 경우는 개인, 개인사업자를 포함하여 모든 법적인 형태의 조직이 가능하다. 그렇지만 지원사업의 목적이나 지원방식에 따라 영리법인이나 개인이 제외되기도 하며, 특정 법적 형태(예를 들어 비영리법인, 사회적협동조합)로 한정하여 지원하기도 한다. 협찬의 방식은 세금계산서(또는 계산서)를 발급해야 하므로 사업자등록증을 보유하고 있어야 하며 이에 따라 고유번호증을 갖고 있는 비영리법인과 임의단체 그리고 개인은 대상이 되지 않는다. 기부의 경우에는 고유한 목적사업이 비영리이어야 하며 기부금영수증을 발급할 수 있어야 하므로 영리법인이나 개인사업자, 개인은 제외된다.

조직구조를 살펴보면 개인사업자는 대부분 대표자와 직원으로 크게 구분할 수 있는 단순한 구조를 갖고 있다. 영리법인과 비영리사단법인, 협동조합은 총회(주주총회, 사원총회)가 최고 의사결정권한을 갖고 있으며, 이사회가 전반적인 경영에 대한 권한과 책임을 행사하고 있다. 재단법인의 경우에는 총회가 존재하지 않으며 이사회가 최고 의사결정권을 갖고 있다.

임의단체(법인 아닌 단체)는 개인사업자와 유사한 조직구조를 갖고 있고,

법인으로 보는 단체는 사단법인과 유사한 조직구조를 갖게 된다.

2. 조직별 역할

 우리나라에서 재원조성을 위한 별도의 조직이나 인원을 두고 있는 단체는 찾아보기가 어려운 실정이다. 유수한 외국의 단체들을 보면 이사들이 재원조성을 담당하기도 하고 재원조성과 관련된 위원회나 부서가 대부분 존재한다. 우리나라 대부분의 단체에서는 재원조성을 담당하는 전담부서나 전담인력이 거의 없었으나, 2010년도부터 한국문화예술위원회가 선도적으로 기부활성화를 위해 관련TF를 구성하였으며 2011년에는 예술나눔부가 생기면서 조직화가 되었고 이후 후원센터로 발전해 나가며 향후 더욱 활발하게 활동을 하고 있다. 최근에는 세종문화회관, 예술의전당 등 대형 공연장과 지역 문화재단을 중심으로 재원조성 전담부서 또는 인력을 운영하고 있으며 일부 단체들도 활발하게 모금활동을 하고 있다. 그렇지만 아직까지 우리나라 예술단체의 대부분은 다음과 같은 방식으로 재원조성 활동을 하고 있는 실정이다.

- 비교적 큰 규모 또는 왕성하게 활동을 하고 있는 단체 중 일부는 후원회제도를 운영하면서, 다른 업무를 담당하고 있는 직원이 후원회 관리 업무를 겸해서 한다.
- 공공지원금을 받기 위해 소규모 단체는 대표가, 좀 더 규모가 큰 단체는 공연기획팀장이나 사업팀장이 지원 사업 공고를 열심히 검색하여 그 중에서 지원 가능한 사업을 찾게 되면 사업계획서(지원신청서)를 급하게 작성하여 제출한다.
- 비교적 큰 규모의 행사나 축제, 공연의 경우 기획사가 협찬 중개를 하고 수수료를 받아간다.
- 기타 기업이나 재력가와의 친분 등으로 개인적으로 기부나 협찬을 유치하고 수수료를 받아간다. 이 경우는 수수료에 대한 지출증빙을 구비하지

않아 사업비 지출에 있어 투명하지 않은 경우가 발생하기도 한다.

이와 같은 현실에서, 보다 조직적이고 체계적으로 재원조성을 하기 위해서는 적절한 조직이나 인원이 갖추어져야 하며 단체 임원과 직원의 재원조성에 대한 개념도 바뀌어야 할 것이다. 단체의 특성이나 규모에 따라 재원조성의 역할을 담당할 조직은 달라지겠지만 누군가는 담당해야 할 것이다. 조직에서 각각의 구성원들은 어떤 역할을 해야 하는지 살펴보도록 하겠다. 다만 예술단체의 재원조성 중 가장 큰 비중을 차지하는 것이 공공지원이긴 하지만 공공지원은 주로 사업 담당자나 조직의 대표가 직접 하고 있으며 일부 대행사가 지원신청을 해주기도 한다. 따라서 여기서는 주로 후원과 관련된 업무를 담당하는 조직을 중심으로 설명할 것이다.

① 회원
영리법인, 비영리사단법인, 협동조합, 임의단체의 경우에는 총회가 단체의 최고의사결정권한을 갖고 있다. 영리법인의 경우 총회의 구성원은 주주가 되며, 다른 조직의 경우에는 사원 또는 회원이 총회를 구성한다. 영리법인의 주주는 이사 선임 권한을 갖고 있지만 구체적인 사업에 관여하기 보다는 본인의 주식 가치에 더 관심이 있으므로 재원조성에 관심을 갖고 적극적으로 참여하지는 않는다.

비영리 사단법인에는 많은 회원들이 존재하고 있다. 사단법인의 근거 자체가 사람들의 모임이며, 사단법인을 설립하기 위해서는 상당수의 회원을 유치하여야만 한다. 꼭 사단법인이 아니라도 문화예술계에 존재하고 있는 많은 임의단체들 중에서도 자체 회원을 보유하고 있는 단체들도 있다. 여기서 말하는 회원이란 관극회원이 아니며, 단체의 사업에 동의하고 도움을 주려는 의사가 분명하며 일정한 요식 행위를 거친 사람들이다. 경우에 따라서는 정회원, 준회원 등으로 구분하여 그에 따른 약간의 임무를 부여하기도 한다. 이러한 회원들은 이사들보다 적극적으로 사업에 직접 참여를 하지 못하지만 단체의 고유한 미션에 동의하여 참여한 것이므로 단체의 발전과 존속을 위해 약간의 희생을 감수할 수 있을 것이다. 이사의 경우에는 강제적으로 재원을 할당하는 것은 바람직하지 않지만, 회원의 경우에는 연간 5만 원, 10만 원 등으로 일정하게 금액을 정하는 것이 좋다. 오히려 금액을 부담함으로 인하여 뭔가를 단체에 기여하였다는 자부심을 가질 수 있고, 단체와의 거리를 좁혀 일체감을 가지게 된다. 그러나 아직 우리나라 예술단체에서는 회원들이 재원조성의 한 부분이 되는 것은 일부에 지나지 않고 있다. 이사의 경우와 마찬가지로 회원들도 외부 재원조성에 적극적으로 참여한다면, 단체에 큰 힘이 될 것이다.

협동조합은 조합원(사원)의 이익을 추구하는 형태로 운영되므로 사업에는 적극적으로 관여하지만 재원조성에 동참하기는 어렵다. 다만, 사회적협동조합의 경우에는 조합원이 사단법인의 회원과 같은 구조를 가지기도 한다.

② 이사

문화예술단체 중에는 비영리조직(비영리법인, 사회적협동조합, 임의단체) 형태로 운영되고 있는 단체들이 많이 있다. 비영리조직의 이사회는 단체의 사업 방향을 결정하고 단체의 운영과 관련한 중요한 의사결정을 하는 조직이므로, 재원을 조성하여 단체의 재정적인 안정성을 확보하는 역할도 포함되어 있다. 비영리 문화예술단체의 중요한 두 축은 단체의 고유목적을 수행하는 것과 그 사업에 필요한 재원을 마련하는 것이다. 마찬가지로 이사회의 이사 구성도 사업을 수행하는 부문과 관련된 이사뿐만 아니라 재원을 담당할 이사도 구조적으로 필요한 것이다. 하지만 안타깝게도 현재 우리나라 비영리 문화예술단체의 이사들은 사실 재원조성에 관한 역할을 거의 수행하지 않고 있는 실정이다.

구체적으로 문화예술단체 이사회의 구성 사례를 살펴보면 우리나라 문화예술단체 이사회 구성의 대부분은 사업의 집행과 관련한 사람만 있는 경우가 더 많음을 알 수 있다. 이사회 구성이 예술인과 공무원에 편중되는 이러한 현상은 재원의 상당 부분을 공공지원에 의존하고 있는 우리나라 예술단체의 특징이라고 볼 수 있다.

최근 일부 단체에서는 이사진에 재원을 조성할 수 있는 능력을 가진 사람들을 영입하려는 움직임이 나타나고 있다. 이러한 변화가 단기적으로 성공할

지 여부를 떠나 앞으로 이러한 움직임은 더욱 확대되어야 하며, 그렇게 될 것이라고 확신한다. 그렇다고 재원을 스스로 부담할 수 있는 사람만을 대상으로 하는 것이 아니라, 재원을 부담할 사람들에게 재원을 요청할 수 있는 신망 있는 사람들과 이사로 이름이 올라 있는 것만으로도 상징이 될 수 있는 사람들을 모두 망라한다 하겠다. 이러한 이사들은 정해진 보수를 받는 것이 아니므로 이사로 활동하는 것이 명예나 보람을 느낄 수 있도록 만들어야 할 것이다.

남보라는 2013년도에 국내 문화예술단체의 이사회 구성과 재원조성 연관성에 관한 실증분석 연구를 한 바 있다. 연구 결과 문화예술단체 중 재단법인 이사회에서 기업인이 차지하는 비율은 12.26%였고 전문직의 비율은 5.47%였으며, 사단법인 이사회에서 기업인이 차지하는 비율은 11.00%였고 전문직의 비율은 4.21%로 나타났다. 이러한 비율은 서울, 경기, 인천 지역이 다른 비수도권 지역보다 훨씬 높게 나타났다. 연구 결과 이사회 구성원 중 기업인의 비율은 단체의 수입 중 기부가 차지하는 비율과 상관관계가 높게 나타났으며, 단체의 수입 중 협찬이 차지하는 비율과는 상관관계가 거의 없었다. 또한 전문직의 비율은 기부 또는 협찬이 차지하는 비율과 상관관계가 높지 않았다.[4] 물론 무조건 이사회에서 기업인의 수를 늘리는 것은 바람직하지 않지만 문화예술단체의 재원조성을 위하여 적정하게 이사회를 구성하고, 이사회에서 적극적으로 재원조성 관련 논의를 해 나가는 것이 바람직하다고 본다.

③ 위원회(Committee) 조직

비교적 규모가 큰 외국의 예술단, 공연장, 박물관 등의 조직을 보면 쉽게 Development Committee라는 명칭을 발견할 수 있다. 단체에 따라서는 Fundraising Committee라는 명칭으로 사용하기도 한다. 'Development Committee'는 직역하면 '개발위원회'가 되겠지만 내용적으로는 재원을 개발하는 위원회로서 활동하는 것이다. 카네기홀의 경우에는 상당이 많은 위원회가 있는데, Executive Committee, Audit Committee, Nominating Committee, Development Committee, Financing and Operations Committee, Investment Committee, New Venture & Technologies Committee 등이다. 이렇게 위원회

---

[4] 남보라, 국내 문화예술단체의 이사회 구성과 재원조성 연관성에 관한 실증분석, 추계예술대학교 문화예술경영대학원 석사논문, 2013

조직이 발달한 것은 문화예술단체의 경우 구조적으로 특정 경영자가 포괄적인 업무의 의사결정을 내리기 어렵기 때문일 것이다. 외국 단체들의 경우 이러한 위원회가 활성화되어 다양한 역할을 하고 있으나, 국내 단체들은 위원회가 활성화되어 운영되는 사례를 찾아보기가 쉽진 않으며 재원을 담당하는 위원회는 더더욱 보기가 어렵다.

위원회 조직을 활성화시키면 한정된 이사 수에서 벗어나 다양한 인원을 확보할 수 있게 되고, 일반적인 단체 운영보다는 좀 더 구체적 역할을 부여하는 것이 가능해진다. 우리나라에서도 Development Committee가 활동하는 모습을 보게 되길 기대해 본다.

④ 일반 직원

이사회와 위원회 조직이 재원조성에 참여하고 의사결정을 내려야 할 때 이들에게 필요한 정보나 자료를 제공하는 등 실질적인 손과 발이 되어 일해 줄 수 있는 직원들의 역할이 중요해 진다. 재원조성은 흔히 90퍼센트의 준비과정과 10퍼센트의 요청과정으로 이루어진다고 한다. 여기서 90퍼센트에 해당하는 준비과정을 담당하게 되는 것이 바로 직원들이다.

직원들은 이사진과 달리 상근으로 일하기 때문에 그 단체에서 이루어지는 일상적인 업무에 가장 익숙하며, 이에 이사진들이 효과적인 지원요청을 할 수 있도록 정보를 수집하고 정리하여 이를 체계화하는 역할을 하게 된다. 실제적인 재원조성 과정에서는 지원 요청 자체보다는 그 기반이 되는 이러한 사전 준비과정의 업무량이 훨씬 많은 것이 보통이다. 아울러 재원조성에 필요한 여러 가지 서류와 편지의 작성도 직원들에 의해 이루어지게 된다. 또한 매년 재원조성 업무를 담당해 온 경험 많은 직원들은 재원조성에 처음 참여하는 경험이 부족한 이사진이나 자원봉사자를 위해 사전교육 프로그램도 마련하게 된다.[5]

⑤ 재원조성 전문가 또는 전담부서

조직 규모가 크거나 조성하여야 할 재원 규모가 크다면 단체 조직 내에 재원조성을 담당할 전문가를 두는 것이 바람직하지만 현재 우리나라 예술단체에서

5) 김주호·용호성, 『예술경영』, 김영사, 2002, p184

는 거의 없는 실정이다. 단순하게 보수가 낮기 때문이라고 설명하기는 어렵다. 본인들이 능력을 발휘하여 실적을 올린다면 단체에서는 그에 상응하는 대우를 해 줄 수가 있을 것이다. 필자가 생각하기에 보다 근본적인 이유는 재원조성 전문가는 기본적으로 예술을 이해하고, 예술단체가 수행하는 업무의 특징을 잘 알고 있어야 하기 때문이다. 금융보다는 오히려 예술경영을 공부한 사람들이 재원조성 전문가 업무를 더 잘 수행할 수 있을 것이다. 앞으로 많은 재원조성 전문가가 배출되었으면 하는 바람이다. 그런 측면에서 다음 제3절에서 펀드레이저(Fundraiser)에 대하여 자세히 살펴보기로 하겠다.

⑥ 자원활동가

소규모 단체의 경우 전문단체에 의뢰하는 것 이외에 자원활동가를 적절히 활용함으로써 전문직원을 둔 것 이상의 효과를 볼 수 있다. 자원활동가들은 자발적인 동기에 의해 적극적으로 자원봉사 활동에 임하기 때문에 활용 여하에 따라서 많은 도움이 될 수 있다. 특히 재원조성 과정에서는 자원활동가들이 부족한 인력을 보충하는 역할을 할 뿐만 아니라 그 자신이 먼저 지원자가 되기도 한다. 뿐만 아니라 재원조성에 자원활동가들이 참여하게 되면 대외적으로 그 단체에 좋은 인상과 신뢰감을 심어줄 수 있다. 그러나 단체가 자원활동가들을 감독하는데 상당한 시간을 들일 여건이 되지 않는다면 조성되는 재원 이상의 불이익이 생길 수 있으므로 유념하여야 할 것이다.

효과적인 재원조성을 위해서는 해당 분야 혹은 예술단체가 기반을 둔 커뮤니티에 영향력이 있는 상징적인 인사를 자원활동가로 참여시키는 것도 도움이 된다. 이러한 사람들은 스스로 재원조성에 기여할 수 있을 뿐만 아니라 후원할 만한 능력이 있는 사람에 대한 접근성과 설득력을 갖추고 있기 때문이다. 예를 들어 최근에 여러 분야, 여러 지역 심지어 정부 부처에서 연예인을 홍보대사 등으로 임명하여 직접 혹은 간접적인 홍보를 하고 있다. 물론 이러한 이른바 '유력 인사'들은 대체로 직접적인 자원활동가로 활동하기에는 지나치게 바쁜 경우가 많기 때문에 실제적인 재원조성 업무처리에는 실제로 별다른 도움을 주지 못하는 경우가 많다. 따라서 이들에게는 고문이나 명예위원장 등 상징

적인 위치를 부여함으로써 큰 부담을 주지 않고 그 영향력을 발휘할 수 있도록 하는 것이 바람직하다.[6]

문화예술단체 특히 축제와 박물관에서는 자원활동가의 참여가 보편화되어 있지만 아직까지 우리나라 문화예술단체에서 자원활동가가 재원조성에 참여한 적은 거의 없다. 이러한 이유는 우리나라 문화예술단체들이 재원조성을 기획하여 실행하기 보다는 단편적인 접근방식을 해왔기 때문이다. 향후 많은 문화예술단체들이 활발하게 재원조성 프로그램을 실행하게 되면 자연스럽게 자원활동가의 참여 사례가 증가할 것으로 보인다.

---

6) 김주호·용호성, 『예술경영』, 김영사, 2002, p185

제3절

펀드레이저

제2절에서 재원조성 전문가에 대하여 간단하게 설명하였는데, 문화예술분야에서는 재원조성 전문가의 역할이 다른 분야에 비해 조금 넓다고 볼 수 있다. 따라서 제3절에서 펀드레이저와 아트펀드레이저에 대해 자세히 설명하고자 한다.

    재원조성을 담당하는 전문가를 최근에는 펀드레이저 또는 모금가, 모금전문가로 부르고 있다. 그러나 문화예술계에서는 이러한 전문가의 역할을 기부금 모금에 국한시키기 어렵기 때문에 이 책에서는 펀드레이저로 사용하기로 한다.

1. 펀드레이저의 정의

펀드레이저의 정의를 살펴보면, 미국 CFRE(Certified Fund Raising Executive)에서는 '자선기관 또는 그 후원자를 위해 행해지는 기부요청 행위와 관련한 모든 서비스를 수행하는 사람'이라고 하고 있으며, 한국모금가협회에서는 '공익적 목적으로 일하는 기관과 그 기부자를 위해 기부금품의 요청과 관련해서 이루어지는 모든 서비스를 수행하는 사람'이라고 하고 있다. 또한 네이버 지식백과에서는 '사용될 기금의 목적과 필요한 자금 규모를 분석해 개인과 단체의 기부활동을 독려하고 기부가 이뤄지도록 기획하는 직업 또는 관련 전문가를 일컫는다. 기금 모금자라 할 수 있다. 펀드레이저는 대학, 구호단체, 환경단체, 종교단체, 의료·학술단체, 문화·예술단체 등 모금을 필요로 하는 곳에서 활동한다. (출처: 시사상식사전, pmg 지식엔진연구소)'라고 소개하고 있다.

    이러한 정의를 살펴보면 펀드레이저는 단순히 모금을 원하는 기관만을 위해 존재하는 것이 아니라 기부자 또는 후원자를 위한다는 사실을 알 수 있으며, 기부를 요청하는 행위만이 아니라 관련된 모든 서비스를 수행하는 사람임을 알 수 있다.

2. 펀드레이저의 업무

한국모금가협회에서는 펀드레이저의 업무를 다음과 같이 정하고 있다.

> · 기부자들에게 정보를 제공하는 일
> · 기부자들이 참여할 수 있는 방법을 제시하는 일
> · 기부를 요청하는 일
> · 기부금의 집행을 조율하는 일
> · 사용된 기부금의 결과를 보고하는 일
> · 기부자의 만족 및 지속적인 관계를 유지 하는 일
> · 기부자와 관련된 데이터를 축적, 분석, 활용하는 일
> · 기관의 모금 관련 전략과 정책을 수립, 관리하는 일

펀드레이저는 단순히 기부를 요청하는 행위에 그치지 않고 (잠재)기부자와의 지속적인 관계유지와 모금 관련 전략과 정책을 수립하고 모금을 기획하며 데이터를 축적하고 분석하는 다양한 업무를 수행해야 함을 알 수 있다.

3. 펀드레이저의 자질과 능력

펀드레이저는 어떤 자질이나 능력을 갖고 있어야 할까?

① 윤리성

모금가에게 첫 번째로 요구되는 덕목은 윤리성이다. 모금가는 기본적으로 윤리로 무장하고 있어야 한다. 아이러니하게도 본인의 직업인 공인회계사에게 가장 중요하게 요구되는 것이 직업윤리이며 ⅰ) 직무를 높은 수준으로 수행하고 ⅱ) 공익에 부합되게 하며 ⅲ) 공인회계사에 대한 사회적 신뢰를 제고할 목적으로 윤리규정을 두고 있다. 이 규정에서는 직무를 수행할 때 기본으로 삼아야 할 윤리강령으로 '공정', '정직', '성실'을 두고 있으며, 공인회계사가 전문직업인으로 준수하여야 할 윤리원칙을 다음과 같이 7가지를 두고 있다.

> 1. 공정성 : 공인회계사는 직무를 수행함에 있어 공정·불편의 자세를 유지하여야 하며, 외부의 영향을 받거나 불의와 타협하여서는 아니 된다.
> 2. 정직성 : 공인회계사는 고의로 진실을 감추거나 허위의 보고를 하여서는 아니 되며, 항상 진실된 자세로 직무를 수행하여야 한다.
> 3. 성실성 : 공인회계사는 정당한 주의의무를 가지고 정성을 다하여 직무를 수행하여야 한다.
> 4. 적격성 : 공인회계사는 직무수행과 관련한 전문지식을 유지하여야 하고, 이를 지속적으로 습득·개발하여야 한다.
> 5. 직무기준 등의 준수 : 공인회계사는 직무를 수행함에 있어 직무관련 법규 및 기준을 준수하여야 한다.
> 6. 비밀유지 : 공인회계사는 직무수행과정에서 지득한 정보를 정당한 이유 없이 누설하거나 의뢰받은 직무목적이외에 사용하여서는 아니 된다.
> 7. 품위유지 : 공인회계사는 사회적 책임을 인식하여 공인회계사로서의 인격과 품위를 유지하여야 한다.

이러한 윤리강령과 윤리원칙은 모금가에게도 적합하게 적용된다고 생각한다. 미국모금가협회(AFP, Association of Fundraising Professional)에서도 윤리기준과 윤리강령을 제정하여 공포하고 있다.

② 전문성

일반인들이 쉽게 접근하기 어려운 전문 영역이 되기 위해서는 다양한 지식과 경험이 축적되어 있어야 한다. 관련 법률에 대한 지식, 경제 동향 등에 대하여도 관심을 갖고 지속적으로 정보를 수집하여야 하며 무엇보다도 모금 현장에서의 경험이 중요하다고 하겠다.

③ 소통능력

펀드레이저는 숙련된 커뮤니케이션 기술을 갖고 있어야 하며, 그러기 위해서는 경청하는 자세가 필요하다. 상대방의 감성을 공유하고 상황에 따라서는 우리의 요청을 설득할 줄 알아야 한다.

④ 아이디어 도출 및 실행 능력

펀드레이저는 수많은 경쟁 속에서 활동을 한다. 다른 문화예술 기관이나 단체뿐만 아니라 사회복지, 교육, 청소년, 종교, 체육, 환경 등의 비영리단체들도 모금활동을 하고 있으며 이들과 선의의 경쟁에서 우위를 갖기 위해서는 새롭고 다양한 아이디어를 도출해 내고 이를 실행할 수 있는 능력을 필요로 한다.

⑤ 제안서 작성과 프리젠테이션 능력

아이디어를 체계적으로 정리하여 상대방에게 일목요연하게 전달하기 위해서는 적은 분량으로 시각적으로 뛰어난 제안서를 작성하는 능력이 필요하다. 제안서를 프리젠테이션 하는 것은 다수를 대상으로 하는 강연이나 강의와 다르다. 의사결정권자를 집중하게 만들고 본인의 제안에 동의하게 만드는 능력도 펀드레이저에게는 중요하다.

⑥ 이미지메이킹 능력

펀드레이저는 자신의 좋은 이미지를 타인에게 잘 각인시키는 능력도 요구된다. 다양한 신분, 직업, 직위를 갖고 있는 사람을 상대해야 하는 펀드레이저는 상대방이나 환경에 맞게 자신의 이미지를 잘 관리하여야 한다. 선천적으로 이러한 능력을 타고난 사람도 있지만 후천적으로 훈련을 통해 능력을 끌어 올릴 수 있다.

⑦ 수락과 거절에 대응하는 자세

모금 요청을 상대방이 수락하거나 거절할 때 일희일비 해서는 안 된다. 모금 요청을 수락하였을 때에 기뻐하기보다는 그에 대한 책임을 지게 되었다는 자세를 견지하여야 한다. 거절을 하였다고 하여 당황하거나 낙담하는 모습을 보여서는 안 되며, 상대방을 이해하고 자신의 부족함을 인정하며 다음에 더 좋은 계획으로 다시 만날 수 있는 여지를 만들어야 한다.

4. 전문직업인으로서의 아트펀드레이저

예술분야에서 재원조성을 어디까지 볼지에 대해서는 다양한 의견이 있을 수 있으나 최소한 재원조성과 기부금 모금을 동일하게 볼 수는 없을 것이다. 따라서 용어에 대한 정의를 내림에 있어서도 다음과 같은 고민이 있게 된다.

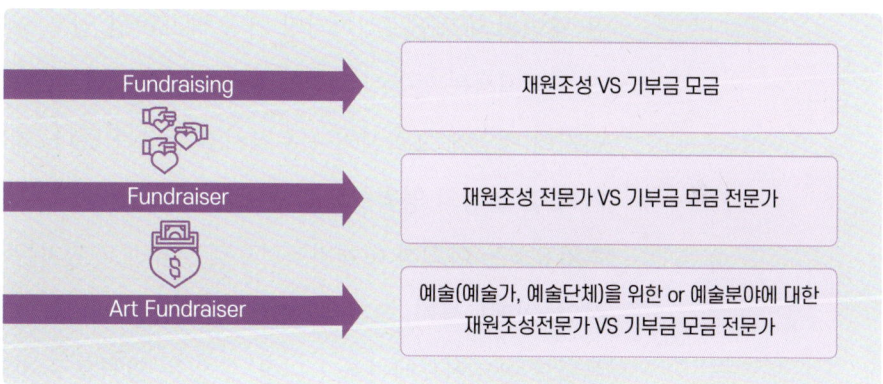

예술시장에서는 비영리 작품과 영리 작품이 공존하고, 한 예술단체에서 영리사업과 비영리사업을 진행하기도 하며, 한 예술작품에 영리성과 비영리성이 동시에 내포되어 있기도 하다.

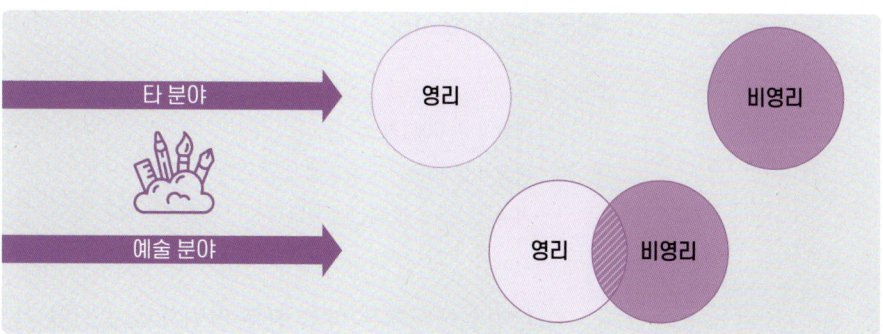

이런 이유로 예술계에서는 펀드레이징을 기부금 모금보다는 재원조성이라는 보다 포괄적인 용어로 사용하고 있다고 설명하였다. 마찬가지로 모금을 하는 타 분야와 달리 펀드레이저를 모금가 또는 모금전문가로 부르기 보다는 재원조성전문가로 번역하고 있다. 여기서 잠깐 명칭에 대한 정리를 하고 넘어가도록 하자. 펀드레이저에 대하여 하나의 전문직업군을 지칭한다고 하였을 때 직업 명칭에 '전문'이라는 단어가 들어가면 마치 일반명사로서 설명하는 느낌이 든다. 세무사를 '세무전문가'로, 회계사를 '회계전문가'로 부르는 것과 같다.

따라서 굳이 번역을 한다면 '모금전문가' 보다는 '모금가'로 하고, '재원조성전문가'보다는 '재원조성가'로 사용하는 것이 바람직하다.

예술계에서 활동하는 펀드레이저의 활동 범위가 타 분야와 조금 다르다 보니 '아트펀드레이저'를 구분해서 사용하는 것이 좋겠다. 그럼 아트펀드레이저의 영역을 어디까지로 볼 것인가에 대하여도 생각해 보아야 한다. 기부금 모금은 당연히 아트펀드레이저의 가장 대표적인 업무 영역이다. 우리나라 예술시장 구조에서는 협찬이 재원을 조성하는 주요한 수단의 하나이므로 아트펀드레이저의 영역에 포함시켜 전문화시킬 필요가 있다. 지원금의 경우 대부분 사업기획 및 실행의 영역이므로 별도의 전문영역으로 구분할 필요는 없을 것이다. 투자유치는 아직까지 재원조성으로 분류하고 있지는 않지만 사회적기업, 예술산업, 임팩트투자, 크라우드펀딩 등 다양한 개념과 방식이 도입되고 있어 투자유치도 아트펀드레이저가 다룰 수 있는 영역으로 고려해 볼 수 있다. 각 영역별로 활동하는 방식이 다르므로 이에 대한 준비가 필요할 것이다.

타 분야에서 활동하는 펀드레이저와 비교하였을 때 아트펀드레이저의 업무영역이 조금 넓어지다 보니 다음과 같은 요소가 아트펀드레이저에게 추가적으로 필요해 보인다.

- 예술의 가치에 대한 믿음
- 예술가 및 예술단체 활동에 대한 믿음
- 기부자와의 관계 형성에 있어서 보다 감성적인 접근 필요

아트펀드레이저는 향후 전문 직업으로 발전할 가능성이 있을까? 이를 위해서는 전문성이 확보되어야 하고 전업으로 경제적 생활이 가능해야 한다.

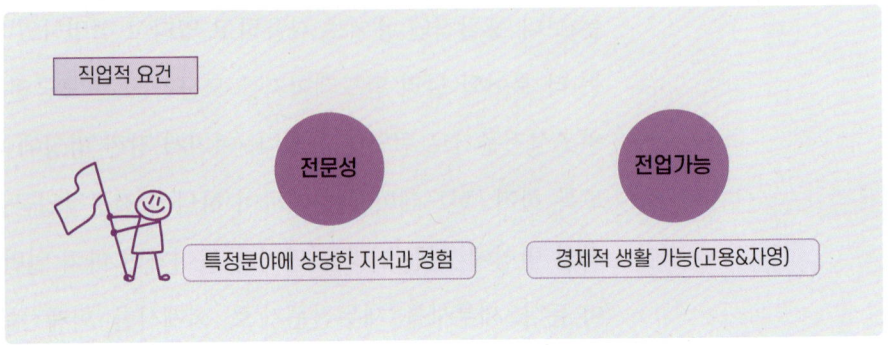

그림 [1-7] 아트펀드레이저의 직업적 요건

그런데 적어도 현재까지는 예술경영지원센터를 중심으로 한 모금(재원조성) 교육에 그치고 있는 실정이다. 교육을 받은 이후 경험을 쌓을 수 있는 기회가 제공되어야 하지만 아직까지는 아쉬움이 크다. 다만 점차 이러한 기회제공의 가능성이 높아지고 있으며 우선적으로는 민간단체보다는 공공예술기관(단체)에서 수요가 커질 것으로 보인다. 우리나라 민간 예술단체에서 아트펀드레이저를 고용하는 것은 많은 시간이 필요하겠지만 전문성을 갖춘 아트펀드레이저들이 업무를 대행 또는 컨설팅 하는 수요가 많아져 창업 기회가 많이 있을 것이며 이것이야말로 진정한 고용창출 효과이다. 점차 예술분야 중에서도 특화된 영역으로 세분화되고 다양한 재원조성 방식 사례가 축적되어 전문 직업인으로서의 아트펀드레이저가 활발하게 활동하는 모습을 기대해 본다.

다행히 2020년부터 한국문화예술위원회 후원센터에서 아트너스클럽이라는 프로그램을 시작하여 운영하고 있다. '문화예술후원전문가'를 양성하는 아카데미로, 2020년에 80명이 신청하여 50명을 선발하였고 이중 43명이 과정을 수료하였다. 이 중 성적우수자 2명이 한국문화예술위원회와 한국메세나협회에서 일정기간 업무를 현장에서 진행하는 혜택도 주어졌다. 2021년에는 커리어과정(경력 1년 이상인 자)과 비즈니스과정(경력 3년 이상인자)로 구분하여 선발하여 각각의 과정을 진행하였고, 비즈니스과정에는 후원매개 기획서를 제출하게 되어 있었다. 이러한 프로그램은 지식과 경험을 쌓을 수 있는 좋은 기회이며 더불어 네트워크도 확장될 수 있는 장점이 있어 아트펀드레이저 양성에 도움이 될 것이다. 2022년에도 예산이 증액되어 3기 아트너스클럽을 운영할 계획이 수립되어 있다니 참 다행이다. 다만, 우리나라 실정상 아트펀드레이저를 고용할 수 있는 여건이 마련되어 있지 않으므로 재원조성 업무를 전문적으로 할 수 있는 기관에서 더 많은 인력을 장기적으로 수용할 수 있는 제도를 마련하면 좋을 것 같고, 재원조성 전문단체를 창업하여 예술기업으로 성장해 나갈 수 있도록 이에 대한 교육이나 가이드가 필요해 보인다.

제4절
재원조성 전문 단체의 활성화

소규모 예술단체의 경우 예산이나 그 밖의 제약으로 인하여 상근하는 재원조성 전문직원을 고용하지 못한다. 이런 단체들은 업무에 비해 직원의 수가 현저히 부족하여 한 직원이 여러 업무를 병행해서 처리하는 경우가 많다. 때문에 일반 직원들이 재원조성까지 맡아서 한다는 것은 엄두도 내질 못할 것이며, 재원조성에 관한 지식과 경험이 거의 없다고 보아야 한다. 그렇다고 재원조성을 포기할 수는 없다. 곧 단체를 포기하는 것과 같은 의미일 수도 있는 것이다. 재원조성과 관련하여 할 수 있는 일이라고는 지금과 같이 여기저기 공공 지원금을 타내기 위해 바쁘게 다니는 것 말고는 없다.

비교적 규모가 커서 업무가 어느 정도 분화가 되어 조직화가 되어 있다고 하더라도 재원조성을 담당하는 직원을 채용하기 쉽진 않다. 담당자를 재원조성 업무를 전담하여 열심히 일을 하더라도 성과가 나오기까지는 최소 3~5년의 시간을 필요로 하는데 이러한 시간을 기다릴 수 있는 단체는 많지 않을 것이다. 또한 개별 단체에서 재원조성 관련 정보들을 업데이트 시키고 기업과의 네트워크를 구축하고 유지하는 것은 그리 만만한 일이 아니다.

이런 단체들에게는 재원조성을 전문적으로 대행해 주는 회사의 존재가 절실하다. 예술단체는 재원조성에 관하여 큰 노력을 기울이지 않았는데, 공공 기금·기부금·협찬금 등을 받을 수 있다면 예술단체는 자신들이 원하는 예술 또는 사업에 보다 충실할 수 있을 것이다. 전문단체를 활성화하여야 하는 이유와 이 방법의 장점은 다음과 같다.

- 재원조성에 관한 정보를 예술단체보다 신속하고 다양하게 수집하고 정리할 수 있다.
- 이러한 단체를 원하는 예술단체들이 많음으로 인하여 자신들이 할 수 있는 단체나 사업을 선별할 수 있어, 재원조성에 성공할 수 있는 가능성이 높다.

- 예술계 내부에서 재원조성의 중요성과 필요성에 대한 인식이 커지고 있다.
- 지속적인 업무를 확보할 수 있어 일을 한 만큼의 수입을 충분히 올릴 수 있다.
- 예술단체나 예술단체의 사업을 일차적으로 여과함으로 인해 요청자와 심사자의 간접적인 비용이 절약된다.

우리나라에서는 현재 외부에서 공공지원 신청서 작성을 대행하고, 선정이 되면 관리를 하다가 정산까지 해주는 기획사 또는 프리랜서들이 일부 활동하고 있긴 하다. 때로는 이들이 홍보, 마케팅 업무를 담당하기도 한다.

통상적으로 외부단체가 기부금 모금 전체를 대행하지는 않으며, 전문단체에서는 주로 기부에 대한 모금명분, 잠재기부자 개발, 모금상품 설계, 사후관리 등에 대한 컨설팅을 해주거나 일부 행사를 대행해주는 방식으로 진행하게 된다. 기부금 모금을 대행하며 성과에 따라 연동되는 수수료를 지급하는 것은 윤리적인 문제를 야기 시키기 때문에 금기시하고 있다. 따라서 정해진 업무를 수행하고 이에 대하여 사전에 정해진 수수료를 받게 된다.

외부의 전문 대행사가 하기에는 기부보다는 협찬 관련 업무가 적합할 것이다. 협찬은 얼마든지 성과에 연동한 수수료를 받을 수가 있고, 다양한 형태의 대행 사례들이 나올 수 있다. 문화예술에 대한 지원을 얘기할 때 인프라 구축이라는 말이 나오곤 한다. 그런데 사람들은 대게 인프라를 하드웨어로 인식하는 경향이 있다. 물론 공연장도 필요하고 연습장도 필요하다. 박물관, 미술관도 부족하다. 그러나 필자는 더 급한 것이 재원조성 전문 단체, 마케팅 전문회사와 같은 소프트웨어적인 인프라라고 생각한다. 또한 이러한 부분도 문화예술의 중요한 인프라이며, 집중적으로 육성을 해야 한다.

예술경영을 공부한 인적자원은 풍부하다. 문화예술계에 종사하고자 희망하는 사람들이라면 자신의 아이디어로 외부의 재원을 문화예술계에 수혈하여 더 많은 사람들이 그 혜택을 볼 수 있도록 하는 연결고리로서의 역할이 얼마나 숭고할 수 있는지 깨달아야 한다. 재원조성에 대한 체계적인 시스템이나 프로그램이 풍부한 외국의 대학교나 병원 등에서는 부총장, 부원장 등이 그 대학,

병원의 재원조성 총 책임자인 경우가 대부분이다. 우리나라도 향후 재원조성 전문가가 전문직으로 정당하게 노력한 대가를 인정받고 그에 대한 처우도 뒤따르는 사회시스템이 구축되는 때가 곧 다가올 것이다. 그렇지만 예술단체 내부에서 이러한 인력이 근무하기는 쉽지 않은 환경이므로 이들이 쉽게 창업을 하고 성장해 나갈 수 있도록 정책적인 지원이 필요하겠다. 최근 예술경영지원센터에서 예술기업에 대한 지원사업을 펼치고 있는데 재원조성 전문단체들이 예술기업으로 함께 성장해 나갔으면 좋겠다.

[참고문헌]

- 김성규, 예술경영조직론, 역사넷
- 김주호·용호성, 『예술경영』, 김영사, 2002,
- 남보라, 국내 문화예술단체의 이사회 구성과 재원조성 연관성에 관한 실증분석, 추계예술대학교 문화예술경영대학원 석사논문, 2013
- 남영신, 『훈+국어대사전』, 성안당, 2004
- 박인건 외, 『문화예술경영 이론과 실제』, 생각의 나무, 2002, p275
- 예술경영지원센터, 2007, 2009, 2011, 2013, 2015, 2017. 2019. 공연예술실태조사
- 예술경영지원센터, 2015 예술산업미래전략 포럼 자료집, 13~25p
- 예술경영지원센터, 2021 공연예술 조사 보고서

제2장

문화예술단체에 대한 지원

제1절 공공지원의 의미와 타당성
제2절 우리나라의 문화예술 공공지원 구조 및 지원기관
제3절 문화예술 지원을 위한 외부 공공재원
제4절 공공지원금 신청
제5절 보조금의 집행과 정산
제6절 민간지원의 재원

지원이나 후원의 개념은 매우 포괄적으로 사용되고 있으며, 현실적으로 상당 부분은 중복해서 사용하고 있기도 하다. 본서에서는 제1장에서 설명한 바와 같이 펀드레이징을 거래 유형별로 구분하여 지원과 후원으로 나누었으며 후원에 대하여는 제3장(기부)과 제4장(협찬)에서 설명하기로 한다. 제2장에서는 문화예술 단체에 대한 지원을 담고 있는데 지원으로 분류한 거래의 특징은 첫째, 대부분 지원하는 단체의 고유한 목적 사업으로 거래가 이루어지며, 둘째, 지원은 유목적적으로 미리 조성한 기금이나 확보된 예산을 운용하는 것이다. 셋째, 기부금과 같이 무상이긴 하지만 사후에 결과보고를 받고 있는 점으로 사업 후 지원에 대한 결과물(공연 등의 행위, 정산내역 및 결과보고서 등)을 요구하며 그러한 결과를 통해 평가의 대상이 될 수 있다. 반면 기부는 미리 기금을 마련해놓는 경우가 별로 없으며 결과 보고가 기부자와의 관계 지속을 위해 필요할 수 있으나 정산보고, 결과보고서 등의 결과물이 필수 조건은 아니다.

지원은 다시 재원의 원천에 따라 공공지원과 민간지원으로 구분하였다. 공공지원은 정부, 지방자치단체, 문예진흥기금, 방송발전기금, 국제교류재단 등에서 지원하는 경우를 그 예로 들 수 있으며 민간지원이란 수림문화재단, 파라다이스문화재단과 같이 민간 기업이나 개인이 조성한 기금을 자체 사업화 하여 사업비의 일부로 문화예술단체에 일정액을 지원하는 경우를 말한다. 공공지원과 민간지원은 거래 형태는 유사하지만 정산에 있어서 정도의 차이를 보이고 있다.

공공지원 중 정부의 직접지원은 문화예술 지원의 방법으로 적합하지 않은 경우가 많다. 무엇보다도 자유로워야 할 문화예술이 어떠한 정책적 의도에 따라 일정한 방향으로 유도될 가능성이 있는 만큼 정부의 직접 지원은 가급적 지양되어야 할 것이다. 또한 직접적인 재정지원은 여러 폐단을 가져와 오히려 예술단체의 자생력을 떨어뜨리는 결과를 초래하고 있기도 하다. 그럼에도 불구하고 예술단체는 재정적으로 열악하며, 예술의 가치, 비영리성, 공공성 등의 이유로 문화예술 영역에 있어서 공공지원은 필수적이다.

제2장에서는 왜 공공에서 예술을 지원해야 하는지에 대한 논리, 지원구조, 지원방식 등 공공지원에 대한 내용과 사례와 함께 민간지원에 대한 내용들을 다루어 보기로 하겠다.

제1절
공공지원의 의미와 타당성

1. 공공지원 타당성에 대한 소고(小考)

공공지원의 타당성에 대하여 생각해 보도록 하자. 공공에서 왜 문화예술에 지원해야 하는가? 문화예술이 비영리적인 요소를 갖고 있으며, 수익 구조가 취약하기 때문에 자체적인 재원조성의 필요성은 있겠지만 그렇다고 해서 당연히 공공지원을 해줘야 하는 것은 아니라고 본다. 어쩌면 비영리성은 공공지원의 근거로서는 중요하지 않을 수도 있다. 다만, 예술이 우리에게 문화복지라는 선물을 주고 있고 이러한 선물은 공공성이 있기 때문에 예술을 공급하는 자에게 공공지원을 해준다고 보아야 할 것이다. 현재 공공지원은 우리나라 문화예술 단체가 조성하는 재원 중 가장 큰 부분이라 할 수 있다. 문화예술 공공지원에 대한 보다 이론적인 부분(공공재, 가치재 등)은 뒤에 나오는 '3. 예술에 대한 공공지원의 경제학적 설명'에서 보다 자세히 설명하기로 하고, 여기서는 필자의 생각과 필자가 정서적으로 느끼는 부분에 대해 정리해 보았다.

문화예술이 재원조성을 필요로 하고 공공성이 있다고 해서, 단지 문화예술을 영위한다고 해서 무조건적으로 지원의 대상이 될 수는 없다. 예술창작 활동은 비영리 행위이며, 지원의 최우선 대상이 되어야 한다. 예술창작은 예술의 존재 이유이고 한 나라 문화예술의 밑바탕이며 모든 문화예술 사업의 근간이 되기 때문이다. 그렇지만 문화예술 사업은 예술창작 활동과는 다르다. '어린이에게 꿈과 희망을 주기 위해', '사회복지 차원에서', '소외된 계층의 문화향수를 위해서' 등 문화예술 사업 중에서도 순수한 비영리로 이루어지는 사업들이 있다. 이렇게 비영리로 진행되는 사업들은 공공성 측면에서 공공지원의 대상이 되어야 한다. 그렇다면 이 이외에 비영리적인 요소를 갖고는 있지만 영리적인 형태로 이루어지는 대다수의 문화예술 사업에 대해서는 어떻게 해야 할까.

사회적인 필요에 의해 행해지는 문화예술 사업이 흑자를 내고 있다면 굳이 한정된 지원금을 흑자 사업에 지원을 해주지 않아도 계속적인 행위는 이루어질 수가 있다. 그러나 적자가 난다면 더 이상 그 사업은 계속 이어질 수 없으며, 때문에 그 사업이 진행되기 위해서는 지원이 필수적인 요소가 되는 것이다. 흑자나 적자가 영리와 비영리를 가르는 기준이 되는 것은 아니라고 생각되지만 공공지원을 함에 있어서는, 또 그 대상이 공공성을 갖고 있다면 흑자나 적자 여부가 지원을 해줘야 하는 기준이 될 수 있다고 본다.

공공지원과 관련하여 구체적인 사례를 가지고 다시 한번 정리해 보면 훨씬 도움이 될 것이다. 문화예술 이외의 다른 두 분야와 축제를 예로 들도록 하겠다.

먼저 연탄을 생각해보자. 아직 우리나라에서는 연탄이 생산되고 있다. 특히 영세민들이 연탄을 사용하고 있기 때문에 사회적으로는 꼭 필요한 물건이다. 그러나 연탄을 제조하는 공장이나 석탄을 캐는 탄광회사는 모두 영리회사로서 엄청난 적자를 계속 보고 있다. 그렇다고 가격을 마음대로 올리지도 못한다. 영리의 형태를 갖고 생산을 하지만 기업이 계속 생산하도록 공공지원을 해주고 있으며, 당연히 해줘야 한다. 그런데 만약 더 이상 영세민들도 연탄을 사용하지 않고, 다만 삼겹살 집에서 고기를 굽기 위한 수단으로 사용한다면, 연탄의 공공성이 이미 퇴색된 것이므로 연탄을 생산하는 기업에 더 이상의 지원을 해주면 안 될 것이다.

좀 더 구체적으로 우리나라의 농사와 예술을 비교해 보자. 필자가 임의대로 예술장르별로 구분을 해보았다.

[그림2-1] 우리나라의 농사와 예술의 비교

우리나라 농업분야에서 벼농사는 가장 근간이 되며, 정책적으로도 큰 비중을 차지한다. 이런 점이 공연예술의 가장 기본이 되는 연극과 일맥상통하는 부분이 있다. 고추, 감자 등의 밭농사는 무용과 비교해 보았다. 논과 밭의 차이와 유사점이 연극과 무용의 그것과 비슷하다는 느낌이다. 과일재배는 미술과 대비하였다. 사과와 포도는 같은 과수농의 분야이며 유통구조도 비슷하지만 재배방법과 열매가 완전히 다르듯이, 회화와 조각의 차이로 보았다. 자기 집 앞마당에서 자기 또는 주위 사람들이 먹기 위해 조그맣게 작물을 재배하는 것은 어찌 보면 아마추어 예술활동과도 비교할 수 있다. 대학생들이 농활(농민 학생 연대 활동)을 하고 시민들도 지역 단위로 벼베기에 일손을 보태기도 한다. 문화예술 분야에서는 많은 자원활동가가 도움을 주고 있다.

벼농사는 들이는 노력에 비하여 수익이 떨어지며, 수입쌀로 인하여 경쟁은 점점 심해지고 있고 쌀 소비량은 점점 줄어들고 있다. 일부 농민들은 논을 갈아엎고 대체작물로 수익성을 확보하려는 시도를 하기도 한다. 이러한 시도들이 농민들에게 좀 더 나은 경제적인 혜택을 가져오기도 하지만 실패로 끝나기도 한다. 만약 모든 농민들이 벼농사를 포기하고 대체작물로 가면 어떻게 될까? 벼농사는 분명 영리사업이다. 그렇지만 연극과 유사한 이유로 비영리적인 특성을 어느 정도는 내포하고 있으며, 적자가 발생한다. 정부는 벼농사를 위해 직·간접적으로 지원을 해주고 있으며 추수가 끝나면 일정량을 수매도 해준다. 하지만 농민들은 항상 지원의 부족함을 토로하며 불만을 갖고 있다. 이점까지도 비슷하다.

정부는 농작물을 연구하고 병충해 방지를 위해 노력하며, 품종개량을 직접 수행하고 있다. 전북 고창군에서는 복분자를 연구·보급하여 특산물로 자리 잡았고, 지역특산물인 새싹보리 등을 이용한 건강식품을 개발하기도 하였다. 다른 지자체들도 이와 유사한 사업들을 추진하여 농가소득 증대에 이바지하고 있다. 일부 정부나 지방자치단체의 산하단체에서 시도하는 창작활동을 제외하고는, 예술분야는 특성상 민간부문에서 창작활동이 이루어진다. 품종개량과 창작활동을 같은 개념으로 놓고 보면, 예술에서는 민간이 그 역할을 하고 있으므로 지원을 해줘야 하는 것이다. 또한 연극을 하면 적자가 나기 때문에 모두 뮤지컬이나 다른 수익성 있는 공연예술을 하기 위해 떠난다면, 공연예술의 근간이 무너지게 된다. 따라서 비록 영리행위이지만 지켜내야 하는 것이고, 적자를 보존하기 위해 최소한의 지원을 하는 것으로 보면 어떨까.

축제를 놓고 생각해보자. 축제라고 이름 붙여 놓고 행해지는 행사들을 대상으로 굳이 유형을 나누는 것은 필자로서는 어려운 것이지만 다음과 같이 세 가지로 분류하여 보았다.

첫째, 상인이 중심이 되어 이루어지는 축제는 명백하게 영리를 추구하는 것이며 흑자를 내기 위해 행해진다. 여기에서 공공성을 찾아보기는 어렵다. 당연히 공공지원을 해서는 안 된다. 이러한 축제를 하는 목적이 상인들의 이익을 위한 것이라면 적자가 나더라도 상인들이 십시일반 부족분을 메워야 한다.

둘째, 순수한 예술축제의 경우는 예술적 가치를 복합적이고 다양하게 추구하고 있으며, 지역의 상징적인 문화 이벤트로 자리매김하고 있어 상당 부분 공공성을 갖고 있다. 하지만 이러한 축제의 대부분은 수입이 없거나 미미하고 거의 대부분 적자가 발생한다. 이런 유형의 축제를 통해 얻는 이익은 지역 주민들의 문화향유를 만족시켜 주는 것일 수도 있고, 외부 관광객이 지역을 방문하여 발생하는 관광수입이 될 수도 있다. 또 어떤 축제의 경우는 유·무형의 문화재를 보존하기 위해서도 필요하다. 축제를 함으로 인해 이익을 얻는 집단이 불특정 다수가 될 수 있으므로 이런 경우에는 공공지원이 필요하며 절대적이다.

셋째, 이와는 달리 관광축제, 특산물축제 등과 같이 성격 구분이 애매한 경우에는 우선적으로 사회적인 가치 또는 공공성을 기준으로 판단하여야 하며, 만약 이러한 축제가 이익이 난다면 굳이 지원을 해줄 필요가 없는 것이고, 공공성이 있으면서 적자가 난다면 계속적인 행사 진행을 위해 지원의 대상이 되어야 한다고 생각한다. 물론 공공지원의 역량에는 한계가 있으며 따라서 지원의 대상이 된다고 하더라도 실제 지원을 할 수 있는지 여부는 별개의 문제일 수 있다.

마지막으로 축제와 관련하여 한 가지 더 생각해 보면, 축제에 올리기 위한 예술창작 활동을 할 수 있으며 반대로 창작활동의 결과물을 축제의 형식으로 표출해 낼 수도 있다. 어쨌든 이러한 창작활동은 축제와 분리하여 공공지원에 대한 근거로 제시되고, 또 당연히 지원의 대상이 되어야 할 것이다.

이상의 생각을 정리하여 공공지원의 대상을 그림으로 표현해 보면 다음과 같다.

[그림2-2]
공공지원의 대상

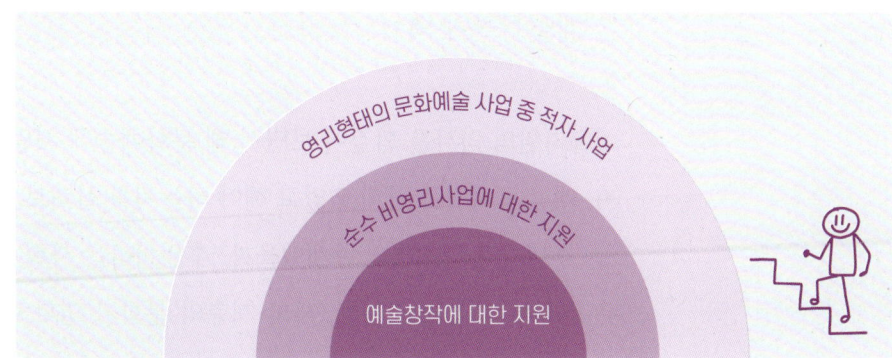

　가장 기초적이고 핵심이 되는 지원분야는 예술창작에 대한 것이지만 금액은 상대적으로 적을 수 있다. 또한 예술창작이 모든 예술 사업의 근간이 된다고 해서 예술창작만을 지원하는 것도 문제가 있을 수 있다. 순수 비영리사업에 대한 지원도 공공성 측면에서 필요하며, 영리 형태이긴 하지만 공공성을 담보로 하고 있고 적자가 난다면 지원을 할 필요도 있다. 다만 예술과 관계된 일을 하고 적자가 난다는 이유로 모두 공공지원을 한다면 공공재원으로 감당할 수 없게 될 것이며, 사회 다른 분야와의 형평성에도 문제가 있을 것이다. 향후에는 영리형태로 진행되는 문화예술 사업에 대해서는 비록 적자가 난다 하더라도 지원규모를 점차 줄이면서 자생력을 높이거나 민간의 후원을 연계하는 방법을 모색해야 할 것이다.

　지금까지의 정리를 기초로 하여 공공지원의 대상이 되는 문화예술 행위 또는 사업을 결정하는 순서도를 그려보면 다음과 같다.

[그림2-3]
공공지원 대상 결정 순서도

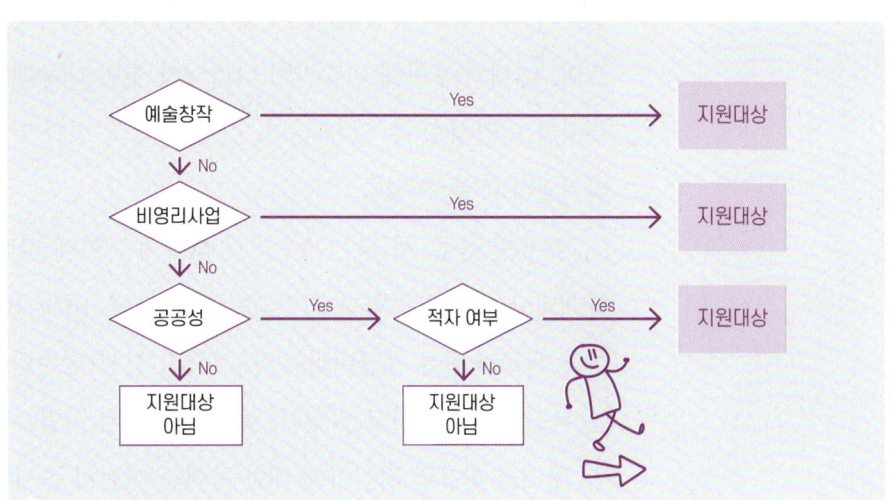

2. 예술지원의 역사

예술지원의 역사를 되짚어 보면서 왜 문화예술에 재원조성이 필요하게 되었는지, 왜 공공지원을 하게 되었고 해야 하는지를 살펴보자.

후원자란 언제부터 존재했을까? 후원이라는 사회 관습이 보이기 시작한 것은 언제부터일까? 신분제, 사회 계층의 분화가 명확히 보이는 고대 그리스 이후라고 보는 의견이 일반적이다. 후원이란 예로부터 특권이었다. 후원자들이 물질이나 정신면에서 예술가를 보호하는 이유는 첫째, '취향'이라고 해도 괜찮을, 간단히 말해 취미의 문제이다. 둘째는 일종의 의무감이다. 고귀한 신분으로 태어난 사람들에게는 그에 걸맞은 의무가 존재한다는 사고방식이다. 셋째는 '겉치레'이다. 후원자인 것이 지위의 상징이 되는 한편 예술가들을 보호한다는 것이 예술가들에 의해 이해자로서 인정받는다는 '선택받은 존재'가 될 수도 있다는 점이다. 그렇지 않은 타인과 차이를 보임으로써 후원자들은 우위성을 느끼게 되는 것이다. 서유럽 역사에서 예술에 대한 주요한 후원자들에는 국왕을 비롯해서 왕실 귀족, 교황과 추기경 등 고위 성직자, 부유한 상인과 실업가들이 있다. 경제적으로 자립할 수 없는 예술가가 직업을 얻고 이름을 떨치기 위해서는 후원자에 의지하여 종속되지 않으면 안 되었다. 따라서 예술가에게는 굴욕적이라고 할 만한 복종의 관계가 때때로 발생하기도 하였다.

근대의 경제 구조 변화는 예술 후원의 흐름에도 큰 영향을 미쳤다. 개인 수집가가 나타나고 화상(畵商)이 출현하면서 예술 작품이 사회에 유통되게 되었으며, 18세기 후반에 미술관이 나타나자 일반 대중에겐 인연이 없었던 명품을 누구라도 감상할 수 있게 된다. 감상 형식의 변화가 새로운 후원자의 확대를 가져왔다고 할 수 있다.

부유한 중류 계급이 귀족적 생활에 동조함에 따라 예술을 즐기는 계층이 확대되고 예술 대중화가 진전되는 한편에서, 18세기라는 사회 구조 변혁기는 상류 계급과 중류 계급이라는 두 계급의 경쟁·병존의 자유 속에서도 전자에게는 특권화를 요구하고 있었다. 예술은 제한된 사람들만의 것이 아니게 되었지만, 무엇을 향유할 것인가에 대한 차이는 여전히 존재하고 있었던 것이다. 후원을 둘러싸고 특권화와 대중화, 그리고 그 속에서 또 특권화라고 하는 흥미로운 현상이 나타나게 된다.

이후 지배 계급이었던 왕실과 귀족에 의한 예술 비호는 조금씩 후퇴하기 시작했으나, 한편으로는 예술 작품의 착실한 고객이 될 수 있는 완전히 새로운 계급, 중산 계급보다 훨씬 넓은 범위로 확대되어 가는 대중이 출현했다. 이전까지는 소수의 유력한 후원자가 직접 예술가에게 의뢰하고, 완성도에 따라서 자신의 생각대로 수정시키면 되었으므로 거기에는 비평이란 것이 존재할 여지가 거의 없었다. 그러나 예술과는 별로 인연이 없었던 신흥 부르주아까지 관객층이 되자 작품의 가치 판단을 둘러싸고 여러 가지 논의가 일어나게 되었다. 고객에게 작품의 질이 좋고 나쁨을 전달하고, 또 예술가에게 비평을 가하는 존재와 매체, 즉 비평가와 비평지는 예술가와 새로운 후원자 사이에서 중개자로서의 역할을 하게 되었다.

다른 한편으로 후원의 확대는 예술가에게 부자유를 가져다주기도 했다. 예술이 제한된 계층의 사람, 후원자의 것이었을 때 예술가들은 그들에게 의존하면서 표현의 자유에 대한 속박의 대가로 생활을 보장받았지만 후원이 확대되고 동시에 예술의 자율성이 확보되자 예술가는 자신의 활동으로 스스로 만족할 만큼 경제적 자립을 꾀하기가 상당히 곤란한 상황에 빠져버린 것이다. 그래서 예술가는 시장의 동향을 의식하거나 새로운 후원자에 의존하지 않으면 안 되게 되었다. 하지만 그 당시에도 예전부터 내려오던 국가, 귀족, 부유한 시민의 의뢰를 받아 작품을 제작하는 후원자의 모습이 사라진 것은 아니었다. 오늘날과 같은 예술 후원의 상황 속에서도 예술이 사람들에게 전해주는 차이 또는 특권화라고 부를 수 있는 현상이 사라지지 않은 것은 아닐까? 그 때문에 예술에 대한 공적 지원, 보호의 자세가 요구되고 있는 것이다.

오늘날 '생활 속에 예술을'이라는 목소리가 세계적으로 커지고 있다. 예술이 대중의 생활 속으로 침투하기 위해서는 예술가들 자신의 외연 확대, 즉 예술가가 예술을 향유하는 대중을 교육하지 않으면 안 된다. 또 양자의 중개자가 될 새로운 존재도 요구되고 있다. 그렇다면 예술이 인간에게 지극히 근원적이기 때문에 예술을 지원하는 것이 새로운 가치의 발견과 창조를 위해 매력적인

것이란 점을 설명하는 것이 반드시 필요하다.[1]

3. 예술에 대한 공공지원의 경제학적 설명

사람들이 요구하는 것은 많이 있더라도, 거기에 투입할 수 있는 세상의 자원은 한정되어 있다. 자원이 희소하다는 것을 전제로 어떻게 하면 효율적으로 목적을 달성할 수 있을까 생각하는 것이 경제학이다. 정부는 사람들이 갖고 있는 자원을 세금과 같은 방식으로 징수한 뒤, 그것을 공적으로 활용하는 존재라고 규정할 수 있다. 정부가 예술을 지원하기 위해서는 소비자가 원하는 것을 사지 않고 세금으로 내도록 할 만한 이유가 존재하지 않으면 안 되는 것이다.[2] '문화경제학'이라는 분야에서 이러한 부분을 경제학적인 관점에서 다루고 있다.

문화경제학이란 말은 1966년에 보몰(Baumol)과 보웬(Bowen)의 『무대예술 : 경제의 딜레마』라는 책을 통해 최초로 세상에 알려졌다. 그들에 앞서 러스킨이나 케인즈 등 여러 학자들이 동일한 이론이나 비슷한 표현을 사용했지만, 문화경제학이 공식적으로 인정받기는 이를 통해서이다.[3] 이후 1970년대부터 많은 경제학자들이 예술과 문화에 대하여 관심을 갖기 시작했다. 공공지원의 당위성에 대하여, 보몰과 보웬을 비롯한 주요 이론들을 소개하기 전에 공공지원과 관련하여 사용되고 있는 경제학의 용어들에 대해 간단하게 먼저 살펴보도록 한다.

1) 용어에 대한 개념 정리

(1) 공공재

공공재란 그 재화나 서비스가 비배제성이나 비경합성 등의 성질을 갖고 있는 것이다. 소비의 비배제성이란 비용을 부담하지 않는 사람이 그 편익을 누리는 것을 배제할 수 없는 재화나 서비스의 성질을 가리킨다. 흔히 예시되는 것이 국방 서비스다. 이런 성질을 지니고 있는 재화·서비스의 경우는 비용을 부담하

---

1) 이토오 야스오 외, 이흥재 역, 『예술경영과 문화정책』, 역사넷, 2002, P39-57 요약

2) 이토오 야스오 외, 이흥재 역, 앞의 책, P115

3) 한국문화경제학회, 『문화경제학 만나기』, 김영사, 2001, p 59

지 않은 사람도 편익에 무임승차할 수 있기 때문에 시장 메커니즘에서 공급하는 것은 곤란하다.

소비의 비경합성이란 누군가가 그 편익을 누리고 있어도 다른 사람이 동시에 그 편익을 누릴 수 있는 성질을 말한다. 예를 들면 TV방송 같은 경우이다. 소비의 비경합성이란 성질을 지니고 있는 재화나 서비스는 누군가가 그것을 소비할 때 한 사람이 그것을 더 소비하려고 하더라도 추가적인 비용이 들지 않는다는 것을 의미한다. 한계비용이 '0'이라면 그것을 이용하고 싶은 사람 전원에게 소비시키는 것이 바람직하다는 점에서 공공재를 규정하는 성질이라 간주한다.

경제학에서는 민간에서 공급된다 하더라도 공공재의 성질을 갖는 재화는 공공재이고, 정부가 공급하고 있더라도 공공재의 성질을 갖고 있지 않으면 공공재가 아닌 것이다.

[표 2-1] 재화의 성격에 따른 구분

재화의 성격	경합성	비경합성
배제성	사적재(사유재) 값을 치른 사람만이 독점적으로 사용할 수 있는 재화와 서비스	비순수공공재(클럽재) 한산한 유료국립공원 또는 유료고속도로, 한산한 수영장, 케이블 TV
비배제성	비순수공공재(공유자원) 자연자원(물, 생선), 막히는 국도, 붐비는 무료국립공원	공공재 국방, 치안, 공중파 TV, 무료국립공원, 한산한 국도

*출처 : KDI 경제정보센터

(2) 혼합재

소비의 비배제성이나 비경합성이라는 성질은 현실에서는 상대적인 것으로, 순수한 공공재로서 존재하기보다는 사적 재화의 성질과 공공재의 성질을 동시에 갖고 있는 재화로 존재하는 경우가 많다. 이처럼 사적 재화와 공공재의 성질을 둘 다 갖고 있는 재화·서비스를 '혼합재' 또는 '준공공재'라고 부른다. 혼합재는 시장이 공급하는 것이 불가능하지는 않지만, 공공재로서의 성질을 묶어서 생각해보면 사람들이 바라고 있는 수준보다 과소하게 밖에는 공급되지 않으므로 정부에 의한 공적 부담이 필요하다.

(3) 가치재

공공재의 성질을 갖고, 사람들이 그것을 바라고 있는 경우가 아니더라도 정부가 공급·지원하는 재화·서비스는 수없이 존재하고 있다. 사람들이 그 재화에 대한 선호를 갖고 있는지와 관계없이 정부쪽에서는 '사람들이 그것을 소비해야만 한다.'라고 온정적(paternalistic) 판단으로 공급하는 재화를 '가치재'라고 부른다. 전형적인 가치재의 예로 아동에 대한 의무 교육을 들 수 있다. 초등 교육을 받을까 말까를 시장 메커니즘에 따라 아동 본인의 의사에 맡겨둔다면 반드시 전원이 교육을 받지 않을 가능성도 있지만, 그것은 본인의 탓이 아니라는 생각에서 정부가 강제적으로 교육을 받도록 만드는 것이다.

> 소병희는 예술이 가치재인 이유를 다음과 같이 설명하고 있다.[4]
>
> 첫째, 예술은 무한한 상상과 자유로운 생각이라는 무형의 재화를 전파하여 삶의 질을 향상시킴으로써 풍요로운 시민 생활을 누릴 수 있도록 만든다.
> 둘째, 당대의 예술은 후대에게 예술의 전통과 문화유산을 남기게 된다.
> 셋째, 예술적 성취는 그 나라의 국제적 위상을 높인다.
> 넷째, 예술기관은 그 주변의 지역경제 활동에 막대한 외부 경제를 파급시킬 수 있다.
> 다섯째, 높은 예술 감각과 수준은 제품의 멋진 디자인을 가능하게 하고, 나아가 한 나라의 산업 경쟁력을 높여서 경제 발전과 성장에도 일조하게 된다.

(4) 클럽재(club good)

비용을 지불하지 않은 경우 이용할 수 없지만 일단 소비행위에 참여하면 경합성은 없거나 낮은 재화 또는 서비스를 클럽재라고 한다. 어떠한 재화 또는 서비스가 경합성이 없거나 낮다는 의미는 기본적으로 해당 재화를 소비하기 위한 추가적인 비용이 없다는 것을 의미하므로 자연 독점에 의해 공급되는 경우가 많다.(Beggs, 2021)

생산되는 과정 또는 생산의 결과물이 공개되는 형태 등에 따라 경합성이나 배제성이 적용되는 경우도 있으나 두 가지의 성격을 동시에 가지는 경우는 거의 없기 때문에 기본적으로 예술은 준공공재(비순수공공재)의 성격을 가진다고 할 수 있다. 경합성은 없으나 배제성은 가지는 클럽재의 성격을 예술에 적용하면 다음과 같이 설명할 수 있다. 박물관이나 미술관의 경우 회원제로 운영

[4] 한국문화경제학회, 『문화경제학 만나기』, 김영사, 2001, p184

하거나 개별(일시적) 관람을 위한 입장권을 구매 후 입장하게 된다. 이 경우 경합성이 없어진다고 볼 수 있으며 영화관이나 케이블 TV 등도 유사한 속성을 가진다. 또한 관람객이 어떤 공연이나 전시를 본다고 해서 다른 사람의 공연 관람을 제한하지는 않으나 입장료를 내지 않은 사람의 관람은 불가능하므로 배제성이 발생하여 클럽재로 볼 수 있는 것이다. 그러나 한정된 좌석 또는 공간에서 실제로 진행되는 전통적인 성격의 예술활동을 관람하는 경우 티켓 구매라는 경합성을 가지게 되어 완전한 클럽재로 보기는 어려운 것도 사실이다. 다만, 온라인으로 진행되는 유료 공연의 경우 한정된 수량은 아니지만 사전 예매를 하지 않는다면 접속 자체가 불가능하여 관람이 이루어질 수 없으므로 배재성을 가진 클럽재의 예가 될 것이다. 이와 같이 예술의 경우에도 경합성이 없거나 낮은 경우 등 다양한 상황이 발생할 수 있기 때문에 안전한 공공재가 아닌 순공공재(비순수공공재)로 보는 시각이 우세하다.

2) 보몰과 보웬의 논리

보몰과 보웬은 1966년에 저술한 『무대예술 : 경제의 딜레마』 중에서 예술 문화에 대한 공적지원의 근거를 2가지 관점에서 명백하게 하고 있다.

하나는 자원배분에 있어서 시장의 실패이다. 공연예술에 있어서는 생산성을 올리기가 곤란하다. 예를 들면, 45분 걸리는 곡을 4개 연주하는데 필요한 시간은 3시간인데, 무대예술이 진보하였다고 하여 이 이하의 시간으로 이 곡을 연주한다는 것은 불가능한 것이다. 즉, 공연예술은 생산성의 향상이 타 산업에 비하여 극히 적은 것이다. 한편, 공연예술의 비용은 그 대부분이 인건비가 차지하고 있다. 다른 산업부분에서 생산성이 향상되면 그 부분의 임금이 상승하여 공연예술에도 그 영향이 미치게 된다. 비용의 대부분을 인건비가 차지하는 이 분야에서는 임금이 낮음에도 불구하고 비용의 상승은 물가 상승보다 높아지는 상황이 된다. 결국 타 산업 부분의 생산성이 올라가면, 공연예술은 상대적으로 빈곤화하게 되는 것이다. 시장의 자원배분에 맡겨두면 공연예술의 소득부족은 점차 확대될 것이다. 문화예술에 있어서의 시장의 실패인 것이다. 그러나 그렇다고 하여 즉각적으로 공적지원을 논할 수는 없는데, 마치 철도가 출현하여 사양길에 접어 든 마차 운송에 대해서 즉각적으로 정부지원을 해야 할 논거는 아무것도 없는 것과 같은 것이다.

지금까지도 보몰과 보웬의 비용질병(Cost Disease)은 공공지원과 관련하여 가장 많이 인용되고 있긴 하지만 수입 부족 현상이 점차 심화되어 간다는 주장에 대해 다른 의견들도 제시되고 있다.

이 가운데 핵심적인 주장 몇몇을 살펴보면, ① 공연예술 분야에서도 어느 정도의 기술 진보가 가능하다는 것이다. 예를 들면, 새로운 공간 디자인, 음향 시스템의 개선, 조명의 개선 등을 통해 보다 많은 관객들을 공연장으로 유인할 수 있고, 특히 방송과 녹음기술의 발전은 한번 공연만으로도 수천, 수만 번 연장시킬 수 있는 것이다. 비록 연기자와 청중 간에 실황공연과 재방송이 갖는 질적 차이가 큰 것은 사실이지만 이러한 미디어의 발달을 통하여 관객 기반을 넓히고, 따라서 공연기업들의 재정을 개선시킬 수 있는 여지는 분명히 있는 것이다. ② 비용압박에 대하여 공연기업들은 생산요소의 조정을 통하여 대응할 수도 있다는 것이다. 예를 들면, 현재의 산출 수준에서 기술적 효율성을 제고한다거나, 무대장치가 보다 단순하고 출연진이 보다 적은 공연물을 선택한다거나, 저작권료를 지불해야만 되는 현대 작품을 선택하기보다 저작권료에서 자유로운 고전적인 작품을 선택하는 등 공연의 질적 변화를 꾀할 수도 있으며, 아울러 홍보활동이나 마케팅 등을 통하여 기타 수입구조를 개선시키는 전략을 채택할 수도 있을 것이다. ③ 소비자의 소득 증대가 공연기업의 비용압박에 따른 티켓가격의 상승요인을 어느 정도 상쇄시킬 수도 있을 것이다. 이것은 소비자의 소득과 교육수준이 높아짐에 따라 공연예술에 대한 소비자의 기호가 변화하고, 공연예술에 대한 지출 역시 증대할 것으로 기대할 수 있기 때문이다.

결국 이러한 비판을 종합할 때, 비록 비용질병 현상이 공연예술분야에 어려운 요인으로 작용하는 것은 사실이지만 결코 비관적이지 않다는 것을 강력히 시사한다.[5]

두 번째 논점은 문화예술의 공공성의 지적이다. 그들은 예술문화가 사적 재화 측면과 공공재 측면을 갖는 혼합재라고 하며, 공공재 성질을 갖고 있다고

---

5) 임상오, "문화경제학의 공공정책적 함의", 한국문화경제학회 창립 10주년 기념학술대회, 2007

하는 것은 다음과 같은 점을 들고 있다.
- 무대예술이 국가에 부여하는 위신
- 문화활동의 확대가 주변 비즈니스에 주어지는 장점
- 장래 세대를 위해서 (예술수준의 향상, 관객 이해력의 발달)
- 지역사회에 주는 교육적 공헌

이와 같이 문화예술에는 사회적 편익이 있는 외부성이 존재한다는 것이다. 공공재 성질을 갖는 무대예술의 편익은 티켓가격으로 회수되는 매출을 웃돌고 있기 때문에, 정부에서 지원할 필요가 있다.

추가적으로 보몰과 보웬은 관객에 대한 분석을 통해 무대예술의 관객은 고학력, 고소득, 전문직이라는 속성을 가지고 있다는 것을 지적하고 있다. 문화예술이 공공성을 갖고 있으면 평등성이나 재분배의 관점에서 정부지원에 대한 근거가 마련되는 것이다. 보몰과 보웬에 의해서 제기된 이러한 논리는 미국의 경우 독립된 공공지원기관인 NEA(National Endowment for the Arts)의 창설에 기여하였고, 이후의 연구에 크게 영향력을 갖게 되었다.

3) 헤일블런과 그레이의 논리

다음으로는 보몰과 보웬의 연구가 그 후 미국 경제학 중에서 어떻게 발전하였는지에 대해 검토하기 위해 헤일블런과 그레이의 『문화예술경제학』에 대하여 살펴보도록 하자.[6] 이들은 문화예술에 대한 공적지원의 근거로 시장의 실패와 형평성을 들고 있다.

(1) 시장 실패의 문제

'시장 실패'는 공급과 소비가 자유로운 시장 안에서 독과점이나 외부효과의 문제가 생길 경우, 또는 사적재와 달리 비배제성, 비경합성의 성격을 가지는 공공재의 공급 수준이 적절하지 않을 경우 발생하는 비효율적인 자원 배분 상태를 의미한다. 사회적으로 반드시 필요한 재화 또는 서비스이지만 시장에서 자율적으로 생산되기 어려운 성격을 가진 공공재가 꼭 필요한 곳(수요가 있는 곳)

[6) Heilbrun, James &Gray, Charles M., The Economics of Art and Culture: An American Perspective, New York, Cambridge University Press, 1993 (이흥재 옮김, 『문화예술경제학』, 살림출판사, 2000)]

에 공급되지 않는다는 의미에서 사용되는데, 이와 같은 비효율적인 자원배분을 수정하기 위해 정부의 개입이 필요하다는 주장이다. 이들은 시장 실패의 주요 원인으로 독점, 외부성, 공공재, 비용체감 산업 그리고 정보의 부족 등을 들고 있다.

① 독점

독점은 독점자가 산출물을 조절하여 완전경쟁 하의 균형가격, 즉 한계비용 이상으로 가격을 올림으로써 추가적인 이윤을 획득하기 때문에 시장실패의 원인이 된다. 예술기관은 종종 그들의 지역 안에서 독점자로 나타난다. 하지만 이것은 보통 시장 실패의 원인으로 나타나지 않는데, 그 이유는 대부분의 예술기관이 비영리조직으로 되어 있기 때문이다.

② 외부성 또는 외부편익

외부성은 어떤 기업이나 개인의 행동이 다른 기업이나 개인에게 아무런 보상 없이 영향을 미칠 때 발생한다. 오염은 외부성의 대표적인 예이다. 그러나 외부성은 비용뿐만 아니라 이익도 줄 수 있다. 예를 들어 어떤 사람의 경제적 행위가 다른 사람에게 편익을 주면 양의 외부성(또는 '외부경제'라고도 일컬음), 손해를 입히게 되면 음의 외부성(외부불경제)이 발생한 것으로 본다. 길가의 주택들이 외부 사람들이 잘 보이는 위치에 예쁜 꽃밭을 만들어 놓았을 때 이웃사람들이나 통행인들은 그 집 사람들에게 아무런 보상도 주지 않고 외부적인 편익을 얻는다. 예술 부문을 연구하는 경제학자들이 주장하는 문화나 예술이 발생시키는 외부편익을 정리하면 다음과 같다.

- 후세에 대한 유산
- 국가적 위신
- 지역경제에 대한 편익
- 자유로운 교육에 대한 기여
- 예술 참여자들의 사회적 증진
- 예술의 혁신성

③ 공공재로서의 외부편익

예술이 발생시킨 외부편익은 순수한 공공재의 특성-비경합성, 비배제성-을 갖고 있는 것이 명확하다.

④ 비용감소산업

비용감소산업은 생산의 평균 단위비용이 생산량의 증가에 따라 감소하는 산업을 뜻한다. 일반적으로 평균비용이 감소하는 한, 한계비용은 평균비용 아래에 놓이게 된다. 손익분기를 맞추기 위해 박물관은 평균비용과 일치하도록 입장권 가격을 설정해야 한다. 그 결과 우리가 일반적으로 말하는 한계비용가격이 설정되지 않기 때문에 시장의 실패를 가져온다. 공공보조는 이 같은 사회적 문제를 해결하는 한 가지 방법이다.

⑤ 정보의 결여

모든 참여자가 시장에 존재하는 상품이나 서비스에 관한 정보를 갖고 있지 않는 한 시장은 효율적으로 운영되고 있다고 할 수 없을 것이다. 소비자 측면에서의 무지는 시장의 실패를 가져온다. 예술이나 문화 부문에서는 정보의 부족으로 인해 두 가지 바람직하지 못한 효과가 발생할 수 있다. 첫째, 예술에 대한 무지로 인해 소비자가 예술 활동에 참여하지 못하기 때문에 수많은 소비자의 잠재적 효용이 상실된다. 예술은 획득된 기호이기 때문에 우리는 그와 같은 손실이 잠재적으로 매우 크다고 본다. 둘째, 수요가 적기 때문에 예술 부문에 있는 많은 기업이 성장에 제약을 받게 되며 또한 규모의 경제를 달성하는 것도 제약받게 된다.

(2) 형평성과 소득분배: 가치재

평등주의 입장에서 모든 시민에게 국가적인 문화나 예술에 대한 최소한의 접근 기회를 제공해야 한다. 높은 가격장벽과 저소득 그리고 이와는 성격이 약간 다른 지역적인 접근 불능문제를 극복하기 위해 보조가 요구된다.

4) 가타야마 타이스케의 논리

다음으로는 일본 학자인 가타야마 타이스케의 정부에 의한 예술 지원의 경제학적 설명을 살펴보도록 하자. 그는 정부 부문의 경제 활동을 분석하는 재정학에 근거해서 문화예술에 대한 지원정책의 타당성을 다음과 같이 설명하고 있다.[7]

(1) 자원 배분의 적정화

① 준공공재(혼합재)로서의 문화예술

정부가 강제적으로 사람들에게서 징수하는 세금이라는 것은 사람들이 자유롭게 사용할 수 있는 돈을 감소시키는 결과를 초래하여 사람들의 만족 수준을 저하시키기 때문에 본래는 바람직하지 않은 것이라고 할 수 있다. 그럼에도 불구하고 정부가 사람들로부터 세금을 징수해서 다양하게 활동하는 것은 시장 메커니즘에 맡겨 자유롭게 자신의 돈을 쓰게 하는 것만으로는 사람들이 만족하는 재화와 서비스가 충분하게 공급되지 않는 사례가 있기 때문이다. 경제학적으로 표현하면 시장 메커니즘에 맡겨두어서는 사람들의 효용을 최대화시키는 최적의 자원 배분이 이뤄지지 않는다는 것이다.

문화예술의 경우는 순수한 공공재라기보다는 사적재화와 공공재 양쪽의 측면을 가진 혼합재로서 취급되는 경우가 대부분이다. 가령 연극 공연은 입장권 판매로 수익자로부터 요금을 징수할 수 있으므로 기본적으로 사적 재화라고 해도 좋다. 미술 감상 서비스를 제공하는 미술관도 마찬가지고, 회화의 판매도 사적 재화의 매매라고 할 수 있다. 이처럼 문화예술에는 사적 재화로서의 측면이 확실히 있으나 이런 성질 이외에 무엇인가 공공재적인 측면이 존재하고 있다는 것이 지적되어 왔다. 문화예술이 지니고 있는 사회적 편익에 대해 다양하게 이야기되고 있지만 대개 다음과 같이 정리할 수 있다.

가. 문화유산설

문화유산설은 문화예술을 문화재로서 후세까지 유산으로 남겨준다는 편익에

---

7) 이토오 야스오 외, 이흥재 역, 『예술경영과 문화정책』, 역사넷, 2002, P115 - 129 요약

공공재로서의 성질이 있다는 생각이다. 실제로 예술 감상을 하지 않는 사람들도 문화예술을 장래 세대에 유산으로 남겨주고 싶은 욕구는 있지만, 그것이 시장에서는 충분히 시현되지 않는다는 것이다.

나. 국민저 위신설

뛰어난 예술의 존재가 그 나라 국민에게 위신(prestige)이라고 하는 배제 불가능한 편익을 제공한다는 견해는, 현재 각국 문화정책에서는 공적 지원의 유력한 근거가 된다. 위신이라고 하는 편익은 소비의 비배제성이 강한 편익이기에, 시장을 통해 충분히 공급받지 못할 경우에는 공적 공급의 합리성을 주장할 수 있는 조건을 갖는다고 할 수 있다. 그러나 동질의 위신이 스포츠나 우주 개발 등 다른 수단을 통해 얻어질 수 있다면 위신이 스포츠나 우주개발 등 공공 지출보다 더 효율적인 수단이 있는지 없는지를 검토할 필요도 있다.

다. 지역 경제 파급설

문화예술이 존재함으로서 다양한 경제적 파급 효과를 기대할 수 있다는 주장도 많이 제기된다. 이 같은 편익은 지역에 널리 확산되어 누구나 향유할 수 있기 때문에 수익자에게 그 비용을 부담시키는 것은 곤란하며, 공적 지원이 필요하다고 한다. 무대 예술을 보기 위해 관광객이 몰려들고 호텔이나 상점 등의 수요가 증가하는 경우가 가장 일반적인데, 이 밖에도 지적노동자 가운데는 예술을 즐기는 사람이 많기 때문에 문화예술을 보조하고 공급을 증가시키면 이 같은 인재의 고용이 용이해지거나 기업유치가 용이해진다는 지적도 있다.

라. 일반 교양설·사회적 향상설

일반교양 교육의 보급이 사회 전체에 널리 이익을 준다는 건 일반적으로 인정된 사실이며 문화예술도 그 일부를 구성한다는 주장이 있다. 또한 사람들은 예술을 감상함으로써 사회성이나 시민으로서의 자질을 향상시킬 수 있고, 자질 향상에 따른 편익은 다른 사람들도 누리고 있다는 견해도 자주 거론된다.

마. 사회 비판 기능설

사회 비판 기능설은 문화예술은 사회를 반영하는 거울로서 사회를 효과적으로 비판하는 기능이 있으며, 그 수익은 널리 일반에 미치고 있다는 견해이다.

바. 기타

문화예술에 있어서 이노베이션(innovation)은 실제로 공연장을 찾은 관객 외에도 이용 가능하다는 성질이 있다는 이노베이션설과 실제로 사람들이 극장에 갈지는 모르지만 극장이 존재하고 공연이 이루어진다는 점에서 만족을 얻는 경우가 있다는 옵션가치설 등이 있다.

② 준공공재의 공적 공급·공적 지원

정부가 문화예술의 공공지원을 정당화하기 위해서는 '사람들이 그것을 요구하고 있다'라는 조건이 필요하다. 다시 말해 '문화예술은 공공재이기 때문에 정부가 공급할 필요'가 있다는 논의가 아니라 '사람들이 문화예술을 추구하고 있는데, 문화예술에는 공공재의 성질이 있으며 시장에서 충분히 공급되지 않기 때문에 정부에 의한 공적 공급(공적 지원)이 필요하다'라는 설명이 필요한 것이다. 정부가 문화예술에 대한 재정을 지출한다는 것은 세금으로 징수하는 분량만큼 사람들이 구입할 수 있는 사적 재화가 감소한다는 것을 의미한다. 다시 말해서 사람들이 자신이 소비하는 사적 재화를 줄이면서까지 준공공재인 문화예술을 바라고 있다는 사실이 전제가 되는 것이다.

③ 가치재

가치재는 소비자의 선호와 무관하게 정부에서 온정주의적 판단에 따라 공급·지원하는 것이데, 문화예술에 대해서도 본인이 희망하고 있거나 아니거나에 관계없이 온정적 판단에서 공적으로 공급해야만 한다는 논의가 전개되는 경우를 자주 보게 된다.

(2) 소득 분배의 적정화

정부가 시장에 개입해야 하는 또 하나의 경우는 소득 분배에 관한 문제가 존재할 경우다. 시장 메커니즘에 의한 자원 분배의 결과는 소득 분배의 평등을 보상하지는 못한다. 이런 불평등한 상황에 정부가 개입함으로써 모두가 평등하게 예술을 감상할 수 있는 기회를 갖게 해야 한다는 견해가 있는데, 다음 3가지 유형으로 분류할 수 있다.

첫째, 저소득층에게도 예술 감상의 기회를 주어야 한다는 견해다. 이런 입장에서는 예술가나 예술단체에 보조하여 티켓 가격을 싸게 해서 저소득층들이 쉽게 접근할 수 있도록 해야 한다는 주장이 많다. 그러나 이 같은 견해에는 비판도 많은데, 그것은 저가격의 혜택을 향유하는 것은 주로 고소득층이므로 예술에 대한 공적 지원은 역진적인 소득 재분배라는 비판이다. 이런 입장에서는 예술 단체에 보조해서 저가격을 실현하기보다는 저소득층에게 직접 보조금을 주는 쪽이 바람직하다는 주장이 나오게 된다.

둘째, 예술을 이해하고 즐기기 위한 능력은 유아기부터의 경험과 교육으로 형성되므로, 이러한 능력 획득 기회를 부모의 소득이나 기호 등으로 방해해서는 안 된다는 견해다.

셋째, 지역적 평등이다. 무대예술 공연이 서비스 생산이라는 특징을 갖고 있다면, 사람들의 접근 가능성과 공급자의 입지 문제는 중요하다. 어느 지역 사람이나 평등하게 예술을 접할 기회를 갖고 문화적인 생활을 영위할 권리를 가져야 한다는 입장에서 보면 예술의 지리적 확산에 정부가 관여해야 한다는 필요성이 제기된다.

이처럼 소득 분배 적정화 관점에서도 공적 지원의 근거에 대해 몇 가지 설명이 제시된다. 단순히 소득 격차만이 문제라면 소비자 주권의 입장에서 소득 재분배 정책은 금전적 이전이 가장 바람직하지만, 무대예술에 관해서는 직접적인 금전적 이전에 따른 소득의 균등화만으로는 실질적인 평등이 확보되지 않는다는 인식도 예술지원을 연구하는 연구자들 간에 널리 공유되고 있다. 실질적인 평등을 확보하기 위해서는 사람들의 선호도 형성 단계에서의 기회균등과 지역 차원에서의 기회균등 확보가 소득 이전만으로는 실현할 수 없는 문제로 남는다.

(3) 경제의 안정화 기능

시장 메커니즘 아래서의 경기 순환은 피할 수 없지만 재정 지출은 경기의 극단적인 변동을 완화시키는 기능을 담당한다. 경기가 나쁠 때는 재정 지출을 늘려 경제를 활성화시키고 반대로 경기가 과열되었을 때는 재정 지출을 억제해서 인플레이션을 막는 정책이다.

경제 활성화를 위한 재정 지출 가운데는 예술지원과 관계된 것들도 포함된다. 그 예로 일본에서는 공공사업의 하나로 문화시설 건설, 페스티벌 이벤트 개최 등의 경우를 찾아볼 수 있다. 역사적으로는 제2차 세계대전 전에 미국에서 실시했던 뉴딜 정책에서 공공시설의 벽화 작업에 많은 화가를 고용하는 등 다양한 예술 관련 사업이 고용창출이라는 이름으로 이루어졌다.

4. 예술을 국가에서 지원하는 동기

국가는 무슨 동기로 예술을 지원하는가에 대한 관점에서 공공지원에 대한 의미를 찾아보기로 하겠다. 가장 대표적인 설명으로 7개의 티트머스 모델을 들 수 있다. 그렇지만 각각의 내용이 독립적이라고 보기 어렵고 어느 하나의 동기로만 지원하지도 않을 것이다. 7개의 모델 내용을 보면 예술계 종사자들이 생각하는 것과 달리 상당 부분 예술이 통치의 수단인 것과 같은 느낌이 든다. 안타깝게도 과거로부터 예술이 통치의 수단으로 이용되었던 것은 사실이다. 예술 자체가 갖고 있는 순수성이나 가치를 떠나 국가가 예술을 지원한다는 것은 국가의 필요에 의한 것이기 때문에 일정 부분 이를 피할 수는 없을 것이다. 다행인 것은 예술에 대한 국가의 지원이 장기적, 간접적인 효과를 암묵적으로 보기 위한 방편으로 점차 바뀌어 가고 있다는 것이다.

(1) 티트머스 모델

7개의 티트머스 모델을 살펴보면 다음과 같다.[8]

① 황금시기 모델(The Glory Model)
지배자와 국가는 그들이 통치했던 시절이 국민국가의 전성기나 황금시대였으며 통치 시기가 문명화되었다고 기억되길 바라는 희망을 현실화시키는 방법의 하나로 예술지원을 한다. 프랑스 미테랑 대통령 정부에 의한 새로운 바시티유 오페라하우스 건립과 같은 사례가 이 모델에 속한다고 할 수 있다.

② 위안 제공 모델(The Placebo Model)
국가는 고난의 시기에 국민들이 겪은 어려움과 분노를 달래기 위해 예술을 지원하여 국민들에게 기쁨과 즐거움을 제공해 주고자 한다. 대공황 시기에 시작된 미국의 연방 차원에서 계획된 '대중들을 위한 예술; 지원 프로그램이 이 모델에 포함된다고 할 수 있다.

③ 국민 교육 모델(The Education Model)
대중들의 행동과 생각을 교화하기 위한 교육용으로 예술에 대한 지원이 이루어진다. 독일의 히틀러 치하와 구소련 스탈린 치하에서 정부가 사상적, 이념적, 정치적으로 허용하는 예술을 장려했던 경우가 이 모델에 포함되고 있다. 그러나 전후 교육 모델 중 소련과 독일 등에서 바람직하지 못한 부분에 대한 비판이 가해지고 또한 복지국가형 예술지원이 만들어지면서 한 국가의 예술의 질적 향상 측면에서나 문화산업 측면에서 예술교육의 중요성이 강조되고 있다.

④ 보상모델(The Reward Model)
어떤 예술단체가 국민에 대한 봉사를 함으로써 대가를 받을만하다고 여겨질 때 국가가 그 단체의 예술 활동을 장려하고 지원해 준다. 영국 정부가 제2차 세계대전 중 드라마와 음악 등으로 어려움에 처한 국민들을 위해 위문공

---

[8] 한국문화관광정책연구원, 예술지원의 원칙과 기준에 관한 연구, 2005, p13~14

연을 한 '국가오락/연예서비스협회(ENSA:Entertainment National Services Association)'를 후원한 경우가 이에 속한다고 할 수 있다. 이 협회는 전쟁 후 예술에 대한 최초의 국가 지원 모델이라 인정되고 있는 영국예술위원회로 발전하게 된다.

⑤ 공공서비스 모델(The Service Model)
국가가 예술 자원을 공공재로 인식하고 대중들이 이를 널리 이용 가능하도록 공공 서비스 차원에서 예술을 지원해 주는 제도이다. 이는 서구 대부분의 국가에서 예술에 대한 국가 지원의 주된 근거가 되고 있다.

⑥ 정부 대체 모델(The Compensatory Model)
민간에 의해 운영되고 있던 주요 문화예술 시설과 기관의 운영/경영 체계가 붕괴되었을 때 국가가 지원하여 운영 시스템을 대신 맡는 모델이다. 독일 자치정부가 과거 민간 소유였던 오페라하우스의 경영을 대신한 것이 하나의 예이다.

⑦ 상업적 모델(The Commercial Model)
문화예술 자산이 유무형의 상업적 이득을 올릴 수 있는 상품으로 간주되면서 상품 판매량을 높이기 위해 정부가 지원하는 유형이다. 예를 들어 영국 정부는 로얄 셰익스피어 극장을 명소로 홍보하고 지원하면서 유무형의 국부를 창출해 내고 있다.

위에서 설명한 7개 모델과 다른 시각에서 예술이 가지는 다양한 가치에 대한 인식을 통해 공공지원의 당위성을 논의하는 접근도 가능하다. 예술은 그 자체로 인간에게 마음의 기쁨이나 정서적 만족을 준다는 본원적 가치(Intrinsic value)와 고용 창출이나 소득 증대, 성장 잠재력의 제고와 같은 경제적 가치를 가진다. 또한, 문화자본 형성이나 공동체 의식의 확산을 가능하게 하는 문화적 가치, 그리고 갈등 치유나 사회적 자본 형성을 가능케 하는 사회적 가치 등의 효과를 가지는 공공재(public good)이자 가치재(merit good)가 될 수 있어 공적지원의 의도가 정당성을 가지게 된다.(소병희, 2012; 손원익·박태규, 2012; 양현미·심광현, 2007; 이혜경, 2001) 즉, 예술이 가지는 유무형의 가치가 공공성을 가지게 되고, 예술이 가지는 재화(서비스)의 특성상 결국 시장에서 충분한 공급이 이뤄지지 않게 될 것이므로 정부에서 공공예산을 투입하기 위한 근거가 되는 것이다.

2) 비영리 성격의 문화예술에 대한 공공지원

정부가 직접 문화예술서비스를 공급할 경우 실제 수요 충족의 한계와 무엇보다 창의적이어야 할 문화예술 활동이 규제로 인해 일그러질 가능이 높기 때문에(손원익·박태규, 2012), 비영리적인 문화예술 활동에 대한 보조금과 같은 정부의 공적지원을 통해 좀 더 다양하고 많은 사람들이 문화예술을 즐기고 이해할 수 있도록 하는 것이 중요하다.

여기에는 문화예술은 공공재적인 성격뿐만 아니라 사적재의 성격도 함께 가지는 혼합재(mixed good)의 성격을 가진다는 점도 간과하면 안 되는데, 만일 구매력을 가진 사람들에게만 혜택이 주어질 경우 양극화가 발생하게 되고, 심화되면 나중에 만회하여야 할 사회적 비용이 더 커질 수 있어 공공지원을 통해 개인 간 소비 편차를 줄이고 사회적 편익을 극대화할 필요가 있는 것이다(손원익·박태규, 2013; 이혜경, 2001). 즉, 시장 상황의 변동이나 경제적인 어려움이 있다 하더라도 국가는 시민들이 기본적인 권리로서 문화예술을 즐길 수 있도록 문화예술을 민간부문과 협력하여 지속적으로 공급하는 것이 중요하다(Feder & Katz-Gerro, 2012).

그런데, 문화예술이 가지는 효과는 추상적이거나 정성적인 내용으로 표현되는 경우가 많아 실제로는 데이터에 의한 힘을 가지지 못하고, 정부 정책에서도 후순위로 밀리는 경우가 많다.

이런 상황을 극복하고 재정 수단을 동원하여 정책을 시행하려는 논리(예산 신설이나 증액)를 구성하기 위해 수치로 표현할 수 있는 도구적 편익을 위한 접근에 대하여 강조하는 경향이 증가하게 되었는데, 비단 공공지원뿐만 아니라 민간재원인 기부자를 이끌어내는 데에도 효과적인 수단이라는 인식이 자리 잡게 되면서 많이 활용되고 있다.

실제 문화예술분야에 대하여 경제적·산업적 가치를 측정한 연구에서도 문화예술산업의 국민경제에 대한 생산유발효과와 부가가치유발효과가 전산업이나 서비스업 평균보다 큰 것으로 나타난다. 대중문화를 제외하고 공연예술이나 시각예술의 취업유발계수나 고용유발계수가 서비스업평균이나 주요 제조업(이동전화기, 자동차)보다도 3~5배 높게 나타나 이 분야에 대한 정부나 민간의 지출이 늘어나는 것이 국민경제에도 양(+)의 효과를 가짐을 확인할 수 있다(산업연구원, 2016).

이러한 시각은 미국의 사례에서 잘 나타나는데 "Americans for the Arts"(미국)가 매년 발표하고 있는 "예술을 후원해야 할 10가지 이유(10 reasons to support to the arts)"에서 예술이 가지는 경제적 파급효과를 강조하는 데서도 발견할 수 있다.(아래 [사례] 참고)

다만, 예술의 본원적 가치보다 경제적인 효용만 강조하는 사례의 남용과 오해에 대한 소지로 논란의 여지도 있어 경제적 효과 연구를 통해 예술의 도구적인 편익을 증명하려는 접근 방식에 대한 비판도 적지 않다.

우리나라의 경우 문화예술에 대한 공공지원은 지속적으로 늘어나고 있는 추세임에도 불구하고, 세금으로 조성된 예산에 의한 공공지원에 대하여 일반 국민이 가지는 생각이 어떠한지 구체적으로 알아본 사례가 알려진 바가 별로 없었다. 하나의 예시가 있는데, 사회 분야별로 국가예산 지출의 증감에 대한 의견을 알아보기 위하여 정기적으로 실시되고 있는 조사(김지범 외, 2019)[9]에서 문화예술에 대하여 응답자의 85.0%가 현재 수준 또는 현재보다 더 늘려야 한다고 응답하였으며 2016년 같은 내용의 설문 대비 평균치가 증가한 것으로 나타났다.[10] 이 결과를 보면, 우리나라 국민은 적어도 예술의 공공성을 인지하고 있고 많은 사람들의 예술 창작이나 향유(관람, 참여)활동을 위한 공공지원을 공감하고 있다고 할 수 있다.

---

9) 「한국종합사회조사(Korean General Social Survey, KGSS)」: 2003년에 처음 시행되었으며, 환경, 보건, 치안, 교육, 국방, 노인연금, 실업수당, 문화예술에 대한 정부 지출에 대한 공감 정도를 묻는 항목으로 설계되어 있음

10) 5점 척도 설문이었으며, 응답 내용은 각각 '현재 수준' 55.1%, '다소 더 늘려야' 23.6%, '훨씬 더 늘려야' 6.3%로 집계되었고, '다소 더 늘려야'와 '훨씬 더 늘려야'의 응답비중을 합산할 경우 29.9%임

[사례] 예술을 후원해야 할 10가지 이유(Americans for the Arts(AFTA)/미국)[11]

- AFTA는 미국의 문화예술분야 비영리단체로 재계 리더, 예술단체, 개인 예술인이 참여하고 있으며 NALAA(National Assembly of Local Arts Agencies)과 ACA(American Council for the Arts)가 1996년에 합병한 조직임
  - AFTA에서는 매년 여러 통계자료를 활용하여 '예술을 후원해야 할 10가지 이유'를 발표하고 있음
  - 10가지 이유에서는 예술이 가지는 가치와 함께 예술이 사회, 경제 등 타 분야에 기여하는 구체적 내용에 대한 실증적 근거를 제시하고 있음

Americans for the Arts

- (미션) 예술의 가치에 대한 인식과 지지를 구축하고, 예술 관련활동을 하고 있는 단체와 개인들의 다양한 네트워크를 이끌고, 봉사하고, 발전시킴
- 예술가, 재계 리더, 예술 행정가, 신진예술가 등으로 구성된 비영리단체
  - 아이디어와 예술, 지역사회, 기업의 리더들을 연결함으로써 모든 미국인이 예술이 가지는 변화의 힘에 접근할 수 있도록 노력하는데 초점을 맞추고 있음
  - NALAA(National Assembly of Local Arts Agencies)과 ACA(American Council for the Arts)가 1996년 합병한 조직.
  - 2005년에 Arts & Business Council Inc.와 추가 합병
- (주요활동) 'Art Advocacy Day', 'National Arts Awards' 개최, 예술정책 관련 연례 토론, 예술의 경제적 파급효과(economic impacts) 연구 지원, 국가예술지수(National Arts Index) 조사·발표, 정·재계 리더와 자선단체들과의 파트너십 구축

- (공동체 통합) 미국인의 72%는 '연령, 인종, 민족'에 관계없이 예술이 공동체를 통합한다'고 믿음
  - 미국인의 73%는 예술이 다른 문화를 더 잘 이해하는데 도움이 된다고 생각함
- (개인의 행복 증진) '예술은 걱정거리가 많은 세상에서 긍정적인 경험'이라고 응답함(81%)
  - 예술이 일상경험을 넘어 나를 고양시켜 줌(69%). 경험하고 참여하는 순수한 즐거움을 줌(73%)
- (경제에 기여) 비영리, 상거래, 교육에서의 문화예술분야는 9,197억 달러 규모의 산업으로 520만개 일자리를 지원하고 있음
  - 문화예술분야 경제는 국가 경제의 4.3%를 차지하고 있으며 농업, 교통, 건설보다 더 큰 GDP 비중을 차지하고, 예술분야의 고용은 일자리 전체에 긍정적인 영향을 주면서 경제 회복을 가속화하는데 기여함
- (관광과 지역경제에 기여) 비영리예술은 1663억 달러의 경제활동 창출, 460만개 일자리를 지원하고 275억 달러의 정부 수입을 창출함
  - 관객들은 입장료를 제외하고 식사, 주차, 숙박 등을 위해 31.47달러를 지출함
  - 예술을 위해 타지역에서 오는 관객들은 더 오래 머무르고 문화적 경험을 위해 더 많은 돈을 지출하고 있음
- (학업 성취도 향상) 예술 학습에 참여하는 학생들은 더 높은 GPA를 보이고, 대학 진학률뿐만 아니라 더 낮은 중퇴율을 보임
  - 이러한 학문적인 이익은 전 사회경제적 계층에 걸쳐 나타남
- (창의성과 혁신) 창의성은 비즈니스리더가 원하는 5가지 상위 기술에 속하며 772%는 채용

---

[11] http://blog.americansforthearts.org/2021/03/17/10-reasons-to-support-the-arts-in-2021

> 시 창의성이 매우 중요하다고 응답
> - (사회적 영향) 펜실베니아 대학의 연구원들은 도시에 예술이 많이 집중되면 더 높은 시민 참여, 더 많은 사회적 화합, 더 높은 아동 복지, 그리고 더 낮은 빈곤율로 이어진다는 것을 증명했다.
> - (의료 서비스 향상) 미국 의료 기관의 거의 절반이 환자, 가족, 그리고 심지어 직원들을 위한 예술 프로그램을 제공하고 있음
> - (군인의 건강과 웰빙) 전투로 인한 정신적, 신체적, 도덕적 상처를 치유하는 데 창의적 예술치료가 큰 효과가 있는 것으로 응답함
>   - 예술은 군 복무자, 참전 용사, 가족 및 간병인의 사전 배치, 배치 및 지역사회로의 재통합을 위한 복원력을 촉진하는데 기여함
> - (정신건강 강화) 예술은 우울증과 불안감을 줄이고 삶의 만족도를 높이는 데 효과적인 자원임
>   - 매일 단 30분간의 활발한 예술 활동만으로도 COVID-19와 관련된 고립과 외로움의 부작용을 극복하는데 도움을 줌

* 출처 : http://blog.americansforthearts.org/2021/03/17/10-reasons-to-support-the-arts-in-2021

5. 예술이 주는 편익(혜택)[12]

1) 예술의 본질적(본원적) 편익

예술이 주는 본질적인 편익 또는 가치에 대한 환기를 통해 논리적 정당성·당위성을 얻을 경우 공공지원의 근거로 활용될 수 있을 뿐만 아니라 기부 요청을 위한 명분이 될 수도 있다. McCarthy et al.(2004)은 예술의 편익을 본질적 편익과 도구적 편익으로 구분하고 예술이 두 종류의 편익을 모두 제공하며 공공복지(public welfare)에 기여하고 있음을 밝혔는데, 이 두 편익은 각각 개인적 측면과 사회적 측면으로 세분화하여 구분할 수 있으며, 개인적 편익이 사회적 편익으로 확장되는 과정에서 발생할 수 있는 파급효과도 존재한다고 보았다.

예술의 본질적 편익(intrinsic benefits)은 예술 자체로 발생하는 편익으로서 개인 차원에서는 매료(captivation), 즐거움(pleasure)으로 나타나는데, 예술을 대할 때 느끼는 매혹적인 몰입과 즐거움을 통해 새롭게 세상을 바라보고 경험하는 방법을 안내하는 예술의 순기능은 예술이 가진 근본적인 가치라고 할 수 있다. 여기에 예술이 개인에게 주는 의미와 독특한 유형의 즐거움, 정서적 자극

---

12) 황신애 외(2022), 문화예술분야 법정기부금단체 지위 상실에 따른 법과 제도적 형평성 문제 개선 연구, 한국문화예술위원회

자체로 끌어당기는 힘 자체만으로 공동체에 이익이 되는 개인 역량과 공동체 응집력의 발전으로 확대되는 사회적 파급효과도 발생하게 된다.

[그림 2-4]
예술의 편익(benefits)에 대한 분석틀

출처 : McCarthy et al.(2004) 「Gifts of the Muse; Reframing the Debate about the Benefits of the Arts」. RAND Corporation.

　예술에 대한 참여와 경험으로 얻을 수 있는 창의성은 기업에서도 중요한 기술(skill)로 받아들여지고 있으며 채용 시에도 창의성은 주요한 경쟁력으로 자리 잡고 있는데, 미국인의 81%는 '예술은 걱정거리가 많은 세상에서 긍정적인 경험'이라고 응답하였고, 예술이 일상경험을 넘어 자신을 고양시켜 주거나(69%). 경험하고 참여하는 순수한 즐거움을 준다(73%)고 응답하였다(Americans for the Arts, 2021).

　매료 또는 즐거움의 형태로 나타나는 예술의 개인적 편익은 다른 이의 경험이나 문화를 끌어들여 공감 능력을 확장시키고 세계에 대한 새로운 시각을 얻도록 안내하는 경험을 주는 인지적인 면의 성장(cognitive growth)을 돕게 된다. 이러한 파급 효과는 결국 사회적 연대감 또는 공동체가 원하는 목소리를 표출하려 할 때 예술이 전달체가 될 경우 공감능력이나 인지적인 면의 개인적 편익이 사회적으로 확장되면서 예술의 본질적 편익이 나타나게 된다. 요약하면 예술이 사회에 기여할 수 있는 본질적 편익은 예술로 인한 연대감과 공동체 의미의 표현이라고 할 수 있는데, 미국인의 72%는 '연령·인종·민족'에 관계없이 예술이 공동체를 통합한다.'고 믿고 있으며, 73%는 예술이 다른 문화를 더 잘 이해하는데 도움이 된다고 보고 있다(Americans for the Arts, 2021).

2) 예술의 도구적 편익

예술이 주는 도구적 편익(instrumental benefits)은 예술의 공공적 가치를 분명하게 보여주려는 노력의 하나로 나온 "예술의 장점"을 보려주려는 시도에서 비롯되었다. 예술이 예술 자체와 관련이 없어 보이는 사회적·경제적 목표를 달성하는데 필요한 수단으로 보인다는 점을 강조하여 공적지원의 정당성을 높이거나 실제 생활에서 느끼는 상황을 적용하여 예술의 편익을 설명하고 있다. 예술의 본질적 편익과 마찬가지로 도구적 편익 역시 개인적 편익과 사회적 편익으로 다시 구분할 수 있으며 개인적 편익이 확대되면 사회에서 나타날 수 있는 파급효과(spill over)도 함께 생겨난다. (위 [그림 2-4] 참고)

개인적 차원에서 예술이 가지는 도구적 편익의 대표적인 사례는 학업 성취도가 될 수 있다. 예술 학습에 참여하는 학생들은 그렇지 않은 경우보다 더 높은 성적을 보이고, 대학 진학률도 높아질 뿐만 아니라 더 낮은 중퇴율을 보이며, 예술이 학문적 성취에 도움을 주는 사례는 전 계층에 걸쳐 나타난다(Americans for the Arts, 2021). 도구적 편익에도 개인의 삶의 질을 높이고 공공영역에 바람직한 파급효과를 보이는 편익이 존재하는데, 자기 효능감, 학습의 기술, 건강 등은 개인적 편익으로 볼 수 있으나 이러한 편익을 느끼거나 보유하게 된 개인들의 공동체 또는 사회 전체에도 이익이 될 수 있다는 관점이다. 또한, 사회자본의 개발 또는 경제적 성장으로 설명될 수 있는 사회적 측면의 도구적 편익에 대하여 McCarthy et al.(2004)은 ①경제활동으로서의 예술이 고용, 세입, 지출의 원천임을 강조하는 직접적 편익과 ②예술로 개인과 기업을 끌어들이는 간접적 편익, 그리고 ③예술의 유용함, 다음 세대를 위한 예술 활용, 지역사회에 기여하는 예술의 가치를 포괄하는 공공재적인 편익("public good" benefits)의 3가지로 구분하고 있다.

문화예술이 가지는 경제적 가치에 대한 실증적 연구는 문화예술의 도구적 편익의 근거를 보여준다는 점에서 많이 이용되고 강조되고 있다(Seaman, 2020).

아래 [그림 2-5]는 미국 내 비영리 문화예술산업(Nonprofit Arts & Culture

Industry)의 경제적 효과를 도식화한 것인데, 2015년 기준으로 예술단체와 관람객들에 의해 연간 1,663억 달러의 지출이 일어나고 지역에 거주하는 가구의 수입에도 960.7억 달러가 유입되며 460만개의 정규직 고용에 기여하고 있는 것으로 집계되었다. 또한, 문화예술 이벤트를 보기 위해 외지에서 해당 지역을 찾는 사람은 이벤트 참여자의 34% 성도를 차지하며 문화적 경험을 위해 더 오래 머무르고, 지역 거주민보다 2배가 넘는 돈을 지출하는 것으로 나타나 문화예술 활동이 지역경제에 상당한 파급효과를 낳고 있는 것으로 보인다. 문화예술단체는 현지에서 사람들을 고용하고 상품과 서비스를 구매하며 해당 지역을 자연스럽게 홍보하게 되어 지역 경제계의 소중한 일원으로 간주할 수 있는 것이다.

[그림 2-5] 비영리 문화예술산업으로 발생하는 경제적 효과

이렇게 문화예술에서 파급되는 경제적 가치를 찾아내는 작업은 문화예술의 가치로 발생하는 파급력을 산업과 연관 지어 설명하고 국가 경제 수준뿐만 아니라 지역이나 가구 단위에서도 문화예술이 중요한 역할을 하고 있음을 보여주기 위해 주기적으로 조사가 이루어지고 있으며, 축적된 자료는 국가의 지원을 위한 근거로 활용되고, 기업이 문화예술에 더 투자 또는 기부하도록 안내하는 역할도 하고 있다.

이상 살펴본 바와 같이 예술의 편익 또는 가치에 대한 논의는 공공성과 그에 따른 정부지원의 당위성을 논리적으로 뒷받침하는 데 중요한 역할을 하고 있으나 한 단계 더 나아가 예술을 옹호하고 후원하는 단계로 발전하는 계기를 마련하기 위해서도 중요하다. 예술의 본질적 가치와 도구적 가치 모두를 논의하고 공감대가 확산될 때 예술을 옹호하는 사람이 더 많아지고 결과적으로 민간후원의 확대까지 기대할 수 있어(김인설, 2012), 다음과 같은 단계의 정책 시행과 사회적 노력이 필요하다.

① 예술활동에 대한 지원과 예술향유에 대한 지원이 동시에 이루어지는 정책 수립 및 시행
② 그러한 정책을 통해 어떤 성과(결과)가 있었는지 체계적으로 분석하려는 노력
③ 정책에 의한 성과(결과)에 대한 논쟁과 합의가 예술계와 시민사회, 정부에 의해 활발히 진행
④ 예술의 가치에 대한 사회적 합의가 이루어지고 민간의 후원 참여로 이어지는 구조로 연결

3) 창조산업과 주변 관련 산업을 연결하는 문화예술의 기여

문화예술은 창의와 상상력의 원천이자 근간으로 창조산업의 핵심 영역이고, OSMU(One Source Multi Use)를 통한 창구효과(window effect)를 가져 막대한 부가가치를 창출한다(정홍익 외, 2014). 문화예술은 그 자체로 경제적인 효과를 가지기도 하나, 디지털, 관광, 창조산업 등 유관 분야에 대해서도 경제적 가치를 창출하는 기반이 된다.

영국에서는 2017년 예술위원회(Arts Council England)가 외부 연구기관(Metro Dynamics)에 의뢰하여 발간한 창조산업에서의 문화예술의 역할 탐구 보고서에서 문화예술과 창조산업 등을 정의하고, 각 영역 간 어떤 형태로 연계되는지 정리하였다. 해당 보고서에서는 문화예술, 문화부문, 창의(창조)산업의 영역을 명확히 구분하는 것은 어렵다고 부연하면서 문화예술과 문화부문, 창조산업에 대한 정의를 다음과 같이 내리고 있다.

① 문화예술 : 산업분류와 국가통계와 연계하여 도서출판, 음향녹음 및 공연예술, 그리고 창작, 콘서트홀/공연장 등의 시설 운영을 지원하는 활동을 포함하는 상품 및 부문의 집합 또는 하위 집합으로 구성됨

② 문화부문 : 산업의 중심에 문화적 대상을 가진 산업으로 정의됨.
건축유산, 도서관, 문학, 박물관, 미술관, 공연예술, 공공방송, 시각예술이 여기에 포함될 수 있음

③ 창조산업 : 개인의 창의성, 기술, 재능에 기반을 두고 지적재산의 형성과 개발을 통해 경제적 가치 창출과 일자리 창출의 가능성이 있는 산업을 의미함

[그림 2-6] 문화분야와 관련산업의 연관

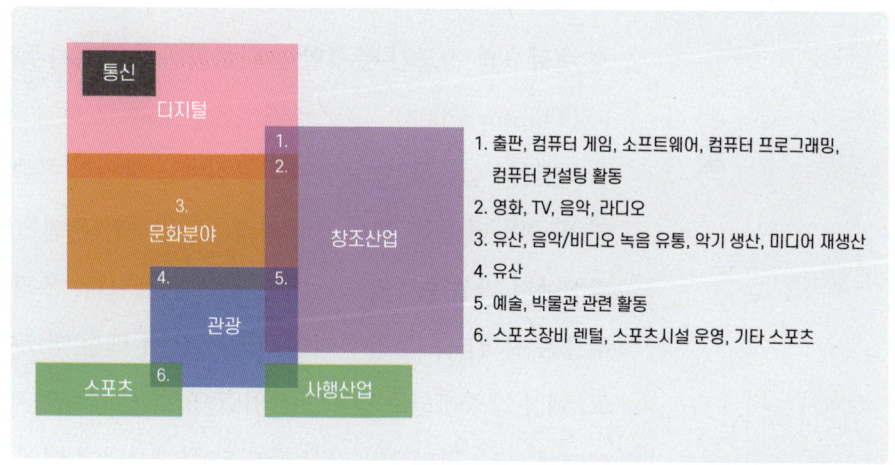

* 출처 : 「The Impact of Arts & Culture on the wider Creative Economy」(Metro Dynamics, 2020)

위 [그림 2-6]에서 나타나듯이 문화와 관련된 각 영역은 분리되어 있지 않고 서로 연결되어 있으며 문화예술은 이러한 구조 내에서 다양한 영향을 주고 있다. 첫째, 새로운 아이디어, 기술, 혁신을 위한 프로세스가 예술단체 또는 창조적인 기업에서 개발되어 더 넓은 영역(경제, 사회)으로 이전된다. 둘째, 역동적인 창조산업, 예술가, 예술단체 또는 예술관련 이벤트를 통해 다른 영역의 생산성 향상 또는 혁신을 일어나게 한다. 셋째, 특정 장소에서 문화예술이나 창조산업의 집적 효과로 인한 사회적 응집, 도시(장소)의 브랜딩, 창조적 환경의 개발 등이 가능해진다. 몇 년전부터 시행되고 있는 문화체육관광부의 문화도시 사업 역시 문화예술로부터 파급되는 사회적, 경제적 효과를 감안 또는 기대하면서 추진되는 정책이라고 할 수 있다.

4) 문화적 가치를 가진 콘텐츠에서 시장의 상업적 콘텐츠까지 확대되는 동심원 모델

트로스비(Throsby)의 동심원 모델(concentric circles model)은 문화와 관련한 재화(서비스)가 일반적인 제조업이나 서비스업과 달리 두 가지 유형의 가치(경제적 가치, 문화적 가치)를 함께 발생시킨다는 전제에서 출발하고 있다. 즉, 문화산업에 가장 두드러진 특징을 부여하는 것은 생산된 재화나 서비스의 문화적 가치(문화적 콘텐츠)라고 보고 있으며, 상품마다 가지고 있는 상업적 가치에 비해 문화적 콘텐츠의 정도가 다르고, 특정상품이나 서비스의 문화적 콘텐츠의 정도가 뚜렷할수록 문화산업으로 간주해야 한다고 설명하고 있다.(Throsby, 2008)

간단히 설명하면, 동심원의 중심에는 상업적 콘텐츠에 비해 문화적 콘텐츠의 비중이 더 높은 핵심 산업이 있고, 문화적 콘텐츠의 비중이 낮아짐에 따라 중심에서 바깥쪽으로 확장되는 층이 존재한다. 우리가 보통 순수예술이라고 부르는 문학, 음악, 공연예술, 시각예술이 핵심 창조예술로 제일 중심원에 있고, 핵심 창조예술을 활용한 산업인 영화, 사진 등이 바깥에 위치하며, 출판, 인쇄매체, TV, 라디오와 같은 광의의 문화산업에 이어 광고, 건축, 디자인과 같은 관련산업으로 확대된다는 것이 동심원 모델의 주요 내용이다.

앞서 언급한 영국의 문화분야 관련 산업 구조 분석틀([그림 2-6])을 동심원 모델과 비교하면, 예술로부터 출발하여 확장되는 개념의 동심원 모델과 달리 각기 특성을 갖춘 여타 산업분야가 예술과 관련성을 가진다는 점이 구분된다. 그럼에도 문화예술이 가진 가치와 시장에 나왔을 때의 경제적 가치의 경중에 따라 산업의 구체적인 형태가 달라진다는 점에서 유사한 측면 역시 가지고 있다.

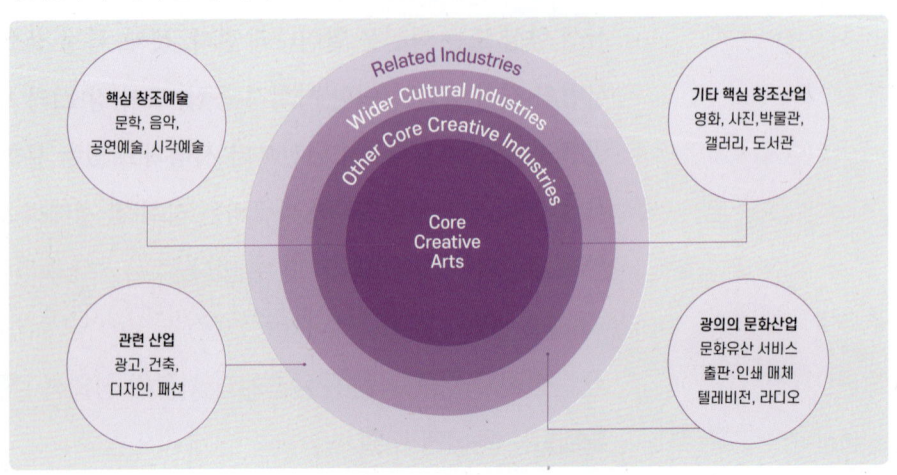

[그림 2-7] 순수예술에서 출발하는 동심원 모델

* 출처 : Throsby(2008) "The concentric circles model of the cultural industries"

5) 문화예술에서 파생된 콘텐츠의 경제적 파급효과

문화예술이 기반이 되는 콘텐츠산업의 경우 시장에서 거래되는 형태를 전제하고 상업적 콘텐츠를 더 많이 포함하고 있어 시장 규모는 비영리 예술보다 클 수밖에 없다. 우리나라 콘텐츠 산업의 규모를 살펴보면, 2020년 기준 출판, 만화, 음악, 영화 등 문화콘텐츠산업의 매출액 규모는 128조 2,870억 원으로 집계되었고 50조 5,452억 원의 부가가치를 창출한 것으로 나타났다. 2020년 콘텐츠 수출액의 총계는 119.2억 달러로 2019년 대비 16.3%가 증가하였으며 2016년 이후 연평균 18.7% 성장한 것으로 나타났다. 2020년 수출액 규모는 주요 수출 품목과 비교할 때 가전(69.9억 달러), 2차전지(75.1억 달러), 섬유(112.4억 달러)보다는 높고, 컴퓨터(134.3억 달러), 무선통신기기(131.8억 달러)보다는 낮은 수준으로 우리나라 12대 품목 수출액에 준하는 대표 수출 상품으로 자리 잡았다고 할 수 있다.[13]

[표 2-2] 문화콘텐츠산업의 경제적 효과 (2020년 기준)

(단위 : 개, 명, 억원, 십만달러)

구분	사업체 수	종사자수	매출액	부가가치액	수출액
출판	25,244	185,444	216,488	87,590	3,460
만화	6,144	11,230	15,344	5,627	627
음악	33,138	65,464	60,647	19,830	6,796
영화	916	10,497	29,871	10,155	542
게임	11,541	83,303	188,855	83,209	81,936
애니메이션	490	5,472	5,533	2,329	1,345
방송	1,070	50,239	219,647	77,000	6,928
광고	6,337	68,888	174,218	58,746	1,199
캐릭터	2,700	36,505	122,181	48,638	7,158
지식정보	9,949	93,182	193,734	86,863	6,920
콘텐츠솔루션	2,022	31,863	56,352	25,465	2,332
합계	99,551	642,086	1,282,870	505,452	119,243

* 출처 : 문화체육관광부(2022), 「2020기준 콘텐츠 산업조사」

13) 수출입은행, 「K콘텐츠 수출의 경제효과」(2022 Issue Report-VOL.2022-이슈-6)(2022.5월)

6. 법령에서 강조하는 문화예술의 공공성

문화기본법과 선행 연구를 종합하여 '문화'의 개념을 정리하면, "모든 사회와 사회구성원의 고유한 정신적·물질적·지적·감성적·창조적 활동의 총체"라고 정의할 수 있다(성낙인, 2019). 2013년 말 제정된 문화기본법에서는 문화에 대한 국민의 권리와 정부의 책임을 명확히 하고 정책 및 추진방향 설정 원칙을 포함하여 국민의 문화권을 보장하는 데 초점을 두고 있으며 문화권을 아래와 같이 정의하여 문화 활동의 실제 모습인 예술에 대한 공공적 가치를 강조하고 있다.

> [문화기본법 제4조(국민의 권리)]
> 모든 국민은 성별, 종교, 인종, 세대, 지역, 정시적 견해, 사회적 신분, 경제적 지위나 신체적 조건 등에 관계없이 문화 표현과 활동에서 차별을 받지 아니하고 자유롭게 문화를 창조하고 문화 활동에 참여하며 문화를 향유할 권리(이하 "문화권"이라 한다)를 가진다.

문화예술진흥법에서는 중앙정부와 지방정부 모두 문화예술 진흥을 위한 정책 수립 및 시행을 통해 재원(예산)을 마련하여 문화예술 활동을 권장·보호·육성할 의무가 있고, 지역문화진흥법에서는 지역문화 진흥을 위한 정책 수립 및 지원 외에도 재원 마련을 위해 조례 제정 등의 시책을 추진하여야 함을 강조하고 있어 공공지원을 위한 법·제도적 기반은 충분히 마련되어 있는 상태이다. 재정을 수반하는 정책 시행을 위해서는 관련 법의 제·개정이 뒷받침되어야 재정 당국의 예산안 수립 및 국회(의회) 의결을 받을 수 있으므로, 위에서 설명한 바와 같이 문화기본법을 위시하여 각종 법률에 명시된 재정을 통한 지원 의무 조항은 문화예술의 공공성을 뒷받침한다고 볼 수 있다.

추가로, 문화예술의 사회적 가치를 바라보는 관점의 변화에 따라 문화예술의 공공성을 강조하는 논의도 활발해지고 있는데, 시대에 따라 문화예술의 가치는 관점에 따라 소수 예술가들에 의한 창작품이라는 '예술지상주의적' 관점에서 모든 이가 예술활동을 할 수 있다는 '생활예술적' 관점으로 변화하고 있다(강윤주·지혜원, 2016). 이에 따라 수월성, 사적 효과로 대별되는 기존 관점에서 벗어나 지역성, 시민성, 예술성의 모습으로 문화예술의 가치를 바라보는 관점이 전환되고 있다. 이러한 변화는 문화기본법(2013년) 및 지역문화진흥법(2014년) 제정을 통해 국민의 문화권을 구체화하고 지역문화와 생활문화의 중요성을 강조하고 있는 데에서도 확인할 수 있다.

[표 2-3] 주요 법률 내 정부의 문화예술지원에 대한 책임 조항

법률명	조항	내용
문화기본법	제4조 (국민의 권리)	모든 국민은 성별, 종교, 인종, 세대, 지역, 정치적 견해, 사회적 신분, 경제적 지위나 신체적 조건 등에 관계없이 문화 표현과 활동에서 차별을 받지 아니하고 자유롭게 문화를 창조하고 문화 활동에 참여하며 문화를 향유할 권리(이하 "문화권"이라 한다)를 가진다. <개정 2017. 11. 28.>
문화기본법	제5조 (국가와 지방자치단체의 책무)	① 국가는 국민의 문화권을 보장하기 위하여 문화진흥에 관한 정책을 수립·시행하고, 이를 위한 재원(財源)의 확충과 효율적인 운영을 위하여 노력하여야 한다. ② 국가는 지방자치단체의 문화 관련 계획, 시책과 자원을 존중하고, 지역 간 문화 격차의 해소를 통하여 균형 잡힌 문화 발전이 이루어지도록 노력하여야 한다. ③~⑤ (생략)
문화예술진흥법	제3조 (시책과 권장)	① 국가와 지방자치단체는 문화예술 진흥에 관한 시책(施策)을 강구하고, 국민의 문화예술 활동을 권장·보호·육성하며, 이에 필요한 재원을 적극 마련하여야 한다. ② 제1항에 따른 문화예술 진흥시책은 국민생활의 질적 향상을 위한 건전한 생활 문화의 개발·보급에 관한 사항을 포함하여야 한다. ③~④ (생략) <개정 2008. 2. 29.>
지역문화진흥법	제4조 (국가 및 지방자치단체의 책무)	① 국가와 지방자치단체는 지역문화의 진흥을 위한 정책을 수립하고 그에 필요한 지원을 하여야 한다. ② 지방자치단체는 이 법의 시행을 위하여 재원의 확보 등 필요한 사항이 있을 경우 해당 지역문화 실정에 맞게 조례를 제정하는 등 각종 시책을 적극 추진하여야 한다.

* 출처 : 국가법령정보센터(law.go.kr)

7. 공공지원의 한계

지금까지 예술단체에 대한 공공지원의 역사와 필요성을 살펴보았으나, 현실적으로 우리나라에서 공적인 지원을 할 수 있는 재원이 얼마나 되는지를 확인해 보아야 한다. 중앙정부의 일반예산과 특별회계의 일부 그리고 문예진흥기금과 같은 재원이 가장 기본적으로 예술지원에 사용되고 있으며, 이 외에도 광역과

기초 지방자치단체의 예산도 사용되고 있다. 이러한 재원을 바탕으로 예술에 대한 공공지원이 이루어지고 있지만, 공공지원은 몇 가지 한계에 부딪힌다.

첫째, 문화예술 지원수요는 한없이 늘어나고 있다. 다양한 유형의 예술양식과 늘어나는 관련분야의 인력들에 대하여 공공지원만으로 그 수요를 다 감당하려는 것은 '바다에 사료주기'일 수 있다.

둘째, 공공지원의 경우 그 재원은 국민의 부담금인 세금으로 조성되는 경우가 대부분이다. 따라서 그 파급효과를 중시하게 되며 결과적으로 예술의 질적 성장을 우선시하기 보다는 포괄적 지원과 공평한 분배, 국민에의 파급효과를 고려한 지원을 하게 된다. 결국 어느 정도 수준의 예술가를 키워낼 수는 있으나 한 명의 천재는 만들어 낼 수 없는 시스템이다. 이러한 질적 성장, 한 명의 천재에 대한 전폭적인 지원은 공공지원의 영역이 아니라 사적 영역에서의 지원으로 가능할 것이다.

셋째, 공공자원은 한정되어 있고 공공욕구는 무한하다. 이러한 공공부문 예산의 희소성을 전제로 할 때 배분문제는 예산의 핵심사항이 되며 그 기준은 '어떻게 예산상의 이득을 극대화 할 것인가'라는 경제 논리와 '예산상의 이득을 누가 얼마만큼 향유 하는가'라는 정치 논리에 의해 결정된다. 결국 정부의 기능 간 또는 사업 간 필요성과 중요성을 반영한 우선순위에 따라 각 분야별, 기관별, 기능별, 사업별로 예산이 배분된다. 이러한 이유로 문화예술에 대한 공공지원의 증가는 그 한계를 갖게 되며, 현재의 지원에 대해서도 끊임없이 지원의 정당성을 입증하여야 한다.

재원의 한계성뿐만 아니라 공공지원이 갖고 있는 구조 또는 지원방법에 따라 여러 문제들을 양산해 내기도 한다. 이러한 현상을 '시장실패'와 대비하면서 '정부실패'로 분류하여 설명하기도 한다. 따라서 문화예술단체는 공공지원(물론 이것도 재원조성의 중요한 방법이다)만을 바라볼 수 없는 실정이며, 적극적이고 다양한 재원조성의 개발이 필요한 것이다.

8. 예술에 대한 공공지원의 방식

1) 다양한 공공지원의 방식

예술에 대한 공공지원의 방식은 아주 다양하게 이루어지고 있다. 물론 민간예술단체에서는 금전으로 직접 지원하는 것을 가장 선호하고 있으며 이러한 직접 지원이 예술단체 재원조성의 대상이 되겠지만, 정부에서는 직접적인 지원 외에도 다양한 방식으로 문화예술 진흥을 위해 노력하고 있다. 참고로 금전 외의 공공지원의 방식들을 순서에 관계없이 나열해 보면 다음과 같은 것들이 있다.

- 공연장, 박물관, 예술단체를 공공에서 직접 운영
- 예술 자료와 정보 제공
- 예술의 가치에 대한 사회적 인식 제고를 위한 홍보 등의 노력
- 도서, 미술품 등의 구매
- 예술단체 대상 교육
- 학교 및 사회 일반인에 대한 예술교육
- 연습 공간 제공
- 창작스튜디오
- 세제지원(단체, 이해관계자)
- 관객개발
- 자료 조사 및 연구, 예술 관련 통계 작성
- 국내외 네트워크 구축

2) 우리나라 공공지원 방식의 변화

우리나라의 예술지원 정책은 예술가나 예술단체와 같은 공급부문에 초점이 맞추어져 있었으며, 국고나 문예진흥기금을 직접 보조하는 방식이 오랫동안 주류를 이루어 왔다. 이러한 지원방식은 필수불가결하고 긍정적인 효과를 나타내기도 하였지만, 동시에 한계점을 갖고 있으며 일부 부정적인 문제가 드러나

기도 하였다. 또한 예술가나 예술단체가 필요로 하는 재원은 점점 커져 가고 예술지원에 동원할 수 있는 공공의 재원은 한계가 있다. 따라서 우리나라의 예술지원 정책에서 공간제공, 정보제공, 세제지원, 관리지원과 같은 간접지원의 형태가 점차 증가하고 있으며, 유통부문과 수요부문에 대한 지원사업이 다양해지고 확대되고 있다. 최근에는 예술생태계 관점에서 공공지원을 바라보기도 한다.

어느 방식이 정답인지는 아무도 알 수 없으며 어쩌면 존재하지 않을지도 모른다. 다만, 국가가 예술지원에 대한 근본적인 정책을 수립하고 우리나라 예술생태계와 경제적 환경 속에서 공공의 재원을 어떻게 분배하는 것이 예술과 국민과 국가에게 도움이 되는지에 대한 담론이 이루어지길 바라본다. 물론 환경의 변화 속에서 예술지원의 방식도 계속 바뀌어 가겠지만 기초가 튼튼하면 그만큼 외부 변화에 잘 대처할 수 있을 것이다.

제2절
우리나라의 문화예술 공공지원 구조 및 지원기관

1. 우리나라 문화예술 지원정책의 흐름

우리나라의 옛 왕조시대에도 예술에 대한 국가적 지원은 있었겠지만 현대적 의미의 공공지원은 대한민국 건국 이후부터라고 할 수 있다. 그러나 건국 초기에는 정치적인 불안 해소, 경제발전과 기술 혁신, 사회간접자본에 대한 투자, 국민복지 증진이 정부의 우선과제가 될 수밖에 없는 상황이었으므로 문화예술에 대한 정부 차원의 지원은 아주 미약했을 것이다. 많은 사람들이 우리나라 공공지원의 본격적인 시작을 1972년으로 보고 있다. 이 시기에 문화예술진흥법이 제정되어 한국문화예술진흥원이 설립되었고 각종 지원 사업과 활동, 지원에 대한 근거와 기초가 마련되었다.

이후 많은 변화를 겪으면서 지금까지 예술에 대한 지원은 꾸준히 증가되어 왔다. 최근의 우리나라 예술 지원정책의 흐름을 살펴보면 직접지원에서 간접지원으로 점차 바뀌어 가고 있으며, 공급부문 중심 지원에서 유통과 소비로 확대되어 가고 있음을 알 수 있다.

오랫동안 우리나라의 예술지원 정책은 국고나 문예진흥기금을 예술가나 예술단체에 직접 보조하는 직접지원제도가 주류를 이루어 왔다. 특히 예술창작 프로젝트(사업) 기반의 지원이 주요한 형태였다. 2000년대에 들어선 이후 문화예술단체의 재원을 다양화시키기 위해 기부금 세제를 개선하고 문화접대비 제도를 도입하는 등의 노력을 하고 있으며, 세제 외에도 다양한 간접지원 제도를 펼쳐 나가고 있다.

지원에 대한 관점은 부문별로 구분할 수도 있다. 우리나라의 예술지원 초기 단계에서는 예술을 양과 질적으로 공급해야 할 필요성이 높아 주로 공급부문에 대한 지원이 중심적으로 이루어져 왔다. 공급부문에 대한 지원도 예술창작 위주에서 영재예술교육원이나 한국예술종합학교, 신진예술가 지원 등과 같이 예술인력에 대한 지원으로 확대되어 갔으며, 유통과 수요부문에 대한 지원도 빠르게 증가하고 있는 실정이다. 유통부문에 대한 지원은 아트마켓, 아트페어뿐만 아니라 해외진출, 축제지원, 마케팅 활성화를 위한 지원 등을 포괄한다. 수요 부문에는 관객의 관람 행위를 지원하는 관객 지원 정책과 향유 능력 향상

[표2-4] 정부의 문화예술 지원 정책의 변화

구분	문민정부 및 그 이전	국민의 정부
배경 및 방향	· 문화예술 중요성인식 ('90년 문화부 독립) · 문화예술 산업화·정보화 정책기반 조성 · 문화복지 실현을 위한 문화기반시설 확충	· 사전검열제도 폐지 등 문화예술자율성 신장 · 문화예산 1% 달성 · 예술기관·단체의 경영효율 및 경쟁력 강화
정책 비전	· 문화발전 10개년계획('90) · 신한국 문화창달 5개년 계획('93) · 문화비전2000('97)	· 새 문화관광정책('98) · 문화비전2011('01) · 순수예술진흥 기본계획('02)
핵심전략	· 문예진흥법제정 및 문예진흥기금신설('72) · 예술의 해 사업추진('91~'00) · 건축물 미술장식 설치 의무화('95) · 메세나 협의회 창립('94)	· 공연예술규제 전면폐지('99) · 학예사 자격제도, 무대예술인 자격제도 도입('00) · 전문예술법인·단체 지정 제도 도입('00) · 국립극장 책임운영기관 전환('00)

을 위한 예술 교육 지원 정책이 있다. 이와 같이 예술교육의 확대와 예술의 산업화를 지원하기 위해 정부에서는 2000년대 중반 이후 한국문화예술교육진흥원과 예술경영지원센터와 같은 전문 지원기관을 설립하여 예술에 대한 사회적 자본을 늘리거나 예술계의 자생력을 높이기 위해 관련 정책을 추진하고 있다. 지금까지의 정부의 문화예술 지원 정책의 변화를 표로 작성해 보면 다음과 같다.

참여정부	이명박 정부	박근혜 정부	문재인 정부
· 현장 중심의 문화예술 정책 강화 · 기초예술과 문화산업의 균형발전 도모 · 지역, 민간 등 적극적 정책 참여 유인	· 창조적 실용주의에 기초한 정책 추진 체계 개편 · '소프트파워가 강한 창조문화국가'실현 지향 · 따뜻한 희망을 주는 예술 정책 개발 추진	· 4대 국정기조에 '문화융성' 포함 · 대통령 직속 문화융성위원회 설치 · 문화재정 2% 달성	· 문화가 숨쉬는 대한민국 · 자유와 창의가 넘치는 문화국가 구현 · 문화계 블랙리스트 청산 및 재발 방지
· 창의한국('04) · 새예술정책('04) · 전통예술활성화 방안 -비전2010('06)	· 새 정부 주요예술정책 ('08.9) · 공연계에 활력을, 국민에게 감동을('08.10)	· 모두가 누리는 문화 구현('13.2) · 문화예술진흥기반 마련('13.2)	· '사람이 있는 문화', 문화비전 2030('18.5) · 팔길이 원칙 준수
· 문화예술위원회출범 ('05) · 문화예술교육진흥원 설립 · 미술은행 설립('05) · 국립현대미술관 책임운영기관 전환 · 예술경영지원센터 설립	· 소외계층 문화향수 기회 확충 등 생활공감 예술정책 추진 · 문예진흥기금 지원방식 개선 · 예술 창작기반 시설 조성으로 간접지원 대폭 강화 · 예술인 복지 강화 : 한국예술인복지재단 설립('12)	· 문화기본법 제정('14) · 문화참여 기회 확대 및 문화격차 해소 : 문화가 있는 날 시행 ('14.1) : 생활문화공간 조성 · 예술인 창작안전망 구축 · 지역문화진흥원 설립('16)	· 지역과 일상의 생활문화 시대 · 창작환경 개선과 예술인 복지 강화 · 예술인의 지위와 권리 보장 : 예술인의 지위와 권리의 보장에 관한 법률 제정('21) · 지역간 문화격차 해소

2022년에 출범한 윤석열 정부에서는 선거 당시 공약을 바탕으로 120대 국정과제를 선정하면서 문화분야에서는 '따뜻한 동행, 모두가 행복한 사회'를 국정목표로 삼고, '국민과 함께하는 일류 문화매력국가를 만들겠습니다'란 약속을 추진전략으로 내걸면서 다음과 같은 7개의 국정과제를 설정하였다.

> (56) 일상이 풍요로워지는 보편적 문화복지 실현
> (57) 공정하고 사각지대 없는 예술인 지원체계 확립
> (58) K-콘텐츠의 매력을 전 세계로 확산
> (59) 국민과 동행하는 디지털·미디어 세상
> (60) 모두를 위한 스포츠, 촘촘한 스포츠 복지 실현
> (61) 여행으로 행복한 국민, 관광으로 발전하는 대한민국
> (62) 전통문화유산을 미래 문화자산으로 보존 및 가치 제고

문화 관련 7가지 국정과제 중 문화예술과 밀접한 관련이 있는 것은 (56)번에서 (58)번까지로 볼 수 있는데 각 과제의 주요내용을 살펴보면 다음과 같다.

첫 번째 문화예술분야 국정과제인 '56.일상이 풍요로워지는 보편적 문화복지 실현'에서는 국민의 문화향유 기회와 수준을 높이기 위한 다양한 지원정책 시행과 지역문화 균형발전을 통해 지역중심의 문화거버넌스를 구축하려는 시도가 눈에 띈다.

> **<56. 일상이 풍요로워지는 보편적 문화복지 실현>**
>
> ☐ 과제목표
> ○ 취약계층 등 문화 누림 기회 확대로 공정한 문화접근 기회 보장 및 삶의 질 향상, 지역 간 문화격차 해소
> ○ 전통문화, 한국어 등 우리 문화의 독창적 가치 확산과 창조적 발전
>
> ☐ 주요내용
> ○ (공정한 문화접근 기회 보장) 취약계층 등의 문화누림 기회 확대
> - 통합문화이용권 지원 및 문화비 소득공제 확대 검토(도서·공연비, 박물관·미술관 입장료, 신문구독료 → 스포츠 관람, 영화, 체육시설 이용료 등)
> - 국립장애인도서관 건립 등 장애인의 문화접근 장벽 해소 및 공공수어통역 지원 등 언어복지 환경 개선

○ (품격 있는 문화시민 역량 강화) 국민의 삶의 질 향상 지원
- 중장년층 인문·여가문화 프로그램 제공, 문화기반시설 활용 인문가치 확산, 외로움 사회적 고립감 해소 지원
- 문화예술교육 기초거점 운영 지원 및 문화기반 시설 활용 생애주기 맞춤형 프로그램 운영
- 문화다양성 이해 제고 및 확산, 종교차별 예방활동 강화

○ (전통문화의 독창적 가치 확산과 창조적 발전) 우리 고유의 문화 보존 및 확산
- 전통문화 가치 재조명 및 일상 속 확산, 산업 진흥을 위한 법 제정, 연구개발 등 다각적 지원, 전통문화 세계화를 위한 홍보·국제교류 등 지원
- 세종학당 확대·내실화 및 교육 현지화를 통한 한국어 확산

○ (지역 중심 문화 균형발전) 특색있는 지역문화 발전, 문화를 통한 지역발전 선도모델 창출
- 지역문화협력위원회 활성화, 지역문화 정책포럼 등에 기반한 지역문화진흥계획 수립 등 지역중심 문화거버넌스 확립
- '문화로 지역혁신-문화도시 2.0', 지역문화 활력촉진 등 지역발전 선도모델 창출·확산, 지역문화기획자 양성 및 문화기반시설의 디지털·친환경·무장애 전환

☐ 기대효과
○ 국민의 소득·지역별·연령별 문화향유격차(문화예술관람률 소득별 격차 '20년 50.6%p, 지역별 격차 17%p) 완화 및 국민 삶의 질 제고

두 번째 문화예술분야의 국정과제는 '57.공정하고 사각지대 없는 예술인 지원체계 확립'으로, 예술의 독립성과 자율성을 보장하면서 지난 정부부터 확대되고 있는 예술인 복지 안전망을 두텁게 하고, 예술산업과 연계한 정책을 적극 추진하여 시장에서 경쟁력을 갖춘 다양한 예술활동이 활발해질 수 있는 토양을 만들고자 하는 계획을 포함하고 있다. 특히 장애예술 활성화를 주요내용을 포함하여 장애예술인의 제약 없는 활동 기회를 보장하고 관련 사업을 지원할 것으로 보인다.

<57. 공정하고 사각지대 없는 예술인 지원체계 확립>

☐ 과제목표
○ 예술의 독립성·자율성 보장과 함께 공정하고 책임 있는 예술지원체계 구축
○ 사각지대 없는 예술인 복지 안전망 강화와 예술산업 미래 경쟁력 제고

☐ 주요내용
○ (공정한 맞춤형 예술지원) 예술인 정의 및 활동증명 제도 개선, 다년(3년 이상) 지원을

모든 장르로 확대, 문화예술 창작·향유 공간 조성
- 음악·무용 등 장르별 전용 공연장, 복합문화예술공간 조성 및 지역문예회관 활성화, 청년 예술가 생애 처음·경력단절 이음 지원 확대, 전문·신진예술인 대상 창작준비금 지원 확대
○ (예술산업 경쟁력 제고) 문화예술인재의 체계적 양성, 공연시장 육성 및 문학 한류 기반 조성, 예술기업의 창업단계별·글로벌 도약 지원
- 현장 실습 지원·파견 등 예술대학 활력 제고, 예술-기술 결합 작품활동 지원, 중앙-지역의 공연장·공연단체 간 창·제작 유통 지원, 공연예술 해외진출 활성화
○ (예술인 복지 안전망 강화) 예술인 고용보험 가입자 확대, 산재보험 적용 확대, 저소득 취약예술계층 국민연금 지원 강화, 예술인 공공임대주택 제공
○ (장애예술 활성화) 장애예술인 전용 공연장·전시장 조성, 국공립 공연·전시장의 장애예술인 공연·전시 활성화, 장애예술인 창작물 우선 구매 및 국제교류 활성화 지원
- 장애유형별 맞춤형 문화예술 공모사업 지원, 장애학생 대상 특화된 문화예술교육 지원

☐ 기대효과
○ 국내 예술시장의 성장 등 예술생태계의 자생력 확보
○ 안정적인 예술 창작여건 조성과 장애예술인의 제약 없는 예술활동 기회 보장

　　세 번째 문화예술분야 국정과제로 분류한 아래 '58.K-콘텐츠의 매력을 전세계로 확산'의 경우 순수한 문화예술분야라고 보기 어려울 수도 있으나 문학이나 공연예술이 미디어·콘텐츠산업의 원형이 될 수 있다는 점에서 정리하였다.

<58. K-콘텐츠의 매력을 전세계로 확산>

☐ 과제목표
○ 한류 영향력 지속·확대를 위한 해외진출 지원을 강화하여 K-콘텐츠의 매력을 전 세계로 확산
○ K-콘텐츠의 지속가능한 발전을 위한 공정하고 탄탄한 미디어·콘텐츠산업 생태계 구축

☐ 주요내용
○ (K-콘텐츠 기반조성) 관계부처*와 함께 미디어·콘텐츠산업의 컨트롤타워 설치 추진, 정책금융 지원으로 세계적인 콘텐츠 IP 보유 기업육성, 창작자 중심 공정환경 조성, 저작권 보호로 문화주권 강화 등
* 문체부, 방통위, 과기정통부 등
○ (K-콘텐츠 대표 장르 육성) K-팝, 게임, 드라마, 영화, 웹툰을 대표 장르로 집중 육성하기 위한 체계적 지원으로 콘텐츠 강국 도약
- 장르별 인재 양성(게임인재원, 한국영화아카데미, 스토리창작센터)-인프라 구축(거점 대중음악 전용 공연장, 종합촬영소)-창·제작(드라마펀드, IP 활용 2차 저작물 제작 지원)
- 해외 진출(해외 마켓 참가, 네트워킹 및 비즈매칭 연계 등) 지원 등
○ (K-콘텐츠 매력 확산) 10만 K-콘텐츠 기업의 해외 거점 구축으로 해외진출 지원 강화, 한류 연관산업(뷰티, 패션 등) 연계로 경제적 시너지효과 창출, 쌍방향 문화교류 확대로

한류 지속가능성 제고
○ (K-콘텐츠로 신시장 개척) 메타버스·실감콘텐츠·OTT 등 신시장 주도를 위한 콘텐츠 제작 지원 및 인력 양성, 문화기술 투자 확대

□ 기대효과
○ K-콘텐츠 매출액 128조원('20년)→200조원('27년), K-콘텐츠 수출액 119조원('2년) →230조원('27년), 한류팬 수 1.2억명('20년)→3.6억명('27년) 달성
○ 한류 효과 확장 및 지속으로 대한민국의 소프트파워 제고

2. 예술에 대한 공공지원 구조

우리나라 예술단체 재원 중 가장 큰 부분을 차지하는 것은 공공부문의 지원금이다. 앞서 언급한 것처럼 직접 지원뿐만 아니라 간접 지원의 확대, 기관·분야·기능별로 다양한 지원사업이 시행되고 있고 그 전달체계 또한 복잡하여 공공지원금의 신청시기나 적절한 지원을 위해서는 예술에 대한 우리나라의 공공지원 구조를 알아야 한다. 재원을 중심으로 우리나라의 예술에 대한 공공지원의 구조를 도식화하면 다음 그림과 같다.

[그림 2-8]
예술에 대한 공공지원 구조

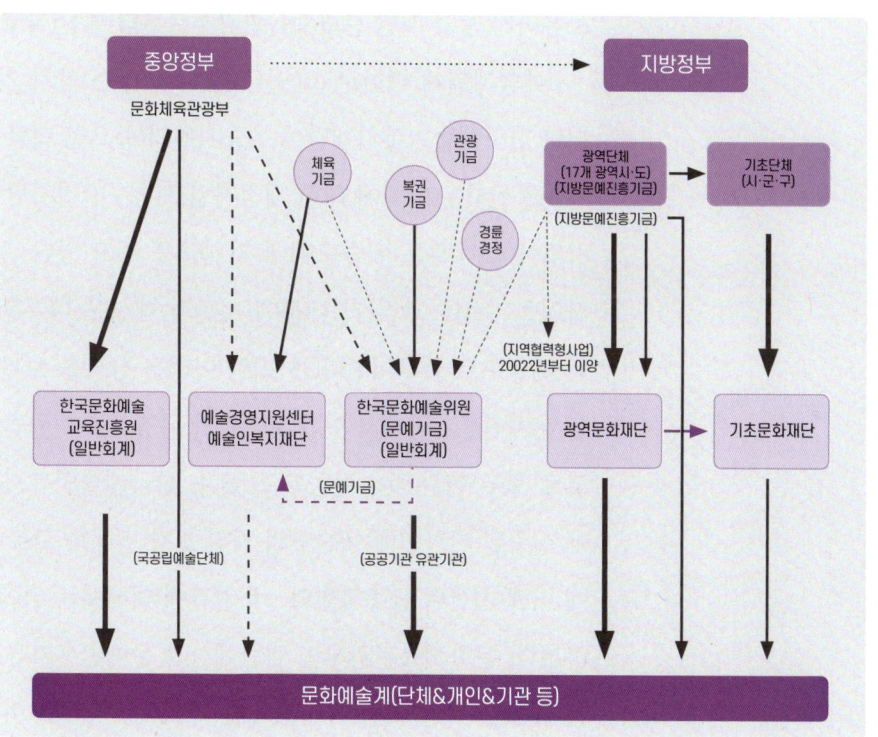

우리나라의 예술에 대한 공공지원은 크게 중앙정부 차원에서의 지원과 지방정부 차원에서의 지원으로 구분할 수 있으며, 지방정부의 지원은 다시 광역단체와 기초단체로 구분할 수 있다.

중앙정부의 지원은 문화체육관광부에서 시작되며, 문화체육관광부는 기본적으로 예술단체에 재원을 지원하지는 않지만 일부 축제, 국제교류 등에는 직접지원을 하기도 한다. 예술단체에 대한 재원 지원은 한국문화예술위원회와 한국문화예술교육진흥원이라는 두 개의 기관을 중심으로 이루어진다. 한국문화예술위원회는 문화예술진흥법에 근거를 두고 있으며, 1973년에 설립된 문화예술진흥원이 2005년에 민간을 중심으로 한 합의 기구인 위원회 구조로 전환되었다. 한국문화예술위원회는 문예진흥기금을 운용하며 예술진흥을 위한 다양한 사업을 전개하고 있다. 문예진흥기금을 자체적으로 운용하고 있기 때문에 문화체육관광부에서는 기본적으로 매년 예산을 별도로 지원하지는 않지만 국고(일반회계) 사업의 경우 일부는 한국문화예술위원회를 보조사업자로 선정하여 사업 운영을 위탁하기도 한다. 한국문화예술교육진흥원은 문화예술교육지원법에 근거를 두고 있으며, 한국문화예술위원회와 달리 자체 기금을 보유하지 않고 매년 문화체육관광부로부터 예산(국고)을 배정받고 있다.

예술지원에 대한 두 축을 담당하고 있는 상기 기관 외에 예술경영지원센터와 한국예술인복지재단이 예술지원의 중요한 역할을 담당하고 있다. 예술경영지원센터는 단체에 대한 재정지원보다는 간접지원을 담당하고 있지만, 일부 사업에 대해서는 예술단체에 지원금을 주고 있다. 문화체육관광부의 다양한 사업을 수행하고 있기 때문에 기관의 예산은 대부분 문화체육관광부의 사업비 재원으로 이루어진다. 이러한 어려운 상황을 보완하기 위하여 2014년부터는 문예진흥기금에서 연간 5억 원의 운영비를 지원받고 있다가 2018년부터 국고로 모두 이관되어 편성되고 있다. 한국예술인복지재단의 경우 비교적 최근에 설립된 기관인데 예술인의 지위 보장 정책과 코로나-19 등의 상황으로 초기에 비해 예산이 급증하였다. 네 기관에 대해서는 뒤에 보다 자세히 설명하도록 하겠다. 문화체육관광부의 일반예산과 문예진흥기금 외에 예술지원을 하고 있는 재원은 복권기금, 국민체육진흥기금 등이 있으며 공공재원에 대해서도 뒤에 자세히 알아보도록 하겠다.

17개 광역단체는 중앙정부와 마찬가지로 문화예술분야에 대한 지원예산을 수립하고 일부 직접 지원하거나 산하의 문화재단을 통해 지역의 예술단체에 대한 재정지원을 하고 있다. 1997년 경기도를 시작으로 강원도와 제주도가 문화재단을 설립하였고, 2004년과 2005년에는 서울과 인천이 문화재단을 설립하였다. 이후 2009년도부터 나머지 광역단체가 문화재단을 설립하였고 2019년 경북문화재단이 설립되면서 광역단체에 모두 공공문화재단이 설립되었다. 문화재단을 설립하면서 지방문예진흥기금을 재단에 출연하였기 때문에 예술단체에 대한 지원사업은 대부분 문화재단에서 담당하고 있다. 2009년부터는 한국문화예술위원회가 문예진흥기금을 지역협력형 사업으로 각 지역에 배분하면서 매칭을 의무화함에 따라 지역의 지원금 규모가 확대되었는데, 2022년부터 지역협력형 사업 예산이 모두 지역으로 이양되어 광역단체에서 자체적으로 예산을 편성하여 사업을 추진하는 구조로 변화하였다.

광역단체와 달리 기초단체에서 설립한 문화재단은 대부분 출연금이 적으며 몇몇 재단을 제외하고 문화시설 관리·운영을 주된 목적으로 하고 있다. 따라서 기초문화재단의 설립초기에는 예술단체에 대한 재정지원을 거의 하지 않았으나 성남문화재단이나 춘천문화재단 등에서 일부 지역 예술인 또는 예술단체에 대한 재정지원이 이루어지기 시작하면서 다른 기초문화재단에서도 지원사업을 하는 경우가 늘어나고 있다.

3. 중앙정부(문화체육관광부)

2022년 문화체육관광부 소관 예산은 6조 4,803억 원이며, 이는 2013년도 4조 1,048억 원 대비 연평균 약 6.7% 증가하였는데, 이중 문화예술부문 재정은 2조 1,213억 원으로 최근 8년간의 추이를 보면 콘텐츠부문보다는 낮지만 관광과 체육부문보다 높은 8.4%의 연평균증가율을 보이고 있다. (다만, 여기에는 문화정책, 예술, 문화산업, 미디어, 종무, 홍보, 국립문화예술기관 관련 예산이 모두 포함되어 있다.)

(단위 : 억 원, %)

[표 2-5] 문화체육관광부 최근 8년간 부문별 재정추이

구분	2013	2014	2015	2016	2017	2018	2019	2020	연평균 증가율
합계(지출규모)	41,048	44,224	49,959	54,948	56,971	52,578	59,233	64,803	6.7%
예산	22,201	23,208	25,546	27,698	29,055	28,693	32,903	34,109	6.3%
기금	18,847	21,016	24,413	27,250	27,916	23,885	26,330	30,694	7.2%
문화체육관광부소관	41,048	44,224	49,959	54,948	56,971	52,578	59,233	64,803	6.7%
문화예술부문	12024	13618	13,825	15,069	16,092	16,387	18,851	21,213	8.4%
콘텐츠	4769	5185	6,107	7,492	7,296	7,140	8,292	9,650	10.6%
관광부문	10,964	12,316	13,719	14,111	15,538	14,021	14,140	13,491	3.0%
체육부문	10,744	10,463	13,541	15,386	15,021	11,850	14,647	16,961	6.7%
문화 및 관광 일반 부문	2,548	2,642	2,768	2,890	3,024	3,180	3,303	3,488	4.6%

※ 문화관광분야에서 문화재청 및 방송위원회 제외, 내부거래 및 보전지출 제외
* 문화예술부문은 문화정책, 예술, 문화산업, 미디어, 종무, 홍보, 국립문화예술기관을 포괄함

(단위 : 백만 원, %)

[표 2-6] 2017-2022년도 문체부 회계·기금별 편성 내용추이

구 분	2018	2019	2020	2021	2022	평균증가율
총합계	52,578	59,233	64,803	68,637	73,968	8.9%
예 산	28,693	32,902	34,109	34,723	37,302	6.8%
일반회계	20,208	22,837	25,698	26,809	29,709	10.1%
균특회계	7,770	9,263	7,284	6,476	6,169	△5.6%
아특회계	715	802	1,126	1,439	1,424	18.8%
기금	23,885	26,331	30,694	33,914	36,666	11.3%
문예진흥기금	2,462	2,717	2,893	3,231	3,880	12.0%
영화기금	659	768	1,015	1,170	1,100	13.7%
지발기금	83	77	93	93	88	1.6%
언론기금	231	227	228	212	213	△2.0%
관광기금	9,600	9,973	11,687	13,250	13,659	9.2%
체육기금	10,850	12,568	14,779	15,958	17,726	13.1%

※ 균특회계 : 국가균형발전특별회계, 아특회계 : 아시아문화중심도시조성특별회계
*출처 : 연도별 문화예술정책백서(문화체육관광부)

2022년 문화체육관광부의 예산은 전체 정부 예산 대비 1.22%의 비율을 보이고 있으며, 아래 표에서 보는 바와 같이 매년 점유율이 꾸준히 증가하다가 2018년 이후 다소 감소하고 있는 추세를 보이고 있다.

[표 2-7]
중앙정부 재정 대비
문체부 재정 점유율

(단위 : 억 원, %)

구분	'09 재정	'10 재정	'11 재정	'12 재정	'13 재정	'14 재정	'15 재정
정부재정	3,017,527	2,928,159	3,090,566	3,254,076	3,425,060	3,577,000	3,754,033
문화부 재정 (정부재정 대비 비율)	28,746 (0.95%)	31,747 (1.08%)	34,557 (1.12%)	37,194 (1.14%)	41,048 (1.20%)	44,224 (1.24%)	49,959 (1.33%)
구분	'16 재정	'17 재정	'18 재정	'19 재정	'20 재정	'21 재정	'22 재정
정부재정	3,863,996	4,005,459	4,288,339	4,695,752	5,122,504	5,579,872	6,076,633
문화부 재정 (정부재정 대비 비율)	54,948 (1.42%)	56,971 (1.42%)	52,578 (1.23%)	59,233 (1.26%)	64,803 (1.27%)	68,637 (1.23%)	73,968 (1.22%)

4. 지방자치단체

우리나라 전국 17개 광역시도와 230개 기초자치단체에서도 중앙정부와는 별도로 문화예술 관련한 예산을 편성하여 집행하고 있다. 각 지역별 재정 상황에 따라 편차는 있지만 광역단체와 기초단체 모두 전체 예산 대비 약 1% 대 수준의 문화예술 예산이 수립되어 있다.

2004년 국가균형발전특별법 시행 이후 지역의 역사와 문화적 특성을 활용한 사업의 발굴과 시행이 늘어남에 따라 자치단체의 문화 분야 예산은 지속적인 증가가 이루어지고 있다가 최근에는 사회복지와 교육 분야에 대한 예산 수요가 급증함에 따라 문화 분야 예산 규모는 다소 주춤하고 있는 추세이다. 지방자치단체의 문화예산규모를 모두 집계하는 것은 쉽지 않은 작업이 될 것이다. 따라서 17개 광역단체와 서울시 기초단체의 예산을 중심으로 문화예술 관련 예산을 살펴보도록 하겠다.

17개 광역단체의 예산규모와 총액대비 문화예산 비율을 살펴보면 다음 표와 같다.

(단위 : 백만 원)

[표2-8]
광역 지자체(본청)
문화예술 예산 현황
(2022년도)

지자체명	총 세출예산	문화예술 부문 예산	예산비율(%)
서울특별시	44,219,049	327,155	0.74%
부산광역시	14,269,025	272,766	1.91%
대구광역시	10,144,400	149,549	1.47%

지자체명	총 세출예산	문화예술 부문 예산	예산비율(%)
울산광역시	13,144,172	168,898	1.28%
광주광역시	7,009,427	222,128	3.17%
인천광역시	6,365,186	104,525	1.64%
대전광역시	4,410,392	60,420	1.37%
세종특별자치시	1,921,328	39,621	2.06%
경기도	33,603,588	239,914	0.71%
강원도	7,116,094	73,815	1.04%
충청북도	6,160,789	62,426	1.01%
충청남도	8,738,724	174,797	2.00%
경상북도	8,436,208	128,374	1.52%
경상남도	10,047,042	90,419	0.90%
전라북도	11,252,717	69,866	0.62%
전라남도	11,330,253	67,949	0.60%
제주특별자치도	6,392,245	121,448	1.90%
합 계	204,560,639	2,374,070	1.16%

출처 : 2022년 지방자치단체 통합재정 개요(행정안전부)
*일반회계, 기타특별회계, 공기업특별회계 등을 포함한 수치임
**지방재정에서는 중앙정부의 재정과 유사하게 예산을 기능별로 분류하면서 '분야-부문-정책사업-단위사업' 등으로 구분하고 있는데, 문화예술 분야는 '문화및관광 분야'의 하위 단위인 '문화예술부문'이란 명칭으로 설정되어 있음

전국 광역단체의 2022년도 문화예술 관련 예산 규모는 2조 3,741억 원으로 집계되었으며 이는 전체 광역단체 예산 대비 1.16% 수준이다. 문화예술 관련 예산액이 가장 많은 곳은 서울특별시로 3,272억 원이었고 전체 예산 대비 비중이 가장 높은 곳은 광주광역시로 3.17%이다. 반대로 비율이 가장 낮은 광역단체는 경상남도 0.60%이고, 이외에도 경상북도 등 4개 광역단체가 1% 미만의 문화예술 관련 예산을 편성하고 있다.

한편, 광역단체 본청을 포함하여 기초단체인 시·군·구까지 포함할 경우 아래와 같다.

(단위 : 백만 원)

[표2-9]
지역별
(광역단체 본청, 시·군·구)
문화예술 예산 현황(2022년도)

지자체명	총 세출예산	문화예술 예산	예산비율(%)
서울특별시	64,781,477	661,918	1.02%
부산광역시	21,881,765	346,040	1.58%
대구광역시	15,446,262	226,579	1.47%
울산광역시	20,157,526	261,651	1.30%
광주광역시	10,327,658	246,451	2.39%

지자체명	총 세출예산	문화예술 예산	예산비율(%)
인천광역시	9,630,422	135,262	1.40%
대전광역시	7,135,801	96,536	1.35%
세종특별자치시	1,921,328	39,621	2.06%
경기도	79,127,240	1,037,598	1.31%
강원도	18,954,697	323,589	1.71%
충청북도	15,625,147	192,238	1.23%
충청남도	21,889,681	371,472	1.70%
경상북도	21,289,354	345,618	1.62%
경상남도	25,152,552	278,256	1.11%
전라북도	30,399,975	356,234	1.17%
전라남도	29,990,460	265,259	0.88%
제주특별자치도	6,392,245	121,448	1.90%
합 계	400,103,590	5,305,770	1.33%

출처 : 연도별 지방자치단체 통합재정 개요(행정안전부)
*일반회계, 기타특별회계, 공기업특별회계 등을 포함한 수치임

위에서 살펴보면, 기초단체까지 포함할 경우 일반회계와 특별회계를 포함한 2022년도 전체 세출예산 대비 문화예술 부문 예산은 1.33%의 비중으로 편성되어 있다. 기초단체(시·군·구) 예산을 포함할 경우에도 광역단체 본청의 통계와 같이 광주광역시의 문화예술 부문 예산의 비중이 2.39%로 가장 높았고, 경상남도는 유일하게 1% 미만으로 나타났다.

참고로, 서울의 25개 기초단체별 2022년도 문화예술 부문 예산 규모는 다음과 같다.

(단위 : 백만 원)

[표2-10] 서울시 자치구별 문화 예산 (2022년)

구분	2022년			2021년			2022 문화예술분야 비중	2021 문화예술분야 비중
	전체 예산	문화 및 관광 예산	문화예술분야 예산	전체 예산	문화 및 관광 예산	문화예술분야 예산		
도봉구	739,201	19,440	12,920	669,862	22,153	16,271	1.75%	2.43%
노원구	1,144,501	41,023	24,308	1,031,570	40,855	20,124	2.12%	1.95%
강북구	827,510	20,880	12,230	739,078	23,074	9,783	1.48%	1.32%
은평구	1,011,000	30,220	19,436	891,000	25,781	15,024	1.92%	1.69%
종로구	490,834	21,158	8,709	478,192	20,872	9,778	1.77%	2.04%
성북구	882,413	38,740	26,762	807,074	39,824	27,512	3.03%	3.41%
중랑구	905,064	21,675	14,634	807,000	19,356	10,000	1.62%	1.24%

구분	2022년			2021년			2022 문화예술분야 비중	2021 문화예술분야 비중
	전체 예산	문화 및 관광 예산	문화예술분야 예산	전체 예산	문화 및 관광 예산	문화예술분야 예산		
서대문구	690,838	13,102	3,951	685,580	14,866	4,727	0.57%	0.69%
동대문구	736,072	13,065	7,809	685,669	17,768	9,686	1.06%	1.41%
강서구	1,156,996	28,417	16,505	1,030,435	24,085	13,053	1.43%	1.27%
마포구	763,614	47,269	21,955	735,557	39,813	31,493	2.88%	4.28%
중구	573,364	18,696	12,711	532,170	20,174	13,265	2.22%	2.49%
성동구	659,831	32,484	1,266	601,066	33,132	471	0.19%	0.08%
광진구	732,324	23,538	14,415	610,063	17,642	9,572	1.97%	1.57%
강동구	872,097	33,762	14,863	788,382	28,577	14,806	1.70%	1.88%
영등포구	784,852	36,285	21,495	708,061	35,865	21,248	2.74%	3.00%
용산구	575,898	9,370	3,708	502,568	7,942	2,778	0.64%	0.55%
양천구	853,734	22,671	8,580	768,582	17,520	5,063	1.01%	0.66%
구로구	836,420	28,999	17,120	739,160	21,833	10,921	2.05%	1.48%
동작구	739,477	8,448	5,333	679,453	7,603	4,944	0.72%	0.73%
송파구	1,064,155	19,464	4,916	963,534	19,008	4,373	0.46%	0.45%
강남구	1,200,115	44,874	21,446	1,127,794	46,833	29,267	1.79%	2.60%
서초구	793,862	26,237	13,071	746,717	32,938	19,925	1.65%	2.67%
관악구	905,655	22,686	13,773	795,300	21,328	12,023	1.52%	1.51%
금천구	622,602	19,692	12,848	545,733	15,809	10,059	2.06%	1.84%
합계	20,562,428	642,192	334,763	18,669,600	614,653	326,167	1.63%	1.75%

출처 : 각 기초단체 인터넷 홈페이지
*일반회계, 기타특별회계, 공기업특별회계 등을 포함한 수치임
**참고로 문화예술분야 예산은 문화및관광 예산에 포함됨

　　서울 기초단체의 전체 예산 대비 문화예술 부문 예산의 비율은 2021년 1.75%에서 1.63%로 하락하였다. 25개 기초단체의 전체 예산은 2021년 18조 6,696억 원에서 2022년 20조 5,624억 원으로 10.14% 증가하였으나, 문화및관광 분야의 예산과 문화예술 부문 예산은 각각 4.48%, 2.64% 증가하는데 그쳤다. 총 25개 기초단체 중 2022년도 문화예술 부문 예산이 전년 대비 증가한 곳은 16개 자치단체이고 9개 자치단체는 예산액이 감소하였으며, 2021년 대비 2022년에 가장 많이 감소한 기초단체는 마포구이다. 특이할만한 점은 25개 자치구의 평균 문화예술 분야 예산(약 134억원) 대비 많이 낮은 예산액 또는 예산 비율을 보이는 자치단체도 일부 눈에 띄는데, 이는 자치단체에 따라 문화

및관광 분야 하위 단위인 문화및관광일반 부문 예산에 문화예술 지원예산을 편성하는 경우도 있기 때문이다.

5. 한국문화예술위원회

1972년에 문화예술진흥법이 제정되고, 이에 따라 1973년에 한국문화예술진흥원이 설립되어 10월부터 업무를 개시하였으며, 실질적인 사업 추진은 문예중흥 5개년 계획의 시행 첫 해인 1974년부터 본격화되었다. 2005년에는 30여 년간 독임형 체제로 운영되던 기구를 민간을 중심으로 한 합의기구인 위원회 체제로 전환하였다. 관습적인 관료적 문화행정체계를 혁신하는 의미뿐만 아니라 급변하는 사회 문화적 환경에 부응하여 관료행정으로는 한계가 있는 우리 문화정책과 행정의 틀을 새롭게 변화시키고자 하는 의미를 가지는 것이다. 위원회는 '문화예술에 관하여 전문성과 경험이 풍부하고 덕망이 있는 자' 중 '문화체육관광부 장관이 위촉하는 위원'으로 구성하되 이 때 '문화관광부 장관이 위촉하는 자로 이루어진 위원추천위원회에서 추천한 자 중 위촉'하며 이 경우 위원추천위원회에는 문학, 미술, 음악, 무용, 연극, 전통예술 등 문화예술 각 분야의 인사가 균형 있게 포함되어야 한다고 규정하고 있다.

한국문화예술위원회는 우리나라 문화예술 지원에 핵심적인 재원인 문화예술진흥기금(이하 문예진흥기금)을 운용하고 있다. 문예진흥기금과 관련하여 기금은 한국문화예술위원회가 독립된 회계로 따로 계리하여 운용관리하며, 기금조성 시 그 가액과 품명을 문화체육관광부 장관에게 보고하여야 한다.

2010년대 이전까지는 문예진흥기금은 문화예술의 창작과 향유, 국제교류를 위한 사업에 투입되는 경우가 대부분이었고 이에 따라 기금의 용도 또한 한정적이었으나 문화예술과 관련한 법률이 제·개정됨에 따라 주요한 사업 재원인 문예진흥기금 또한 문화예술진흥법의 개정을 통해 장애예술인의 창작 및 향유활동에 대한 지원, 공공미술, 도서관 지원·육성 등에 대한 용도가 추가되었다.

한국문화예술위원회는 문예진흥원 시절 후반부인 2000년대 초반 이후 목표 지향적 사업체계 전환을 포함한 중장기 발전계획을 수립하여 이념과 기본방향을 재정립하였고 새로운 사업 환경에 부응하기 위해 지원목표를 개선해왔다. 위원회의 문예진흥기금사업 지원목표 혹은 전략목표의 변화과정을 살펴보면, 2002년부터 2007년까지 기관의 전략목표가 지원사업 목표 중심으로 서술되었으나 2007년 경영 전략목표에서 사업 외적인 요소(서비스혁신, 재원확보 등)가 추가되기 시작하였고 2008년 이후에는 경영관점에서 비전과 전략을 새롭게 수립하여 그동안 지원사업 중심의 전략목표를 전사적 경영관점으로 전환하였음을 알 수 있다.

이는 2000년대 후반부터 정부 산하 공공기관에 대한 경영실적평가 등 각종 평가가 강화되고 있어 이에 대한 경영 관점의 철저한 대비가 필요하여 사업 중심의 중장기 전략에 기관 경영전략과 관련한 목표를 추가한 형태로 나타나고 있으며, 문화예술 지원사업의 경우에도 사업의 계획과 추진단계에서부터 명확한 지원목표와 계량적인 성과지표의 설정 등 체계적 평가관리가 함께 이루어지는 추세이다.

한국문화예술위원회에서는 2013년 '아르코(ARKO) 비전 2020'을 최초 설정한 이후 블랙리스트 사건으로 인한 기관 투명성 저하 및 새정부 출범 등에 따른 정책환경 변화에 대응하기 위하여 비전 전략체계를 일부 수정, 보완하는 과정을 거쳐 2019년에 새로운 형태의 비전 2030을 발표하면서 새로운 전략목표와 전략과제, 세부과제를 수립하였다.

그 후 ESG 등 외부 환경 변화를 반영하여 전략체계를 재설정(rolling)하였는데 2022년 현재 공개된 위원회의 미션, 비전, 전략은 다음과 같다.

[그림2-11] 한국문화예술위원회 비전 2030

설립목적	문화예술을 지원함으로써 모든 사람이 창조의 기쁨을 공유하고, 가치 있는 삶을 누리게 한다.		
비전	창조의 기쁨을 함께 만드는 예술 현장의 파트너		
전략목표	예술의 창의성과 다양성 존중	문화예술 가치의 확산	자율과 협력 기반의 기관 운영
핵심가치	도전과 변화	공감과 협력	공공책무성

	예술의 지평 확대	예술 현장 중심 지원 체계 확립	예술의 미래 동력 확보
7대 전략과제 **18개 세부과제**	1. 지속가능한 예술가의 창작 터전 공고화 2. 아르코 창작 공간 플랫폼 역할 정립 3. 문화예술 인력육성체계 혁신 및 일자리 창출	1. 현장 친화적 정책 지원 강화 2. 문화예술계 공정환경 조성 3. 문화예술계 위기 극복과 회복 지원	1. 예술의 실험성과 다양성 뒷받침 2. 예술과 기술 융합 지원 다각화
	문화예술의 사회적 역할 확대	모두를 위한 예술 공유	기관운영체계 혁신
	1. 문화예술 가치에 대한 공감대 형성 2. 문화예술 후원 매개 활동 활성화 3. 문화예술을 통한 미래 사회 대응 4. 사회적 자산으로서의 문화예술 가치 보존	1. 문화예술 향유 격차와 불균형 해소 2. 문화예술의 새로운 창조와 향유를 위한 권리보장	1. 문화예술지원기관으로서의 공공성과 자율성 강화 2. 문화예술진흥기금 재원 안정성 확보 3. 혁신경영을 위한 조직역량 강화 4. ESG 경영 실현 기반 마련
	현장 협력형 기관 운영		
	1. 협치형 위원회 운영 활성화 2. 현장예술 중심의 생태계와 공론장 형성		

1) 한국문화예술위원회의 정책여건 및 현황

2004년부터 문예진흥기금 모금이 폐지됨에 따라 매년 400억 원 내외의 안정적인 모금수입이 중단되었다. 이의 대체재원으로 「복권 및 복권기금법」에 따라 복권기금이 문예진흥기금으로 전입되기 시작하면서 소외계층 등 일반국민을 대상으로 한 문화향수기회 확대사업이 대폭 증가하게 되었다. 복권기금으로 기존에 모금하던 금액을 충당하려고 하였으나 결과적으로는 별도의 사업이 증가된 결과를 초래하여(물론 이 사업들도 중요함) 기존의 기금 모금액을 대체하지 못하게 되어 적립금의 감소로 인한 기금 고갈 위기에 처하게 되었다. 또한 문예진흥기금으로 전입되는 복권기금 전입금은 정률제가 아닌 국가 정책방향에 따라 공익사업으로 심의를 받은 이후 지출예산만큼의 전입금이 결정되고 있어, 안정적인 사업 운영에 어려움을 나타내고 있다.

이러한 기금 고갈위기에 대응하기 위해 한국문화예술위원회는 복권기금 이외에 관광진흥개발기금, 국민체육진흥기금 등을 전입받아 기금으로 적립하거나 사업비에 활용하고 있으며, 경륜·경정수익금, 골프장 운영수익금 등도 수입에 포함되어 기금사업을 추진하기 위한 종자돈의 역할을 수행하고 있다. (아래 표 [2-12] 참고)

[표 2-12]
한국문화예술위원회 수입계획 현황(2021년~2022년)

('22.3.23. 기준, 단위 : 백만원)

구 분			2020년 결산	2021년 계획(A)	2022년 계획(B)	증감 (B-A)	%
수입		총 계	503,342	605,588	573,138	△32,450	△5.3
	문예기금	소 계	447,952	539,633	523,987	△15,646	△2.9
		○ 자체수입	54,746	67,884	61,059	△6,825	△10.1
		- 건물대여료	468	1,175	1,175	-	-
		- 융자금이자수입	-	266	679	413	155.3
		- 적립금 이자수입	4,088	4,500	4,500	-	-
		- 민간출연금	18,258	26,167	26,167	-	-
		- 보조사업집행잔액반납금	16,816	10,478	16,400	5,922	56.5
		- 입장료및기타잡수입	6,446	7,498	7,498	-	-
		- 경륜경정수익법정배분액	8,670	16,395	-	△16,395	순감
		- 융자원금회수	-	1,405	4,640	3,235	230.2
		○ 정부내부수입	293,324	281,524	300,868	19,344	6.9
		- 일반회계 전입금	21,000	20,370	30,000	9,630	47.3
		- 복권기금 전입금	122,324	164,154	173,868	9,714	3.7
		- 체육기금 전입금	100,000	97,000	97,000	-	-
		- 관광기금 전입금	50,000	-	-		
		○ 여유자금회수	99,882	190,225	162,060	△28,165	△14.8
		- 통화금융기관회수금	99,882	190,225	-	△190,225	순감
		- 비통화금융기관회수금	-	-	162,060	162,060	순증
	일반회계	소 계	52,164	62,218	45,696	△16,522	△26.6
		○ 정부내부수입	52,164	62,218	45,696	△16,522	△26.6
		- 기타 일반회계 사업 보조금	52,164	62,218	45,696	△16,522	△26.6
	체육기금	소 계	3,194	3,673	3,455	△218	△5.9
		○ 정부내부수입	3,194	3,673	3,455	△218	△5.9
		- 체육기금 사업 보조금	3,194	3,673	3,455	△218	△5.9
	정보통신기금	소 계	27	42	-	△42	순감
		○ 정부내부수입	27	42	-	△42	순감
		- 정보통신기금 사업 보조금	27	42	-	△42	순감
	기타	소 계	5	22	-	△22	순감
		○ 정부내부수입	5	22	-	△22	순감
		- 문체부 위탁 협력교육	5	22	-	△22	순감

2) 2022년도 지출계획 중 사업비 세부내역

(1) 지출계획 개요

한국문화예술위원회 출범 초기에는 문예진흥기금사업만 수행하였으나 2010

년대에 들어서면서 문화체육관광부의 일반회계사업 또는 체육진흥기금사업도 함께 추진하고 있다.

('22.3.23. 기준, 단위 : 백만원)

[표 2-13] 한국문화예술위원회 지출계획 현황(2021년~2022년)

구 분			2020년 결산	2021년 예산(A)	2022년 계획 (B)	증감 (B-A)	%
총 계			503,342	605,588	573,138	△32,450	△5.3
사업비+경상운영비			377,544	415,574	437,119	21,545	5.1
사업비			356,399	394,009	414,745	20,736	5.3
지출	문예기금	소 계	447,952	539,633	523,987	△15,646	△2.9
		○ 사업비	301,014	328,054	365,594	37,540	11.4
		- 예술창작지원	59,816	60,686	53,414	△7,272	△12.0
		- 예술인력육성	14,472	21,672	29,388	7,716	35.6
		- 예술인생활안정자금(융자)	19,000	24,000	23,000	△1,000	△4.2
		- 예술인생활안정자금	-	-	900	900	순증
		- 지역문화예술지원	9,168	9,957	3,470	△6,487	△65.2
		- 예술의관광자원화	11,146	8,862	7,477	△1,385	△15.6
		- 예술정책및기부활성화	20,695	21,694	21,671	△23	△0.1
		- 문화예술향유지원	166,717	181,183	226,274	45,091	24.9
		○ 기금운영비	21,145	21,565	22,374	809	3.8
		- 인건비	11,977	12,124	12,332	208	1.7
		- 기타운영비	9,168	9,441	10,042	601	6.4
		○ 기금간거래	10,005	7,800	3,000	△4,800	△61.5
		- 복권기금 전출(반환금)	10,005	7,800	3,000	△4,800	△61.5
		○ 여유자금운용	115,788	193,043	133,019	△60,024	△31.1
		- 통화금융기관예치금	115,788	193,043	-	△193,043	순감
		- 비통화금융기관예치금	-	-	133,019	133,019	순증
	일반회계	소 계	52,164	62,218	45,696	△16,522	△26.6
		○ 사업비	52,164	62,218	45,696	△16,522	△26.6
		- 문화다양성보호및증진	2,049	2,782	2,822	40	1.4
		- 우리가치 인문동행	-	-	1,000	1,000	순증
		- 인생나눔교실운영	2,587	2,500	3,300	800	32.0
		- 공연예술연습공간조성및운영	1,080	1,330	975	△355	△26.7
		- 문학나눔도서보급	3,599	5,111	5,611	500	9.8
		- 공공미술프로젝트	99	465	865	400	86.0
		- 공연예술분야 인력지원	28,734	45,100	22,800	△22,300	49.4
		- 온라인미디어 예술활동 지원	14,016	4,930	5,623	693	14.1
		- 예술 메타버스 확장 지원	-	-	1,700	1,700	순증
		- 비평 및 작가 육성 지원	-	-	1,000	1,000	순증

구분		2020년 결산	2021년 예산(A)	2022년 계획(B)	증감 (B-A)	%
지출	체육기금 소계	3,194	3,673	3,455	△218	△5.9
	○ 사업비	3,194	3,673	3,455	△218	△5.9
	- 작은미술관 조성 및 운영지원	687	700	680	△20	△2.9
	- 예술기록물DB구축	414	423	370	△53	△12.5
	- 도서관상주작가지원	972	1,200	850	△350	△29.2
	- 원로예술인공연지원	1,121	1,150	1,005	△145	△12.6
	- 한국작고문인선양사업지원	-	200	200	-	-
	- 어린이문학주간	-	-	350	350	순증
정보통신기금	소계	27	42	-	△42	순감
	○ 사업비	27	42	-	△42	순감
	- 빅데이터 센터 육성 및 플랫폼 구축	27	42	-	△42	순감
기타	소계	5	22	-	△22	순감
	○ 사업비	5	22	-	△22	순감
	- 문체부 위탁 협력교육	5	22	-	△22	순감

* 2020년 결산액은 문예진흥기금은 회계연도 기준 집행액, 타 재원은 정산 확정액 기준
* 2021년은 최종 예산현액(추경, 기금운용계획변경 포함), 2022년은 작성 시점 기준

한국문화예술위원회가 운용하는 문예진흥기금은 2010년대 중반 이후 고갈 위기를 겪으면서 외부 공공재원으로부터 전입을 통한 적립금 증가를 추진하고 있는데, 2016년 체육진흥기금과 관광진흥개발기금을 시작으로 2018년부터는 일반회계로부터 재원이 전입되고 있다. 2016년 이후 외부로부터 유입된 공공재원은 아래와 같다.

(단위: 백만원)

[표 2-14] 문예진흥기금으로 전입된 공공재원 현황 (2016년~2022년)

구분	2016	2017	2018	2019	2020	2021	2022	계
복권기금 전입금	37,199	37,199	82,103	105,561	122,324	164,154	164,154	712,694
체육기금 전입금	50,000	50,000	50,000	100,000	100,000	97,000	97,000	544,000
관광기금 전입금	50,000	50,000	50,000	50,000	50,000	-	-	250,000
일반회계 전입금	-	-	50,000	50,000	21,000	20,370	30,000	171,370
합계	137,199	137,199	232,103	305,561	293,324	281,524	291,154	1,678,064

위 표를 보면, 복권기금의 경우 사업과 연계하여 전입되어 전액 사업비로 지출되었으나 체육기금이나 관광기금, 일반회계의 경우 일부 연도를 제외하고 적립금으로 충당되어 재원 안정화에 기여하고 있다. 2016년부터 전입된 총 1조 6,781억 원의 공공재원 중 기금은 약 1조 5,067억 원, 일반회계(국고)의 경우 1,714억 원이 전입되었다.

(2) 세부사업별 내역

한국문화예술위원회가 운용하는 문예진흥기금의 2022년도 지출계획 중 세부사업별 내역을 예술창작지원, 예술인력육성, 예술인생활안정자금, 지역문화예술지원, 예술의관광자원화, 문화예술향유지원으로 구분하여 살펴보기로 하겠다.

① 예술창작지원

예술창작지원사업은 한국문화예술위원회가 추진하는 대표적인 예술창작활동에 대한 지원사업으로 문학, 시각예술, 공연예술, 융복합, 다원예술 등에 대하여 공모 또는 지정을 통해 지원하고 있다. 최근 5년간 투입된 사업비는 약 2,322억 원으로 2017년 대비 2배 수준으로 예산이 증가하였다.

[표 2-15] 연도별 예술창작지원 예산

(단위: 백만원)

연도	2017	2018	2019	2020	2021	계
사업비	31,149	34,191	45,041	60,718	60,686	231,785

* 변경 및 추경 포함 최종예산 기준

[표 2-16] 예술창작지원 세부내역 (2021.2022)

(단위: 백만원)

사업명	'21 예산 (당초)	'22 예산 (당초)	증감	사업내용
▣ 예술창작지원	48,186	53,414	5,228	
○ 문학창작육성	2,988	4,527	1,539	
문학창작산실	2,050	2,795	745	·아르코문학창작기금 1,200백만원 ·문학집필공간운영지원 500백만원 ·문예지발간지원 740백만원 ·문학비평및연구지원 100백만원 ·사업운영비 255백만원
문학광장운영	601	1,439	838	·문학광장 참여 작가 사례비 450백만원 ·시스템 개선 893백만원 ·사업운영비 96백만원
문학주간운영	337	273	△64	·문학주간 행사운영 250백만원 ·협력사업 및 공모전 운영 43백만원
○ 시각예술창작육성	3,182	4,777	1,595	
시각예술창작산실	1,915	2,510	595	·전시지원 800백만원 ·전시사전연구지원 100백만원 ·비평지원 100백만원 ·공간지원 1,170백만원 ·중견작가프로모션지원 240백만원 ·운영비 100백만원

사업명	'21 예산 (당초)	'22 예산 (당초)	증감	사업내용
아르코미술관운영지원	1,267	2,267	1,000	·아르코미술관운영관리 683백만원 ·기획프로그램 운영 1,183백만원 ·인사미술공간 운영 401백만원
○ 공연예술창작육성	29,036	31,280	2,244	
공연예술창작산실	9,853	9,168	685	·단계별 제작지원 7,684백만원 ·공연예술비평활성화지원 270백만원 ·창작뮤지컬해외유통지원 514백만원 ·아르코창작음악제 400백만원 ·창작오페라 허왕후 300백만원
대한민국공연예술제	6,959	8,554	1,595	·일반공모 7,954백만원 ·서울국제무용콩쿠르 600백만원
민간공연장활성화지원	2,500	2,500	-	·대관료 및 민간공연장지원 2,348백만원 ·사업운영비 152백만원
공연예술공간운영 (아르코·대학로예술극장)	4,234	3,734	△500	·기획프로그램 운영 900백만원 ·공연장서비스지원 705백만원 ·공연장 시설운영 외 2,129백만원
공연예술중장기창작지원	5,490	7,324	1,834	·지원금 7,000백만원 ·사업운영비 324백만원
○ 국제예술교류지원	6,230	5,080	△1,150	
국제예술교류 프로젝트지원	4,200	3,173	△1,027	·예술가해외레지던스지원 843백만원 ·한국예술국제교류지원 1,750백만원 ·남북문화예술교류지원 180백만원 ·한국창작오페라 코리아웨딩 300백만원 ·어반브레이크아트아시아 100백만원
국제예술교류 네트워크구축	2,030	1,907	△123	·해외문화기관협력 275백만원 ·베니스비엔날레한국관운영 1,063백만원 ·국제예술공동기금사업 569백만원
○ 예술과기술융합지원	4,750	5,750	1,000	
예술과기술융합지원	4,750	4,750	-	·예술과 기술 창작단계별 지원 3,350백만원 ·융합 활성화 기반조성 1,400백만원
빅데이터예술서비스개발	-	1,000	순증	<신규> ·문화예술 빅데이터 활용 기반 구축 600백만원 ·예술-데이터 매칭 지원 400백만원
○ 기초예술다양성증진지원	1,000	2,000	1,000	
기초예술다양성증진지원	1,000	2,000	1,000	·다원예술창작지원 480백만원(30백만원×16건) ·어린이청소년대상예술활성화지원 1,400백만원 ·사업운영비 120백만원

2022년은 전년 대비 52억 원 정도가 증가하여 약 11%의 증가율을 보였는데, 공연예술분야의 중장기창작지원 예산 증가와 코로나-19 상황으로 앞당겨진 예술-기술 융합 사업과 다양성증진사업의 증액이 눈에 띈다.

② 예술인력육성

예술인력육성사업은 예술가와 현장 전문인력의 육성(재교육)과 일자리 지원으로 기초예술 분야 창작역량 강화 및 성장 동력을 확충하기 위한 목적으로 시행되는 사업이다. 최근 5년간 일자리 창출 정책과 관련하여 큰 폭의 예산 증가가 이루어졌다.

(단위: 백만원)

[표 2-17]
연도별 예술인력육성 예산

연도	2017	2018	2019	2020	2021
사업비	14,234	13,641	14,086	14,540	21,672

* 변경 및 추경 포함 최종예산 기준

(단위: 백만원)

[표 2-18]
예술인력육성 세부내역
(2021, 2022년)

사업명	'21 예산 (당초)	'22 예산 (당초)	증감	사업내용
▣ 예술인력육성	21,672	21,388	7,716	
○ 차세대예술인력육성	3,000	10,673	7,673	
· 한국예술창작아카데미	1,575	1,575	-	· 연구·창작비 지원 913백만원 · 사업운영비 662백만원
· 창작뮤지컬아카데미	742	742	-	· 아르코-한예종 뮤지컬창작아카데미 393백만원 · DIMF아카데미 349백만원
· 전통예술기획자양성프로젝트	90	90	-	· 지원금 90백만원
· 무대예술전문교육	593	4,497	3,904	· 단계별 무대예술 전문교육 900백만원 · 권역별 무대예술교육 300백만원 · 무대기술인턴십 파견 2,880백만원 · 무대예술전문교육 운영 417백만원
· 아르코청년예술가지원	-	3,000	3,000	· 지원금 2,960백만원 · 운영비 40백만원
· 청년예술가해외진출지원	-	548	548	· 지원금 471백만원 · 운영비 77백만원
· 예술요원제도운영	-	221	221	· 제도 운영비 221백만원

사업명	'21 예산 (당초)	'22 예산 (당초)	증감	사업내용
○ 현장예술인력육성	18,672	18,715	43	
· 문화예술기관연수단원지원	10,412	11,071	659	· 인건비 지원 10,374백만원 · 정규직 고용전환 장려금 292백만원 · 사업운영비 405백만원
· 공연예술전문인력지원	3,000	3,015	15	· 인건비 지원: 2,715백만원 · 사업운영비 300백만원
· 사립미술관전문인력운영지원	1,000	-	△1,000	* 일반회계로 이관
· 전문무용수지원센터지원	1,760	1,584	△176	· 지원금 1,584백만원
· 비대면예술인력교육프로그램 및 플랫폼개발	1,000	1,000	-	· 교육 플랫폼 구축 400백만원 · 교육 콘텐츠 개발 600백만원
· 예술기록물관리전문인력지원 (구. 예술기록물수집개방활용)	700	700	-	· 관리 인건비 지원 626백만원 · 사업운영비 74백만원
· 아르코예술인력개발원운영	500	500	-	· 시설 유지·관리 500백만원
· 예술가의집운영	300	845	545	· 인건비 127백만원 · 시설운영 90백만원 · 기획프로그램 운영 83백만원 · 내진보강 및 방수 공사 545백만원

예술인력육성 사업에서는 무대예술전문교육사업 예산이 대폭 증가하였으며, 청년예술가지원사업이 예술창작지원에서 이동 편제되는 등 차세대예술인력육성 예산이 증가한데 따라 예술창작지원 대비 2022년에 더 많이 증가된 것으로 보인다. 한편 일반회계와 기금의 역할 분담에 따라 사립미술관전문인력운영지원사업이 국고(일반회계)로 이관되었다.

③ 예술인생활안정자금

예술인의 경제적 안전망을 제공하고자 2019년부터 시행된 예술인생활안정자금사업은 한국예술인복지재단에서 위탁받아 시행하고 있으며, 예술인 대상(예술활동증명 완료자, 가구원 소득 합계 기준 중위소득 75% 이하 등 저소득층 우선 지원)으로 긴급생활자금을 소액 융자하는 사업이다.

(단위: 백만원)

[표 2-19]
연도별 예술인
생활안정자금 예산

연도	2017	2018	2019	2020	2021	2022
사업비	-	-	8,500	19,000	24,000	23,000

* 변경 및 추경 포함 최종예산 기준

2022년에는 소액생활자금 대출, 코로나-19 피해 특별융자, 창작공간을 포함한 주택 전월세 대출을 시행하고 있다.

(단위: 백만원)

표 [2-20]
예술인 생활안정자금
세부내역(2021, 2022년)

사업명	'21 예산 (당초)	'22 예산 (당초)	증감	사업내용
■ 예술인생활안정자금	24,000	23,900	△100	
○ 예술인생활안정자금(융자)	23,000	23,000	-	
· 기타민간융자금	23,000	23,000	-	· 소액생활자금 대출 : 9,000백만원 (최대 7백만원, 1,800명) · 코로나19 피해 특별융자 : 5,000백만원 (최대 7백만원, 700명) · 주택(창작공간 포함) 전·월세 대출 : 9,000백만원(최대 100백만원, 90명)
○ 예술인생활안정자금	1000	900	△100	
· 주관처 운영비	1000	900	△100	· 예술인생활안정자금(융자) 사업 운영비 (한국예술인복지재단)

④ 지역문화예술지원

지역문화예술지원사업은 지역(자치단체) 대상으로 배분하여 시행하던 배분형 지원사업이었으나 2022년 현재 공연장상주단체육성지원을 마지막으로 모두 지역으로 이양된 상태이다. 이에 따라 2022년 예산은 전년 대비 65억 원 정도가 줄어들었고 지역문화협의체 운영비를 제외하고는 모두 아르코공공예술사업 예산만 편성되었다.

아르코공공예술사업은 건축물미술작품제도에 의한 선택적 기금으로 출연된 문예진흥기금을 활용한 공공예술사업으로 일상에서 예술 향유 기회를 확대하기 위하여 시행되는 사업이다.

(단위: 백만원)

[표 2-21]
연도별 지역문화예술
지원예산

연도	2017	2018	2019	2020	2021	2022
사업비	7,389	7,389	6,739	10,457	9,957	3,470

*변경 및 추경 포함 최종예산 기준

[표 2-22]
지역문화예술지원
세부내역(2021, 2022년)

(단위: 백만원)

사업명	'21 예산 (당초)	'22 예산 (당초)	증감	사업내용
▣ 지역문화예술지원	9,957	3,470	△6,487	
○ 공연장상주단체육성지원	6,187	-	△6,187	* 지역으로 이양
○ 지역문화협의체등운영	270	220	△50	· 지역문화협의체운영 170백만원 · 사업 운영 및 평가 50백만원
○ 아르코공공예술사업	3,500	3,250	△250	· 공모사업 3,150백만원 - 자율실행형 1,650백만원 - 지속활용형 200백만원 - 주제심화형 1,200백만원 - 연구지원형 100백만원 · 사업운영비 100백만원

⑤ 예술의 관광자원화

예술의 관광자원화사업은 전통예술의 고유가치 계승 및 재해석을 통한 새로운 수요 개발과 지역균형 발전을 도모하고 한국공연예술의 전략적·단계적 해외진출지원을 통한 한류 확산을 도모하기 위하여 시행되고 있다.

2017년 약 246억 원의 예산 편성 이후 점점 줄어들어 2022년 현재 75억 원 가량의 예산이 편성되었으며, 전통예술을 활용한 지역브랜드 상설공연, 전통공연예술활동 지원, 공연예술의 해외진출을 위한 마켓 운영, 지원사업 등을 추진하고 있다. 이 사업은 주관처가 모두 지정되어 있으며 경우에 따라 각 주관처에서 공모 등을 통해 단체를 지원하는 형태로 시행된다.

(단위: 백만원)

[표 2-23]
연도별 예술의
관광자원화 예산

연도	2017	2018	2019	2020	2021	2022
사업비	24,557	25,307	21,233	11,070	8,862	7,477

* 변경 및 추경 포함 최종예산 기준

세부사업별로 2021년 대비 2022년의 예산을 살펴보면 일률적으로 15%씩 감소하였음을 알 수 있다.

(단위: 백만원)

[표 2-24]
예술의 관광자원화
세부내역(2021, 2022년)

사업명	'21 예산 (당초)	'22 예산 (당초)	증감	사업내용
▣ 예술의관광자원화	8,863	7,477	△1,385	
○ 전통예술지역브랜드상설공연 * 정동극장 및 전북문화관광재단 주관	1,973	1,677	△296	· 전통예술지역브랜드상설공연(경주) 877백만원 · 전통예술지역브랜드상설공연 (전라북도) 800백만원
○ 전통예술지역브랜드상설공연 * 정동극장 및 전북문화관광재단 주관	4,806	4,050	△756	· 인류무형문화유산활용공연사업 852백만원 · 문화공간활용전통공연사업 931백만원 · 전통공연예술활동지원 1,958백만원 · 전통공연예술행사 해외진출지원 309백만원
○ 공연예술작품 전략적 해외진출 지원 * 예술경영지원센터 주관	2,083	1,750	△333	· 공연예술전략적해외진출지원 311백만원 · 공연예술해외진출기반마련 131백만원 · 서울아트마켓운영지원 541백만원 · 아르코국제예술확산지원 330백만원 (19.7백만×20건) 　* 한국문화예술위원회 직접수행 · 전통예술해외아트마켓참가 및 해외진출지원 437백만원

⑥ 예술정책 및 기부활성화

예술분야 기부 프로그램 운영 및 기부문화 활성화를 통해 민간영역의 후원공감대 형성 및 예술지원 재원의 다각화를 꾀하고, 문화예술 홍보와 간행물 발간, 조사·연구 추진, 아카이브 운영 등을 통해 예술현장 기초자료 축적 및 문화예술 가치의 인식을 높이고자 추진하는 사업이다.

(단위: 백만원)

[표 2-25]
연도별 예술정책 및
기부활성화 예산

연도	2017	2018	2019	2020	2021	2022
사업비	31,593	29,851	22,973	27,211	21,694	21,671

* 변경 및 추경 포함 최종예산 기준

[표 2-26]
예술정책 및 기부활성화
세부내역(2021, 2022년)

(단위: 백만원)

사업명	'21 예산 (당초)	'22 예산 (당초)	증감	사업내용
■ 예술정책및기부활성화	21,694	21,671	△23	
○ 예술정책실행력제고	1,578	2,208	630	
- 예술가치확산및정책홍보	400	400	-	· 예술가치확산지원 143백만원 · 지원정책및기관홍보 257백만원
- 예술지원정보안내	214	414	200	· 예술정보 콜센터 지원 및 운영 184백만원 · 예술지원정보서비스(아트누리 등) 230백만원
- 예술지원정책개발	964	1,394	430	· 예술지원실태조사및정책개발 518백만원 · 예술정책성과환류및확산 174백만원 · 문예연감및연차보고서발간등 143백만원 · 공연예술조사 303백만원 · 온라인공론장ARKO웹진운영 256백만원
○ 문화예술기부활성화	17,805	15,372	△2,433	
- 기부금사업	11,847	10,070	△1,777	· 기부금사업 10,070백만원
- 예술나무운동	1,958	1,702	△256	· 후원자개발및예우 767백만원 · 문화예술협력네트워크 280백만원 · 후원매개단체및후원우수기관인증 255백만원 · 문화예술후원매개인력양성 400백만원
- 민간후원활성화지원	4,000	3,600	△400	· 기업과예술의만남활성화 3,510백만원 · 문화로인사합시다 90백만원
○ 원로문예인복지지원	101	87	△14	· 기타보전금 87백만원
○ 예술자료수집및디지털화	2,210	4,004	1,794	· 예술자료 수집 및 연구 1,040백만원 · 등록 및 보존 1,391백만원 · 열람서비스 1,573백만원

⑦ 문화예술향유지원

사회 취약계층의 예술 향유기회 확대 제공을 통해 국민의 문화 향유권 신장 및 문화 양극화 해소에 기여하기 위한 사업으로, 세부사업 중 가장 많은 예산이 편성되어 있다. 특히 통합문화이용권사업은 매년 예산이 증가하고 있으며 발급 대상도 함께 늘어나 2022년의 경우 263만명을 목표로 하고 있다.

2017년 1,000억 원대 초반에 있던 국민의 문화예술향유지원 예산은 5년 만에 2배 이상으로 늘어났고, 국민의 문화향유권 신장을 위해 더욱 확대될 것으로 예상된다.

[표 2-27]
연도별 문화예술
향유지원 예산

(단위: 백만원)

연도	2017	2018	2019	2020	2021	2022
사업비	107,704	118,119	132,540	167,283	181,183	226,274

* 변경 및 추경 포함 최종예산 기준

[표 2-28]
문화예술 향유지원
세부내역(2021, 2022년)

(단위: 백만원)

사업명	'21 예산 (당초)	'22 예산 (당초)	증감	사업내용
■ 문화예술향유지원	167,123	226,274	59,151	
○ 통합문화이용권	126,094	188,067	61,974	· 지원금 : 184,100백만원 (10만원×263만명×보조율70%) · 사업운영비 : 3,968백만원 (콜센터 운영비, 시스템 유지보수 등) * 지원대상 확대 : ('21당초)177만명 → ('21수정)197만명 → ('22요구)263만명 · 지역별 운영비(민간경상보조) 782백만원(46백만원×17개시도)
○ 나는예술여행	24,229	21,574	△2,655	· 지원금 20,549백만원 (5백만×4,110회 순회) · 사업운영비 1,025백만원 (인건비, 홍보, 심의, 평가 등)
○ 방방곡곡문화공감	16,800	16,632	△168	· 지원금 16,632백만원 (16,632백만원×1개 기관) * 한국문화예술회관연합회 주관

3) 지정 주관단체별 추진사업 내역

문예진흥기금 사업예산 중 상당 금액은 사전에 지정된 보조사업자에게 교부하여 집행하게 된다. 2022년도 사업예산 중 지정 주관단체에 대한 교부 금액은 32,705백만 원으로 교부 대상기관(단체)과 사업의 내역은 다음과 같다. 한국문화예술회관연합회와 같은 문화체육관광부 유관기관이나 일부 지방자치단체, 일반 비영리법인을 지정하여 보조금이 교부되고 있음을 알 수 있다.

(단위: 백만원)

[표 2-29]
지정 주관단체
교부내역(2022년)

시행주체(보조사업자)	예산	사업내역
한국문화예술회관연합회	16,632	○ 문화예술향유지원 - 방방곡곡문화공감 16,632

시행주체(보조사업자)	예산	사업내역
(재)전통공연예술진흥재단	4,140	○ 예술인력육성 - 차세대예술인력육성 ·전통예술기획자양성프로젝트 90 ○ 예술의관광자원화 - 인류무형문화유산활용공연사업 852 - 문화공간활용전통공연사업 931 - 전통공연예술활동지원 1,958 - 전통공연예술행사해외진출지원 309
(사)한국메세나협회	3,600	○ 예술정책및기부활성화 - 민간후원활성화지원 ·기업과예술의만남활성화 3,510 ·문화로인사합시다 90
(재)예술경영지원센터	1,967	○ 예술창작지원 - 공연예술창작육성_공연예술창작산실 ·창작뮤지컬해외유통지원(해외유통플랫폼지원) 244 ○ 예술의관광자원화 - 공연예술해외진출지원 ·공연예술전략적해외진출지원 311 ·공연예술해외진출기반마련 131 ·서울아트마켓운영지원 541 ·전통예술해외아트마켓 참가 및 해외진출지원 437 ○ 예술정책및기부활성화 - 예술정책실행력제고_예술지원정책지원 ·공연예술실태조사 303
(재)전문무용수지원센터	1,584	○ 예술인력육성 - 전문무용수지원센터지원 1,584
(재)정동극장	877	○ 예술의관광자원화 - 전통예술지역브랜드상설공연(경주) 877
(재)한국예술인복지재단	900	○ 예술인생활안정자금 - 예술인생활안정자금 900
베니스비엔날레 한국관 전시추진단	600	○ 예술창작지원 - 국제예술교류지원 ·베니스비엔날레한국관운영 600
(사)서울국제문화교류회	600	○ 예술창작지원 - 대한민국공연예술제지원(서울국제무용콩쿠르) 600
전라북도	800	○ 예술의관광자원화 - 전통예술지역브랜드상설공연(전라북도) 800

시행주체(보조사업자)	예산	사업내역
(재)김해문화재단	300	○ 예술창작지원 - 공연예술창작육성_공연예술창작산실 ·창작오페라 허왕후 300
(사)뉴서울오페라단	300	○ 예술창작지원 - 국제예술교류지원_한국예술국제교류지원 ·한국창작오페라 코리아웨딩(시집가는날) 300
한국지역문화지원협의회	170	○ 지역문화예술지원 - 지역문화협의체등운영 170
(사)한국메세나협회 (사)경남메세나협회 (사)제주메세나협회 등	135	○ 예술정책및기부활성화 - 문화예술기부활성화_예술나무운동 ·후원매개단체및후원우수기관인증 135
어반브레이크아트아시아 조직위원회	100	○ 예술창작지원 - 국제예술교류지원_한국예술국제교류지원 ·어반브레이크아트아시아 100
계	32,705	

6. 한국문화예술교육진흥원

1) 한국문화예술교육진흥원 개요

한국문화예술교육진흥원은 전국민이 일상적 삶 속에서 문화예술교육을 받을 수 있는 환경을 조성하고 지원함으로써, 국민의 문화복지를 실현하고 국가 경쟁력 강화를 위한 창의적 인재를 양성하기 위해 문화예술교육지원법에 의거 설립된 문화체육관광부 산하 공공기관이다.

주요사업으로 학교문화예술교육 지원, 사화문화예술교육 지원, 문화예술교육 전문인력양성사업, 문화예술교육 학술 연구 및 조사, 창의교육센터 운영, 문화예술교육 국제교류업무 등을 수행하고 있다.

(1) 한국문화예술교육진흥원 조직 현황

한국문화예술교육진흥원의 2022년 현재 조직구조는 다음과 같다.

[그림 2-9]
한국문화예술교육지흥원 조직도

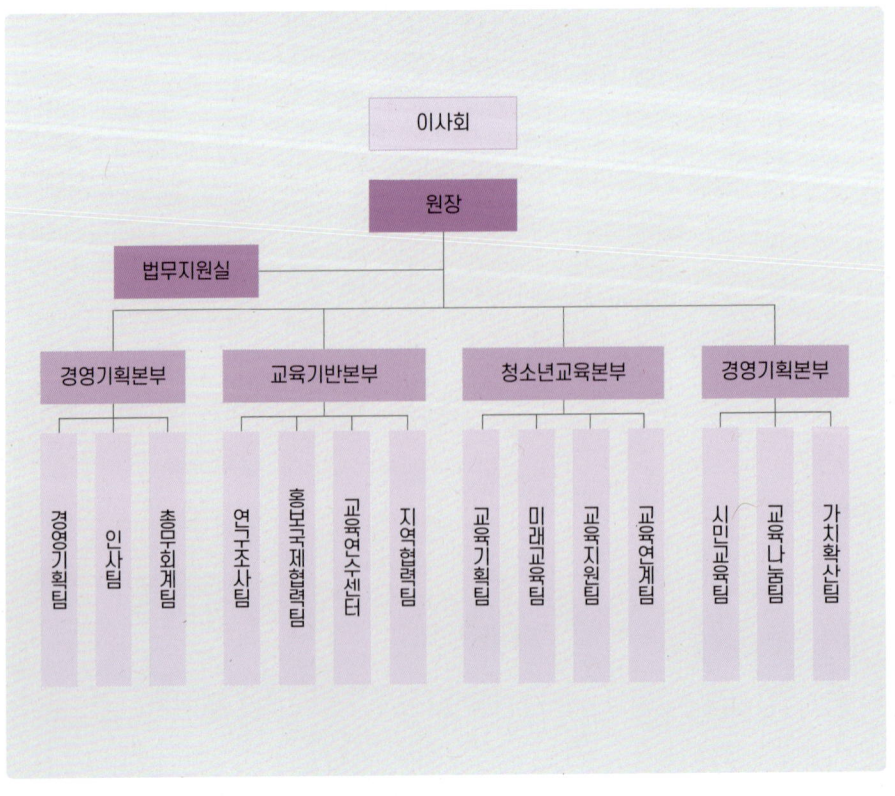

(2) 미션 및 비전(2022년)

한국문화예술교육진흥원의 미션 및 비전은 다음과 같이 설정되어 있다.

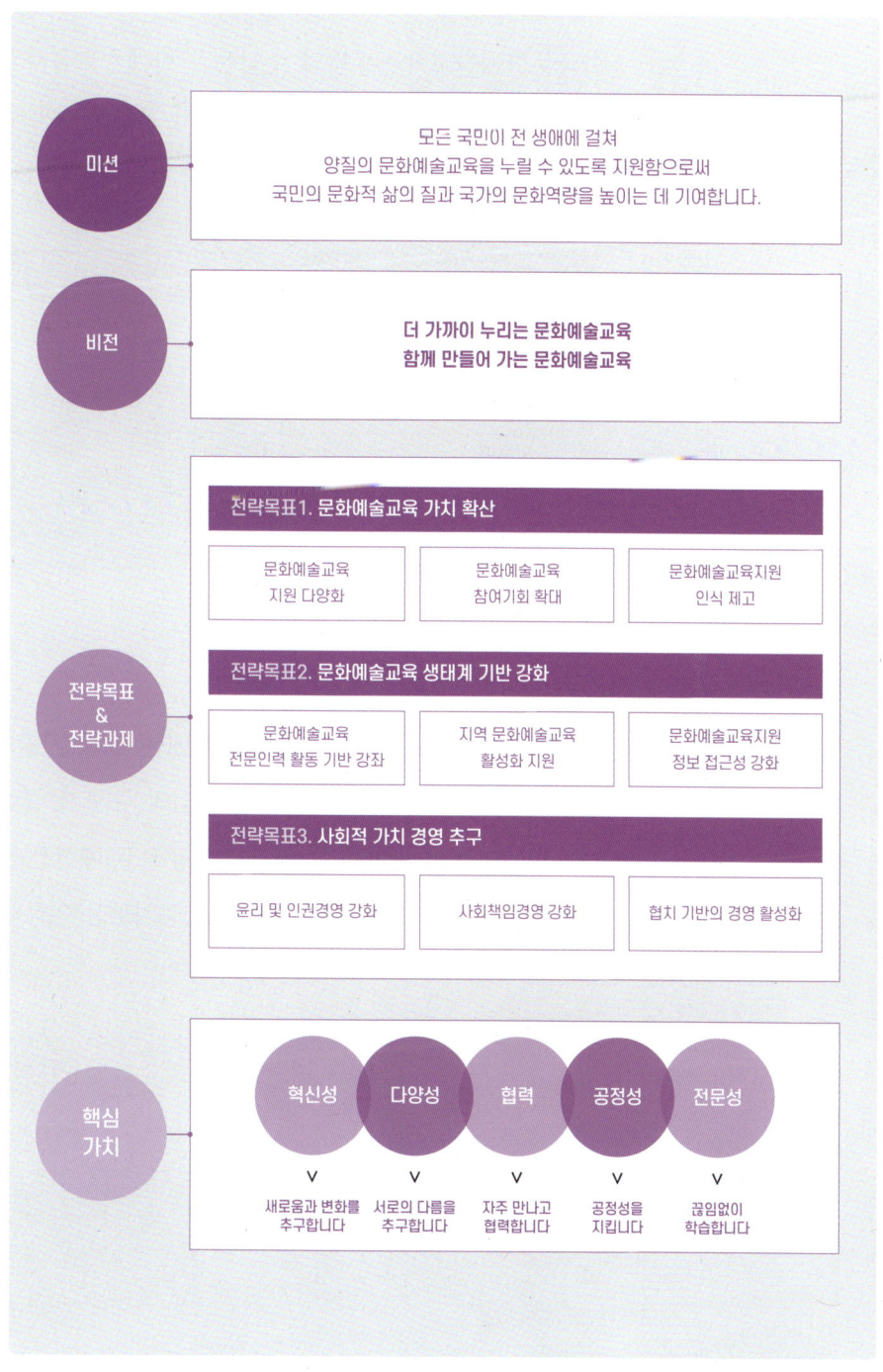

[그림 2-10]
한국문화예술교육진흥원 미션 및 비전(2022년 현재)

2) 문화예술교육 정책사업 예산 현황

(1) 수입 개요

한국문화예술교육진흥원의 수입은 문화예술교육사업을 추진함에 따라 다른 문화체육관광부 산하 공공기관과 달리 교육분야의 재정이 유입되고 있다. 이 예산은 지출부문에서 나타나듯이 전액 학교예술강사 지원사업에 사용된다.

(단위: 백만원)

[표 2-30] 한국문화예술교육진흥원 수입예산 현황(2022년도)

구 분	2021예산(A)	2022예산(B)	증감(B-A)	증감율(%)
계	128,181	131,912	3,731	2.9%
일반회계	98,098	101,375	3,277	3.3%
자체수입	40	40	-	0.0%
기부금	152	86	△66	△43.4%
진흥기금	300	260	△40	△13.3%
지방교육재정	29,591	30,151	560	1.9%

(2) 지출예산 개요

2005년 처음 기관이 설립되었을 때에는 연간 지출예산 규모가 약 90억 원 정도였으나, 이후 예술교육 관련 사업과 규모가 급격하게 증가하여 2013년 1,000억 원을 넘어선 이후 2021년 기준으로 예산은 약 1,326억 원이었다. [그림2-10]을 보면 연도별 예산이 어떻게 증가했는지를 쉽게 알 수 있다.

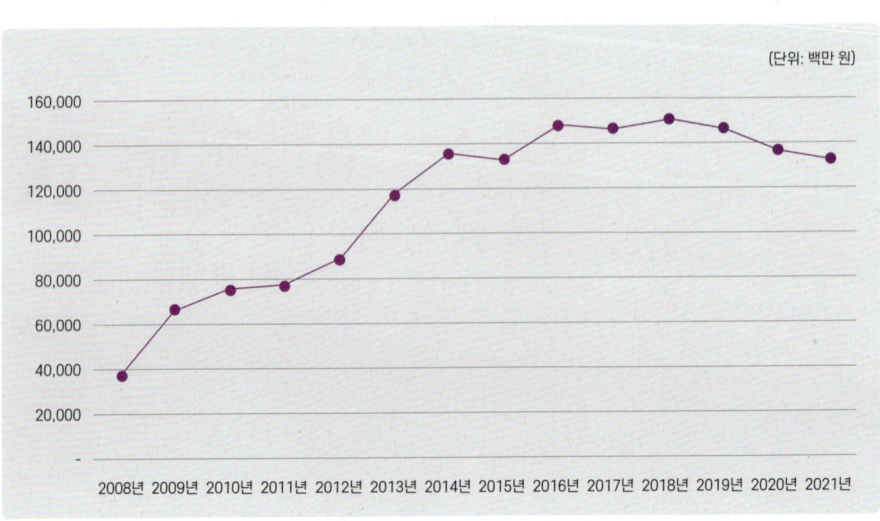

[그림2-10] 문화예술교육사업 연도별 예산 변동표 (2008년-2021년)

2022년도 지출예산 중 일반회계와 지방교육재정 재원을 기준으로 크게 구분하여 살펴보면 학교문화예술교육 지원에 547억 원, 사회문화예술교육 지원에 318억 원을 배정하고 있으며, 그 외 지역 문화예술교육 지원(2억 원), 온라인 교육이나 전문인력 양성을 위한 기반 구축사업(36억 원), 해외 공적개발원조사업(ODA)(4억 원) 등의 사업을 추진하고 있으며 그 외 국민체육진흥기금으로 문화예술교육 자원지도사업을 시행하고 있다.

(단위 : 백만 원)

[표 2-31] 한국문화예술교육진흥원 지출예산 현황(2022년도)

구 분	2021예산 (A)	2022예산 (B)	증△감 (B-A)	증감율 (%)
합 계	128,181	131,912	3,731	2.9%
□ 일 반 회 계	98,098	101,375	3,277	3.3%
○ 학교문화예술교육 지원	51,581	54,729	3,148	6.1%
- 학교예술강사 지원	48,252	51,659	3,407	7.1%
- 예술꽃씨앗학교 지원	3,070	3,070	-	-
- 유아문화예술교육 지원	259	-	△259	순감
○ 사회문화예술교육 지원	32,333	31,767	△566	△1.8%
(사회문화예술교육 지원)	23,105	-	△23,105	순감
- 문화소외계층 문화예술교육 지원	(17,701)	13,590	13,590	순증
(생애전환 문화예술교육 지원)	900	-	△900	순감
- 생애주기별 문화예술교육 지원	(5,940)	6,067	6,067	순증
(소외 아동 청소년 오케스트라 지원)	3,430	-	△3,430	순감
- 취약계층 아동청소년 예술활동 지원	(3,430)	6,530	3,100	순증
- 문화예술 치유프로그램 지원	1,968	3,604	1,636	83.1%
- 토요문화학교 운영	2,840	1,886	△954	△33.6%
- 융복합 문화예술교육 지원	90	90	-	-
○ 지역 문화예술교육 지원	200	200	-	-
- 문화예술교육 전용시설 지원	200	200	-	-
○ 문화예술교육 기반구축	3,860	3,573	△287	△7.4%
- 온라인 문화예술교육 지원	2,000	2,000	-	-
- 문화예술교육 전문인력 양성	1,710	1,445	△265	△15.5%
- 문화예술교육사 현장역량 강화 지원	150	128	△22	△14.7%
○ 문화예술 공적개발원조(ODA)	384	384	-	-
○ 한국문화예술교육진흥원 운영	9,740	10,722	982	10.1%
- 인건비	6,519	7,501	982	15.1%
- 경상운영비	2,579	2,579	-	-
- 경상사업비	642	642	-	-
□ 기타수입(자체수입, 기부금, 기금 등)	492	386	△106	△21.5%
○ 자체수입(자격증발급 수수료)	40	40	-	-
○ 특별회계(기업사회공헌 지정기부금)	152	86	△66	△43.4%
○ 체육문화예술 진흥기금(문화예술교육 자원지도)	300	260	△40	△13.3%
□ 지방교육재정	29,591	30,151	560	1.9%
○ 학교예술강사 지원	29,591	30,151	560	1.9%

3) 2022년도 지원사업 내용

한국문화예술교육진흥원의 사업은 크게 3가지로 구분할 수 있는데, ▲문화예술교육 활성화, ▲문화예술 ODA, ▲체육문화예술지원사업이 있으나 대부분의 예산은 문화예술교육 활성화에 쓰이고 있다.

(1) 문화예술교육 활성화
문화예술교육 활성화는 학교문화예술교육지원과 사회문화예술교육지원, 지역문화예술교육지원, 문화예술교육 기반 구축사업으로 세분화할 수 있다.

① 학교문화예술교육 지원
분야별 전문인력의 초중고등학교 방문교육을 통해 학교문화예술교육 활성화에 기여하고, 예술인들의 예술창작활동과 교육활동을 병행할 수 있는 일자리를 지원하는 사업으로 학교예술강사 지원, 예술꽃 씨앗학교 지원, 유아문화예술교육지원사업이 추진되고 있다. 그 중 학교예술강사 지원사업은 국악 등 8개 분야 예술강사 선발 및 학교 배치, 교육 실행 및 교육활동을 위한 사업인데 2021년의 경우 전국 8,620개교에 5,065명의 예술강사가 배치되어 2,406,825명의 학생이 교육에 참여한 기관의 대표사업이라고 할 수 있다.

그리고, 예술꽃 씨앗학교 지원사업은 전교생 40명 이하 소규모 학교의 전교생이 문화예술교육을 누릴 수 있는 교육환경을 지원하여 공교육 내 문화예술교육 효과와 활용도를 높이고 지역의 문화예술교육 거점기관으로 육성하는 사업으로 2008년 10개 학교를 시작으로 2021년까지 전국144개의 학교가 예술꽃 씨앗학교로 선정 및 운영되었다.

② 사회문화예술교육 지원
문화예술향유의 기회가 적은 지역과 소외계층을 대상으로 문화예술의 접근성을 높여주고 문화예술로 소통할 수 있도록 문화예술교육을 지원하는 사업이다.
구체적으로 복지기관 문화예술교육지원사업은 아동보호시설, 노인복지관,

장애인복지관을 대상으로 추진되며, 부처간 협력 문화예술교육지원사업은 군부대, 교정시설, 소년원학교, 치료감호소, 학교밖청소년, 방과후 청소년, 근로자, 북한이탈주민, 상이군경 등을 대상으로 교육이 지원된다.

취약계층 아동청소년 예술활동 지원사업은 지역사회 아동·청소년 예술단체(오케스트라·무용) 운영을 통하여 적극적·주체적인 문화예술 향유와 창작활동의 기회를 제공하는 사업으로 2021년에는 총 49개소의 거점을 대상으로 '꿈의 오케스트라'라는 명칭으로 문화예술교육을 시행하였다.

문화예술 치유프로그램지원사업은 인지장애, 치매고위험자, 정신건강 상담 수요층, 학교폭력 피/가해 학생, 폐쇄시설 이용자 등을 대상으로 개인의 심리 정서적 상처 치유 및 사회성 회복을 위한 문화예술치유 프로그램을 지원하고 있다.

꿈다락 토요문화학교 운영사업은 아동·청소년 및 가족이 참여할 수 있는 문화예술교육 프로그램을 운영·지원하여 또래 간, 가족 간 문화예술을 통해 소통할 수 있는 여가 문화를 조성하고 있으며, 2021년에는 45개 프로그램에 3,954명이 참여하는 성과를 거두었다.

③ 지역문화예술교육 지원

이 사업은 2022년 현재 문화예술교육 전용시설을 지원하는데 사용되고 있으며, 문화파출소 운영 지원, 융복합 문화예술교육시설, 생활권 단위의 교육 거점 발굴 및 지원을 추진하고 있다.

④ 문화예술교육 기반 구축

문화예술교육 전문인력 양성사업은 예술강사, 교원, 기획자, 행정인력 등을 대상으로 전문인력의 역량을 강화하기 위하여 시행되고 있는데, 2021년에는 총 202개 과정에 14,183명을 대상으로 교육이 시행되었다. 이와 함께 한국문화예술교육진흥원에서는 문화예술교육지원법 제27조2에 따른 문화예술교육사 자격제도를 운영하고 있는데 2021년말 현재 25,367명이 문화예술교육사 자격을 취득하였다.

온라인 문화예술교육 지원사업은 위드 코로나 환경에서 디지털 문화 취약계층의 접근성 향상과 교육격차를 해소하고 문화예술교육 매개자의 디지털 전환 역량 강화를 위해 시행되는 사업으로 온라인 콘텐츠 개발 및 프로그램 실행, 현황 및 성과 공유를 위해 교육부, 교육방송공사(EBS)와 협력하여 진행하는 사업이다.

(2) 문화예술 ODA (문화예술교육 공적개발원조)

개발도상국 매개자(교사, 예술가, 행정가 등), 아동·청소년, 지역민 대상 문화예술교육 제공을 통한 사회·문화적 이슈에 창의적으로 대응할 수 있는 문화예술 역량 강화를 지원하는 사업으로 해당 국가의 매개인력을 대상 연수를 지원하고 아동·청소년, 일반 지역민 대상 문화예술교육 프로그램을 시행하고 있다.

2021년에는 베트남과 인도네시아의 연수자와 지역주민을 대상으로 기술 융합형 미디어아트 교육, 융합 문화예술교육, 마을 기반 전통공예 교육 등 총 300회의 교육이 진행되었다.

7. 지역문화재단

1) 국내 문화재단의 유형

지방정부에서 출연하여 설립한 지역문화재단의 유형은 크게 광역단체 문화재단과 기초단체 문화재단으로 구분된다.

[표 2-32] 국내 공공 문화재단의 유형

유형	주요특징
광역단체 문화재단	• 문화예술 진흥을 위한 예술활동 지원 및 시·도민의 문화적 삶의 질 향상을 목적으로 하고 있음 • 주로 지원 중심 사업을 펼침 • 서울문화재단, 경기문화재단, 제주문화예술재단 등
기초단체 문화재단	• 주로 공연장, 박물관 등 지역의 문화예술 관련 시설운영을 위해 설립함 • 고양문화재단 - 일산 아람누리, 덕양 어울림누리 등 운영 • 부천문화재단 - 복사골 문화센터, 부천여성청소년센터 등 운영

최근 광역단체 문화재단은 지원중심사업에서 영역을 확대하는 패러다임의 변화를 꾀하고 있다. 중앙정부의 지원사업 영역이 예술창작이나 향유 지원사업 위주를 벗어나 예술교육, 복지, 인프라 구축 등으로 확대됨에 따라 원래 추진하던 공모사업에서 국비-지방비 매칭을 포함한 지자체 위탁사업이 확대되기도 하고 지역마다 차이는 있으나 보유하고 있는 시설 운영도 전문화, 다양화되는 추세에 접어들었다.

지역문화 균형발전의 관점도 서울과 지역간 격차를 완화하고 지역중심의 문화정책 체계를 구축하는 방향으로 전환하였다. 지역의 문화적 가치를 존중하고 각 지역이 문화창조의 중심지로 거듭나고자 하는 문화정책에 따라 문화재단은 문화예술의 생산(production)과 공급(provision)의 연계를 위한 사업방향을 설정하여 추진하고 있다.

기존에 중앙정부 또는 한국문화예술위원회에서 직접 추진하거나 배분하던 사업을 지역으로 이관 또는 이양하는 사례가 늘고 있고, 문화도시 조성사업 등 지방비 매칭을 유도하여 지역 고유의 색깔을 살리는 지원사업을 적극 시행하고 있다. 그리고 광역단체와 기초단체의 문화재단간 교류가 그동안 미흡하였으나 최근 서울문화재단 등 광역단체 문화재단이 기초단체 문화재단과 교류 또는 공동사업을 추진하면서 협력을 통해 지역문화진흥을 도모하려는 움직임도 확대되고 있다.

기초단체 문화재단의 경우에도 초기에는 주로 문화시설을 운영하는 형태가 주를 이루었으나 점차 지역의 문화정책이나 예술단 운영 등 사업이 다양해지고 있는 문화재단이 늘어나고 있다.

2) 공공 문화재단 설립 현황

2021년 말 기준으로 지방자치단체에서 설립한 공공 문화재단 현황을 광역과 기초로 구분하여 살펴보면 다음과 같다.

[표2-33]
공공 문화재단 설립현황
(2021년 말)

구분	광역	기초	계	비고
서울	서울(04)	중구(05), 구로(07), 마포(08), 강남(08), 성북(12), 영등포(13), 종로(13), 광진(15), 서초(15), 성동(15), 강북(17), 금천(17), 도봉(17), 은평(17), 동대문(18), 동작(18), 관악(19), 노원(19), 송파(19), 양천(19), 강동(20), 중랑(20)	23	
부산	부산(09)	금정(16), 부산진(20)	3	
대구	대구(09)	중구도심재생(08), 수성(10), 달성(11), 달서, 대구동구(14), 행복북구(18)	7	
인천	인천(04)	부평(06), 서구(17), 연수(19)	4	
울산	울산(16)	고래(12), 울주(20)	3	
세종	세종(16)	-	1	
광주	광주(11)	-	1	
대전	대전(09)	대덕(21)	2	
경기	경기(97)	부천(01), 고양(03), 성남(04), 의정부(07), 화성(08), 안양(09), 수원(11), 용인(11), 오산(12), 하남(12), 군포(13), 안산(13), 김포(15), 광명(17), 여주(17), 과천(20), 광주시(20), 구리(20), 평택시(20), 양평(20), 이천(20), 포천(21)	23	
강원	강원(99)	강릉(98), 정선(08), 춘천(09), 인제(09), 원주(11), 평창(13), 영월(15), 홍천(16), 횡성(17), 태백(19), 속초(20), 양양(20), 철원(21), 양구(21), 동해(21)	16	
충북	충북(11)	청주(01), 충주(06), 영동(17), 제천(19)	5	
충남	충남(13)	아산(08), 천안(12), 당진(13), 공주(20), 서산(20), 홍주(21), 논산(21)	8	
전남	전남(10)	목포(06), 영암(11), 담양(14), 강진(15), 순천(19), 해남(21), 부안(21)	8	
전북	전북(16)	전주(06), 익산(09), 완주(15), 고창(19)	5	
경남	경남(10)	거제(03), 김해(05), 창원(08), 사천(11), 밀양(15), 거창(17), 통영(20), 진주(21), 고성(21), 남해(21)	11	
경북	경북(19)	안동(06), 경주(11), 청도(13), 청송(13), 문경(14), 영양(15), 영주(16), 포항(16), 군위(19), 예천(19), 봉화(20), 영덕(20)	13	
제주	제주(00)	-	1	
계	17	117	134	

* 괄호 안은 설립연도를 의미함

상기 표에서 살펴본 바와 같이 2009년부터 광역단체의 문화재단 설립이 급격하게 증가하였으며, 2019년 경북문화재단까지 설립되면서 모든 광역단체가 문화재단을 통해 문화예술 지원사업을 추진하고 있다.

기초단체의 경우 1990년대까지 1개(강릉)에 불과하던 문화재단 설립이 2000년대에 활발해졌고, 2010년대에 급격히 증가하면서 현재 총 117개의 기초단체 문화재단이 설립되어 운영되고 있다. 공모사업 위주로 단순하게 진행되던 2000년대 초반의 공공지원 전달체계는 이와 같이 지역단위의 공공기관 증가와 함께 한국문화예술교육진흥원이나 예술경영지원센터의 설립 등으로 2000년대 후반부터 좀 더 복잡해지는 양상을 보이고 있다.

기초문화재단의 설립 사례에서 나타나는 특징은 문화관련 시설 보유 여부에 따라 규모가 달라진다는 점이다. 재단 설립 이전부터 공연장이나 도서관 등과 같은 문화기반시설을 자치단체가 시설공단 등에 위탁하여 운영하고 있다가 신설되는 문화재단에 시설 관리·운영 권한을 위탁하게 되면 신설 재단의 규모가 커지게 되지만 그렇지 않은 경우 지원사업만 추진하는 소규모 조직으로 출범하는 경우도 있다.

3) 서울문화재단 사례

2004년에 출범한 서울문화재단은 '서울의 문화예술진흥을 도모하기 위하여 문화예술진흥과 시민의 문화예술 활동 지원'을 설립목적으로 하고, '문화와 예술로 행복한 도시 만들기'라는 미션(Mission) 아래 2022년 현재 '문화와 예술의 다양한 가치가 발현되고 공감되는 플랫폼'이라는 비전을 설정하고 문화예술 창작 및 보급, 예술교육, 시민 문화예술 활동 지원 등의 사업을 추진하고 있다.

(1) 서울문화재단 일반 현황

서울문화재단은 공모를 통한 일반적인 지원사업 이외에도 예술가와 시민의 문화예술 공간을 만들기 위해 18개의 창작공간을 운영하고 있으며 지역문화 활성화를 위해 예술교육이나 생활문화활동에 대해서도 다양한 사업을 시행하고 있다.

서울문화재단의 2021년 및 2022년의 지출 예산은 아래와 같다.

[표 2-34]
서울문화재단 지출예산
(2021, 2022년)

(단위 : 백만 원)

예산과목		2021년	2022년	증감	%
총계		134,674	129,000	△5,675	△4.2
인건비		12,511	12,528	18	0.1
운영경비		5,601	6,191	590	10.5
사업비		44,868	40,610	△4,258	△9.5
	예술창작 활성화	10,655	10,875	220	2.1
	지역문화 및 시민문화 활성화	11,120	8,197	△2,923	△26.3
	예술교육 활성화	5,829	4,341	△1,488	△25.5
	창작공간 활성화	5,546	6,095	549	9.9
	문화정책 개발 및 제휴협력 추진	810	695	△115	△14.2
	극장운영 활성화	2,052	1,619	△433	△21.1
	문화예술협치 활성화	3,209	2,850	△359	△11.2
	경영기획 및 관리	5,647	5,938	291	5.2
예비비		723	372	△351	△48.5
수탁사업 운영		47,133	56,653	9,520	20.2
외부재원사업 운영		2,498	1,828	△670	△26.8
전기이월액		21,341	10,817	△10,524	△49.3

위에서 보듯이 사업은 크게 재단의 사업비에 의한 추진사업과 외부 수탁사업으로 구분할 수 있는데, 사업비로 편성된 사업은 다음과 같이 정리할 수 있다. 외부 수탁사업은 서울시 또는 다른 기관에서 재단에 사업비를 위탁하여 진행하는 경우로서 2022년의 경우 재단의 사업 예산보다 수탁사업비 예산이 더 많은 것을 볼 수 있다.

[표 2-35]
서울문화재단의
사업비 예산(2022년)

(단위 : 백만 원)

정책/단위	세부사업	사업내용	21년 예산	22년 예산	증감
합 계			44,868	40,610	△4,258
[정책] 예술창작 활성화			10,655	10,875	220
[단위] 예술기획 및 기반마련			2,105	2,105	-
	예술기반지원	예술생태계 기반(주체, 공간, 네트워크 등) 지원	2,105	2,105	-
[단위] 예술창작지원			7,950	8,091	141
	예술창작지원	예술 장르별·경력단계별 예술인 창작활동 지원	7,950	8,091	141
[단위] 융합예술 지원			600	679	79

정책/단위	세부사업	사업내용	21년 예산	22년 예산	증감
	융합예술플랫폼	4차 산업혁명 시대 예술창작 지원, 시민향유 플랫폼 구축	400	479	79
	미래예술창작지원	융합예술 창작자 대상 교육 및 창작지원을 통한 전문인력 양성	200	200	-
[정책] 지역문화 및 시민문화 활성화			11,120	8,197	△2,923
[단위] 지역문화 활성화			3,080	2,450	-630
	지역문화 진흥사업	문화분권을 기초로, 서울 자치구별 지역문화 생태계 활성화 지원	2,680	2,200	-480
	생활문화인력양성	시민의 삶과 지역 속 문화를 활성화하는 핵심 인력의 발굴 양성 역량 강화	400	-	-400
	(신규) 신규생활밀착형 지역소극장 활성화	시민들의 일상 속 공연예술 향유 창작 기회를 확대할 수 있는 생활밀착형 지역소극장 활성화 지원	-	250	250
[단위] 생활문화 활성화			2,270	1,536	-734
	생활문화 활성화	시민들의 일상적·주체적 생활문화 활동기반 지원	2,170	1,536	-634
	음악분야문화복지활성화	시니어 대상 음악분야 문화예술분야 활동 지원	100	-	-100
[단위] 예술축제 지원 및 활성화			3,500	1,900	-1,600
	서울예술축제지원	서울시내 예술축제 심의 및 평가, 지원	2,000	-	-2,000
	서울거리예술축제	거리예술 장르 등 국내·외 공연 프로그램 및 기획협력 프로그램 운영	1,400	1,400	-
	서울B-boy 문화콘텐츠 육성	서울시 대표 B-boy단 운영, 서울을 대표하는 비보이 페스티벌 개최	100	500	400
[단위] 거리예술 활성화			2,270	2,311	41
	서울거리예술창작센터	광진구 소재 거리예술·서커스 장르 기반 창작공간 운영, 콘텐츠 배급 사업(축제 등), 전문가·예술가 양성, 창작지원, 레지던시 사업	2,270	2,311	41
[정책] 예술교육 활성화			5,829	4,341	△1,488
[단위] 서울형 예술교육 확산			2,260	1,666	-594
	서울예술교육실천가 양성	예술교육 전문인력(TA) 선발·양성, 지역·학교 파견	1,666	1,666	-
	서울예술교육랩	동시대 예술교육의 지속적인 진화를 위한 질문 탐색 및 예술교육 실천가(TA) 간 서로 배움과 역할 모색의 장	224	-	-224
	서울예술치유	예술치유 사업 기반 조성 연구	370	-	-370
[단위] 지역형 예술교육 활성화			720	400	-320
	자치구예술교육 활성화지원	지역(생활권) 단위 문화예술교육 체계 구축을 위한 자치구 문화재단 정책 역할 지원	370	-	-370
	서울시민예술대학	성인(청년~노년) 대상 예술로 특화된 문화예술교육 발굴 및 지원체계 구축	350	400	50

정책/단위	세부사업	사업내용	21년 예산	22년 예산	증감
[단위] 예술교육센터 운영			2,849	2,275	-574
	서울예술교육센터	용산구 소재 아동·청소년 대상 예술교육센터 운영	2,002	1,579	-423
	관악어린이창작놀이터	관악구 소재 어린이 및 지역주민 대상 예술교육 센터 운영	280	-	-280
	서서울예술교육센터	양천구 소재 어린이·청소년 및 지역주민 대상 예술교육 센터 운영	567	696	129
[정책] 창작공간 활성화			5,546	6,095	549
[단위] 창작공간 기반사업 운영			5,546	6,095	549
	유망예술지원	39세 이하 청년예술인 또는 데뷔 10년 이하 예술인 (단체)에게 직·간접 지원	500	250	-250
	문래예술공장	영등포구 소재 다장르(다원예술, 공연, 시각예술 등) 기반 창작공간 운영 및 문래창작촌 및 유망예술지원, 음악·사운드아트 기획사업, 대관사업 운영	460	467	7
	금천예술공장	금천구 소재 시각예술기반 창작공간 운영 레지던스, 예술가지원, 전시발표 행사운영, 국제협력 프로젝트 운영 등	532	540	8
	신당창작아케이드	중구 소재 공예·디자인 장르기반 창작공간 운영 공예·디자인 입주작가 창작지원 레지던스 운영 및 공예 상품개발 유통화 지원 등	600	609	9
	서울연극센터	종로구 소재 대학로를 중심으로 한 연극 장르 기반 공연예술 문화 플랫폼 운영	400	872	472
	창작연습공간	종로구 소재 연극장르 기반 연습공간 대관 운영	500	500	-
	서울무용센터	서대문구 소재 무용장르 기반 창작공간 운영, 레지던시, 대관, 기획사업, 웹진 발행 등 무용예술가 역량강화 및 국제교류사업 추진	572	580	8
	서교예술실험센터	마포구 소재 다장르(인디음악,시각 등) 창작공간 운영 신진예술인을 위한 공동운영단 기획사업, 인디음악 지원사업 등	640	650	10
	연희문학창작촌	서대문구 소재 문학장르 기반 창작공간 운영 19개 집필실 운영, 문학 웹진 발간, 서울국제작가축제 운영 등	490	457	-33
	잠실창작스튜디오	송파구 소재 시각예술장르 기반 장애예술인 창작공간 운영 12개 작업실 운영, 역량강화 프로그램 운영 및 기획전시 개최, 장애·비장애 동행 프로젝트 운영	552	860	308
	장애예술인 창작활성화지원	장애예술인의 순수 예술작품 지원을 통한 창작활성화 및 안정적 창작기반 마련	300	310	10
[정책] 문화정책 개발 및 제휴 협력 추진			810	695	△115

정책/단위	세부사업	사업내용	21년 예산	22년 예산	증감
[단위] 문화정책 및 기획			300	260	-40
	문화정책개발 및 지원	문화정책 연구 및 재단 전략방향 수립, 정책교류·협력	300	260	-40
[단위] 제휴협력 추진			510	435	-75
	서울메세나사업	민관협력, 외부재원 유치를 통한 문화예술 지원	510	435	-75
[정책] 극장운영 활성화			2,052	1,619	△433
[단위] 극장 및 공간 운영			2,052	1,619	-433
	극장 사업 운영	동시대 창작환경을 반영한 공연장 조성 및 프로그램 기획제작	2,052	1,619	-433
[정책] 문화예술협치 활성화			3,209	2,850	△359
[단위] 예술청 운영			3,209	2,850	-359
	예술청	대학로 중심 예술인 대상 거버넌스 기획프로그램 및 복지서비스 운영	2,169	1,810	-359
	청년예술청	청년예술인 당사자 중심 거버넌스 운영 및 청년예술인의 창작 유형과 활동에 부합하는 안정적인 맞춤형 지원 제공	1,040	1,040	-
[정책] 경영기획 및 관리			5,647	5,938	291
[단위] 홍보네트워크 구축 및 확산			2,359	2,259	-100
	네트워크 홍보강화	재단사업 통합홍보, 디자인통합 관리체계 구축	615	465	-150
	문화예술간행물발간	서울문화재단소식지 및 문화예술 정보지발간	265	212	-53
	정보시스템 운영	업무시스템 운영 및 전산자원 유지보수	450	450	-
	온라인정보서비스		300	-	-300
	온라인서비스 통합 유지보수 및 고도화	홈페이지, 모바일 웹/앱 서비스 운영 예술현장 맞춤 지원을 위한 온라인서비스 구축 및 운영	729	1,132	403

앞서 언급한 것처럼 서울문화재단은 자체 사업과 별도로 외부 수탁사업도 시행하고 있는데, 수탁사업은 재단의 출연주체인 서울시에서 편성한 예산 또는 다른 공공기관에서 추진하는 사업을 재단에서 위임받아 실행하는 형태로 이루어지는 사업으로 2022년도에는 약 567억 원의 예산이 편성되어 있다.

[표 2-36] 서울문화재단 수탁사업 (2022년)

연번	사업명	위탁처(부서)	예산금액
	합 계		56,653
1	공연예술창작활성화지원사업	서울시 문화예술과 (공연예술팀)	3,000
2	공연장상주단체육성지원사업	서울시 문화예술과 (공연예술팀)	2,038
3	통합문화이용권사업	서울시 문화예술과 (예술교육팀)	45,244
4	시민청 운영	서울시 시민소통기획관 (시민소통담당관)	1,980
5	문화예술교육 실천가들을 위한 소소테이블 "우리 함께 해볼까" (청년자율예산제)	서울시 문화예술과 (예술정책팀)	118
6	지역문화예술교육 기반구축	서울시 문화예술과 (예술교육팀)	2,067
7	유아문화예술교육 지원	서울시 문화예술과 (예술교육팀)	200
8	문화예술교육사 현장 역량강화	서울시 문화예술과 (예술교육팀)	166
9	생애전환 문화예술학교 지원	한국문화예술교육진흥원 (시민교육팀)	80
10	뉴딜일자리	서울시 일자리정책담당관 (뉴딜일자리팀)	608
11	예술인 사회안전망 구축 및 커뮤니티 활동지원 (청년자율예산제)	서울시 문화예술과 (예술정책팀)	326
12	삼일로창고극장	서울시 문화예술과 (공연예술팀)	826

(2) 사업예산의 변화

서울문화재단은 2004년 창립 이후 서울의 공공문화재단으로서 지역의 문화생태계 조성과 발전을 위해 예술지원사업을 진행해 왔다. 총 지원금액 규모는 창립 당시의 58억 원에서 2011년도 105억 원으로 79.5%가 늘어났고 2022년에는 406억 원 수준으로 대폭 증가하였으며, 외부로부터 위탁받아 수행하는 예산(약 567억 원)까지 합산하면 1,000억 원에 가까운 예산을 통해 사업을 수행하고 있다.

[그림 2-11]
서울문화재단 지원사업 예산 및 규모 변화 추이

(3) 예술단체(예술인) 지원사업 주요내용

서울문화재단은 예술지원 목표를 '창의적인 예술활동 지원', '우수 예술콘텐츠 집중 육성', '창작공간 연계를 통한 지원방식 다양화'에 두고 있으며, 예술지원의 4대 혁신방향으로 ① 글로벌 도시 서울에 적합한 예술창작 지원체계 마련, ② 예술창작 활성화를 위한 예술생태계 지원 수립, ③ 서울문화재단-예술가(단체)의 새로운 협력체계 마련, ④ 예술창작활성화와 시민문화 활성화의 상호작용 확대를 설정하였다. 또한, 예산지원, 공간지원, 정보지원, 컨설팅지원 등 지원수단의 확대와 연계 강화를 위해 노력하고 있다.

[표 2-37] 2022년 서울문화재단의 주요 지원사업 현황

지원구분	사업명	사업개요	세부사업(지원분야)
예술창작 활성화	예술기반 지원	예술생태계 내 다양한 주체(창작자, 매개자, 기획자, 실연자, 비평가 등) 및 창작활동을 위한 기반 (공간, 네트워크, 컨설팅 등)에 대한 직간접 지원 프로그램 운영	RE:SEARCH
			창작예술공간지원
			예술전문서적발간지원
			예술인연구모임지원
			시각예술작품집발간지원
			우수예술작품기록지원
	예술창작 활동지원	예술인(단체)의 창작활동을 지원하여 창작역량을 강화하고 창작활동을 촉진하여 예술인의 성장 도모 *창작활동 : 창작, 실연, 연주 등이 서울에서 대중을 대상으로 공개되는 예술활동	연극, 무용, 음악, 전통, 다원, 시각, 문학
	융합예술 지원	4차 산업혁명시대 환경변화에 대응하는 융합예술 창작지원 플랫폼 구축 및 예술+기술 분야 창작환경 조성	-
지역문화 및 시민문화 활성화	생활밀착형 소극장 활성화	대규모 공연 시설이 없는 지역에서도 시민 공연예술 향유가 가능하도록 생활권의 소극장 활성화 및 지역문화 거점화 지원 대규모 공연 시설이 없는 지역에서도 시민 공연예술 향유가 가능하도록 생활권의 소극장 활성화 및 지역문화 거점화 지원	서울형 생활권 지역소극장 모델 발굴 및 활성화
			생활권 지역소극장 활성화
창작공간 활성화	유망예술지원	서울시 대표 유망예술인 집중 육성을 위한 과정 중심 지원 및 분야전문가 그룹과의 협력을 통해 성장 발판 마련	-
	문래예술공장	다원예술기반 예술창작 플랫폼 운영으로 동시대 예술창작 활성화를 위한 글로벌 네트워크 구축	실험적 음악 및 사운드아트분야 창작자, 기획자, (연구)비평가 발굴·지원
			문래예술공장 상주형 공연단체 육성

사업성격	지원규모	지원신청자격(사업대상)
작업 전 준비단계 지원	3백만원(정액)	서울시 거주 예술인
창작공간 임차료 지원	최대 1천만원	서울시 공간 임차 예술단체(예술인)
서적 발간 지원	1천만원(정액/시상금)	서적발간 가능 예술인(개인)
예술현장 당사자의 연구모임 지원	1천만원(정액)	서울 거점 모임
작업 작품집 발간 지원	1천만원(정액/시상금)	작품집 발간 가능 예술인(개인) 2013년 이전 첫 개인전 개최 경험 예술인
우수 레퍼토리 기록·발간 지원	1천만원(정액/시상금)	기록집 발간 가능 예술인(단체) 초연 이후 2회 이상 재공연 완료된 작품
연극, 무용, 음악, 전통, 시각, 다원, 문학 등 예술 전 장르의 경력단계별 예술인의 창작 활동을 지원함으로써 예술창작 활성화 도모	<연극, 무용, 음악, 전통, 다원, 시각> 창작지원금 : 최대 1천5백만 원~4천만 원 창작활동비(별도) : 3백만원(정액) <문학> 1천만 원(정액)	2022년 서울에서 예술 창작활동을 하고자 하는 모든 예술인 또는 예술단체
융합(예술+기술)분야 특성 고려한 창·제작 전 과정, 기획 전시 개최, 전문학술포럼 개최	창·제작 예술인 7건(총 175백만원)	국내외 융·복합 관련 예술인·단체, 전문가, 일반시민
공연 콘텐츠 및 축제 예술교육 생활문화 등 대표사업 개발, 지역 연계성 강화 등	공연예술인 운영 극장 10개소 대상, 총 200백만원 지원	대학로 외 지역 소극장 (300석 미만)
①시민 향유 통합 홍보·마케팅, ②이용자(예술인·생활예술인) 연결 등	50개 내외의 공연예술인 운영 소극장 대상, 30백만원	
지원금 및 창작기반지원(창작발표공간, 전문 멘토링·비평, 통합 홍보 등)제공	공연 및 시각예술분야 유망예술인 대상 6건, 총 100백만원	서울에서 예술창작활동을 계획한 경력 10년 이하 예술인/단체
플랫폼 활용을 통한 실험적 예술활동 및 쇼케이스 지원	·프로젝트 리서치(창작준비형): 총 10인/팀, 총 20백만원 지원 ·쇼케이스(연속지원형): 총 3인/팀, 총 20백만원 지원 및 쇼케이스 발표 기회 제공	예술가(공연, 시각, 다원예술 등), 기획자, 전문가
지속적 예술창작활동 기반 조성 및 공연발표 기회 제공	1팀 (1,500만원~2,000만원)	공연예술분야 단기경력(5년 이내) 예술단체

지원구분	사업명	사업개요	세부사업(지원분야)
창작공간 활성화	금천예술공장	안정적인 창작활동기반 지원으로 시각예술활성화 및 다양성 확보 국내외 교류활성화를 통한 국제적 예술창작 플랫폼 역할 수행	국내 입주작가 창작활동 지원
	신당창작 아케이드	서울시 대표 공예·디자인 창작 지원시설로 국내 공예 활성화 주도 공예 디자인 특화 공간으로서 입주예술가 창작환경 조성 및 지원	입주작가 지원
		서울시 대표 공예·디자인 창작 지원시설로 국내 공예 활성화 주도 공예 디자인 특화 공간으로서 입주예술가 창작환경 조성 및 지원	상품 개발 및 유통지원
	서교예술실험 센터	민관 거버넌스를 기반으로 한 현장 밀착형 예술창작 지원 및 홍대 앞 문화예술 창작 플랫폼 구축	공(共)성장형 창작지원
			인디음악 프로젝트 /공연 활동 지원
	연희문학 창작촌	문학생태계 활성화를 위한 거점 공간으로서 안정적 창작환경 제공 및 교류 플랫폼 조성	집필실 지원
	장애예술인 창작활성화 지원	장애예술인 대상 정기공모 지원사업 운영으로 장애예술가의 창작의욕 고취	시각예술 공연예술 문학

*서울문화재단 공모안내 책자 및 서울시 의회 보고자료를 재정리

사업성격	지원규모	지원신청자격(사업대상)
비평 및 기술 전문가 매칭 지원, 연구리서치/실험 프로젝트 등 역량강화 지원	공모선정 입주작가 16인 대상, 스튜디오 및 부대시설 사용 지원	국내외 시각예술가, 전문가
개인공방(32개실) 및 공동창작 지원시설 운영	공모 선정 (입주기간: 1년)	공예·디자인 예술가
신세계L&B 상품 개발 및 유통지원	10건 / 건당 500만원내외 지원	
창작과정 상호 워크숍, 기획분야 공개강연, 결과공유회 개최	공연, 시각예술 등 4개분야 신진예술인 20명 내외 선정	신진 예술가/단체(범장르, 인디음악),
인디뮤지션·기획자 대상 교류 활성화 /역량강화 프로그램 운영	지원금 2.2억 원 규모	
집필실 및 창작인프라 제공	19개 집필실(1~6개월)	국내외 문학작가, 전문가
정기공모 지원과 함께 역량강화 프로그램 비대면 컨텐츠 운영(수어/문자통역 버전 제작) 등 간접지원 병행	·시각예술 및 공연예술: 최대 1,600만원 이내 지원금 지급 ·문학: 1,000만원 시상금 정액 지급	장애예술인 (개인 또는 단체)

8. 예술경영지원센터

예술경영지원센터는 예술단체에게 보조금을 직접적으로 지원해주는 기관은 아니며, 정부에서 추진하고 있는 다양한 사업을 주관하는 기관이라고 보아야 한다. 최근 일부 사업에서 지원금을 지급하기 시작한 이후 점점 지원사업의 종류와 금액이 커지면서 예술단체 재원조성에 있어 한 몫을 담당하게 되었다. 아직까지는 간접지원 방식이 기관 사업의 주를 이루고 있기는 하지만, 예술작품의 유통을 통한 산업화 및 시장 활성화나 예술단체의 해외진출 사업 등이 점점 중요해지고 있어 간단하게 기관에 대해 살펴보기로 하겠다.

1) 설립배경

(재)예술경영지원센터는 예술유통의 활성화와 예술기관의 경쟁력 강화를 종합적이고 체계적으로 지원함으로써, 예술현장의 자생력 제고에 기여함을 목적으로 2006년 1월 재단법인으로 설립되었다. 예술경영지원센터 설립이 갖는 의미는 공공재원의 보조를 통한 창작활동 중심의 지원구조에서 탈피하여 예술현장이 요구하는 다양하고 효과적인 지원체계에 대한 개발을 통해 예술활동 전반의 균형적 발전과 자생력과 경쟁력을 확보하려는 의식적이고 체계적인 노력이 구체화되었다는 데에 있다. 특히 예술의 산업적 특성(가치재, 공공재 등)을 고려하였을 때, 체계적인 지원과 도움을 제공해 줄 수 있는 공공영역의 기반 위에 자발적인 예술단체의 합리적이고 투명한 경영을 유도할 수 있는 공공지원체계가 필요하다는 관점에서 예술경영지원센터의 고유활동과 역할이 중요하다.

(재)예술경영지원센터 설립 당시(2006년)의 연간 예산은 약 27억 원에 불과하였으나 교육, 컨설팅 등 간접 지원 확대와 예술산업 생태계 활성화를 위한 정부 정책 강화에 따라 매년 예산이 증가하여 2014년에 처음으로 100억 원을 넘어섰고, 2022년 현재 623억 원으로 확대되었다.

2) 주요기능 및 사업

예술경영지원센터는 국고(일반회계) 이외에도 문예진흥기금과 체육진흥기금을 지원받아 사업을 추진하고 있다. 2022년도에는 국고 578억 원, 문예진흥기금 27억 원, 체육진흥기금 18억 원을 지원받고 있으며 여기에는 기관 운영 예산도 포함되어 있다. (아래 [표 2-38] 참고)

이 표는 유입되는 재원을 중심으로 한 예산 내역을 보여주고 있는데, 업무분야를 기준으로 살펴보면 크게 예술의 산업화, 미술진흥 기반 구축, 공연예술 진흥 기반 조성으로 구분할 수 있다. 구체적으로 예술 유통구조의 체계화 및 활성화 지원, 예술기관 운영 및 경영 관련 컨설팅, 예술기관 경영인력 양성 및 지원, 예술분야 국제교류 및 해외진출 지원, 국내외 예술시장정보의 구축·관리·활용, 서울아트마켓 개최 및 운영, 기타 예술현장의 자생력 제고를 위한 간접 매개지원 사업 등을 추진하고 있다. 이외 문예진흥기금과 체육진흥기금을 재원으로 하는 관련사업을 수탁하여 실행하고 있다.

[표 2-38] 2022년도 예술경영지원센터 예산

재원	사업명	21년 예산	22년 예산	증감
일반회계	예술의 산업화 추진	14,602	34,456	19,854
	예술경영지원센터 운영	4,515	4,975	460
	인건비	3,576	3,757	181
	경상비	939	1,218	279
	예술의 산업적 기반 조성	1,618	1,950	332
	예술분야 투자 활성화 지원	200	200	-
	예술산업 선순환 생태계 조성	8,269	10,306	2,037
	공연예술 부가상품 개발유통 지원	-	1,000	1,000
	아트컬처랩 조성	-	16,025	16,025
	미술 진흥 기반 구축	5,278	9,622	4,344
	미술창작 및 향유지원	1,765	3,025	1,260
	미술주간 운영	762	762	-
	작가 미술장터 개설 지원	743	1,263	520
	미술품 대여사업 지원	260	1,000	740
	미술시장 육성	2,133	3,242	1,109
	시각예술 시장조사	200	200	-
	한국미술시장 정보시스템 구축	300	300	-
	미술품 감정 및 유통기반 구축	1,633	1,440	△193
	작가 디지털 아카이브 구축	-	1,302	1,302

재원	사업명	21년 예산	22년 예산	증감
일반회계	미술창작자 경력개발 지원	-	500	500
	우수전속작가제	-	500	500
	한국미술의 국제화	1,380	2,855	1,475
	아트페어 육성 지원	-	700	700
	미술품 해외시장 개척 지원	720	1,495	775
	한국미술 해외출판 지원	660	660	-
	공연예술 진흥 기반 조성	3,035	13,735	10,700
	공연예술 통합전산망 운영	2,000	2,000	
	정부시장지원 공연 전통예술 경연대회 평가	335	335	-
	공연예술 시장 활성화 기반 구축(K-뮤지컬)	700	2,700	2,000
	전국 공연예술 창제작 유통 협력 생태계 구축	-	8,700	8,700
	소계	22,915	57,813	34,898
문예진흥기금	예술창작지원	1,011	1,011	-
	서울국제공연예술제	767	767	-
	창작뮤지컬 해외진출 플랫폼 운영	244	244	-
	예술의 관광자원화	1,690	1,420	△270
	공연예술 전략적 해외진출 지원 사업	370	311	△59
	전통예술 해외아트마켓 및 해외진출 지원	520	437	△83
	서울아트마켓 개최 및 운영	644	541	△103
	공연예술 해외진출 기반 마련(커넥션)	156	131	△25
	예술정책 및 기부 활성화	203	303	100
	공연예술 조사	203	303	100
	소계	2,904	2,734	△170
체육진흥기금	체육-문화예술 사업의 지원	2,039	1,795	△244
	한국미술담론 창출	259	230	△29
	아트페어 평가 지원	180	170	△10
	예비 전속작가제 지원	1,600	1,395	△205
	소계	2,039	1,795	△244
	사업비 총계	27,858	62,342	34,484

*출처 : 공공기관 경영정보시스템(www.alio.go.kr)

(1) 예술의 산업화 추진

예술의 산업화 추진은 예술경영지원센터 설립 초기부터 이어진 기관의 핵심사업이라고 할 수 있으며, 한국문화예술위원회가 주로 해 오던 직접 지원사업과 달리 예술활동 전반의 균형적 발전과 자생력 확보를 위해 필수적인 사업 추진 방향으로 설정되었다.

구체적으로, 예술단체의 기획·마케팅 등 예술 경영 분야 역량을 강화하고,

전문적·체계적 창업지원을 통한 예술분야의 혁신 기업을 육성하며, 자금·경영 컨설팅 등 투자환경 조성으로 예술 분야 창작-유통-소비의 선순환 생태계를 조성하고 예술의 산업화를 추진하는데 목표를 두고 있다.

구체적으로 예술경영아카데미, 기업 및 취업정보 시스템인 아트모아(ArtMore) 운영 등을 통해 차세대 전문 종사자 양성 및 예술 기업·단체의 경영 활성화를 위한 현장 맞춤형 교육과 정보를 제공하고 있다. 또한, 다양하고 지속 가능한 경영을 위하여 예술분야의 창업~초기~성장 단계별 예술기업 성장을 지원하고, 예술경영 관련 이슈·사례·최신동향 등의 정보를 제공하는 웹진(예술경영)을 발간하고 있다. 그리고 예술단체의 설립, 세무, 회계 등에 대한 전문가 그룹의 컨설팅을 제공하여 예술현장의 성장기반을 조성하는데 힘쓰고 있다.

특히 2022년부터 예술 창·제작, 교류·교육, 시연·유통, 창업·창직 등 예술 활동 전반을 종합적으로 지원하고 자생적 예술 창작환경을 구축하기 위한 복합문화 공간(아트컬처랩)을 조성하고 있으며 이를 통해 예술의 창작에서 시장 진출에 이르기까지 전반적인 산업화 과정에 대한 지원을 연결할 계획이다.

예술경영지원센터가 추진하는 예술의 산업화 관련 주요사업을 살펴보면 다음과 같다.

① 공연예술분야 국제교류 및 해외진출 지원

국내 우수 공연예술단체의 국제경쟁력 강화와 인지도 제고, 지속적이고 전략적인 해외진출 확대를 위해 권역별 전략 수립, 해외 투어 기금의 직접 지원, 국내외 홍보, 마케팅과 현지 특별 프로그램 운영 등의 간접 지원이 함께 이루어지는 통합적 지원 사업을 수행하고 있다.

아시아 최대 규모의 공연예술 유통 플랫폼, '서울아트마켓(PAMS)'을 기반으로 한국 공연예술의 해외진출, 국제교류 활성화를 위한 전략적 시장개발, 맞춤지원을 주관한다. 그간 유럽, 북미, 중남미와 아시아·오세아니아 등 권역별 주요 공연예술 시장을 발굴하여 공연예술 작품의 해외진출 매개지원을 수행하며 특히 현지 공연예술시장의 특성에 부합하는 작품이 적극 선정·발굴될 수 있도록 해외기관과의 전략적 교류를 통해 해외진출 교섭성과가 매우 높고, 해외

시장에서 후속적인 교류와 투어 등 교섭에 성공하는 사례도 증가하였다.

또한 해외 전문기관들과 공동으로 지속가능한 협력관계의 구축을 기반으로 중장기 플랜의 공연예술 글로벌역량강화 사업을 추진함으로써 공연예술 현장의 국제교류 다각화와 전문화를 촉진하고 있다.

[표 2-39]
권역별 해외진출 전력

권역	특징	진출형태	진출장르
서유럽	- 해외진출 전략국가(영, 프, 독) 포함 권역 - 해외진출 플랫폼 및 마켓 역할을 하는 대표적 축제와 장르별 특화 마켓 개최	특집 및 투어 쇼케이스	복합, 무용, 음악
동유럽	- 정부의 적극적 예산 투여와 함께 국제적 문화행사 다수 개최 - 공연장, 축제 연계 특집 및 권역 내 투어 가능	특집 및 투어	연극, 음악
북유럽	- 노르딕 국가 네트워크 활용 기금 및 투어 수월	투어	무용, 어린이극
북미	- APAP, CINARS 등 공연예술마켓 개최 - 영미국가(영국 및 호주), 중미(멕시코) 권역과 연계 가능 - 경제위기로 수익창출이 저조하여, 쇼케이스 또는 현지 지원기관과 연계한 투어가 효과적	쇼케이스 투어	무용, 음악
중남미	- 유럽 내 스페인어권 및 북미권역 투어 연계 가능 - 타권역에 비해 기존 진출 실적이 저조하나 투어 연계 및 공연수익 진출효과가 높아 지속적인 개발 필요	투어	복합, 무용, 음악
오세아니아	- 권역 내 네트워크를 통한 권역 내 국가, 국가 내 도시 투어가 용이함	투어	연극, 복합

상세 사업별로 살펴보면 다음과 같다.

i) 서울아트마켓 팸스초이스(PAMS CHOICE)

팸스초이스는 국내 공연예술단체의 해외 경쟁력과 자생력 강화를 목표로, 해외 진출을 희망하는 우수 공연예술 작품을 발굴하여 전략적인 해외 진출 지원을 제공하는 서울아트마켓의 '대표 브랜드' 공연이라 할 수 있다. 매년 국내 우수 공연예술작품을 선정하는 팸스초이스는 공모를 통해 연극, 무용, 음악, 복합장르별로 선정한다.

[그림2-12]
서울아트마켓
팸스초이스 지원체계

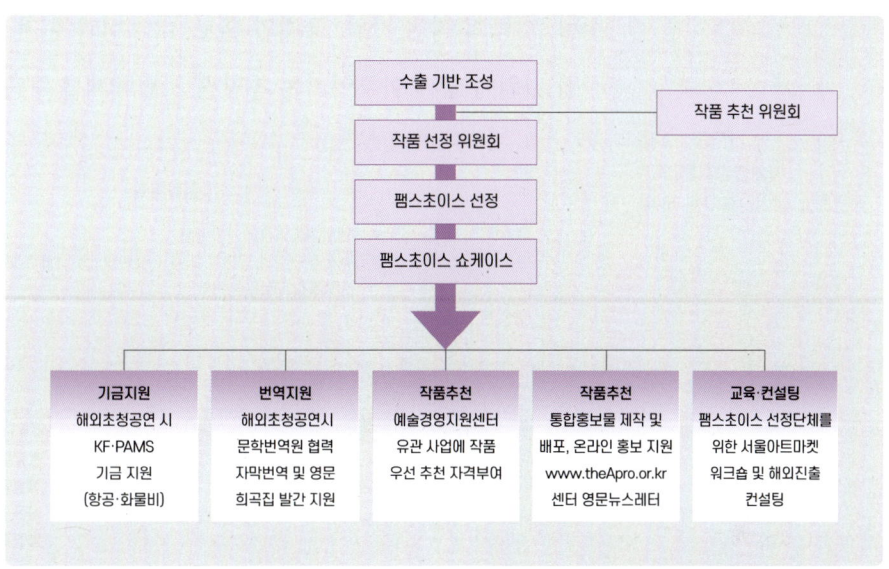

[표 2-40]
[공연예술 국제 유통 플랫폼
구축을 통한 해외진출 활성화]
성과

연도	팸스초이스 선정작품수					선정단체 연도별 사후 해외진출 성과	
	연극	무용	음악	복합	총계	진출 작품 수	해외 진출 건수
2005	5	2	4	2	13	-	-
2006	9	12	4	4	29	10	14
2007	4	8	3	3	18	26	86
2008	4	5	3	4	16	34	78
2009	4	6	3	2	15	28	106
2010	2	4	4	3	13	29	110
2011	4	4	4	1	13	28	116
2012	3	3	4	3	13	38	125
2013	2	2	4	2	10	41	131
2014	3	3	3	1	10	30	112
2015	3	4	4	2	13	34	161
2016	5	5	4	4	18	50	164
2017	6	4	4	4	18	19	122
2018	6	5	3	2	16	33	125
2019	1	3	3	1	8	22	130
2020	2	3	3	2	10	11	45
누계	63	73	57	40	233	433	1,625

ii) 공연예술 전략적 해외진출지원

공연예술 해외진출지원 사업은 우수공연예술단체의 국제경쟁력 및 국제 인지도 제고와 지속적이고 전략적인 해외진출을 확대하기 위하여 권역별 전략 수립, 기금의 직접 지원, 국내외 홍보, 마케팅과 현지 특별 프로그램 운영 등의 간접 지원이 함께 이루어지는 통합적 지원체계를 구축하는 것이다.

[그림2-13]
예술경영지원센터
공연예술 해외진출지원 체계

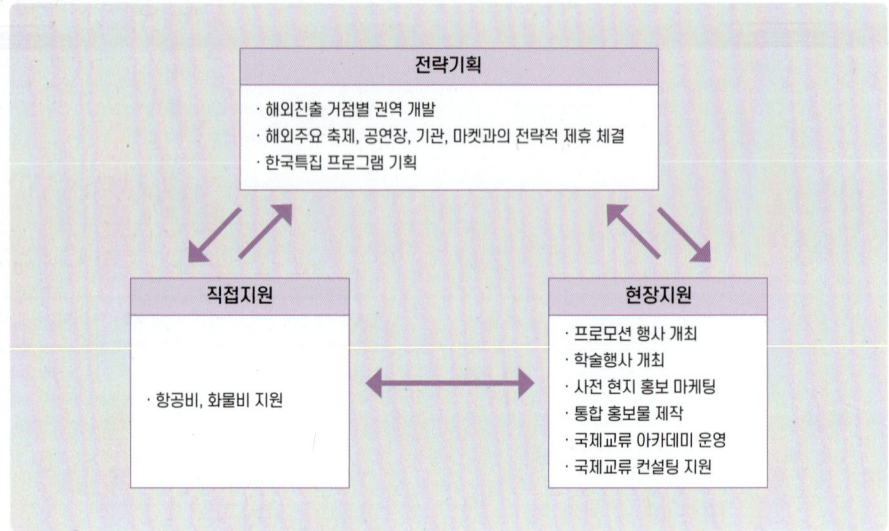

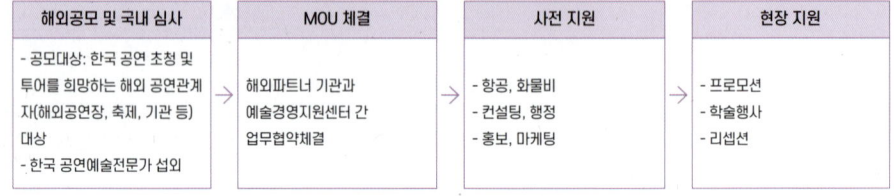

iii) 주요 공연예술마켓 및 국제음악마켓 참가 지원

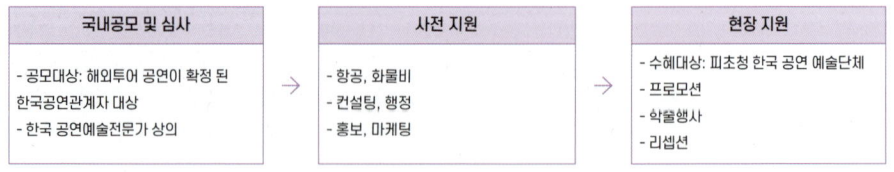

쇼케이스 지원

iv) 전통예술 주요 공연장 및 페스티벌 참가 지원

권역별 주요 공연장 및 페스티벌 지원

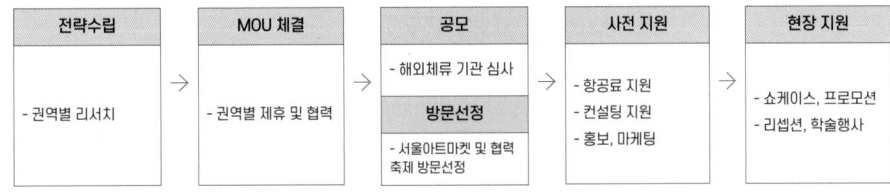

유럽월드뮤직페스티벌포럼(EFWMF) 협력 지원

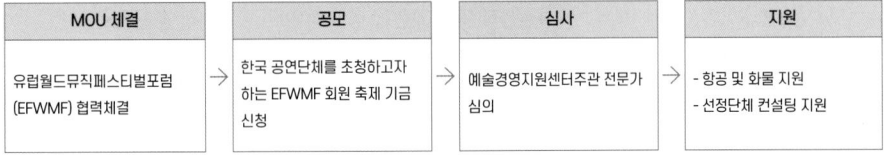

이 중 공연예술 해외투어 지원사업(Center Stage Korea International Touring)은 해외 주요축제, 공연장, 네트워크 협회와 협력하여 한국특집 프로그램을 개최하며, 해외기관-센터 간 협약으로 안정적 해외 진출을 도모하는 사업이다.

(단위: 천 원)

[표 2-41] 2011-2020년도 센터스테이지코리아 수혜단체 외화 수입

진출연도	구분	공연료수입	기타수입	비고
2011	13단체/82회 공연	151,560	46,698	티켓수익 분배 등
2012	21개 단체/118회 공연	308,288	179,935	숙박 및 일비 등 기타
2013	16개 단체/63회 공연	309,963	85,984	숙박 및 일비 등 기타
2014	23개 단체/172회 공연	497,173	61,640	숙박 및 일비 등 기타
2015	33개 단체/146회 공연	448,098	139,177	숙박 및 일비 등 기타
2016	35개 단체/188회 공연	579,867	48,731	일비 및 음반판매 등 기타
2017	44개 단체/205회 공연	1,094,971	29,138	일비 및 음반판매 등 기타
2018	46개 단체/206회 공연	628,506	37,002	일비 및 음반판매 등 기타
2019	50개 단체/205회 공연	759,434	26,506	일비 및 음반판매 등 기타
2020	8개 단체/73회 공연	334,380	18,504	일비 및 음반판매 등 기타
	합계	5,112,240	673,315	

* 2020년은 코로나19로 인하여 해외진출 건수 감소

② 전국 공연예술 창제작 유통 협력생태계 구축

2022년에는 국공립단체·시설과 민간단체·시설을 대상으로 공연예술 창제작 환경 조성과 유통 시장의 활성화를 위하여 '전국 공연예술 창제작 유통 협력생태계 구축' 사업을 시행하고 있다.

공연장과 공연단체가 참여할 수 있으며 민간과 국공립, 중앙과 지역간 협업을 촉진하여 창제작된 작품을 전국을 대상으로 유통하는 프로그램을 지원대상으로 삼고 있으며 2022년 현재 24개 사업이 선정되어 진행되고 있다.

○ 공모대상
- (신청장르) 연극, 뮤지컬, 음악, 무용, 전통, 다원예술 등 * 대중음악공연 제외
- (신청주체) 국공립공연장 및 공연단체, 민간공연장·공연단체·기획·제작사
- (신청필수조건) ①공연장과 공연단체 등의 협업으로 2022년 1~12월 기간 내 공연 창·제작, 2개 이상 지역공연장에서 유통, ②서울 외 지역공연 개최(최소 2개 이상 공연장, 2일 2회 이상 공연)
    * 서울 소재 공연단체·공연장의 경우 서울 외 지역 공연단체·공연장과 협업 필수
    ** 신작 또는 개선·수정 예정인 기존 창제작 공연 무관
○ (지원유형) 국공립 기획형, 민간 기획형
○ (지원내용) 공연 창·제작비 및 유통비 일부 *상세내용 공모세부내용 참조
○ (지원규모) 협업 공연 창·제작·유통 규모 및 성격에 따라 차등 지원, 총 85억 원(17개 내외)

(2) 정보 및 컨설팅 제공

예술기관(단체) 운영과 경영 관련 컨설팅 사업으로 전문예술법인·단체 지정제도 활성화와 예술경영 컨설팅을 주관하고 있다. 예술경영 컨설팅은 문화예술 기관단체의 설립에서부터 법률, 세무·회계, 재원조성, 인사·노무, 홍보·마케팅, 사회적기업, 저작권·계약, 국제교류 등에 이르기까지 예술현장의 수요를 반영하여 2006년 설립 이후 총 16,093건의 상시·맞춤형 전략 컨설팅을 제공하였다. 또한 기관 인터넷 홈페이지에 게시하고 있던 일자리정보 게시판을 확대·개편한 '아트모아'(artmore.kr)를 구축하여 2021년부터 운영하고 있다.

또한 국내 유일의 예술경영 전문 웹진 weekly@예술경영, 공연예술 국제교류 지식정보 온라인 플랫폼(더아프로 the Apro)를 기획·운영하며 국·영문 뉴스레터 기획·발송, 문화예술 기관·단체의 데이터베이스를 구축하여 예술현장과 정책적 관점에서 시의성 있는 지식·정보 콘텐츠를 제공하고 있다.

[표 2-42]
예술경영 및 국제교류
콘텐츠 생산·제공

매체명	구분	내용	콘텐츠 수집방법	비고
센터 홈페이지	국·영문	센터사업소개, 현장소식 등	수집/생산	수시
웹진 예술경영	국문	예술경영 이슈, 사례, 정보 제공	수집/생산/배포	매월 2·4주(목) 월 평균 10건
더아프로 (TheApro)	국·영문	한국 공연예술 작품, 인물, 이슈, 정보 게시 등	수집/생산	매월 4회 업데이트, 월 평균 40건
더아트로 (TheArtro)	국·영문	국내외 시각예술계 전시, 인물, 이슈, 정보 게시 등	수집/생산	매주 3회 업데이트, 월 평균 30건

(3) 예술경영 아카데미

예술경영지원센터에서는 예술현장의 역량 강화를 위해 예술기관(단체) 경영인력 양성과 지원 사업으로 문화예술 기획·경영 전문 인력 배치지원과 예술경영 아카데미를 기획·운영한다. 예술현장에서 취약한 문화예술 기획경영 분야의 인력 발굴과 양성을 통한 예술단체 운영 활성화를 지원하고 예술현장 종사자의 역량강화를 위한 현장-이론 융합형 교육 프로그램을 개발하여 운영하고 있다. 문화예술 기획경영 분야의 직군별 실무 역량, 직무 응용 능력, 리더십, 자기계발 능력 향상을 지원하기 위한 다양한 교육 프로그램 등이 있으며, 2007년부터 2020년까지 총 306개 교육과정이 개설되었고 16,093명의 현장종사자들이 참여하였다.

(4) 미술진흥기반 구축

미술작품 DB 기반 미술시장 분석 콘텐츠 제공, 미술품 감정인력 및 매개인력 양성, 전업 신진작가 지원 등을 통해 미술현장 종사자의 자생력 강화, 안정적 창작 환경 조성 및 미술시장 진출 활성화뿐만 아니라 해외 개최 국제 아트페어 참가 지원을 통해 해외시장 개척 활동을 지원하고 있다.

　미술작품의 판로 개척을 위해 추진하고 있는 작가 미술장터 개설지원 사업을 통해 수도권에 집중된 미술시장을 지역으로 확산시키기 위해 노력하였고 40개소의 미술장터 개설을 지원하였다. 코로나19 확산 시기에도 비대면 콘텐츠를 제작, 활용하는 등 미술품 향유기회를 확대하고 판로를 확장하기 위해 노력한 결과 사업이 시작된 2015년부터 2020년까지 8,500여명의 작가가 참여하고 99만여명의 관람객이 미술장터를 다녀가는 성과를 거두었다.

또 따른 주요사업인 미술주간 행사는 미술문화의 일상화와 향유 확대를 목적으로 운영되는 전국 최대 규모의 행사이며, 일반 관람객을 대상으로 일상 속에서 미술을 즐길 수 있도록 국공립과 사립 미술관, 화랑, 비영리전시공간 등이 대거 참여하여 무료 또는 할인 입장을 시행하고 있다. 그 외에도 미술여행, 전시, 교육, 체험, 온라인 VR전시 등 프로그램을 통해 2020년의 경우 약 77만명의 관람객이 미술주간에 참여한 것으로 집계되었다.

이 외에도 미술품 감정·유통 인력양성, 연구지원 사업과 원로작가 디지털 아카이빙 구축, 연구와 해외출판 지원 등 한국미술의 중장기적 진흥과 담론 창출을 위한 사업을 추진하고 있다.

(5) 예술시장 정보의 생산·관리·확산

공연과 미술시장의 현황을 객관적인 방법으로 조사하여 신뢰성 있고 타당한 수치로 제공함으로써 공연예술 정책수립과 현장 예술경영 활동에 필요한 근거자료를 마련하고 제공하는 사업이다. 공연예술분야 통계조사는 통계청의 승인을 받아 진행하는 공연예술조사를 중심으로 문예회관 운영현황 조사, 공연예술 국제교류 활동현황 조사, 관람객 실태조사 등 매년 공연예술 분야 관련 심층조사를 실시하고 있다. 미술시장 실태조사는 화랑, 경매회사, 아트페어를 중심으로 하는 미술시장 유통영역의 운영현황과 실태를 조사하여 미술시장 활성화를 위한 정책수립의 기초 자료로 활용하고 있다.

여기에 2019.6월 공연법이 개정되어 국내 공연정보와 입장권 예매 현황을 수집·제공하는 공연예술통합전산망(KOPIS)을 구축, 운영하고 있고, 미술분야에서는 작품의 거래 정보 및 전문 분석 자료를 제공하는 한국미술시장정보시스템(K-ARTMARKET)도 함께 운영하고 있다.

9. 한국예술인복지재단

한국예술인복지재단은 사회·경제적으로 어려움을 겪는 예술인의 창작 기반 마련과 예술활동의 지속성과 재생산의 토대를 구축하기 위해 2012년에 출범하였다. 2011년 제정된 「예술인 복지법」에 의해 설립된 한국예술인복지재단은 예술인의 사회보장 확대 지원·예술인의 직업안정·고용창출 및 직업전환 지원 등 예술인을 위한 복지사업을 총괄하고 전담하는 기능을 하고 있다. 출범 이후 예술인자녀돌봄센터(2014년 대학로, 2017년 마포구 망원동)를 설치하고, 불공정 행위 신고·상담센터(2017년), 예술인 성폭력 피해 신고·상담센터를 열어 예술현장의 불공정 행위 및 성폭력에 대한 전담 창구를 마련하였다.

한국예술인복지재단은 설립 이후 위와 같이 시대의 흐름과 요구에 맞는 업무의 증가와 사업의 다양화에 맞추어 조직 개편을 실시하였고, 2022년 현재 지원사업부와 사회보장부를 중심으로 예술인의 권익과 안정적인 창작 환경 조성을 위한 사업을 추진하고 있다.

[그림 2-14] 한국예술인복지재단 조직도

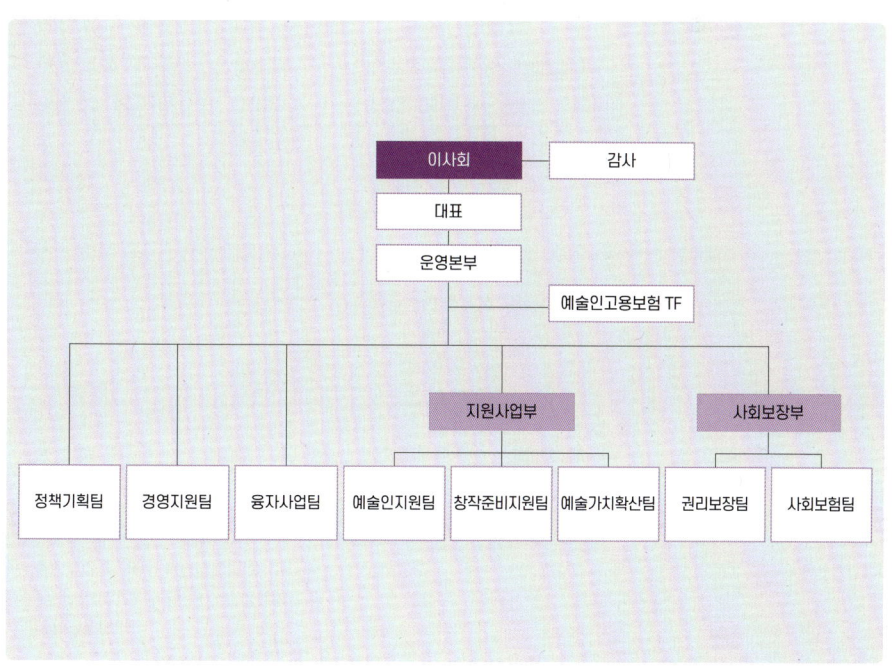

사업 내용을 살펴보기 전에 기관의 경영전략체계를 소개하면 아래 [표 2-43]와 같다.

[표 2-43]
한국예술인복지재단 기관 경영전략체계

설립목적	예술인의 권리 보호 및 복지 지원으로 예술 발전에 이바지						
비전	예술인 창작안전망 제도 기반 구축						
슬로건	예술인이 믿고 의지할 수 있는 친구						
전략목표	포스트 코로나 대응 지원 강화		예술인의 권익 제고		안정적 창작활동 기반 조성		재단 경영의 내실화	
전략과제	코로나19 극복 위한 복지지원 확대	예술인 복지 접근성 개선	공정한 예술환경 조성	예술인 사회보장 체계 구축	창작활동 지속 여건 확충	예술인의 사회적 역할 확대	윤리·인권경영 체계 정립	예술인 복지 지역협력 체계 강화

한국예술인복지재단의 운영 재원은 국고(일반회계), 문예진흥기금 체육진흥기금과 일부 수익사업, 기부금 등으로 구성되어 있는데, 가장 큰 비율을 차지하는 국고 지원을 통해 예술인창작안전망구축사업과 재단 운영비 지원을 받고 있으며, 복권기금에서 문예진흥기금으로 전입되는 예술인생활안정자금사업이 재단으로 위탁되어 추진되고 있다.

(단위 : 백만 원)

[표 2-44]
한국예술인복지재단 예산 현황(2018년-2022년)

구분	2018년 예산	2019년 예산	2020년 예산	2021년 예산	2022년 예산	연평균 증가율
Ⅰ.정부지원금	25,289	34,319	80,068	106,039	142,545	54.1%
(국고)예술인창작안전망구축사업	23,103	27,503	58,590	82,405	114,840	49.3%
(국고)예술인복지재단운영지원	2,020	2373	2,588	2,686	3,605	15.6%
(체육)예술인전문성및역량강화	166	145	138	172	200	4.8%
(문예)예술인생활안정자금	-	4,298	18,572	20,776	23,900	77.2%
Ⅱ.자체사업	91	48	-	-	-	-
예술인의료비 지원	91					
성희롱·성폭력 예방교육 콘텐츠 개발		48				
Ⅲ.수익사업	14	14	46	58	73	51.1%
보험사무대행지원	-	-	31	58	73	
예술인자녀돌봄지원사업	14	14	15	-	-	-
Ⅳ.기부금	84	-	38	50	-	-
합계	25,478	34,381	80,152	106,147	142,618	53.8%

* 자료 : 한국예술인복지재단 수입및지출 현황(공공기관 경영정보공개시스템) 재구성
** 자체사업과 수익사업은 보험사무대행지원을 제외한 나머지 자체사업과 수익사업은 국고 및 기금사업으로 편입되어 예산편제상 나타나지 않음

한국예술인복지재단의 예산은 최근 5년간 매년 평균 53.8%의 성장세를 보이고 있다. 정부지원금만 별도로 보면 연평균 54.1%의 증가율을 보이고 있

어 다른 어떤 공공기관보다 예산의 증가가 두드러진다. 특히 예술인창작안전망구축과 예술인생활안정자금 예산은 코로나-19 확산 시기에 큰 폭으로 증가하여 예술인의 창작환경 개선과 생활안정에 도움을 주고 있다.

한국예술인복지재단은 다른 공공지원기관과는 분명히 다른 성격을 가진 설립목적을 가지고 관련 사업을 추진하고 있다. 다만, 예술인이나 예술단체의 활동 재원을 조성하고자 하는 접근에서 주목할 만한 사업은 예술인창작안전망 구축의 핵심 사업인 창작준비금지원 사업이다.

창작준비금지원 사업은 예술활동 소득이 낮은 예술인을 실질적으로 지원하는 사업으로 다른 지원사업과 달리 지원금을 사용한 내역을 증빙하여 제출할 필요가 없다. 2020년의 경우 15,260명의 예술인이 지원받았다.

이러한 제도들은 예술단체의 재원 조성과 직접적인 관련이 있다고 보기 힘들겠지만, 예술인으로서 보장받아야 할 직업적 지위와 권리를 보호하는 사업으로 활동을 지속할 수 있는 최소한의 제도적 기반을 마련하였다는 측면에서 큰 의미가 있다고 할 수 있다.

10. 한국장애인문화예술원

한국장애인문화예술원은 '장애인 문화예술분야 자생적 창작 생태계 구축'을 비전으로 하고 장애인 문화예술의 경쟁력 확보를 위해 2015년 설립된 기관이다. '장애인문화예술센터'의 공정한 운영과 장애인의 문화예술 활동 활성화를 위한 종합적이고 체계적인 지원활동으로 장애인문화예술 분야 발전에 기여함을 설립목적으로 하고 있다. 새롭게 출범한 윤석열 정부 국정과제의 세부과제로 '장애예술 활성화'가 포함되면서 예산이나 업무의 범위가 확대될 것으로 예상할 수 있다.

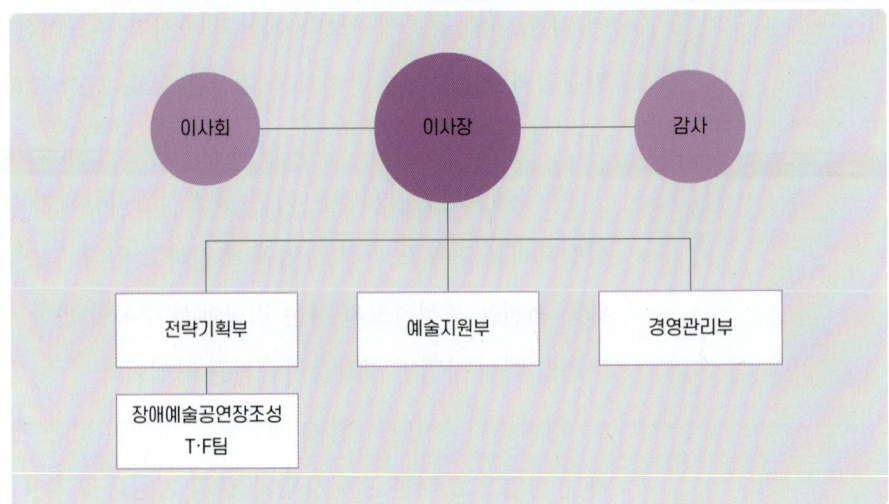

[그림 2-15]
한국장애인문화예술원
조직도(2022년 현재)

장애인의 문화예술 창작과 향유 활동을 지원하는데 초점을 맞추고 장애인 예술역량 강화를 위해 다양한 지원사업을 추진하고 있으며 이 외 장애인 공연예술단 사업도 함께 지원하고 있다. 또한 2022년 현재 장애예술인 전용공연장 건립을 추진하고 있으며, 장애예술 개발 및 작품 제작, 전문인력교육 등 장애예술 창작활성화의 거점 공간으로 육성할 계획이다.

기관의 경영전략 체계를 살펴보면 아래와 같다.

[그림 2-16]
한국장애인 문화예술원
경영전략체계

한국장애인문화예술원 기관과 사업을 운영하는 데 사용되는 주요 재원은 문화체육관광부의 일반회계(국고)와 국민체육진흥기금이다. 문체부 예술정책과의 함께누리 지원사업 예산(일반회계)이 지원되어 사업과 기관 운영에 쓰이고 있다. 또한, 국민체육진흥기금으로 문화예술분야의 전문인력 양성과 문화소외계층 및 지역대상 문화예술 활성화 지원을 위한 사업을 지원하고 있다.

일반회계와 기금회계(국민체육진흥기금) 사업으로 구분되는 한국장애인문화예술원의 예산 현황과 추진사업은 다음과 같다.

(단위 : 백만 원)

[표 59] 2021년도 한국장애인문화예술원 예산 현황

구 분		2020년 예산 (A)	2021년 예산 (B)	증감액 (B-A=C)	증감률 (C/A)*100
국고보조금 사업 소계		15,582	24,652	9,070	58.2%
일반회계 일반회계	함께누리지원	9,971	20,648 (장문원 운영 1,522)	10,677	107.1%
	장문원 운영	1,607	-	△1,607	△100%
	국민체육진흥기금	4,004	4,004	-	-
자체수입 사업 소계		190	126	△64	△33.7%
	대관료 수입	87	55	△32	△36.8%
	임대료 수입	83	50	△33	△39.8%
	관용차량매각	-	20	20	100%
	전년도 이월금	20	1	△19	△95%
합 계		15,772	24,778	9,006	57.1%

[표 2-46]
한국장애인문화예술원 추진사업

함께누리 지원		국민체육진흥기금	
구분	세부사업	구분	세부사업
장애인 예술 역량강화	장애인 문화예술 창작·향유지원	전문인력 양성	찾아가는 장애인 문화예술학교
	장애인미술행사지원		장애인 무용 전문인력 양성
	시각장애 문화예술 정보지 발행		
	장애예술인 맞춤형 일자리 지원		장애인 문화예술 아카데미
	장애인 창작아카데미 프로그램		
	국제장애예술주간		시각장애인 연주자 양성
	장애인문화예술축제		
	스페셜 k-경연대회		청년장애인예술가 양성
	장애인합창대회	문화소외 계층 및 지역대상 문화예술 활성화 지원	장애인 특성화 축제
	장애인 문학상, 미술대전		
	잡지발간		장애인 영상콘텐츠 제작지원
	장애인 문화예술대상		유망 장애인예술가 발굴·공연 지원
	전국장애청소년예술제		장애인예술 교류·협업 프로그램 지원
	장애인 국제무용제		
장애인 공연 예술단 지원	전통예술공연		창작공연예술특성화 지원
	대중예술공연		
	클래식공연		장애인문화예술정보시스템 운영
장애예술공연장 조성			발달장애인 특성화 프로그램 개발
한국장애인문화예술원 지원			

제3절
문화예술 지원을 위한 외부 공공재원

우리나라의 예술에 대한 공공지원 재원 중 가장 핵심적인 것은 문화체육관광부의 문화예술분야 일반회계 예산과 지방정부의 예산, 그리고 문예진흥기금이라고 할 수 있다. 이는 앞서 공공지원기관에서 다루었기 때문에 그 외 문화예술 지원을 위한 공공재원을 살펴보기로 하겠다.

1. 복권기금

기획예산처(현 기획재정부)는 국민에게 부담을 주는 각종 준조세를 정리하기 위해 2003년 말 극장·공연장·능·사적지 등에서 입장료 중의 6.5%를 징수하던 문예진흥기금 모금제도를 폐지하였다. 당시 한국문화예술진흥원(현 한국문화예술위원회)과 문화예술계에서는 연간 400억 원 정도에 이르는 문예진흥기금 모금액에 대한 대체 재원을 마련하기 위해 다양한 요구와 시도를 하게 되었다. 2004년 4월에 「복권 및 복권기금법」이 신규 제정되었는데, 신규 발행되는 로또복권의 수익금을 활용하는 것이 타당하다고 판단하여 정부, 국회 등을 대상으로 지원의 필요성 설득과 대대적인 입법청원 활동을 전개하게 되었다. 그 결과 법 제23조에 로또복권수익금 사용 용도로 '문화예술진흥 및 문화유산 보존'(이후 법이 개정되어 '문화예술진흥사업'으로 변경됨) 문구가 포함되어 2004년부터 문예진흥기금에 복권기금이 전입되면서 복권기금 예술사업을 추진하게 되었다.

복권기금 지원액은 이후 지금까지 계속 이어져 문예진흥기금에 주요한 재원으로 자리매김하고 있는데 복권기금은 단체에게 지원해 주는 공공재원이 아니라 구체적인 사업을 정해 문예진흥기금에 전입시키는 형태로 사업 잔액이 남을 경우 복권기금으로 다시 반납하는 구조로 되어 있다.

복권기금은 복권 및 복권기금법 제21조에 근거를 갖고, 복권사업으로 조성된 재원을 투명하고 효율적으로 관리·사용하기 위하여 설치되었다. 처음에는 국무총리실 산하 복권위원회에서 복권기금을 운용하였으나 2008년부터 기획재정부 복권위원회 사무처로 관리운용주체가 변경되었다. 기금의 재원은 복권기금의 운용으로 생기는 수입금, 소멸시효가 완성된 당첨금, 정부 외의 자의 출연금, 수탁사업자 또는 재수탁사업자가 복권기금 납입 전 복권 판매대금 관리계좌에서 발생하는 이자 등의 수입금 등으로 조성된다.

복권기금에서 문화예술진흥을 위해 지원한 금액은 2004년에 445억 원이었으며, 이후 조금씩 증가하다가 2008년에는 복권기금 수입 감소 등의 이유로

[표 2-47] 복권기금 문화나눔사업 예산 현황 (2004년 - 2022년)

사업명	2004	2005	2006	2007	2008	2009
통합문화이용권	-	-	2,000	2,000	2,700	4,000
예술인생활안정자금(융자)	-	-	-	-	-	-
사랑티켓	-	-	6,000	5,200	3,020	2,000
소외계층문화순회	4,000	4,750	7,500	7,500	4,630	6,200
전통나눔	2,500	3,000	3,000	2,500	1,440	1,500
방방곡곡문화공감 (지방문예회관특별프로그램지원/~2013)	14,600	9,400	9,400	7,000	3,100	4,000
우수문학도서 보급	-	5,220	5,220	4,000	2,310	2,300
공공박물관·미술관 전시프로그램지원	3,600	3,340	3,000	1,737	1,100	600
장애인 창작 및 표현활동지원	-	-	-	-	-	-
생활문화공동체만들기	-	-	-	-	-	1,200
여유자금운용	-	-	-	-	-	-
실버문화학교	-	-	-	-	1,500	-
지방문화원 중심 지역향토문화 체험	3,664	3,432	3,000	2,000	-	-
생활친화적 복합문화공간 조성	5,000	1,100	1,000	2,000	-	-
노인,장애인,아동복지시설 예술교육	5,000	3,500	6,225	7,400	-	-
작은 도서관 조성	2,500	-	3,650	5,000	-	-
작은 도서관 운영활성화 지원	-	-	-	790	-	-
공공예술-소외계층 생활환경 가꾸기	-	-	1,225	1,500	-	-
문화의집 계층별 체험프로그램 개발운영	1,000	1,000	1,000	-	-	-
문화예술교육 영상콘텐츠 제작	-	550	550	-	-	-
컬처팩토리 설립운영	-	-	1,000	-	-	-
올해의 예술작품 축제 시상	1,205	3,000	-	-	-	-
다중밀집지역 작은 문화장터	-	1,500	-	-	-	-
대학로 복합공연장 조성	-	10,000	-	-	-	-
민속마을 전통축제	1,000	-	-	-	-	-
무대예술인 재교육	500	-	-	-	-	-
합계	44,569	49,792	53,770	48,627	19,800	21,800

198억 원으로 급감하게 된다. 다시 조금씩 증가하던 복권기금 지원 금액이 2011년에는 나눔과 상생이라는 사회적 이슈가 부각되면서 480억 원으로 급증하였으며, 2013년에는 581억 원까지 증가하였다. 박근혜 정부 시기에도 소외계층 대상 사업은 계속 확대되어 복권기금에 의한 문화사업 예산은 계속 증가하였고, 2022년 현재 예술인생활안정자금(융자) 사업까지 포함하여 1,739억 원의 복권기금이 문예진흥기금으로 전입되었다.

2004년부터 2022년까지 복권기금에서 문화예술진흥을 위해 지원한 세부사업과 금액을 연도별로 살펴보면 다음과 같다.

(단위:백만 원)

2010	2011	2012	2013	2014	2015	2016	2017	2018	2019	2020	2021	2022
5,000	24,500	34,300	34,946	40,866	42,643	-	-	82,103	91,501	103,324	140,154	149,968
-	-	-	-	-	-	-	-	-	8,500	19,000	24,000	23,900
2,400	2,400	2,000	1,956	1,251	1,278	1,119	-	-	-	-	-	-
5,800	8,000	9,300	9,530	10,000	10,000	20,000	21,119	-	-	-	-	-
1,500	1,300	-	-	국고사업통합								
4,800	4,800	4,800	4,704	7,983	8,000	15,000	15,000	-	-	-	-	-
2,000	4,000	4,000	3,930	국고사업통합		-	-	-	-	-	-	-
600	800	800	787	국고사업통합		-	-	-	-	-	-	-
400	1,000	1,000	1,088	국고사업통합		-	-	-	-	-	-	-
1,200	1,200	1,200	1,180	1,200	1,200	1,080	1,080	-	-	-	-	-
-	-	-	-	-	-	-	-	-	5,560	-	-	-
23,700	48,000	57,400	58,121	61,300	63,121	37,199	37,199	82,103	105,561	122,324	164,154	173,868

* 2022년의 경우 통합문화이용권에 배정된 복권기금 전입금은 위 표와 같으나 실제 통합문화이용권사업 예산액은 188,068백만원으로 차이 나는 38,100백만원은 문예진흥기금으로 충당함

문화 소외계층의 문화향유 증진을 위한 대표적인 사업인 통합문화이용권 사업은 전용 이용권(바우처) 형식으로 저소득층의 문화예술, 여행, 체육활동 비용을 지원하고 있다. 2005년 처음 문화바우처 시범사업으로 도입된 이후 2017년에는 1인당 지원금이 6만 원이 되었으며 이후 1인당 사용 가능 금액뿐만 아니라 대상자도 늘려 2022년 현재 자치단체로 교부되는 지원금 예산액은 1,841억 원에 달하고 있다.

지원대상은 2022년 현재 약 263만명의 기초생활수급자 및 차상위계층 국민이며, 신청에 의한 카드 발급으로 문화예술·여행·체육 분야의 가맹점에서 사용할 수 있다.

아래 그림을 간단히 설명하면, 먼저 이 사업은 지방비 매칭을 기본으로 진행되며 복권기금이 전입된 문예진흥기금 70%와 지방비 30%가 모여 전체 사업예산을 구성한다. 문예진흥기금을 지원받은 지방자치단체에서 지방비와 매칭하여 지역별 주관처에 교부하면 집행과 정산 및 실적이 보고되는 구조로 진행된다.

[그림 2-17] 통합문화이용권 사업 체계도

*출처 : 2020 문화예술정책 백서(문화체육관광부)

2. 국민체육진흥기금

국민체육진흥기금은 국민체육진흥법에 의거하여 문화체육관광부 산하 공공기관인 국민체육진흥공단이 관리, 운영하고 있으며 주요 수입원은 체육진흥투표권, 경륜·경정사업의 수익금, 복권수익금, 골프장 입장 부가금 등이다. 기금재원의 90%는 체육진흥투표권, 즉 스포츠토토라 불리는 스포츠레저게임의 수익금으로 구성되어 있다.

언뜻 체육은 문화예술과 관련이 없어 보이지만 국민체육진흥기금의 설치 근거 법률인 국민체육진흥법(제22조)에 문화예술 취약분야 육성 또는 특별히 지원이 필요하다고 판단되는 사업에 대하여 지원할 수 있도록 규정되어 있어 문화예술 분야로 예산이 지원되고 있다.

애초 체육진흥투표권 발행 수익금으로 2013년까지 국민체육진흥기금, 경기주최단체, 문화·체육사업에 지원하다가 2014년부터 국민체육진흥기금으로 모두 통합되는 과정에서 문화예술 관련 사업의 재원 역시 '공익사업적립금'에서 국민체육진흥기금의 '체육·문화예술사업 지원'으로 전환되었다.

(단위 : 억 원)

[표2-48] 국민체육진흥기금의 연도별 지원현황

사용목적	2017	2018	2019	2020	2021	2022
생활체육	3,858	3,664	5,522	6,466	7,871	6,585
전문체육	4,108	3,283	3,503	3,766	3,838	4,019
국제체육 등	4,360	2,250	2,000	2,089	2,660	2,815
장애인 체육	624	618	641	871	902	899
총계	12,950	9,815	11,666	13,192	15,271	14,318

* 출처 : 국민체육진흥공단 인터넷 홈페이지(www.kspo.or.kr/kspo/main/contents.do?menuNo=200091#) 참고

위 표는 정부의 예산체계 분류 상 단위사업으로 구분하여 국민체육진흥기금의 지출 예산을 보여주고 있는데, 생활체육(단위사업)에 체육·문화예술사업(세부사업)이 포함되어 있다. 2022년 기준으로 생활체육에는 총 6,585억 원이 배정되어 있으며 이중 체육·문화예술사업에 지원되는 예산은 733억 원이다. 세부사업인 체육·문화예술사업 지원 중 문화예술분야내역사업으로 '문화예술 취약분야 육성'에서 세부사업 예산의 30%를 배정받아 활용하고 있다. 총

733억 원의 세부사업 예산 중 약 30%인 212억 원이 문화예술분야에 배정되었으며, 구체적으로 문화예술 취약분야 육성에 129억 원, 체육문화예술진흥사업 중 문화예술진흥사업에 83억 원이 배정되어 있다.

또한 국민들의 문화 향유권 신장을 도모하고, 문화예술의 창작기반을 확대하기 위하여 경륜·경정 수익금의 일부를 문화예술진흥기금에 출연할 수 있도록 하는 것 등을 주요내용으로 하는 「경륜·경정법」이 2009년에 개정되었고, 2010년에는 「경륜·경정법시행령」이 개정되어 경륜·경정 수익금 중 100분의 24.5를 문화예술진흥기금에 출연하도록 하는 한편, 다른 기금 또는 사업에 대한 배분비율을 조정하였다.

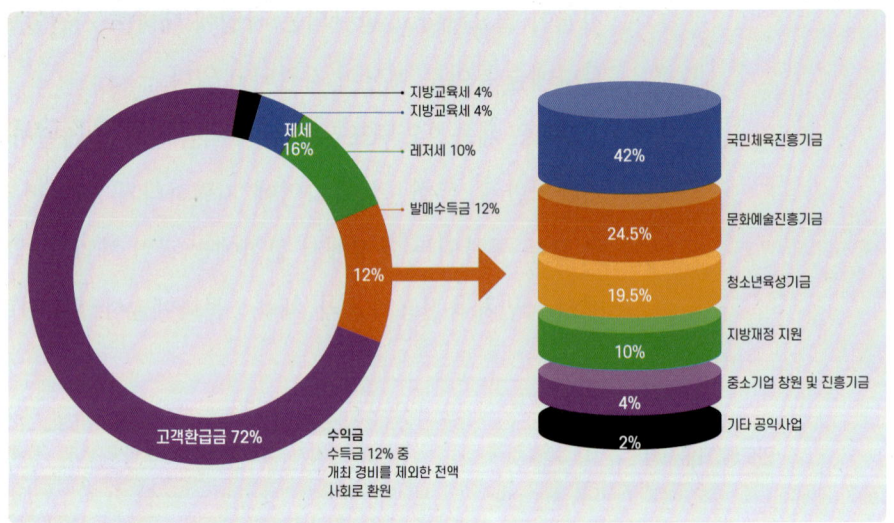

[그림 2-18] 경륜경정사업 수입의 배분 구조

경륜·경정 수익금은 복권기금과 같이 사업이 사전에 정해져 있지 않다. 따라서 문화예술진흥기금에 사업비 예산이 아닌 순수한 금전으로 배분(전입)되어 예술지원 사업에 사용되는 것이므로 대체재원으로 좋은 역할을 할 수 있다. 경륜과 경정 수익금을 합하여 2010년도에는 243억 원, 2011년에는 254억 원, 2012년에는 211억 원, 2013년에는 159억 원의 재원이 문예진흥기금으로 배분되었다. 예를 들어 2013년도가 지나 수익금배분 금액이 확정되면 2014년에 문예진흥기금으로 전입되는 형식이다.

다만, 2011년을 기점으로 수익금이 급속하게 감소하고 있어 문예진흥기금 배분액도 2년 사이에 약 100억 원이 감소하였다. 그 후 2017년 경륜경정법이 개정되면서 그간 문화체육관광부에서 자체적으로 사용하던 공익사업 적립금 배분이 폐지되고 국민체육진흥기금 배분비율이 늘어났다(40%→42%). 또한, 2020년과 2021년에는 코로나-19로 인해 경륜·경정 경기장의 휴장이 길어지면서 사업 손실이 발생하여 시효완성금만 배분하였다. 2021년까지 문예진흥기금에 배분된 경륜·경정 수익금은 모두 2,049억 원이고 사업을 추진해야 하는 사업성 기금 전입이 아니어서 문예진흥기금의 고갈 위기 해소에 적지 않은 도움을 주었다.

경륜·경정 수익금의 연도별 세부 배분 내역은 다음 표와 같다.

(단위 : 백만 원)

[표2-49] 연도별 경륜 수익금 지원현황

연도	계	국민체육진흥기금 (42%)	청소년육성기금 (19.5%)	중소기업 창업 및 진흥기금 (4%)	지방재정 지원 (10%)	문체부령으로 정하는 공익사업 (2%)	문화예술진흥기금 (24.5%)
계	1,684,760	702,991	419,924	194,207	164,059	34,989	168,590
2021	380	380	-	-	-	-	-
2020	1317	1317	-	-	-	-	-
2019	35,765	18,073	5,948	1,220	3,050	-	7,474
2018	45,318	22,019	7,833	1,607	4,017	-	9,842
2017	62,625	28,774	11,381	2,335	5,836	-	14,299
2016	77,073	33,354	14,209	2,915	7,287	1,456	17,852
2015	71,404	31,182	13,072	2,681	6,704	1,341	16,424
2014	47,983	21,838	8,497	1,743	4,358	871	10,676
2013	59,093	26,847	10,480	2,150	5,374	1,075	13,167
2012	80,348	36,088	14,384	2,951	7,377	1,475	18,073
2011	94,081	38,558	18,045	3,701	9,254	1,851	22,672
2010	87,094	35,648	16,720	3,430	8,574	1,715	21,007
2009	69,810	27,924	13,613	2,792	6,981	1,396	17,104
2008~1996	952,469	380,989	285,742	166,682	95,247	23,809	-

[표2-50]
연도별 경정 수익금 지원현황

(단위 : 백만 원)

연도	계	국민체육 진흥기금 (42%)	청소년 육성기금 (19.5%)	중소기업창업 및 진흥기금 (4%)	지방재정 지원 (10%)	문체부령으로 정하는 공익사업 (2%)	문화예술 진흥기금 (24.5%)
계	163,348	73,523	29,546	6,311	15,033	2,648	36,287
2021	113	113	-	-	-	-	-
2020	602	602	-	-	-	-	-
2019	6,488	3,657	952	195	488	-	1,196
2018	5,102	3,085	678	139	348	-	852
2017	11,449	5,587	1,971	404	1,011	-	2,476
2016	16,681	7,215	3,076	631	1,578	316	3,865
2015	18,395	8,035	3,367	691	1,727	345	4,230
2014	6,987	3,699	1,069	219	548	109	1,343
2013	12,700	6,051	2,161	443	1,108	222	2,715
2012	14,003	6,585	2,411	495	1,236	247	3,029
2011	21,030	8,688	4,011	823	2,057	411	5,040
2010	18,359	7,631	3,487	715	1,788	357	4,381
2009	29,226	11,690	5,699	1,169	2,923	585	7,160
2008	2,213	885	664	387	221	56	-

3. 국제교류기금(한국국제교류재단)[14]

대한민국과 외국간의 각종 교류사업을 시행하게 함으로써 국제사회에서의 한국에 대한 올바른 인식과 이해를 도모하고 국제적 우호친선을 증진하는데 이바지함을 목적으로 한국국제교류재단법에 의해 한국국제교류재단(이하 "재단"이라 한다)이 설립되었다. 재단의 운영과 사업에 소요되는 자금을 충당하기 위하여 재단에 국제교류기금을 설치하여 운용하고 있다.

국제교류재단의 사업은 크게 글로벌 한국학 진흥, 국제협력네트워킹, 문화교류협력 강화 등 3가지로 구분되어 있으며 문화교류협력과 관련한 사업은 다시 해외박물관 협력사업, 한국전문 기금큐레이터직 설치, 해외 한국문화행사 지원, 한국미술 전문가 육성, 재외공간-KF 협력사업, 재외공간 한국영화상영 지원으로 세분하여 시행하고 있다. 이와 별도로 쌍방향 국제교류를 위한 상설

14) www.kf.or.kr에서 참조하였음

공간인 KF글로벌센터를 설치하고 주한외국대사관 및 국내외 유관기관, 지자체 등과 협력하여 전시, 공연, 영화, 학술 등 세계 문화교류를 추진하고 있다.

(단위 : 백만 원)

[표2-51] 국제교류기금 중 문화예술 관련 예산

구 분	2021년 예산		2022년 예산		증 감	
	금 액	%	금 액	%	금 액	%
총 사업예산	51,210	100	53,927	100	2,717	
문화교류협력강화	9,933	19.4	13,894	25.8	3,961	39.9
- 한국문화해외확산	5,679	11.1	6,073	11.3	394	6.9
- 글로벌문화교류	4,254	8.3	7,821	14.5	3,567	83.9

* 자료 : 기관 홈페이지 및 경영공시 자료 재정리

3가지의 재단 사업 중 문화예술단체와 가장 관련성이 높은 문화예술교류협력에 대해서는 조금 더 자세히 설명하도록 하겠다. 문화예술교류협력은 우리나라와 외국 간 교류와 협력 기반을 조성으로 하는 한편, 국제사회에서는 비중 있는 교류 파트너로서의 국가이미지 정립에 기여하고자 공연·전시 등 해외에서 다양한 문화예술행사를 추진하는 것이다. 사업 시작 이후 그간 추진해 온 프로그램은 아래와 같다.(기관 경영공시 자료 참고)

1. 한국문화해외확산

- '92년 전 세계 대상 문화예술교류사업 시행, 한국문화예술 소개 계간지 'Koreana' 언어판별 확대 발간('93: 중문, 일문, '95: 불문, '05: 아랍어, 노문, '06: 독문, '12: 인니어)
- '92년 전세계 주요박물관 내 한국실 설치 지원(미국 메트로폴리탄박물관, 시애틀아시아박물관, 피바디에섹스박물관, 샌프란시스코아시아미술관)
- '93년 전세계 주요박물관 내 한국실 설치 지원(미국 필라델피아미술관, 영국 영국박물관, 프랑스 기메박물관)
- '94년 이후 '한국문화소개 시리즈', '국보시리즈', 'Korea Essentials Series', '먼나라 이웃나라(다국어판)' 등 단행본 기획 출판
- '96년 전세계 주요박물관 내 한국실 설치 지원(미국 버크박물관, 캐나다 로열온타리오박물관)
- '97년 전세계 주요박물관 내 한국실 설치 지원(독일 함부르크예술공예박물관, 미국포틀랜드 박물관)
- '01년 이후 다국적 협력사업 활성화
- '04년 이후 교류미진지역 대상 한국문화 소개사업 및 한국드라마 현지방영 사업 실시

- '10년 현장중심 문화외교 위해 재외공관 문화예술행사 지원강화
- '12년 전략적 복합 문화예술행사인 Korea Festival 신설, 출판물 유통방식 변화에 따라 정기 간행물/단행본 전자책으로 제작 및 서비스 개시, 재외공관 협력 '지구촌 한류현황' 발간
- '14년 Koreana 베트남어 웹진 발간 및 서비스 개시
- '15년 문화예술 활용 글로벌 공헌사업을 통한 국가이미지 제고, 중견국 및 권역별 협력강화사업 확대
- '16년 Koreana 웹진 개편시 한글판을 첫 화면으로 제공
- '17년 글로벌 공헌 사업 일환의 베트남 꽝남성 땀끼시 벽화마을('16 조성) 2017 아시아 도시 경관상 수상, Koreana 게재 현대단편소설 선별 <한국현대단편소설집(영어판)> 발간
- '18년 Koreana 게재 현대단편소설을 선별, <한국현대단편소설집(러시아어판)> 발간
- '19년 한국전문 기금큐레이터직 설치 사업 시작(1호 미국 뉴욕 메트로폴리탄 선정·지원)
- '20년 한국미술 기금큐레이터직 2호 설치(미국 클리블랜드미술관)
- '21년 2021 KF 해외뮤지엄 어셈블리 개최, 아리랑TV 협업다큐 <K-Innovation> 3부작 제작 및 배포

2. 글로벌문화교류

- '05년 한국국제교류재단 문화센터 설립, 우리 국민 및 주한 외국인 대상 쌍방향 문화이해 제고를 위한 문화시설(전시실·영상실·세미나실·정보자료실) 구축
- '11년 문화센터 공간 현 위치로 이전 (종로구 순화동→수하동)
- '15년 KF 글로벌센터로 명칭 개편, KF 글로벌 아카데미 운영을 통한 우리 국민 및 주한 외국인 참여 사업 강화
- '16년 주한 외국공관 및 지자체와의 협력 강화, 아세안문화원 운영주체 한국국제교류재단(KF) 선정
- '17년 '2014 한-아세안 특별정상회의' 후속 성과로 KF아세안문화원(부산) 개원(09.01.)
- '18년 복합문화행사 'KF 세계문화브릿지' 시행
- '19년 중앙아 5개국 및 한-덴마크 수교 60주년 기념 복합문화행사 2회 시행, '2019 한·아세안 특별정상회의' 기념 부대행사 및 '제1회 한-메콩 정상회의' 공식환영 만찬 개최(11.26)
- '20년 코로나19 대응 세계문화교류 대면·VR전시 및 온라인콘텐츠 개시, 해외 및 주한외국인 아티스트 협력 "KF 버츄얼콘서트 시리즈," "공공외교랩소디" 시행, 온라인 KF 세계영화주간 시행
- '21년 코로나 지속 상황, 국민의견을 반영하여 주요 대상별 오프라인 네트워킹 및 물리적 제약 없는 온라인 참여기회 제공 등으로 총 23개국 117건의 사업 시행

4. 관광진흥개발기금

관광진흥개발기금(이하 '관광기금')은 관광기본법 제14조의 규정에 따라 관광진흥을 위해 정부가 설치, 운영하는 기금을 말한다. 1972년 12월 관광진흥개발기금법이 제정된 뒤, 이듬해 정부출연금으로 설치되었다. 기금 재원은 정부출연금, 카지노 사업자와 국외 여행자의 납부금, 기금 운용으로 생기는 수익금과 기타의 재원으로 충당한다.

관광은 기본적으로 문화예술과 연계되어 있는 부분이 많기 때문에 관광기금에서 지원하는 사업도 문화예술과 연관성이 많이 있다. 관광기금에서는 한국문화관광연구원 운영비를 지원하며, 문화예술 해외교류, 해외문화원 거점별 특화사업 등도 진행하고 있다. 문화예술단체와 관련이 높은 사업 위주로 2018년부터 2022년까지의 관광기금의 연도별 예산을 살펴보면 다음과 같다.

(단위 : 백만 원)

[표2-52]
문화예술 관련
관광기금 사업 예산
(2018-2022년)

사업명(세부사업 기준)	'18년	'19년	'20년	'21년	'22년
계	54,235	54,789	50,046	48,050	49,425
전통문화체험 지원	35,393	35,912	32,216	32,616	34,748
문화관광축제지원	5,839	6,315	5,790	4,281	4,164
문화시설활용 외래관광객 유치	2,889	3,149	2,645	2,437	2,349
문화예술 해외교류	3,541	3,152	2,850	2,745	2,558
재외 한국문화원 거점별 특화사업	6,573	6,261	6,545	5,971	5,606

* 연도별 예산·기금운용계획 개요(문화체육관광부) 재구성

이상에서 살펴본 바와 같이 2022년에도 490억 원 이상의 관광기금이 문화예술 관련 사업에 집행되고 있다. 예를 들어 문화예술 해외교류 사업에는 민간협업에 의한 지자체 우수 문화교류 사업과 우수프로그램 권역별 순회사업 등이 포함되어 있다. 다만, 위 표에서 열거한 사업은 예산 편제상 세부사업 기준에 의한 사업 구분으로, 하위 단위인 내역사업을 살펴보면 문화예술과 연계되지 않은 사업도 포함되어 있을 수 있어 모든 예산이 문화예술과 직접적 연관이 있다고 할 수는 없으나 문화예술단체가 접근할 수 있는 공공재원으로서 참고할 만하다.

제4절
공공지원금 신청

보조금 신청은 개별 보조사업에 따라 조금씩 다르기 때문에 일률적으로 설명하기는 어려우며, 각각의 보조금도 매년 달라지고 있기 때문에 해당 사업 안내자료를 참조하는 것이 가장 바람직하다.

1. 보조금을 받는 요령

문화예술에 대한 우리나라의 공공지원 방식은 직접지원에서 간접지원으로 변화하고 있으며, 공급자 중심의 지원에서 수요자 또는 매개자로 점차 확대되고 있다. 그러나 아직까지 사업비 등에 대한 직접지원이 대부분을 차지하고 있는 실정이다. 보조금을 주는 재원은 한정되어 있으며 이러한 상황에서 문화예술 사업을 하는 많은 단체들이 신청을 하면 어쩔 수 없이 일부 단체 또는 사업에만 혜택이 돌아갈 수밖에 없다. 이때 소수의 심사자들이 짧은 시간 안에 단체들이 작성한 지원신청서와 사업계획서를 검토하여 선정을 하여야만 한다. 따라서 보조금을 신청할 때도 지원서류를 채우는 것에 급급하지 말고 좀 더 요령을 갖고 작성을 하게 되면 많은 도움이 될 것이다.

우선적으로 파악할 수 있는 최대한의 정보를 구하여야 한다. 보조금을 받기 위한 가장 기본적인 절차는 기금을 다루는 기관의 미션과 기금의 성격을 정확히 파악하는 것, 그리고 과거 기금수혜자들의 사례를 찾아보는 등 최대한의 정보를 수집하고, 이에 따른 최적의 제안서(지원서)를 작성하는 것이다. 공고된 내용을 꼼꼼히 읽고 사업설명회 등에도 적극적으로 참여하여야 한다. 그래도 어려운 부분이 있다면 공모사업 담당자에게 도움을 청해야겠지만 담당자는 많은 문의사항을 동시다발적으로 처리해야 하므로 쉽게 접할 수 있는 정보는 스스로 파악하는 것이 바람직하다.

보조금 신청에 있어 무엇보다 중요한 것은 사업의 실현가능성을 입증하는 것이다. 단순히 지원을 요청하고 지원이 확정되지 않으면 공연하지 않을 것처럼 보이는 사업은 신뢰를 주기 어렵다. '어떤 일이 있어도 공연을 할 것인데 지원을 해주면 큰 도움이 되겠다.'는 자세를 견지해야 한다. 이런 기본적인 자세 위에서 현실적인 사업계획을 제출해야 한다. 허황되고 거창한 계획서는 실현가능성을 의심케 한다. 예산의 내역도 현실적이어야 한다.[15]

많은 대중이 참여하고, 그들에게 문화적인 혜택이 돌아가는 공공성을 강조하는 것도 필요할 것이다. 공적재원을 투입한다는 것은 나름대로의 명분이 있어야 하며, 공공성은 예술지원을 위한 중요한 명분 중에 하나가 될 것이다. 예술에 대한 공공지원의 기준은 시대의 흐름에 따라 변하게 되며 시민들의 합의에 의하여 달라지기도 한다. 많은 지원 신청서를 심사하여 그 중 일부만 지원한다고 하였을 때 다액소건이냐 소액다건이냐 여부를 떠나 탈락한 단체들은 불만이 생길 수밖에 없을 것이다. 따라서 지원기관은 지속적으로 심사기준이나 방법을 개선해 나가려고 노력하고 있다. 그럼에도 변하지 않는 기준이 있다면 사업의 공공성과 투명성일 것이다.

지원신청을 함에 있어 너무나 기본적인 내용일 수 있지만, 사전에 지원 대상을 면밀히 검토하고 지원기준에 맞는 예산항목을 설정하는 것이 중요하다. 지원신청서 중에서 의외로 지원대상(심의대상)에 맞지 않아 서류 적격심사에서 탈락하는 경우도 발생한다. 또한 지원 항목도 정확히 파악하여 문제가 없도록 해야 한다. 개인사업자의 대표자에 대한 사례비 지급 가능 여부, 유형자산 취득 여부, 회의비와 교통비 등에 대한 기준 등도 확실하게 파악하여야 하는 것이다.

일반적으로 지원의 단계는 지원신청, 교부신청, 결과보고와 같은 세 부분으로 구분할 수 있다. 처음 지원신청을 하면, 지원기관 또는 지원단체에서는 신청서를 심사하고 지원 여부 결정을 내리게 된다. 실제 집행을 하여야 할 때 자금을 청구하는 교부신청서를 작성하게 되는데, 이때 지원신청 시에 개략적으로 작성하였던 예산항목과 금액이 수정되기도 한다. 이때에는 예산항목 변경에 대한 사유서를 제출하여야 하는데, 당초에 작성한 예산항목과 너무 큰 차

---

15) 이승엽, 『극장경영과 공연제작』, 역사넷, 2001, p446

이가 발생하여 지원신청 자체가 문제가 된 적이 있었다. 지원신청 시기가 실제 사업이 진행되는 시기와 차이가 많이 나기 때문에 지원신청 시 예산항목을 대충 작성해서 제출하기도 하는데, 나중에 낭패를 볼 수 있다. 지원기준에 맞는 예산항목 수립뿐만 아니라 실제로 집행될 예산항목에 대하여 충분히 고민한 후 예산내역을 작성하는 것이 바람직하다. 예산을 수립한다는 것은 사용 가능한 자원을 효율적으로 배분하여 목표로 하는 공연이나 전시를 잘 수행할 수 있도록 하는 것이다. 예를 들어 계획서에는 마케팅 계획과 실행방안에 대하여 기술하면서 예산서에 마케팅 비용이 없다면 심사위원들은 이 계획서를 얼마나 신뢰할 수 있으며 공연이나 전시가 효율적으로 진행할 수 있을 것이라고 기대할 수 있을 것인가.

마지막 단계인 결과보고도 이제는 보조금 신청에 중요한 고려사항이 되어가고 있다. 이명박 정부의 4대 지원원칙에 '사후지원'이 있었으며, 이때부터 사업결과와 정산이 다음 보조금 심사에 반영이 되는 구조로 바뀌어 가고 있다. 행사가 끝났다고 대충 결과보고를 하면 된다는 생각을 이제는 바꿔야 할 것이다. 마침표는 문장의 끝을 의미하지만 또 다른 문장의 시작을 의미하기도 한다. 이미 대부분의 공공지원기관은 전년도 지원사업의 결과보고가 확정되기 전까지는 올해 지원사업에 선정된다 하더라도 보조금을 지급하지 않는다. 올바른 결과보고는 또 다른 보조금을 신청하는 중요한 요소인 것이다.

2. e나라도움 시스템

e나라도움은 기획재정부가 국고보조금의 예산 편성·사업공모·신청·교부·집행·정산 등 보조금 처리의 모든 과정을 자동화, 정보화하여 보조금 부정 및 중복수급 등의 문제를 방지하고, 정보공개를 통하여 통합적으로 관리함으로써 국민 편의 및 투명성을 확보하기 위해 구축하여 2017년 7월부터 개통되어 운영하고 있는 국고보조금 통합관리시스템이다.

각 정부 부처 및 전국 지방자치단체 및 공공기관 등에서 공모하는 국고보조금 사업들이 e나라도움 시스템을 통해 이루어지므로 문화예술단체나 예술가들은 회원가입을 통해 시스템에 접속하여 정보를 얻어야 한다.

e나라도움 시스템을 위탁운영하고 있는 한국재정정보원에서는 국민들이 시스템을 잘 활용할 수 있도록 수시로 온라인 교육이나 신청을 통한 현장 방문 교육을 실시하고 있다. 또한 e나라도움 시스템은 수시로 기능이 추가되거나 수정되므로 공지사항을 잘 확인해야 한다.

e나라도움 시스템은 국세청이나 시중 은행, 각 카드사업자의 시스템과 연동되어 수취한 세금계산서를 불러오거나 실시간 계좌이체도 가능하며, 보조사업비 카드 집행내역을 불러올 수 있어 집행 관리에 용이하다. 이는 국가문화예술지원시스템(NCAS)과는 차별화되는 점이라 할 수 있다. 다만, 국고보조금 사업 이외에 지방비 예산으로 공모하는 사업은 여전히 국가문화예술지원시스템을 사용하고 있으므로 사업 공모 신청하기 전에 어떤 사업인지 확인하는 것이 필요하다.

제5절
보조금의 집행과 정산

1. 보조금 집행과 정산의 개요

1) 지원 절차의 흐름 요약

보조사업 공고 내용 등을 통하여 조사된 보조사업에 예술단체 또는 예술가가 신청을 하면 주관기관에서는 보조금 신청서를 심사하게 된다. 심사과정을 통하여 선정되고 지원금액이 결정되더라도 바로 보조금이 교부되는 것은 아니다. 선정된 이후의 보조금 집행 절차는 일반적으로 다음과 같이 진행된다.

- 보조금 교부 신청(보조사업자->주관기관)
- 보조금 교부(주관기관->보조사업자)
- 보조금의 집행(보조사업자)
- 보조금 정산 및 사업실적 보고(보조사업자->주관기관)
- 정산 및 사업실적보고서 검토(주관기관)
- 잉여 보조금 반납 금액 확정 및 반납(보조사업자->주관기관)
- 사업 종료

지원절차의 마지막은 어찌 되었건 사업비 정산이 차지하게 되는데, 예술단체가 그동안 정산과 관련하여 미흡한 점이 많았기 때문에 이에 대한 보완작업이 지속적으로 이루어져 왔다. 때문에 많은 예술단체에서 정산의 어려움을 토로하곤 한다. 불필요할 정도로 복잡하거나 정산 증빙을 갖추기 어려운 측면이 있다는 것은 이해되지만, 반대로 그렇게 해야만 하는 상황도 예술단체가 이해하여야 할 것이다.

2) 회계의 투명성

보조금을 받아 사업을 수행하고 나면 대개의 경우 보조금을 적정하게 지출하였는지에 대한 사후보고를 하게 된다. 이러한 사후보고에 대하여 지원은 하되 간섭은 하지 말아야 한다며 부정적인 의견을 강하게 주장하는 사람들도 있지만, 이를 간섭으로 보아서는 안 될 것이다. 한정된 자원으로 많은 문화예술 단체와 사업을 지원함에 있어 보조금이 다른 목적으로 사용되었다면 그 피해는 바로 문화예술인들에게 직접적으로 다가올 것이다.

보조금의 종류에 따라 사업비 전체가 지원되는 경우도 있지만, 대부분의 경우에는 전체 예산 중 일부 일정 비율 또는 항목만이 지원되는데 이에 따라 지원을 받은 단체 중에는 이를 편법으로 운영하는 경우가 종종 발생한다. 지원기관에서는 예술활동경비에 대해서 분야별로 지원등급과 단가기준을 책정해 놓고 있으며 회의 관련 예산, 원고료 관련 예산 등도 상한선을 미리 정해 놓고 있다. 또한 보조사업 예산은 한정되어 있어 단체가 원하는 만큼의 보조금을 전액 지원하기는 어렵게 되어 있다. 이렇다 보니 단체에서는 보조금을 신청하면서 강사료를 30만 원으로 책정하였으나 실제 집행은 20만 원만 하고 차액으로 다른 예술활동경비 또는 운영경비에 충당하게 되는 것이다. 때문에 결과 보고를 하게 되면 회계자료와 증빙을 억지로 맞추려고 머리를 싸매고 끙끙대곤 한다.

심지어 어느 사단법인의 경우에는 사업실적 보고를 위해 연간 수지계산서를 작성하였는데, 몇 개의 보조금 총액보다 단체의 연간 수지계산서 지출 총금액이 더 적은 경우가 발생한 적도 있었다. 각각의 사업에 대한 단체부담금이 있었지만 실제로는 단체에서 하나도 부담하지 않았으며, 오히려 보조금이 남은 결과가 되었다. 이런 경우에도 단체에서는 사업비를 실제보다 부풀려 결과보고를 한 것이고 따라서 단체의 실제 수지계산서와는 괴리가 발생할 수밖에 없었던 것이다.

문화예술단체 스스로 투명성을 확보하지 않는다면 그에 대한 책임은 고스란히 문화예술단체에게 돌아가게 된다. 보조금을 주는 기관에서는 점점 더 많은 자료를 요구하게 되고 신청을 받을 때부터 자꾸 간섭하지 않을 수 없다. 또

지출함에 있어서도 당연히 제대로 사용하는지 여부를 확인하려고 할 것이며, 그때부터는 간섭 정도가 아니라 통제가 될 것이다. 최근에 보조금을 주는 어느 기관에서 보조금 정산/실적서를 검토하면서 첨부된 세금계산서를 믿지 못하겠으니 추가적인 확인절차를 필자에게 문의한 적도 있었다.

'나 하나쯤이야…' 또는 '남들도 다 그러는데…' 하다 보면 그에 대한 결과는 모든 문화예술인들에게 돌아가게 된다. 문화예술단체의 영세성으로 인하여 자체자금 확보가 어려운 상황은 충분히 이해되지만 다른 문화예술인들에게 피해를 주는 행위임을 잊지 말아야 할 것이다.

3) 보조금 전용계좌와 잔액처리

정산을 하여야 하는 보조금의 경우 통상적으로 별도 예금계좌를 사용하도록 하고 있다. 이 경우 잔액이 '0'인 통장이나 신규로 개설한 통장을 사용하게 되는데, 보조사업에 따라서는 무조건 신규개설 통장 사용을 의무화하기도 한다. 이렇게 별도 예금 계좌를 사용하도록 하는 것은 입출금 내역을 다른 사업과 명확히 구분하여 파악하기 위해서이며, 보조금에 따른 이자수입을 관리하기 위한 목적도 있다. 보조금으로부터 발생한 이자도 정산의 대상이 되기 때문이다.

사업이 종료되면 사용하고 남은 보조금 잔액을 지원기관에 반납하여야 하는데 여기에는 이자수입도 포함된다. 경우에 따라서는 보조금 잔액이 소액이어서 송금수수료보다 적은 사례가 발생하기도 한다. 그럼에도 불구하고 사전에 지원기관에서 정해 놓은 기준이 없다면 당연히 잔액을 반납하여야 한다. 세금의 경우에도 소액부징수와 같은 제도가 있어 소액의 세금은 징수하지 않고 있다. 정산서와 통장은 명확하게 계산을 하되 5,000~10,000원 이하의 잔액은 반납하지 않도록 제도를 개선하는 것도 필요해 보인다.

2. 민간단체 보조금의 관리에 관한 규정

2006년도부터 2008년까지 문화체육관광부, 행정안전부, 환경부에서 지원한 민간단체 보조금 실태를 감사원에서 감사를 실시한 결과 보조사업 선정부터 보조금 집행, 정산까지 전 분야에 걸쳐 179개 단체(분야별로 중복지적된 단체를 감안하면 148개 단체), 532.6억 원의 위법 또는 부당 사항이 지적되었다. 이는 감사대상 543개 단체의 33%이며, 보조금 규모 4,654억 원의 11.4%에 달하는 금액이다. 특히 49개 민간단체가 보조금 43.1억 원을 횡령 또는 용도 외 사용하거나 유용한 것으로 나타났다. 더욱 심각한 것은 전체 지적 사항 중 문화체육관광부 소관이 169개 단체, 금액 527.8억 원으로 대부분을 차지하고 있다. 이는 전체 지적 단체 중 94.4%, 전체 지적 금액의 99.1%에 해당하는 것이다.

이에 대한 조치로서 문화체육관광부는 기존 제도를 보완하여 보조금 집행의 효율성·투명성·책임성 제고를 목적으로 2010년 1월 1일부로 「민간단체 보조금의 관리에 관한 규정」을 제정하였다. 이 훈령은 보조사업비카드 사용에 관한 내용이 포함되어 있으며, 보조금 사용내역의 관리시스템을 의무적으로 사용하도록 하고 있고 세목별로 용도와 집행방법을 열거하고 있다. 이후 2016년 기획재정부에서는 「국고보조금 운영관리지침」를 공고하였다. 여기에서는 '국고보조금통합관리시스템'을 통하여 보조금을 교부·집행하고 실적보고 및 집행잔액을 반납하도록 하고 있다. 그 외 정산보고서 작성지침, 정산보고서 검증지침, 보조사업자 회계감사 세부기준, 보조사업자 정보공시 세부기준을 포함하고 있다.

3. 보조금시스템의 사용

보조사업자는 보조금을 교부받아 집행할 때 관련 보조금시스템을 사용하여야 한다. 보조금시스템은 보조금의 재원이 무엇인지에 따라 달라지는데, 국고보조금인 경우 「국고보조금통합관리시스템」, 즉 e나라도움을 사용하게 되며,

그 외의 경우 국가문화예술지원시스템(NCAS)를 사용하기도 한다. 서울시의 서울예술지원시스템(SCAS)과 같이 지자체가 자체적으로 개발한 보조금시스템을 사용하는 경우도 있다. 반면, 기초자치단체 문화재단이 교부하는 보조사업 중 보조금시스템을 사용하지 않는 보조사업도 있다.

4. 보조금 정산과 세법

모든 보조금에 있어서 보조금 집행에 대한 증빙은 크게 세 가지로 구분할 수 있다. 가장 기본적인 증빙은 거래 사실을 확인하는 자료이며, 또 하나는 자금을 지출한 것에 대한 증빙이다. 거래에 따라 계약서, 견적서 등과 같은 보조증빙을 첨부해야 하는 경우도 있다.

거래 사실을 확인하는 증빙은 가장 대표적으로 세금계산서(또는 계산서)이다. 세금계산서를 발급받기 어려운 거래에는 신용카드 또는 체크카드(이하 "신용카드등")를 사용하여야 하며, 이 외에 개인이 인적용역을 제공한 경우에는 원천징수를 하여 신고한 자료가 필요하다. 세금계산서(계산서), 신용카드등, 원천징수 모두 불가능한 경우에는 별도로 지원기관에서 정한 기준이 있는지를 반드시 확인할 필요가 있다.

자금을 지출한 증빙은 계좌이체를 기본으로 하며, 공과금이나 신용카드등 결제와 같이 자동이체되는 것도 포함된다. 그러나 현금으로 인출하여 사용하는 거래는 아주 예외적으로 인정하거나 전혀 인정해 주지 않기 때문에 이 또한 별도로 지원기관에서 정한 기준이 있는지를 확인할 필요가 있다.

거래 사실을 확인하는 증빙의 대부분은 세법과 관련이 있다. 따라서 기본적인 세법에 대한 이해가 있어야 보조금 정산도 원활하게 진행할 수 있다. 세금계산서, 원천징수 등 가장 중요하게 알아야 할 몇 가지를 정리해 보겠다.

1) 사업자 등록과 고유번호증

사업자등록을 하였다는 것은 세법에서 정한 영리행위를 한다는 것을 의미하며, 세금계산서(면세사업인 경우에는 계산서)를 발행할 수 있게 된다. 반대로 사업자등록을 하지 않고서 세금계산서 또는 계산서를 발행하는 것은 당연히 불가능하며, 할 수도 없고, 해서도 안 된다. 그럼에도 용감하게 세금계산서를 발행하고 나중에 문제가 발생하면 난감해 하며 필자에게 어떻게 해야 되는지를 질문하는 것이다.

이런 일이 벌어지는 원인 중에 하나는 고유번호증 때문이다. 세금에는 여러 종류가 있고, 영리행위를 하지 않더라도 세무서에 신고해야 하는 경우도 있으며, 때로는 세금도 납부할 수도 있다. 이를 위해 영리사업을 하지 않는 단체의 경우에는 고유번호증이라는 것을 발급해준다. 수익사업을 하지 않는 비영리법인의 경우 이 고유번호증을 갖고 있으며, 법인이 아닌 경우에도 단체로서 조직화되어 활동하고 있다면 고유번호증이 있을 수 있다. 많은 예술단체들이 비영리법인이거나 임의단체 형태로 활동하고 있다. 수익사업을 하고 있는 단체의 경우에는 사업자등록을 하여야 하지만 그렇지 않은 경우 고유번호증을 갖고 있다고 보아야 한다. 만약 수익사업에 해당하는 행위를 한다면 당연히 별도의 사업자등록을 하여야 하지만, 기존에 갖고 있는 고유번호증이 사업자등록과 같은 것인 줄 알고 있기 때문에 고유번호증을 근거로 세금계산서를 발행하는 것이다.

고유번호증은 사업자등록증과 유사하게 생겼으며 번호의 자리 구성과 동일하게 되어 있지만, 자세히 살펴보면 고유번호증에는 사업자등록증에 있는 업태와 종목이 없는 것을 알 수 있다. 예술가에게 대가를 지급하거나 직원에게 급여를 지급하면 원천징수를 하여야 하는데, 이 금액을 세무서에 납부하기 위한 목적과 매입한 세금계산서를 신고하기 위한 목적 등으로 고유번호증을 발급받는 것이다. 그러나 사업자등록이 없는 문화예술단체의 경우 이 고유번호증을 본래의 목적보다 다양하게 활용하고 있는데, 예를 들어 보조금을 신청한다거나 전문예술법인·단체를 신청할 때 사업자등록증 대신 고유번호증이 사용된다.

사업자등록증은 고유번호증이 갖고 있는 기능을 다 포함하고 있다. 따라서 단체에 이미 사업자등록증이 있다면 고유번호증을 받을 필요가 없다. 다만 더 이상 수익사업을 하지 않는 경우에는 사업자등록증을 고유번호증으로 바꿀 수는 있다. 기존에 고유번호증을 갖고 있었으나, 수익사업을 하게 되어 사업자등록을 하였다면 고유번호증은 반납하게 된다. 어떤 단체에서는 둘 다 갖고 있다고 얘기하지만 이는 각각 별개의 조직으로 보아 발행받은 경우이거나 사업자등록을 하면서 고유번호증을 반납하지 않은 경우이다. 후자의 경우 사업자등록 번호와 고유번호증 번호를 비교해 보면 똑같은 것을 알 수 있다. 세무서에서는 이미 해당번호를 갖고 있는 단체를 수익사업을 영위하는 사업자로 보고 있기 때문에 고유번호증이 있는 것은 아무 의미가 없는 것이다.

2) 세금계산서와 계산서

(1) 의의

세금계산서란 거래징수의무자인 사업자가 재화 또는 용역을 공급한 때에 그에 대한 부가가치세를 공급받은 자로부터 거래징수하고, 그 사실을 증명하기 위하여 교부하는 일종의 영수증이라 할 수 있다. 이러한 세금계산서는 부가가치세뿐만 아니라 법인세 또는 소득세의 과세근거자료로 활용하기 위하여 예정신고나 확정신고 시에 그 기간 동안에 교부한 거래처에 대한 매출처별세금계산서합계표와 매입처에 대한 매입처별세금계산서합계표를 작성하여 제출하도록 하고 이렇게 제출된 자료는 국세청 전산망을 통하여 상호검증이 가능하도록 되어 있다.

(2) 종류

부가가치세법상의 세금계산서 종류는 다음과 같다.

- 세금계산서 : 일반과세자가 재화나 용역을 공급할 때 교부
- 영수증 : 간이과세자, 일반과세자라 할지라도 업종이 영세하고 최종소비자를 대상으로 하는 소매업, 음식점업, 숙박업, 여객운송업 등 법 소정의 사업을 영위하는 자가 교부

・수입세금계산서 : 세관장이 수입업자에게 교부

반면 부가가치세법상의 면세사업자가 발행 교부하는 각종 계산서는 여기서의 세금계산서가 아니다.

(3) 세금계산서 작성 교부
사업자가 세금계산서를 작성할 때에는 2매(공급자 보관용, 공급받는 자 보관용)를 발행하며, 거래 상대방에는 1매를 교부한다. 이 세금계산서를 작성할 때 기재하는 내용은 필요적 기재사항과 임의적 기재사항으로 구분되며, 필요적 기재사항이 전부 또는 일부가 누락되거나 사실과 다른 경우에는 정당한 세금계산서로 보지 아니한다.

① 필요적 기재사항
・공급하는 사업자의 등록번호와 성명 또는 명칭
・공급받는 자의 등록번호
・공급가액과 부가가치세액
・작성연월일

② 임의적 기재사항
・공급하는 자의 주소
・공급받는 자의 상호, 성명, 주소
・공급하는 자와 공급받는 자의 업태와 종목
・공급 품목
・단가와 수량
・공급 연월일
・거래의 종류

법인사업자와 직전 연도의 사업장별 재화와 용역의 공급가액의 합계액이 2억 원 이상인 개인사업자는 전자적 방법으로 세금계산서(이하 "전자세금계산서"라 한다)를 발급하여야 한다. 예를 들어, 2021년 공급가액 합계액이 2억 원에 이상인 경우 2022년 7월 1일 이후 거래분부터 전자로 발급할 의무가 있다. 다만, 전자발급의무 기준금액은 계속 하향조정 되고 있는 추세로, 2023년 7월 1일 이후 거래분부터는 직전연도 공급가액 합계액이 1억 원 이상인 경우 전자로 발급하여야 한다.

세금계산서 교부의무가 있는 사업자가 재화 또는 용역을 공급하고 세금계산서 교부시기에 세금계산서를 발급하지 아니한 경우 그 재화 또는 용역을 공급받은 자는 관할 세무서장의 확인을 받아 세금계산서(이하 "매입자발행세금계산서"라 한다)를 발행할 수 있다.

⑷ 영수증

영수증은 과거의 간이세금계산서로 규정되었다가 변경된 것으로, 세금계산서의 필요적 기재사항 중 공급받는 자와 부가가치세를 따로 기재하지 아니한 계산서를 말한다. 이는 정식 세금계산서가 아니므로 매입세액을 부담하였더라도 당연히 공제를 받지 못한다.

영수증을 교부하여야 하는 대상자는 주로 최종소비자를 대상으로 하는 업종으로, 거래상대방에게 세금계산서를 교부한다 하더라도 그들이 세금계산서를 세무관서에 제출하지 않는 것이 일반적이므로 아예 영수증 교부의무만 지우는 것이다.

영수증을 교부하여야 하는 대상자는 다음과 같다.

- 소매업, 음식점업(다과점업 포함), 숙박업
- 미용, 욕탕 및 유사 서비스업
- 여객운송업
- 입장권 발행 영위사업
- 금전등록기를 설치하고 주로 최종 소비자에게 재화를 공급하는 사업

- 방앗간, 양복점(양장점), 주차장, 부동산 중개 등
- 간이과세자 중 다음 어느 하나에 해당하는 자
  - 직전 연도의 공급대가의 합계액이 4,800만 원 미만인 자
  - 신규로 사업을 시작하는 개인사업자로서 최초의 과세기간 중에 있는 자

개정 전 간이과세자는 언제나 영수증만 발급할 수 있었으나, 2020.12.22. 일자로 부가가치세법이 개정됨에 따라, 간이과세자도 세금계산서를 발행하는 것이 원칙이다. 다만, 위와 같이 직전 연도 공급대가의 합계액이 4,800만 원 미만이거나 신규사업자인 간이과세자는 세금계산서를 발급할 수 없으며, 영수증만 발급하여야 한다. 모든 간이과세자가 세금계산서를 발행할 수 있게 된 것은 아니므로 주의가 필요한 부분이다. 홈택스에서 사업자상태 조회 메뉴를 이용하면 간이과세자의 세금계산서 발행 가능 여부도 함께 확인할 수 있으니 참고하도록 하자.

(5) 세금계산서 및 영수증 교부 의무 면제

다음에 열거하는 업종은 앞에서 설명한 내용에도 불구하고 세금계산서와 영수증의 교부의무가 없다. 다만, 소매업을 경영하는 자가 재화나 용역을 공급하는 경우에는 공급받는 자가 세금계산서 또는 영수증 교부를 요구하지 아니하는 경우에 한한다.

- 택시운송, 노점, 행상, 무인판매기를 이용하여 재화를 공급하는 사업
- 소매업, 미용, 욕탕 및 유사 서비스업을 경영하는 자가 공급하는 재화 또는 용역

(6) 계산서

부가가치세법상 과세사업자의 경우에는 재화 또는 용역을 공급하는 때에 세금계산서 또는 영수증을 공급받는 자에게 교부해야 하나, 부가가치세가 면제되는 부가가치세면세사업자의 경우에는 소득세법의 규정에 의하여 재화나 용역을 공급하는 때에 계산서 또는 영수증을 교부해야 한다. 그러나 원천징수 대상

사업을 영위하는 사업소득자(의료보건용역, 저술가·작곡가·음악·교정·강의 등 인적용역)가 용역을 공급받는 자로부터 원천징수영수증을 교부받는 것에 대해서는 계산서를 교부한 것으로 본다.

(7) 간이과세제도

사업규모가 영세하여 세법상 요구되는 세금계산서의 작성, 교부, 제출 등을 처리할 여건이 되지 못하는 사업자에게까지 일반적인 신고, 납부의 성실한 이행을 기대하기엔 무리가 따르는 것이므로 연간 공급대가의 합계액이 일정금액 미만인 개인사업자에 대하여 간편하게 부과 징수하는 제도를 두고 있다.

간이과세자가 되기 위해서는 직전 1년간의 재화와 용역의 공급대가(부가가치세 포함)가 8,000만 원에 미달하는 개인사업자여야 한다. 또한 간이과세 배제 업종(광업, 제조업, 도매업, 건설업 등)에 해당되지 아니하여야 하며, 사업장의 소재 지역, 사업의 종류, 규모 등을 감안하여 국세청장이 정하는 기준에 해당하여야 한다.

간이과세자는 일반과세자와 비교하여 다음과 같은 차이점이 있다.

[표 2-53] 간이과세자와 일반과세자의 차이점

구 분	간이과세자	일반과세자
대상	개인사업자로서 법에서 정한 업종 이외의 업종을 영위하면서 직전 1역년의 공급대가가 8,000만 원에 미달하는 자	법인, 간이과세자 이외의 개인사업자
세율	10%, 0%	10%, 0%
매입세액공제	매입세액 15%~40%	매입세액 100%
납부세액	과세표준 × 부가가치율 × 세율	매출세액 - 매입세액
환급	납부세액을 초과하는 수취세액공제 등은 환급하지 아니한다	납부세액을 초과하는 매입세액 등은 환급한다
세금계산서	세금계산서 교부가 원칙이나, 발급불가한 경우도 있음(신규사업자 또는 직전연도 공급대가 합계액이 4,800만원 미달하는 경우)	세금계산서 교부가 원칙
신고 납부	1년에 1번 확정신고만 한다(단, 상반기분에 대해 예정부과)	1년에 4번 예정신고 및 확정신고 한다 (단, 개인사업자 및 일정금액에 미달하는 법인사업자의 경우 예정신고 대신 예정고지된다)
납부의무면제	해당 과세기간에 대한 공급대가의 합계액이 4,800만 원 미만인 경우 납부의무 면제	규정 없음

3) 원천징수

(1) 원천징수의 개요

보조금을 집행할 때 거래 상대방이 사업자가 아닌 개인이라면 원천징수를 하여야 한다. 원천징수란 거래 상대방에게 소득 또는 수입이 되는 금액을 지급할 때 이를 지급하는 자(원천징수 의무자)가 그 금액을 받는 사람이 내야 할 세금(소득이 발생하였으므로 소득세가 부과됨)을 미리 떼어서 대신 납부하는 제도를 말한다.

[그림 2-19] 원천징수의 흐름

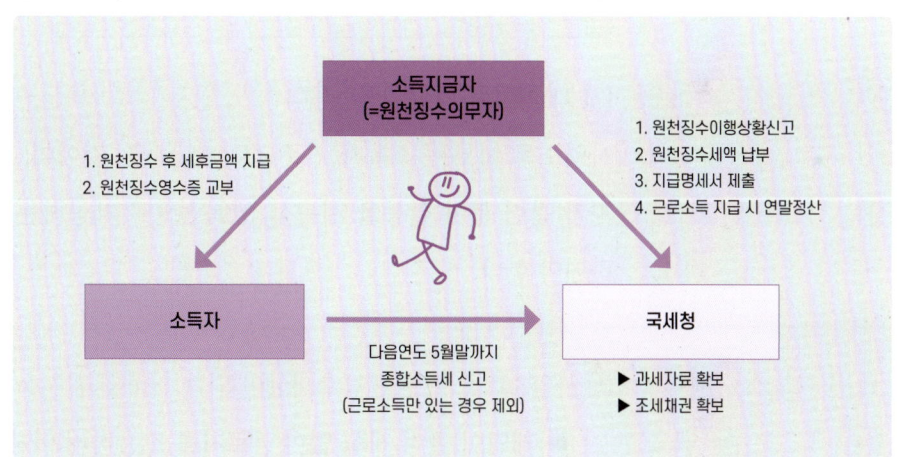

원천징수의무자는 대가를 지급하면서 원천징수를 하게 되고, 이 때 납세의무자에게 원천징수영수증(소득별로 양식이 정해져 있음)을 교부하여 준다. 그리고 원천징수한 달의 다음달 10일까지 사업장 관할 세무서에 원천징수이행상황을 신고하고 원천징수한 금액을 은행 등에 납부하여야 한다. 원천징수 대상 소득은 여러 가지가 있으나 예술단체가 보조금 정산과 관련하여 주로 부딪히는 경우는 근로소득, 사업소득과 기타소득에 관한 부분이다.

(2) 원천징수 소득의 종류 및 원천징수세율

원천징수는 상대방(소득자)에 따라 다음과 같이 네 가지 유형으로 구분한다. 이 외에도 다른 소득에 대한 원천징수 제도가 있지만 문화예술단체와는 관계가 없어 생략한다.

[표 2-54]
문화예술단체
원천징수 유형

구 분	정 의	원천징수세율 (지방소득세 포함)
사업소득	개인이 영리를 목적으로 자기의 계산과 책임 하에 계속적·반복적으로 행하는 활동을 통해 얻는 소득	3.30%
기타소득	사업 활동으로 볼 수 있을 정도의 계속성·반복성 없이 일시적·우발적으로 발생하는 소득 (125,000원 이하인 경우 원천징수 생략)	22% (2019년 이후)
근로소득		간이세액표
일용근로소득	근로계약에 따라 동일한 고용주에게 3개월 이상 계속하여 고용되어 있지 아니한 자 (건설공사, 하역작업 종사자 제외)	6.60%

(3) 사업소득에 대한 원천징수

사업소득 여부는 소득자 기준으로 판단하는 것이며, 통상적으로 전문가, 전공자가 관련 분야 활동을 계속적, 반복적으로 제공하는 경우 사업소득으로 분류하여야 한다.

① 사업소득으로 원천징수대상이 되는 기타의 인적용역의 범위

▶ 개인이 물적 시설 없이 근로자를 고용하지 아니하고 독립적 자격으로 대가를 받는 용역

- 저술·서화·도안·조각·작곡·음악·무용·만화·삽화·만담·배우·성우·가수와 이와 유사한 용역
- 연예에 관한 감독·각색·연출·촬영·녹음·장치·조명과 이와 유사한 용역
- 건축감독·학술용역과 이와 유사한 용역
- 음악·재단·무용(사교무용 포함)·요리·바둑의 교수와 이와 유사한 용역
- 직업운동가·역사·기수·운동지도가(심판포함)와 이와 유사한 용역
- 저작가가 저작권에 의하여 사용료를 받는 용역
- 교정·번역·고증·속기·필경·타자·음반취입과 이와 유사한 용역
- 고용관계 없는 자가 다수인에게 강연을 하고 강연료·강사료 등의 대가를 받는 용역
- 라디오·텔레비전방송 등을 통하여 해설·계몽 또는 연기를 하거나 심사를

하고 사례금 또는 이와 유사한 성질의 대가를 받는 용역
- 작명·관상·점술 또는 이와 유사한 용역
- 개인이 일의 성과에 따라 수당 또는 이와 유사한 성질의 대가를 받는 용역

▶ 개인·법인 또는 법인격 없는 사단·재단 기타 단체의 독립된 자격으로 대가를 받는 용역
- 국선변호와 재정경제부령이 정하는 법률구조
- 학술연구용역과 기술연구용역(새로운 학술 또는 기술개발)
  (이하 문화예술과 관련이 없으므로 생략)

② 세율 및 원천징수시기
  - 세율 : 3% (지방소득세 별도)
  - 원천징수시기 : 현실적으로 대가를 지급하는 때(지급시기 의제는 없음)

③ 원천징수의무자의 범위
  - 사업자
  - 법인세의 납세의무자
  - 국가·지방자치단체 또는 지방자치단체조합
  - 민법 기타 법률에 의하여 설립된 법인
  - 국세기본법 규정에 의하여 법인으로 보는 단체

(4) 기타소득에 대한 원천징수

기타소득의 경우에는 사업소득과 달리 총지급액(소득자의 입장에서는 총수입금액)에서 필요경비를 차감한 소득금액을 기준으로 원천징수를 하여야 한다.

> 기타소득금액 = 총수입금액 - 필요경비

① 기타소득의 범위

기타소득은 이자소득·배당소득·부동산임대소득·사업소득·근로소득·연금소득·

퇴직소득 및 양도소득 외의 소득으로 다음 각 호에 규정하는 것으로 한다.

1. 상금·현상금·포상금·보로금 또는 이에 준하는 금품
2. 복권·경품권 기타 추첨권에 의하여 받는 당첨금품
3. 「사행행위 등 규제 및 처벌특례법」에 규정하는 행위에 참가하여 얻은 재산상의 이익
4. 「한국마사회법」에 따른 승마투표권(이하 "승마투표권"이라 한다), 「경륜·경정법」에 따른 승자투표권(이하 "승자투표권"이라 한다), 「전통소싸움경기에 관한 법률」에 따른 소싸움경기투표권(이하 "소싸움경기투표권"이라 한다) 및 「국민체육진흥법」에 따른 체육진흥투표권(이하 "체육진흥투표권"이라 한다)의 구매자가 받는 환급금
5. 저작자 또는 실연자·음반제작자·방송사업자외의 자가 저작권 또는 저작인접권의 양도 또는 사용의 대가로 받는 금품
6. 다음 각 목의 자산 또는 권리의 양도·대여 또는 사용의 대가로 받는 금품
   가. 영화필름
   나. 라디오·텔레비전방송용 테이프 또는 필름
   다. 기타 가목 및 나목과 유사한 것으로서 대통령령이 정하는 것
7. 광업권·어업권·산업재산권 및 산업정보, 산업상 비밀, 상표권·영업권(대통령령이 정하는 점포임차권을 포함한다), 토사석의 채취허가에 따른 권리, 지하수의 개발·이용권 그 밖에 이와 유사한 자산이나 권리를 양도하거나 대여하고 그 대가로 받는 금품
8. 물품(유가증권을 포함한다) 또는 장소를 일시적으로 대여하고 사용료로서 받는 금품
   8의2. 「전자상거래 등에서의 소비자보호에 관한 법률」에 따라 통신판매중개를 하는 자를 통하여 물품 또는 장소를 대여하고 대통령령으로 정하는 규모 이하의 사용료로서 받은 금품
9. 「공익사업을 위한 토지 등의 취득 및 보상에 관한 법률」 제4조에 따른 공익사업과 관련하여 지역권·지상권(지하 또는 공중에 설정된 권리를 포함한다)을 설정 또는 대여하고 받는 금품
10. 계약의 위약 또는 해약으로 인하여 받는 소득으로서 다음 각 목의 어느 하나에 해당하는 것
    가. 위약금
    나. 배상금
    다. 부당이득 반환 시 지급받는 이자
11. 유실물의 습득 또는 매장물의 발견으로 인하여 보상금을 받거나 새로 소유권을 취득하는 경우 그 보상금 또는 자산
12. 무주물의 점유로 소유권을 취득하는 자산
13. 거주자·비거주자 또는 법인의 대통령령으로 정하는 특수관계인이 그 특수관계로 인하여 그 거주자·비거주자 또는 법인으로부터 받는 경제적 이익으로서 급여·배당 또는 증여로 보지 아니하는 금품.
14. 슬롯머신(비디오게임을 포함한다) 및 투전기 기타 이와 유사한 기구(이하 "슬롯머신등"이라 한다)를 이용하는 행위에 참가하여 받는 당첨금품·배당금품 또는 이에 준하는 금품(이하 "당첨금품등"이라 한다)
15. 문예·학술·미술·음악 또는 사진에 속하는 창작품(「신문 등의 자유와 기능보장에 관한 법률」에 의한 정기간행물에 게재하는 삽화 및 만화와 우리나라의 창작품 또는 고전을 외국어로 번역하거나 국역하는 것을 포함한다)에 대한 원작자로서 받는 소득으로서 다음

각목의 1에 해당하는 것
　가. 원고료
　나. 저작권사용료인 인세
　다. 미술·음악 또는 사진에 속하는 창작품에 대하여 받는 대가

16. 재산권에 관한 알선수수료

17. 사례금

18. 대통령령으로 정하는 소기업·소상공인 공제부금의 해지일시금

19. 다음 각 목의 어느 하나에 해당하는 인적용역(제15호부터 제17호까지의 규정을 적용받는 용역을 제외한다)을 일시적으로 제공하고 지급받는 대가
　가. 고용관계 없이 다수인에게 강연을 하고 강연료 등의 대가를 받는 용역
　나. 라디오·텔레비전방송 등을 통하여 해설·계몽 또는 연기의 심사 등을 하고 보수 또는 이와 유사한 성질의 대가를 받는 용역
　다. 변호사·공인회계사·세무사·건축사·측량사·변리사 기타 전문적 지식 또는 특별한 기능을 가진 자가 당해 지식 또는 기능을 활용하여 보수 또는 기타 대가를 받고 제공하는 용역
　라. 그 밖에 고용관계 없이 수당 또는 이와 유사한 성질의 대가를 받고 제공하는 용역

20. 「법인세법」 제67조의 규정에 의하여 기타소득으로 처분된 소득

21. 제20조의3 제1항 제2호 나목 및 다목의 금액을 그 소득의 성격에도 불구하고 연금외수령한 소득

22. 퇴직전에 부여받은 주식매수선택권을 퇴직후에 행사하거나 고용관계 없이 주식매수선택권을 부여받아 이를 행사함으로써 얻는 이익

22의2. 종업원등 또는 대학의 교직원이 퇴직한 후에 지급받는 직무발명보상금

23. 뇌물

24. 알선수재 및 배임수재에 의하여 받는 금품

25. (삭제)

26. 종교관련종사자가 종교의식을 집행하는 등 종교관련종사자로서의 활동과 관련하여 대통령령으로 정하는 종교단체로부터 받은 소득(이하 "종교인소득"이라 한다)

27. 「특정 금융거래정보의 보고 및 이용 등에 관한 법률」 제2조 제3호에 따른 가상자산(이하 "가상자산"이라 한다)을 양도하거나 대여함으로써 발생하는 소득(이하 "가상자산소득"이라 한다)

상기 외 대통령령으로 정하는 서화(書畵)·골동품의 양도로 발생하는 소득 또한 기타소득으로 본다. 다만, 사업장을 갖추는 등 대통령령으로 정하는 경우에 발생하는 소득은 제외한다.

② 필요경비(문화예술단체와 관련된 부분만 요약)

○ 다음의 기타소득에 대해서는 거주자가 받은 금액의 100분의 80에 상당하는

금액을 필요경비로 한다. 다만, 실제 소요된 필요경비가 100분의 80에 상당하는 금액을 초과하면 그 초과하는 금액도 필요경비에 산입한다.
- 「공익법인의 설립·운영에 관한 법률」의 적용을 받는 공익법인이 주무관청의 승인을 받아 시상하는 상금 및 부상과 다수가 순위 경쟁하는 대회에서 입상자가 받는 상금 및 부상
- 위약금과 배상금 중 주택입주 지체상금

○ 다음의 기타소득에 대해서는 거주자가 받은 금액의 100분의 60에 상당하는 금액을 필요경비로 한다. 다만, 실제 소요된 필요경비가 거주자가 받은 금액의 100분의 60에 상당하는 금액을 초과하면 그 초과하는 금액도 필요경비에 산입한다.
- 문예·학술·미술·음악 또는 사진에 속하는 창작품에 대한 원작자로서 받는 소득으로서 원고료, 인세 등
- 인적용역을 일시적으로 제공하고 받는 대가

○ 대통령령으로 정하는 서화·골동품의 양도로 발생하는 소득에 대하여는 다음의 금액을 필요경비로 한다. 다만, 실제 소요된 필요경비가 다음 해당 금액을 초과하면 그 초과하는 금액도 필요경비에 산입한다.
- 거주자가 받은 금액이 1억 원 이하인 경우: 받은 금액의 100분의 90
- 거주자가 받은 금액이 1억 원을 초과하는 경우: 9천만 원 + 거주자가 받은 금액에서 1억 원을 뺀 금액의 100분의 80(서화·골동품의 보유기간이 10년 이상인 경우에는 100분의 90)

○ 기타 : 당해연도의 총수입금액에 대응하는 비용으로서 일반적으로 용인되는 통상적인 것의 합계액을 필요경비로 한다.

③ 세율 및 원천징수시기
○ 세율 : 20% (단, 복권당첨소득 등에 대한 원천징수세율은 20%로 하되, 3억 원 초과분은 30%로 한다.)
○ 원천징수시기 : 현실적으로 대가를 지급하는 때 (지급시기 의제는 없음)
○ 문예·학술·미술·음악·사진에 속하는 창작품에 대한 원고료 또는 강연료 등

을 지급할 때에 100만 원 이하인 경우 지급받는 자가 원천징수영수증의 발급을 요구하는 경우 외에는 발급하지 않을 수 있다.
○ 기타소득의 원천징수는 지급액이 아니라 소득금액의 20%(지방소득세를 포함하면 22%)를 원천징수 하는 것이며, 필요경비가 60%인 경우에는 소득금액이 40%가 되므로 지급액 기준으로 8.8%를 원천징수하면 된다.

④ 기타소득의 과세최저한

단체에서 지급하는 경우 건별로 기타소득금액이 5만 원 이하이면 원천징수를 하지 않아도 되는데, 만약 필요경비가 60% 인정되는 경우라면 지급액 기준으로 125,000원이 되는 것이다. 또한 원천징수를 하지 않아도 된다고 해서 원천징수 신고 자체를 하지 않으면 보조금 정산에 증빙으로 처리하기 어려우므로 반드시 신고는 하여야 한다.

질문

원고에 대한 대가를 여러 명에게 지급하려고 하는데, 금액이 1만 원에서 30만 원까지 다양합니다. 원천징수를 어떻게 해야 하지요?

답변(질문의 원고료는 기타소득에 해당하는 것으로 가정)

소득금액이 5만 원까지는 원천징수를 하지 않아도 됩니다. 원고료는 필요경비가 60% 인정되기 때문에 지급액 기준으로는 125,000원까지는 원천징수를 하지 않고, 125,000원을 초과하여 지급하는 사람에 대해서는 지급액의 8.8%를 원천징수 하여야 합니다.

주의하여야 할 것은 125,000원을 초과하는 부분에 대해서만 원천징수 하는 것이 아니라 전체 금액에 대해서 하는 것입니다.

감사합니다.

☞ 대학교수에게 옥외조형물 제작대가를 지급할 경우(법인 46013-461, 1997. 2. 14)

대학교수가 근로소득 이외에 독립된 자격으로 조각 등 전문용역을 제공하고 지급받는 대가는 원천징수대상 사업소득에 해당하며, 동 사업소득에 대한 수입금액의 100분의 1(1998. 4. 10 이후는 100분의 3)을 원천징수하는 것임.

☞ 서화 등 미술품 제작 및 설계감리용역제공 대가(소득 46011-682, 1997. 3. 7)

비영리법인 등이 고용관계가 있는 연구원 등에게 서화 등 미술품의 제작 또는 디자인 등 설계용역의 제공대가를 연구비 명목으로 지급하는 금액은 당해 연구원 등의 근로소득에 해당하는 것이나, 연구원 등이 고용관계없이 독립된 자격으로 용역 등을 제공하고 받은 대가는 당해 연구원 등의 사업소득에 해당하는 것임.

☞ 작가에게 지급하는 취재비의 원천징수(법인 46013-732, 1997. 3. 12)

특정기사 취재를 의뢰받은 작가 등이 취재업무 수행을 위하여 사진료·원고료 외에 여비교통비·숙박비 등의 명목으로 지급받는 금액은 당해 취재용역의 대가에 산입하여 사업소득으로 원천징수하는 것이며, 취재업무에 실질적으로 지출된 금액은 취재용역의 필요경비에 산입하는 것임.

■ 소득세법시행령 제37조 [예술, 스포츠 및 여가 관련 서비스업, 협회 및 단체, 수리 및 기타 개인서비스업의 범위]

① 연예인 및 직업운동선수 등이 사업활동과 관련하여 받는 전속계약금은 사업소득으로 한다.

☞ 고용관계 없는 자영예술가의 소득구분(법인 46013-1721, 1997. 6. 27)

한국표준산업분류상 자영예술가(92123)가 독립된 자격으로 방송프로그램 제작업무 등에 용역을 제공하고 받는 대가는 원천징수대상 사업소득의 범위에 해당하는 것임.

☞ 인적용역의 소득구분(소득 46011-21433, 2000. 12. 19)

거주자가 고용관계 없이 일의 성과에 따라 수당 기타 이와 유사한 성질의 대가를 받는 인적용역을 일시적으로 제공하고 지급받는 대가는 기타소득에 해당하며, 그 용역의 공급이 계속적, 반복적, 사업적인 경우에는 사업소득에 해당하는 것임.

☞ 사료적 가치가 있는 필름의 양도로 얻은 소득의 구분(소득 46011-2357, 1994. 8. 22)

영상자료를 취급하는 사업자 아닌 거주자가 사료적 가치가 있는 영상자료를 양도하고 지급받는 금품은 기타소득에 해당함.

☞ 어린이그림·글짓기대회 시상금(소득 1264-2664, 1983. 7. 28)

국가나 지방자치단체가 아닌 기관에서 어린이의 그림·글짓기대회 등을 개최하고 우수자에게 지급하는 상금 또는 상품가액 상당액은 기타소득 중 일시적인 문예창작소득에 해당하는 것임.

☞ 작가가 아닌 자가 일시적으로 받는 원고료(소득 22601-892, 1985. 3. 26)

저작자가 저작권법에 의한 저작권의 사용료로서 받는 금품은 자유직업소득에 해당하는 것이나 작가 아닌 거주자가 원고료로서 일시적으로 받은 금품은 기타소득 중 일시적인 문예창작소득인 것임.

☞ 창작활동으로 받는 상금(소득 46074-93, 1994. 3. 16)

현상공모전에 출품하여 입상함으로써 지급받는 상금은 일시적인 문예창작소득으로 과세됨.

☞ 고용관계 없는 자에게 일시적으로 지급하는 교통비 등(법인 46013-3385, 1997. 12. 24)

외부유관기관의 인사를 고용관계 없이 일시 위촉하여 관련업무의 평가를 수행케 하고 동 위원들에게 지급하는 "평가수당"과 "교통비"는 사례금에 해당하는 기타소득으로 보아 원천징수하는 것임.

(5) 근로소득 원천징수

근로소득세액은 근로소득자가 연간 지급받은 급여를 기준으로 하여 계산하는 것이나, 소득세법은 매월 지급되는 근로소득에 대하여는 간이세액표를 적용하여 매월분 급여지급 시 원천징수하고 다음달 10일에 납부하도록 하고 있다. 그러나 매월 원천징수하는 금액으로 근로소득세가 확정되는 것은 아니며 연간 근로소득을 기준으로 연말정산을 하여 확정하게 된다.

연말정산이란 근로소득을 지급하는 원천징수의무자가 당해연도의 다음연도 2월분의 근로소득을 지급하는 때에 1년간의 총급여액에 대한 근로소득세액을 세법에 따라 정확하게 계산한 후, 매월 급여지급 시 간이세액표에 의하여 이미 원천징수 납부한 세액과 비교하여 많이 징수한 세액은 돌려주고 덜 징수한 경우에는 더 징수하여 납부하는 절차를 말한다. 연말정산한 근로소득 이외의 다른 소득이 없는 경우에 연말정산만으로 당해연도의 소득에 대한 납세의무는 종결되는 것이나, 근로소득 이외의 다른 소득(분리과세소득 제외)이 있는 경우에는 다음연도 5월 중에 다른 소득을 합산하여 소득세 확정신고를 해야 한다.

일용근로자의 경우에는 근로소득에 대하여 원천징수하는 방법이 다르게 적용된다. 일용근로자라 함은 근로를 제공한 날이나 시간에 따라 근로대가를 계산하거나 근로를 제공한 날 또는 시간의 근로성과에 따라 급여를 받는 근로자로서 근로계약에 따라 고용주에게 3월 이상(건설공사와 하역작업 종사자 별도) 계속하여 고용되어 있지 아니한 다음의 근로자를 말한다.

[표 2-55] 일용근로자와 일반근로자의 차이점

구 분	일용근로자	일반 근로자
대 상 자	① 근로일수나 시간에 따라 대가계산 ② 근로일수나 시간의 근로성과에 따라 대가계산(일시적인 고용자)	월급으로 지급하거나 계속고용자 *(하역작업자 제외)
원천징수방법	1일당 근로소득공제 후 단일세율 적용	간이세율표 적용
연말정산 대상여부	없음(분리과세)	연말정산(종합과세)
지급명세서 제출	지급일이 속하는 달의 다음 달 말일까지 제출	다음 연도 3월 10일까지 제출
간이지급명세서 제출	해당없음	소득 지급일이 속하는 반기의 마지막 달의 다음 달 말일 (7월말, 다음연도 1월말)

원천징수의무자가 일용근로자의 근로소득을 지급하는 때에는 일 급여액에서 150,000원(일용근로자 근로소득공제액을 공제한 금액에 2.7%(원천징수세율 6%에서 근로소득세액공제 55%를 공제한 율)의 세율을 적용하여 계산한 금액을 소득세로 원천징수한다. 일용근로자의 경우에는 원천징수·납부로써 납세절차가 완료되므로 종합소득과세표준의 계산에 있어서 이를 합산하지 아니하고 분리과세로 종결된다.

5. 보조금 정산과 관련한 이슈들

1) 부적정 집행 사례

문화예술단체들의 보조금 정산은 점점 더 까다로워지고 복잡해지고 있다. 문화예술단체들이 보조금 정산을 대하는 자세나 정산 수준이 과거보다 훨씬 좋아진 것은 사실이지만 안타깝게도 일부 단체들은 아직 적정 수준에 미치지 못하고 있는 것이 현실이다. 보조금 정산과 관련하여 나타난 문제점들을 요약해 보면 다음과 같은 내용들이 많았다.

[표 2-56] 보조금 부적정 집행 사례

구 분	정 의	사 례
목적 외 집행	보조사업 목적 및 내용과 관련이 없는 경비	목적사업과 관련 없는 출장, 도서구입, 교육훈련비, 장비구입 등
개인성 경비	개인적인 용도로 지출되는 경비	학회연회비, 가입비, 주류비, 선물비, 식대 등
사업기간 외 집행	보조사업기간 외 집행	사업기간의 연장 없이 보조사업기간 외 집행
비목 초과 사용	미승인 초과 집행의 경우	세목간 30% 초과 사용시 사업부서의 승인을 얻지 않고 집행한 경우
목 신설 및 임의집행	목 신설 및 목간 전용의 경우	목의 신설·목간 전용 시 사업부서의 승인을 얻지 않고 집행한 경우
증빙 불비	증빙서류가 없는 경우	인건비, 기관운영비 등 계좌이체를 통한 실지급을 확인할 수 없는 경우
증빙 불인정	객관적 증빙자료로 인정할 수 없는 경우	전자세금계산서, 전자계산서 등 주관기관이 인정하는 증빙을 수취하지 못한 경우
사용잔액 임의사용	보조사업 종료 후 남은 잔액	보조사업 종료 후 남은 잔액을 임의 사용한 경우
발생이자 임의사용	보조사업 기간 중 발생이자	보조사업 기간 중 발생한 이자를 교부조건에 명시한대로 사용하지 않거나 임의 사용한 경우

내용을 보면 아주 기본적인 사항들이 대부분인데, 다행히도 최근에는 상기 표와 관련된 부적정 집행 사례는 현격히 줄어들었지만 대신 다른 유형의 부적정 사례들이 나타나고 있다. 인건비(강사비)를 지급하고 회비 또는 기부금 명목으로 일부를 돌려받는 경우가 있으며, 단골 거래처에 신용카드 결제를 사업기간 중에 미리 하였다가 나중에 단체에서 운영비 등에 사용하기도 한다. 지원기관이 두 군데 이상인 경우 동일한 증빙으로 정산하는 이중정산, 입금증 등을 포토샵으로 위조하는 사례들도 발생하고 있다. 무신고, 이중정산, 문서 위조 등은 지원기관에서 발견하기 어려운 사항들이다. 이러한 내용이 지적되다 보니 지원기관에서는 점점 더 정산에 관련된 서류를 많이 요구할 수밖에 없게 된다.

보조금을 사용하는 단체 입장에서 생각해 보면 왜 이러한 현상이 나타나는지 이해는 된다. 그렇지만 보조금을 목적에 맞게 잘 사용을 할 때 더 많은 지원이 예술에 대해 이루어질 수 있다는 생각을 해야만 한다.

2) 기타 보조금 정산 관련 이슈

① 특수관계자 거래 또는 자기거래

공연장이나 박물관 중에는 커피숍이나 아트숍 등을 운영하고 있기도 하다. 그런데 보조금을 집행하며 자신이 운영하고 있는 장소에서 지출하는 경우들이 발생하고 있다. 이를 특수관계자 거래 또는 자기거래라고 하는데, 특히 e나라도움을 사용하는 국고보조금의 경우 보조사업이 종료된 이후에도 보조사업자와 거래처와의 특수관계 해당 여부를 모니터링 하고, 해당사항이 있는 경우 부정수급 의심 여부를 조사하도록 하고 있다. 따라서 특수관계가 없는 제3의 거래처와 거래하는 것이 바람직하다.

② 개인사업자 대표자의 소득

개인사업자의 인격체는 대표자 개인이며 사업자의 권리 의무는 모두 대표자에게 귀속된다. 따라서 개인사업자가 갖고 가는 급여는 소득으로 보지 않는다. 왜

냐하면 자기가 자기에게 지급하는 것은 소득이 될 수 없는 것이다. 개인사업자인 문화예술단체가 보조금을 수령하고 출연료, 강의료, 기획료 등의 항목으로 개인에게 대가를 지급한 경우 원천징수를 해야 한다. 그런데 이때 출연료, 강의료, 기획료 등을 개인사업자의 대표가 갖고 가면 문제가 발생한다. 단체의 대표자에게 지급하는 것은 소득이 아니기 때문에 원천징수를 할 수가 없게 된다.

보조사업에 따라 조금씩 다르기는 하시만 대부분의 문화예술 보조사업에서 개인사업자의 대표에게 지급하는 것을 금지하는 것은 정산 시 서류를 제출할 수 없기 때문이다. 물론 보조사업자가 개인사업자가 아닌 경우에는 대표자가 대가를 받더라도 아무 문제가 없다. 일부 사업의 경우에는 대표자의 인적 노력에 대한 대가를 인정해 주되, 원천징수가 불가하므로 원천징수 없이 전액을 지급받은 후 다음연도 5월말까지 대표자의 종합소득으로 신고하는 것을 허용하기도 한다. 이러한 보조금은 개인 예술가에 대한 지원 차원에서 이루어지는 것이기 때문에 모든 보조금에 이를 확대해서 적용하는 것은 어렵다. 따라서 보조사업 신청 시에 이에 대하여 명확하게 확인할 필요가 있다.

③ 개인이 보조금을 받은 경우의 원천징수 문제

보조사업 중에는 예술가 개인을 대상으로 하는 사업들이 있다. 이 경우에도 보조금 사용에 대한 정산을 하고 있다. 개인에게 지급하는 보조금은 교부기관에서 원천징수를 하고 정산을 하지 않으면 좋겠지만, 대부분의 사업은 그렇게 진행되지 않고 있다.

사업자등록증이나 고유번호증을 갖고 있지 않은 개인에게 보조금을 지급한 경우 정산하기가 애매해진다. 특히 원천징수가 가장 빈번하게 문제가 되고 있다. 그러나 개인이 개인에게 대가를 지급하고 원천징수 하는 경우 원천징수의무자란에 지급자의 성명과 주민등록번호를 기재하여 신고·납부하는 것이 가능하다. 간혹 세무서 담당자들은 사업자등록번호 없는 개인이 원천징수세액을 신고·납부할 필요가 없다고 안내하는 경우도 있으나, 세법상 신고·납부 가능하며, 홈택스를 이용하여 신고할 수 있다.

④ 고유번호증으로 발급한 세금계산서 등

고유번호증을 갖고 있는 단체에서 발행한 세금계산서(계산서)는 증빙으로서의 효력이 없다. 고유번호증을 갖고 있는 단체에서 발행한 세금계산서(계산서)는 업태와 종목이 없기 때문에 쉽게 확인할 수 있다. 이와 마찬가지로 간이과세자 중 일부의 경우에도 세금계산서를 발행할 수가 없다. 따라서 고유번호증만 있는 단체나 세금계산서를 발행할 수 없는 간이과세자와 거래하는 경우 정산지침에서 정하는 증빙을 제대로 갖출 수 없는 경우가 발생한다.

간이과세자와 고유번호증을 갖고 있는 단체와 거래 시 예외사항으로 규정할 것인지 아니면 아예 금지 시킬 것인지를 주관기관에서 명확하게 정하여야 한다. 또 예외사항으로 정하여 거래를 할 수 있다면 대체적인 방법을 제시(거래 확인서, 입금증 등)해 주는 것이 좋을 것이다.

⑤ 보조금으로 자산 취득한 경우

보조금을 교부받은 단체가 사업과 관련하여 자산을 취득하는 경우 문제가 발생할 소지가 있다. 해당 사업을 단체가 수행할 수 있는 것을 전제로 해서 보조금을 교부하는 것이므로 교부기관에서는 단체가 단체운영비와 자산 취득 목적으로 보조금을 사용하는 것을 제한하고 있다. 보조금이 해당 단체에 자산 증식 수단이 되어서는 안 될 것이다. 사업과 관련하여 부득이 자산을 취득하는 경우 반드시 자산관리대장을 갖추도록 요구하고 있으며, 사업 종료 후 환수 또는 다른 단체에 이관할지 여부를 교부기관이 판단하게 된다.

보조금 정산 시 자산 취득 여부를 판단할 때 자산의 범위가 애매함으로 사전에 교부기관과 협의하는 것이 바람직하다. 건당 10만 원 미만, 사용기간 1년 미만의 경우 소모품으로 보아도 무방할 것이다. 세법에서는 100만 원 미만의 경우 자산으로 보지 않고 바로 손금(비용)처리 하는 것이 가능하다. 그렇지만 보조금의 경우 세법 기준을 적용하기는 어려우며, 교부기관의 사실판단이 가장 중요하다고 하겠다.

⑥ 원천징수 금액을 모두 국세로 납부한 경우

단체에서 작성한 정산서를 보면 원천징수 금액을 모두 국세로 납부한 경우를 가끔 발견하게 된다. 원천징수세액은 국세(소득세)와 지방소득세로 구분되어 있으며 각각 신고납부하여야 한다. 이 경우 지방소득세를 국세로 납부한 것은 잘못된 것이지만, 보조금 정산에서는 인정해도 무관하다고 보인다. 다만 단체가 수정신고를 바로 할 수 있도록 안내해 주는 것이 필요하다. 국세는 경정청구를 통해 환급, 지방소득세는 기한후신고를 하면서 납부하여야 한다. 환급에는 일정 시간이 걸리고, 기한후신고의 경우 가산세가 발생하는데 이 부분은 단체에서 부담하여야 할 몫이다.

⑦ 원천징수 반기납과 월납

20명 이하 사업장의 경우 사업자의 납세 편의를 위해 원천신고를 6개월에 한 번씩 신고(반기납)하도록 하고 있다. 보조금 사업이 대부분 연말 안에 종료되어 정산을 하여야 할 때 하반기에 징수한 원천징수는 다음연도 1월 10일까지 신고 납부하게 되어 사업정산 시 증빙을 제출하지 못하게 된다. 따라서 보조금 사업을 진행하는 사업자의 경우 원천징수를 월납으로 신고하도록 변경하여야 한다.

⑧ 부징수의 경우에도 신고는 필요

기타소득의 경우 소득세 1만 원(소득금액 5만 원, 지급액 기준 125,000원) 이하, 사업소득의 경우 소득세 1천 원 미만은 부징수하고 있으며 일용직 근로소득의 경우에도 1일 15만 원이하는 징수할 세금이 없다. 그렇다고 하더라도 납부할 세액을 '0'으로 하여 원천세 신고를 하여야 보조금 정산 시 서류를 제출할 수가 있다.

⑨ 보조금을 소득으로 처분하는 경우

최근 국세청에서는 보조금 지원기관을 통해 보조금을 받은 예술단체들에 대한 자료를 확보하고 있다. 이를 통해 보조금을 수입으로 보고 과세하는 사례가 많아지고 있다. 물론 법인세나 소득세의 경우 수입이 아니라 소득에 대해 과세를 하는 것이기 때문에 보조금을 받고 이를 전액 올바로 사용하였다면 소득이 발생하지 않아 세금 부담이 늘어나지는 않는다. 그렇지만 개인(사업자 포함)의 경우 이를 인정받기 위해 추가적으로 회계장부를 만들고 신고해야 하는 어려움이 따른다. 소규모 개인사업자 또는 개인 자격으로 보조금을 받은 경우 제대로 대처하지 못하면 소득세가 과세될 수 있으므로 이에 대한 준비를 해야 할 것이다.

제6절
민간지원의 재원

민간지원은 공공지원과 구조적으로는 유사하지만 약간의 차이점을 발견할 수 있다. 사후정산이 공공지원에 비해 엄격하지 않다는 것이다. 그렇다고 해서 민간지원에 의해 수령한 지원금을 대충 써도 된다는 것은 아니다. 민간지원의 경우 개별적인 영수증보다는 사업의 결과물을 더 중요시 하고 있다. 또 한 가지 중요한 차이점은 민간지원은 각각 특정분야를 중심으로 사업이 이루어진다는 점이다. 공공에서 지원하는 경우 특정 분야에 대한 특혜 시비 등이 있을 수 있지만 민간의 경우 그런 우려가 없으며, 예술에 대한 전 장르를 지원하기에는 민간재단의 경우 재원에 한계가 있게 된다. 따라서 설립사 또는 설립기업이 관심이 있는 한 두가지 분야에 집중하고 있다.

전국경제인연합회에서는 2016년까지 주요 기업·기업재단 사회공헌백서를 발간하였다. 이때만 해도 우리나라 민간문화재단이 예산과 회계 자료를 대부분 공개하지 않고 있었기 때문에 민간문화재단의 문화예술관련 사업비 규모를 파악하기는 불가능하였다. 그나마 이 사회공헌백서가 거의 유일한 자료였으나 안타깝게도 발간이 중단되었다. 다행히 2018년부터 주요 기업의 사회적 가치 보고서로 바꾸어 발간하기 시작하였는데, 이 보고서에는 문화재단을 구분하지 않아 우리나라 문화재단 사업의 유형과 규모를 파악하는 게 어려워졌다. 다행히 국세청에서 공익법인 결산서류 등의 공시를 의무화하여 이제는 더 많은 재단의 자료를 검색할 수 있게 되었다. 향후 이 자료를 토대로 다양한 분석이 이루어졌으면 좋겠다.

국세청 공익법인 결산서류 등의 공시자료에서 '문화재단'이라는 키워드로 검색해 보면 550개의 재단이 나온다. 물론 이 중에는 공공에서 출연한 문화재단도 있지만 이를 감안하더라도 우리나라에는 민간에서 출연한 문화재단이 의외로 많다는 것을 알 수 있다. 하지만 대부분의 재단은 자체사업을 하고 있으며, 예술단체에 대한 지원사업을 하는 민간 문화재단은 많은 수를 차지하지는 않는다. 본서에서는 국세청 공시자료를 토대로 비교적 활발하게 지원사업을 하고 있는 문화재단 5곳을 임의로 선정하여 공시자료와 홈페이지 내용을 중심으로 간단하게 소개하겠다.

참고로 2013년도에 문화재단 관련 자료(전경련 사회공헌 백서, 예술경영지원센터 자료실, 인터넷 기사 검색)를 토대로 분석하였을 때, 1개 이상의 문화예술 관련 사업을 수행하고 있는 재단은 68개였으며, 1개 재단이 평균적으로 1.69개의 사업형태를 수행하고 있는 것으로 분석되었다. 가장 많이 수행하고 있는 사업 형태는 '시상'의 방식이었으며 그 다음으로는 '장학 및 후원, 협찬'이었다. 문화예술관련 사업을 장르별로 구분한 후, 민간문화재단이 직접 사업을 수행하거나 지원하는 장르를 중복해서 확인해 보았더니 총 98개로 나타났다. 이는 1개 재단이 평균 1.44개의 장르를 대상으로 사업을 하고 있었다.

1. 대산문화재단

1) 재단의 개요

대산문화재단은 "국민교육진흥"과 "민족자본형성"을 창립이념으로 교보생명보험주식회사를 일으킨 대산 신용호 선생의 뜻에 따라 "민족문화 창달"과 "한국문학의 세계화"에 이바지하고자 교보생명의 출연으로 1992년에 창립되었다.

대산문화재단은 "민족문화 창달"과 "한국문학의 세계화"를 지향하는 공익문화사업을 통하여 문화복지국가 건설에 이바지하고자 한다.

2) 핵심가치

○ 공익성-문화지원사업 분야를 전문화하고 역량을 집중함으로써 문화발전과 사회 공익에 기여하고 출연자와 출연기업의 정신을 구현한다.

○ 투명성-정확한 세무·회계 관리를 바탕으로 투명하게 재단을 운영하며 공정

하고 객관적인 공익 문화사업을 수행하는 공익문화재단의 모범이 된다.
○ 창조정신-문화의 시대를 주도적으로 이끌어 나갈 문화마인드와 전문지식을 갖추고 지속적으로 창의력 있는 아이디어를 개발하고 실천한다.

3) 주요 사업

① 창작문화 창달 사업- 대산문학상, 대산창작기금, 대산대학문학상, 문예교양지《대산문화》
② 한국문학 세계화 사업- 한국문학 번역·연구·출판지원, 외국문학 번역지원, 국제문학교류
③ 장학 및 청(소)년 육성 사업- 대산청소년문학상, 대학생아시아대장정, 서울시립청소년문화교류(미지;엔디) 위덕 운영
④ 기획 사업- 탄생 100주년 문학인 기념문학제, 서울국제문학포럼, 동아시아문학포럼
⑤ 기타 문화 창달 사업- 책사랑운동, 학술·문화행사 지원, 홍보·출판사업

4) 재무현황(2020년 12월 31일 기준)

① 총괄

(단위:천원)

구분	총자산가액	부채	순자산			
			소계	기본순자산	보통순자산	순자산조정
Ⓐ총계	24,149,734	144,287	24,005,447	16,737,332	3,752,646	3,515,469
Ⓑ공익목적사업	5,625,238	135,2560	5,489,978	1,737,332	3,752,646	0
Ⓒ기타사업	18,524,496	9,027	18,515,469	15,000,000	0	3,515,469

② 자산현황

(단위 : 천원)

구분	총자산가액	토지	건물	주식및 출자지분	금융자산	기타자산
Ⓐ총계	24,149,734	0	0	7,367,904	14,791,840	1,989,990
Ⓑ공익목적사업	5,625,238	0	0	0	3,700,661	1,924,577
Ⓒ기타사업	18,524,496	0	0	7,367,904	11,091,179	65,413

③ 수익현황

(단위 : 천원)

| 구분 | 총계 | 사업수익 | | | | | 사업외 수익 | 고유목적 사업준비금 |
		소계	기부금	보조금	회비수익	기타		
Ⓐ총계	4,278,769	3,446,258	1,373,000	1,095,801	513	976,944	12,869	819,642
Ⓑ공익목적사업	3,301,572	2,469,314	1,373,000	1,095,801	513	0	12,616	819,642
Ⓒ기타사업	977,197	976,944				976,944	253	0

④ 비용현황

(단위 : 천원)

| 구분 | 총계 | 사업비용 | | | | | 사업외 비용등 기타 | 고유목적 사업준비금 전입액 |
		소계	사업수행비	일반관리비	모금비용	기타		
Ⓐ총계	3,893,710	3,045,117	2,634,541	281,969	0	128,607	28,951	819,642
Ⓑ공익목적사업	2,916,513	2,916,510	2,634,541	281,969	0		3	0
Ⓒ기타사업	977,197	128,607				128,607	28,948	819,642

⑤ 공익목적사업의 사업별 실적

(단위 : 천원)

사업명	사업내용	사업지역	사업수행비용
창작문화 창달사업군	대산문학상, 대산창작기금, 대산대학문학상, 대산문화발간	전국	606,185
한국문학 세계화사업군	한국문학번역연구출판지원, 외국문학번역지원, 국제문학교류	전국, 전세계	502,595
청(소)년 육성및 장학사업군	대산청소년문학상, 대학생아시아대장정, 미지센터위탁운영	전국, 아시아	1,243,405
그외사업	2개		282,356
합계	총 공익목적사업 사업수행비용 합계		2,634,541

⑥ 공익목적사업의 수익 세부현황

(단위: 천원)

구 분	사업연도(과세기간)	
	당기	전기
1. 사업수익	2,469,314	3,251,492,453
1)기부금품	1,373,000	1,990,000
(1)개인기부금품	0	0
(2)영리법인기부금품	1,373,000	1,990,000
(3)모금단체, 재단 등 다른 공익법인등의 지원금품		
(4)기타기부금품	0	0
기부물품 (1) ~ (4)에 포함된 기부물품	당기 0	전기 0
2) 보조금	1,095,801	1,261,113
3) 회비수익	513	380
4)기타공익목적사업수익	0	0
2. 사업외 수익	12,616	10,289
3. 고유목적사업의 준비금 환입액	819,642	961,038
4. 총합계(수익)	3,301,572	4,222,820

⑦ 공익목적사업의 비용

(단위: 천원)

구 분	사업연도(과세기간)				
	당 기				전 기
	합계	사업	일반	모금	
1. 사업비용	2,916,510	2,634,541	281,969	0	3,623,159
1)분배비용(장학금, 지원금 등 수혜자 (단체)에게 직접 지급비용)	1,824,704	1,824,704	0	0	2,098,789
(1) 국내	1,679,305	1,679,305	0	0	2,098,789
(2) 국외	145,399	145,399	0	0	0
2) 인력비용	575,429	351,082	224,347	0	586,077
3) 시설비용	67,315	42,072	25,243	0	66,843
4) 기타비용	449,062	416,683	32,379	0	871,450
2. 사업외 비용	3	0	0	0	1
3. 고유목적사업 준비금 전입액	0	0	0	0	0
4. 총합계(비용)	2,916,513	0	0	0	3,623,160

2. 수림문화재단

1) 재단의 개요

수림문화재단은 동교(東喬) 김희수(金熙秀) 선생의 인생철학인 '문화입국'을 바탕으로 2009년 설립되었다. 김희수 선생은 반세기 넘는 세월을 일본에서 보내며 기업인으로 성공하였지만 일평생 동안 남다른 조국애를 가슴에 품고 '배움을 통하여 어두운 곳을 밝히는 등불이 되어야 한다.'는 신념으로, 일본에서는 금정학원을 설립하였고, 한국에서는 20여 년간 중앙대학교 이사장으로 재직하며 교육 사업에 매진하였다. 이후 수림문화재단을 설립하여 인간사랑·문화수림문화재단은 이러한 설립자의 뜻을 이어받아 문화예술이 융성한 아름다운 세상을 추구하기 위해 예술 창작 지원·문화예술 인재 양성·각종 시상·국제문화교류 사업 등을 통하여 지속 가능한 문화예술 생태계를 만들어가고 있다.

2) 설립취지

[그림 2-20] 수림문화재단의 설립취지

3) 주요 사업

① 예술창작지원 : 수림뉴웨이브, 수림아트랩
② 인재양성 : 수림웨이브상, 수림문학상, 수림미술상, 수림기지
· 수림웨이브상 - 실험적이고 실력 있는 차세대 전통예술 아티스트 발굴 및 지원 창작활동 기반 및 동력제공
· 수림문학상 - 한국문학을 이끌어갈 신예작가 발굴 및 지원

· 수림미술상 - 창의적이고 열정적인 젊은 미술작가 발굴 및 지원
③ 김희수정신 계승 및 연구 : 김희수연구, 김희수시민학교
④ 일반 : 수림문화총서, 수림아트갤러리 콘서트 시리즈, AVS과학을 바라보는 예술가의 시선, 찾아가는 콘서트, 문화예술교육 프로그램

4) 재무현황(2020년 12월 31일 기준)

① 총괄

(단위 : 천원)

구분	총자산가액	부채	순자산			
			소계	기본순자산	보통순자산	순자산조정
Ⓐ총계	115,566,028	4,627,397	110,938,631	22,036,213	89,720,418	-818,000
Ⓑ공익목적사업	22,058,226	22,013	22,036,213	22,036,213	0	0
Ⓒ기타사업	93,507,802	4,605,384	88,902,418		89,720,418	-818,000

② 자산현황

(단위 : 천원)

구분	총자산가액	토지	건물	주식및 출자지분	금융자산	기타자산
Ⓐ총계	115,566,028	9,901,160	16,253,266	0	87,705,747	1,705,855
Ⓑ공익목적사업	22,058,226	9,901,160	10,629,535	0	335,042	1,192,489
Ⓒ기타사업	93,507,802	0	5,623,731	0	87,370,705	513,366

③ 수익현황

(단위 : 천원)

구분	총계	사업수익					사업외 수익	고유목적 사업준비금 환입액
		소계	기부금	보조금	회비수익	기타		
Ⓐ총계	9,507,331	6,777,238	25,000	0	0	6,752,238	5,491	2,724,602
Ⓑ공익목적사업	2,749,602	25,000	25,000	0	0	0	0	2,724,602
Ⓒ기타사업	6,757,729	6,752,238				6,752,238	5,491	0

④ 비용현황

(단위 :천원)

구분	총계	사업비용				기타	사업외 비용등 기타	고유목적 사업준비금 전입액
		소계	사업 수행비	일반 관리비	모금 비용			
Ⓐ총계	8,883,470	3,967,280	936,978	1,797,833	0	1,232,469	16,500	4,899,690
Ⓑ공익목적사업	2,749,603	2,734,811	936,978	1,797,833	0		14,792	0
Ⓒ기타사업	6,133,867	1,232,469				1,232,469	1,708	4,899,690

⑤ 공익목적사업의 사업별 실적

(단위 :천원)

사업명	사업내용	사업지역	사업수행비용
홍릉페스티벌 수림뉴웨이브 2020	창의적이고 잠재력 있는 신진 예술가 발굴 및 지원	한국	109,386
수림뉴웨이브 아트랩 2020	발전 가능성 있는 작품 발굴 및 육성, 분야별 유망 예술인과기획자에게 예술작품 제작·발표 지원	한국	172,472
문화예술 인재양성 프로젝트 「수림기지」	문화예술 기획자 교육 및 양성	한국	108,063
그외사업	20 개		547,057
합 계	총 공익목적사업 사업수행비용 합계		936,978

⑥ 공익목적사업의 수익 세부현황

구 분	사업연도(과세기간)	
	당기	전기
1.사업수익	25,000	0
1)기부금품	25,000	0
(1)개인기부금품	0	0
(2)영리법인기부금품	0	0
(3)모금단체, 재단 등 다른 공익법인등의 지원금품	0	0
(4)기타기부금품	0	0
기부물품 (1) ~ (4)에 포함된 기부물품 — 당기 0 / 전기 0	0	0
2) 보조금	0	0
3) 회비수익	0	0
4)기타공익목적사업수익	0	0
2. 사업외 수익	0	76,048
3. 고유목적사업의 준비금 환입액	2,724,602	2,322,407
4. 총합계(수익)	2,749,602	2,398,455

⑦ 공익목적사업의 비용

(단위:천원)

구 분	사업연도(과세기간)				전 기
	당 기				
	합계	사업	일반	모금	
1. 사업비용	2,734,810	936,978	1,797,832	0	2,398,440
1) 분배비용(장학금, 지원금 등 수혜자(단체)에게 직접 지급비용)	936,978	936,978	0	0	942,473
(1) 국내	936,978	936,978	0	0	942,473
(2) 국외	0	0	0	0	0
2) 인력비용	430,574	0	430,574	0	388,569
3) 시설비용	933,168	0	933,168	0	691,171
4) 기타비용	434,090	0	434,090	0	376,227
2.사업외 비용	14,792	0	0	0	15
3.고유목적사업 준비금 전입액	0	0	0	0	0
4.총합계(비용)	2,749,602	0	0	0	2,308,155

3. CJ문화재단

1) 재단의 개요

CJ문화재단은 '문화가 없으면 나라도 없다'는 故 이병철 선대회장의 신념과 '기업은 젊은이의 꿈지기'라는 이재현 이사장의 사회공헌 철학을 바탕으로 2006년부터 음악, 영화, 공연 분야의 젊은 창작자를 지원하여 문화산업의 저변 확대와 K컬처 다양성에 기여하고 있다.

2) 재단의 연혁

CJ문화재단은 2006년 5월 설립되어, 초기에는 순수예술의 대중화와 미래 예술인재 발굴과 육성을 위해 노력하며 문화발전을 위한 기반을 다졌다.
2010년부터 대중문화발전을 위한 조화로운 성장을 위해 음악, 공연, 영화를 3대 핵심 분야로 선정하고 더 체계적이고 전문적인 지원을 이어왔다. 다양한 문화의 저변을 넓히며 장르별 조화로운 성장을 위해 노력하여 스테이지업은 2012·2013·2015년 서울 뮤지컬 예그린 앙코르 최우수상, 스토리업은 7개작 영화개봉, 2개작 웹툰화, 7개작 다큐멘터리 영화제 수상, 튠업은 해외페스티벌 11개 초청의 성과를 이루었다.

2015년에는 글로벌뮤직마켓<MUCON>에 '튠업스테이지 뮤콘'프로그램을 올려, 민·관 합동의 뮤지션 해외진출 시스템을 구축하였고 뮤지컬·연극 창작플랫폼인 CJ아지트 대학로를 2016년 4월에 개관하는 등 문화나눔을 실천하고 있다.

3) 주요 사업

① 음악부문 지원 프로그램 - 튠업 (TUNE UP)
[재능과 실력을 갖춘 젊은 뮤지션이 음악 시장에 성공적으로 진출할 수 있도록 지원하는 프로그램] 앨범 제작과 발매에서 국내외 공연, 아지트 라이브 출연, 마케팅까지 적극 지원하여 다양한 장르의 음악을 국내외 관객에게 소개하고 전달

② 공연부문 지원 프로그램 - 스테이지업 (STAGE UP)
[뮤지컬, 연극부문 신인·기성 창작자 지원과 공간 지원을 통해 극단과 배우, 스탭들에게 공연 기회를 제공하는 프로그램] 양극화가 심화되는 뮤지컬 시장에서 신인 뮤지컬 창작자들이 의미 있는 성공을 거둘 수 있도록 지원

③ 영화부문 지원 프로그램 - 스토리업 (STORY UP)
스토리업은 신인 시나리오 작가와 단편영화 감독의 기획안을 발굴하여 영화 제작을 지원하고 시장 진출을 돕는 프로그램] 전문가 멘토링, 투자 진행, 피칭과 홍보 등을 통해 시나리오 완성과 영화 제작을 지원하여 역량 있는 스토리텔러와 감독을 육성

④ 공연 플랫폼 - CJ 아지트 (CJ AZIT)
온·오프라인 공연 플랫폼으로써 아티스트들의 창작과 시장 진출부터 국내

외 온라인 홍보·마케팅에 이르기까지 체계적 지원, 아울러 관객에게도 온라인과 오프라인에서 다양한 장르의 문화를 즐길 수 있는 기회를 제공

4) 재무현황(2020년 12월 31일 기준)

① 총괄

(단위 : 천원)

구분	총자산가액	부채	순자산			
			소계	기본순자산	보통순자산	순자산조정
Ⓐ총계	40,779,736	1,299,884	39,479,852	24,099,402	5,752,186	9,628,264
Ⓑ공익목적사업	3,300,648	92,424	4,708,223	0	4,708,223	0
Ⓒ기타사업	37,479,088	1,207,460	34,771,629	24,099,402	1,043,963	9,628,264

② 자산현황

(단위 : 천원)

구분	총자산가액	토지	건물	주식및 출자지분	금융자산	기타자산
Ⓐ총계	40,779,736	0	0	15,928,669	23,222,815	1,628,252
Ⓑ공익목적사업	3,300,648	0	0	0	1,866,850	1,433,798
Ⓒ기타사업	37,479,088	0	0	15,928,669	21,355,965	194,454

③ 수익현황

(단위 : 천원)

구분	총계	사업수익					사업외 수익	고유목적 사업준비금 환입액
		소계	기부금	보조금	회비 수익	기타		
Ⓐ총계	5,019,032	5,019,024	4,457,940	0	0	561,084	8	0
Ⓑ공익목적사업	4,457,940	4,457,940	4,457,940	0	0	0	0	0
Ⓒ기타사업	561,092	561,084				561,084	8	0

④ 비용현황

(단위 :천원)

구분	총계	사업비용					사업외 비용등 기타	고유목적 사업준비금 전입액
		소계	사업 수행비	일반 관리비	모금 비용	기타		
Ⓐ총계	4,817,025	4,817,025	4,699,311	117,714	0	0	0	0
Ⓑ공익목적사업	4,817,025	4,817,025	4,699,311	117,714	0	0	0	0
Ⓒ기타사업	0	0				0	0	0

⑤ 공익목적사업의 사업별 실적

(단위 :천원)

사업명	사업내용	사업지역	사업수행비용
문화예술인지원사업	문화예술인지원사업	전국	3,190,461
문화예술단체지원사업	문화예술단체지원사업	전국	298,553
기타지원사업	기타지원	전국	136,480
그외사업	1 개		1,073,816
합 계	총 공익목적사업 사업수행비용 합계		4,699,310

⑥ 공익목적사업의 수익 세부현황

(단위 :천원)

구 분	사업연도(과세기간)	
	당기	전기
1.사업수익	4,457,940	5,765,101
1)기부금품	4,457,940	5,765,101
(1)개인기부금품	473	5,053
(2)영리법인기부금품	4,457,467	5,760,048
(3)모금단체, 재단 등 다른 공익법인등의 지원금품		
(4)기타기부금품	0	0
기부물품 (1) ~ (4)에 포함된 기부물품	당기 0	전기 0
2) 보조금	0	0
3) 회비수익	0	0
4)기타공익목적사업수익	0	0
2. 사업외 수익	0	9
3. 고유목적사업의 준비금 환입액	0	0
4. 총합계(수익)	4,457,940	5,765,110

⑦ 공익목적사업의 비용

(단위 : 천원)

구 분	사업연도(과세기간)				
	당기				전기
	합계	사업	일반	모금	
1. 사업비용	4,817,025	4,699,311	117,714	0	6,334,005
1) 분배비용(장학금, 지원금 등 수혜자(단체)에게 직접 지급비용)	3,305,006	3,305,006	0	0	4,537,587
(1) 국내	3,305,006	3,305,006	0	0	3,538,082
(2) 국외	0	0	0	0	999,505
2) 인력비용	49,531	0	49,531	0	51,126
3) 시설비용	1,059,917	1,055,914	4,003	0	1,323,444
4) 기타비용	402,571	338,391	64,180	0	421,848
2. 사업외 비용	0	0	0	0	3
3. 고유목적사업 준비금 전입액	0	0	0	0	0
4. 총합계(비용)	4,817,025	0	0	0	6,334,008

4. 세아이운형문화재단

1) 재단의 개요

세아이운형문화재단은 세아그룹 故이운형 회장의 뜻을 기려 2013년 8월에 설립되었다. 故이운형 회장은 2000년 국립극장 산하에서 독립한 국립오페라단의 초대 이사장을 맡은 이후 13년 간 국립오페라단이 자생력을 가지고 성장할 수 있도록 지원과 협조를 아끼지 않았다. 세아이운형문화재단은 다양한 클래식 공연을 개최하여 클래식 저변을 확대하고 있으며 콩쿠르 입상 경력이 있는 유망한 성악 인재와 뛰어난 성악가를 지원·육성하여 세계적인 오페라스타로 성장할 수 있는 여건을 마련하는 등 오페라 대중화에 기여하고 있다.

2) 재단의 연혁

2013년 8월에 설립한 세아이운형문화재단은 미래 오페라 분야를 이끌어 갈 성악가를 육성하고 후원하고 있다. 2014년 이탈리아 잔도나이 마스터 클래식 Young Artist 참가자 후원을 시작으로 2015년 1월 서울대학교와 한국예술종합대학교 성악과 장학금 기부, 2018년 5월 국립오페라단과 <성악콩쿠르> 후원 약정을 체결하였다. 재단이 후원하는 오페라 인재와 예술가들이 해외 유명 오페라스타와 교류하고 함께 무대에 설 수 있도록 '세아이운형문화재단음악회'를 2015년부터 매년 개최하고 있다.

　서울대학교 음악미학연구회와 오페라·음악미학 전문 총서인 '음악학 연구 및 음악 총서(세아이운형문화재단 총서)'를 발간하고 있다. 2015년 1권을 시작으로 현재 12권을 발간하였고 3권 『작품으로 보는 음악미학』이 2017년 대한민국 학술원 우수도서로, 6권 『그래도 우리는 말해야 하지 않는가』가 2019년 세종 도서 학술부문 우수도서로, 9권 『베토벤의 위대한 유산』이 2021년 세종우수학술도서로 선정되었다.

　오페라에 대한 대중의 이해와 관심을 높이기 위해 2015년부터 부산, 창원, 군산, 충주 등에서 '세상을 아름답게 하는 음악회'를 개최하였고 국립오페라단과 한국소극장오페라축제 등 오페라 예술단체를 지원하고 있다. 2021년 12월 문화예술후원매개단체로 선정되었다.

3) 주요 사업

① 후원사업 : 신진 성악 인재 및 유명 성악가 육성 및 후원
　국내외 권위 있는 콩쿠르 입상 경력의 성악 인재와 유명 성악인 중 후원 대상을 선정하여 세계적인 오페라스타로 육성하여 대한민국 오페라 분야의 발전을 도모하고 있음(소프라노 문현주, 베이스바리톤 길병민, 테너 손지훈 등)
② 예술단체지원 : 오페라 예술단체 지원
　예술단체의 제작환경을 개선하고 이를 통해 예술단체의 예술적 창작역량을 강

화하고 우수한 작품을 제작할 수 있는 여건을 마련하여 대한민국 문화예술 발전과 저변 확대에 기여하고 있음(2021년 한국소극장오페라축제, 국립오페라단 성악콩쿠르, 힉엣눙크!페스티벌 콘서트 오페라<람메르무어의 루치아> 등)

③ 공연기획 : '세아이운형문화재단 음악회', '세상을 아름답게 하는 음악회' 개최 오페라 저변을 확대하고 오페라에 대한 대중의 관심과 이해를 제고함. 재단이 후원하는 오페라 인재와 예술가들에게 무대에 설 수 있는 기회를 제공하고 해외 유명 오페라스타를 초청해 문화예술 교류의 장을 마련하고 있음 (2021년 <피가로의 결혼> 음악회)

④ 학술연구지원 : 세아이운형문화재단총서 발간

음악 총서 발간을 통해 음악학 연구를 지원하며 음악학계에 실질적인 도움을 제공하고 있음. 음악학자들이 학문에 전념할 수 있도록 안정적인 저술 환경을 제공하고 예술을 더 깊이 연구할 수 있는 토양을 만들고 있음(2020년 베토벤의 위대한 유산 발간)

4) 재무현황(2020년 12월 31일 기준)

① 총괄

(단위 :천원)

구분	총자산가액	부채	순자산			
			소계	기본순자산	보통순자산	순자산조정
Ⓐ총계	35,269,858	34,698	35,235,160	33,284,967	821,951	1,128,242
Ⓑ공익목적사업	128,753	34,698	94,055	33,284,967	-33,190,912	0
Ⓒ기타사업	35,141,105	0	35,141,105	0	34,012,863	1,128,242

② 자산현황

(단위 :천원)

구분	총자산가액	토지	건물	주식및 출자지분	금융자산	기타자산
Ⓐ총계	35,269,858	0	0	33,232	2,012,061	25,195
Ⓑ공익목적사업	128,753	0	0	0	106,399	22,354
Ⓒ기타사업	35,141,105	0	0	33,232	1,905,662	2,841

③ 수익현황

(단위 : 천원)

구분	총계	사업수익					사업외 수익	고유목적 사업준비금 환입액
		소계	기부금	보조금	회비수익	기타		
Ⓐ총계	1,052,878	559,098	0	0	0	559,098	500	493,280
Ⓑ공익목적사업	500	0	0	0	0	0	500	0
Ⓒ기타사업	1,052,378	559,098				559,098	0	493,280

④ 비용현황

(단위 : 천원)

구분	총계	사업비용					사업외 비용등 기타	고유목적 사업준비금 전입액
		소계	사업수행비	일반관리비	모금비용	기타		
Ⓐ총계	1,069,430	497,325	291,276	204,883	0	1,166	0	572,105
Ⓑ공익목적사업	496,159	496,159	291,276	204,883	0	0	0	0
Ⓒ기타사업	573,271	1,166				1,166	0	572,105

⑤ 공익목적사업의 사업별 실적

(단위 : 천원)

사업명	사업내용	사업지역	사업수행비용
오페라 인재 후원사업	국내 성악/음악 전공 영아티스트를 선발하여 해외 콩쿨 본선참가, 해외 극장진출 지원 등을 통해 세계적인 음악가로 성장하여 대한민국 문화예술을 드높일 수 있도록 재정적 후원실시	국내	148,736
음악회개최	문화소외지역 및 소외계층에게 문화예술 향유의 기회를 제공하는 (무료) 음악회개최	국내	142,541
학술연구지원사업	음악학 학술연구를 위한 지원, 음악학 활성화 기여	국내	0
그외사업	0 개		0
합계	총 공익목적사업 사업수행비용 합계		291,277

⑥ 공익목적사업의 수익 세부현황

(단위 : 천원)

구 분	사업연도(과세기간)	
	당기	전기
1.사업수익	0	0
1)기부금품	0	0
(1)개인기부금품	0	0
(2)영리법인기부금품	0	0
(3)모금단체, 재단 등 다른 공익법인등의 지원금품		
(4)기타기부금품	0	0
기부물품 (1) ~ (4)에 포함된 기부물품	당기 0	전기 0
2) 보조금	0	0
3) 회비수익	0	0
4)기타공익목적사업수익	0	0
2. 사업외 수익	500	22
3. 고유목적사업의 준비금 환입액	0	0
4. 총합계(수익)	500	22

⑦ 공익목적사업의 비용

(단위 : 천원)

구 분	사업연도(과세기간)				
	당 기				전 기
	합계	사업	일반	모금	
1. 사업비용	496,159	291,277	204,882	0	626,360
1)분배비용(장학금, 지원금 등 수혜자(단체)에게 직접 지급비용)	291,277	291,277	0	0	447,582
(1) 국내	291,277	291,277	0	0	447,582
(2) 국외	0	0	0	0	0
2) 인력비용	80,248	0	80,248	0	91,272
3) 시설비용	29,546	0	29,546	0	26,180
4) 기타비용	95,088	0	95,088	0	61,326
2.사업외 비용		0	0	0	0
3.고유목적사업 준비금 전입액	0	0	0	0	0
4.총합계(비용)	496,159	0	0	0	626,360

5. 파라다이스문화재단

1) 재단의 개요

파라다이스문화재단은 '풍요로운 미래 창조'의 기업정신을 실현하고 대한민국 문화예술의 발전을 도모하기 위해 1989년 설립되었고 문화예술 전 분야를 지원하고 있다. 문학 분야 국제교류, 시각예술 해외 레지던시 지원, 복합문화공간 운영 등 시대의 흐름을 반영한 사업을 운영하고 있다. 아트&테크 융복합 예술 창·제작 지원사업 '파라다이스 아트랩', 복합문화공간 '파라다이스ZIP', 문화향유확대사업 '원데이아트투어' 등을 진행 중이다.

2) 재단의 연혁

1989년 우경문화재단이 설립되었고 2000년에 파라다이스문화재단으로 명칭을 변경하였다. 1990년 우경문화저술상에서 시작한 시상 프로그램은 1992년부터 우경문화예술상으로 변경하고 대상을 넓혔으며 2003년에는 파라다이스상으로 통합하여 2018년까지 시상하였다.

1997년 청년 미술작가 발굴 지원 사업을 시작하였고 2016년 복합문화공간 파라다이스 ZIP을 개관하여 기획전시를 개최하고 있다. 2018년부터 창·제작지원사업인 파라다이스아트랩(PAL)을 시행하고 있다.

(3) 주요 사업

① 파라다이스 아트랩(Paradise Art Lab)
  예술과 기술 융합 작품 창·제작 지원사업
  Art+Technology 융합 작품을 대상으로 심의를 통해 선정하며 선정된 작품에게는 작품 제작비(작품 당 최대 3천만 원), 페스티벌 기술, 홈페이지 아카이빙, 언론·오프라인·온라인·SNS 등 통합 프로모션을 지원하며 파라다이

스문화재단 파트너 자격으로 기획 사업에 참여하고 협력 네트워크를 구축할 수 있도록 지원함

② 복합문화공간 파라다이스 ZIP

시각 예술, 음악, 퍼포먼스 등 다양한 문화 콘텐츠를 체험할 수 있는 복합문화공간 연면적 145평, 80여년 된 주택을 개조해 만든 이 공간은 건축가 승효상이 시간의 흔적을 담아 직접 빚어낸 복합문화공간이자 문화예술 아지트로 주목할 만한 작가의 전시를 비롯해 디자인, 건축 등 다양한 분야의 멀티 전시, 공연, 관객 참여 프로그램 등을 운영하고 있음

③ Art Community Program(원데이아트투어)

예술의 특별한 경험으로 대중과 소통하는 문화향유확대사업

다양한 분야의 예술가 도슨트와 함께 인천의 문화예술 공간을 탐방하고, 파라다이스시티의 세계적인 유명 작품을 투어하면서 아티스트 토크, 참여형 공연 등 입체적인 예술 감상의 기회를 제공함

④ 파라다이스상

파라다이스그룹의 창업주인 故전락원 회장의 깊은 관심과 뜻에 따라 우리 사회에서 발전의 동력이 되고 사회 안정의 중추적 역할을 수행하고 있는 숨은 인사나 단체를 찾아 그들의 공적을 세상에 알리고 인정하며 격려하기 위해 제정하였음

4) 재무현황(2020년 12월 31일 기준)

① 총괄

(단위 : 천원)

구분	총자산가액	부채	순자산			
			소계	기본순자산	보통순자산	순자산조정
Ⓐ총계	9,365,643	125,3307	9,240,313	9,122,561	137,752	-20,000
Ⓑ공익목적사업	231,510	125,330	106,180	0	126,180	-20,000
Ⓒ기타사업	9,134,133	0	9,134,133	9,122,561	11,5712	0

② 자산현황

(단위 : 천원)

구분	총자산가액	토지	건물	주식및 출자지분	금융자산	기타자산
Ⓐ총계	9,365,643	0	0	6,310,296	2,630,929	424,418
Ⓑ공익목적사업	231,510	0	0	0	173,250	58,260
Ⓒ기타사업	9,134,133	0	0	6,310,296	2,457,679	366,158

③ 수익현황

(단위 : 천원)

| 구분 | 총계 | 사업수익 | | | | | 사업외 수익 | 고유목적 사업준비금 환입액 |
		소계	기부금	보조금	회비수익	기타		
Ⓐ총계	1,223,785	1,159,332	1,094,000	0	0	65,332	4	64,449
Ⓑ공익목적사업	1,158,453	1,094,000	1,094,000	0	0	0	4	64,449
Ⓒ기타사업	65,332	65,332				65,332	0	0

④ 비용현황

(단위 : 천원)

| 구분 | 총계 | 사업비용 | | | | | 사업외 비용등 기타 | 고유목적 사업준비금 전입액 |
		소계	사업수행비	일반관리비	모금비용	기타		
Ⓐ총계	1,418,728	1,354,075	1,226,131	127,944	0	0	6	64,647
Ⓑ공익목적사업	1,354,081	1,354,075	1,226,131	127,944	0	0	6	0
Ⓒ기타사업	64,647	0				0	0	64,647

⑤ 공익목적사업의 사업별 실적

(단위 : 천원)

사업명	사업내용	사업지역	사업수행비용
창·제작지원사업	예술(Art)과 기술(Technology)을 융합하는 작업을 지원하는 창·제작지원 사업이자, 대중에게는 향유기회를 제공하는 사업 *대상 : 예술가 및 대중 *수혜인원 : 28,873명	전국	893,583
복합문화공간사업	복합문화공간을 통해 다양한 문화예술 콘텐츠를 제공하고 대중에게는 문화예술 향유의 기회를 제공하는 사업 *대상 : 예술가 및 대중 *수혜인원 : 4,176명	서울	112,792
문화향유확대사업	다양한 프로그램을 통해 대중에게 새로운 문화예술 향유의 기회를 제공하는 사업 *대상 : 대중 *수혜인원 : 201명	서울, 인천	38,408
그외사업	1 개		181,348
합계	총 공익목적사업 사업수행비용 합계		1,226,131

⑥ 공익목적사업의 수익 세부현황

(단위 : 천원)

구 분	사업연도(과세기간)	
	당기	전기
1. 사업수익	1,094,000	920,000
1) 기부금품	1,094,000	920,000
(1) 개인기부금품	0	0
(2) 영리법인기부금품	1,094,000	920,000
(3) 모금단체, 재단 등 다른 공익법인등의 지원금품		
(4) 기타기부금품	0	0
기부물품 (1) ~ (4)에 포함된 기부물품	당기 0	전기 0
2) 보조금	0	0
3) 회비수익	0	0
4) 기타공익목적사업수익	0	0
2. 사업외 수익	4	32
3. 고유목적사업의 준비금 환입액	64,449	45,441
4. 총합계(수익)	1,158,453	965,473

⑦ 공익목적사업의 비용

(단위 : 천원)

구 분	사업연도(과세기간)				
	당 기				전 기
	합계	사업	일반	모금	
1. 사업비용	1,354,075	1,226,131	127,944	0	1,185,199
1) 분배비용(장학금, 지원금 등 수혜자(단체)에게 직접 지급비용)	315,000	315,000	0	0	194,500
(1) 국내	315,000	315,000	0	0	194,500
(2) 국외	0	0	0	0	0
2) 인력비용	210,793	159,336	51,457	0	202,054
3) 시설비용	145,395	98,101	47,294	0	157,136
4) 기타비용	682,887	653,694	29,193	0	631,509
2. 사업외 비용	6	0	0	0	0
3. 고유목적사업 준비금 전입액	0	0	0	0	0
4. 총합계(비용)	1,354,081	0	0	0	1,185,199

[참고문헌]

- 강윤주·지혜원(2016), "생활예술 오케스트라"를 통해 보는 예술의 사회적 가치, 문화와 사회, 187-225.
- 김지범 외(2019). 「한국종합사회조사 2003-2018」. 서울: 성균관대학교 출판부.
- 김인설(2012), 사회자본이론 (Social Capital Theory) 을 통해서 본 예술의 사회적 영향, 문화예술경영학연구, 5(2), 3-19.
- 국세청, 2020 공익법인 결산서류 등의 공시 자료
- 한국문화경제학회, 「문화경제학 만나기」, 김영사, 2001
- 산업연구원(2016). 「예술의 국민경제적 위상과 고용 및 부가가치에 미치는 영향」, 문화체육관광부.
- 성낙인(2019), 헌법상 문화국가원리와 문화적 기본권. 유럽헌법연구, (30), 1-53.
- 소병희(2001), 「예술에 대한 지원:논리적 근거와 현황」, 『문화경제학 만나기』, 한국문화경제학회, 김영사.
- 손원익·박태규 (2012), 민간비영리조직을 통한 재정지출의 효율성 제고 방안: 문화예술분야를 중심으로, KIPF(한국조세재정연구원).
- 양현미·심광현 (2007), 「문화의 사회적 가치: 행복연구의 정책적 함의를 중심으로」, 한국문화관광연구원.
- 예술경영지원센터, 문화예술분야 사회적기업 인증 설명회집
* 2012, 2013, 2014년도 예산·기금운용계획 개요(문화체육관광부)
- 이승엽, 「극장경영과 공연제작」, 역사넷, 2001
- 이토오 야스오 외, 이흥재 역, 「예술경영과 문화정책」, 역사넷, 2002
- 이혜경(2001), 공공 예술지원과 예술의 공공성: 영국의 경험, 문화정책논총, 13, 255-278.
- 임상오, "문화경제학의 공공정책적 함의", 한국문화경제학회 창립 10주년 기념학술대회, 2007
- 전국경제인연합회, 2021 주요 기업의 사회적 가치 보고서

- 전국경제인연합회, 2013 주요 기업·기업재단 사회공헌백서
- 정광렬, 예술지원정책 추진체계의 점검과 과제, 2010 (사)한국예술경영학회 제17회 학술심포지엄 자료집
- 정홍익 외(2014), 「문화예술의 공공재적 가치와 역할 재설정 연구」, 한국문화예술위원회.
- 한국문화경제학회, 「문화경제학 만나기」, 김영사, 2001
- 한국문화관광정책연구원, 예술지원의 원칙과 기준에 관한 연구, 2005
- 황신애 외(2022), 문화예술분야 법정기부금단체 지위 상실에 따른 법과 제도적 형평성 문제 개선 연구, 한국문화예술위원회.
- Beggs, Jodi(2021), "The 4 Different Types of Goods." ThoughtCo, thoughtco.com/excludability-and-rivalry-in-consumption-1147876.
- Heilbrun, James & Gray, Charles M.,The Economics of Art and Culture : An American Perspective, NewYork, Cambridge University Press, 1993 (이흥재 옮김, 「문화예술경제학」, 살림출판사, 2000
- McCarthy, K. F., Ondaatje, E. H., Zakaras, L., & Brooks, A. (2004), Gift of the muse: Reframing the debate about the benefits of the arts, Santa Monica, CA: RAND.
- Throsby D.(2008), The concentric circles model of the cultural industries, Cultural Trends, 17:3, 147-164.

○ 인터넷 사이트

Americans for the Arts. americansforthearts.orgblog.americansforthearts.org/2021/03/17/10-reasons-to-support-the-arts-i-2021

제3장

문화예술단체와 기부

제1절 기부의 이해와 특징

제2절 우리나라의 기부 현황

제3절 기부금품 관련 법률

제4절 기부 관련 세법

제5절 문화예술 기부 활성화를 위한 정책

제6절 기부와 투명성

제7절 기부금 모금

제8절 후원회 운영

제9절 문화예술 기부 사례

2010년 하반기부터 우리 사회에서 나눔에 대한 관심이 높아지고 이에 따라 문화예술분야에서도 기부에 대한 관심이 높아졌다. 물론 그 이전부터 문화예술단체들이 기부를 받고자 하는 욕구는 있었지만 구체적으로 접근하지는 못한 상태였다. 그러나 2011년에 한국문화예술위원회에서 문화예술 기부 활성화를 위한 전담팀이 구성되었으며, 예술경영지원센터에서는 기부금 모금에 대한 아카데미를 운영하고 일부 단체에게는 모금컨설팅을 실시하는 등 새로운 시도들이 이루어졌다. 먼 훗날 지금을 되돌아보면 2011년이 문화예술분야에 대한 기부가 활성화된 원년으로 기록될지도 모르겠다.

기부란 대가를 바라지 않고 재산을 내놓은 것으로 후원의 전형적인 방법의 하나이다. 세법에서 기부금이란 '타인에게 지급하는 것으로 당해 사업과 직접적인 관계가 없어야 하고 무상으로 제공하여야 하며 그 제공하는 것은 재산적 가치가 있어야 한다'고 규정하고 있다. 기부는 실제로 문화예술단체에 직접 기부하는 방법 외에도 다양하게 적용되고 있다. 문예진흥기금을 통하는 방법도 있으며, 후원회를 조직해서 기부하는 방법도 있다. 또 별도의 재단 등에 기부를 하여 기금을 조성하게 하고 이 기금으로 문화예술단체를 지원해 주는 방법도 있다.

제3장에서는 기부에 대한 현황을 알아보고, 기부 관련 법률도 자세히 설명할 것이다. 또한 문화예술단체들이 어떻게 기부를 접근할 것인가와 실제 사례도 소개하도록 하겠다.

제1절
기부의 이해와 특징

1. 기부의 기본개념과 원리

기부는 소유하고 있는 물적, 인적 자원을 대가 없이 필요로 하는 대상에게 내어 놓는 것이다. 그러다 보니 자연스럽게 기부가 기부자의 소유와 누군가에게 제공하는 것에 초점이 맞추어져 있다. 지속가능한 기부를 위해서는 기부가 이루어지는 과정, 모금에 대한 노력, 수혜자의 자세 등에 대해 이해할 필요가 있다.

1) 기부 출발과 역사

기부는 역사적으로 신에 대한 충성과 감사, 노력에 따른 종교적 행위에서 출발한다. 기독교에서는 헌금, 불교에서는 보시 등 신에게 재물을 내어 바치는 행위를 말하며, 단순히 신에게 드리는 것을 넘어 다른 사람을 돕는 행위도 포함된다. 특히 기독교의 헌금은 교회에 가서 예배와 함께 주 1회 정기적인 헌금을 하면서 종교적 명령과 신앙고백의 의미로 자리 잡게 되었다. 그래서 다수가 기독교를 믿는 미국과 유럽의 국가들이 헌금에서 이어온 기부문화가 자리를 잡았고 특히 매달 1회 이상 정기적으로 기부하는 문화가 뿌리내리게 되었다.

최근 들어 미국과 유럽을 중심으로 필란트로피(philanthropy)라는 개념이 확장되고 있다. 필란트로피는 그리스어로 친구를 뜻하는 '필로(philo)'에서 유래하며 '인류에 대한 사랑', 이나 '지역사회를 돌봄'이라는 의미를 가지고 있으며 우리의 나은 삶을 위해 '내가 무언가를 하는 것'으로 단순히 자신이 가진 자산을 나누는 것을 넘어 시간과 재능을 활용하여 사회적, 구조적 변화를 염두에 두면서 사회공동체 모두의 삶의 질을 향상시키는 행위로 확대, 변화 되었다.[1][2]

한국에서 기부는 역사적으로 '씨족사회'와 '단일민족'의 문화적 특성에 따

---

[1] https://research.beautifulfund.org/blog/2014/09/25/%ED%95%84%EB%9E%80%ED%8A%B8%EB%A1%9C%ED%94%BCphilanthropy%EB%9E%80-%EB%AC%B4%EC%97%87%EC%9D%B8%EA%B0%80/

[2] https://m.post.naver.com/viewer/postView.nhn?volumeNo=26474564&memberNo=38086814

라 혼자나 가족이 모여서 하기 힘든 농사와 고기잡이 등을 위해 지역사회에 자연스레 형성된 조직인 두레와 이웃이 일손이 필요로 할 때 빌려주고, 일손이 모자랄 때 돌려받는 일손의 교환과 그 이상의 이웃에 정과 공동체성을 만들어 낸 품앗이가 대표적이다. 이러한 전통적인 두레와 품앗이가 현대사회에서는 재해·재난과 연말연시에 국민들이 기부를 집중적으로 하는 문화로 발전하여 자리매김하였다.

그리고 대표적인 사례로 '경주 최부자집'을 들 수 있다. 9대 진사, 12대 만석의 재산을 이어온 집안으로 400년에 걸쳐 이웃에게 기부를 하고 일제강점기에는 독립운동을 적극 지원하였으며 해방 후에는 교육사업에 전 재산을 기부하여 한국의 대표적인 '노블레스 오블리주'와 '필란트로피'의 상징이 되었다. 최부자집은 육훈 - '과거를 보되 진사이상 버슬을 하지 말라', '만석 이상의 재산은 사회에 환원하라', '흉년기에는 땅을 늘리지 말라', '과객을 후하게 대접하라', '주변 100리 안에는 굶는 사람이 없도록 하라', '시집온 며느리들은 3년간 무명옷을 입어라' -을 실천함으로써 더욱 기부와 사회적 책임의 모델이 되었다.

2) 기부의 명분

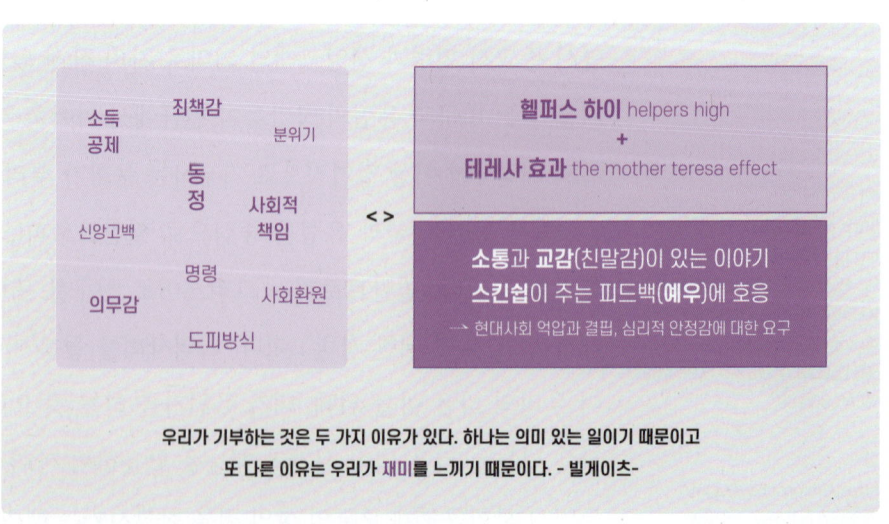

[그림 3-1] 기부를 하는 이유

기부자의 기부 참여는 단순하지 않고 다양한 명분에 의해서 움직인다. 일반적으로는 동정, 사회적책임, 사회환원 등이 있겠지만 연말 소득공제의 실리적 명분과 함께 사회적 분위기, 자산가의 도피방식, 의무감 등 회피성 기부도 있으며 신앙고백, 명령, 죄책감 등 종교와 신념의 명분에 의한 기부도 있다. 이런 관점의 기부 명분 외에 최근 다양한 연구로 인해 밝혀진 헬퍼스하이(helper's high)와 테레사효과(the Mother Teresa effect)가 있다. 현대사회 생활로 인한 억압과 결핍으로 인한 정신적, 육체적 피로감이 다른 사람을 돕는 이타적 행위를 통해 이로움을 준다는 헬퍼스하이와 남을 위한 봉사활동 또는 선한 일을 보거나 하였을 때 신체의 면역기능이 높아지는 테레사효과는 기부가 주는 수혜자의 만족을 넘어 기부자가 느끼는 선한 포만감이 기부자의 높은 만족과 다양한 참여를 이끌어낼 수 있다는 것을 보여준다.

기업가 빌 게이츠는 "우리가 기부하는 것은 두 가지 이유가 있다. 하나는 의미 있는 일이기 때문이고 또 다른 이유는 우리가 재미를 느끼기 때문이다."라고 기부에 대한 이유를 설명하고 있는데, 기부자의 측면에서 보는 기부이유와 만족도는 기부문화를 다른 관점에서 보고 기부명분을 제공하고 참여를 만든다.

2. 문화예술 기부의 종류와 특성

1) 문화예술 기부의 종류

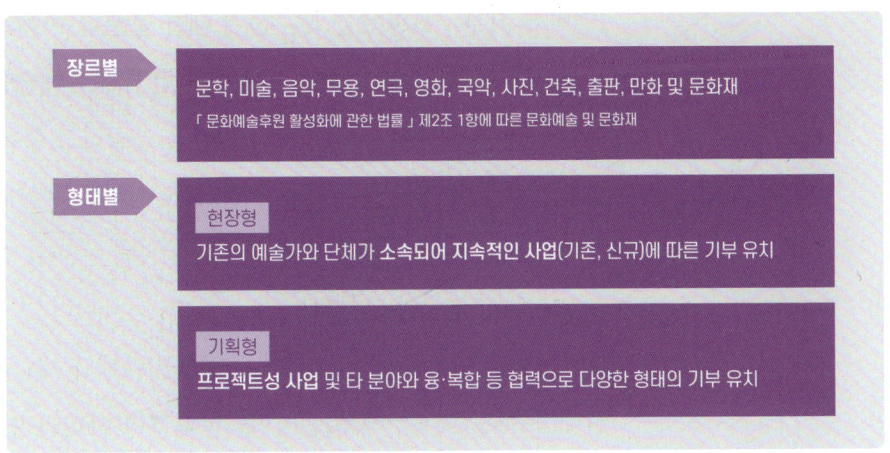

[그림 3-2] 문화예술 기부 분류

문화예술 기부는 크게 예술 장르별, 모집 형태별로 구분할 수 있다. 먼저 장르는 「문화예술후원 활성화에 관한 법률」 제2조 제1항에 따른 문학, 미술, 음악, 무용, 연극, 영화, 국악, 사진, 건축, 출판, 만화, 문화재 등으로 주로 자립하기 어려운 순수예술과 관련한 분야가 해당된다. 모집형태는 현장형과 기획형이 있으며 개인이나 기업 등 기부자의 기부 성격에 따라 구성이 된다. 현장형 기부는 예술가 및 단체가 기존에 지속해온 자신들의 해당 장르의 사업에 기부를 유치하는 것을 뜻한다. 기획형 기부는 기부자의 장르나 사업의 추진방식 등에 대한 특정한 요구에 예술가 또는 예술단체가 응하여 프로젝트성 사업이나 타 분야와 융·복합 등 협력으로 다양한 형태의 기부를 유치하는 것을 뜻하며 주로 예술단체가 사전에 계획하지는 않았지만 기부자의 제안이나 예술단체의 기존 프로그램에 대한 기부자의 협력 요청으로 함께하는 사업을 말한다.

2) 문화예술 기부의 특성

① 모금보다 예술의 이해가 먼저

국내 기부 시장의 70% 이상은 자선 분야(사회복지, 국제구호 등)가 차지하고 있으며 그에 따라 자선 분야의 모금 이해와 방법을 손쉽게 문화예술 기부에도 적용하고 있다. 그렇지만 아트 펀드레이징은 일반 펀드레이징과 엄연히 다르다. 문화예술 기부는 자선 분야와 다르게 모금 명분의 부족, 모금 대상의 한계(멤버십 기부), 문화예술 특수성에 대한 충분한 이해가 되지 않는다면 기부 유도를 하기에 어려움이 많다. 무엇보다 먼저 문화예술을 이해한 후 기부에 접근해야 하며 특수성에 걸맞은 모금 명분을 개발하고 문화예술 향유자와 관심자들을 타겟팅하여 기부를 유치하는 멤버십 기부유치 마케팅이 되어야 한다.

② 영리와 비영리의 교차점

일반적으로 기부를 받는 수혜처는 비영리단체나 개인이 해당된다. 그렇지만 문화예술의 경우는 수혜처가 비영리단체뿐만 아니라 영리단체도 있으며 이러한 영리단체의 경우는 기부금 수취를 위해 한국문화예술위원회와 공공문화재단의 조건부 기부금 사업을 이용하게 된다. 한국문화예술위원회와 공공문화재단, 메세나협회와 같은 매개기관은 세법상 공익법인이어야 하며, 예술단체를 지원하는 것이 기관의 고유목적사업이어야 한다. 이러한 매개기관은 개인이나 기업으로부터 기부금을 수령하고 예술단체에 보조사업비 형태로 지출한 후 결과보고를 받게 된다. 타 분야와 다르게 수혜처가 영리와 비영리가 함께 포함되고 협찬과 기부, 공동사업이 유일하게 존재하는 분야가 문화예술 분야이다.

③ 오묘한 창작세계와 행정적 한계

예술 행위의 명분에 여러 가지가 있지만 주요하게 구도자적인 예술의 특성이 크며, 예술을 통해 이념과 가치를 실현하고 보다 나은 목적에 도달하려는 욕구가 큰 분야이다. 그래서 문화예술 기부자들에게는 수혜사인 예술가와 예술단체에 대한 깊은 이해가 필요하고 예술가와 예술단체는 기부자들의 눈높이에 맞추며 소통을 지속적으로 해야 한다. 또한, 기부는 투명성을 전제로 하기에 예술단체는 기부자와 지속적인 소통을 해야 하며 행정 처리의 미숙 문제도 개선해야 상호 간의 신뢰를 바탕으로 기부사업을 추진할 수 있다.

④ 차별화된 콘텐츠와 다양한 모금상품의 필요

글로벌 마케팅 트렌드의 핵심은 소비자들에게 '차별화된 가치'[3]를 제공해야 된다는 것이다. 기부문화도 자선 분야의 일반화된 형태가 아닌 다양한 형태의 기부와 차별화된 모금상품 개발에 대한 요구를 받고 있다. 다행스럽게도 문화예술 기부는 기부자와 기업들에게 다양성과 차별화된 콘텐츠를 가지고 있다. 하나의 분야처럼 보이지만 속성이 다른 다양한 장르를 보유하고 있고 4차산업 연계, 메타버스, 5G, AI 등 미래기술과 K-art, 융복합 콘텐츠 등 기부자와 기업 맞춤형 모금상품 개발이 가능하다. 이러한 장점은 기부 확산을 넘어 문화예술에 대한 관심과 향유 확대로 만들어 갈 수 있다.

⑤ 감성보다 논리

---

[3] https://www.mk.co.kr/economy/view/2011/757114

문화예술은 사회의 모든 구성요소 중 가장 감성적인 분야이다. 그렇지만 모금 명분에 있어서는 자선분야에 비해 감성적인 설득으로 기부참여를 이끌어내기에 분명한 한계가 있다. 어려운 예술가를 돕는다던가 문화예술 소외계층에게 공연을 제공하는 것과 같이 부분적으로는 감성적 설득이 가능한 요소를 가지고 있긴 하지만, 이는 사회복지 측면이나 예술의 사회적 가치에서 비롯된 것이다. 예술 자체에 대한 기부에 있어서는 감성보다는 논리적인 모금 명분으로 기부자의 참여를 이끌어내야 한다.

⑥ 사회적 인식이라는 높은 장애물

길거리에 지나가는 대중들을 대상으로 묻는다면 어려운 이웃은 본인이 지금 기부를 하지 않더라도 도와야 할 대상이라고 명확히 인지하고 있다. 그렇지만 문화예술 기부를 요청한다면, 부자들의 자녀들이 예술을 한다고 생각하거나 자신들이 좋아서 예술을 하는 것인데 내가 왜 도와줘야 하는가라는 반응을 보이는 사람들이 대부분이다. 그만큼 문화예술 기부에 참여하게 하는 것은 무엇보다 모금 명분을 각 장르와 예술단체의 성격에 맞게 개별화하여 만들어야 하며 그에 대한 설득조차도 많은 시간과 고민이 필요하다.

3. 기부 관련 이슈와 방안

1) 기부금품 모집과 지출이 투명하지 못하다.

기부에 있어서 가장 대중에게 불신을 심어 준 것은 기부자의 목적에 따라 기부금을 사용하지 않고 횡령이나 유용을 한 문제였으며, 이러한 사건이 발생하면 기부문화 확산을 가로막게 된다. 문화예술 분야도 한 예술단체에서 탤런트 OOO씨의 기부금 1억 원 유용(결손처리)한 사건과 OO문화원이 2년간 OO그룹의 15억 원의 기부금 정보공개 요청에 대하여 욕설과 협박으로 대응한 사건 등이 있었다. 이렇게 심각한 사건 외에도 수혜자의 기부금을 받기 전 행동과 받은 후 행동의 큰 차이로 인하여 기부자가 실망하기도 한다. 기부금 모집과 지출의 투명성은 단순히 한 기부자와 수혜자의 문제를 넘어 우리나라 전체 기부에 영향을 주게 되므로 지속가능한 기부 확산을 위하여 수혜자의 더 깊은 준비와 투명성에 대한 인식이 필요하다.

2) 기부금은 수혜자(단체)의 소유이다

기부금 모집 후 사용에 있어 많은 수혜자(단체)들이 기부금의 소유가 자신에게 있다고 생각하고 기부자와 소통, 피드백, 결과보고 등에 소홀한 경우가 많다. 기부금을 유치한 단체는 기부자가 정한 목적에 사용하도록 위임 받았다는 의미를 잊지 않고 지속적인 관리와 피드백이 이루어져야 한다.

3) 기부금의 10~15%는 운영비로 쓸 수 있다.

대부분의 사람들은 기부금 건액이 기부받은 수혜사(난체)에서 원래 정해진 목적사업에만 쓰이는 줄 안다. 그렇지만 「기부금품 모집 및 사용에 관한 법률」에 따라 수혜자(단체)는 기부금의 일부를 모집비용(운영비)으로 사용할 수 있으며, 모집비용에 관한 내용을 투명하게 공개하고 모금 총액에 따른 법적 범위(10~15%) 내에서 사용해야 한다.

4) 모금가는 결과와 과정 모두 착해야 한다.

모금가와 수혜자는 기부금의 사용에서뿐만 아니라 모금 과정에서도 윤리와 법질서를 지켜야 한다. 불필요한 접대와 기부금 유용과 횡령, 사기성 설득과 회피 등은 허용되지 않으며 일반적인 영업 행위에서 일어나는 과정보다 기부금 유치에서는 더 유념하여 진행해야 한다. 모금 윤리는 몇 번을 강조해도 지나치지 않는다.

5) 모금가와 수혜자(단체)는 고소득자이다

모금가는 모금 윤리상 인센티브제도(예: 모금액의 30% 보상)는 불가능하며, 정해진 기준에 의한 급여 및 성과급만 가능하므로 고소득자가 될 수 있다. 수혜단체는 모집비용(운영비) 10~15% 외에는 전액 해당 목적에 사용하여야 하므로, 아무리 모금을 많이 하여도 이익을 창출하기가 어렵다.

6) 누구를 위한 기부금품 모집과 사용인가

기부금 사업은 기부자와 수혜자(단체)가 건강한 상호작용을 위한 결과물을 창출하는 일로 모금가는 기부자와 수혜자(단체)의 가교역할을 하는 숨어있는 조력자이다. 기부의 목적은 수혜자(단체)의 필요만을 채우는 것도 아니고 기부자(기업)만의 홍보와 만족만도 아닌 대중과 지역사회를 포함한 우리 모두를 위한 것이다.

제2절
우리나라의 기부 현황

1. 국세통계연보

우리나라의 개인과 법인의 기부금 지출 규모에 대해 정확하게 집계된 자료는 없다. 우리나라뿐만 아니라 다른 나라도 마찬가지로 기부금 지출 총액을 산출하는 것은 불가능할 것이다. 그나마 국내 기부금 총액을 추정할 수 있는 자료는 매년 말경 국세청에서 발표하는 국세통계연보가 유일하다고 볼 수 있다. 매년 말에 발표하는 국세통계연보는 전년도 귀속 법인세, 소득세 등을 신고한 자료를 토대로 작성되므로 2020년 기부금 총액을 산출하기 위해서는 2021년 국세통계연보를 활용하게 된다. 이를 기초로 하여 우리나라의 기부금 지출 현황을 정리해 보면 다음과 같다.

1) 법인의 기부금 지출 현황

국세청에 신고된 최근 10년간 법인의 기부금 지출액은 다음과 같다.

(단위 : 개, 백만 원)

[표 3-1] 법인의 기부금 신고 현황

구분	신고법인 수		기부금 지출액		평균 지출액	
	개수	증감률	금액	증감률	금액	증감률
2011년	460,614	4.68%	4,068,045	16.08%	8.8	10.40%
2012년	482,574	4.77%	4,112,276	1.09%	8.5	-3.51%
2013년	517,805	7.30%	4,654,495	13.19%	9.0	5.75%
2014년	550,472	6.31%	4,906,292	5.41%	8.9	-0.85%
2015년	591,694	7.49%	4,778,202	-2.61%	8.1	-9.40%
2016년	645,061	9.02%	4,647,156	-2.74%	7.2	-10.79%
2017년	695,445	7.81%	4,632,262	-0.32%	6.7	-7.54%
2018년	740,215	6.44%	5,096,289	10.02%	6.9	3.36%
2019년	787,438	6.38%	5,287,634	3.75%	6.7	-2.47%
2020년	838,008	6.42%	5,154,668	-2.51%	6.2	-8.40%

법인세 신고 법인 수는 10년 연속 증가하고 있으며, 기부금 지출액은 연도별로 감소한 해가 있기는 하였지만 2011년도에 4.07조 원에서 2020년에는 5.15조 원으로 증가하였다. 참고로 2001년에는 1.59조 원, 2006년에는 2.79조 원이었다. 2000년대 초반만 해도 법인의 기부금 증가율은 꽤 높은 수준을 유지하였으나, 최근 10년간을 보면 매년 증가액이 크지 않다. 기부금 증가율은 이미 2008년부터 현저히 떨어지기 시작한 상태로 1개 기업 당 평균 지출액은 오히려 감소추세이다. 그동안 법인 기부금이 증가한 것은 결국 법인 수가 증가한 이유 때문이다.

2020년도 법인의 기부금 지출액을 법인 규모별, 수입금액 규모별로 구분하면 다음과 같다.

(단위 : 백만 원, %)

[표 3-2] 2020년 법인규모별, 수입금액 규모별 기부금 지출액

구분		신고법인수	기부금	비중	1개 기업당 기부금
법인규모별	일반법인	75,694	4,271,847	82.87%	56.44
	중소기업	762,314	882,821	17.13%	1.16
계		838,008	5,154,668	100.00%	
수입금액 규모별	3억 이하	192,143	11,178	1.70%	0.23
	5억 이하	3,8662	8,377	0.38%	0.31
	10억 이하	58,885	19,204	0.91%	0.48
	20억 이하	60,849	35,499	1.68%	0.88
	50억 이하	66,824	89,053	3.00%	1.51
	100억 이하	32,073	90,365	2.77%	3.15
	200억 이하	16,813	115,262	3.12%	6.99
	300억 이하	5,631	82,814	1.73%	11.82
	500억 이하	4,406	109,826	2.09%	18.05
	1,000억 이하	3,088	122,022	3.13%	38.30
	5,000억 이하	2,511	512,075	9.24%	144.35
	1조 이하	308	231,409	6.31%	825.76
	1조 초과	381	2,685,192	63.93%	7,132.89
계		838,008	5,154,668	100.00%	

전체 법인 중 중소기업을 제외한 일반법인의 비율은 9.1%에 불과하지만 일반법인의 기부금 지출액은 무려 기부금 지출액의 82% 이상을 차지하고 있다. 또한 수입금액이 1조를 초과하는 큰 기업의 수는 0.1%에도 못 미치지만 기부금 지출액 비중은 총기부금 지출액의 64% 정도를 차지하고 있다. 조금 더 범

위를 넓혀 수입금액이 1,000억 원 이상이 되는 법인의 기부금 비중을 살펴보면 법인 수는 0.5%이나 기부금 비중은 79.48%를 나타내고 있다. 이러한 현상은 2020년에만 국한된 것이 아니라 매년 유사한 비율을 나타내고 있으며, 최근 10년간의 추세를 보면 약간 감소한 것으로 나타나고 있다.

(단위 : 명, 백만 원)

[표 3-3] 1,000억 원 이상 매출 기업의 기부금 분석

구분	법인수	총 법인수 대비 법인비율	기부금 총액	1기업당 기부금 평균지출액	전체기부금 중 해당기업 비중
2011년	2,903	0.63%	3,391,849	1,168	83.38%
2012년	3,200	0.66%	3,428,676	1,071	83.38%
2013년	3,207	0.62%	3,877,406	1,209	83.30%
2014년	3,332	0.61%	4,097,937	1,230	83.52%
2015년	3,434	0.58%	3,737,310	1,088	78.22%
2016년	3,502	0.54%	3,729,805	1,065	80.26%
2017년	3,668	0.53%	3,712,473	1,012	80.14%
2018년	4,010	0.54%	4,154,815	1,036	81.53%
2019년	4,125	0.52%	4,279,167	1,037	80.93%
2020년	4,156	0.50%	4,097,101	986	79.48%

따라서 우리나라 법인의 기부금 지출 총액은 규모가 큰 법인의 기부금 지출액에 따라 크게 달라짐을 알 수 있다. 반대로 매출이 100억 원 이하인 기업의 최근 10년간 기부금을 분석하면 다음과 같다.

(단위 : 명, 백만 원)

[표 3-4] 100억 원 이하 매출 기업의 기부금 분석

구분	법인수	총 법인수 대비 법인비율	기부금 총액	1기업당 기부금 평균지출액	전체기부금 중 해당기업 비중
2011년	430,440	93.45%	270,875	0.63	6.66%
2012년	449,436	93.13%	253,676	0.56	6.17%
2013년	483,570	93.39%	369,455	0.76	7.94%
2014년	514,911	93.54%	374,245	0.73	7.63%
2015년	554,938	93.79%	420,456	0.76	8.80%
2016년	606,866	94.08%	424,670	0.70	9.14%
2017년	655,302	94.23%	437,072	0.67	9.44%
2018년	697,060	94.17%	461,961	0.66	9.06%
2019년	743,044	94.36%	511,143	0.69	9.67%
2020년	793,137	94.65%	538,451	0.68	10.45%

총 법인에서 매출이 100억 원 이하인 기업이 차지하는 비율은 94% 수준이며, 전체 법인 기부금 중에서 해당 기업이 차지하는 기부금 비율은 조금씩 증가하여 2020년에 처음으로 10%를 초과하였다. 하지만 여전히 낮은 비율이며, 이 역시 1기업 당 기부가 증가한 것이 아니라 해당 법인수가 증가했기 때문에 나타난 결과다. 2020년에는 1기업 당 68만원 수준이며 2017년 이후 거의 변화가 없다.

규모가 큰 기업이 전체 법인 기부금에서 차지하는 비율이 아주 높게 나타나고, 규모가 작은 법인의 기부는 여전히 낮게 나타나고 있는 현실은 기부금 관련 정책이나 기부금 모금을 기획하는데 있어 시사하는 바가 크다고 하겠다.

2) 개인의 기부금 지출 현황

국세청에 신고된 최근 10년간 개인의 기부금 지출액은 다음과 같이 근로소득자와 종합소득 신고자로 구분하여 표시하였다. 근로소득자와 종합소득 신고자의 수를 합한 것이 우리나라 전체 개인의 수와는 차이가 있다. 근로소득자도 아니고 종합소득 신고자도 아닌 개인이 있기 때문에 기부금 지출액이 일부 누락되었을 가능성이 있으며, 근로소득자이면서 종합소득 신고자인 개인도 있기 때문에 중복되었을 가능성도 존재한다. 따라서 아래 표의 근로소득자의 기부금 지출액과 종합소득 신고자의 기부금 지출액의 합계액이 우리나라 전체 개인의 기부금 지출액과의 차액이 어느 수준일지 파악하기는 어렵다. 다만, 국세통계연보에서 이중으로 계상된 기부금 금액은 연간 6,000억 원 정도로 추산된다. 이러한 한계에도 불구하고 매년 동일한 산출 근거를 갖고 추세분석을 하고 있으므로 나름대로 의미가 있는 자료라고 할 수 있다

개인기부금의 내용을 살펴보면 근로소득자와 종합소득 신고자로 구분할 수 있으며, 종합소득 신고자는 기부금특별공제 금액과 필요경비 산입 금액을 합하였다. 단, 근로소득자의 정치자금 기부금 공제액은 제외하였다.

(단위 : 명, 백만 원)

[표 3-5]
근로소득자의 기부금 지출액

구분	근로소득자 수	기부금 지출액		평균 지출액
		금액	증감률	
2011년	4,428,337	5,184,963	6.78%	1.17
2012년	4,709,343	5,541,012	6.87%	1.18
2013년	4,923,854	5,584,169	0.78%	1.13
2014년	4,487,042	5,147,089	-7.83%	1.15
2015년	4,514,649	5,408,347	5.08%	1.20
2016년	4,634,892	5,633,995	4.17%	1.22
2017년	4,802,115	5,726,216	1.64%	1.19
2018년	5,011,068	5,986,447	4.54%	1.19
2019년	5,299,579	6,259,202	4.56%	1.18
2020년	5,546,222	6,266,408	0.12%	1.13

(단위 : 명, 백만 원)

[표 3-6]
종합소득 신고자의 기부금 지출액

구분	종합소득 신고자 수	기부금 지출액		평균 지출액
		금액	증감률	
2011년	689,252	1,901,707	13.60%	2.76
2012년	886,617	2,186,211	14.96%	2.47
2013년	879,216	2,247,192	2.79%	2.56
2014년	821,210	1,945,542	-13.42%	2.37
2015년	783,982	2,524,481	29.76%	3.22
2016년	715,260	2,587,321	2.49%	3.62
2017년	788,527	2,539,862	-1.83%	3.22
2018년	856,865	2,782,955	9.57%	3.25
2019년	947,218	2,945,661	5.85%	3.11
2020년	960,509	2,924,877	-0.71%	3.05

근로소득자와 종합소득 신고자의 기부금 지출액은 모두 지속적으로 증가하고 있으며, 1인당 평균 지출액은 매년 비슷한 수준으로 유지되고 있다. 근로소득자와 종합소득 신고자의 기부금 지출액을 합하면 개인이 지출한 규모가 되며 금액은 다음과 같다.

(단위 : 명, 백만 원)

[표 3-7]
근로소득자 및 종합소득 신고자의 기부금 지출액

구분	신고자 수	기부금 지출액	평균 지출액
2011년	5,117,589	7,086,670	1.38
2012년	5,595,960	7,727,223	1.38
2013년	5,803,070	7,831,361	1.35
2014년	5,308,252	7,092,631	1.34
2015년	5,298,631	7,932,828	1.50
2016년	5,350,152	8,221,316	1.54
2017년	5,590,642	8,266,078	1.48
2018년	5,867,933	8,769,402	1.49
2019년	6,246,797	9,204,863	1.47
2020년	6,506,731	9,191,285	1.41

우리나라 개인의 기부금 1인당 평균지출액은 최근 10년간 크게 변동되지 않았지만, 소득세 신고자 수의 증가에 따라 개인의 기부금 지출액은 2016년에 처음으로 8조 원을 넘어선 이후 2020년에는 9.19조 원 이상으로 집계되었다.

2020년의 개인의 기부금 지출액을 소득금액 규모별로 표시하면 다음과 같다.

(단위 : 명, 백만 원)

[표 3-8]
2020년 개인 소득규모별 기부금지출액

구분	인원	금액	비중	1인당 기부액(원)
1천만 이하	76,646	132,435	1.44%	1,727,879
2천만 이하	161,511	186,115	2.02%	1,152,336
4천만 이하	1,474,824	1,009,794	10.99%	684,688
6천만 이하	1,716,921	1,613,870	17.56%	939,979
8천만 이하	1,304,857	1,656,579	18.02%	1,269,548
1억 이하	823,602	1,353,842	14.73%	1,643,806
2억 이하	795,217	1,868,508	20.33%	2,349,683
3억 이하	81,955	376,010	4.09%	4,588,006
5억 이하	41,537	374,026	4.07%	9,004,646
5억 초과	29,661	620,106	6.75%	20,906,443
합계	6,506,731	9,191,285	100.00%	1,412,581

2020년 개인의 기부금 9.19조 원을 소득구간별로 분류해서 분석해 보면 법인과는 완전히 다른 양상을 나타내고 있다. 이것 역시 2020년에만 국한된 것은 아니다. 법인의 경우 매출규모 상위 0.5%의 법인이 법인 기부액의 80% 정도를 차지하고 있었으나, 개인의 경우 소득 규모 3억 원 이상의 개인 1.09%가 지출하는 기부금은 전체 개인기부금의 10.82%에 불과하다. 개인기부의 비중이 가장 높은 소득구간은 1억~2억 원 사이이며 20.33%를 나타내고 있다. 하지만 4천~6천만 원 소득구간은 17.56%, 6천~8천만 원 소득구간은 18.02%로 비슷한 비중을 차지하고 있다. 소득구간을 조금 넓혀보면 2천~8천만 원 사이에 해당하는 기부금 비중은 46.57%나 된다. 이 소득구간은 우리나라 중산층 정도에 해당하는 것이며, 주요 소득구간별로 최근 5년간의 자료를 보더라도 비슷한 양상을 보이고 있다.

[표 3-9]
주요 소득 구간별 기부금 비중

연도	2천초과 8천이하		8천 초과		3억 초과	
	인원비율	기부비중	인원비율	기부비중	인원비율	기부비중
2016년	71.18%	48.98%	24.33%	46.37%	0.93%	9.93%
2017년	69.91%	48.61%	25.84%	48.26%	0.98%	9.88%
2018년	68.91%	46.92%	26.73%	49.61%	1.01%	10.24%
2019년	69.44%	48.30%	26.65%	48.40%	1.03%	10.21%
2020년	69.11%	46.57%	27.23%	49.97%	1.09%	10.82%

[표 3-9]를 보면 우리나라의 개인기부는 일부 재력가만이 기부하는 것이 아니라 소득과 크게 관계없이 기부자가 고르고 넓게 퍼져 있다는 것을 알 수 있다.

참고로 국세통계연보에서는 2017년부터 기부금 중에서 근로소득세액공제액을 분야별로 구분하여 비중을 산출하고 있으며, [표 3-10]에서 보는 것과 같이 종교기부가 60% 이상으로 절대적으로 많은 비중을 차지하고 있음을 알 수 있다.

[표 3-10] 근로소득 세액공제 분야별 비중

연도	정치	법정	우리사주	지정(기타)	지정(종교)
2017년	2.93%	5.67%	0.04%	26.38%	64.98%
2018년	2.72%	5.39%	0.04%	27.40%	64.45%
2019년	1.83%	4.83%	0.04%	27.69%	65.60%
2020년	2.51%	5.96%	0.06%	28.39%	63.08%

3) 우리나라 기부금 지출 규모

법인과 개인의 기부금 지출액을 합하여 우리나라 기부금 총액을 계산해 보면, 2010년에 처음으로 10조 원을 넘어섰으며 2020년에는 14.35조 원으로 집계되었다.

(단위 : 백만 원)

[표 3-11] 개인과 법인의 기부금 지출액

	개인	개인비중	법인	합계	증감률
2011년	7,086,670	63.53%	4,068,045	11,154,715	11.2%
2012년	7,727,223	65.27%	4,112,276	11,839,499	6.1%
2013년	7,831,361	62.72%	4,654,495	12,485,856	5.5%
2014년	7,092,631	59.11%	4,906,292	11,998,924	-3.9%
2015년	7,932,828	62.41%	4,778,202	12,711,030	5.9%
2016년	8,221,316	63.89%	4,647,156	12,868,472	1.2%
2017년	8,266,078	64.09%	4,632,262	12,898,340	0.2%
2018년	8,769,402	63.25%	5,096,289	13,865,691	7.5%
2019년	9,204,863	63.51%	5,287,634	14,492,497	4.5%
2020년	9,191,285	64.07%	5,154,668	14,345,953	-1.0%

우리나라 기부금의 65% 정도를 개인이 지출하고 있으며 전체 기부금의 연평균 증가율은 2.8% 정도로 나타나고 있다. 최근 10년간 개인 및 법인의 기부금 지출액을 그래프로 나타내면 다음과 같다.

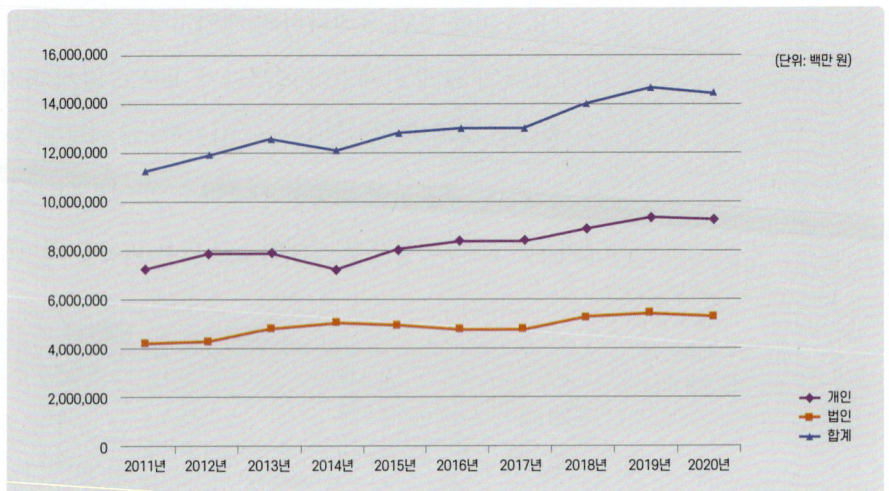

[그림 3-3]
개인과 법인의
기부금 지출액과 그 합계

그래프에서 나타나듯이 우리나라 기부금 지출액은 지속적으로 증가하고 있으며, 개인의 기부금이 법인의 기부금에 비하여 조금 더 가파르게 성장하고 있음을 알 수 있다. 법인 기부가 개인 기부보다 높은 비율을 차지하던 2000년 초반부터 개인의 기부금이 급속도로 증가하기 시작하여 법인 기부를 추월한 이후 격차가 더욱 벌어지고 있다. 이러한 현상은 우리나라 기부금 시장이 바람직하게 정착되고 있는 모습을 보여주는 것이라 할 수 있다. 또한, 개인 기부의 경우 우리나라 중산층 계층의 기부금 비중이 높다는 사실은 기부를 모으고자 하는 예술단체에게 시사하는 바가 크다고 하겠다.

2. 2020 기빙코리아 인덱스(Giving Korea Index)

기빙코리아 인덱스는 한국인의 나눔 행동 동향에 대한 지속적 이해를 구축하기 위해 아름다운재단 기부문화연구소에서 2001년부터 격년으로 설문 조사를 통해 발표되는 지표로 기부 관련 자료 중 가장 많이 활용되고 있는 자료라고 할 수 있다. 기빙코리아 인덱스에서 발표한 내용 중 문화예술계 종사자들이 참고할만한 몇 가지 중요한 지표에 대해 살펴보도록 하겠다. 기부에 관심이 있는 사람들은 매년 아름다운재단의 기부문화심포지엄 자료를 꼭 보기 바란다.

[표 3-12]
분야별 기부 참여율

(단위 : 명, %)

구분	기부/봉사 모두 한 사람 (N=376)	기부만 한 사람 (N=557)	전체 응답자 (N=933)
국내자선	252(27.0)	350(37.5)	602(64.5)
해외구호	103(11.0)	126(13.5)	229(24.5)
교육	32(3.4)	22(2.4)	54(5.8)
의료	33(3.5)	27(2.9)	60(6.4)
문화예술	16(1.7)	13(1.4)	29(3.1)
NGO	126(13.5)	169(18.1)	295(31.6)
지역사회	65(7.0)	33(3.5)	98(10.5)
기타	18(1.9)	41(4.4)	59(6.3)

분야별 기부 참여율 중 국내 자선분야가 기부/봉사 모두 한 사람이 27.0%, 기부만 한 사람이 37.5%, 합계 64.5%로 가장 높았다. 다음으로 NGO 분야가 31.6%, 해외구호 분야 24.5% 등의 순으로 기부 경험 비율이 높았던 것으로 나타났다. 이는 우리나라 기부자들이 불우이웃을 돕는데 가장 관심이 크다고 해석할 수 있다.

문화예술분야 기부 참여율은 3.1%로 기부/봉사 모두 한 사람 1.7%, 기부만 한 사람 1.4%였다. 2000년대 초반만 해도 문화예술분야 기부 참여율은 0.2~0.3%에 머물렀다. 2011년 조사에서 처음 0.5%로 올라섰고, 이후 조금씩 증가하여 2019년에 3%를 넘어선 것이다. 그동안 문화예술계에서 시행하였던 기부 활성화 관련 새로운 시도, 정책, 교육 및 컨설팅 등이 서서히 효과를 보고 있는 것으로 추정된다.

[표 3-13]
분야별 평균 기부액

(단위 : 만원)

구분	기부/봉사 모두 한 사람 (N=376)	기부만 한 사람 (N=557)	전체 응답자 (N=933)
국내자선	16.32	16.39	16.36
해외구호	21.03	12.74	16.47
교육	25.53	25.00	25.31
의료	27.24	14.26	21.40
문화예술	10.81	10.15	10.52
NGO	22.83	10.72	15.89
지역사회	26.88	7.42	20.33

분야별 평균 기부액을 보면 교육분야가 약 25만원으로 가장 많았는데, 교육분야의 기부 참여율은 5.8%로 기부를 하는 사람들은 적지만 그 기부자들이

낸 기부금액이 다른 분야의 기부금액보다 월등히 높아서인 것으로 보인다. 문화예술분야의 평균 기부액은 10만 원 정도로 조사된 분야 중 가장 낮았으며, 기부/봉사 모두 한 사람과 기부만 한 사람의 차이는 크지 않았다.

총 기부금액의 평균은 기부/자원봉사 모두 한 사람은 약 35만원, 기부만 한 사람은 약 20만원, 모든 응답자는 약 26만원으로 이를 통해 기부/자원봉사를 모두 한 사람들이 기부금액이 월등히 높은 것을 확인할 수 있다. 이는 기부금액과 자원봉사가 관련이 있음을 시사한다.

(단위 : %)

[표 3-14] 기부 동기

구분	2013	2015	2017	2019
1순위	동정심 (63.5)	불쌍한 사람들을 위해서 (30.8)	시민으로서 해야 할 책임이라고 생각해서 (31.3)	시민으로서 해야할 책임이라고 생각해서 (30.8)
2순위	사회적 책임감 (62.9)	남을 돕는 것이 행복 (29.6)	불쌍한 사람들을 위해서 (28.9)	불쌍한 사람들을 위해서 (29.3)
3순위	개인적 행복감 (62.7)	시민으로 해야 할 책임 (29.3)	남을 돕는 것이 행복해서 (20.6)	남을 돕는 것이 행복해서 (20.5)
4순위	종교적 신념 (34.4)	남의 도움 받은 것을 갚기 위해 (5.4)	남의 도움을 받은 적이 있고 이를 갚기 위해서 (9.6)	남의 도움을 받은 적이 있고 이를 갚기 위해서 (8.8)
5순위		기부금 세제 혜택 (3.0)	기부금에 대한 세제혜택을 받기위해서 (3.0)	기부금에 대한 세제혜택을 받기 위해서 (5.3)
6순위			기타 (5.4)	기타 (5.5)
7순위			주변/ 소속조직의 권유/ 영향에 의해서 (1.1)	

기부 요인에 대한 조사결과를 2017년 결과와 비교했을 때 순위에 변동이 없으며 각 이유를 선택한 비율도 비슷한 것으로 보아 기부하는 동기에 큰 변화는 없는 것으로 보인다. 이는 여전히 사람들의 기부 동기가 감성적 동기보다 사회적 책임감에 기반한 이성적 동기가 많음을 의미한다. 기부금 세제 혜택을 기부 동기로 선택한 응답은 항상 최하위권으로 조사되고 있어 기부를 이끄는 요인으로는 미미한 수준이다. 다만 2019년 결과에서는 3.0%(2017년)에서 5.3%로 증가한 것으로 나타났는데, 이는 일시기부자가 감소하고 정기기부자가 증가한 만큼 많은 사람들이 기부에 대해 인지하고 자세히 알게 되면서 세제혜택 또한 인식하게 되었기 때문이라고 추측할 수 있다.

[표 3-15]
기부단체의 선택 기준

(단위 : %)

구분	전체 응답자 (N=933)	기부/자원봉사 모두 한 사람 (N=376)	기부만 한 사람 (N=557)
1순위	기부단체의 투명성과 신뢰성 (58.9)	기부단체의 투명성과 신뢰성 (61.4)	기부단체의 투명성과 신뢰성 (57.3)
2순위	기부단체의 활동 분야나 수혜자에 대한 관심 (24.5)	기부단체의 활동 분야나 수혜자에 대한 관심 (22.9)	기부단체의 활동 분야나 수혜자에 대한 관심 (25.7)
3순위	기부단체의 인지도 (6.4)	기부단체의 인지도 (6.6)	기부단체의 인지도 (6.3)
4순위	기부단체에 대한 지인의 소개나 권유 (5.3)	기부단체에 대한 지인의 소개나 권유 (6.4)	기부단체의 직접 홍보나 요청 (5.0)
5순위	기부단체의 직접 홍보나 요청 (4.0)	기부단체의 직접 홍보나 요청 (2.4)	기부단체에 대한 지인의 소개나 권유 (4.5)
6순위	기타 (0.9)	기타 (0.3)	기타 (1.3)

기부단체의 선택 기준에 대한 응답 결과는 위 <표 3-15>와 같다. 기부단체를 선택하는 기준에 있어서 전체응답자들은 '기부단체의 투명성과 신뢰성'을 가장 많이 응답하였다. 이는 2015년, 2017년과 같은 결과이지만, 2015년 51%, 2017년 55.6%, 2019년 58.9%로 꾸준히 증가하는 추세임을 알 수 있다.

3. 사회복지공동모금회 기부금 실적

사회복지공동모금회(사랑의 열매)는 국내 대표적인 법정 기부금 기관이며 개별 모금기관으로는 국내 최대 모금을 유치하고 있다. '사랑의 열매'의 연도별 모금실적을 살펴보면 최근 5년간 연평균 10.2%의 증가세를 보이고 있으며, 2020년의 코로나19 특별 모금액(1,022억 원)을 제외할 경우에도 연평균 6.7%의 증가율을 나타내고 있다.

(단위 : 백만 원, %)

[표 3-16]
사랑의 열매 연도별 모금실적

구분	2016년	2017년	2018년	2019년	2020년
합계	5,742	5,996	5,965	6,541	8,461
중앙회	2,196	2,321	2,313	2,479	3,056
지회	3,546	3,675	3,652	4,062	5,405

4. 나눔실태 및 인식 현황조사

국가정책이 미치지 못하는 부분에 대한 나눔 활동의 제공과 공감대가 확산되고 있어 이에 대한 정책 방향을 도출하기 위해 보건복지부와 한국보건사회연구원에서 나눔실태 및 인식현황조사를 아래와 같이 실시하여 나눔실태 보고서[4]를 발간하고 있다.

1) 기부 경험

응답자 중 절반 정도 (50.5%)가 최근 1년간 기부 경험을 가지고 있다고 응답하였는데 전년(53.4%) 대비 2.9% 감소한 것이며, 현금을 기부했다고 응답한 사람은 연평균 43.1만 원을 기부한 것으로 조사되었다. 기부금액은 10~50만 원 미만이 가장 높은 비중(47.6%)을 차지하였고 다음으로 '10만 원 미만'(27.8%), '100만 원 이상'(14.1%) 순으로 나타났다.

기부 방법은 '지로/계좌이체' 〉 '모금함(현금기부)' 〉 'ARS 기부' 〉 '행사/캠페인 참여 기부' 〉 '포인트 기부' 〉 '휴대폰 앱' 〉 'SNS' 〉 '크라우드펀딩' 순으로 나타났다.

2) 기부의 목적

기부하게 된 가장 큰 이유로는 '형편이 어려운 사람을 돕고 싶어서'(51.1%)로 조사되었으며 다음으로는 '사회문제 해결' 〉 '보람' 〉 '주위의 요청' 〉 '기타'의 순이었다. 기부하지 않는 이유로는 '경제적 여유가 없어서'(55.1%)가 가장 높은 비중으로 조사되었다.

3) 기부 방법

기부 방법으로 응답자의 53.7%가 기부할 때 '특정 대상이나 사용처'를 지정하였고 지정항목으로 '기부대상'(73.1%)이 가장 많은 것으로 조사되었고 '사업/프로그램'은 16.9%, '사회적 이슈(주제)'를 택한 경우는 9.2%로 나타났다.

[4] 「나눔실태 2019」 (보건복지부 한국보건사회연구원, 2020)

4) 향후 기부 참여

응답자의 61.2%는 향후 1년 이내 기부 의사가 있는 것으로 조사되었고 그중 53.6%가 지로/계좌이체의 기부 방법을 선택하였다. 코로나19로 인해 줄어든 나눔 참여율을 높이기 위해서는 '모금단체의 투명성 확보'가 가장 중요하다고 응답한 비율이 33.7%로 나타났으며 다음으로는 '다양한 비대면 나눔 활동 개발' 〉 '나눔 문화·가치 홍보 강화' 〉 '기업의 사회공헌 활동 참여 확대' 등의 순으로 조사되었다. 코로나19 장기화로 인한 나눔활동의 위축에 대하여 다양한 프로그램 개발이 필요하며 디지털 기반의 프로그램 개발과 소규모 단체를 위한 인터넷 모금 플랫폼 구축 등이 필요할 것으로 예상되었다.

5) 기부 투명성

응답자가 기부단체를 선택 할 때는 '기부금액이 투명한 운영'이 60.1%로 가장 높게 나타났으며 이와 관련 하여 기부단체/기관의 정보공개의 중요도에 대하여 97.2%가 '중요하다'고 응답하였으나 정보공개 수행 정도에 대해서는 24.4% 정도 만 '잘하고 있다'라고 응답하였다. 기부금 사용 투명성에 대해 가장 중요한 요인은 '기부금 사용 내역에 대한 접근성'이 40.8%로 가장 높게 나타났다. 기부금 사용 투명성을 높이기 위해서 필요한 정보 공개 범위에 대하여 '재무제표 등 회계장부의 전체 공개 또는 감사결과 보고'(30.5%)가 가장 높게 나타났으며 이어서 '모금액 내역과 기부금 사용 내역', '기부금 사용이 수혜자들에게 미친 영향 공유', '기부금 사용처/사용 목적에 대한 의사결정과정 공개' 등의 순서로 중요하다고 응답하였다.

5. 문화예술 기부금품 규모 추산[5]

문화예술 기부금액 산출이 보고통계 또는 조사통계[6]에서 별도로 추출하는 것이 불가능하여 정확한 산출이 어렵고 국가승인통계나 별도로 정교한 설문조사를 통해서는 파악하기 어려우므로 원 자료를 활용하여 추산할 수밖에 없는 한계를 가진다. 따라서 국세통계연보 자료(2018년 기준)를 기준으로 문화예술 민

[5) 김재중 외(2021), 「한국 문화예술 재원 흐름 동향조사: 분석 프레임 설정을 중심으로」 중 제5장의 내용을 정리함

6) '보고통계'는 법령에 따라 개인과 단체의 신고, 보고, 신청, 인허가 등과 같이 행정업무에 의해 수집된 자료를 통해 작성된 통계를 의미하고, '조사통계'는 말 그대로 통계의 작성을 목적으로 통계작성기법을 사용하여 조사한 자료를 통해 얻어진 통계를 의미하며 전수조사, 표본조사로 나누어짐(「통계승인업무 처리지침」, 통계청 예규 제193호)

간재원 규모 추산을 아래와 같이 시도하였다.

1) 문화예술 개인 기부 추산

개인의 경우 통계청에서 실시하는 사회조사 결과를 바탕으로 국세통계연보에 나타난 개인 기부금의 규모와 연결하여 문화예술 분야의 기부금을 추산할 수 있다. 국세통계연보의 세액 공제 유형별 기부금에서 종교와 정치 분야 등을 제외하고 통계청의 사회조사 설문결과 응답자가 답한 희망 기부유형 중 문화예술이라고 응답한 비율을 곱하여 문화예술 분야 기부금을 추산하였다. 위와 같은 방법으로 계산한 결과 문화예술 분야에 대한 2018년도의 개인 기부금은 216억 원으로 추산되었다.

[표 3-17] 문화예술에 대한 민간재원 측정 및 총량 추계

구분		측정 및 분석 가능 범위	활용자료	재원 및 현황	문화예술 민간재원
개인		① 전체 기부금 규모	국세통계	8조 7,898억 원	216억 원 (②×③ 희망기부유형)
		② 세액 공제 유형별 기부금 (법정+종교 외 지정기부금)	국세통계	2조 8,813억 원 (①×②비율)	
		③ 기부 참여 현황	사회조사	-	
법인		④ 전체 기부금 규모	국세통계	5조 963억 원	2,798억 원 (④×⑮ 문화예술비율)
영리법인		⑤ 상장법인 기부금 규모	국세통계	2조 3,884억 원	
		⑥ 기부금 규모	민간자원연구	3조 6,132억 원 (2017년 기준)	
		⑦ 100대 기업 사회공헌 규모	사회공헌백서	1조 7,145억 원	
비영리법인		⑧ 전체 비영리법인 수	국세통계	33,599개	
공익법인 외		⑨ 공익법인 외 비영리법인 수	국세통계	16,362개	
공익법인		⑩ 전체 공익법인 수, 유형	국세통계	17,237개 (종교법인 제외)	
	의무공시 대상 외	⑪ 공익법인 수	국세통계	7,834개	
	의무공시 대상	⑫ 공익법인 수	국세통계	9,403개	
		⑬ 총자산, 유형별 자산	국세통계	163조 5,242억 원	
		⑭ 총수입, 유형별 수입	국세통계	99조 9,266억 원	
		⑮ 총기부금, 유형별 기부금	국세통계	6조 5,057억 원	
		⑯ 총지출, 유형별 지출	국세통계	100조 555억 원	
		⑰ 총사업비, 유형별 사업비	국세통계	90조 7,234억 원	

2) 문화예술 법인(기업)기부 추산

법인의 경우 전체 신고된 기부액 5조 963억 원 중 의무공시 대상 공익법인(舊 지정기부금 단체) 중 문화예술 유형 공익법인의 모집신고 기부금 비율(5.49%)을 적용하여 문화예술 분야 민간 법인 재원의 규모를 추정하면 '5조 963억 원 × 5.49% = 2,798억 원'으로 계산된다. 다만, 문화예술 공익법인으로 분류된 법인 활동에는 일반문화, 체육문화 등 다양한 문화활동이 포함되기에 실제 순수 문화예술 관련 기부액은 이보다 적을 것으로 추정한다. 따라서 보정을 위해 의무공시 대상 문화예술 공익법인 중 기부금 모집신고 상위 100개 법인 리스트를 검토하여 순수 문화예술과 관련된 법인만을 재정리하면 55개의 공익법인이 순수 문화예술법인으로 확인되며 순수 문화예술 분야에 유입된 법인의 기부금을 산출하기 위해 위에서 계산되어 추정된 문화예술 법인 기부금(2,798억 원)에 55% 비율을 적용하면 1,539억 원으로 최종 추정이 된다.

[표 3-18]
2018년 기부금에 근거한 문화예술 분야 민간기부의 규모 추계

구분	재원	비고
개인	216억 원	
법인	1,539억 원	보정비율 적용: 2,798억 원(④×⑮문화예술비율) × 55%
계	1,755억 원	

제3절
기부금품 관련 법률

1. 기부금품의 모집 및 사용에 관한 법률

기부금품 모집 관련 법률의 변천을 살펴보면, 1951년 11월에 기부금품 모집 폐해를 방지하기 위해 처음으로 「기부금모집금지법」이 제정되었으며, 1995년에는 「기부금모집규제법」으로 개정하여 기부금품 모집을 허가제로 전환하였다. 2006년에는 다시 「기부금품의 모집 및 사용에 관한 법률」로 개정하며 기부금품 모집을 허가제에서 등록제로 전환하였다. 기부금품 모집에 대한 규제적·제한적 입법적 태도에서 규제를 완화하고 기부금품 모집의 투명성과 신뢰성 확보를 통해 건전한 기부문화를 조성하는데 주안점을 두기 위한 것이었다. 「기부금품의 모집 및 사용에 관한 법률」은 기부금품의 모집절차 및 사용방법 등에 관한 필요한 사항을 규정하여 기부문화를 조성하고 건전한 기부금품 모집 제도를 정착 시켜 모집된 기부금품을 적정하고 사용될 수 있게 함을 목적으로 한다.

1) 용어의 정의

제2조 1호에 의거한 기부금품이란 '명칭이 어떠하든 반대급부 없이 취득하는 금전이나 물품'을 말하며 제2조 2호에 의거한 기부금품 모집이란 '서신, 광고, 그 밖의 방법으로 기부금품의 출연(出捐)을 타인에게 의뢰·권유 또는 요구하는 행위'를 말한다. '모집자'란 '제4조(기부금품의 모집등록)에 따라 기부금품의 모집을 등록한 자'를 말하며 대상은 공익법인(舊 법정기부금단체, 지정기부금단체) 중 모집 등록자를 뜻한다. '모집종사자'란 '모집자로부터 지시·의뢰를 받아 기부금품의 모집에 종사하는 자'를 말하며 넓게는 공익법인의 근로자를 뜻하며 좁게는 공익법인에서 모금전문가나 모집관련 업무를 담당하는 자를 뜻한다.

2) 다른 법률과 관계

「문화예술진흥법」은 기부금품 모집에 대해서는 이 법률을 적용하지 않으며 「문화예술진흥법」 제7조(전문예술법인·단체의 지정·육성) 6항에 따른 전문예술법인·단체와 제17조(문화예술진흥기금의 조성) 1항 2호에 따른 한국문화예술위원회는 「기부금품의 모집 및 사용에 관한 법률」과 상관없이 모집할 수 있다.[7]

3) 공익법인의 운영

공익법인의 경우 기부금품 모집등록과 접수제한, 접수장소, 정보의 공개, 검사 등을 실시해야 한다. 세부적으로 모집등록과 접수제한은 한국문화예술위원회와 전문예술법인·단체는 적용되지 않으며 그 외의 공익법인에 해당되는 문화예술단체·기관일 경우는 적용된다. 기부금품 모집등록은 모집사의 개인정보와 목적, 모집금품의 종류, 모집 목표액, 모집방법, 모집 기간(1년 이내), 모집금품 보관방법 등의 사항을 적은 모집·사용계획서를 등록청에 등록하여야 한다. 또한, 등록청에서 기부금품의 모집 또는 접수행위가 법 또는 법에 의한 명령 위반 여부를 확인하기 위하여 필요하다고 인정하면 모집자와 모집종사자는 관련 서류를 제출하거나 모집자의 사무소나 모금장소 등에 출입하여 장부 등을 검사하도록 할 수 있다.[8]

4) 기부금품의 사용

제12조에 따라 모집비용에 충당하는 경우 외에는 모집 목적 외의 용도로 사용할 수 없다. 세부적으로 모집목적에 부합하는 용도에만 사용해야 하지만, 사용할 수 없는 경우 등록청의 승인을 받아 모집목적과 유사한 용도로 사용할 수 있다. 또한 통상적으로 기부금품 지출 후 잔액이 발생하는 경우는 사전 또는 사후에 기부자의 동의를 받아 기부금품의 사용 용도를 변경하여 사용해야 한다.

5) 모집비용 충당비율

모집자는 모집된 기부금품의 규모에 따른 100분의 15 이내의 범위에서 기부금

---

[7] 한국문화예술위원회와 전문예술법인·기관의 경우 제3조(다른 법률과의 관계) 4호 「문화예술진흥법」에 따라 기부금품의 모집의 경우 「기부금품의 모집 및 사용에 관한 법률」에 적용하지 않지만 그 외의 공익법인(舊 지정기부금단체)에 해당하는 문화예술단체·기관일 경우는 적용된다.

[8] 해당 법률의 제9조(검사)와 「공익법인의 설립·운영에 관한 법률」 제14조(감독)에 따라 등록청(주무관청)에서는 검사 또는 감독을 실시한다.

품의 일부를 기부금품의 모집, 관리, 운영, 사용결과보고 등에 필요한 비용에 충당할 수 있다. 모집금액에 따라 적용비율이 정해지며 최소 10% ~최대 15%까지 비용으로 충당할 수 있다.

[표 3-19]
모집비용 충당비율

모집금액	적용비율	비고
1. 10억 이하	모집금액의 15% 이하	
2. 10억 원 초과 100억 원 이하	모집금액의 13% 이하	
3. 100억 원 초과 200억 원 이하	모집금액의 12% 이하	
4. 200억 원 초과	모집금액의 10% 이하	

6) 공개의무와 회계감사 등

기부금품의 모집상황과 사용명세 관련 장부·서류 등 작성·배치하고 기부금품 사용 결과 공개 및 감사보고서를 첨부(1억 원 이하면 생략)하여 등록청에 통보하여야 한다. 또한, 사업연도별로 출연받은 재산이나 공익사업 운영내용, 기부금품 모집상황과 사용명세 관련 장부·서류 및 관계있는 중요서류를 사업종료일부터 5·10년간 보존·제출해야 한다.[9] 기부금 사용을 끝낸 때에는 모집상황과 사용명세 등에 대한 보고서에 공익회계사나 감사인이 작성한 감사보고서를 첨부하여 제출하여야 한다. (1억 원 이하면 생략)[10]

2. 문화기본법

[9]
국세청(2021), 「2021 공익법인 세무안내」 p.3~4(공익법인 납세협력 의무), p.96~97(장부의 작성·비치 의무), p.110~111(기부금영수증 발급명세 작성·보관·제출 의무)

[10]
국세청(2021), 「2021 공익법인 세무안내」 p.3~4(공익법인 납세협력 의무), p.98~103(외부전문가 세무확인서 보고), p.104~105(외부회계감사를 받아야 할 의무), p.109(공익법인 등의 회계기준 적용의무)

「문화기본법」 제13조2항에 의거 국가는 문화 진흥을 위한 민간의 재원조성과 기부문화의 활성화를 위한 제도와 여건을 마련하기 위해 노력해야 한다. 「문화기본법」 제정('13.12.30) 이후 문화예술후원활동을 활성화하기 위하여 문화예술후원매개단체의 인증, 조세의 감면 등에 관한 법적·제도적 근거를 마련함으로써 문화예술에 대한 민간의 지원을 보다 촉진하고 문화예술의 진흥을 통한 문화예술 발전에 이바지하기 위해 「문화예술후원 활성화에 관한 법률」을 제정하여 실질적인 후원 활성화를 도모하기 위한 기틀이 마련되었다.

3. 문화예술진흥법

1) 전문예술법인·단체의 지정·육성

전문예술법인·단체는 「기부금품의 모집 및 사용에 관한 법률」 제3조(다른 법률과의 관계) 4호에 의거 '「문화예술 진흥법」'에 따른 기부금품의 모집에 대하여는 이법을 적용하지 않기 때문에 기부금품의 모집 및 사용에 관한 법률」에도 불구하고 기부금품을 모집 할 수 있다.

전문예술법인·단체의 경우 각 법인과 비영리단체의 회계 운영규칙에 따라 사용되고 있으며 그중 공익법인(舊 지정기부금단체)은 「공익법인의 설립·운영에 관한 법률」 제12조(예산 및 결산 등)에 따라 사용되어야 하며 전문예술법인·단체 외의 문화예술법인·단체 중 공익법인(舊 지정기부금단체)으로 지정된 경우는 「기부금품의 모집 및 사용에 관한 법률」에 따라 기부금품을 모집하고 사용해야 한다. 그렇지만 통상적으로 기부금품 모집 및 접수를 할 수 있는 전체 문화예술 분야 법인·단체의 경우 각 해당 회계 운영규칙과 「기부금품의 모집 및 사용에 관한 법률」에 따라 사용되고 있다.[11]

2) 문화예술진흥기금의 조성

한국문화예술위원회는 「문화예술진흥법」 제17조1항 2호에 의거 '개인 또는 법인의 기부금품'을 받을 수 있으며, 3항에 의거 기부자가 용도를 정하여 기부할 수 있고 기부금품을 받으면 가액과 품명을 문화체육관광부 장관에게 보고하여야 한다. 한국문화예술위원회에 내한 기부금품은 문화예술진흥기금에 포함되어 기금회계 조성 및 운용되고 있으며 별도의 회계 관리를 하고 있으나 「공익법인의 설립·운영에 관한 법률」에 의거한 기부금품의 회계 관리 의무도 수행해야 한다.

---

[11] 전문예술법인·단체의 경우 통상적으로 「기부금품의 모집 및 사용에 관한 법률」을 따르고 있으나 법률 중 일부인 제4조(기부금품의 모집등록)의 경우는 「기부금품의 모집 및 사용에 관한 법률」 제3조(다른 법률과의 관계) 4호「문화예술 진흥법」에 따라 별도의 모집등록을 하지 않고 기부금품을 모집하고 있음

4. 문화예술후원 활성화에 관한 법률

「문화예술후원 활성화에 관한 법률」은 프랑스 메세나특별법에서 착안하여 한국메세나협회에서 2008년 말부터 법 제정에 대한 논의가 시작되었고, 2009년 초부터 본격적으로 입법에 대한 추진이 시작되었다. 2013년 말에 법안이 제정되어 시행되고 있으며 자세한 내용은 제4장에서 다루기로 한다.

제4절
기부 관련 세법

기부와 관련하여 가장 많이 사용되는 정책은 기부금에 대한 세제상 혜택이다. 문화예술분야 기부활성화에 대한 정책을 논의할 때 세법은 항상 포함되어 있다. 기부금 세제는 국가가 하지 못하고 있는 다양한 공익활동에 대해 개인 또는 법인이 기부하는 경우 국가는 과세권을 행사하지 않음으로써 이런 활동에 대해 간접적으로 지원하는 것이다.

상대적으로 열악한 문화예술분야에 대한 기부를 활성화하기 위하여 기부금 세제를 개선해 달라고 문화예술계에서 지속적으로 요구를 하였고, 이에 따라 2003년 말에 세법이 일부 개정되기도 하였지만 그다지 효과가 없었다. 이후에도 예술계에서 여러 방안을 요구하였지만 대부분 세법에 대한 이해도가 떨어진 내용이었다. 기부금 세제와 관련하여 주목할 만한 연구보고서는 한국조세연구원에서 2007년도에 발표한 '기부문화 활성화 방안'이다. 이 보고서에서는 기부금 제도 개선방안의 기본방향을 다음과 같이 설정하고 있다.

- 개인의 기부금 활성화 유도
- 선진국의 사례를 벤치마킹하되, 우리 실정에 맞는 제도 마련
- 기부 인프라 확대 차원에서 기부방식을 다양화
- 기부단체에 대한 기부자의 신뢰성 제고
- 기부금 관리의 투명성 제고

이는 매우 적절하다고 생각되며, 2008년 이후 세법이 이러한 기조 속에서 계속 개정되고 있다. 세제 혜택이 가능한 개인 기부금액의 한도는 2008년부터 점차 확대되어 왔을 뿐만 아니라 기부금 영수증 발급에 대한 의무도 점차 강화돼 오고 있다. 2008년부터 연간 100만 원을 초과하는 금액을 기부하는 자(기

업 포함), 2009년부터는 연간 50만 원을 초과하는 자에 대해서는 기부금영수증 발급명세서를 작성하여 5년간 보관하도록 하였으며, 기부금영수증 총 발급건 수와 금액 등을 기재한 명세서를 다음 연도 6월 30일까지 관할 세무서에 제출하도록 하고 있다. 2010년부터는 법이 더욱 강화되어 금액에 상관없이 모든 기부에 대하여 발급명세서를 작성하고 보관하여야 하며, 기부금영수증 총 발급건수와 금액 등을 기재한 명세서를 제출하여야 한다. 이후 2021.07.01.부터 전자기부금영수증 발급시스템이 도입되었으며, 전자기부금영수증을 발급한 경우에는 기부자별 발급명세와 기부금영수증 발급합계표를 제출할 의무가 면제된다.

2011년도부터 기부금 구분체계를 간소화함에 따라 특례기부금은 폐지되었다. 반면에 전문모금기관과 일정조건을 갖춘 공공기관은 법정기부금 단체로 적용받게 되었으며, 한국문화예술위원회와 한국문화예술교육진흥원은 법정기부금 단체가 되었다. 또, 지정기부금 한도가 확대되어 개인은 소득의 30%, 법인은 10%까지 늘어났다. 이러한 개정에 따라 '박물관 및 미술관 진흥법에 의해 등록한 박물관 또는 미술관에 기부하는 박물관자료 또는 미술관자료로 지출하는 기부금'은 특례기부금이었으나 지정기부금으로 적용받게 되었다.

다만, 현행 법령에 의하면 등록 박물관·미술관 또한 기획재정부장관으로부터 별도의 지정을 받아야 지정기부금 규정이 적용되며, 한국문화예술위원회의 경우 2022.12.31.일까지는 법정기부금 단체로 인정되나, 2023.01.01. 이후 기부금단체의 지위를 유지하기 위해서는 역시 기획재정부장관으로부터 별도의 지정을 받아야 하며 이 경우 지정기부금 단체가 된다. 한국문화예술교육진흥원의 경우 2020.12.31.일자로 공익법인으로 지정되었다.

한편 지정기부금 단체 또는 법정기부금 단체 지정에 대한 변화와 별개로 2013년 소득세법 상 기부금 세제가 획기적으로 바뀌었다. 기부금을 포함한 특별공제항목들이 소득공제방식에서 세액공제방식으로 개정된 것이다. 이 개정으로 2014년 1월 1일부터는 사업자가 아닌 개인이 기부금을 지출한 경우에는 법정기부금과 한도 이내의 지정기부금의 합계액의 15%(이 합계액이 3천만 원을 초과하는 경우 그 초과분에 대해서는 25% 적용)의 세액공제율이 적용되었다. 이후 개정에서는 고액기부금에 대한 세액공제 효과를 강화하기 위해 1천만

원을 초과하는 기부금에 대해서는 세액공제율 30%를 적용하도록 하였다. 또한, 코로나19 극복 및 나눔문화 확산을 목적으로 2021년 기부금에 대해서는 한시적으로 각 공제율을 5%p씩 상향조정하여 적용하였다(1천만 원 이하 20%, 1천만 원 초과 35%).

우리나라 예술계에서는 문화예술분야 기부 활성화를 위해 세제 개선을 해야 한다고 끊임없이 주장하고 요구해 왔다. 그럼 몇 가지만 먼저 생각해 보자.

세제를 개선하면 예술단체의 기부가 늘어날 것인가? 사회복지공동모금회와 한국문화예술위원회는 기부에 대하여 동일한 세제 혜택을 적용받았지만 모금액은 비교할 수 없을 만큼 차이가 난다. 더 극단적으로 문화예술단체에 대한 기부에 대하여 획기적인 세제혜택을 주면 모든 예술단체의 기부가 공평하게 늘어날 것인가? 아마도 대외적인 인지도가 높고 모금활동을 할 수 있는 대규모 단체들만 늘어나게 되어 빈익빈부익부 현상이 심화될 것이다.

우리나라 기부금 세제가 잘못되어 있거나 문제가 많은가? 전 세계에서 우리나라보다 기부금 세제가 완화되어 있거나 강력하게 추진하고 있는 나라는 프랑스 정도이다. 최소한 문화예술 분야에 대한 세제 혜택에 있어서 대부분의 나라는 우리나라보다 엄격하다고 보아야 한다. 우리나라 사람들이 기부를 하지 않는가? 소득에 비하여 아직 충분하다고 할 수는 없지만 20년 전에 비하여 우리나라 기부는 가히 기하급수적인 수준으로 증가해 왔다. 다만 예술단체에 기부하지 않는 것이다.

자 그럼 기부금 세제에 대해 자세히 알아보도록 하자.

1. 세금에 대한 이해

초등학교시절부터 배워 왔던 대한민국 국민의 4대 의무(국방, 납세, 교육, 근로) 중의 하나인 납세는 '소득이 있는 곳에 세금이 있다'라는 대전제를 근거로 한다. 이는 개인에게 뿐만 아니라(소득세), 자연인과 같이 법적으로 인정을 받은 단체(법인)에게도 적용된다(법인세).

개인이든 법인이든 소득에 대한 세금을 계산하는 구조는 비슷하다. 일정 기간 총 벌어들인 소득이 있고, 여기에서 소득에 관계되어 소요된 비용과 공제 부분을 제하고 남은 실제 소득에 세율을 곱하여 납부할 세금을 정한다. 법인의 세무상 소득금액이 2억 원 이하에 대하여는 10%의 세율을 적용하고, 2억 원 초과 ~ 200억 원 이하는 20%, 200억 원 초과 ~ 3,000억 원 이하는 22%, 3,000억 원을 초과는 금액에 대하여는 25%의 세율을 적용하여 법인세를 계산한다. 개인소득에 대하여는 소득금액에 따라 6~45%의 세율을 적용하여 소득세를 계산하는데, 소득세와 법인세에 대하여는 지방세인 지방소득세가 10%가 추가된다.

개인이 사업을 하여 소득이 발생한 경우, 비영리법인이 수익사업을 한 경우 그리고 영리법인인 경우에는 세금계산을 위한 세무조정의 단계가 필요하다. 기업회계기준에서 보는 인식기준(단체에서의 자체 회계처리)이 세무적인 기준에서의 회계인식기준과 다르기 때문에 세무조정은 납부할 세금을 확정하는 과정에서 반드시 거쳐야 한다. 법인세를 계산하는 과정을 살펴보면 다음과 같다. 사업소득을 계산하는 경우에도 거의 유사한 단계를 거치게 된다.

[그림 3-4]
법인세 계산과정

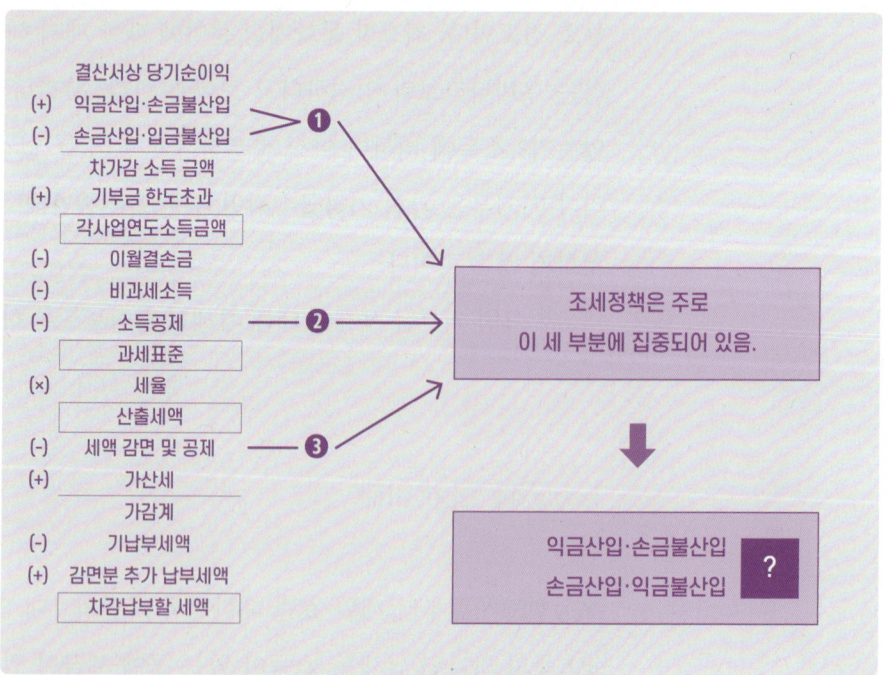

법인세를 계산하는 과정은 일반인이 이해하기에는 조금 복잡하다고 볼 수 있는데, 가장 어려운 것은 아마도 세무에서 사용하고 있는 용어일 것이다. 제일

먼저 결산서상 당기순이익(손실)에서 '익금산입/손금불산입'을 더하고 '손금산입/익금불산입'을 차감하여 소득금액을 계산하여야 하는데, 불행하게도 이러한 용어를 알아야 기부금 세제의 의미와 혜택이라고 하는 부분을 이해할 수 있는 것이다.

일반적으로 대부분의 기업이나 단체들은 내부 관리목적이나 외부 보고용에 맞는 회계기준에 따라 장부를 작성하고 재무제표를 만든다. 세법이란 여러 정책적인 변수들이 감안이 되는데 이 세법에 맞추어 처음부터 장부와 재무제표를 다시 만든다면 엄청난 노력과 시간이 들어가야 할 것이다. 따라서 법인세 계산 시에는 기업회계기준에 따라 작성된 재무제표를 인정을 하되 여기서 산출된 당기순이익(손실)을 기초로 세법에 맞게 조정하는 작업이 필요하다. 당기순이익(손실)은 회계상 수익에서 비용을 차감하여 계산이 되지만 법인세 계산 시 기준이 되는 각사업연도 소득은 익금에서 손금을 차감한 금액이다. 세법에서는 '이익'이 아니라 '소득'에 대하여 과세하도록 하고 있으며, 회계와 법인세, 소득세에서 각각 사용하고 있는 용어는 다음 그림과 같다.

[그림 3-5]
이익과 소득의 용어정리

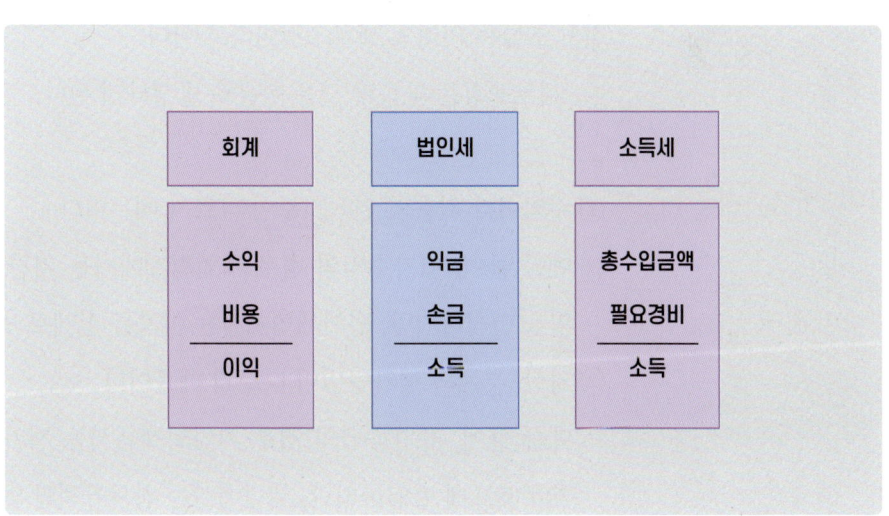

기업회계상 당기순이익(손실)에서 세무회계상 각사업연도 소득을 구하는 요령은 다음과 같다.

[그림 3-6]
익금과 손금의 개념

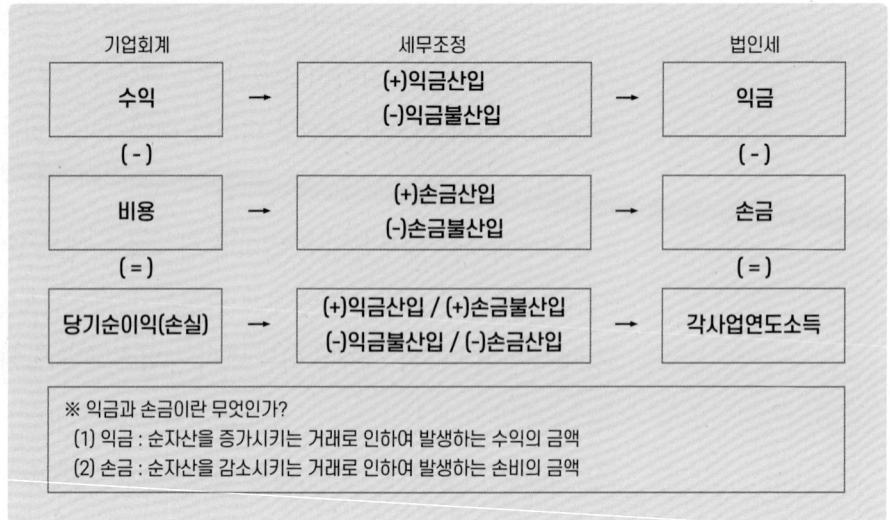

당기순이익(손실)에서 각사업연도 소득으로 수정하는 작업이 필요한데 이를 세무조정이라고 한다. 수익을 익금으로 수정하고, 비용을 손금으로 수정하여 소득을 계산하는 것이다. 하지만 이 의미가 이제는 확대되어 각사업연도 소득의 산출뿐만 아니라 이후 절차인 산출세액과 납부할 세액을 계산하는 일련의 절차를 넓은 의미의 세무조정이라고 한다.

세무조정은 다음과 같은 이유로 발생하게 된다.

① 수익이나 비용의 인식기준이 다르기 때문이다.
예를 들어, 이자수익의 경우 기업회계에서는 기간경과 분에 대하여 이자수익을 인식하지만, 법인세법에서는 이자를 실제로 받은 날에 인식한다.
② 자산, 부채의 평가방법이 다르기 때문이다.
예를 들어, 유가증권의 경우 기업회계에서는 시가로 평가하여 평가손익을 재무제표에 반영하지만, 세법에서는 취득가액만 인정할 뿐이다.
③ 감가상각의 인식기준이 다르기 때문이다.
기업회계에서는 회사에 감가상각 방법, 내용연수, 잔존가치에 추정에 대하여 폭 넓은 선택의 기회를 주지만, 세법에서는 공평과세를 위해 획일적 규정을 가지고 있다.
④ 조세정책적 목적 때문에 다르다.

벌과금이나 접대비 등은 기업회계에서 전액 비용으로 인정되지만, 세법에서는 벌과금과 접대비의 사용을 규제하기 위해서 한도를 규정하고 있다.

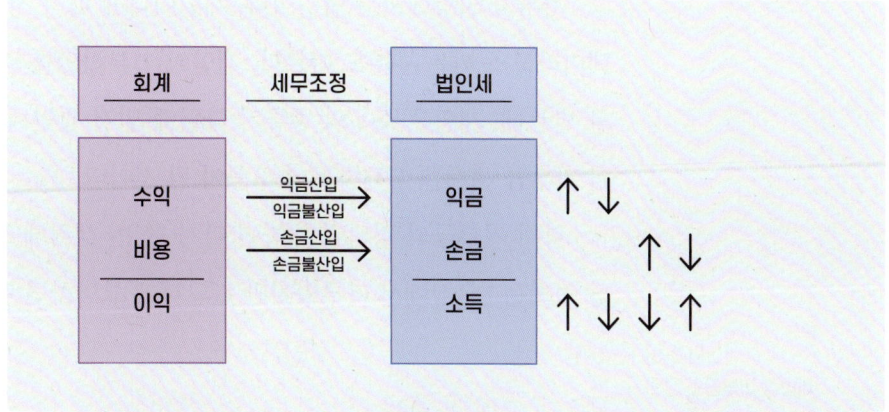

[그림 3-7] 세무조정의 개념

익금산입이 생기면 익금은 증가되고 소득도 증가한다. 반대로 익금불산입이 생기면 익금은 감소하고 이에 따라 소득도 감소하게 된다. 손금산입이 생기면 손금은 증가하고 소득이 감소하게 되며, 손금불산입이 생기면 손금은 감소하고 소득이 증가한다. 소득이 증가하면 좋다고 생각할 수 있지만, 법인의 실질 소득이 증가하는 것이 아니라 세금 계산을 위한 소득이 증가하는 것이며 소득이 증가하면 납부할 세액도 증가하게 되어 소득의 증가는 법인 입장에서 바람직하지 않은 것이다.

2. 기부금에 대한 세법 개요

기부금과 관련하여 기부자와 받는 단체 모두에게 세법과 관련한 사안이 존재하게 되며, 기본적으로 기부자는 비용이 되고, 기부금을 받은 단체는 수익이 된다. 먼저 기부를 받은 단체 입장에서 기부금 세제를 보면, 기부 받은 단체가 개인사업자라면 기부금만큼 당기순이익이 늘어나게 되고 이에 대하여 소득세율을 적용한 세금을 납부하여야 한다. 영리법인이면 기부금만큼 당기순이익이 늘어나게 되고 이에 대하여 법인세율을 적용한 세금을 납부하여야 한다. 그러나 비영리법인이라면 법인세 납부 의무가 없으므로 받은 기부금에 대하여 법인세를 납부할 이유는 없는 것이다. 다만, 비영리법인이 수익사업을 하는 경우에는 받은 기부금을 고유목적사업에 지출한 경우에 한하여 과세대상에서 제외된다.

기부자 입장에서는 법인이냐, 개인이냐에 따라 적용하는 세법이 다르며 혜택이라고 느끼는 부분도 다르다. 개인이 기부하였을 경우에는 소득세법의 적용을 받는데, 개인은 소득의 종류가 다양해 먼저 법인세법의 내용을 이해하는 것이 기부금 세제를 이해하는데 도움이 될 것이다.

잠시 기부금의 정의에 대하여 다시 한 번 생각해 보자. 기부금에 대한 세법상 정의는 제1장에서 다루었지만 간단하게 요약하면 다음 그림과 같다.

[그림 3-8]
세법상 기부금의 정의

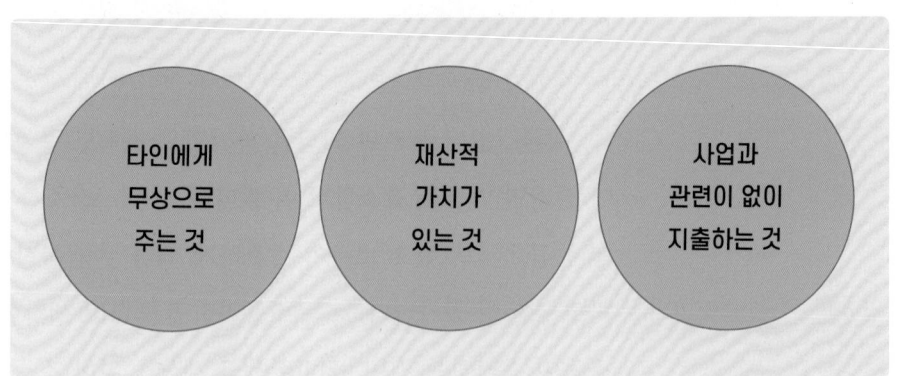

세법상 기부는 특수관계인이 아닌 자에게 사업과 직접 관계없이 무상으로 지출하는 재산적 증여의 가액이며, 특수관계인이 아닌 자에게 정당한 사유 없이 자산을 정상가액보다 낮은 가액으로 양도하거나 정상가액보다 높은 가액으로 매입함으로써 발생하는 차액도 기부금에 포함된다. 정상가액이란 시가의 100분의 30을 가감한 범위내로 정해져 있다. 이러한 정의는 기부금 세제에서 매우 중요한 의미가 있다. 법인사업자는 사업과 관련된 지출에 대해서만 손금으로 인정받을 수 있는데 기부의 정의를 충족하게 되는 것은 사업과 관련이 없어야 하므로 기부금은 법인세법상 손금불산입에 해당되며 이에 따라 과세표준이 높아져 더 많은 세금을 부담하여야 한다. 기부금 세제는 여기에서 출발한다.

하지만 기부금이 공익을 목적으로 하고 있는 경우가 많으며 정부에서 직접 지원으로 해결되지 않는 부분을 민간이 부담하는 것이므로, 사업과 관련이 없다고 하여 무조건 손금불산입 시키는 것은 기부를 하지 못하게 만들 것이다. 따라서 세법에서는 공익적 목적의 기부금에 대하여는 별도로 정한 범위에 해당하는 금액을 손금으로 인정하고 있다. 손금으로 인정해준다는 표현을 쓰기 때문에 '기부를 하면 세금혜택이 있다'라는 생각을 하게 된다. 이는 잘못된 생각으로 엄밀히 말하면 혜택이 아니라, 불리하던 것을 불리하지 않게 해준 것이라고 보아야 한다. 직원이 버스를 타고 가도 되는데, 세금혜택이 있으니까 이제부터는 모범택시를 타고 다니라고 하면? 법인세법상 손금으로 인정되는 비용을 지출하면 당연히 소득금액은 줄어들고, 법인세도 감소한다. 버스비보다는 모범택시비가 더 많기 때문에 비용이 증가하고 이에 따라 법인세가 줄어든 것을 세금혜택이라고 하는 것과 기부를 하면 세금혜택이 있다고 하는 것이 별반 다른 얘기가 아닌 것이다. 비용이 증가하여 이익이 줄어들면 결과적으로 법인세가 줄어든다. 그렇다고 하여 법인세를 줄이기 위한 목적으로 비용을 증가시키지는 않는다.

한편, 개인이 기부금을 지출한 경우에는 법인과 기본적인 구조가 다르다. 물론 개인이 기부한 경우에도 법인이 기부한 경우와 마찬가지로 공익적 목적의 기부에 대하여 구분하는 것은 동일하다. 그러나 법인과 개인은 소득을 계산하는 구조와 기부금 세제 적용 방식이 다르기 때문에, 기부금의 세금 효과가 차이가 있다.

사업소득 또는 부동산임대소득이 없는 개인(이를 비사업자라 함)은 소득세를 계산함에 있어서 수입에서 지출(실비)을 차감하는 개념을 사용하지 않는다. 근로소득의 경우에는 실제로 소요된 필요경비를 확인하기가 어렵기 때문에 획일적으로 총급여액의 일정비율을 필요경비(이를 근로소득공제라 함)로 공제하고 있다. 기타소득의 경우에도 강의외 같이 실제로 지출된 비용의 파악이 어려운 소득에 한하여 수령금액의 60%를 필요경비로 의제하여 공제받을 수 있다. 이 외에 사업자가 아닌 개인은 특별공제항목에 대하여 세액공제를 받을 수 있는데 특별공제항목은 보험료, 의료비, 교육비, 기부금이다. 그러나 특별공제는 지출금액 전액을 공제하는 것이 아니라 특별공제 항목별로 공제한도가 있다. 사업자인 개인이 공익성 기부금을 지출한 경우에는 법인과 같은 맥락에서의 필요경비 산입 규정을 적용 받는다. 예를 들어 교통비, 숙박비나 식비는 실제로 지출되었다고 하더라도 이를 소득금액에서 차감하지 않지만 공익성 기부금을 지출하면 산출세액에서 세액공제되거나 소득에서 비용으로 차감되기 때문에, 기부금은 숙박비나 식비 등에 비하여 세제 혜택이 있다고 할 수 있다.

기부금 세제의 혜택에 대하여 정리해 보면, 법인의 경우 공익성 기부금은 공익성 기부금이 아닌 다른 기부금에 비하여 혜택이 있는 것이며, 개인의 경우 공익성 기부금은 공익성 기부금이 아닌 다른 기부금뿐만 아니라 공제되지 않는 다른 지출에 비하여도 세제혜택이 있다.

기부금을 지출하면 이를 3가지로 분류하여, ①국가 등에 대한 기부금(법정기부금), ②기부금 중 일정 한도만큼만 인정받는 지정기부금, ③세무상 인정받지 못하는 기부금으로 구분한다. 세무상 인정받지 못하는 기부금은 세제혜택을 아예 받을 수 없다.

> **[참고]**
> 2020.12.22. 법인세법 개정 시 '법정기부금'과 '지정기부금'이라는 용어가 삭제되었으며, 각 용어를 대체할 새로운 용어가 생성되지는 않았다. 다만, 개정세법 해설에서는 기존 법정기부금을 '50% 한도 기부금'으로, 지정기부금을 '10% 한도 기부금'으로 표시하고 있다.
> 그러나 개정 후 현행 법인세법에서도 기부금 유형을 두 가지로 구분하고 각 기부금의 손금산입한도를 달리 규정하고 있어, 기부금 세제의 전반적인 구조는 동일하다. 따라서 본서에서는 표시상의 편의를 위해 개정 전 용어인 '법정기부금'과 '지정기부금'을 그대로 사용하여 설명하도록 한다.

예를 들어 법인의 매출이 10억 원이고 비용이 8억 원이며 이 비용 중 1억 원이 지정기부금에 해당된다고 하자. 회계상 당기순이익은 2억 원이 될 것이나, 세무상 소득은 이와는 다르게 계산이 된다. 우선 비용에서 기부금을 차감한 금액이 7억 원이며 매출(수익)에서 이 7억 원을 차감한 금액이 3억 원이 되고 이 3억 원의 100분의 10이 지정기부금 손금산입 한도 3,000만 원이 된다. 그러므로 법인세 과세 대상이 되는 금액은 당기순이익인 2억 원이 아니라, 1억 기부금 지출액 중 손금산입액 3,000만 원만이 손금으로 인정되어 세무상 소득 3억에서 3,000만 원을 차감한 2억 7천만 원이 세무상 소득이 된다.

법인에게 부과되는 법인세는 과세표준이 2억 원 까지는 10%, 2억 원을 초과 200억 원 이하는 20%, 200억 원 초과 3,000억 원 이하는 22%, 3,000억 원 초과는 25%의 세율을 적용한다. 만약 과세표준이 2억 원 이라면 법인세는 2,000만 원이 되고, 과세표준이 2억 7,000만 원이라면 법인세는 3,400만 원(2

억 X 10% + 7천만 원 X 20%)이 된다. 또한 기부금을 지출하지 않은 법인이라면, 과세표준이 3억 원이 될 것이므로 그 때의 법인세는 4,000만 원(2억 X 10% + 1억 X 20%)이 산출된다. 기부금을 전액 인정받는 것(법정기부금)과 일정한도만을 인정받는 것(지정기부금)과의 차이를 살펴보면 다음과 같다.

(단위 : 천 원)

[표 3-20] 기부금별 세금계산

구 분	기부금	과세표준	법인세	세금효과	실 부담액
기부금 없을 때	0	300,000	40,000		
법정기부금	100,000	200,000	20,000	20,000	80,000
지정기부금	100,000	270,000	34,000	6,000	94,000

바로 앞에서 예를 든 사례와 같이 소득금액이 3억 원인 법인이 기부금을 1억 원을 지출하였을 경우, 이 기부금이 법정기부금에 해당한다면 1억 원 모두 손금으로 인정받게 된다. 비용에서 기부금을 차감한 금액이 7억 원이며, 매출(수익)에서 이 7억 원을 차감한 금액이 3억 원이 되고 여기의 100분의 50이 법정기부금 한도(1억 5천만 원)가 된다. 기부한 금액이 법정기부금 한도보다 적으므로 전액 손금으로 인정되는 것이다. 따라서 법인이 실제 부담하는 금액은 8,000만 원이 되는 것이고, 나머지 2,000만 원은 과세관청이 부담하게 되는 것이다. 그렇지만 1억 원의 기부금이 지정기부금에 해당한다면 실제 부담액은 9천 4백만 원으로 증가하게 된다.

그렇다면 위의 예와 동일한 조건에서 법인이 기부금을 1,000만 원을 지출하였다고 하면, 법정기부금에 해당하는 경우와 지정기부금이 되는 경우의 실제 부담액을 계산해 보라. 똑같은 금액이 나올 것이다. 착각하기 쉬운 것이지만 지정기부금이란 기부한 금액의 일정 퍼센트를 인정하여 주는 것이 아니라 기부한 법인의 소득금액으로 한도를 계산하는 것이기 때문에 그 한도 이내라면 기부한 전체 금액을 인정받게 되는 것이다. 기부금 손금 한도를 초과하는 기업이 거의 없는 상황에서 기부금 한도를 늘려주는 것은 그렇게 효과가 크지 않을 것이다.

만약 기부금을 지출하는 자가 개인이라면 어떻게 될까? 사업자가 아닌 개인이 소득금액 4천만 원 중 법정기부금 100만 원을 기부하였다고 가정하자. 사업자가 아닌 개인의 경우 세액공제방식을 적용받으므로 법정기부금의 세액공제율 15%가 적용되어 15만 원이 세금에서 차감된다. 그러나 이 기부금이 지정기부금(종교단체의 기부금이 없다고 가정 경우)이었다면 소득금액의 30%의 금액을 한도로 기부금액의 15%가 세액공제된다. 소득금액 4천만 원의 30%인 1,200만 원이 기부금 한도이며 기부금 100만 원이 한도 범위 이내이므로 기부금 100만 원의 15%인 15만 원이 세액공제된다. 지정기부금이 본인의 연간 소득금액에 비하여 너무 과하지 않다면 법정기부금의 세액공제금액과 차이가 없다.

3. 기부금을 지출한 경우의 세무

1) 법인이 기부금을 지출한 경우

(1) 기부금의 범위

기부금의 요건을 충족하는 기부금 지출액에 대하여는 당해 기부금을 지정기부금과 법정기부금 또는 비지정기부금의 3가지 종류 중 하나로 분류하여야 한다. 이는 각 종류별에 따라 손금산입 여부와 그 금액의 한도가 상이하기 때문이다. 기부금에 대하여는 가장 기본적으로 법인세법 제24조에서 정하고 있으며 관련 시행령과 시행규칙이 있다.

　법인이 기부금을 금전 외의 자산으로 제공한 경우 법정기부금 및 특수관계인이 아닌 자에게 기부한 지정기부금에 대하여는 장부가액을 기부가액으로 한다. 그 외의 경우에는 기부했을 때의 장부가액과 시가 중 큰 금액으로 한다.

　법인이 기부금을 가지급금 등으로 이연계상한 경우에는 이를 그 지출한 사업연도의 기부금으로 하고, 그 후의 사업연도에 있어서는 이를 기부금으로 보지 아니한다. 또한 법인이 기부금을 미지급금으로 계상한 경우 실제로 이를 지출할 때까지는 당해 사업연도의 소득금액계산에 있어서 이를 기부금으로 보지 아니한다. 법인이 기부금의 지출을 위하여 어음을 발행(배서를 포함한다)한 경우에는 그 어음이 실제로 결제된 날에 지출한 것으로 보며, 수표를 발행한 경우에는 당해 수표를 교부한 날에 지출한 것으로 본다.

(2) 법정기부금

국가 등에 대한 기부금이라 하더라도 법인의 지급능력을 초과하여 인정하는 것은 법인의 재무구조를 악화시킬 수 있으므로 법에서는 이러한 기부금의 합계액이 당해 사업연도의 소득금액에서 법 제13조 제1호의 결손금을 차감한 금액의 100분의 50을 초과하는 부분은 손금에 산입하지 않도록 규정하고 있다. 한도액을 초과하여 손금에 산입하지 않은 금액은 해당 사업연도의 다음 사업연도 개시일부터 10년 이내에 끝나는 각 사업연도에 이월하여 그 초과금액을 손금에 산입한다.

> 손금산입한도액 = (당해 사업연도소득금액 − 이월결손금(*)) × 50/100
> (*) 각 사업연도의 개시일 전 15년 이내에 개시한 사업연도에서 발생한 결손금으로 하되, 각 사업연도 소득의 60%를 한도로 이월결손금 공제를 적용받는 법인은 기준소득금액의 60%를 한도로 함

법정기부금의 종류에는 다음과 같은 것이 있다.

① 국가 또는 지방자치단체에 무상으로 기증하는 금품의 가액

국가 또는 지방자치단체는 정부조직법과 지방자치법상의 행정기관을 포괄하는 개념이며 구청, 출장소, 동사무소, 이북5도청, 국공립학교를 포함한다. 「기부금품의 모집 및 사용에 관한 법률」에 의하여 접수하는 기부금품은 기부자가 사용용도와 목적을 지정하여 자발적으로 기탁하는 경우로서 기부심사위원회의 심의를 거친 경우 또는 모집자의 의뢰에 의하여 단순히 기부금품을 접수하여 모집자에게 전달하는 경우에 한하여 기탁금품을 접수하는 절차를 정하고 있다.

법인이 직접 기부하지 않고 신문사나 방송국 등 다른 법인에게 기부하고 수증자가 이를 지체 없이 국가 또는 지방자치단체에 기부하는 경우에도 법인이 직접 기부한 것과 동일한 효과가 있으므로 법정기부금으로 인정된다.

② 국방헌금과 국군장병 위문금품

국방헌금에는 「향토예비군설치법」에 의하여 설치된 향토예비군에 직접 지출

하거나 국방부장관의 승인을 얻은 기관 또는 단체를 통하여 지출하는 기부금을 포함한다. 그러나 법인이 당해 법인의 직장민방위대를 위하여 지출하는 금품의 가액은 기부금으로 보지 않고 법인경리의 일부로 보므로 한도와 관계없이 손금에 산입된다.

③ 천재지변으로 생기는 이재민을 위한 구호금품의 가액

천재지변에는 「재난 및 안전관리 기본법」 제60조에 따라 특별재난지역으로 선포된 경우 그 선포의 사유가 된 재난을 포함한다. 이재민을 위한 구호금품으로서 전달방법과는 관계가 없다. 즉, 국가나 언론기관을 통하여 지급하거나 직접 법인이 지급하여도 법정기부금으로 인정된다. 구호금품의 가액에는 제한이 없으며 공사비도 포함된다.

④ 다음 기관(병원은 제외한다)에 시설비·교육비·장학금 또는 연구비로 지출하는 기부금
가. 「사립학교법」에 따른 사립학교
나. 비영리 교육재단(국립·공립·사립학교의 시설비, 교육비, 장학금 또는 연구비 지급을 목적으로 설립된 비영리 재단법인으로 한정한다)
(이하 생략)

⑤ 다음의 병원에 시설비·교육비 또는 연구비로 지출하는 기부금
가. 「국립대학병원 설치법」에 따른 국립대학병원
나. 「국립대학치과병원 설치법」에 따른 국립대학치과병원
(이하 생략)

⑥ 사회복지사업, 그 밖의 사회복지활동의 지원에 필요한 재원을 모집·배분하는 것을 주된 목적으로 하는 비영리법인으로서 대통령령으로 정하는 요건을 충족하여 기획재정부장관이 지정·고시하는 법인에 지출하는 기부금
가. 기부금 모금액 및 그 활용 실적을 공개할 수 있는 인터넷 홈페이지가 개설

되어 있을 것

나. 「주식회사 등의 외부감사에 관한 법률」 제2조 제7호에 따른 감사인에게 회계감사를 받을 것

다. 「상속세 및 증여세법」 제50조의3 제1항 제1호부터 제4호까지의 규정에 해당하는 서류 등을 해당 비영리법인 및 국세청의 인터넷 홈페이지를 통하여 공시할 것

라. 「상속세 및 증여세법」 제50조의2에 따른 전용계좌를 개설하여 사용할 것
(이하 생략)

개정 전 공공기관(공기업 제외) 등으로서 해당 법인의 설립목적, 수입금액 등이 대통령령으로 정하는 요건을 갖춘 기관에 지출하는 기부금도 법정기부금에 해당하였고, 당해 공공기관 등에 한국문화예술인인회, 한국문화예술교육진흥원이 포함되어 있었다.

이후 2017.12.31. 법인세법 개정 시 공공기관 등 법정기부금단체를 지정기부금단체로 이관하고, 기재부가 지정하여 고시하는 것으로 개정됨에 따라, 한국문화예술위원회와 한국문화예술교육진흥원은 법정기부금단체 지정효력이 종료되어 지정기부금단체로 지정받아야 한다.

⑶ 지정기부금

지정기부금은 사회복지·문화·예술·교육·종교·자선·학술 등의 공익성 기부금을 말하는 것으로서 법인세법시행령 제39조에서 개별적으로 열거하고 있다. 따라서 동조에 규정되어 있지 않은 단체 등에 지출하는 기부금이나 동조에 규정되어 있는 단체에 지출하는 것일지라도 동조에서 규정하는 각종 시설비, 교육비 또는 연구비 등의 지출용도에 해당하지 않을 때에는 지정기부금으로 보지 않아 손금불산입 된다.

내국법인이 각 사업연도에 지출한 기부금 중 사회복지·문화·예술·교육·종교·자선·학술 등 공익성을 고려하여 대통령령으로 정하는 기부금(지정기부금) 중 해당 사업연도의 소득금액 중 법정기부금과 결손금을 뺀 금액에 100분의

10을 곱하여 산출한 금액(손금산입한도액)을 초과하는 금액은 손금에 산입하지 아니한다.

> 손금산입한도액 = (당해 사업연도소득금액 - 이월결손금(*) - 법정기부금 중 손금산입액)
> × 10/100(사회적기업은 20%)
>
> (*) 각 사업연도의 개시일 전 15년 이내에 개시한 사업연도에서 발생한 결손금으로 하되, 각 사업연도 소득의 60%를 한도로 이월결손금 공제를 적용받는 법인은 기준소득금액의 60%를 한도로 함

지정기부금의 손금산입한도액 초과금액과 법정기부금의 손금산입한도액 초과금액은 대통령령으로 정하는 바에 따라 해당 사업연도의 다음 사업연도 개시일부터 10년 이내에 끝나는 각 사업연도에 이월하여 그 초과금액을 손금에 산입한다.

지정기부금의 범위는 시행령 제39조와 시행규칙 제18조에서 한정적으로 열거하고 있다. 지정기부금에 해당하는 내용이 많으므로 시행령의 일부 내용을 보면 아래 표와 같다.

> **법인세법시행령 제39조 [공익성을 고려하여 정하는 기부금의 범위 등]**
>
> ① 법 제24조 제3항 제1호에서 "대통령령으로 정하는 기부금"이란 다음 각 호의 어느 하나에 해당하는 것을 말한다.(2021.02.17 개정)
> 1. 다음 각 목의 비영리법인(단체 및 비영리외국법인을 포함하며, 이하 이 조에서 "공익법인등"이라 한다)에 대하여 해당 공익법인등의 고유목적사업비로 지출하는 기부금. 다만, 바목에 따라 지정·고시된 법인에 지출하는 기부금은 지정일이 속하는 연도의 1월 1일부터 3년간(지정받은 기간이 끝난 후 2년 이내에 재지정되는 경우에는 재지정일이 속하는 사업연도의 1월 1일부터 6년간으로 한다. 이하 이 조에서 "지정기간"이라 한다) 지출하는 기부금으로 한정한다.
> 가. 「사회복지사업법」에 따른 사회복지법인
> 나. 「영유아보육법」에 따른 어린이집
> 다. 「유아교육법」에 따른 유치원, 「초·중등교육법」 및 「고등교육법」에 따른 학교, 「국민 평생 직업능력 개발법」에 따른 기능대학, 「평생교육법」 제31조 제4항에 따른 전공대학 형태의 평생교육시설 및 같은 법 제33조 제3항에 따른 원격대학 형태의 평생교육시설
> 라. 「의료법」에 따른 의료법인
> 마. 종교의 보급, 그 밖에 교화를 목적으로 「민법」 제32조에 따라 문화체육관광부장관 또는 지방자치단체의 장의 허가를 받아 설립한 비영리법인(그 소속 단체를 포함한다)
> 바. 「민법」 제32조에 따라 주무관청의 허가를 받아 설립된 비영리법인(이하 이 조에서 "「민법」상 비영리법인"이라 한다), 비영리외국법인, 「협동조합 기본법」 제85조에 따라 설립된 사회적

협동조합(이하 이 조에서 "사회적협동조합"이라 한다), 「공공기관의 운영에 관한 법률」 제4조에 따른 공공기관(같은 법 제5조 제4항 제1호에 따른 공기업은 제외한다. 이하 이 조에서 "공공기관"이라 한다) 또는 법률에 따라 직접 설립 또는 등록된 기관 중 다음의 요건을 모두 충족한 것으로서 국세청장(주사무소 및 본점소재지 관할 세무서장을 포함한다. 이하 이 조에서 같다)의 추천을 받아 기획재정부장관이 지정하여 고시한 법인. 이 경우 국세청장은 해당 법인의 신청을 받아 기획재정부장관에게 추천해야 한다.

1) 다음의 구분에 따른 요건
가) 「민법」상 비영리법인 또는 비영리외국법인의 경우: 정관의 내용상 수입을 회원의 이익이 아닌 공익을 위하여 사용하고 사업의 직접 수혜자가 불특정 다수일 것(비영리외국법인의 경우 추가적으로 「재외동포의 출입국과 법적 지위에 관한 법률」 제2조에 따른 재외동포의 협력·지원, 한국의 홍보 또는 국제교류·협력을 목적으로 하는 것일 것). 다만, 「상속세 및 증여세법 시행령」 제38조 제8항 제2호 각 목 외의 부분 단서에 해당하는 경우에는 해당 요건을 갖춘 것으로 본다.
나) 사회적협동조합의 경우: 정관의 내용상 「협동조합 기본법」 제93조 제1항 제1호부터 제3호까지의 사업 중 어느 하나의 사업을 수행하는 것일 것
다) 공공기관 또는 법률에 따라 직접 설립 또는 등록된 기관의 경우: 설립목적이 사회복지·자선·문화·예술·교육·학술·장학 등 공익목적 활동을 수행하는 것일 것

2) 해산하는 경우 잔여재산을 국가·지방자치단체 또는 유사한 목적을 가진 다른 비영리법인에 귀속하도록 한다는 내용이 정관에 포함되어 있을 것

3) 인터넷 홈페이지가 개설되어 있고, 인터넷 홈페이지를 통해 연간 기부금 모금액 및 활용실적을 공개한다는 내용이 정관에 포함되어 있으며, 법인의 공익위반 사항을 국민권익위원회, 국세청 또는 주무관청 등 공익위반사항을 관리·감독할 수 있는 기관(이하 "공익위반사항 관리·감독기관"이라 한다) 중 1개 이상의 곳에 제보가 가능하도록 공익위반사항 관리·감독기관이 개설한 인터넷 홈페이지와 해당 법인이 개설한 홈페이지가 연결되어 있을 것

4) 비영리법인으로 지정·고시된 날이 속하는 연도와 그 직전 연도에 해당 비영리법인의 명의 또는 그 대표자의 명의로 특정 정당 또는 특정인에 대한 「공직선거법」 제58조 제1항에 따른 선거운동을 한 사실이 없을 것

5) 제12항에 따라 지정이 취소된 경우에는 그 취소된 날부터 3년, 제9항에 따라 추천을 받지 않은 경우에는 그 지정기간의 종료일부터 3년이 지났을 것. 다만, 제5항 제1호에 따른 의무를 위반한 사유만으로 지정이 취소되거나 추천을 받지 못한 경우에는 그렇지 않다.

2. 다음 각 목의 기부금(2018.02.13 개정)
가. 「유아교육법」에 따른 유치원의 장, 「초·중등교육법」 및 「고등교육법」에 의한 학교의 장, 「국민 평생 직업능력 개발법」에 의한 기능대학의 장, 「평생교육법」 제31조 제4항에 따른 전공대학 형태의 평생교육시설 및 같은 법 제33조 제3항에 따른 원격대학 형태의 평생교육시설의 장이 추천하는 개인에게 교육비·연구비 또는 장학금으로 지출하는 기부금
나. 「상속세 및 증여세법 시행령」 제14조 제1항 각 호의 요건을 갖춘 공익신탁으로 신탁하는 기

> 부금
> 다. 사회복지·문화·예술·교육·종교·자선·학술 등 공익목적으로 지출하는 기부금으로서 기획재정부장관이 지정하여 고시하는 기부금
>
> 3. 삭제
>
> 4. 다음 각 목의 어느 하나에 해당하는 사회복지시설 또는 기관 중 무료 또는 실비로 이용할 수 있는 시설 또는 기관에 기부하는 금품의 가액. 다만, 나목1)에 따른 노인주거복지시설 중 양로시설을 설치한 자가 해당 시설의 설치·운영에 필요한 비용을 부담하는 경우 그 부담금 중 해당 시설의 운영으로 발생한 손실금(기업회계기준에 따라 계산한 해당 과세기간의 결손금을 말한다)이 있는 경우에는 그 금액을 포함한다.
> 가. 「아동복지법」 제52조 제1항에 따른 아동복지시설
> 　　(이하 생략)
>
> 5. 삭제(2018.02.13)
>
> 6. 다음 각 목의 요건을 모두 갖춘 국제기구로서 기획재정부장관이 지정하여 고시하는 국제기구에 지출하는 기부금
> 가. 사회복지, 문화, 예술, 교육, 종교, 자선, 학술 등 공익을 위한 사업을 수행할 것
> 나. 우리나라가 회원국으로 가입하였을 것

상기 법인세법시행령 제39조 제1항 제1호 바목에 따라, 「민법」 제32조에 따라 주무관청의 허가를 받아 설립된 비영리법인으로서 국세청장의 추천을 받아 기획재정부장관이 지정한 법인에 해당하는 경우 지정기부금 단체가 될 수 있다.

지정은 매분기별로 이루어지며, 매분기 마지막달의 전전 달 10일까지 다음의 구비서류를 관할세무서에 제출하여야 한다.

① 공익법인 등 추천 신청서(별지 제63호의5 서식)
② 법인의 설립을 증명할 수 있는 서류(법인설립허가서 및 법인등기사항 증명서 등)
③ 정관
④ 최근 3년간 결산서 및 해당 사업연도 예산서*

* 제출일 현재 법인 설립기간이 3년이 경과하지 아니한 경우에는 (i) 제출가능한 사업연도의 결산서, (ii) 해당 사업연도 예산서, (iii) 추천을 신청하는 날

이 속하는 달의 직전 월까지의 월별 수입·지출 내역서를 제출
⑤ 지정일이 속하는 사업연도부터 향후 3년 동안 기부금을 통한 사업계획서 (재지정 신청의 경우 5년)
⑥ 법인 대표자의 공익법인 등 의무이행준수 서약서(별지 제63호의6 서식)
⑦ 기부금 모금 및 지출을 통한 공익활동보고서
※ 신규신청 시 : ①~⑥ 제출 / 재지정 신청 시 : ①~⑤, ⑦ 제출

　　신규 지정 시 지정기간은 지정일이 속하는 연도의 1월 1일부터 3년간이며, 재지정 시 지정기간이 끝난 후 2년 이내 재지정되는 경우 재지정일이 속하는 연도의 1월 1일부터 6년간이다.
　　한편, 공익법인등은 다음의 의무를 이행하고 의무이행 여부를 사업연도 종료일부터 4개월 이내에 국세청장에게 보고해야 한다.

가. 수입을 회원의 이익이 아닌 공익을 위하여 사용하고 사업의 직접 수혜자가 불특정 다수일 것
나. 기부금 모금액 및 활용실적을 매년 사업연도 종료일부터 4개월 이내에 해당 공익법인등의 인터넷 홈페이지와 국세청 홈페이지에 공개할것(다만, 기부금 모집 및 지출 내용을 표준서식에 따라 공시하는 경우에는각각 공개한 것으로 봄)
다. 해당 공익법인등의 명의 또는 그 대표자의 명의로 특정 정당 또는 특정인에 대한 「공직선거법」 제58조 제1항에 따른 선거운동을 한 것으로 권한 있는 기관이 확인한 사실이 없을 것
라. 각 사업연도의 수익사업의 지출을 제외한 지출액의 100분의 80 이상을직접 고유목적사업에 지출할 것
마. 사업연도 종료일을 기준으로 최근 2년 동안 고유목적사업의 지출내역이 있을 것
바. 공익법인 전용계좌를 개설하여 사용할 것
사. 공익법인 결산서류 등을 사업연도 종료일부터 4개월 이내에 해당 공익법인 등과 국세청의 인터넷 홈페이지를 통하여 공시할 것

마지막으로 기획재정부령으로 정하는 공익성 기부금 단체에 해당하는 경우 지정기부금단체가 된다. 문화예술분야와 관련한 조항을 살펴보면, 「문화예술진흥법」 제7조에 따른 전문예술단체에 문화예술진흥사업 및 활동을 지원하기 위하여 지출하는 기부금은 지정기부금에 해당한다. 이 때 유의할 점은 전문예술'단체'에 지출하는 기부금만 지정기부금에 해당하는 것이므로, 전문예술'법인'은 해당하지 않는다는 것이다. 따라서 전문예술'법인'이 지정기부금단체가 되기 위해서는 앞서 언급한 바와 같이 국세청장의 추천을 받아 기획재정부장관의 지정을 받아야 한다.

(4) 비지정기부금

법인세법에서는 손금으로 용인되는 기부금에 대해 그 종류와 요건을 정하고 있는 바, 법에서 규정하고 있지 아니한 기부금은 기업회계 상으로는 비용으로 계상되나 세무회계상으로는 전액 손금부인 된다. 세법에서 지정기부금단체로 인정받지 못한다고 하여 기부금을 받을 수 없는 것은 아니며, 기부자가 세제상 혜택을 받지 못하는 것일 뿐이다.

2) 개인이 기부금을 지출한 경우

사업소득이 있는 자가 기부금을 지출한 경우 법인의 경우와 같이 법정기부금, 지정기부금 등으로 구분하며 그 내용도 거의 유사하다. 법인이 기부금을 지출한 경우와 적용하는 내용이 동일한 부분에 대하여는 추가적인 설명을 생략한다.

(1) 법정기부금

개인이 지출한 법정기부금의 경우 법인세법의 내용이 그대로 적용되며, 추가적으로 「재난 및 안전관리 기본법」에 따른 특별재난지역을 복구하기 위하여 자원봉사를 한 경우 그 용역의 가액을 법정기부금으로 인정해 준다. 자원봉사 용역의 가액은 ①, ②에 따라 계산한 금액의 합계액으로 한다.
① 다음 산식에 의하여 계산한 봉사일수에 5만 원을 곱한 금액(소수점 이하의

부분은 1일로 보아 계산한다). 이 경우 개인사업자의 경우에는 본인의 봉사분에 한한다.

봉사일수 = 총 봉사시간 ÷ 8시간

② 당해 자원봉사용역에 부수되어 발생하는 유류비용·재료비등 직접비용 (제공할 당시의 시가 또는 장부가액)

해당 자원봉사용역은 특별재난지역의 지방자치단체의 장(해당 지방자치단체의 장의 위임을 받은 단체의 장 또는 해당 지방자치단체에 설치된 자원봉사센터의 장을 포함한다)이 기획재정부령으로 정하는 기부금확인서를 발행하여 확인한다.

개인사업자가 법정기부금을 지출한 경우에는 소득액의 100%까지를 한도로 하여 인정을 해준다. 사업소득만 있는 개인사업자는 필요경비산입 방식만을 적용받을 수 있으며, 근로소득도 있는 개인사업자라면 세액공제방식도 적용받을 수 있다. 필요경비산입을 할 때 이월결손금이 있으면 이를 먼저 차감한 후 한도를 계산한다.

[표 3-21] 개인사업자의 법정기부금 필요경비 산입 한도 계산

구분	한도액
필요경비산입	(당해연도 소득금액 - 이월결손금)×100%

필요경비 산입한도액을 초과하여 필요경비에 산입하지 아니한 기부금의 금액은 해당 과세기간의 다음 과세기간 개시일부터 10년 이내에 끝나는 각 과세기간에 이월하여 필요경비에 산입할 수 있다.

(2) 지정기부금

개인사업자의 지정기부금의 경우도 법인의 내용을 그대로 적용하며 추가적으로 다음과 같은 내용 등이 추가된다.

① 다음 각 목의 어느 하나에 해당하는 회비

가. 「노동조합 및 노동관계 조정법」 또는 「교원의 노동조합설립 및 운영 등에 관한 법률」에 따라 설립된 노동조합에 가입한 사람이 납부한 회비

나. 「교육기본법」 제15조에 따른 교원단체에 가입한 사람이 납부한 회비

다. 「공무원직장협의회의 설립·운영에 관한 법률」에 따라 설립된 공무원 직장협의회에 가입한 사람이 납부한 회비

라. 「공무원의 노동조합 설립 및 운영 등에 관한 법률」에 따라 설립된 노동조합에 가입한 사람이 납부한 회비

② 「비영리민간단체 지원법」에 따라 등록된 단체 중 다음 각 목의 요건을 모두 충족한 것으로서 행정안전부장관의 추천을 받아 기획재정부장관이 지정한 단체(이하 "공익단체"라 한다)에 지출하는 기부금. 다만, "공익단체"에 지출하는 기부금은 지정일이 속하는 과세기간의 1월 1일부터 6년간 지출하는 기부금만 해당한다.

가. 해산시 잔여재산을 국가·지방자치단체 또는 유사한 목적을 가진 비영리단체에 귀속하도록 할 것

나. 수입(국가 또는 지방자치단체로부터 받는 보조금 수입은 제외한다) 중 개인의 회비·후원금이 차지하는 비율이 기획재정부령으로 정하는 비율(50%)을 초과할 것

다. 수입을 친목 등 회원의 이익이 아닌 공익을 위하여 사용하고 사업의 직접 수혜자가 불특정 다수일 것

라. 지정을 받으려는 과세기간의 직전 과세기간 종료일부터 소급하여 1년 이상 비영리민간단체 명의의 통장으로 회비 및 후원금 등의 수입을 관리할 것

마. (삭제)

바. 행정안전부장관의 추천일 현재 인터넷 홈페이지가 개설되어 있고, 인터넷 홈페이지를 통하여 연간 기부금 모금액 및 활용실적을 매년 4월 30일까지 공개한다는 내용이 정관에 기재되어 있을 것

사. 사실상 특정 정당 또는 선출직 후보를 지지·지원하는 등 정치활동을 하지 아니할 것

[표 3-22]
개인사업자의 지정기부금
필요경비산입 한도액

구분	한도액
종교단체 기부금이 있는 경우	지정기부금 필요경비산입 한도액 = (당해 연도 소득금액 - 이월결손금 - 법정기부금 등 필요경비산입액) × 10% + min[① (당해 연도 소득금액 - 이월결손금 - 법정기부금 등 필요경비산입액) × 20%, ②종교단체 외에 지급한 기부금]
종교단체 기부금이 없는 경우	지정기부금 필요경비산입 한도액 = (당해 연도 소득금액 - 이월결손금 - 법정기부금 등 필요경비산입액) × 30%

필요경비 산입한도액을 초과하여 필요경비에 산입하지 아니한 기부금의 금액은 해당 과세기간의 다음 과세기간 개시일부터 10년 이내에 끝나는 각 과세기간에 이월하여 필요경비에 산입할 수 있다.

(3) 사업자가 아닌 개인이 기부금을 지출한 경우

2014년에 대부분의 소득공제 항목들이 세액공제로 전환되면서 근로소득이 있는 개인(사업소득만 있는 개인은 제외됨. 기존의 필요경비 산입 방식 그대로 적용됨)이 기부금을 지출한 경우도 소득공제 방식에서 세액공제 방식으로 전환되었다. 기부자가 '개인'일 경우, 사업소득이 없는 개인이 기부금을 지출한 경우에는 법정기부금과 한도 이내의 지정기부금(*)의 합계액의 15%가 세액공제되고, 만약 법정기부금과 한도 이내의 지정기부금(*)의 합계액이 1천만 원을 초과하는 경우 그 초과액은 30%의 공제율을 적용하여 세액공제된다.

(*) 한도 이내의 지정기부금은 다음을 말하며, 지정기부금이 다음 금액을 초과하는 경우에는 세액공제대상에서 제외되며 10년 간 이월된다.

[표 3-23]
개인의 지정기부금 한도

구분	한도액
종교단체 기부금이 있는 경우	소득금액 × 10% + min [① 소득금액 × 20%, ②종교단체 외에 지급한 기부금]
종교단체 기부금이 없는 경우	소득금액 × 30%

2014년부터 특별세액공제로 전환되는 보험료, 의료비, 교육비 세액공제액과 기부금 세액공제액의 합계액이 종합소득 산출세액을 초과하는 경우에는 그 초과액은 없는 것으로 본다. 다만, 그 초과액에 기부금 세액공제가 포함되어 있는 경우에는 10년간 이월된다.

4. 기부금을 수령한 경우의 회계 및 세무

1) 영리법인 또는 개인사업자의 경우

주식회사와 같은 영리법인이나 개인사업자로 되어 있는 문화예술단체가 기부금을 받았다면 기업회계상 자산수증이익과 같은 개념으로 이는 당연히 수익으로 보아야 한다. 또한 세무상으로도 이 기부금은 익금에 포함되어 법인세(소득세)가 과세된다. 물론 이미 기업회계상 당기순이익에 포함되어 있으므로 세무조정에서 추가적으로 익금에 산입할 필요는 없다.

2) 비영리법인의 경우

법인세법상의 수익사업에 해당되지 않는 비영리사업만을 영위하는 비영리법인이 수령한 기부금은 당연히 과세대상에서 제외된다. 이 경우 해당 비영리법인은 법인세 신고·납부 의무가 없으므로 별도의 신고나 납부 절차가 없다. 그러나 만약 비영리법인의 고유목적사업 자체가 법인세법상의 수익사업에 해당이 되거나, 자금조달 목적으로 별도의 수익사업을 영위하는 비영리법인이 기부금을 받는다면 이를 수익사업과 비영리사업 중 어디로 산입하여야 하는지를 판단하여야 한다. 비영리법인의 수익으로 보는 범위는 법인세법과 시행령에 열거되어 있으며, 여기에는 비영리법인이 받은 기부금은 없기 때문에 법인세법상 익금에 산입되지 않는다고 보아야 할 것이나, 이 기부금을 수익사업에 사용한다거나 이 기부금으로 취득한 고정자산 등을 수익사업에 사용한다면 그 실질 여부를 따져 과세대상 소득에 포함시켜야 한다.

3) 임의단체의 경우

법인으로 성립되지 않았으면서 개인사업자로도 등록을 하지 않은 임의단체가 기부금을 받는다면, 임의단체의 실질적인 대표자에게 증여세나 소득세의 문제가 발생할 소지가 있다. 물론 단체의 설립취지에 맞게 사용을 한다면 실질과세원칙에 따라 과세소득으로 보기가 어려우며, 따라서 기부금과 관련하여 별도의 신고·납부절차가 필요하지는 않다. 다만, 기부금을 수령하여 목적 외에 사용한다거나, 해당 단체에서 수익사업을 영위하고 있다면 그에 따른 세무상 문제가 발생할 수 있으므로 적법하게 사업자등록을 하여야 할 것이다.

4) 기부금을 받은 경우 행정처리

기부금을 받았을 경우에는 법으로 정해진 서식을 작성·발급·제출하여야 한다.

① 기부자가 '법인'일 경우

- 기부금영수증 : 기부자에게 발급
- 기부자별 발급명세: 기부금영수증을 발급한 날부터 5년간 보관(다만, 전자기부금영수증을 발급한 경우 제외)
- 기부금영수증 발급합계표: 다음 연도 6월 30일까지 관할세무서에 제출(다만, 전자기부금영수증을 발급한 경우 제외)

② 기부자가 '개인'일 경우

- 기부금영수증 : 기부자에게 발급
- 기부자별 발급명세: 기부금영수증을 발급한 날부터 5년간 보관(다만, 전자기부금영수증을 발급한 경우 제외)
- 기부금영수증 발급명세서: 다음 연도 6월 30일까지 관할세무서에 제출(다만, 전자기부금영수증을 발급한 경우 제외)

기부금을 받은 단체에서는 기부한 법인이나 개인에게 기부금영수증을 발행하여야 한다. 세무상 인정받지 못하는 기부금을 받은 단체의 경우 굳이 세법에서 정하는 양식을 사용할 필요는 없겠지만, 기부자에게 기부금영수증을 발행해주는 것은 당연한 의무이며 예의라고 할 수 있다. 지정기부금 단체의 경우에는 세법에서 정하고 있는 기부금영수증 양식을 사용하여야 하며, 다음의 유형과 코드번호를 기재하여야 한다.

① 기부자가 '법인'일 경우

- 구분 : 「법인세법」 제24조 제2항 또는 제3항에 따른 기부금
- 유형 및 코드 : 지정, 코드 40 또는 법정, 코드 10

② 기부자가 '개인'일 경우

- 구분 : 「소득세법」 제34조 제2항 (종교단체 기부금 제외) 또는 제3항에 따른 기부금

유형 및 코드 : 지정, 코드 40 또는 법정, 코드 10

    기부금의 투명성 강화를 위하여 세법에서는 몇 가지 규정을 두고 있는 바, 소득세에 관한 사무에 종사하는 공무원은 그 직무 수행 상 필요한 경우에는 기부금영수증을 발급하는 자에 대하여 질문·조사할 수 있도록 하였으며, 기부금 소득공제 또는 필요경비 산입금액이 100만 원 이상인 거주자의 1백분의 1에 해당하는 인원에 대하여 표본조사 등을 실시하도록 하고 있다. 또한 기부금 영수증을 허위로 발급하였을 시에는 기부금영수증 발급자에게 다음과 같이 가산세가 적용된다.

- 기부금 영수증의 경우 : 기부금액을 사실과 다르게 발급한 경우 사실과 다르게 발급된 금액의 5%, 기부금액 외에 다른 인적사항 등을 사실과 다르게 발급한 경우 그 영수증금액의 5%
- 기부금 영수증 발급내역의 경우 : 작성, 보관하지 아니한 금액의 0.2%

■ 법인세법 시행규칙 [별지 제63호의3서식] (2022.03.18. 개정)

기부금 영수증

일련번호	

※뒤쪽의 작성방법을 읽고 작성하여 주시기 바랍니다. (앞쪽)

❶ 기부자

성명(법인명)	주민등록번호 (사업자등록번호)
주소(소재지)	

❷ 기부금 단체

단 체 명	사업자등록번호(고유번호)
(지 점 명*)	(지점 사업자등록번호 등)
소 재 지	기부금공제대상 공익법인등 근거법령
(지점 소재지)	

* 기부금 단체의 지점(분사무소)이 기부받은 경우, 지점명 등을 추가로 기재할 수 있습니다.

❸ 기부금 모집처(언론기관 등)

단 체 명	사업자등록번호
소 재 지	

❹ 기부내용

코 드	구 분 (금전 또는 현물)	연월일	내 용			금 액
			품명	수량	단가	

「소득세법」 제34조, 「조세특례제한법」 제76조·제88조의4 및 「법인세법」 제24조에 따른 기부금을 위와 같이 기부하였음을 증명하여 주시기 바랍니다.

년 월 일

신청인 (서명 또는 인)

위와 같이 기부금을 기부받았음을 증명합니다.

년 월 일

기부금 수령인 (서명 또는 인)

210mm×297mm[백상지 80g/㎡ 또는 중질지 80g/㎡]

5. 기부 관련 상속세와 증여세

상속세는 자연인의 사망으로 인하여 무상으로 이전되는 재산을 과세대상으로 하여 그 취득자에게 과세하는 세금이다. 즉, 자연인의 사망을 납세의무 성립요건으로 하여 그 사망한 자연인의 유산이 상속・유증 또는 사인증여에 의하여 무상으로 이전될 때에 부과되는 조세를 말한다. 이처럼 상속・유증 또는 사인증여에 의하여 자연인의 유산이 무상으로 이전됨으로써 발생하는 불로소득에 대하여 부과되는 상속세는 자연인이 살아있을 때에 무상으로 이전해 준 재산에 대하여 부과되는 증여세와 함께 다음과 같은 사회정책적 의의를 갖는다.

첫째, 상속세 및 증여세는 소득재분배 기능면에서 소득세의 기능을 보완・강화시킨다.

둘째, 상속세 및 증여세는 부의 집중현상을 직접적으로 조정하는 효과를 갖는다.

셋째, 상속세 및 증여세는 보편적인 대상에 적용시킬 수 있는 조세로서 조세의 형평기능을 강화시킨다.

각국의 상속세제도는 그 나라의 역사적 배경과 사회적, 법적 사상의 차이에 따라 대체로 크게 나누어 유산세방식과 유산취득세방식에 의한 과세제도로 나누는 것이 일반적이다. 이들 방식 중 어느 것을 택하느냐 하는 것은 조세입법 정책에 관한 사항이며, 그에 따라 국가의 재정수입에 영향을 미치고 또한 납세의무자별 세 부담에 큰 차이를 가져오게 된다.

유산세 과세방식은 피상속인의 유산 자체를 대상으로 과세하는 것으로서 그 점에서 자산세 성격을 띠고 있다. 즉, 사망자인 피상속인이 남긴 유산총액의 이전을 과세물건으로 하여 무상 이전자 기준으로 과세하는 방식으로서 유산을 무상취득 하는 상속인이 여러 사람인 공동상속의 경우에도 이를 각자의 상속분으로 분할하기 전의 유산총액을 과세기초로 하여 이에 초과 누진구조의 세율을 적용한다.

그리고 유산취득세 과세방식은 유산취득자별 취득재산의 가액을 과세가액으로 하여 과세하는 것으로서 수익세 성격을 띠고 있다. 따라서 이 방식에서는 유산총액을 대상으로 과세하는 것이 아니라 무상취득자 기준으로 과세하는 것이므로 상속인 등이 여러 사람일 경우 먼저 각자의 상속분·유증분에 따라 상속재산을 분할하고 이와 같이 분할된 각자의 몫을 과세대상으로 초과 누진세율을 적용하게 되는 것이다.

우리나라의 경우에는 유산세방식으로 상속세를 과세하고 있으며, 일부 유산취득세 과세방식을 채택하고 있다. 즉, 「상속세 및 증여세법」은 거주자의 사망의 경우에는 모든 상속재산을 상속세 과세대상으로 하고, 상속재산의 범위에 있어 피상속인에게 귀속되는 재산으로서 금전으로 환가할 수 있는 경제적 가치가 있는 모든 물건과 재산적 가치가 있는 법률상 또는 사실상의 권리를 포함한다고 규정하며 상속재산의 가액에서 차감하는 공과금 등 또한 피상속인을 기준으로 산정토록 규정하고 있어 유산과세형 상속세제를 취하고 있음을 알 수 있다. 다만, 상속세의 납부의무는 상속인 또는 수유자가 상속재산 중 각각 상속받은 재산의 점유비에 따라 부여하고 있어, 유산과세형을 중심으로 일부 취득과세형을 도입하고 있다고 볼 수 있다.

피상속인(사망자)의 유언 또는 상속인(유산을 물려받는 자)의 합의에 따라 상속받은 재산을 상속세 신고기한(사망일로부터 6개월)까지 종교·자선·학술 기타 공익사업에 출연한 재산은 상속세 과세가액에 포함되지 않는다. 또한 피상속인의 유언에 따라 국가·지방자치단체 또는 공공단체에 기부한 상속재산은 상속세가 비과세되며, 상속인이 신고기한 내에 국가·지방자치단체 또는 공공단체에 기부하는 상속재산도 과세되지 않는다.

그러나 출연재산에서 생기는 이익의 전부 또는 일부가 상속인 또는 그와 특수관계에 있는 자에게 귀속되는 경우에는 상속세가 과세되며, 귀속되는 재산가액과 출연하는 주식과 출자지분이 발행주식 총수 또는 출자총액의 5% 내지 10%를 초과하는 경우의 그 초과하는 가액은 상속세가 과세된다.

유산을 기부한 것이 아닌 경우 종교·자선·학술 기타 공익사업이나 초·중등과 고등교육법에서 정한 교육기관을 운영하는 사업에 기부한 재산에 대하여는 증여세가 과세되지 않는다. 이 경우 재산을 출연받은 때에는 출연받은 날로부터 3년 이내에 공익목적사업 등에 전부 사용하되, 3년 이후에도 직접 공익목적

사업 등에 계속하여 사용하여야 한다. 상속세와 마찬가지로 공익사업에 내국법인의 발행주식 또는 출자총액의 5% 내지 10%를 초과하여 기부하는 경우 초과하는 부분은 증여세가 과세된다.

상속세와 증여세가 과세되지 않는 '공익법인등'의 범위는 다음과 같다.

[표 3-24] 공익법인 등의 범위

구분	적용받는 관련 법	영위하는 사업의 내용
상속세 및 증여세법 시행령 §12	유아·초·중·고등교육법	학교, 유치원을 설립·경영하는 사업
	사회복지사업법	사회복지법인이 운영하는 사업
	의료법	「의료법」에 따른 의료법인이 운영하는 사업
	법인세법 §24②1	법정기부금으로 운영하는 사업
	법인세법 시행령 §39①1 각목	공익법인등이 운영하는 고유목적사업
	소득세법 시행령 §80①5	공익단체가 운영하는 고유목적사업
	법인세법 시행령 §39①2 다목	공익목적 기부금으로 운영하는 사업
		종교의 보급 기타 교화에 현저히 기여하는 사업

사업연도 종료일 현재 자산이 5억 원 이상이거나 그 사업연도의 수입금액과 출연받은 재산가액의 합계액이 3억 원 이상인 공익법인은 2명 이상의 변호사, 공인회계사 또는 세무사를 선임하여 세무확인을 받아야 하며, 다음 중 어느 하나에 해당하는 공익법인등은 과세기간별 또는 사업연도별로 회계법인(공인회계사 감사반 포함)으로부터 외부감사를 받아야 한다.

가. 직전 사업연도 종료일의 재무상태표상 총자산가액의 합계액이 100억 원 이상인 경우

나. 해당 사업연도의 수입금액과 출연받은 재산가액의 합계액이 50억 원 이상인 경우

다. 해당 사업연도에 출연받은 재산가액이 20억 원 이상인 경우

외부 전문가에게 세무확인을 받은 공익법인 결산보고서 또는 외부감사인의 감사보고서를 사업연도 종료일로부터 4개월 이내에 국세청장에게 제출하여야 한다.

6. 기부금 관련 세제의 국가별 비교

1) 개인 기부금의 조세지원제도 비교

주요 국가들의 개인 기부금에 대한 조세혜택 내용을 정리해 보면, 프랑스는 기부금에 대하여 세액공제 형식으로 조세혜택을 주고 있으며, 미국과 일본에서는 소득공제 형식의 조세혜택을 지원하고 있다.

영국의 Gift Aid의 경우에는 기부자에게 기본세율에 해당하는 부분을 소득공제를 해주지 않는 대신, 기부받은 단체들은 국세청에 그 금액을 청구함으로써 실제 받은 기부금액을 증가시키는 독특한 제도를 운영하고 있다.

[표 3-25] 주요국의 개인 기부금에 대한 조세혜택 한도 비교

국가		조세지원 내용
한국	법정기부금	사업자인 개인은 소득금액의 100% 한도 내 필요경비 산입, 사업자가 아닌 개인은 기부금액의 15%(일정 한도 내의 지정기부금과의 합계액이 1천만 원을 초과하는 경우 그 초과분은 30%) 세액공제
	정치자금기부금	10만 원까지는 전액 세액공제하고, 초과분은 소득금액의 100% 한도 내 소득공제
	지정기부금	사업자인 개인은 종교단체의 기부금이 없다면 소득금액의 30% 한도 내 필요경비 산입 (종교단체 기부금이 있다면 30% 이하), 사업자가 아닌 개인은 종교단체 기부금이 없다면 소득금액의 30%(종교단체 기부금이 있다면 30% 이하)를 한도로 기부금액의 15%(법정기부금과의 합계액이 1천만 원을 초과하는 경우 그 초과분은 30%) 세액공제
미국	공익자선법인	소득공제 한도액 50%
	민간시업재단	
	민간비사업재단 중 요건이 충족되는 경우	
	그 외의 연방세법 §170의 자선단체	소득공제 한도액 30%
	자본이득자산을 50% 한도제한 자선단체에 기부하는 경우	
	자본이득자산을 50% 제한 단체 외의 자선단체에 기부하는 경우	소득공제 한도액 20%
프랑스	공익단체, 종교단체에 대한 기부	기부액의 66% 세액공제 (과세소득의 20% 한도)
	특선자선단체에 대한 기부	470유로까지: 기부액의 75% 세액공제 470유로 초과금액: 기부액의 66% 세액공제 (과세소득의 20% 한도)

일본	특정 기부금	국가 등 기부금	"기부금-2천 엔"을 소득공제 (대상소득의 40% 한도)
		지정기부금	
		특정공익증진법인 기부금	
		특정공익신탁법인 기부금	
		인증NPO법인에 대한 기부금	
		정당 등 기부금	
		재도전 지원을 위한 기부금	
영국		정당 등 기부금[12]	기부금의 30% 세액공제
		Gift Aid	자선단체에 기부한 기부금은 기본세율로 세금을 차감한 것처럼 처리
		부동산과 지분, 증권의 증여 (Gift of land, building, shares and security)	시장가격과 부수비용을 합친 금액에 기부로 인하여 얻은 이득을 차감한 금액을 Gift Aid와 같은 방식으로 처리
		Payroll Giving	기부금액 소득공제

2) 법인 기부금의 조세지원제도 비교

개인 기부금에 대한 조세혜택의 내용과 비교해 보면, 전체적으로 법인 기부금에 대한 조세혜택은 상대적으로 적으며 단순한 구조를 가진다. 각 국가별 법인 기부금에 대한 소득공제 한도가 개인 기부금에 비하여 작으며, 개인 기부금에 대한 지원제도가 법인 기부금제도에 비하여 보다 다양하게 개발되어 있다.

[표 3-26]
주요국의 법인 기부금에 대한 조세혜택 비교

국가		조세지원 내용
한국	법정기부금	대상소득의 50% 한도 내 손금산입
	지정기부금	대상소득의 10% 한도 내 손금산입
미국		소득금액의 10% 한도 내에 소득공제
프랑스	공익단체, 공익재단에 대한 기부	기부액의 60% 세액공제(매출의 0.5% 한도)
일본	국가 등에 대한 기부금	전액 손금산입
	지정기부금	전액 손금산입
	특정공익증진법인·공익신탁에 대한 기부금	특별손금산입한도 = [자본금등×월수/12×2.5/1000 +소득금액5/100]×½
	인정NPO법인에 대한 기부금	
	재도전을 위한 기부금	
	일반기부금	[자본금등×월수/12×2.5/1000 +소득금액2.5/100]×½
영국	Gift Aid	과세수익에서 기부금액을 차감
	부동산과 지분, 증권의 증여부동산과 지분, 증권의 증여 (Gift of land, building, shares and security)	시장가격과 부수비용을 합친 금액에 기부로 인하여 얻은 이득을 차감한 금액을 과세수익에서 차감

12) 특정기부금에 포함하여 소득공제 한도액에 포함할 수 있으며, 별도로 정당 등 기부금에 대한 소득공제 한도액을 계산할 수도 있음.

3) 용역 기부

용역을 자선단체에 기부하는 경우, 영국을 제외한 대부분의 국가에서는 특별한 조세혜택을 인정하고 있지 않다. 영국의 경우에는 사업상 고용하고 있는 근로자의 용역을 자선단체에 제공하는 경우, 근로자의 급여와 기타 비용들을 필요경비(Business expenses)로 인정하고 있으며, 프랑스의 경우 기업과 수혜단체 간에 작성하는 메세나 협약서에 제공된 서비스의 원가를 책정하여 총 임금비용(임금과 사회보장금 포함)을 산출한다. 우리나라의 경우 세법이 개정되어 특별재난지역을 복구하기 위하여 자원봉사를 한 경우에는 법정기부금으로 인정해 주고 있다.

[표 3-27] 주요국의 용역 기부 비교

국가	조세지원 내용
한국	「재난 및 안전관리 기본법」에 따른 특별재난지역을 복구하기 위하여 자원봉사를 한 경우 그 용역의 가액을 법정기부금으로 인정해 준다. 자원봉사용역의 가액은 ①, ②에 따라 계산한 금액의 합계액으로 한다. ① 다음 산식에 의하여 계산한 봉사일수에 5만 원을 곱한 금액 (소수점 이하의 부분은 1일로 보아 계산한다). 이 경우 개인사업자의 경우에는 본인의 봉사분에 한한다. 봉사일수 = 총 봉사시간 ÷ 8시간 ② 당해 자원봉사용역에 부수되어 발생하는 유류비용·재료비등 직접비용 (제공할 당시의 시가 또는 장부가액)
미국	없음
프랑스	없음
일본	공익성이 있는 단체 등에 용역으로 제공하는 것도 현물기부에 포함
영국	사업자의 경우 고용 근로자의 용역제공 시 필요경비 인정

4) 이월공제 비교

미국과 프랑스는 개인과 법인이 자선단체에 기부한 경우, 기부금에 대하여 5년간 이월공제를 인정하고 있으며, 영국의 경우에는 Gift Aid의 경우 전년도의 소급공제를 인정하고 있다. 우리나라의 경우에는 그동안 지정기부금과 법정기부금의 이월공제 기간이 달랐으나 세법개정을 통해 개인과 법인, 법정기부금과 지정기부금 모두 10년으로 통일시켰다.

[표 3-28]
주요국의 기부금에
대한 이월공제 비교

국가	이월공제 내용
한국	10년간 이월공제
미국	5년간 이월공제
프랑스	5년간 이월공제
일본	없음
영국	Gift Aid의 경우 전년도 소급공제

5) 기부금 조세지원 대상단체 비교

기부금 조세지원 대상 단체에 대한 내용을 살펴보면, 미국의 경우에는 연방세법(IRC) §170에서 규정하는 단체들에게 기부하는 경우 조세혜택이 인정되고 있으며, 우리나라와 일본의 경우에는 조세지원 대상 단체에 대하여 여러 법에 각각 분산되어 규정되고 있는 특성이 있다.

[표 3-29]
주요국의 기부금에
대한 조세혜택의 대상 비교

국가	조세혜택 대상 단체
한국	소득세법 제34조, 법인세법 제24조에서 규정하고 있는 단체
미국	연방세법(IRC) §170에서 규정하고 있는 단체
프랑스	국가 또는 국립 공공기관, 공익성이 인정된 단체(국세청 지정)
일본	법인세법 제76조, 소득세법 제217조 등에서 규정하고 있는 단체
영국	CC(Charities Commission)와 OSCR(Office of the Scottish Charity Regulator)에 등록된 Charities로 국세청에 자선단체로 등록된 경우

6) 상속세 비교

대부분의 국가에서는 기부재산에 대한 상속세가 면제되고 있으며, 프랑스와 영국의 경우에는 예술품과 역사유물 관련 기증방법으로 세금대납제도(대물변제)를 운영하고 있다. 특히 영국의 경우 25%의 세액공제와 같은 개념의 제도가 있는 것이 특징이다. 미국 연방세법에서는 상속세(Inheritance Tax)가 아닌 유산세(Estate Tax) 제도가 있는 것이 특징이며, 이는 양도자의 사망으로 인하여 발생하는 자산 처분에 대한 세금이다.

[표 3-30]
주요국의 기부금에
대한 상속세 비교

국가	내 용
한국	상속재산을 공공단체, 공익단체 및 공익신탁에 기부할 경우 상속재산에 부과된 상속세는 면제됨
미국	연방세법상 상속세는 없으며, 사망 시 자산 처분에 대한 세금으로서 유산세가 존재 - 자선단체에 기부한 기부금은 금액의 제한 없이 유산세 공제가 허용
프랑스	국가 또는 국립 공공기관, 공익성이 인정된 단체에 대한 상속재산은 면세
일본	상속재산을 공익 목적으로 사용하는 것이 확실한 경우, 그 상속재산은 상속세의 과세가격에 산입하지 아니함

7) 증여세 비교

미국을 비롯한 영미법계 국가의 경우 우리나라와는 달리 증여자가 증여 사실을 신고하고, 세금을 납부할 의무가 있으며 수증자(Beneficiaries)는 소득세나 증여세를 낼 필요가 없다. 영국의 경우에는 상속세만 존재할 뿐, 증여는 자본이득의 차원에서 다루고 있다는 점이 다른 국가들과 다른 점이다.

[표 3-31]
주요국의 기부금에
대한 증여세 비교

국가	내 용
한국	재산을 공공단체, 공익단체 및 공익신탁에 기부할 경우 증여세는 면제됨
미국	자선단체에 기증한 자산은 금액한도 없이 증여세 공제가 인정
프랑스	국가 또는 국립 공공기관, 공익성이 인정된 단체에 대한 증여재산은 면세
일본	증여재산을 공익사업에 사용하는 것이 확실한 경우, 그 증여재산은 증여세의 과세가격에 산입하지 아니함

제5절
문화예술 기부 활성화를 위한 정책

문화예술 분야에 대한 기부를 활성화하기 위해 정책적으로 접근하는 것이 과연 바람직한가에 대한 논란이 있을 수 있다. 정책을 통해 인위적으로 기부를 늘리려고 하는 것은 기부가 가진 고유한 의미를 퇴색시키는 것일 수 있기 때문이다. 그럼에도 불구하고 현장에서는 기부 활성화를 위한 정책을 지속적으로 요구하고 있으며, 일정 부분 정책이 시행되고 있기도 하다.

문화예술 분야에 대한 기부가 활성화되기 위해서는 무엇보다 다음의 두 가지가 선행되어야 한다. 첫째는 예술에 대한 잠재기부자의 확대이다. 대부분의 사람들은 예술의 가치를 크게 인식하지 못하고 있는 상태이다. 아무리 좋은 기부프로그램을 만든다고 할지라도 예술에 대해 기부를 할 마음이 전혀 없는 사람들에게는 기부금을 받을 수 없다. 일반 사람들을 문화예술 향유자와 잠재기부자로 먼저 만들어 놓아야 좋은 기부프로그램이 효과를 발휘하게 된다. 문화예술 향유자와 잠재적인 기부자를 확대하는 것은 개별 단체들의 노력도 중요하지만, 문화체육관광부와 지자체, 한국문화예술위원회, 지역문화재단 등이 앞장서야 할 것이다. 예술이 우리 삶에서 가지는 소중함의 가치와 이러한 예술이 향유되기 위해서는 문화예술에 기부해야 한다는 사회적 인식을 확산시키는 것이 중요하다.

둘째는 예술단체 종사자들의 인식전환이 필요하다. '기부'라는 시장에서 무형의 기부상품을 판매하기 위해서는 경쟁이 불가피하다. 우리 사회엔 기부를 필요로 하는 곳이 문화예술만이 있는 것이 아니라 사회복지, 국제구호, 교육, 의료, 시민단체, 환경, 종교 등 다양하다. 기부 시장에서 저마다 자기 상품의 중요성과 가치를 내세우며 상품을 판매하고 있는 것이며, 문화예술만을 위한 시장이나 소비자는 거의 없는 것이다. 그런데도 예술단체 종사자들은 예술의 가치와 중요성을 소비자가 모른다면서 거꾸로 소비자 탓을 하고 있다. 가만히 있어도 알아서 우리 물건을 사주거나 우리에게 기부하는 사람은 없다. 우리 주위를 둘러보아도 가장 품질이 좋은 제품이 가장 많이 팔리는 것은 아니다. 예술의 가치가 인간에게 소중한 것임을 소비자들에게 알리는 것은 중요하지만 그것만이 전부는 아니라는 것이다. 기부가 거저 얻어지는 것이 아니라 상당한 시간과 노력이 수반되어야 한다. 아무리 좋은 정책을 펼치더라도 예술단체들이 노력해야 결실을 맺을 수가 있다.

1. 전문예술법인단체 지정제도

문화예술단체와 관련한 기부금 정책 중 대표적인 것이 전문예술법인단체 지정제도라고 할 수 있다. 2000년 1월 「문화예술진흥법」이 개정되면서 '전문예술법인 등의 지정·육성' 조항이 신설되었다. 이는 국가와 지방자치단체가 문화예술진흥을 위하여 전문예술법인 또는 전문예술단체를 지정하여 지원, 육성할 수 있다는 것을 내용으로 하며, 이에 따라 전문예술법인·단체로 지정된 단체는 「기부금품모집의 모집 및 사용에 관한 법률」에도 불구하고 기부금품을 모집할 수 있게 되었다.

전문예술법인·단체의 지정기준이 시도별로 달라 생겼던 혼란을 해소하고 제도의 방향을 재정립하기 위한 문화예술진흥법 시행령이 2011년 11월 25일 개정됨에 따라 지정대상이 비영리법인과 단체로 한정되었으며, 지정변경과 취소 등에 대한 구체적인 기준이 정비되었다. 이후, 전문예술법인·단체의 지정·운영에 필요한 사항을 정하는 시도별 조례의 정비도 이루어졌다. 시행령 개정 시 전문예술법인뿐만 아니라 전문예술단체의 경우도 「기부금품모집 및 사용에 관한 법률」에도 불구하고 공개모집이 가능하도록 범위가 확대되었다. 하지만 2018년 2월 13일 「법인세법 시행령」 개정 이후 전문예술단체는 계속 당연 지정기부금 단체에 해당하나 전문예술법인은 기획재정부 지정을 받지 않는 한 지정기부금단체에 해당하지 않게 되었다. 2021년 이후 지정기부금단체 지정을 위해 전문예술법인은 국세청장(관할 세무서장)에 신청을 해야 하며 기획재정부에 지정추천 이후 기획재정부 지정·고시로 인해 지정을 받을 수 있다.

1) 전문예술법인·단체의 혜택[13]

전문예술법인·단체의 지정대상은 공연장 또는 예술단을 운영하거나 전시행사의 개최를 주된 목적으로 하는 법인 또는 단체 등이며, 전문예술법인·단체로 지정된 단체에게 주어지는 혜택은 다음과 같다.

가. 기부금 공개모집 가능

○ 「문화예술 진흥법」 제7조 제1항에 따라 지정된 전문예술법인·단체는 「기부금품의 모집 및 사용에 관한 법률」에도 불구하고 기부금품을 공개 모집할 수 있다.

나. 기부자 세제 혜택

○ 전문예술법인·단체에게 기부한 개인이나 법인은 일정 한도 안에서 세금 공제 혜택을 받을 수 있다.
○ 개인 기부자의 경우 1천만 원 이하 기부자 해당연도 소득금액의 30% 한도에서 15% 세액 공제를 받을 수 있다.(.(「소득세법」 제34조, 「소득세법」 제59조의4)
○ 법인기부자의 경우 법인소득의 10% 한도 내에서 손금으로 인정된다. 다. (「법인세법」 제24조, 「법인세법」시행령 제39조)
　* '19년도부터 고액 기부금 기준 기존 2천만 원에서 1천만 원으로 하향 조정
　* 「법인세법」에 따라 2018년 이전에 지정되었던 전문예술법인의 경우 공익법인의 권한을 가지기 위해 별도의 신청접수를 해야 한다.

다. 출연재산에 대한 상속세 및 증여세 면제

○ 「법인세법」상 당연 지정기부금단체에 해당하는 전문예술단체와 기획재정부로부터 지정받은 전문예술법인은 「상속세 및 증여세법」상 공익법인에 해당되어 상속세 및 증여세가 면제된다.(「상속세 및 증여세법」 제16조, 48조, 「상속세 및 증여세법 시행령」 제12조)

라. 고유목적사업 준비금 설정 가능(전문예술법인만 해당)

○ 비영리법인인 전문예술법인의 경우 당해 사업연도 소득금액의 50%를 고유목적사업준비금으로 손금산입이 가능하다. (「법인세법」 제29조, 「법인세법」시행령 제56조)
　* 전문예술단체는 법령 제39조 제1항 제2호에 따라 공익목적기부금으로서 지정기부금으로 인정받는 것이므로 고유목적사업 준비금 설정 불가

마. 각 시·도별 행정적 지원

○ 각 지자체별로 차이는 있으나 전문예술법인·단체로 지정되면 각 시·도별 조례에 근거하여 예산 범위 내 경비보조, 공공자금 우선 지원, 시·도 내 공공시설 무상제공 등 기타 행정적 지원 정책을 시행 중이다.

[13) 예술경영지원센터(2021), 「2021 전문예술법인·단체_제도설명회 자료집」 p.21~22

안타깝게도 전문예술법인·단체로 지정받은 예술단체는 제도의 혜택이 거의 없다고 느끼고 있다. 아마도 직접적인 지원금이 없어서 그렇게 느낄지도 모르겠다. 일부 단체를 제외하고 법인세 또는 소득세를 거의 납부하지 않는 예술단체들에게는 법 해석을 떠나 고유목적사업준비금이란 것이 현실적으로 의미 없는 혜택일 수 있으나, 전문예술법인·단체에게 기부한 경우 지정기부금으로 손금 인정된다는 것은 나름대로 좋은 제도라고 볼 수 있었다. 그러나 이마서 세법개정으로 전문예술법인은 해당이 되지 않게 되었다.

전문예술법인·단체로 지정되었을 때의 가장 큰 혜택은 세제 혜택보다도 「기부금품 모집 및 사용에 관한 법률」의 적용을 받지 않고 기부금품 공개모집을 허용해 준 것이라고 필자는 생각한다. 그렇지만 이러한 혜택조차도 기부금 모집 행위를 하지 않는 단체 입장에서는 혜택이라고 느끼지 못하고 있다.

2) 전문예술법인·단체 신청처 및 신청시기[14]

(1) 지정권자

'전문예술법인·단체 지정육성제도'는 문화체육관광부과 전국의 17개 광역단체가 지정권을 갖고 있다. 전문예술법인·단체 지정·육성제도는 각 광역시·도에서 자체적으로 지정심사부터 관리까지 전체적으로 운영하는 것이 기본방침이다. 때문에 「문화예술진흥법」 제7조를 근거로 하여 각 광역시·도별 관련 조례를 제정하여 각 지역에 맞게 운영하고 있다.

(2) 신청 및 지정 시기

전문예술법인·단체 지정을 위한 공고 및 지정 시기 등은 각 광역시·도마다 조금씩 다르게 진행된다. 대부분은 하반기 말경에 공고 및 지정이 된다. 각 지자체별 지정공고는 지정 신청 기간 중 20일간(권고 사항이며, 각 지자체별로 상이할 수 있음) 해당 지자체 홈페이지에 게시하며, 각 시도별 공고 및 지정 시기는 아래 표와 같다.

---
14) 예술경영지원센터(2021), 「2021 전문예술법인·단체 백서」p.8~11

[표 3-32]
광역시·도별
전문예술법인·단체
공고 및 지정 시기

지역	지정횟수	공고 시기	지정 시기
서울특별시	1년 1회	9월	11월
경기도	1년 1회	10월	1월
인천광역시	1년 1회	9~10월	11월
강원도	1년 1회	10월	12월
대전광역시	1년 1회	8월	9월
충청북도	1년 1회	10월	12월
충청남도	1년 1회	11월	1월
광주광역시	1년 1회	10월	12월
전라북도	1년 1회	10월	12월
전라남도	1년 1회	2월	4월
부산광역시	1년 1회	7월	11월
대구광역시	1년 1회	5월	7월
울산광역시	1년 1회	2월	3월
경상북도	연중 수시	-	-
경상남도	1년 1회	8~9월	11월
제주특별자치도	1년 1회	9월	11월
세종특별자치시	1년 1회	11월	12월

3) 전문예술법인·단체가 되기 위한 자격 요건[15]

(1) 지정단체 범위

「문화예술진흥법」에 따라 전문예술법인·단체로 지정할 수 있는 단체의 유형은 다음과 같이 다양하다.

첫째, 국가 또는 지방자치단체가 설치하거나 설립한 공연장 또는 예술단의 운영을 주된 목적으로 하는 비영리법인 또는 단체

둘째, 미술, 음악, 무용, 연극, 국악, 사진과 관련한 전시, 공연, 기획 및 작품제작을 주된 목적으로 하는 비영리법인 또는 단체

셋째, 공연 또는 전시시설의 운영을 주된 목적으로 하는 비영리법인 또는 단체

넷째, 문화예술 분야의 진흥을 위한 사업과 활동을 지원하기 위하여 국가 또는 지방자치단체가 설립한 비영리법인

15) 예술경영지원센터(2021), 「2021 전문예술법인·단체 백서」p.8~9

다섯째, 그 밖에 대통령령으로 정하는 기준에 적합한 문화예술 관련 비영리법인 또는 단체 등이 해당한다.

(2) 신청자격 및 지정심사

전문예술법인 · 단체 지정권을 가지고 있는 각 광역시·도에서는 관내 소재지에 거주하며, 사업자로 등록된 단체 또는 법인에 지정 신청자격을 부여하고 있다. 문화체육관광부 및 각 광역시도의 지정권자는 다음 사항을 고려하여 전문예술법인·단체로 지정한다.

> 1. 조직·인력 운영의 적정성
> 2. 재정 운영의 건전성
> 3. 공연·전시 실적이나 문화예술 사업 및 활동의 지원 실적 또는 공연·전시시설의 운영 실적
> 4. 공연·전시된 작품의 예술적 완성도
> 5. 그 밖에 문화예술진흥을 위하여 문화체육관광부 장관 또는 시·도지사가 필요하다고 인정하는 사항

지정심사는 각 광역시·도마다 차이가 있지만, 대체로 심사위원회를 구성하여 선정하게 된다. 대부분 관련 분야의 민간 전문가 10명 이상으로 구성되며, 지역 문화예술 발전 기여도와 활동 계획 및 실적서류 구비 여부 등이 심사기준이 된다. 각 시·도별 지자체의 지정 결정 후 해당 전문예술법인·단체는 각 지자체로부터 전문예술법인·단체 지정서를 발급받게 된다.

2. 문화예술 기부 활성화 정책의 문제점

1) 세제 혜택 중심의 정책

지금까지 문화예술 분야에서는 기부 활성화에 대한 정책을 논의하면서 가장 먼저 조세 제도를 개선해줄 것을 요구해 왔다. 특히 기부금의 공제한도를 늘려 달라는 요구를 끊임없이 해왔다. 기부금 현황에서 보았듯이 절세를 위해 기부하

는 사람은 소수에 불과하다. 기부금 세제는 기왕에 기부한 사람에 대한 세제이며, 기부하지 않는 사람을 기부하게 만드는 것은 아니다. 물론 잘못된 기부금 관련 세제는 기부 확산에 장애가 될 수는 있다. 그렇지만 기부 관련 세제를 문화예술 분야에서 주장하는 것처럼 수정한다고 하여 기부가 증가되기는 어려운 것이다. 90년대 말부터 우리나라 기부문화가 확산된 것은 세제 때문이 아니었으며, 다양한 요인이 복합적으로 작용하였기 때문이다. 우선 IMF 시대 이후 어려운 사람이 남이 아닌 내 이웃이라는 것을 깨닫기 시작하였고 미디어 및 온라인·모바일 등 다양한 매체를 통해 기부에 대한 관심을 높이고 사회적 인식을 바꾸어 놓았다. 그리고 전문모금기관과 기부단체들이 투명성을 높이고 이를 알리고자 노력하였으며, 시민들이 쉽게 기부할 수 있는 다양한 기부상품과 기부방법을 개발하고 기부에 대한 가치와 보람을 느낄 수 있도록 예우와 피드백을 해 주었던 것이다. 마찬가지로 문화예술에 대한 기부를 확산시키기 위해서는 위와 같은 과정과 다양한 노력이 필요하며 먼저 문화예술에 기부해야 하는 사회적 가치 인식 제고를 위한 정책이 필요한 것이다.

2) 기업기부 위주 정책

지금까지 문화예술에 대한 기부는 주로 지인들이나 기업에 의해 이루어졌다. 또한, 개인은 예술에 기부를 잘 하지 않을 것이라는 편견을 갖고 정부의 정책은 기업기부 위주로 접근하였다. 대표적으로 '중소·중견기업 예술지원 매칭펀드'가 있으며 2013년 말에는 「문화예술후원 활성화에 관한 법률」이 제정되었다. 기업기부도 물론 중요하지만, 이제는 문화예술의 직접적인 향유자인 개인 기부에 관심을 더 가져야 한다. 문화예술에 기부하는 것이 바람직하며 사회에 좋은 영향을 미치는 것이라고 개인(소비자)들이 인식하고 있는 상황이라면 기업은 대외 이미지와 지속가능경영을 위해 스스로 문화예술에 기부하고자 한다. 반대로 문화예술에 기부하는 것은 호사스러운 일이고 필요 없는 행동이라고 개인들이 생각하고 있다면 기업은 문화예술에 기부하고 싶어도 하기 어렵게 된다.

3) 모금 역량 제고를 위한 정책 부족

문화예술에 대한 기부의 필요성과 중요성에 대하여 사회적인 인식이 되었다고 하더라고 개별 예술단체들의 모금행위가 없다면 실제 기부는 이루어지기 어렵다. 예술단체의 모금 역량은 모금 인력 및 인프라와 투명성으로 판단할 수 있다. 예술단체의 투명성에 대한 인식은 많이 개선되고 있지만, 현장에서 단체와 부딪히다 보면 아직도 예술단체의 투명성은 부끄러운 수준이다. 하고 싶어도 잘 몰라서 못 하는 단체들을 위해 예술단체에 적합한 회계기준을 정립하여야 하며, 쉽게 따라 할 수 있는 회계 매뉴얼 등을 보급하는 것도 필요하다.

예술단체에서 전문 모금 인력을 찾기란 쉬운 일이 아니다. 거의 전무하다시피 하며, 채용하고 싶어도 관련 지식과 경험을 가진 인력을 구하기가 쉽지 않은 현실이다. 예술에 대한 기부가 활성화되기 위해서는 전문 모금 인력이 필요하며 이를 양성하기 위한 정책이 시급하다. 그나마 다행인 것은 한국문화예술위원회, 예술경영지원센터 등에서 이와 관련한 모금교육과 컨설팅프로그램을 실시하고 있으며, 프로그램이 점차 다양해지고 전문화되어 가고 있는 것이다.

3. 모금 교육과 컨설팅 프로그램

(1) 예술경영지원센터

예술경영지원센터 예술경영 아카데미에서는 2008년부터 재원조성에 필요한 실무역량 필요성을 인식하고 이를 위한 다양한 형태의 강좌 및 프로그램을 제공하였다. 2012년부터 2017년까지는 모금스쿨과정, 2017년~2019년까지는 아트펀드레이저 양성과정으로 발전시켜 나갔다. 재원조성 실무와 관련한 강좌 및 프로그램의 내용은 재무관리(재원조성과 관련된 세무회계 등)를 비롯하여 마케팅, 펀드레이징(공공 및 민간) 등에 이르며 다양한 직무역량의 관점에서 설계되어 왔다. 특히 재원조성만을 전담하는 담당 부서 또는 직원의 배치 및 자체양성이 어려운 국내 예술현장의 현실을 고려할 때, 예술단체 입장에서 어떠한 방식으로든 재원조성과 관련된 직무수행에 필요한 역량을 높이는데 기여하였으나 2020년부터는 한국문화예술위원회가 관련 프로그램을 진행하고 있다.

(2) 한국문화예술위원회[16]

한국문화예술위원회 문화예술후원센터는 「문화예술후원 활성화에 관한 법률」에 따라 문화체육관광부 산하 문화예술후원 활성화 사업수행 기관으로 문화예술후원우수기관과 문화예술후원매개단체 인증사업 등을 제공하고 있다. 한국문화예술위원회에서는 2020년부터 후원매개인력 발굴 및 양성을 위한 사전 직업교육 모델 사전연구 및 교육 진행, 여성가족부 경력보유 여성 취업 지원 서비스 연계 인턴 제도 운용 등을 추진하고 있으며 자세한 내용은 '제9절 문화예술 기부사례'에서 소개하겠다.

기부금 모금에 대한 이해도가 낮은 예술단체와 관심자에게 이러한 교육은 매우 유효하게 작용할 것이다. 교육과 컨설팅을 받은 예술단체들의 성공사례들이 조만간 나타나길 기대해 본다. 다만 조금 아쉬움이 남는 것은 아직 교육 대상이 거의 예술단체 또는 경력보유 여성에 초점이 맞추어져 있다는 것이다. 우리나라 현실에서 어쩔 수 없이 나타나는 현상이겠지만 앞으로는 모금전문가를 위한 교육 내용과 자격제도와 연계된 교육 내용이 추가되었으면 좋겠다는 바람이다.

4. 전문모금기관의 필요성

자선(사회복지, 국제구호 등) 분야 기부 활성화에 있어서 그동안 사회복지공동모금회의 역할은 매우 중요하게 작용하였다. 문화예술 분야에 대한 기부에 있어서도 전문모금기관에 대한 필요성이 계속 제기되고 있지만, 아직 현실화되지는 못하였다. 만약 전문모금기관을 새로 구성하여 조직화한다면 문화예술 기부

[16) 한국문화예술위원회(2021), 「문화예술후원 매개인력 신 직업화 연구」 p.51~70]

활성화에 많은 도움이 되겠지만, 모금한 금액을 분배하면서 다양한 문제에 봉착할 가능성이 높다. 다행히 한국문화예술위원회가 새로운 시도를 통하여 전문모금기관으로서의 역할을 수행하고자 하고 있다. 2010년 하반기부터 기부활성화를 위한 TF를 구성하였으며 2011년에는 문화나눔본부 내에 예술나눔부가 신설되었다. 「문화예술후원 활성화에 관한 법률」 제정에 맞춰 문화예술후원 활성화에 대한 업무를 처리하기 위하여 2014년에는 문화예술후원센터로 명칭이 변경되었다. 당연히 문예진흥기금을 모금하겠지만 문화예술 전반의 기부를 활성화시키는 것이 우선이며 향후 한국문화예술위원회가 예술분야 전문모금기관으로서의 역할을 수행할 수 있도록 예술분야의 합의를 도출하고 관련 법 개정도 이루어졌으면 좋겠다.

제6절
기부와 투명성

투명성이 전제되지 않으면 기부금을 모금하기 어려우며, 주는 기부금을 받아서도 안 된다. 몇 년 전에는 환경 관련 단체에서 투명성과 관련된 문제가 발생하기도 하였으며, 2010년도 하반기에 사회복지공동모금회에 대한 투명성 문제가 우리사회에 회자된 적이 있었다. 대부분의 사람들은 얼마나 어떻게 잘못 사용하였는지에 대한 내용은 모르면서 그냥 부정 사용했다는 것에 울분을 토하기도 했다. 예술계 종사자들에게 사회복지공동모금회 얘기를 하면 역시나 비슷한 반응을 보였다. 예술계가 그만한 돈을 기부 받았다면 지금 상황이 어떨 것 같냐고 제가 다시 반문해 보았다. 아무도 자신 있게 대답을 하지 못하였다. 최근 우리사회에서 발생하였던 몇 가지 부정 사례들을 살펴보고, 투명성을 높이기 위한 단체의 노력에 대하여 살펴보겠다.

1. 사회복지공동모금회의 시사점

우선 사회복지공동모금회(이하, 모금회)의 내용을 살펴보도록 하자. 모금회 자체 감사결과 지회에서 일부 금액이 문제가 되었다는 언론보도가 1차로 나왔다. 이 문제가 불거지자 보건복지부가 대대적인 감사에 착수하였다. 보건복지부 감사결과에 따르면 모금회는 ①7억 원이 넘는 돈을 부당하게 집행했고, ②공공기관 직원들보다 세 배나 많이 임금을 올렸으며, ③사업관리도 제대로 못해 중도에 포기하는 사업이 속출했다는 것이다. 부당집행액이 7억 5453만 원이었다.

복지부가 배포한 보도자료에 따르면 '업무용 카드를 부적절하게 사용하는 등 도덕적 해이에 해당하는 직원 48명의 징계와 기타 예산을 부당하게 집행한 관련자 113명에 대한 경고·주의 등 신분상 조치를 하고, 부당 집행된 7억 5453만여 원을 회수토록 요구했다.'라는 것이다.

7억 5453만 원의 내역을 세부적으로 살펴보도록 하자. 가장 큰 금액은 어린이집 건립 지원비 5억 9000만 원이다. 서울 은평구가 5억 7000만 원, 모금회가 5억 9000만 원을 내서 어린이집을 지으려다 사업 부지를 확보하는 과정에 소유권 분쟁이 발생했고, 사업 자체가 취소됐다. 모금회 관계자는 '사업이 취소돼 돈이 집행조차 되지 않았다. 그 돈은 지금 우리 계좌에 있다. 복지부와 의사소통 과정에서 문제가 있었던 것 같다.'라고 말했다. 은평구 관계자도 '모금회로부터 한 푼도 받지 않았다.'라고 밝혔다.

1억 4,000만 원은 전세 주택자금 미회수분이며 모금회 자체 감사에서도 지적된 사안이다. 모금회는 각 지방자치단체와 함께 저소득층에 전세자금을 빌려준다. 모금회가 5,000만 원을 내면 지자체가 5,000만 원을 보조하는 식이다. 대출자가 돈을 갚으면 지자체가 상환 받아서 모금회 몫을 돌려주는데, 1억 4,000만 원을 아직 지자체로부터 돌려받지 않았다. 모금회 측은 '사업이 동시 다발적으로 이뤄져 실시간으로 수금하기가 어렵다.'라고 해명하였다. 업무처리 소홀 등의 문제가 있겠지만 지자체로부터 회수만 하면 금전적으로 아무 문제가 없는 것이었다.

복지부가 부당집행이라고 지적한 7억 5453만 원 중 '5억 9,000만 원'은 지출된 적이 없고, '1억 4,000만 원'은 지자체에서 받으면 되므로 이제 남는 건 2,400만 원이다. 여기에 부당집행된 489만 원이 더 있다. 부당집행한 임직원들이 모금회를 퇴직해버려 환수할 수 없기 때문에 환수 명령 금액 7억 5,453만 원에서 제외된 돈이다. 이것까지 더하면 2,889만 원이 된다. 2006년부터 5년간 중앙회와 16개 지회에서 잘못 쓴 돈이 2,889만 원이라면 연간 578만 원, 월 48만 원 수준이다.

2,889만 원의 내역은 법인카드 사용 2,147만 6,300원, 워크숍 경비 498만 4,000원, 감사업무비 243만 8,500원 등이다. 먼저 법인카드에 관한 내용을 보면, 모금회는 자체 감사를 벌여 부정사례를 적발했고 다른 지회에도 비슷한 사례가 있을 수 있다고 판단해 법인카드를 노래방, 유흥주점 등에서 사용할 수 없는 클린카드로 바꿨다. 복지부가 밝혀낸 사례들은 모금회가 법인카드 사용지침을 강화하기 이전에 벌어진 사안들이다. 이 때문에 모금회는 수차례 '자체

적으로 적발했다. 우리에겐 자정 능력이 있다.'라고 항변했다. 다음은 워크숍 경비이다. 9개 지회가 워크숍을 갔다가 노래방, 단란주점, 나이트클럽 등에서 26차례 498만4,000원을 썼다. 이 부분에 대해서는 변명의 여지가 없지만, 5년간 모금회가 모금한 금액이 대략 1조 5,000억 원이 되는데 모금회 규모의 조직을 운영하며 이 정도라면 오히려 애처롭다는 생각도 든다. 감사 업무비 243만 8,500원은 모금회 감사실이 자체 감사 업무 중 부당하게 사용했다는 돈이다. 모두 35건으로 노래방이 2건, 맥줏집이 5~6건이고, 나머지는 모두 식당이었다. 맥줏집으로 분류된 곳은 대부분 모금회 중앙회 사무실 앞에 있는 치킨집이다. 모금회 사정에 밝은 한 인사는 '감사에 들어가면 일이 늦게 끝난다. 도와주러 온 외부 회계사 등과 통닭에 맥주를 마신 것'이라고 말했다.

보건복지부의 감사에 대해서는 여러 의견이 있을 수 있다. 우리가 알지 못하는 다른 이유가 있을 수도 있다. 하지만 언론에 발표된 내용을 자세히 분석해 보면 이 정도로 시민들이 그토록 분개할만한 내용인가 의구심이 들기도 한다. 그럼에도 이 사건으로 모금회는 심각한 타격을 받았고, 아마도 모금을 하는 타 단체에게도 악영향을 미쳤을 것이다. 어쩌면 이를 계기로 더욱 성숙한 기부 문화가 정착되고, 모금회도 더 성장할 수 있는 기회가 되었을 것이다. 그렇다면 문화예술 분야도 이를 반면교사로 삼아야 한다. 많이 좋아진 것은 사실이지만 아직 우리나라 문화예술단체들이 투명하다고 볼 수는 없다. 만약 사회복지공동모금회가 그때 당시 연간 모금하는 3,000억 원이 넘는 돈을 문화예술단체에서 집행했다고 생각해 보면 과연 어떤 결과가 나왔을까? 2009년도에 실시한 감사원의 민간단체 보조금에 대한 감사에서 드러났듯이 문화예술단체들은 기부자들에게 투명하다고 자부할 수 있는 상황이 아니다. 기부금을 다루는 단체는 다른 집단보다 훨씬 높은 도덕성 잣대를 들이대야 한다. 투명성은 기부를 받기 이전에 잠재기부자들에게 신뢰를 받을 수 있는 전제조건이어야 한다.

2. 기부금 유용과 횡령의 시사점

1) 이영학 기부금 불법모집 및 유용 관련

2017년에 '어금니 아빠' 이영학 사건이 언론에 보도되면서 사회적 물의를 일으켰었다. 「기부금품 모집 및 사용에 관한 법률」 제4조(기부금품의 모집등록), 제12조(기부금품의 사용) 등 등록된 모집기관과 신고에 의한 모집을 해야 하나, 방송이나 신문광고, 자신의 SNS 등을 통해 '딸의 수술비로 회당 2,000만~3,000만 원이 필요하고 20년간 치료가 필요하다'라며 불특정 다수 기부자를 속여 12억 원의 기부금을 불법으로 모집한 것이다. 또한 경찰조사에 의하면 실제 딸의 치료비로 706만 원밖에 쓰지 않았고 나머지 금액은 차량 20대를 사고 문신, 성형 등 개인 유흥비로 지출했다. 이영학은 10대 중반부터 2017년까지 전과 18범이었는데 그에 따른 검증이 되지 않았고 기부의 모집과정과 사용에 있어 사회적 제도가 역할을 못 했다는 사실이 안타깝다. 불법모금을 한 사실도 잘못되었으나 모금한 돈의 사용에 대해 관리 감독이 전혀 이루어지지 않아 기부금을 유용하여 사용한 사회적 문제는 한 개인의 유용을 넘어 대중들에게 의심과 불안을 야기 시키고 기부문화 확산을 가로막았다. 투명하게 필요한 곳에 쓰고 있는 전문모금단체 및 사회복지기관 등과 기부자에게 찬물을 끼얹었다.

2) 새희망씨앗 기부금 횡령 관련

결손아동 구호단체인 새희망씨앗이 2014년부터 약 3년간 총 5만 명에게 모금한 128억 원 중 2억 원만 해당 아동에게 사용하였고, 나머지 100억 원이 넘는 금액은 아파트 구매, 해외 골프 여행, 외제 차 구입, 요트 파티비용 등에 유용한 사실이 드러나 우리 사회에 충격을 주었다. 새희망씨앗은 주식회사와 사단법인으로 같은 이름을 사용하는 별개의 조직을 설립하고, 전국 20개 지점과 센터의 상담사를 동원해 불특정 일반인들에게 기부 권유 전화를 하게 하여 모금을 하였다. 주식회사는 교육콘텐츠 판매를 주력으로 하며 사단법인은 기부금 모금에 주력하고 이 두 회사를 새희망씨앗의 회장이 지배하였다.

해당 사건은 '빈곤층을 돕다가 같이 빈곤층이 된다'는 이야기가 나올 정도로 열악한 환경에서 고군분투하는 수많은 비영리법인, 전문모금단체, 사회복지단체들에 악영향을 미쳤다. 이러한 사건을 방지하고자 정부, 국회에서 비영리·공인법인에 대한 정책들을 만들어 규제를 강화하고 과도한 행정력을 동원하면 기부문화가 위축될 수 있다. 비영리법인 등에 대한 제도적 규제 강화보다는, 정부의 감독 인력 및 조사 권한을 강화하고 범죄 행위가 있는 경우 엄정히 처벌하는 체계가 더욱 효과적일 수 있다. 이로 인해 기부자들이 지갑과 마음을 닫기보다 기부할 단체에 대해 더 자세히 살펴보고 비영리단체 등과 스킨십을 늘려 공익활동에 대한 참여와 지원을 확대하는 방향으로 발전할 수 있기를 기대한다.

3. 문화예술 분야의 사례와 시사점

1) A 예총 기부금 횡령·유용 등 관련[17]

지난 2002년 A예총에 개인 B씨가 회관 건립기금을 위해 1억 원을 기부했다. 해당 기부금은 목적에 맞게 회관 건립기금으로 사용되어야 하나 A예총의 C회장은 2005년 자신이 운영하던 D회사의 직원 급여 지급을 위해 개인 B씨의 성금 1억 원을 담보로 대출을 받은 후 상환하지 못했다. 2006년 초 예총 자체 감사에서 이 같은 사실이 적발돼 그해 3월 C회장은 회장직에서 사퇴했고, 예총은 C회장으로부터 지불각서까지 받았지만 결국 1,140만 원만 회수했다. A예총은 2015년 2월 정기총회를 열고 나머지 금액을 내부적으로 결손 처리하게 되었다.

    A예총의 기부금 사례는 총체적 난국을 보여준다. C회장 개인 통장으로 기부금을 받았고, 목적과 다르게 기부금을 담보로 대출을 받았으며, 최종적으로 변제를 제대로 하지 않아 기부금을 목적사업에 사용할 수 없었고 기부자와 국세청 등에 정보공개도 하지 않아 기부금 모집 및 사용에 있어 복합적인 문제점을 드러내고 있다. 기부에 있어서 가장 중요한 건 투명성이다. 그것은 신뢰이자 신용이며 향후 기부문화 확산 여부가 달려있는 가장 우선되는 문제이다.

2) E 문화원 기부금 정보공개 관련[18]

---

17) https://www.segye.com/newsView/20160809002740?OutUrl=naver

18) http://view.asiae.co.kr/news/view.htm?idxno=2016022916335218394 참고

E문화원은 G기업으로부터 2년 동안 15억 원의 기부금을 받았다. E문화원은 공직유관단체이자 공익법인(지정기부금단체)으로 「기부금품 모집 및 사용에 관한 법률」 제14조(공개의무와 회계감사 등) 2항에 따라 기부금에 대한 정보공개 의무는 필수이다. 그럼에도 H시민단체의 정보공개 요청에 욕설과 협박으로 대응하였다. 공공기관이 아니어서 자료 주는 걸 보류하였다고 했으나 E문화원은 공공 목적으로 설립된 특수법인으로 정보공개를 해야 한다는 사실을 모르고 있었다. 결국 H시민단체는 중앙행정심판위원회에 소송하여 '정보공개를 요청한 예산서, 결산서, 각 사업별 사업계획서 등을 제공하라'는 판결을 받았다.

E문화원은 공익법인(지정기부금단체)으로 기부금품을 모집 및 접수할 수 있으나 이후 정보공개 의무에 있어서 해당 법률의 미숙지나 무례한 응대로 문제를 만들었다. 이 사례는 특정한 E 문화원만의 문제가 아니라 기부금을 받아 목적사업에 사용하기 원하는 모든 문화예술단체에 해당된다. 돈을 받기 전의 행동과 돈을 받은 이후 행동에 일관성이 있기가 힘들고, 간절함에서 얻은 기부금이 유치 이후 해당 사업을 진행하다 보면 소통과 피드백을 놓치기 쉬울 것이다. 그럼에도 기부금을 유치하고 싶다면 사업추진의 책임과 의무, 투명성에 대한 분명한 방법을 숙지하고 그에 맞게 행동해야 한다.

4. 공익법인의 운영 의무

1) 회계기준 정립과 교육

문화예술단체의 투명성을 확보하기 위해서는 의식적인 문제가 가장 중요하지만 투명하게 관리하고 싶어도 힘든 것이 사실이다. 문화예술단체 활동을 적합하게 기록할 수 있는 회계기준이 정립되어 있지 않으며, 회계 업무를 담당할 전문인력도 대부분 부재하기 때문이다. 회계에 대한 교육을 지속적으로 실시하고 간단하게 작성할 수 있는 매뉴얼도 작성하여 보급하는 것이 필요하다. 소규모 단체들이 간단하게 회계를 효율적으로 작성하고 활용할 수 있도록 Excel 교육도 아주 효과가 클 것이다. 뿐만 아니라 전문인력 양성사업과 같은 지원제도를 활용하여 관리업무를 담당할 인력도 확보해야 할 것이다.

2) 예산 및 운영 관리 강화

기부금을 모집하고 사용하기 위해서는 관련 법률을 숙지하고 정해진 의무를 수행하여야 한다. 「기부금품의 모집 및 사용에 관한 법률」 제14조(공개의무와 회계감사 등)와 「상속세 및 증여세법」, 「법인세법」에 의거 기부금 대상 공익법인은 '공익법인 결산서류 등의 공시'를 하여야 하며, 조건에 해당하는 경우 외부 회계감사를 받아야 한다. 그러기 위해서는 단체의 예산수립과 집행 및 결산 관련 업무를 꼼꼼히 챙겨야 하며, 기부를 받지 않을 때보다 관리를 보다 강화시켜야 한다. 불편하고 귀찮은 업무를 쓸데없이 하고 있다는 생각을 해서는 안 되며, 관리 업무에 대한 단체의 노력은 결국 기부자에게 깊은 신뢰감을 주고 지속적인 기부 참여를 이끌어내는 발판이 될 것이다.

5. 연차보고서 작성

한정된 기부자와 기부금(또는 지원금)을 두고 전문모금기관과 비영리 단체들의 경쟁이 더욱 치열해지면서 어느 때보다도 많은 책임이 요구되고 있다. 사람들은 자신들의 기부금이 현명하게 사용되고 있다는 구체적인 증거를 볼 때 재정적으로 도와주고자 하는 마음을 더 갖게 된다. 당장 금전적인 기부나 지원이 아니더라도 외부의 사람들이 단체의 활동과 성과에 대해 의미 있고 신뢰할 만하다고 생각하는 것 자체가 잠재적인 기부와 지지로 연결될 수 있고 그 파급력은 예측할 수 없을 정도로 크다. 이러한 단체의 신뢰를 쌓는데 연차보고서는 결정적인 요소가 될 수 있다.

우리나라의 문화예술단체 중 연차보고서를 만드는 곳은 대규모 공연장이나 예술단, 문화재단 등 극히 일부에 지나지 않으며, 그나마도 지금까지 작성된 것을 보면 백서 같은 종류의 책자들이 있는 정도이다. 문화예술단체 중에도 연차보고서의 필요성에 대한 인식은 점차 확산되고 있으나 중소규모의 문화예술단체의 경우 연차보고서에 투여되는 인적, 물적 자원의 부족을 먼저 호소한다.

연차보고서는 목적, 미션, 재무상태, 프로젝트, 인물 등 모든 정보의 수준에서 문화예술단체와 향유자들을 친밀하게 만들 수 있다. 재무정보를 포함한 일 년간의 성과를 통해 이 보고서는 단체가 사회에 어떻게 기여했는지를 구체화하고 즉각적인 신뢰를 형성하는 데 도움을 준다. 성과를 보여주기 위해 사진, 고객 또는 기부자들의 개인적인 이야기를 사용하면 보고서가 훨씬 생동감 넘칠 것이다.[19]

연차보고서를 발전시키는 일은 시간과 돈이 드는 작업이다. 그러나 제대로 만들어지기만 하면 돈과 시간은 효과적으로 사용된 것이며 원하는 정보를 정확하게 제공할 수 있다. 결국, 연차보고서는 잠재적인 기부자에게 제공하는 안내문으로, 조직의 일반적인 마케팅 브로슈어로 역할을 할 것이며, 지속가능한 문화예술단체를 만들고 조직 내에서 가장 오래가는 보고서로 남을 것이다.

2009년도에 예술경영지원센터에서 연차보고서 작성 매뉴얼을 작성하여 보급하였고 연차보고서 작성과 관련한 아카데미를 실시하였다. 이후 문화예술단체를 선정하여 회계법인 및 전문가와의 업무제휴를 통해 연차보고서 작성 컨설팅 사업도 진행하였다. 향후 더 많은 예술단체들이 연차보고서 작성에 적극적인 노력과 시도를 하기 바란다.

6. 투명성 체크리스트

2014년 3월 6일에 한국모금가협회 창립기념 컨퍼런스가 열렸다. 이 컨퍼런스의 주제가 '모금의 투명성을 위해 윤리에 서약하다'였다. 모금을 해야 하는 단체에서 항상 염두에 두어야 하는 문구라는 생각이 든다. 한국모금가협회는 어려운 가운데에서도 지금까지 교육, 컨설팅, 세미나 등 다양한 사업을 활발하게 진행하고 있는데, 2019년에는 지속가능한 공익활동을 위한 투명성 안내서를 제작하여 배포하였다. 이 안내서의 제목이 '기부자와 소통해요 투명성업(Up) 챌린지'인데, 이 안내서에 수록되어 있는 '기부자의 알 권리를 통한 투명성 자

[19] 예술경영지원센터(2009), 「문화예술단체 연차보고서 작성 매뉴얼」

가진단표'를 소개하고자 한다. 물론 이 내용 중에는 전문모금기관이 아닌 문화예술단체와 맞지 않는 부분이 있으니 참고해서 보기 바란다.

[표 3-33] 기부자의 알 권리를 통한 투명성 자가진단표[20]

기부자의 알 권리 조항	점검사항	YES	NO
1. 모금된 자원의 효율적 관리와 사용 방법, 이와 관련한 단체의 관리 역량에 대해 알 권리	단체의 자산 규모에 따른 사업 및 결산보고의 감사 및 자료 홈페이지 공개하는지 여부		
	총 자산 규모 100억 원 이상 공익법인의 외부감사 시행 및 홈페이지 공개하는지 여부		
	공익법인 회계기준에 의한 복식부기 회계 관리를 적용하는지 여부		
	총자산 규모 5억 원 이상 또는 연간 총수입액 3억 원 이상 공익법인의 외부전문가의 세무확인 및 결과의 홈페이지 공개하는지 여부		
2. 이사회의 구성원이 누구인지와 이사회의 책임성에 관해 알 권리	이사회의 주요 활동을 공개하는지 여부		
	이사회 구성원을 알 수 있도록 이사회 명단의 홈페이지 공개하는지 여부		
	이사회가 비영리 기관의 경영을 신중하게 감독을 하는지 확인할 수 있도록 이사회 회의록을 홈페이지 공개하는지 여부		
3. 단체의 재무보고 및 사업 연례보고의 열람 권리	단체의 재무보고 및 사업보고 사항 등의 공개 여부		
	국세청에 제출한 공익법인결산서류 및 보고서의 홈페이지 공개 여부		
	연간 사업추진 내용 및 재무/모금 내용의 보고를 위한 연차보고서 발행 여부		
	발행된 보고서의 적절한 전달체계가 있는지 여부		
4. 기부금이 목적사업에 맞게 사용되는지 확인할 권리	기부자에게 기부금 사용 결과보고서를 제공하는지 여부		
	기부금의 집행(사용) 후 기부금품모집등록처에 기부금품 사용결과보고서를 제출하는지 여부		
	연간 기부금 모집 및 집행현황의 홈페이지 공개 여부		
5. 기부금의 수령 여부를 확인 받고 기부금영수증을 발급받을 권리	기부금을 잘 받았다는 문자, 이메일을 발송하거나 홈페이지와 뉴스레터에 기부자 명단을 공개하거나 기부자에게 기부금영수증을 발급하는 등 기부금 수령의 확인 서비스가 상시적으로 이루어지는지 여부		
	기부자에게 감사의 뜻을 전하는 전화나 자료를 보냈는지 여부		
	기부금이 잘 수령되지 않았을 경우, 그 실패에 대한 적절한 사후처리절차가 있는지 여부		
	연말정산 시 기부자 편의를 위해 국세청에 기부내역을 일괄 등록하고 이를 기부자에게 알리는 서비스가 있는지 여부		
	기부자에게 기부금영수증의 발급근거 및 어떻게 세금혜택을 받는지 정보를 제공하는지 여부(예, 약정서나 안내책자 홈페이지에 단체의 법적 지위와 기부금단체 정보를 노출하는지)		

20) 한국모금가협회, 기부자와 소통해요 투명성업 챌린지, 2019, 29-31p

제7절
기부금 모금

기부 현황에서 살펴보았듯이 우리나라 기부 금액은 꾸준히 증가하고 있지만 기부를 받고자 하는 단체 역시 계속 증가하고 있으며, 아쉽게도 주요 대형 전문모금단체에게 기부금이 편중되고 있다. 이에 따라 외국계 전문모금단체의 국내 진출, 2030의 소셜벤처, 사회적기업, 협동조합의 창업 등 기부금을 모금하고자 하는 선의의 경쟁은 점점 치열해지고 있다고 해도 과언이 아니다. 이러한 경쟁적 모금 환경 속에서 문화예술단체들이 성공적으로 기부금을 받기란 쉽지가 않다. 문화예술단체는 대부분 소규모이며, 타 분야에 비해 대중과 기업의 인지도와 관심은 떨어진다. 기부금 모금을 위해서는 자신에게 맞는 방법을 연구하고 노력해야 한다. 이를 위해서 전문적인 모금전략과 방법 수립에 대한 교육을 듣는 것이 바람직하며, 경우에 따라서는 전문가로부터 자문과 컨설팅을 받을 필요도 있다. 물론 교육이나 컨설팅이 돈을 가져다주지는 않는다. 기부 트렌드와 효과적이고 효율적으로 고민하고 접근하는 방법을 알려주는 것이며, 결국은 문화예술단체 스스로 많은 시간과 노력을 들여야 한다. 향후 문화예술단체에 대한 기부가 증가되기 위해서는 문화예술단체 내부에서 모금가들이 활발하게 활동해야 한다. 기부금 모금은 상당히 전문적인 영역이며 많은 경험과 지식 그리고 윤리적인 무장 등이 필요하기 때문에 모금가들의 영입 또는 육성이 필요한 것이다.

1. 기부금 모금에 앞서

기부금 모금을 시작하기에 앞서 문화예술단체 스스로 정리할 것이 두 가지 있다.
첫째는 왜 기부금을 모으고자 하는가이다. 가끔 기부를 잘 받으려면 어떻게 해야 하는지 자문을 구하러 필자를 찾아오는 단체들이 있다. 사실 필자도 전문적인 해답을 간단하게 줄 수 없다. 거꾸로 왜 기부금을 모으려고 하는지 질문을 해 본다. 문화예술단체들의 답변은 천편일률적으로 똑같다. 단체가 어렵다는 것이다. 얼마나 어렵냐고 재차 질문하면 많이 어렵단다. 그저 웃음이 나올 뿐이다. 그렇게 어려우면 기부를 모으려고 하지 말고 사회복지기관에 도움을 요청해 보라고 한다. 사회복지기관은 어려운 사람들을 도와주는 곳이지만 거기 가면 당신들보다 어려운 사람들이 훨씬 많기 때문에 아마도 도움을 받지 못할 것이라는 얘기까지 하곤 한다.

잠시 생각해 보자. 자선(사회복지, 국제구호)단체, 환경단체, 시민단체들이 기부금 모금을 하면서 자기 기관이 어렵기 때문에 기부를 요청하는가? 아니다. 자기 단체가 하고 있는 사업의 의미를 내세우며, 그 사업의 의미와 가치를 기부자에게 전달하려고 노력하는 것이다. 문화예술단체들은 자신들이 하고 있는 사업의 의미와 가치를 전면에 내세워야 하는 것이며, 그 가치를 실현하기 위해 기부가 절대적으로 필요하다는 얘기를 해야 하는 것이다.

둘째는 다른 단체와 무엇이 다른 가이다. 필자가 100만 원을 연극 단체에 기부할 테니까 왜 수많은 많은 연극 단체들 중에서 본인들의 단체가 기부 받아야 하는 가에 대해 필자를 설득하라고 하면 할 수 있는 단체가 얼마나 있을까? 기부금을 받는 것은 기부라는 무형의 가치를 기부자에게 전달하며 그 대가를 받는 것이다. 본인들이 전달하고자 하는 무형의 가치는 어떠한 차별성과 우월성이 있는지 자신 있게 설명할 수 있을까?

스마트폰을 산다고 했을 때 소비자는 어떠한 스마트폰을 선택하는가. 색상, 디자인, 최신형, 기능의 다양성 등 소비자들마다 다양한 선택 기준이 있을 것이다. 스마트폰을 파는 사람 입장에서는 소비자들에게 스마트폰을 팔기 위해 각각의 상품을 어떻게 어필할 것인가 생각해 보라. '문자가 편하다', '기능이 다양하다', 'A/S가 잘 발생하지 않는다', 'wi-fi가 잘 된다', '통화 품질이 좋다' 등 제품마다의 장점들을 갖고 소비자들이 선택하도록 설명을 할 것이다. 경우에 따라서는 공짜폰이라는 것을 내세울 수도 있다. 옷이나 컴퓨터, 자동차, 문구류 등도 마찬가지이다. 여러 제품 중에서 어떠한 것을 선택할 것인가는 소비자 개

개인의 기호나 선호도에 따라 다를 것이며, 궁극적으로 구매를 할 때는 자신들이 선택한 제품과 그것의 가격의 적절함에 따라 결정하게 된다.

이렇게 제품들과 마찬가지로 기부금을 모금한다는 것은 무형의 가치를 기부라는 상품에 담아 소비자가 구매하도록 하는 것이다. 기부상품은 일반 상품들에 비해 훨씬 다양한 성격과 가치를 담고 있으며 소비자가 부담하는 가격도 천차만별이다. 따라서 소비자의 선택 폭이 넓음으로 인해 기부상품을 판매하는 것이 훨씬 더 어려울 수 있는 것이다. 그럼에도 불구하고 기부 상품에는 자신만의 고유한 가치를 담고 차별화하기가 일반 상품보다 쉬울 수 있다. 그러한 차별성을 어떻게 도출해 내어 모금상품에 담을 것인가 하는 것은 결국 기부금을 모금하고자 하는 문화예술단체의 몫인 것이다.

2. 기부금 모금의 선행 조건

소비자의 관심이 전혀 없는 제품은 팔기가 쉽지 않다. 예를 들어 친환경 제품을 파는 회사가 자신들이 팔고 있는 상품의 장점에 대해서만 열심히 광고한다고 했을 때, 소비자들이 친환경 제품의 필요성과 가치를 제대로 인식하지 못하고 있다면 품질과 가격, 디자인 등으로 타제품과 비교하게 될 것이다. 아마도 가격이 높다고 소비자로부터 외면당하고 그 회사의 상품은 제대로 판매되지 않을 것이다. 이때 회사는 왜 친환경 제품을 사용하여야만 하는가에 대해 우선적으로 소비자에게 알리고 심적 동의를 구하고자 할 것이다.

기부도 마찬가지이다. 우리나라 사람들이 문화예술에 대해 기부하고자 하는 의사가 조금이라도 있을 때 문화예술단체에 대한 기부가 가능해진다. '문화예술 하는 사람들은 부잣집 자식들이다' 또는 '자기가 좋아서 선택한 것인데 내가 왜 기부를 해야 하는가?'라는 생각을 하고 있는 사람에게 문화예술단체가 기부를 받아내기는 여간 쉽지 않을 것이다. 따라서 우선 우리나라 사람들을 문화예술에 대한 기부를 할 의향이 있는 잠재적인 기부자로 만드는 선행작업이 수행되어야 한다. 이 선행과제는 다음과 같이 두 가지로 나눌 수 있다.

첫째는 문화예술의 가치에 대한 인식이다. 우리의 삶 속에서 문화예술이 얼마나 중요하고 필요한 것인지 인지하고 느낄 수 있어야 한다. 이러한 측면에서 문화예술교육은 가장 중요한 수단이 되겠지만 효과가 나타나기까지는 시간이 많이 소요되므로 좀 더 적극적인 홍보가 수반되어야 할 필요가 있다.

두 번째는 문화예술에 대한 기부의 필요성이다. 그렇게 중요한 문화예술이 우리의 삶 속에서 향유되기 위해서는 기부가 절대적으로 필요하다는 것을 알려야 한다. 소위 문화선진국이라는 국가의 대부분은 첫 번째 요소인 문화예술의 가치는 이미 습득되어 있는 상태이다. 그렇지만 두 번째인 예술에 대한 기부의 필요성은 국가별로 큰 차이가 있다. 미국과 프랑스의 기부 차이는 여기서 나온다고 볼 수 있다. 미국은 이 두 가지 요건이 잘 형성되어 있지만 기부가 저조한 프랑스의 경우 문화예술지원은 공공의 몫이라고 생각하고 있으며, 이를 개선하기 위해 2003년도에 「메세나, 협회, 재단에 관한 법률」까지 제정하게 된 것이다.

우리나라의 경우 문화선진국에 비해 문화예술의 중요성에 대한 인식도 부족하고 문화예술에 대한 기부의 필요성도 느끼지 못하고 있는 상태이다. 이러한 상태에서는 개별 문화예술단체들이 아무리 노력해도 한계에 부딪히게 된다. 기부가 활성화되기 위해서는 시급히 선행작업이 수행되기 위한 정책을 수립하여야 할 것이다. 한국문화예술위원회 문화예술후원센터에서 열심히 노력하고 있지만 아직 필요한 수준에는 턱없이 부족한 실정이다. 공공기관이라 새로운 예산을 확보하기가 쉽진 않겠지만, 문화예술기부를 활성화시키는 것은 정부 입장에서 보면 투자이며 문화예술단체의 자생력을 높여 공공지원 증액 요구를 완화시킬 수 있다는 측면에서 전향적인 변화를 기대해 본다.

3. 기부금 모금의 개요

문화예술단체가 자율성과 창의성의 장점을 발휘하면서 다양한 사업을 펼치기 위해서는 활동에 필요한 재원을 충분히 확보하여야 한다. 하지만 우리나라 대부분의 문화예술단체들은 심각한 재정난을 겪고 있다. 따라서 문화예술단체는 부족한 공공지원금에 대한 보완적인 수단으로 기부자를 개발하고 관리하는 방법을 체계화하여 민간재원을 확보할 수 있는 방안을 강구하여야 한다.

비영리조직들이 기부금 모금을 위해 처음 사용하는 기법은 구걸하기(begging)인데, 이는 동정심을 유발하여 기부금을 받는 방식으로 이루어졌다. 다음은 기부자 집단으로부터 수금(collection)하는 방식이 있는데, 기부금의 반강제성의 문제가 제기될 수 있다. 문화예술단체들이 기부금 모금을 한다고 하면 거의 대부분 구걸이나 수금의 방식만을 생각한다. 그리고 실제로 그렇게 진행하고 있다. 이러한 방식은 주로 기부를 안 하면 안 되는 관계 속에서 이루어지게 되며, 한두 번 진행하며 점차 한계에 부딪히게 된다. 구걸이나 수금 방식을 해서는 안 된다는 것은 아니지만 극히 제한적으로 사용하여야 한다.

우리나라 사람들이 문화예술에 기부를 많이 하지 않는 것은 문화예술 분야에서 그만큼의 노력을 하지 않았기 때문이다. 그렇기 때문에 문화예술 분야도 조금만 노력한다면 얼마든지 기부를 받을 수 있으며 점차 그 시장이 열려가고 있다. 이제부터는 문화예술단체가 어떻게 기부금 모금에 대해 고민을 해야 하는지에 대한 내용을 다룰 것이다. 그렇지만 기부금 모금은 상당히 전문적인 영역이며, 모금의 과정에 대한 깊이 있는 방법을 다루기에는 문화예술 분야가 아직 다양한 경험과 노하우가 축적되지 않고 모금을 해야 할 문화예술단체 모두 준비가 부족하다는 것을 인정해야 한다.

기부는 무형의 가치에 지출하는 것이다. 역으로 이해하면 무형의 가치를 담고 있는 모금상품을 구매하는 것이다. 기부를 모금하려고 하는 단체에서는 무형의 가치를 판매한다고 이해할 수도 있다. 따라서 기부금 모금 과정에 대하여 살펴보고, 마케팅 개념을 기부금 모금에 대입시켜 고민의 폭을 넓혀 보도록 하겠다.

1) 기부금 모금 과정

기부금 모금 과정은 아래와 같이 크게 세 단계로 구분할 수 있다.

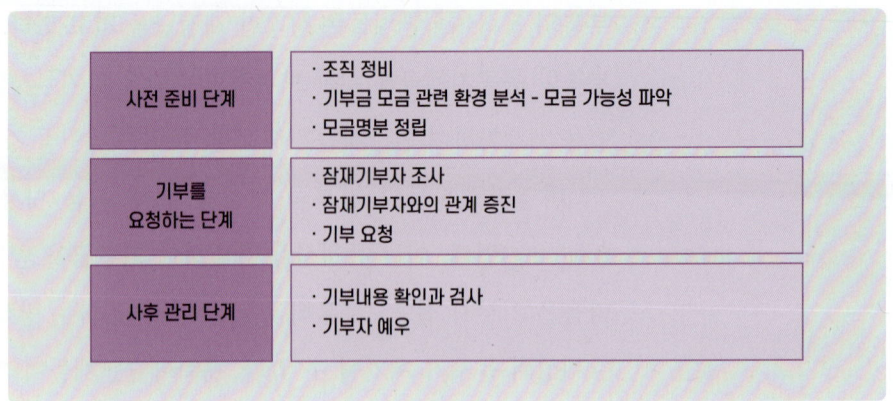

[그림 3-9]
기부금 모금 단계

(1) 사전 준비단계

기부금을 모집하기 위해 가장 먼저 해야 하는 일은 문화예술단체의 조직을 정비하는 것이다. 조직을 정비한다는 기부금을 모집할 전담 조직을 세우는 것이다. 조직을 갖추는 것은 그에 맞는 전문성을 가진 인력을 충원하는 것을 포함한다. 재원을 조성하는 조직에 대해서는 제1장에서 설명하였다.

조직을 정비한 후에는 기부금 모금을 위한 환경분석이 필요하다. 환경분석은 사회의 전반적인 흐름을 비롯해 단체의 재정적인 상황, 단체 내부의 관심과 참여 등에 대한 내부환경까지 포함한다. 환경분석을 자세히 해 보면 모금의 가능성을 파악할 수가 있다.

사전 준비단계의 마지막은 기부금 모금의 필요성과 목적을 명확하게 정립하는 것이다. 모금을 효과적으로 하기 위해서는 왜 기부금 모금을 하는지에 대한 나름대로 이유를 정리해 보아야 한다. 즉 모금의 명분을 정립하는 것이다. 대부분의 문화예술단체는 재정적으로 어렵기 때문에 모금한다고 쉽게 얘기하지만 이러한 생각은 잘못된 것이다. 어렵기 때문에 기부를 받는다고 하면 사회복지적인 기부와 차별성이 없으며, 모금 경쟁에서 절대 우위에 있을 수 없다.

다른 분야와의 차별성, 다른 문화예술단체와의 차별성과 우월성 등을 분명하게 정리하고, 문화예술단체가 추구하는 가치가 무엇인지와 기부를 할 경우 얻게 되는 사회적 가치가 무엇인지를 명확하게 밝혀야 한다. 이러한 모금 명분은 머릿속에서 머물러서는 안 되며, 다른 사람이 이해할 수 있도록 문서화 작업을 하여야 한다. 모금의 명분을 만들기 위해서는 문화예술단체의 역사, 미션,

비전 등을 다시 살펴보고, 기부자에게 어떤 가치를 줄 것인가에 대한 정리가 필요하다.

모금 명분서는 모금 명분에 대해 소개하는 자료로 대부분 문서의 형태로 작성되고, 최근에는 동영상으로 제작되어 단체의 홈페이지나 유튜브, SNS에서 소개되거나 메일이나 모바일(카카오톡) 메시지로 전달되기도 한다. 모금 명분서는 단체의 모든 프로그램과 그에 대한 명분이 실리는 것보다는 현재 단체에서 집중적으로 재원의 투자가 필요한 요소들에 대해 집중적으로 작성되는 것이 좋다. 모금 명분서 작성 과정을 소개하면 다음과 같다.[21]

① 모금 명분서 작성을 위한 준비

모금 명분서 작성을 위해서는 문화예술단체의 과거 및 현재의 자료 취합 작업이 선행되어야 한다. 단체 곳곳에 흩어져 있던 자료들을 모으다 보면 우리 단체는 어떤 곳인지, 우리는 무슨 일을 하기 위해 모였는지에 대해 정리할 수 있게 된다. 모금 명분서 작성을 위해 도움이 될 만한 자료들은 아래와 같다.

- 사명 선언문(Mission Statement)
- 단체 연혁
- 프로그램과 서비스
- 관객, 회원과 기부자 정보 관련 데이터
- 우리 단체의 사업과 서비스가 사회적 가치가 있다고 증명할 만한 객관적이거나 타당한 근거
  (예: 각종 통계, 수행 업적, 수상 경력, 추천의 글 등)
- 단체 관련 기사 및 보도 내용
- 브로슈어 등 홍보물
- 최근 단체에서 작성하거나 기획한 뉴스레터, 광고, 연차보고서, 편지, 제안서 등
- 단체 건물 등 유형적 요소에 대한 사진 혹은 이미지 자료
- 조직 구성도
- 인력 현황
- 연차보고서 등의 재정 정보
- 우리 단체를 지지하는 영향력 있는 사람들의 정보(사진, 인터뷰 내용 등)

② 모금 명분서의 주요 요소

모금 명분서 작성을 위한 특정 형식이 있는 것은 아니며, 문화예술단체의 활동 내용이나 성격에 따라 자유롭게 작성될 수 있다. 대체로 모금 명분서는 아

---

21) 예술경영지원센터(2010), 문화예술단체를 위한 기부금 모금 입문편, p26~29와 필자의 보완·수정

래와 같은 요소들을 포함하고 있다.

- 단체의 역사
  - 설립연도와 설립자
  - 주요 성과
  - 연혁
- 단체의 서비스 수혜 대상
  - 주요 정도 : 나이, 인종, 성별, 지역, 사회·경제적 배경, 종교 등
  - 서비스 수혜자(관객, 회원, 기부자 등)의 이야기
- 서비스 수혜자(관객, 회원, 기부자 등)들이 직면해 있는 필요(Needs)들
  - 단체가 고심하고 있는 내용
  - 도전적 요소들
- 도전적 요소들에 대응하는 단체의 방법
  - 단체가 제공하고 있는 프로그램
  - 단체가 제공하는 서비스
- 단체의 경영 및 사업 감각에 대한 평판
  - 단체의 지속성과 관련된 근거
  - 재정 책임(Fiscal Responsibility)과 관련한 근거 (예: 흑자 경영)
- 기획 과정
  - 기획 과정에 참여한 사람
    (사회적으로 잘 알려진 사람들이 참여했을 때 설득력이 높아짐)
  - 기획 규모
  - 기획 과정의 정밀도
- 미래의 목표 : 이 부분이 모금 명분 서에서 가장 중요함
  - 프로그램, 재정, 시설, 기술, 행정, 운영, 인력 운용 등에 대한 목표
  - 위의 요소들이 어떻게 제공 및 운용될 것인지에 대한 계획
- 기부자 투자의 사용처
  - 모금 캠페인이 필요한 이유
  - 단체의 예산 집중 투자 분야
  - 단체의 사명 및 사람들이 필요로 하는 서비스와 투자의 연계성
- 기부자의 예우 계획
  - 기부 방법
  - 기부자 예우 프로그램

③ 모금 명분서 초안 작성 및 수정

모금 명분서를 작성하는 일은 1차 작성에서 최종 완료까지 짧게는 수일에서 길게는 수개월이 소요될 수 있을 정도로 결코 쉬운 작업이 아니다. 모금 명분서를 처음 작성할 때에는 한 번에 완성하겠다는 목표를 갖기보다는 내부구성원과 우

리 단체에 대해 잘 알고 있는 사람들의 의견을 수렴해가며 여러 차례 수정·보완 작업을 거치는 것이 좋다. 특히 우리 단체의 충성도가 높은 관객이나 기부자이거나, 향후 잠재 고액기부자가 될 가능성이 높은 사람들의 의견을 구하는 일은 향후 기부자들이 우리 단체에 대해 가질 수 있는 의견들을 미리 듣게 되는 기회가 되기도 한다.

모금 명분서에 욕심껏 여러 내용들을 싣다 보면 처음에 의도했던 것과는 다른 성격의 문서가 되어버린다거나 예상했던 분량을 훨씬 넘는 긴 글이 되어버리기에 십상이다. 1차 완성된 모금 명분서는 자가 진단과 제3자의 검토를 통해 대중이 이해, 설득 가능한지 수정 및 보완해야 할 점들이 무엇인지를 발견해야 한다. 즉, 모금 명분서가 아래의 세 가지 질문들에 대한 답을 제공하고 있는지 살펴보는 것이다.

- 왜 우리 기관인가? (Why us?)
- 왜 지금 기부해야 하는가? (Why now?)
- 왜 당신이 기부해야 하는가? (Why you?)

모금 명분서는 어느 정도 양으로 써야 적당한 것인가. 모금 명분서의 양은 단체의 규모와도 연관이 있다. 지역문화재단이나 대형 문화예술단체처럼 규모가 큰 단체의 경우 A4 크기의 문서 기준으로 10~15장 정도로 작성되는 경우가 많고, 지역사회에 기반을 둔 작은 규모의 문화예술단체의 경우 4~5장 정도로 작성될 수도 있다. 중요한 것은 규모가 크든지 작든지 간에 모금 명분서의 길이가 20장을 넘어가는 것은 바람직하지 않다. 기부자가 원하는 것은 장황한 단체 소개나 자랑, 혹은 하소연이 아니라 앞서 제시한 세 가지 질문에 대한 간단명료한 답이다.

마지막으로 모금 명분서는 텍스트로만 작성되면 지루한 느낌을 주고, 가독성도 떨어질 수 있으므로 단체와 관련된 사진, 특히 서비스 수혜자나 기부자의 사진, 제공하는 프로그램과 관련된 표나 차트 등의 이미지와 함께 구성되는 것이 좋다. 모금 명분서에 사진, 표, 차트 등을 선택할 때에는 기부자가 글을 읽지 않고 그 이미지만 보게 되더라도 기관이 제공하는 서비스와 미래 계획에 대해 쉽게 이해하는 데 도움을 줄 수 있는지 여부를 판단하면 된다.

정리된 모금 명분은 모금 실행에 유용하게 사용이 된다. 모금 명분서는 관객과 잠재기부자에게 문화예술단체를 소개할 때뿐만 아니라 조직 내부구성원들의 모금에 대한 이해도를 높이고, 홈페이지 및 각종 홍보물을 제작할 때의 참고 자료로 활용된다. 모금 관련 브로슈어에 사용된 몇 가지 사례를 보겠다.

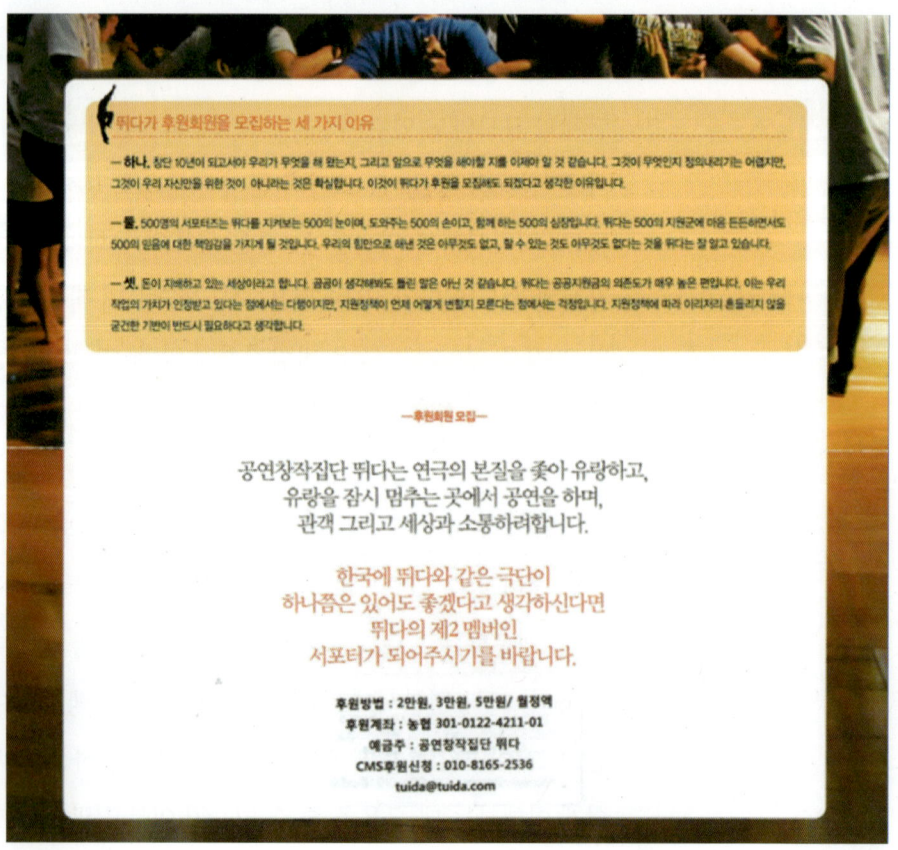

[그림 3-10]
모금 명분 사례(1)_뛰다

[그림 3-11]
모금 명분 사례(2)
_전문무용수지원센터

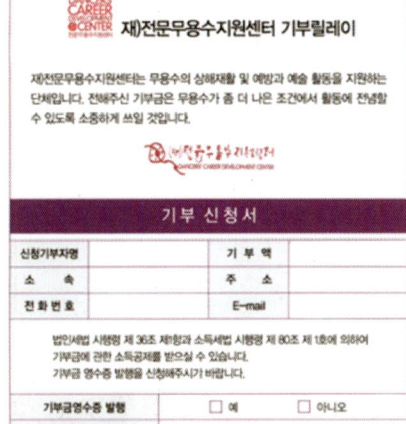

[그림 3-12]
모금 명분 사례(3)
_한국문화예술위원회

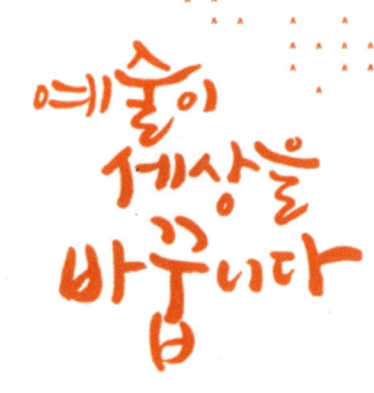

[그림 3-13]
모금 명분 사례(4)
_노름마치

[그림 3-14]
모금 명분 사례(5)
_유니버설발레단

(2) 기부자에게 접근하고 기부를 요청하는 단계

누군가에게 기부를 요청하기 위해서는 세부적인 준비과정이 필요하다. 우선은 우리 문화예술단체에 기부할 수 있는 관객이나 회원 등 잠재기부자를 파악하고, 이들과의 관계를 증진 시킨 이후에 기부를 요청하는 것이 바람직하다.

① 잠재기부자 조사

향후 우리 문화예술단체에 기부할 가능성이 있는 잠재기부자 그룹 및 개인에 관한 정보를 파악하는 과정이다. 잠재기부자를 찾기 위해서는 단체가 기존에 보유하고 있는 관객이나 회원, 홈페이지, SNS 가입자, 단체 임직원의 이해관계자 등 다양한 데이터를 점검하는 것이 필요하다. 잠재기부자의 재산 규모, 성향, 관심, 특성, 현재의 이슈 등을 고려하여 정보를 탐색하여야 한다. 이와 함께 문화예술단체와 잠재기부자를 연결시켜 줄 수 있는 제3의 인물(이사회, 대표자의 지인 등)을 함께 조사하는 것이 바람직하다. 이 과정에서 고액기부 가능성이 있는 잠재기부자에 대해서는 프로파일링을 시행할 수 있다.

잠재기부자 프로파일링(Profiling)은 잠재기부자에 대한 상세 정보를 조사하는 과정으로 최대한 최근 정보를 정확하게 파악해야 한다. 잠재기부자 프로파일링에 있어 가장 중요한 것은 해당 단체와 조금이라도 연관되거나 향후 연관되길 기대하는 대상자 등 관계성을 기준으로 최대한 리스트를 확보하는 것이다. 이를 위해 가용 가능한 단체 임직원 및 인프라를 활용할 필요가 있으며 타 단체와의 협업을 통해 데이터를 수집하는 방법도 하나의 대안이다.

[표 3-34] 잠재기부자 프로파일링 과정

구분	내용	비고
1단계 (기본정보)	잠재기부자 기본정보 조사 관객 티켓 구매, 회원가입 현황 취합 - 홈페이지 및 언론보도자료 정보 취합 - 기존 기부내역 및 사회공헌 발간물 검색	기업 개요 경영진 및 최근 연혁 * RSS 서비스 이용
2단계 (심화 정보)	기부 경향 및 사회공헌 조사 회원 등급, 관람 횟수 등 향유 성향 조사 - 기존 참여했던 사회공헌 또는 기부성향 조사 - 제시 가능한 모금상품 및 예우 선별	관련된 관람 및 최근 이슈 기업 사업·고객군 조사
3단계 (접촉 정보)	-기업의 경우 대표자와 담당자 관심 분야 및 인적사항 조사 -개인의 경우 연락처, 가족, 직장, 관심 예술 분야, 취향, 기존 기부 여부 등 조사	연락정보 조사 중간 루트 조사 사전 이메일·전화 연락

*자료 : 예술경영지원센터(2013) 「2013모금스쿨-문화예술 분야 재원조성 실무」 강의자료 및 필자 보완·수정

기업을 잠재기부자로 조사할 때에는 기업별로 사회공헌(CSR, CSV, ESG) 팀 또는 홍보마케팅, 임직원 봉사조직의 구성이나 활동 현황, 문화예술시설 및 예술단 운영 현황(기업문화재단 포함), 관심 있는 문화예술 분야, 최근 해당 기업과 관련한 주요 이슈 등을 자세하게 정리하여야 한다.

② 잠재기부자와의 관계 증진

이 과정은 예상되는 잠재기부자에게 기부 동기를 부여하기 위해 분위기를 조성하는 것이다. 잠재기부자가 파악되고 나면 이들과 다양한 방법으로 접촉하거나 정보를 제공함으로써 장기적인 신뢰 관계를 형성해야 한다. 잠재기부자가 처음에는 해당 문화예술단체에 대해 전혀 관심이나 기부 의사를 가지고 있지 않다고 하더라도, 문화예술단체의 사업이나 프로그램에 대한 정보제공과 네트워킹을 지속적으로 제공하면서 관계를 유지하는 경우 나중에 구체적인 지원 요청을 받았을 때 이를 단번에 거절하기보다는 한 번 더 고려해볼 가능성이 있다. 잠재기부자와의 관계 형성은 어느 한순간에 이루어지기보다는 꾸준한 노력과 정보제공을 통해 단계적으로 이루어져 나가는 것이다. 그렇기 때문에 기부금 모금에서 가장 많은 시간과 노력이 투입되며 가장 중요한 단계라고 할 수 있다.

잠재기부자가 기업이라면 관계를 증진시키는데 있어 개인보다 더 많은 시간이 필요하다. 처음부터 기부를 목적으로 접촉하게 되면 기업의 담당자 또는 경영진은 문화예술단체와 접촉하는 것을 꺼리게 된다. 자연스럽게 만날 수 있는 기회를 반복적으로 만들어야 하며, 경우에 따라서는 기업 사회공헌 담당 직원에게 문화예술 정보제공, 사내 문화예술 동아리 지원 등으로 먼저 다가서며 경계심을 허물어야 한다. 그러면서 공연·전시 초대, 예술 체험 프로그램, 프레스콜, 드레스리허설 등에 초대하고 점차 기업의 경영진을 비상근이사 또는 운영위원으로 참여시키고, 돈을 주고받는 거래의 관계가 아니라 문화예술과 기업 사회공헌이 연계된 공통된 미션을 갖고 있는 동료 관계로 발전시켜 나가야 한다. 그런 이후에 문화예술단체가 필요로 하는 물품이나 시설 또는 마케팅, 관리업무(회계, 인사 등) 자문 등 작은 것부터 요청을 시작하며 기부로 이어지게 만들어야 한다.

③ 기부 요청

잠재기부자와의 공식화된 커뮤니케이션을 통해 정식으로 기부 요청하는 과정이다. 제일 먼저 어느 잠재기부자에게 요청할 것인지를 정해야 한다. 개인인지 기업인지 아니면 그룹 또는 집단인지를 결정하고 그에 따라 누가 요청할 것인지를 선정해야 한다. 잠재기부자에게 요청하기에 앞서 언제 어떤 방식으로 얼마의 금액을 요청할 것인지 정하고 그에 따라 예상 시나리오를 작성해 두는 것이 좋다.

(3) 사후관리 단계

사후관리 단계는 기부자에게 감사의 의사를 표현하고, 예우 프로그램을 진행하고 기부한 사업의 피드백을 제공하는 단계이다. 이러한 과정은 기부자와의 지속적인 관계를 유지시키고 발전시키게 되며 지속가능한 정기적인 기부를 만들게 된다. 사후관리를 잘 할 경우 기존 기부자로부터 더 많은 기부와 정기적인 모금을 할 수도 있지만, 그렇지 못한 경우 기부를 중단하게 하는 결정적인 단서를 제공하고 타인에게 문화예술 기부문화에 악영향을 미치게 된다.

감사의 표현은 진심을 담아 즉각적이고 적절하게 이루어져야 하며, 문화예술단체의 대표 명의로 감사의 편지를 보내는 것이 좋다. 고액기부의 경우 별도로 방문해 감사의 마음을 전하기도 한다. 특정 프로젝트에 기부가 사용되었다면 프로젝트 종료 후 기부금의 용도 또는 사용 내역 등을 알려주는 것이 바람직하며, 경우에 따라 사용 절차를 공개하기도 한다. 1년에 1회 이상 주기적으로 기간을 정하여 단체의 활동상황과 계획을 기부자에게 보내면서 기부금영수증을 함께 보내는 방법도 많이 활용되고 있다.

주요한 기부자에게는 단체에서 추진한 공연 및 전시에 대한 평가와 향후 추진계획, 공개 리허설이나 특별행사 일정 등 특별하고 차별화된 내용을 제공해 주는 것이 좋다. 조직에 대한 기부자의 관심은 이들에게 참여의식을 강화시킴으로 지속될 수 있다. 이 외에도 기부자 예우차원에서 별도의 기부 감사의 밤, 특별행사 등 이벤트를 기획하기도 하며, 단체에서 발행하는 간행물 및 뉴스레터, 프로그램북, 도록, 홈페이지 등에 기부자 명단을 밝히고 기부자에 대한 고

마음을 표현하는 것도 좋은 예우 방법이다. 문화예술 시설물에 고액기부자의 기부금이 사용된 경우 해당 시설물에 기부자의 이름을 표시하는 '기부자의 벽'도 설치하여 사용된다. 특히 문화예술분야의 경우 공연장 건축 또는 리모델링에 기업에서 기부한 재원이 사용된 경우 해당 공연장 이름에 기업명이 사용되기도 하며(예 : IBK 체임버 홀) 객석 의자에 기부자 이름을 표기하기도 한다.

기부자에 대한 감사와 예우 외에 지원을 기부 중지나 거절당한 경우에도 사후관리 단계가 필요하다. 기부 제안서를 검토한 그들의 관심과 노력에 감사하고 단체의 재원조성 결과에 대해 알려 주는 것이 좋다. 기부 중지나 거절당한다는 것은 단지 개인이나 기업의 사정이나 다른 단체의 기부 요청 경쟁에서 이기지 못한 것이므로 중지나 거절에 대해 너무 크게 실망할 필요는 없다. 기부제안을 받는 대상이 모두 긍정적인 반응을 보이는 것은 아니므로 거절당한 경우에는 왜 거절했는가에 대한 이유를 분명히 이해하고 다음 기회에 다시 지원을 신청할 수 있는지에 대하여 알아보는 것이 좋으며 비록 기부하지 않더라도 기부제안을 한 문화예술단체에 좋은 인상을 심어주면 지인이나 타 기업을 기부 참여에 추천하는 경우도 있기도 하다.[22]

2) 기부금 모금에 마케팅을 도입하면

성공적인 기부금 모금을 위해서는 다양한 매체를 통하여 잠재기부자를 끌어들여야 한다. 잠재기부자란 문화예술단체에 기부할 마음과 경제적 여건이 되어 있으나 기부 방법을 알지 못하여 기부에 참여하지 못하고 있는 사람을 말한다. 문화예술단체들은 잠재기부자를 개발하기 위하여 홍보기술과 안내 활동 즉, 신문, 정기간행물, 홍보물, 홈페이지, 유튜브, SNS 등 효과적인 방법을 동원하여야 하며, 필요하면 방문이나 개별 접촉 등 설득력 있는 활동을 전개하여야 한다. 특히 기부자 집단이 세분화, 광역화되면서 관심 예술 분야나 관람 횟수, 소득 규모, 대면과 비대면 채널 등 빅데이터나 CRM을 활용하지 않고서는 효과적인 캠페인과 공감대 형성이 어려워진다. 따라서 필요한 재원의 확보, 충성도 있는

22)
김주호·용호성(2002), 「예술경영」김영사, p194와 필자 내용 보완·수정

관객과 기부자의 확보, 대중의 이해와 지지를 확대하기 위한 마케팅 전략은 필수적이다. 현재 문화예술 분야보다는 자선(사회복지, 국제구호) 분야가 기부금 모금을 활발하게 진행하고 있으며, 최근 들어서 기부 유치를 위한 전략으로 다양한 마케팅 기법이 도입되었다. 문화예술단체에서도 기부금 모금에 마케팅 기법을 도입하여 더욱 다양한 기부자를 개발하고, 단체에 실제적인 도움이 되었으면 하는 바람이다.

(1) 마케팅 개념에 대한 이해

마케팅에 대한 정의는 여러 가지가 있지만, 미국마케팅학회(AMA, American Marketing Association)에서는 1985년에 "마케팅이란 개인과 조직의 목표를 충족시킬 수 있는 교환을 창조하기 위하여 제품, 아이디어 및 서비스에 대한 개념 정립, 가격 결정, 촉진 및 유통에 대한 계획을 수립하고 이를 수행하는 과정"이라고 규정하였다.

마케팅은 산업혁명 이후 상품의 공급이 소비자들의 수요를 초과하기 시작하면서 그 필요성이 대두되었다. 그 전까지 상품의 생산은 주로 주문에 의해 이루어졌다. 그러나 산업혁명 이후 대량생산으로 인해 사회적 기본욕구를 충족시킬 수 있는 수준보다 훨씬 많은 상품이 공급되게 되었고, 이러한 초과된 공급을 처분하기 위하여 수요를 자극할 필요성이 생긴 것이다. 이러한 상황에서 마케팅은 사람들이 무엇을 갖고 싶은 욕구를 창출하는 작용을 한다. 그리하여 사람들은 어떤 물건이 필요해서(need) 그것을 구입할 뿐만 아니라 그것을 원하기(want) 때문에 구입하기도 한다. 현대사회에서는 기업들이 제품판매의 증대를 위한 일환으로 마케팅기법이나 도구를 개발하여 시장에서 활용함으로써 높은 성과를 보이고 있다. 즉, 기업은 고객이 원하는 상품을 제공하고 고객은 기업이 필요로 하는 금전을 지불하는 교환과정을 활성화시키기 위한 수단으로 마케팅 기법이 활용되고 있다. 그렇다면 기부금에 어떤 교환이 있는 것인가. 교환이란 상대방에게 무엇을 주는 대가로 무엇을 되돌려 받는 것을 의미한다. 문화예술단체와 기부자 간의 교환은 거래의 관점에서가 아닌 특수한 형태로 기부자들이 제공하는 기부금품과 그 대가로 얻게 되는 만족감과 보람 등으로 가치 창출이 된다.

대학이나 병원 등 전통적으로 마케팅에는 별로 관심이 없었던 비영리기관들도 최근 마케팅에 많은 관심을 보이기 시작하였다. 우리나라의 대학들은 과거의 높은 인구성장률과 교육열 때문에 수요과잉으로 판매자 위주의 시장(Sellers' Market)에 안주할 수 있었으나 인구성장률의 하락과 더불어 대학 간의 경쟁이 심화되면서 우수학생의 유치를 위한 촉진활동, 고객만족을 위한 교과과정 개선 등의 마케팅활동에 많은 관심을 갖기 시작하였다. 문화예술 분야도 단순히 관객창출의 목적을 넘어서 충성된 관객 유치, 기부자의 참여, 지속적인 팬으로서 유치 등 복합적인 마케팅과 관객관리가 필요하다.

(2) 기부자 유치를 위한 마케팅 전략 수립

전략이란 복잡하고 변화하는 환경 속에서 단체가 어떠한 목표를 가지고 어떻게 나아가야 할지를 결정하고 집행하는 것이다. 단체의 전략이 있고 세부적으로는 기부금 모금에 대한 전략이 있게 된다. 단체의 전략이라는 측면에서 보면 이는 앞서 설명한 기부금 모금 과정과 크게 다를 것이 없다. 기부자 유치에 초점을 둔 마케팅 전략은 다음과 같은 내용으로 구성된다.

① 기부자 유치 가능성의 분석

문화예술단체는 기부자 유치에 앞서 마케팅 활동을 수행하는 데 영향을 미치는 환경 요인을 검토할 필요가 있다. 이 역시 기부금 모금 과정 중 사전 단계에서 간략하게 설명하였다. 이러한 환경적 요인을 분석하기 위해 소위 SWOT(Strength, Weakness, Opportunity, Threat) 분석을 통해 체계적으로 파악할 수 있다. 단체를 분석하면 강점과 약점으로 구분된다. 또한, 변화하는 외부환경은 단체에 두 가지 요소를 제공하게 되는데 그것이 기회 혹은 위협이다. 변화는 준비된 자에게는 새로운 기회로 나타나며 준비되지 못한 자에겐 위협적인 요소로 대두된다.[23] 현재 우리 단체의 강점(예: 좋은 이미지)과 약점(예: 내부의 지원 부족), 기회(예: 주 5일제 근무 확대)와 위협(예: 경제난) 등이 무엇

---

23) 안운석·장형섭(2003),「마케팅의 이해」, 도서출판 두남, p147

인지 하나씩 점검해 보는 일이다.

② 시장조사

시장조사는 마케팅의 초기 단계에서 이루어진다. 마케팅 하는 단체는 시장에 관해 최소한 다음 네 가지 점을 사전에 분명히 파악하고 있어야 한다.

첫째, 상품이나 서비스에 대한 욕구가 있는가?

둘째, 욕구를 지닌 사람들이 상품이나 서비스를 사는데 관심이나 잠재적 욕구가 있는가?

셋째, 그들이 상품을 사기 위한 돈이 있는가?

마지막으로 충분한 돈을 소유한 자들이 그들이 원하는 상품이나 서비스를 위해 기꺼이 쓰고자 하는 의지가 있는가?

이를 문화예술단체의 기부금 모금에 적용하면 시장조사는 잠재기부자와 그들이 원하는 바를 찾아내는 작업이라고 할 수 있다. 이를 육하원칙에 입각하여 제시하면, 누가 기부하기를 원하는가(who), 어떠한 분야와 사업에 기부를 원하는가(what), 언제 기부하기를 원하는가(when), 어디에서 기부하기를 원하는가(where), 어떤 방식으로 기부금 내기를 원하는가(how), 왜 사람들은 경쟁 단체에 기부하지 않고 우리 단체에 기부하고자 하는가(why)로 구성해 볼 수 있다.

③ 상품-시장 믹스 전략

마케팅의 고전적인 전략 중 하나가 상품-시장 믹스 전략이다. 이 전략에서는 상품과 시장을 대입하여 다음과 같이 4가지 유형으로 구분하고 있으며, 이를 기준으로 성장전략의 목표를 설정할 수 있다.

- 시장침투전략 : 현재 시장에서의 시장점유율 확대
- 상품개발전략 : 현재 시장에서의 신제품개발 기회 모색
- 시장개척전략 : 현재 시장의 확대, 현재 상품의 시장 발견
- 다각화 전략 : 새로운 시장에 신제품 출시

[그림 3-15]
상품-시장 믹스 전략

	현재 상품	새로운 상품
현재 시장	시장침투전략	제품개발전략
새로운 시장	시장개척전략	다각화 전략

'마케팅 믹스의 개발'에서 자세히 설명하겠지만, 기부금 모금에 있어서 잠재기부자는 시장이 되고, 기부프로그램은 상품이 된다. 이를 그대로 마케팅에 대입하면 새로운 기부프로그램을 개발할 것인지, 새로운 잠재기부자를 찾아 나설 것인지 등을 결정하는 것이 상품-시장 믹스 전략이다.

④ 경쟁우위 전략

문화예술단체의 기부금을 모집하는 행위는 상당한 경쟁 환경에 놓여 있다. 당장 유사한 공연단체 또는 축제, 전시 등이 있으며, 그 단체들도 기부를 원하고 있다. 또한, 문화예술 분야 외에도 자선(사회복지, 국제구호), 교육, 환경, 정치, 의료 등 기부를 원하는 집단은 많이 존재하고 있다. 물론 이러한 집단에 기부하는 것은 필요하다. 하지만 문화예술단체 입장에서도 기부를 받으려면 그들과 경쟁하여 이겨내야 한다. 따라서 우리만의 경쟁우위 전략이 필요한 것이다.

첫째는 차별화 전략을 들 수 있다. 차별화 전략은 소비자가 원하는 가치에 대해서 '뭔가 다르다'라는 기업의 특성을 확보하고 시장세분화를 통해 '나만의 특징'으로 경쟁자와 구별하는 것이다.

둘째는 집중화 전략이다. 집중화 전략은 기업의 목표 또는 자원의 제약으로 인해 전체 시장을 대상으로 마케팅 활동이 어려운 경우에 세분화된 소수의 시장만을 목표시장으로 하여 자원과 노력을 집중하는 전략을 말한다.

기업의 이러한 마케팅 전략은 기부금 모금에서도 그대로 적용된다. 문화예술단체에서는 기부금 모금에 있어 기업과 마찬가지로 '나만의 특징'을 만들어 내야 한다. 문화예술 분야는 '멤버십 기부'이므로 어쩔 수 없이 특정한 집단인 향유자와 문화예술 사회공헌, 문화마케팅에 관심 있는 기업을 타겟으로 하는 집중화 전략을 선택해야 한다. 그리고 비교적 작은 규모의 문화예술단체에서는 관객이나 지인 등 더 소수의 집중화 전략을 선택할 수밖에 없을 것이다.

⑤ 시장세분화

마케팅에서 시장세분화는 기본적으로 소비자들의 욕구가 동일하지 않다는 가정에서 출발한다. 즉, 사람들은 각자 다양한 욕구와 기호를 가지고 있다. 이러한 상이한 욕구를 충족시키는 상품이나 서비스도 개인별로 달라야 한다는 것이다. 시장세분화의 목적은 다양한 소비자들의 욕구와 취향에 따라 이질적인 소비자들을 구분하여 비교적 비슷한 성질의 집단으로 분류하고, 그 집단에 적합한 제품과 서비스를 제공함으로써 고객들의 만족 수준을 높이는 동시에 이에 필요한 자원과 노력을 최소화시키는 것이다. 기부금 모금에 있어서도 시장(잠재기부자)은 여러 세분화된 시장으로 나눌 수 있으며, 기부금 모금의 효율을 위해서 반드시 필요한 작업이다. 예를 들어 인구통계학적 변수는 고객의 나이, 성, 가족 상황, 소득, 직업, 교육, 종교, 사회계층과 추가로 관심사, 관심 예술 분야, 관심 예술가 등이 될 수 있다. 이들 인구통계학적 변수들은 효과적인 시장 공략에 매우 중요한 요소들이다.

⑥ 표적 시장의 선정

시장세분화 작업을 통해 시장은 동질적인 범주에 따라 구분된다. 이와 같은 동질적인 부문을 파악해서 우리 단체가 접근 가능하다고 판단하여 선택한 시장이 표적 시장(Target Market)이다. 표적 시장은 앞 단계에서 구분한 여러 세분 시장 중 자신의 단체에 적합한 하나 혹은 그 이상의 시장을 선택하는 것이다. 표적 시장을 선택하는 기준은 '유익성'과 '유리성'이다. '유익성'이란 시장잠재력을 의미하는 것이며, '유리성'이란 그 시장에서 경쟁자와 비교해 상대적인 경쟁 우위에 있는가 하는 것이다.

표적 시장을 선정하는 것은 마케팅에 사용할 수 있는 자원과도 연관성이 있다. 기부금 모금에 비용으로 지출할 수 있는 자원에 한계가 있기 때문에 가장 효율성이 높은 표적을 대상으로 모금 활동을 하게 되는 것이며, 그러한 자원이 조금 더 여유가 있다면 지금 당장은 덜 유익하고 조금은 덜 유리하다고 할지라도 표적 시장을 넓힐 수가 있다. 문화예술단체가 가지고 있는 또는 활용할 수 있는 인적, 물적 자원을 고려하여 가장 유익하고 효과적인 표적시장부터 모금 활동을 하여야 한다.

물론 선정되지 않은 시장에서도 문화예술단체에 기부할 수 있다. 그러한 가능성은 전체 시장에 존재하지만, 그 시장에까지 모금 활동을 하려고 하다 보면 시간과 인력, 지출이 너무 커지게 된다. 소규모 단체일수록 표적 시장을 더 세분화시키고 선정하는 표적 시장을 최소로 하여 가장 유리하고 유익한 시장에 집중하는 것이 바람직하다.

⑦ 포지셔닝

기부자 유치를 위한 마케팅 전략의 마지막은 포지셔닝(Positioning)이다. 포지셔닝이란 소비자들의 마음속에 내 자신의 존재와 이미지를 알려 자리 잡는 것을 의미한다. 예를 들어, '크리스마스 씰'을 얘기하면 '결핵'이 연상되는 것은 이미 잠재기부자의 마음에 자리 잡은 결과이다. 이러한 포지셔닝은 잠재기부자의 마음을 사로잡을 수 있도록 차별화되는 특별한 이미지를 심어줌으로써 잠재기부자의 기부행위에 영향을 미치게 하려는 것이다. 따라서 포지셔닝의 궁극적인 목표는 차별화를 통한 경쟁적 독점의 실현이라고 할 수 있다.

기업들이 자기들의 제품을 소비자에게 판매하기 위하여 다양한 포지셔닝 전략을 수립하고 있으며, 중요한 단어들을 선점하려고 노력하고 있다. 예를 들어 왜 아이폰을 구입하였냐고 물어보면 대답은 한 가지가 아닐 것이다. 포지셔닝 전략도 타겟시장에 맞춰 다양하게 수립할 수도 있다. 그렇지만 예술단체가 굳이 그렇게까지 다양한 포지셔닝 전략을 수립할 필요는 없으며, 특정 예술단체 또는 그 단체의 모금상품이 어떻게 이미지를 구축할 것인지에 대한 고민은 모금상품(프로그램)을 개발하기에 앞서 정하여야 한다.

(3) 마케팅 믹스(Marketing Mix)의 개발

마케팅 관리에서는 일차적으로 조직과 고객 간에 교환이 가능한 아이디어, 재화, 서비스 등을 개념화하는 것이 중요하다. 이렇게 개념화된 교환 대상물을 기술, 생산, 관리부서와 협력을 통하여 상품으로 개발해내는 것이 그 다음의 활동이다. 그리고 개발된 상품이나 서비스의 교환을 용이하게 하기 위해 고객과의 의사소통이 필요하고, 교환에 부수되는 서비스를 제공하는 활동이 프로그램화 되어야 한다.

이러한 마케팅 기획 과정은 소위 마케팅 함수(Marketing Mix)라 불리는 4P로 구성된다. 4P란 상품(Product), 가격 결정(Price), 촉진(Promotion), 유통(Place)을 의미한다. 비영리기관의 마케팅에 관해 언급한 Fine(1992:4-9)는 비영리기관에서 4P만을 가지고 최적의 함수를 도출해 내는 것은 무리가 있다고 주장하면서 추가적으로 3P가 함수에 포함되어야 한다고 강조하였다. 즉, 마케팅을 하는 주체인 생산자(Producer), 마케팅을 통해 호소를 해야 하는 대상자인 구매자(Purchaser), 과학적인 탐구과정인 조사(Probing) 등이 마케팅함수에서 고려되어야 한다는 것이다.[24] 이는 마케팅 전략을 수립하는데 보다 광범위한 틀을 제공하고 있어 문화예술단체의 기부자 유치를 위한 마케팅 전략을 제시하는데 보다 적합한 모델이라고 여겨진다. 앞서 기부자 유치를 위한 마케팅 전략을 별도로 제시하였기 때문에 ① ~ ③ 의 내용은 일부 중복되기는 하지만 7P를 간단하게 정리하면 다음과 같다.

① 생산자(Producer)

생산자란 마케팅을 위해 구매자와 교환할 아이디어를 창출하고 메시지를 생산해 내는 주체를 의미한다. 기부자 유치를 위한 마케팅에서는 문화예술단체가 생산자가 된다. 문화예술단체 고유의 목표를 달성하기 위해 잠재기부자라고 할 수 있는 일반 시민이나 기업들이 문화예술에 대한 관심을 가지고 기부할 수 있도록 도와줄 필요가 있다. 우선 문화예술단체는 마케팅의 주체인 생산자가 되어 문화예술단체의 목표에 대한 가치를 확신시켜야 한다. 이를 위해 문화예술단체는 잠재기부자에게 믿을 만하고 의지할 만한 단체로 신뢰를 얻어야 한다.

② 구매자(Purchaser)

---

24) Fine, S, H. (1992) Marketing the Public Sector New Brunswick, NJ : Transaction Publishers, 정무성 前揭論文에서 재인용

기업의 마케팅에서 구매자는 일반적으로 잠재적 고객을 의미한다. 문화예술단체의 기부자 유치를 위한 마케팅에서 구매자는 잠재기부자들이다. 구매자인 잠재기부자가 될 사람들은 마케팅의 초기 단계에서 반드시 파악되어야 하며, 마케팅 전략에서 설명한 바와 같이 시장세분화의 대상이 되며, 세분화된 시장 중에서 단체에게 적합한 그룹이 표적시장이 된다. 예를 들어, 동호회 등을 통해 파악한 오페라 매니아가 될 수도 있고, 특정 학교 동문회원이 될 수도 있다.

③ 조사(Probing)

마케팅조사는 '마케팅 의사결정을 위해 실행 가능한 정보의 제공을 목적으로 자료를 체계적으로 획득, 분석, 해석하는 객관적이고 공식적인 과정'이라 할 수 있다. 기부자 유치를 위한 마케팅 과정에서 어떤 의사결정을 내리기 위한 자료를 수집하는 일련의 절차를 말한다. 주택조사, 인구조사, 기업체 조사 등에 대한 내용이 담겨있는 정부간행물을 수집하거나 인터넷 상에서 필요한 자료를 수집하는 것뿐만 아니라 관찰을 하거나 질문조사를 통해서 자료를 수집할 수 있다. 문화예술 분야는 공연이나 전시 등 관객의 정보를 조사하거나 문예연감이나 각종 문화예술 통계를 수집하여 분석해야 한다. 이렇게 수집한 자료를 의사결정을 위한 가치 있는 정보로써 활용하기 위하여 자료를 분석하고 해석하여 의사 결정자에게 제공하여야 한다.

④ 상품(Product)

상품은 인간의 필요나 욕구를 충족시킬 수 있는 것으로, 물리적 대상뿐만 아니라 서비스, 아이디어, 사람, 장소, 조직체 등을 포함한다.[25] 이 개념을 도입하면 문화예술단체(생산자)는 단순히 기부를 받는 것이 아니라 기부를 포함한 상품을 개발하는 것이다. 잠재기부자들의 공감을 얻어 낼 수 있는 가치를 구체적인 상징물로 만들어내야 한다. 예를 들어, 故 노무현 대통령은 대선 시 '돼지저금통'을 활용하였다. 사회복지공동모금회에는 '사랑의 열매'가 있다. 이 이외에도 아름다운재단에서는 '1% 나누기', 유방암과 관련한 '핑크리본', 한국문화예술위원회의 '예술나무' 등과 같은 것이다. 기부와 관련한 상품을 개발할 때 중요

---

25) 안운석 · 장형섭(2003), 『마케팅의 이해』, 도서출판 두남, p193

한 것은 그것의 명칭이다. 상품의 이름에 따라 구매자의 반응이 크게 다르기 때문에 적합한 이름을 붙여주는 것은 매우 중요하며, 상품명만 들어도 어떤 내용인지 금방 알 수 있다면 금상첨화일 것이다.

⑤ 가격(Price)

자신들이 원하는 제품이나 서비스를 구매하여 사용하기 위해 소비자들은 그에 대한 적절한 대가를 지불해야 한다. 기업들이 생산하여 제공하는 제품과 서비스는 물론이며 정부나 대학 등의 비영리조직의 서비스를 이용하는 데에도 직·간접적으로 대가를 지불하고 있다. 이와 같이 시장에서 판매자나 소비자들에게 제품이나 서비스의 가치를 나타내는 기준이 가격이다.[26] 가격을 결정하는 방법은 일반 상품의 경우, 원가 가산에 따른 가격 결정, 가산 이익률에 따른 가격 결정, 목표투자이익률에 따른 가격 결정 등 원가를 중심으로 가격을 결정하는 방법이 사용되지만, 기부금 상품의 경우에는 소비자 중심적인 가격 결정이나 경쟁 중심적인 가격 결정 방법을 사용하여야 한다. 단, 1만 원 이하의 월 정기기부금의 경우 기부금액보다 고정비용의 지출이 많으므로 가능하면 월 1만 원 이상의 정기기부금으로 가격을 책정해야 한다.

⑥ 촉진(Promotion)

마케팅함수의 필수적인 요소는 '촉진'인데, 이는 의사소통(Communication)을 의미한다. 촉진은 창의성과 다양성이 요구된다. 홍보에 있어 중요한 것은 기발한 소재이다. 특히 문화예술단체에서는 창의적인 아이디어를 발휘할 것을 요구한다. 기업이 마케팅 목표를 달성하기 위해 사용하는 총체적인 마케팅 커뮤니케이션 프로그램은 광고, 판매촉진, 인적판매, PR 등으로 구성되며 마케팅 관리자는 기업의 제품 및 서비스를 촉진하기 위해 각 수단들을 잘 조정하고 결합함으로써 그 결과를 극대화할 수 있다.

- 광고 : 특정 광고주가 대가를 지불하고 제품, 서비스, 아이디어를 매체를 통해 널리 알리고 구매를 설득하고 유인하기 위한 촉진 활동의 한 형태
- 판매촉진 : 제품이나 서비스, 아이디어의 판매나 구매를 증가시키기 위한

[26) 안운석·장형섭(2003), 「마케팅의 이해」, 도서출판 두남, p229]

단기적인 유인책으로서 광고, 인적판매, PR 이외의 모든 촉진 활동
- 인적판매 : 제품, 서비스, 아이디어의 판매를 위해 판매원이 기존 고객 또는 잠재고객과의 직접접촉을 통해 구매하도록 설득하는 개인적 커뮤니케이션 활동
- PR : 독특한 특성을 가진 촉진수단으로 뉴스, 공식적인 행사 등을 활용하기 때문에 소비자들은 광고보다 더 큰 신뢰를 가짐. 일반적으로 다른 촉진수단의 보조적인 수단으로 사용하는데 기부자 유치를 위해서는 아주 유용하게 사용될 수 있음

⑦ 유통(Place)

유통이란 마케팅 상품이 구매자들이 구입하기 가장 적합한 때와 장소에 그곳에 있도록 하는 것을 의미한다. 이는 상품에 대한 구매자의 접근 용이성을 의미한다. 최근 대학들이 장소의 중요성을 인식하고 인구 밀집 지역에 분교 캠퍼스를 둔다든지, 아예 산업체 안에 교육프로그램을 설치하는 것이 대표적인 예이다. 시장조사를 통해 잠재기부자들이 밀집되어 있는 곳이 있다면 문화예술단체의 기부자 유치 담당자는 그곳에 가야 한다.

3) 기부금 모금의 도구

기부금 유치를 위해 오랜 시간 동안 다양한 도구들이 생겨왔고 발전해 왔다. 가장 많이 사용하는 기부금 모금 방법에는 DM, 이벤트, 대중 매체 광고, ARS, CRM 등이 있으며, 최근에는 온라인과 SNS를 이용한 다양한 방법들이 나타나고 있다. 기부금 모금의 도구는 사람들의 커뮤니케이션 수단의 변화에 맞춰 다양해지고 있으며, 앞으로도 계속 새로운 도구들이 생겨날 것이다.

(1) 우편 모금(DM)

우편 모금은 기부를 요청하는 편지를 잠재기부자들에 발송함으로써 기부를 유

치하는 방식으로 가장 전통적인 모집 도구 중의 하나이다. 이 방법은 주로 새로운 기부자를 발굴하거나, 현재 기부자들이 기부금액을 증액하도록 요청하거나, 기부 중단된 기부자들이 기부를 재개하도록 요청할 때 많이 사용되며, 일반적인 단체의 프로그램 및 활동 내용을 홍보하기 위해서도 사용된다. 우편 모금은 투자비용 대비 효과는 낮은 편이기 때문에 불특정 다수에게 보내기보다는 표적 시장을 선정하여 지역, 나이, 사회적 지위, 소득 등에 따라 대상자 목록을 확보하여 보낼 때 효과를 발휘할 수 있다. 우편 모금은 겉봉투, 호소 서신, 첨부물 등으로 구성되어 있다. 겉봉투는 받는 사람들로 하여금 관심을 가지고 속을 뜯어 볼 수 있도록 디자인과 형식에 있어 세심한 고려를 해야 한다. 호소 서신에는 기부자 유치의 목적과 내용이 뚜렷하게 나타나야 한다. 가능한 간결한 문장으로 한눈에 들어오도록 구성하는 것이 중요하다. 첨부물은 사진, 관련 기사, 기부신청서, 단체소개서 등이 포함되는데, 너무 산만하게 여러 가지를 첨부하기보다는 호소력이 강한 사진이나 신문기사를 잘 편집하여 동봉하는 것이 바람직하다.

(2) 이벤트

이벤트는 기부의 특정 동기를 부여하기 위하여 특정 기간과 장소에서 사전 계획에 따라 특별한 활동을 벌이는 커뮤니케이션 과정이라고 할 수 있다. 이벤트는 전달자와 수용자가 현장에서 시각, 청각, 촉각, 후각, 미각 등 오감으로 느끼고 커뮤니케이션함으로써 입체적으로 경험하고 지각하여 기억이 오래 남는 특징이 있다. 기부자 유치를 위한 이벤트로는 자선음악회, 모금만찬회, 전시회, 예술품 경매, 자선 골프대회 등 매우 다양한 프로그램이 활용되고 있다. 예를 들어 매년 말에 히서연극상을 시상하였는데, 이에 소요되는 경비와 상금을 마련하기 위하여 (주)메타기획컨설팅과 (사)문화다움이 공동으로 11월에 정기적으로 와인파티와 자선경매를 실시하였다. 2022년 8월에는 상상인그룹이 YTN과 함께 사회공헌 활동에 대한 이해와 관심을 촉구하기 위해 골프대회를 열기도 하였다. 많은 비영리기관들이 직접적인 기부 요청을 부담스러워하기 때문에 우회적인 방법으로 가장 쉽게 떠올리는 모금 도구 중의 하나이다. 그렇지만 이벤트는 비용이 많이 들어 단지 모금을 위한 목적만으로는 적합하지 않을 수 있으며, 주요 초청 대상자들과의 사전 관계 형성 및 그들의 선도적 기부가 이루어져야 모금 목표액 달성이 가능하다.

(3) 전화 모금

전화 모금은 매우 강력하고도 효과적인 모금 도구임에도 불구하고, 많은 비영리 기관들이 조직 내에 전문적인 전화 모금 기술을 갖춘 인력이 없어 제대로 활용하고 있지 못하는 방법이기도 하다. 전화 모금은 잠재기부자에게 1:1로 조직의 모금 명분을 전달하고, 기부 요청을 할 수 있으며, 우리 조직 활동에 대한 여론을 들어볼 수 있는 기회가 되기도 한다. 전화 모금을 위해 많은 기관들이 자원봉사자를 활용하기도 하며, 전문기관에 아웃소싱 서비스를 의뢰하기도 한다. 전화모금은 전문성이 요구되는 모금 도구이므로 제대로 훈련받은 인력을 활용하는 것이 중요하다.[27]

(4) 대중 매체 광고

대중 매체 광고는 주로 영리 부문에서 사용하는 마케팅 도구이다. 기부자 유치를 위한 문화예술단체의 대중 매체 활용은 아직 미진한 실정이나 자선(사회복지, 국제구호) 분야에서는 TV, 신문, 포털사이트, 라디오나 잡지 등을 통한 마케팅이 점차 활성화되고 있다. 어느 매체를 선정하느냐에 따라 광고효과는 전혀 다르게 나타난다. 또한 광고의 성과를 올리기 위해서는 한 매체에 적어도 6개월 이상 광고를 해야 효과를 볼 수 있다. 대중 매체 광고를 활용해 기부금을 모집하는 방법은 다른 수단에 비하여 비용이 많이 들어가는 단점이 있으나, 많은 사람들에게 광고를 손쉽게 노출할 수 있어 단체의 인지도를 높이는 데 도움이 된다.

(5) ARS

자동응답시스템(ARS)은 2000년대 초반에 기부 활성화와 함께 유행했던 모금 도구로 주로 불우이웃돕기 성금이나 재해 성금 등에서 활용하고 있다. 이는 모

[27] 예술경영지원센터(2010), 「문화예술단체를 위한 기부금 모금 입문편」, p37

금방송 시청자들이 이 시스템을 통하여 전화를 걸면 통화 당 일정 금액의 기부금이 자동으로 전화 요금에 부과되어 전화 요금과 함께 기부금을 제공하도록 하는 방식이다. 최근 ARS가 성공을 거두고 있는 것은 손쉽게 적은 금액으로 부담 없이 기부에 참여할 수 있는 장점이 있기 때문이다. 그러나 반복적인 모금 활동으로 국민들이 점차 식상해 할 가능성이 있고 눈물짜내기 식의 동정적 기부를 강요함으로써 낮은 수준의 기부문화를 고착시킬 가능성도 있다. 최근에는 ARS를 통해 기부자의 전화번호 정보를 취득하여 추가 정기기부와 증액 등을 요청하기 위해 정보 수집의 목적으로 사용되기도 한다.

(6) CRM

기업의 명분 지향 마케팅(CRM: cause-related marketing)은 1980년 이후 사회복지기관을 포함한 비영리 기관들이 모금을 위해 많이 활용하는 마케팅 기법이다. 이는 미국의 아멕스카드(American Express Card)에서 처음 사용한 방법인데, 회사는 카드 속에 그려져 있는 자유의 여신상을 활용하여 판촉하기 위해 자유의 여신상 복원사업을 펼치는 시민단체와 연계하여 개인이 사용한 카드 금액의 일정 비율을 시민단체에 기부하는 방식으로 이루어졌다. 이러한 방식은 기업의 이미지를 높여주어 기업의 상품판매에 긍정적으로 영향을 미치면서 동시에 자선(사회복지, 국제구호)단체의 기부금 유치에도 기여하게 된다.

우리나라 종교단체와 학교에서 가끔 이 CRM 방법을 이용하여 재원조성을 시도하고 있다. 이러한 모집도구는 관련된 회원이 많거나 대다수의 사람들이 공감하는 사업이라면 효과적이겠지만, 개별 문화예술단체에서 추진하기는 어려운 방법이다. CRM을 문화예술에서 사용하려면 공연예술단체 또는 연극단체 등 특정 분야 전체를 대상으로 기부금을 모집한 후, 조성된 재원을 공통의 필요에 부합한 사업을 하거나 다시 개별 단체로 분배해 주는 방식이 바람직하다.

(7) 인터넷과 모바일

인터넷과 모바일을 활용한 기부자 유치는 점차 활성화될 전망이다. 최근 가장 많은 기부 방법이 개발되고 있으며 일종의 트렌드처럼 번지고 있는 것이 인터넷과 모바일을 이용하는 것이다. 유튜브, 페이스북, 트위터 등의 SNS가 발달하면서 이를 이용한 기부 모금 도구도 개발되고 스마트폰으로 이어져 계속 변화하고 있는 모습을 보이고 있다. 기부자들이 쉽게 정보를 수집하고 기부하기도 편리하며, 모금하고자 하는 기관에서도 비교적 저렴한 비용으로 모금을 수행할 수 있어 앞으로 더욱 규모가 커질 전망이며, 문화예술단체에서도 이러한 도구의 모금 활동이 많이 확대되어야 할 것이다.

이상에서 기부금 모금 도구에 대하여 살펴보았으나, 이러한 도구를 단순히 사용한다는 것만으로는 효과를 볼 수가 없을 것이다. 기부금 모금에도 원칙과 전략, 전술이 필요하고, 많은 고민과 자료조사 등을 통하여 적절한 방법을 사용하여야 할 것이다.

4. 기부금 모금의 구분

기부금 모금은 모금액수, 대상, 목적 등 여러 기준에 따라 나누어지게 되는데, 각각의 기준에 따라 구분된 모금 방법을 이해하고 기부 유치 전략을 다르게 설정하는 것이 바람직할 것이다.

1) 모금액수

기부금 모금은 모금을 하고자 하는 금액에 따라 고액모금과 소액모금으로 구분할 수 있다. 고액모금(Major Gifts)은 전체 모금 금액 중 1~10% 정도 금액을 기부할 수 있는 고액기부자를 통한 모금으로 고액의 기준은 단체의 모금 규모에 따라 상이하다. 고액모금과 소액모금의 장단점을 비교하면 다음 표와 같다.[28]

[28) 예술경영지원센터(2010), 「2010 예술경영 아카데미 모금스쿨 : 문화예술분야 기부금 모집 전문가 양성 과정」 강의 자료 및 필자 보완·수정

[표 3-35]
고액모금과 소액모금의 장단점

구분	소액모금	고액모금
장점	· 투자비용의 예측이 가능하다. · 반응시간을 예측할 수 있다. · 미래 수입 흐름을 예상할 수 있고 안정성이 높다. · 비지정기부의 확률이 높아 재원 운영의 유연성에 기여할 수 있다. · 단체 및 기부 홍보마케팅과 겸할 수 있다.	· 고액의 재원을 마련할 수 있다. · 비용이 상대적으로 적게 든다. · 정교한 시스템보다는 인적관계 중심이다. · 언론에 노출되어 인지도가 높아진다.
단점	· 고액 자금을 마련하는 데 한계가 있다. · 초기 투자비용이 높을 수 있다. · 정교한 기부관리시스템이 필요하다. · 투자 후 재원을 확보(수익)하는데 시간이 소요될 수도 있다.	· 실현 가능성을 예측하기 어렵다. · 수입의 흐름을 예상하기 어렵고 안정성이 낮다. · 지정 기부일 경우 운영에 압박요인이 될 수도 있다. · 고도의 인간관계 관리기술이 요구된다.

소수의 사람으로부터 고액을 모금하고자 하는 경우, 다수의 사람으로부터 소액을 모금하는 것과는 접근하는 방법이 다르다. 고액모금은 잠재기부자 발굴, 관계 형성, 요청 과정이 요구되는 매우 관계 중심적인 모금 방법이다. 고액모금방법은 모금 방법들 중에 가장 비용적인 면에서 효율적인 방법이지만 기부로 연결되기까지의 시간이 오래 걸릴 수 있다는 단점이 있으므로 단체 대표가 직접 모금에 상당한 시간을 투입하고 잠재기부자와 관계를 형성해 나가야 할 것이다.

2) 모금대상

(1) 기업기부와 개인기부

기부하는 주체가 누구냐에 따라 기업기부와 개인기부로 구분할 수 있다. 대부분의 기부금 모금 서적이나 자료에서는 굳이 기업기부를 분리해서 언급하지 않고 있다. 왜냐하면, 기부가 가장 활발하게 이루어지고 있고, 모금가들이 가장 활발하게 활동하고 있는 미국에서는 대부분의 기부가 개인에게서 나오기 때문이다. 미국의 전체 기부 중 기업이 기부하는 비중은 5% 내외이다. 그렇지만 우리나라는 기업기부가 아직 상당히 높은 비중을 차지하고 있고 조금씩 비율이 낮아지고 있더라도 아직 35% 정도를 나타내고 있으며, 문화예술 기부는 타 분야에 비해 특히 기업기부의 비중이 높다. 따라서 기업을 대상으로 하는 기부금 모금도 간과해서는 안 된다. 본서의 모금 전략이나 방법이 대부분 개인을 대상으로 하고 있으므로 여기서는 기업기부에 대해서만 추가적으로 설명하겠다.

기업기부를 이해하기 위해서는 기업의 사회공헌활동에 대한 이해가 선행되어야 한다. 기업의 사회공헌은 단체의 기부금 모금보다 훨씬 폭이 넓고 다양하게 이루어진다. 기업의 사회공헌 활동 중 하나가 기부의 방식으로 실행되며, 그 기부의 일부가 문화예술 분야에 이루어진다. 사회공헌활동을 통한 기업의 이익은 다음 그림으로 요약할 수 있다.

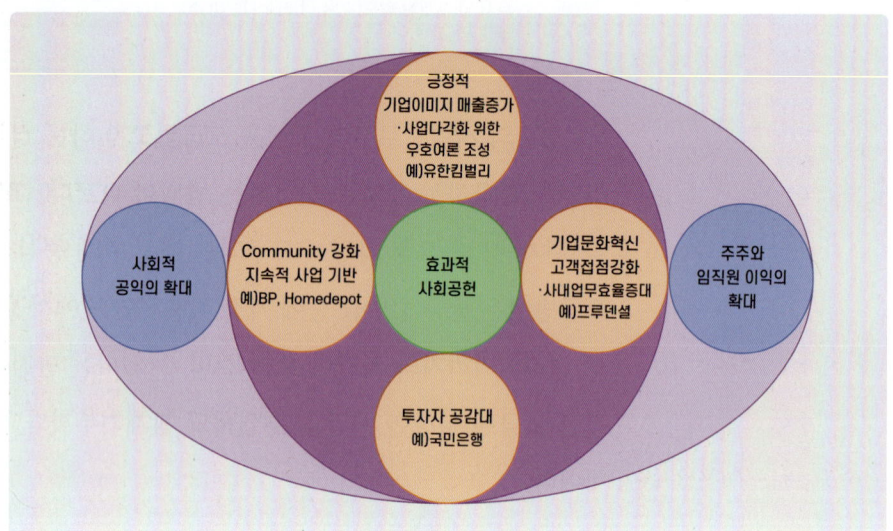

[그림 3-16]
사회공헌을 통한 기업의 이익[29]

앞서 기부금 모금을 금액에 따라 소액모금과 고액모금으로 구분하였는데 개인기부의 경우 소액모금과 고액모금 모두 가능하지만, 기업기부는 임직원 급여 우수리 기부 등 일부의 소액모금이 있지만 대부분 고액모금에 한정된다. 문화예술단체가 기업에게 기부를 요청할 때에는 해당 기업의 업태·업종에 맞는 사회공헌 프로그램 제안과 지출할 수 있는 적정 금액에 대한 검토, 해당 사회공헌 프로그램 관심도의 분석 등이 이루어져야 한다.

너무나 당연한 말이지만 기업은 조직이다. 의사결정이 한 사람으로 이루어지지 않는다. 담당자 또는 담당 부서가 있으며, 그 위로 여러 단계의 결재 과정을 걸치기도 한다. 이 과정에서 추진이 중단되거나 조건이 변하기도 하며 이에 따라 일정 시간이 소요되기도 한다. 또한, 연간 사용할 수 있는 재원이 한계가 있다. 그러므로 다양한 기업의 관계자와 관계를 설정하고 점진적으로 기업과의

29)
예술경영지원센터(2010), '문화예술 기획경영 아카데미-전문예술법인단체 재원조성 캠프' 강의자료, p144

교류를 확대해 나가면서 기부와 연계시키는 것이 바람직하다.

문화예술단체가 기업과 접촉하기 위해서는 해당 기업의 홈페이지나 기사, 사회공헌 관련 정보에 대한 조사가 충분히 이루어져야 하며, 기업이 필요로 하는 것을 분석하여 그에 적합한 사회공헌 프로그램을 제시하여야 한다. 문화예술단체가 기업에게 구걸하는 것이 아니라 기업이 필요로 하는 것을 문화예술단체가 제공해 주고 그에 상응하는 대가를 받는 것이다. 이것은 반대급부와는 또 다른 개념으로 접근해야 한다. 우리 단체에게 기부하는 것이 기업에게 최적의 선택임을 자신 있게 밝혀야 한다. 따라서 기부를 요청할 때에는 기업이 필요로 하는 것을 정확하게 짚어내야 하며 그에 맞는 용어 사용과 제안 설명도 필수적이다.

(2) 대중 모금(Public Fundraising)

대중 모금은 다수의 소액기부자들을 주요 대상자로 하는 모금 방법이다. 문화예술단체들이 기부금을 모집한다면 대부분은 대중 모금이 아닌 해당 문화예술을 향유하는 한정된 회원이나 관객 또는 한정된 지역을 대상으로 할 것이다. 예술분야는 향유자 중심의 멤버십 기부형태를 가지고 있으므로, 만약 문화예술단체가 대중 모금을 준비한다면 큰 결심과 철저한 준비가 필요하다. 대중 모금은 제도와 시스템을 활용하여 모금하므로 작은 흠이나 실수도 크게 문제가 될 수 있으며 혹독한 평가를 받기도 한다.

모금가 비케이 안(Bekay Ahn)은 대중을 대상으로 모금을 시작하기에 앞서 다음과 같은 사항을 준비하도록 하고 있다.[30]

- 단체에 대한 대중의 이미지는 어떠한가?
- 재정 사용과 조직의 투명성이 확보되었는가?
- 내부적인 참여가 있는가?
- 윤리적이고 합법적인 모금 방법인가?

3) 모금의 목적

기부금 모금은 어떤 목적으로 기부금을 모금하려고 하는지에 따라 다음과

---

30) Bekay Ahn, 비영리단체 모금전략, 예영커뮤니케이션, 2010, p157~159 및 필자 보완·수정

같이 구분할 수도 있다.

(1) 일반운영을 위한 모금(Annual Campaign)

일반운영을 위한 모금은 프로그램 진행, 단체 운영, 사무실 유지 등 단체가 존재하기 위해 들어가는 운영 재원을 마련하기 위한 모금이며, 단체의 기존 멤버십 회비로 충당되기도 한다. 특별한 기간을 두지 않고 상시적으로 모금 활동이 진행되며 주로 편지, 전화, 혹은 온라인(웹사이트, SNS 등)을 통해 모금이 이루어진다. 초반 모금은 주로 소액으로 이루어지지만 몇 년간 이러한 기본적인 경험이 쌓이면 다음 단계인 고액모금 잠재기부자 발굴의 기초를 닦을 수 있게 된다. 그 때문에 모금가들은 고액모금을 하기 전에 일반 모금을 경험할 것을 강조하며 만약 일반 모금 경험이 없다면 섣불리 고액모금을 시도하지 않는 것이 좋다고 조언한다.[31]

문화예술단체들이 모금하고 있거나 향후 모금할 방법은 대부분 일반운영을 위한 모금에 해당한다. 공연이나 전시, 축제, 예술교육의 프로젝트 진행과 관련한 사업비 및 단체 운영비에 충당하기 위한 재원을 모으기 위한 목적으로 기부금 모금을 진행하기 때문이다.

(2) 특별 모금(Special Campaign)

특별모금은 사회적으로 큰 이슈가 발생했을 때 주로 사용하는 모금 방법이다. 태풍이나 홍수와 같은 자연재해뿐 아니라 태안 기름유출 사건이나 코로나19 같은 사건이 발생했을 때 일시적으로 고액의 모금이 필요하게 되며, 방송과 같은 대중 매체가 모금에 참여하는 경우가 많다. 사회적으로 인지도가 높은 연예인이나 스포츠 스타 등이 대중의 참여를 높이는 활동을 하기도 한다. 아직까지 특별모금이 문화예술 분야에서 사용된 사례는 없지만, 예술인 복지 또는 문화재 반환 등과 관련하여 향후 커다란 사회적 이슈가 만들어진다면 얼마든지 특별모금 방법이 사용될 가능성은 있다.

(3) 집중고액 모금 캠페인(Capital Campaign)

---

31) Bekay Ahn, 비영리단체 모금전략, 예영커뮤니케이션, 2010, p154 및 필자 보완·수정

집중고액 모금 캠페인은 건물을 짓는다거나 특정 프로그램에 대한 대대적인 지원 마련 등 캠페인 자체만으로 최소 3~5년 이상 소요되는 전략적인 중장기 모금 방법이다. 따라서 집중고액모금 캠페인은 소규모 문화예술단체에서 접근하기는 어려우며, 한국문화예술위원회, 지역문화재단, 세종문화회관, 예술의전당 등 일정 규모 이상의 조직에서 사용할 때 효과적인 모금 방법이라고 하겠다.

집중고액 모금 캠페인을 위해서는 잠재기부자가 납득할 민한 명확한 모금 명분이 마련되어야 하며, 기관의 중장기 발전계획도 수립되어 있어야 한다. 더불어 집중적으로 투자가 필요한 프로젝트나 분야 및 모금목표액도 정리되어야 한다. 성공적인 집중고액 모금 캠페인을 위해서는 조직 내외부의 동의, 내부 준비도, 자원봉사 포함 조직 리더들의 헌신, 잠재기부자 pool이 중요하며, 기부자들을 위한 매력적인 예우 프로그램도 준비되어야 한다.[32]

(4) 계획기부(Planned Giving)

계획기부는 향후 발생하는 소득의 기부를 미리 지정하거나 현재 보유 자산의 향후 처분으로 인해 발생하는 소득 및 자산의 기부 지정을 통해 모금하는 방법이다. 계획기부의 가장 대표적인 것이 유산기부이다. 유산기부는 유서나 계약서와 같은 사전계획을 통해 기부자 사후에 재산의 전부 혹은 일부를 단체에 기부하는 것을 뜻한다. 우리나라 문화예술계에서 이러한 유산기부는 흔하지는 않지만, 전혀 없는 것은 아니다. 재일교포 故박준용씨는 "강릉과 평창 일대의 땅을 강릉지역 문화발전을 위해 쓰이기 바란다."라는 유언을 남겼고 1996년 부인 김순자 씨와 아들 박평조(현 재단이사)씨 등 유족들은 고인의 유지를 이어달라며 강릉시에 상속재산인 토지를 기탁하였고 이를 기반으로 1998년에 강릉문화재단을 설립하게 되었다.[34] 최근에는 문학평론가 故김윤식씨의 유가족은 유산 30억 원을 2022년에 개관한 국립한국문학관 건립을 위해 기부했다.[34]

최근 국내 전문모금기관에서 점점 유산기부에 대한 관심이 커져가고 있다. 미국의 경우 관련 전문가도 많이 생겨나 계획기부가 실제로 진행되고 있으며 성공사례도 많아지고 있다. 그러나 하고 싶다고 해서 모든 단체가 계획기부를 진행하고 성공할 수 있는 것은 아니다. 성숙하지 않은 단체는 그만큼 성공 확률

---

32) 예술경영지원센터, '문화예술단체를 위한 기부금 모금 입문편', 2010, p38

33) 강릉문화재단 홈페이지(http://www.gncaf.or.kr) 참조

34) https://m.post.naver.com/viewer/postView.nhn?volumeNo=27085242&memberNo=1921669

도 낮아지며, 계획기부 모금을 진행하기에 앞서 다른 모금 방법을 모두 경험한 후에 충분한 훈련을 거치는 것이 바람직하다.[35]

계획기부는 다른 모금 방법보다 법적, 세무적 요소들과 맞물려 있으므로, 문화예술단체에서 계획기부를 추진하기 전에 단체 내에 관련 규정 및 정책 등이 마련되어 있어야 하며, 관련 전문가와 충분한 사전협의를 거치는 것이 바람직하다.

4) 특정 목적 지정 여부

기부금 모금은 기부금을 특정 목적에 사용할 것인가에 따라 지정기부와 비지정기부로 구분할 수 있다. 기부자가 자신의 기부금품을 특정 목적에 사용할 것인지 아닌지에 따라 구분하는 것으로, 사용 목적을 정하였다면 지정기부라고 할 수 있다. 특정 목적에 사용할 것을 전제로 모금을 하는 경우도 있으며, 그렇지 않은 경우에도 기부자가 임의로 정하는 경우도 있다. 전자의 경우에는 소액모금과 고액모금 모두 해당이 되지만 후자의 경우에는 대부분 고액모금에 해당한다. 이렇게 사용 목적을 특정한 경우에는 별도로 기부금을 구분하여 관리 운용하여야 한다.

사용 목적을 특정하지 않는 경우는 기부금을 모금하는 단체의 고유목적 활동에 동의하여 기부하는 것으로, 단체에서 기부금액을 사용하는 데 아무런 제약이 없다. 그렇다고 하여 아무렇게나 사용해서는 안 되며, 기부금이라는 성격상 목적 활동에 투명하게 사용하고 이를 기부자가 알 수 있도록 하여야 할 것이다.

5) 기부금품 종류

기부금 모금은 현금, 부동산, 주식, 지적재산권, 단체에서 사용할 물품 등 자산의 종류에 따라 구분할 수 있다. 때로는 재능기부도 이루어진다. 물론 이러한

---

[35] Bekay Ahn, 비영리단체 모금전략, 예영커뮤니케이션, 2010, p155 및 필자 보완·수정

구분에 따라 모금 방법이 크게 달라지지는 않을 것이다. 다만, 물품의 종류에 따라 적용받는 세제가 달라질 수 있으므로 모금 시 이에 대한 지식도 충분히 숙지하고 있어야 한다. 현금 외에는 공정가치를 평가해야 하는 문제가 있으며, 수익사업에 사용할 것인지 고유목적사업에 사용할 것인지에 따라 세금이 다르게 계산된다. 또한, 주식의 경우 보유 한도를 계산하여야 할 수도 있으므로 현금 외의 자산을 기부받는 경우 금액이 크다면 반드시 전문가로부터 의견을 구하는 것이 바람직하다.

6) 크라우드펀딩

(1) 크라우드펀딩(Crowdfunding) 이란?

영문 표현(Crowdfunding)을 그대로 번역하면 '군중, 대중에 의한 모금'이며, 특정한 프로젝트에 다수의 사람들이 소액을 후원[36]하는 것이라 할 수 있다. 조금 더 구체적으로 정의한다면 창의적인 특정 아이디어나 프로젝트에 대한 후원(모금, 자원봉사 등)을 얻기 위해 소셜네트워크서비스(SNS)를 활용하여 불특정 다수를 상대로 활동 계획을 알리고 실제 후원을 얻어 프로젝트를 실현시키는 모금 플랫폼이라 할 수 있다. 크라우드펀딩의 목적은 재난구호에서부터 시민 언론 활동, 혹은 예술가의 공연·전시개최, 앨범 발매, 정치적 캠페인, 신규사업에 대한 소규모 투자에 이르기까지 다양한데, 특히 창의적인 특정 아이디어나 프로젝트라는 특성으로 인하여 문화예술 분야에서 많이 활용되고 있다.

(2) 크라우드펀딩의 역사 및 종류

미국이나 유럽에서는 크라우드펀딩을 완전히 새로운 개념으로 보고 있지는 않은데, 정부가 시민에게 세금을 부과하는 것 또한 공공재(Public Goods)를 공급하기 위한 크라우드펀딩으로 보는 시각도 가능할 수 있기 때문이다.[37] 1997년에 인터넷을 활용한 첫 번째 크라우드펀딩 사례가 나오는데, 영국의 락그룹(Rock Group)인 Marillion이 미국 투어에 사용할 자금($60,000)을 마련하기

---

36) 여기에서 '후원'은 단순히 기부뿐만 아니라 대가성이 있는 투자, 대출 등을 포함하고 있다.

37) http://www.smartermoney.nl/?p=355 참조

위해 인터넷을 통해 모금하는데 성공하였고, 2003년에는 음반정보 제공 사이트인 ArtistShare에서 "fanfunding"이란 이름으로 신규 앨범이 나오기 전 팬들의 자발적인 모금을 유도한 사례도 찾아볼 수 있다.

현재의 크라우드펀딩 플랫폼을 살펴보면, 대체로 자금(후원금)을 모으고자 하는 개인(그룹)이 프로젝트 혹은 아이디어를 후원금액대별 보상(reward)과 함께 사이트에 소개하면, 온라인 유저들이 선호하는 프로젝트에 금전을 후원하는 형태로 이루어지는 모양이 대부분이다. 여기서 돈을 구하는 쪽이 어떤 형태를 원하느냐에 따라, 후원금, 대출금, 기부금 등 명칭이 달라질 수 있고, 이자 수익과 같은 금전에서부터 공연 티켓, 감사 엽서, 작은 선물 등 유무형의 재화와 서비스에 이르기까지 다양한 종류의 보상 형태를 제시하고 있다.

모집 형태에 따라 크게는 수익형과 비수익형으로 구분할 수 있으며 수익형(증권형, 대출형)은 수익배분, 원리금 상환 등 온라인 플랫폼을 활용한 투자의 한 형태로 분류가 되고, 비수익형(후원형, 기부형)은 보상이 없거나 리워드(비금전적 보상)로 진행되는 온라인 기부의 한 방법으로 분류된다. 국내 크라우드펀딩 플랫폼(텀블벅, 와디즈 등)에서는 수익형과 비수익형을 모두 사용하고, 자선분야 온라인 기부 플랫폼(해피빈, 같이가치 등)에서는 온라인 모금의 형태 중 하나로 비수익형 크라우드펀딩을 운영하고 있다. 한국문화예술위원회가 진행하는 크라우드펀딩의 경우 비수익형으로 볼 수 있으며, '텀블벅'과 후원형(리워드)으로 연계하고 있고, '다음 같이가치'와 기부형(무상)으로 연계하여 문화예술기관·단체 지원을 하고 있다.[38]

[표 3-36] 크라우드펀딩의 유형

구분	모집방식	보상형태	내용	투자처·비고	비고
증권형	주식·채권	투자수익배분 (배당금 등)	신생기업 및 소자본 창업자를 대상으로 엔젤투자형식으로 자금을 지원하는 유형으로 투자금액에 비례한 지분 취득과 수익창출이 목적	창업·벤처기업	수익형
대출형	대부	원리금 상환	인터넷 소액대출을 통해 자금이 필요한 개인 및 개인사업자에 자금을 지원하는 유형으로 대출에 대한 이자 수취가 목적	개인·법인	
후원형	제품구매	비금전적 보상 (리워드)	프로젝트에 자금을 지원하고 프로젝트 제품이나 금전적보상 이외의 형태로 일정 부분 보상(reward) 받는 유형 공연, 음악, 영화, 교육, 환경 등의 분야에서 주로 활용	펀딩금액의 세제혜택 불가	비수익형
기부형	기부	무상	리워드 형식의 소셜 펀딩과 유사하지만, 후원자들에 대한 보상을 조건으로 하지 않고 순수 기부의 목적으로 지원하는 유형	펀딩금액의 세제혜택 가능	

*자료 : 김재중 외(2021), 「한국문화예술 재원흐름 동향조사: 분석 프레임 설정을 중심으로」

38) 한국문화예술위원회(2021), 「문화예술후원 매개인력 신직업화 연구」 p.21~22

(3) 국내 크라우드펀딩 현황

국내에도 외국과 마찬가지로 문화예술 분야, 일반 대출 연계, 소상공업 창업자금 연계 등 그 형태가 다양하게 존재하고 있다. 여기서는 문화예술 분야의 프로젝트를 주로 다루는 크라우드펀딩 플랫폼에 대해서 간략히 설명하고자 한다.

[표 3-37] 국내 주요 크라우드펀딩 플랫폼

플랫폼	내용
와디즈	투자형과 리워드형이 주요 서비스로 별도의 문화콘텐츠 펀딩 구분이 존재
텀블벅	리워드펀딩이 주요 서비스이며 문화예술 분야 펀딩이 활발히 진행
오마이컴퍼니	사회적기업의 펀딩이 주요 서비스
키다리펀딩	문화예술펀딩에 특화되었으며 텀블벅과는 달리 영화, 다큐멘터리, 출판, 연극, 공연제작 펀딩 서비스가 활발

① 와디즈(www.wadiz.kr)

2012년 5월에 설립한 와디즈는 리워드형 크라우드펀딩뿐만 아니라 투자형 펀딩부터 직접 투자까지 가능한 크라우드펀딩 플랫폼으로 현재 규모, 프로젝트 건수, 중개 금액 면에서 국내 최대 크라우드펀딩 회사이다. 초기에는 IT, 전자제품 등 다양한 아이디어 상품들 위주로 펀딩이 진행되었지만 현재는 투자, 무형 콘텐츠(문화예술), 항공권 등 다양한 프로젝트를 진행하고 있다. 2019년까지 누적회원이 100만명, 누적 중개 금액이 2,000억 원이 넘었으며 한국 최대 크라우드펀딩 플랫폼으로 자리 잡았다. 크라우드펀딩 수수료는 요금제를 운영하며 기본 수수료 9%에서 최대 14%까지 부과하고 있다.

② 텀블벅(www.tumblbug.com)

2011년 3월 말 문을 연 텀블벅은 리워드형 중심의 크라우드펀딩 회사로 디자인, 영상, 영화를 전공한 네 명의 학생들이 기획하고 시작한 사이트로 '독립 창작자와 후원자를 잇는 쇠똥구리' 역할을 표방하면서, 프로젝트를 올리는 사람에 대해 "크리에이터(creator)"란 명칭을 부여하고, 철저히 기한이 있는 프로젝트에 대해서만 펀딩을 허락하고 있다. 그리고 참여 분야에 제한을 두어 '디자인, 출판, 사진, 영화/영상, 음악, 공연, 연극, 패션, 테크놀로지, 게임, 만화, 이벤트, 요리' 중 하나에 해당하는 프로젝트만 참여할 수 있다. 2022년까지 총 7,000여개 이상의 다양한 프로젝트가 펀딩에 성공했으며 누적 후원금액은 2,554억 원이었다. 크라우드펀딩 수수료는 서비스 수수료(5%), 결제 등 대행 수수료(3%)가 있으며, 이를 제외한 금액을 등록한 계좌로 정산 받는다.

③ 오마이컴퍼니(www.ohmycompany.com)
2012년 5월에 사회적기업이자 크라우드펀딩회사로 시작하였으며 리워드형과 투자(증권)형 크라우드펀딩 방식으로 운영되고 있다. 리워드형은 개인, 스타트업 등 프로젝트와 사업을 실행하기 위한 초기자금 마련과 신제품 홍보, 판로 개척, 신규고객 발굴을 목적으로 운영하고 있으며 투자(증권)형은 사회적기업이나 문화, 먹거리에 투자해 채권 또는 주식을 대가로 받는 형태로 운영하고 있다.

④ 키다리펀딩(www.filmapic.com)
필름에이픽쳐스에서 운영하는 크라우드펀딩 회사로 문화예술 크라우드펀딩에 특화되었으며, 타 크라우드펀딩과는 달리 영화, 다큐멘터리, 출판, 연극, 공연 제작 중심의 펀딩 서비스가 운영되고 있다.

(4) 크라우드펀딩의 이해관계자별 장점, 그리고 발생할 수 있는 문제점과 고민들
크라우드펀딩을 이용하는 것은 프로젝트를 구현하고자 하는 개인(그룹)의 입장에서 보면 다음 세 가지 정도의 장점이 있을 수 있는데, ① 소규모 프로젝트 및 창의적 아이디어에 대한 실행 자금 마련 ② 입소문이나 온라인(SNS)을 통한 부수적 마케팅 효과 ③ 후원자의 향후 신규 프로젝트 재기부 및 적극적 지지층 확보 ④ 제도권 금융을 이용할 수 없는 경우의 새로운 대출 기회 등을 꼽을 수 있다. 또, 후원하는 쪽에서 보면 본인의 기부/후원 등을 통해 몇 가지 혜택을 얻을 수 있는데, ① SNS 활동을 통해 새로운 정보 취득 ② 예술가 및 단체의 보상(reward) 성격의 작은 선물을 받는 기쁨 ③ 재난구호 혹은 사회복지 기부에서 벗어나 다양한 문화 생태계 조성에 소액을 통해 참여와 기부를 실천한다는 보람 ④ 투자형의 경우, 이자 수익 등의 장점이 있다.

반면, 크라우드펀딩은, 특히 초기 단계로서의 모금 플랫폼으로 몇 가지 문

제점과 고민들이 분명히 존재한다. 주식시장이 기업 활동에 도움이 되는 것처럼, 이 새로운 모금 플랫폼이 이제 막 새로운 활동-그것이 예술활동이든, 소규모 창업이든-을 시작하려는 사람들에겐 큰 혜택을 제공해 주기 때문에 짚고 넘어가야 할 문제들이다.

첫째, 거의 모든 크라우드펀딩에서 제공되는 보상(reward)의 문제이다. 대부분 사이트는 후원자에 대하여 금액내별로 보상을 제시하고 있는데, 문화예술 분야의 크라우드펀딩에서 많이 활용되는 리워드(reward)는 금전적인 보답을 내놓는 것이 어렵고 그렇게 되어서도 안 될 것이다. 공공재적 특성이 있는 문화예술 분야는 재미, 성취욕, 보람 등 눈에 보이지 않는 가치를 가진 동기를 자극할 수 있는 다양한 보상체계 마련이 필요하다. 참고로 최근 들어서는 크라우드펀딩을 진행하는 예술가의 다른 소품이나 굿즈(goods)를 리워드로 제공하고 있다.

둘째, 투자인가, 기부인가의 문제다. 크라우드펀딩 중에서 투자 성격의 모금 방식이 존재하며, 제도권 금융의 도움을 얻을 수 없다거나 훌륭한 아이디어와 시스템을 갖추거나 갖출 준비가 되어있음에도 나래를 펼쳐보지도 못하는 이들에겐 새로운 시작을 열어줄 수 있는 좋은 방법이다. 문화예술 분야에 대한 펀딩의 경우에는 비경합성이나 비배제성을 지닌 문화예술의 다양한 예술 생태계 조성에 일조한다는 측면에서 기부 혹은 무형적 투자로 보아야 한다. 이 경우에는 소비자(인터넷 사용자)는 투자자가 아닌 기부자로서의 접근이 필요하며 당연히 운영하는 사이트에서도 그만큼의 책임감이 요구되는 것이 당연하다. 따라서 펀딩을 소개할 때에도 투자인지, 기부인지에 대한 명확한 사전 안내와 함께 진행되어야 한다.

셋째, 창의적 아이디어에 대한 보호 문제인데, 독창적인 아이디어나 프로젝트를 사전에 일반 대중에 공개해야 하는 부담이 분명히 존재하며, 특히 특허까지 연결될 수 있는 신선한 아이디어의 경우 도용당할 위험이 상존한다. 문화예술 분야에도 타인이 그것을 도용하거나 다른 방향으로 사용할 수 있는 여지가 충분하므로 지속적인 크라우드펀딩 생태계 환경 조성을 위해서 법과 제도적인 뒷받침이 된다면 좋겠다.

넷째, 펀딩이 끝난 뒤, 실제 프로젝트가 진행되면서 일어날 수 있는 사후관리의 문제가 있다. 모금을 진행한 개인(혹은 단체)은 자신들의 결과물에 대하여 어떠한 형태로든 참여자(후원자)에게 제공해야 할 의무가 발생하는 것은 당연하다. 그런데, 만약 불성실하거나 무책임한 결과물이 후원자들에게 제공될 경우 선의를 가졌던 후원자의 입장에서는 향후 크라우드펀딩 플랫폼 자체에 대해 불신을 가지고 발길을 끊을 가능성이 높다. 해외의 수많은 크라우드펀딩 사이트도 밝히고 있듯이, 크라우드펀딩은 '일회성'이 아니라 후원자와의 지속적인 '관계 형성'이란 관점에서 접근해야 하며, 운영 사이트 역시 수수료를 기반으로 할 수 밖에 없는 구조이긴 하지만 사회적 책임을 수행한다는 책임감 역시 요구된다.

5. 개인기부 유치를 위한 세부 모금방안

기업으로부터 기부를 받는 것과 개인으로부터 기부를 받는 것은 세부적으로 다르게 접근하여야 한다. 기업과의 관계를 맺어 네트워크를 구성하고 담당자 또는 임원에게 제안을 하는 과정부터 개인과는 전혀 다르다. 기업의 경우 단순 기부부터 협찬이나 공동사업 등 후원하는 방법이 다양하며, 기부 받는 종류도 금전뿐만 아니라 물품, 공간, 인력 등이 될 수 있다. 기업과의 세부적인 모금방안은 제4장에서 다루고 여기서는 개인기부를 중심으로 설명하겠다.

1) 개인 정기기부자 유치와 운영

(1) 정기기부 정의
정기기부 참여자는 기업이 일부 있기는 하지만 개인이 대다수다. 정기기부는 주로 개인이 매달 정해진 금액을 정기적으로 기부금을 납부하는 방식이다. 정기기부는 매달 정기적으로 하는 기부를 하는 경우가 대부분이지만 필요에 따라 분기나 연단위로 기부하는 경우도 있다. 1억 원의 고액기부자가 12개월 분할 납부로 하는 경우는 고액기부자로 분류하지 정기기부자로 분류하지 않는다. 정기기부금의 납부는 과거에 지로용지로 납부해 왔지만 분실이나 불편함으로 인해 의도치 않게 기부 중지나 취소되는 경우가 증가하여 최근에는 CMS(자동이체)방식이 더 많이 활용되고 있고, 일부 신용카드 납부를 하기도 한다. 기부금 송금에 있어서 납부 방식마다 수수료가 다른데, CMS 방식의 경우 금액과 상관없이 1건당 수수료가 정액제로 운영되기에 단체에서는 가장 선호하는 방식이며 카드의 경우는 금액에 따른 수수료가 책정되어서 가장 수수료를 많이 납부하기에 선호하는 방식은 아니지만 기부자의 편의에 따라 선택해야 한다.

(2) 정기기부를 보는 대중의 시선

① 한국적 기부문화의 한계

한국의 기부문화는 품앗이와 두레와 같이 씨족사회와 단일문화의 특성에서 비롯된, 재난재해나 국제구호, 연말연시에 집중하여 일회성으로 기부하는 특징을 가지고 있다. TV나 온라인 등 미디어 홍보를 통해 우리 이웃의 어려움과 필요가 노출되고 해당 모금방송에 선택과 집중이 되어 짧은 기간에 다수의 대중이 대거 참여하는 기부 방식이 타 국가에 비해 발달하였다. 그러다 보니 종교기반의 기부문화가 익숙한 미국과 유럽에 비해 상대적으로 정기기부 참여가 부족하지만, 최근 들어 사회복지 및 국제구호 분야에서 국내외 어려운 아이들을 돕는 '1대1 결연' 기부가 활발하게 진행되면서 정기기부 참여도 성장하고 있다.

② 투명한 기부금 사용과 효과 창출 요구

우리나라 기부문화 활성화의 최대의 어려움은 기부금을 목적에 맞게 쓰지 않거나 투명성과 법적, 윤리적 문제 발생으로 인한 대중들의 불신으로 기부를 중지하거나 기부참여를 억제하는 상황이 자주 발생하는 것이다. 잊혀질 만하면 생기는 기부금 투명성 문제에 따라 대중들의 차가운 시선과 불신의 벽은 정기기부 확산에 큰 걸림돌이 되고 있다. 모든 기부자가 그러하겠지만 소액일지라도 정기기부자는 자신의 기부금이 투명하게 목적사업에 사용되어 사회적 가치 창출에 일조하고 싶어 한다. 기부금 모집단체에서 기부자와의 소통과 정보전달,

법적·윤리적 문제에 더 신경써야할 부분이다.

③ 의심과 까다로운 고객으로서의 대중

우리나라 정기기부가 대부분 국내외 어려운 아이들을 돕는 '1대1 결연' 기부에 집중되어 있는 이유는 여러 가지가 있겠지만 '오른손이 한 일을 최대한 왼손이 알게' 하는 방식의 기부자에 대한 피드백과 예우가 정기기부 확대에 큰 역할을 했다. 어려운 아이에게 정기기부를 하게 되면 먼저 아이의 신상 정보와 사진을 제공하고 정기적으로 아이들의 편지와 성장과 변화 소식을 통해 기부자에게 피드백을 준다. 또한 기부자에게 투명한 기부금 사용과 문제해결, 변화 사례를 만들어 신뢰를 기반으로 한 정기기부 시스템을 갖추고 있다. 한국의 소비자에게 합격점을 받은 제품의 경우 글로벌 시장에서도 통한다는 마케팅 법칙이 있을 정도로 우리나라의 소비자들은 까다롭고 쉽게 변한다. 불특정다수의 대중을 대상으로 하는 정기기부의 경우 까다로운 소비자에게 다가가는 마음으로 세심한 모금기획과 시스템 도입이 필요하다.

④ 잊고 있지만 매달 빠져나가는 돈

정기기부는 주로 지로용지, CMS(자동이체) 방식이 활용되고 있다. CMS는 기부자의 통장에서 매달 정기적으로 출금이 되어 미납 등 문제 발생을 줄여 효율적인 기부금의 관리가 가능한 장점을 가지고 있지만, 기부자에게는 기부에 참여했던 초기에는 열정과 관심이 많았던 기부에서 바쁜 일상 속에 잊혀 졌지만 매달 출금되는 부담스러운 지출로 여겨지는 단점도 있다. 그러기에 기부자에게는 정기기부에 걸맞은 체계적인 정보와 예우를 제공하여 관심과 애정이 식지 않도록 하는 단체의 노력도 동반되어야 한다.

(3) 정기기부를 보는 단체의 시선

① 초기에는 투입 대비 산출이 적다.

단체는 기부금 모집을 하지 않아도 바쁘고 정신이 없다. 단체 입장에서 기부금 모집은 영업 행위 같은 느낌이 들 것이다. 다수의 대중을 만나서 돈을 달라고 요청해야 하는 부담감으로 모금에 쉽게 다가서기 어렵다. 그 와중에 기업 기부와 달리 개인의 정기기부는 소액이고 사전에 준비해야 할 모금 도구와 시스템이 많고 기부자 유치와 운영, 피드백과 예우들을 다 챙겨야 한다. 해도 해도 끝이 없는 일 같으며 열심히 노력도 하고 최선을 다했지만, 초기에는 성과가 눈에 보이지 않을 것이다. 그럼에도 중장기적으로 정기기부는 기업기부보다 더욱 튼튼한 잠재 관객의 개발과 충성도 있는 관객의 유지, 지속가능한 안정적 예산 확보 등을 가져올 것이라는 믿음을 가져야 한다.

② 귀찮고 손이 많이 간다.

정기기부 제도를 만들려면 정기기부 구좌를 얼마로 할 것인가부터 모금상품 개발이며 브랜드 명, 캐치프레이즈, 기부금영수증 발급, 공익법인 관리 및 보고, 신고 의무, 기부자 관리 및 예우 등 준비해야 할 것들이 무수히 많다. 이와 함께 기부자들의 각종 항의와 문의, 기부 취소와 변경 등 대면과 전화, 이메일들로 인해 업무가 과중이 되고 부담이 된다. 기부자 유치를 위해 정기기부 모금캠페인도 기획과 운영을 해야 하고 부족한 성과에 스트레스를 받게 된다. 그냥 기업에게 고액을 받고 말지 개인의 소액 기부로 표시도 안 나는 금액을 지속적으로 유치해야 되나 회의감도 들것이다. 최근에는 이러한 어려움을 해소하기 위해 모금 솔루션 업체가 생겨나고 효율적인 프로그램도 개발이 되고 있다. 단체에서 기부금 업무를 충분히 감당할 만큼 도구가 준비되어 있어, 정기기부 제도 초기에 시스템 구축을 하면 편리성이 확보되니 정기기부 제도 운영에 따른 문제가 최소화될 것이다.

③ 당장 필요한 금액과 거리가 멀다.

단체는 항상 새로운 것을 시도해야 하고 기존에 하던 것을 변화시켜야 하므로 돈을 필요로 하고 그것도 한 번에 고액이 주어져 재원문제를 쉽게 해결하길 원한다. 그래서 더욱 달콤한 사탕이자 독배가 될 수 있는 기업 기부에 눈을 돌리게 되고 눈에 보이는 문제를 해결하는 방식으로만 다가선다. 정기기부는 단체가 직면한 문제해결에 그리 도움이 되지 않을 뿐더러 지속적으로 하기에도 눈에 띨만한 성과가 아니고서야 굳이 왜 해야 하는지 의문을 가지게 된다. 그러나, 정기기부는 단순히 돈의 문제가 아니며, 재원의 확보를 넘어 충성도 있는 관객의 유지 등 단체의 생존을 위한 열쇠가 된다. 단순히 당장 필요한 금액이 아니고 손이 많이 가는 일이라 멀리 한다면 그것은 단체의 미래를 잃는 일이며, 더 나은 단체의 고유 목적사업을 운영하기 힘들 것이다. 안정적인 예산확보와 함께 탄탄한 단체의 운영과 목적달성을 위해 정기기부 제도를 지금부터 준비하여 도입해야 한다.

(4) 정기기부의 중요성

① 관객=기부자

예술에 별 관심이 없다가 어떠한 계기로 예술을 경험한 이후 반복해서 예술을 향유하게 되고, 점점 애호가가 되어 배우나 연출가의 팬이 되기도 한다. 이러한 예술 애호가는 공연에 기부를 하고 예우프로그램 제공으로 공연 미리보기, 배우와의 대화, 백스테이지 투어 등을 통해 더 높은 충성도를 보이게 된다. 관객이 기부자이며 기부자가 곧 관객이 된다. 문화예술분야는 멤버십 기부로 대중을 관객으로 만들고 관객을 기부자로 만들고 기부자는 문화예술을 함께 만드는 주체로 성장하게 되는 열쇠인 것이다. 그래서 정기기부는 단체의 기본적인 재원인 매출 향상과 기부금 유치로 재원 확보를 넘어 관객의 확대와 충성도 강화를 도모할 수 있는 필수적인 사업인 것이다.

② 예산=안정

단체를 운영하기 위해서 많은 예산보다 중요한 것이 안정적인 예산이다. 기업 기부는 단기적으로 단체가 필요로 하는 재원을 확보하기 위한 도구일지 모르지만, 지속되지 않는 기업 기부는 오히려 단체 운영에 해가 될 수 있다. 그렇지만 개인의 정기기부는 다르다. 사회적이나 단체에 큰 이슈가 없다면 모든 개인이 갑자기 동시에 기부 중지를 하지는 않으므로 안정적인 기부금 확보와 단체 운영을 할 수 있는 이점이 된다. 이런 이유로 대부분의 전문모금단체들은 점차 기업 기부 비중을 줄이고 개인 정기기부를 늘리기 위해 노력하고 있다. 그만큼 개인 정기기부는 선택이 아니라 필수이며 기부문화 확산에도 가장 중심에 있고 단체 운영을 위해서라도 가장 필요한 재원이 된다.

③ 기본=풀뿌리

기부문화의 기본은 개인이 참여하는 것이며 한국의 경우 특수하게 다른 나라에 비해 기업 기부 비중이 높지만, 점차 개인 정기기부 비중이 높아지고 있다. 개인 기부는 기부문화의 핵심이며 기부를 받는 단체에서는 단순한 재원 확보의 차원을 넘어 단체를 통한 문제해결과 변화와 같은 사회운동과 시민 참여의 원동력이 된다. 대중이 함께하지 않는 기부는 의미가 없으며 소수만 참여하여 모아진 돈은 재원으로서 효과는 있을 수 있으나 가치 창출을 위한 행동으로서의 효과는 없다.

(5) 정기기부 실행 과정

① 준비

모든 기부사업과 마찬가지로 정기기부를 기획하고 추진을 하려면 단체의 전방위적인 협력이 필요하다. 정기기부는 단체의 장이나 모금 담당부서 또는 담당자만 진행할 수 있는 사업이 아니다. 단체의 이사회 및 임원의 의사결정이 필요하고 정기기부를 홍보하려면 홍보팀, 해당 기부금을 집행하려면 사업팀, 기부금영수증 발급과 정산을 하려면 회계팀이 필요하듯 정기기부는 단순히 모금을 담당하는 부서를 넘어 단체가 함께 만들어가야 할 사업이다. 단체 차원에서 함께하지 않는다면 정기기부는 시작부터 어려움을 겪게 되고 큰 성과 없이 기부 사업을 종료 할 가능성이 크다.

② 출발

정기기부를 대중에게 소개하고 홍보, 요청하려면 그에 맞는 도구가 필요하다.

기부 브로슈어와 기부 신청서를 제작하고 대중 매체와 SNS 홍보를 하며 온라인 웹페이지와 온라인 기부 신청서를 제작하는 등 시대에 맞는 편리한 기부참여 방식을 강구해야 한다. 기부를 요청하기 위해서는 요청할 대상을 정한 후, 대상의 이름과 연락처. 메일, 주소 등 인적 정보를 DB화하고 그들에게 대면(1대1, 모임 등), 전화, 문자, 이메일, 웹푸시 등 온·오프라인의 어떤 방식으로 기부 요청을 할지 전략을 수립해야 한다.

③ 과정

DB화한 리스트의 잠재 정기기부자들에게 맞춤형으로 요청하되 고액 정기기부(매달 10만 원 이상)의 경우 담당자보다 부서장이나 임원, 단체 대표가 1대1 대면으로 기부 요청을 하고, 소액기부의 경우 온·오프라인으로 수립된 정기기부 전략에 따라 요청 도구를 활용하여 진행해야 한다. 단, 무리한 기부 요청보다는 i)정기기부 사업의 시작을 알리고, ii)기부가 필요한 이유와 사용처를 소개하고, iii)기부에 참여하면 주어지는 예우와 혜택을 알리고, iv)기부를 참여해달라는 요청을 하는 단계로 자연스럽게 잠재 정기기부자에게 다가서는 전략이 필요하다.

④ 완성

단체는 기부금을 기획하고 요청하는 단계에서의 관심 수준으로 피드백과 예우를 제공해야 한다. 정기기부금의 사용으로 인한 문제해결과 변화 사례를 정리하여 기부자에게 제공하고, 정기기부 금액별로 기부자가 만족할 수 있는 차별화되고 다양한 예우프로그램을 만들어 제공함으로써 지속적인 정기기부 유지의 환경을 마련해야 한다. 단체의 사정과 모금 윤리의 기준에 따라 많은 돈을 들여 예우할 수는 없으므로, 단체가 가진 기존 시스템을 활용하면서 추가 비용을 최소화시킬 수 있는 프로그램으로 예우를 하면 단체와 기부자 모두에게 이득이 되는 방법을 찾을 수 있다. 예를 들어 공연의 경우 티켓 사전예매, 미리 보는 연극, 연출가나 배우와의 만남, 백스테이지 투어 등 돈으로 살 수 없는 경험을 제공하는 것이다.

(6) 정기기부 참여 도구

① 기부 브로슈어

기부 브로슈어를 제작하려면 먼저 단체의 기본 정보와 함께 모금 명분, 캐치프레이즈, 기부 B.I, 기부사업 소개, 기부금 사용처, 기부자 혜택, 기부 예우 프로그램 등의 내용을 정리하여 텍스트 중심보다는 도식과 다이어그램, 사진 등을 활용하여 제작해야 한다. 텍스트를 나열하여 브로슈어를 제작하면 일상 속에 바쁜 잠재 기부자가 상세하게 읽어보기 어렵다. 컬러와 디자인 요소를 잘 살려서 호기심을 유발하고, 가시성을 높여서 보기 편한 브로슈어가 되어야 한다.

② 기부 신청서

기부신청서를 제작하려면 먼저 브로슈어와 연계성이 있어야 하며 개인정보(이름, 전화번호, 주민등록번호, 이메일 등)와 기부 사용처, 기부금액, 결제방법, 개인정보 수집 동의서, 기부금 활용안내, 문의 및 접수 등의 양식을 삽입해야 한다.

개인정보에서 전화번호와 이메일은 추후 피드백과 예우 제공 등 지속적인 관리와 서비스 제공을 위해 가능한 한 작성을 받아야 하며 주민등록번호의 경우 기부금영수증 발급을 위해 반드시 받아야 한다. 「개인정보보호법」에 따라 주민등록번호와 같은 민감한 개인정보도 기부금품 모집에 따라 취득이 가능하며, 개인정보 수집 동의서에도 기부자의 서명을 받아야 한다. 개인정보 동의서를 받을 때 홍보에 대한 동의(선택)를 삽입하여 단체의 기본적인 사업과 활동의 홍보를 기부자도 받을 수 있도록 동의를 얻으면 기부자의 정보에 따라 홍보를 할 수 있으므로 활용하면 좋을 것이다. 일부 고령층을 제외하면 온라인으로 기부신청을 하는 경우가 많으며 그에 따른 편리성 확대를 위해 온라인 기부신청 웹페이지 주소(URL)나 QR코드를 추가하면 좋다.

③ 웹페이지 및 홍보

단체의 홈페이지 메인페이지에 기부관련 페이지 배너나 항목을 추가하여 접근성이 용이하게 하며 기부관련 웹페이지는 가능하면 기부 브로슈어의 내용과 되도록 많은 부분을 동일하게 하여 정보의 통일성과 연속성을 가질 수 있도록 제작해야 한다. 최근 사람들이 웹보다 모바일 활용을 더 많이 하고 있으므로, 모바일로 기부에 참여할 수 있는 방법도 최대한 강구해야 한다.

(7) 정기기부 참여 방법 및 대상

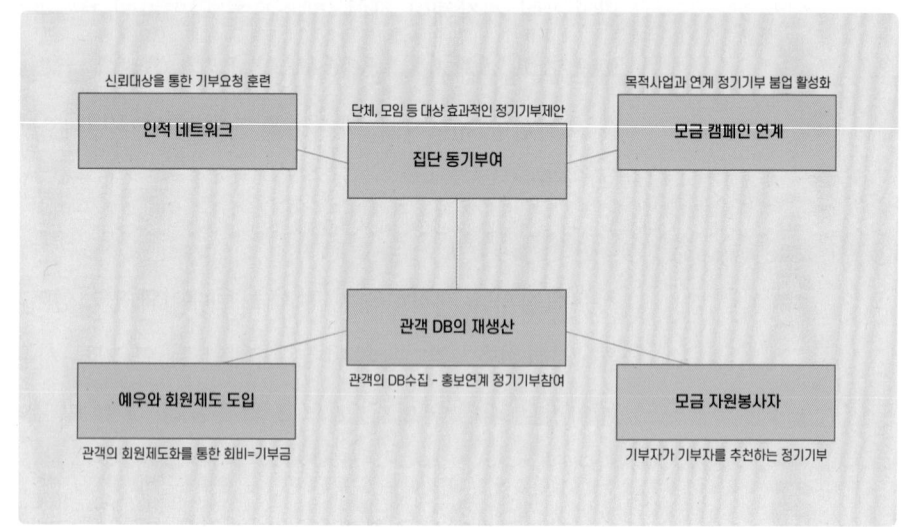

[그림 3-17] 정기기부 참여방법 및 대상

① 인적네트워크

개인 정기기부 유치 초기 단계에서는 기획-홍보-참여-사용-피드백-예우 등 기부 프로세스를 구축한 시스템이 원활하게 운영이 되는지 확인해야 한다. 단체에 속한 임직원과 지인, 이해관계자, 충성도 높은 관객들을 타겟팅하여 인적네트워크 중심의 정기기부를 유치해야 한다. 그래서 정기기부자가 솔직하게 의견을 전달할 수 있는 피드백시스템이 원활하게 운영되는지 점검한 후에 일반 관객이나 잠재 정기기부자를 대상으로 정기기부 참여를 확대해야만 중장기적으로 안정적인 정기기부 프로세스와 시스템을 운영할 수 있다.

② 집단동기부여

전문모금단체는 주로 미디어(모금방송, 모금 광고 등), 온라인(팝업이나 배너광고, SNS, 웹푸시 등), 오프라인(종교시설, 학교, 회사, 모임 등) 매체와 마케팅 도구를 활용해 전략적으로 모금을 홍보하며, 다수의 대중들은 이를 근거로 기부 참여 여부를 판단한다. 이러한 전문모금단체의 모금전략은 다수의 대상에게 효과적으로 전달되어 집단의 기부 참여를 유도한다. 문화예술단체는 주어진 시간과 인력, 예산에 한계가 있으니 효율성을 고려하여 최소한의 모금 홍보 방식을 결정하고 점차 다른 방법으로 확대시키는 것이 바람직하다.

③ 모금 캠페인 연계

사회·문화적 이슈가 있는 시기에 적절한 기간을 설정하여 모금 캠페인을 기획함으로써 대중들의 관심을 이끌어 내 정기기부 참여를 극대화하는 방법을 말한다. 예를 들어 5월 가정의 달, 6월 호국보훈의달, 10월 문화의달, 12월 연말연시 등 관련된 시기의 이슈에 따라 모금 캠페인을 기획하는 것이다. 5월의 경우 가족과 함께하는 연극공연, 소외계층 아동이나 편부모, 조부모 가족을 초대하는 공연 등을 연계, 모금 캠페인을 기획하여 대중들의 관심과 모금 아이템 간의 적절한 마케팅 방법을 활용하여 정기기부 참여를 이끌어 내야 한다. 그에 걸맞은 시기와 함께 기간을 설정하고 모금 캠페인 초기와 중기, 말기에 따른 캠페인 마케팅 전략도 맞게 설정하여 잠재 기부자의 참여가 줄어들지 않고 지속적으로 이어갈 수 있도록 해야 한다.

④ 관객 DB의 재생산

문화예술 분야의 기부참여 타겟팅 대상의 1순위는 '향유자' 곧, 관객이다. 이러한 관객의 정보를 활용하여 정기기부 참여를 온·오프라인으로 알리고 참여시키면 좋지만, 현실에서는 공연과 전시 등 관람객의 정보가 인터파크 티켓, 예스24 티켓, 멜론 티켓 등 주요 티켓 업체가 구매한 관객의 개인정보를 보유하고 있어 해당 단체는 관객의 정보를 활용할 수 없는 한계가 있다. 중장기적으로 주요 티켓 업체와 「개인정보보호법」을 검토하여 관객의 필요한 정보를 단체가 제공받을 수 있는 통로를 마련해야 한다. 현 시점에서는 관객의 정보를 확보하기 위한 관객의 '명함 이벤트'와 '방명록 작성' 등을 활용하여 관객과 잠재 정기기부자의 정보를 확보하여 추가 공연이나 전시 홍보뿐만 아니라 정기기부 참여 홍보나 모금 캠페인에 활용할 수 있어야 한다.

⑤ 예우와 기부 회원제도 도입

문화예술단체에 참여하는 정기기부자를 단체의 기부 회원으로 보고 그에 맞는 대우와 예우프로그램을 제공하여 모금의 명분 확산과 정기기부 참여를 유지하기 위해 활용해야 한다. 문화예술 특성에 맞는 차별화된 예우프로그램을 제공해야 지속가능한 정기기부 제도를 운영할 수 있으므로 이에 따른 정기기부 회원제도 운영과 예우프로그램 제공의 단계와 과정을 명확하게 하고 관리프로그램을 체계적으로 운영해야 한다.

⑥ 모금 자원봉사자

단체의 정기기부 제도가 안착이 된 후 중장기적인 확대와 기부 참여 유지를 위해서 기존의 기부자가 자신의 친구나 가족, 이해관계자들에게 해당 단체의 기부프로그램을 소개하고 참여를 이끌어 내는 '모금 자원봉사' 제도를 개발하여 운영할 필요가 있다. 모금 자원봉사자 제도는 국내 전문모금단체에서도 활발하게 운영되고 있으며 대규모 전문모금단체의 경우 기존의 기부자가 신규 기부자를 유치하는 프로그램을 만들고 운영, 관리하는 부서를 두어 전문적으로 운영하기도 한다.

2) 개인 기부자 관리

(1) 기부자 관리를 위한 내부프로그램

정기기부자는 기부를 1년 이상 지속적으로 할 때에 기부자 관리와 운영이 시작된다. 현재 참여하는 정기기부자의 청사진에 흥분하다가 관리를 소홀하게 되면 단기간에 기부 취소와 낮은 만족도로 실망하는 경우가 발생한다. 그래서 안정화되는 1년 이상의 기부자를 대상으로 만족도 조사와 체계적인 관리·운영 방법에 대한 점검을 하게 된다. 이제는 과거와 같이 엑셀로 기부자의 정보를 적어 기록하는 시대가 지났고 기부관련 전문적인 고객관계관리(CRM) 프로그램을 활용하여 기부자 관리를 해야 하며. 관리를 위해 필요한 정보와 효과를 기억하고 기부자 관리 기능을 고도화해 나가야 한다.

① 자동이체(CMS) 방식

CMS는 오래전부터 금융권에서 사용되었던 정기 송금과 출금에 사용되었던 방식으로 정기 기부금 납부에 많이 사용되고 있다. 최근에는 주요 기부관리 솔루션 업체에서 CMS, 무통장 입금, 신용카드 등 다양한 납부를 기부관리프로그램에 연동을 시켜 국세청 등록, 은행 등록, 카드사 등록 등 개별 등록을 하는 복잡함과 어려움을 해소하였다. 이러한 이체 및 납부관리의 편의성으로 기부금의 체계적인 납부와 효율적인 관리가 가능하게 되어 단체의 어려움은 점차 해소되고 있다.

② 기부금영수증 발급

기부금영수증을 전자기부금영수증으로 발급하면 기부를 한 개인과 기업이 연말정산이나 종합소득세 신고를 할 때 국세청에 자동 신고가 되어 기부금 자료를 제출하지 않아도 되는 시스템이 마련되었다. 그래서 단체에서 기부 관리프로그램에 기부자 납부 정보를 입력하면 자동으로 국세청에 신고가 되도록 연계되어 있으며, 만약 기부자가 기부금영수증 발급을 별도로 요청하면 관리프로그램에서 마우스 클릭만으로 발급될 수 있도록 되어 있다.

③ 고객관계관리(CRM)

기부자가 기부금 납부만이 아니라 다양한 문의와 문제해결을 위해 단체에 연락을 하는 경우가 있다. 기부자와 단체가 서로 소통하고 해결한 문제와 관련하여 일시, 연락방법(전화, 이메일 등), 요청사항, 해결된 문제 등의 정보를 관리프로그램에 기록함으로써 기부자와 단체 간 히스토리가 보관된다. 해당 프로그램에 접속하면 관리자 모두가 확인할 수 있고 추후 필요한 경우 활용할 수 있으며 기부자의 정보를 미리 파악하고 있다가 연락이 올 경우 신속하게 대처할 수 있어서 기부자가 더욱 만족할 수 있는 방법이다.

④ 프로파일링

기부자의 표면적인 개인정보만 가지고는 기부자의 특성과 취향 등을 알 수 없다. 보다 입체적인 정보를 알고 프로파일링한다면, 맞춤형으로 기부자에게 서비스와 정보를 제공할 수 있는 편의성을 확보할 수 있고 단체에 대한 충성도를 높이는 통로가 될 수 있다. 특히 고액 잠재기부자의 경우는 프로파일링이 꼭 필요하며 기부자의 정보와 분석이 없이는 기부 유치가 어렵다. 프로파일링의 정보를 기부자 관리프로그램에 입력하여 더욱 입체적으로 기부자 유치와 관리가 이루어지도록 해야 한다.

⑤ 기부자 집계·통계

타겟팅과 효율적인 기부 유치 및 관리를 위해 기부관련 정보의 통계와 분석이 필요하다. 기부자 관리프로그램을 활용하면 기부자의 성별, 지역, 연령대, 관심 예술 분야, 기부금액, 기부기간, 특이사항 등이 분석이 되므로, 단체에서는 기부자의 특성과 앞으로의 마케팅 방향을 이해하고 접목 시킬 수 있다. 이렇게 분석된 자료는 기부관리 뿐만 아니라 추후 관객의 유치와 충성도 관객 개발을 위해서 활용된다.

⑥ 관객과 잠재기부자 활용

기부 관리프로그램은 기부에 참여하는 기부자뿐만 아니라 관객과 잠재기부자 정보도 따로 기록하고 관리하므로 이메일, 웹푸시, 문자발송 등 다양한 정기기부 유치에 활용할 수 있다. 단체는 임직원의 지인, 단체의 이해관계자, 관객, 잠재기부자의 정보를 습득하면 필히 기부 관리프로그램에 해당 정보를 입력하여 잠재기부자의 총량을 확대해야 한다. 이를 위해 단체가 전략적으로 임직원들에게 이러한 내용을 알리고 관련 정보를 확보하는 것이 필요하다.

⑦ 기부 참여의 편의성

최근 기부 관리프로그램이 고도화되어서 웹이나 모바일로 온라인 기부신청서가 개발되었고, 온라인으로 기부신청을 하면 자동으로 단체의 관리프로그램에 기부자 정보와 기부금액, 일시 등의 내용이 기록이 된다. 그러면 단체의 기부관리자가 수기로 입력하는 번거로움을 줄이고 오류에 대한 문제도 줄일 수 있다. 특히 젊은 층을 중심으로 온라인 기부 참여가 늘고 있어 온라인 기부신청 URL과 QR코드를 활용해 접근성을 높여, 기부관리 행정 부담을 줄이고 기부 참여를 확대하는 방안을 마련하면 좋다.

(2) 정기기부 운영·관리 실무 요령

① 기존 기부자 관리의 중요성

모든 모금단체는 기부금 신규 유치보다 관리에 소홀하기 마련이다. 눈에 보이는 성과가 아니기 때문이지만, 기부자 관리는 기부의 유지를 위해 하는 일이 아니라 기부자의 확대를 위한 것이다. 관리라고 하면 해당 구역을 벗어나지 않도록 지원과 운영을 하는 것으로 인식이 되어 있고, 기부자 관리는 기부자의 문의에 대한 응대하는 기본적인 기능에만 집중되었다. 안타깝게도 기존 기부자 중 자연 발생적으로 연간 중지자와 해지자가 10~30%가 발생한다. 그렇기에 유지만을 위한 관리를 하면 기부자가 줄어들 수밖에 없다. 그래서 이제는 관리가 단순히 유지를 위한 응대의 기능을 넘어 기부자의 만족을 위한 단체의 적극적인 서비스와 예우가 필요하며, 이를 통해 기부금의 증액이 이뤄지거나 기존의 기부자가 신규 기부자를 추천하게 된다. 진정한 기존 기부자 관리는 결국 기부 유치를 위한 관리가 될 것이다.

② 기부 해지자 관리 필요성

정기기부는 매달 정기적인 돈을 지출하는 행위로 개인의 경우 직장의 퇴직이나 경제적 어려움 등의 문제로 기부를 중지하거나 해지를 하는 경우가 있다. 기부 중지·해지자의 경우 단체는 보통 해지와 관련된 행정처리만 하고 기부자와의 관계가 마무리된다. 단체는 이런 기부 중지나 해지를 하는 정기기부자에게 감사 인사를 다양한 방식으로 반드시 표현해야 하고 좋은 추억과 함께 여운을 남겨야 해당 기부자 관리가 완성된다. 해지한 기부자는 단체를 긍정적 이미지로 기억하게 되고, 경제적 여유가 되면 다시 기부를 할 수 있거나 주위에 지인이나 친구, 가족들을 추천하게 된다.

③ 중장기 정기기부 제도

지금 정기기부 1만 원에 참여하는 대학생 기부자가 10년 뒤에도 똑같이 1만 원을 정기기부 하고 있다면 단체가 기부문화 확산의 역할을 충실히 하지 않은 것이다. 대학생 기부자가 10년이 지났고 직장을 다닌다면 적어도 5년차 이상 대리 정도 직책으로 업무를 하고 있을 것이라 추측할 수 있다. 대학생일 때는 수입이 없었지만 지금은 수입이 있는 상태이기에 기부자는 사회적으로 성장함에 따라 기부에 대한 참여도 성장하길 원한다. 그래서 단체는 중장기 정기기부 제도를 운영하여 장기(5년 이상) 기부자의 경우 증액 캠페인을 통해 매달 정기기부금을 증액하는 요청도 검토해야 한다.

④ 만족도가 만드는 기부 확대

기부자는 '차별화된 가치'를 제공받길 원한다. 타인이 쉽게 누구나 느낄 수 있는 만족이 아닌 나만이 차별화되어 느끼는 가치를 느낄 때 누구보다 기부에 만족한다. 문화예술분야는 공연과 전시 관람과 같이 소통할 수 있는 다양한 요소를 가지고 있으며 관람을 넘어 각종 예우 프로그램 개발을 통해 차별화된 문화예술의 가치 전달이 가능하며 지속적인 대면·비대면 소통 프로그램 운영도 가능하다. 기부참여의 높은 만족도로 인해 기존의 기부자가 신규 기부자를 추천하는 모금 자원봉사자로 확대될 수 있어 단체는 더욱 효과적이고 선순환의 기부 유치가 가능해진다.

⑤ 현장에서의 접수 방법

단체는 대면 기부금 유치를 위해 공연 전 VIP 사전 행사나 공연장소 로비에 부스를 설치하거나 지인이나 이해관계자에게 1대1 대면으로 기부신청을 요청한다. 이때 공연이라는 메인 행사를 앞두고 짧은 시간에 기부신청서를 작성할 수 있도록 기부자의 이름과 연락처, 금액 정도만 받는 지혜가 필요하다. 그리고 공연 다음날 신규 기부자에게 기부참여 감사 인사와 함께 빠진 개인정보를 받아 기부자 관리프로그램에 등록하는 방법을 활용한다면 기부자 유치와 관리 효과를 끌어 올릴 수 있다.

⑥ 기부 경험에 대한 정보

국내외 사례를 보면 돈이 많은 부자이지만 기부 경험이 낮은 대상과 돈이 없는 서민이지만 기부 경험이 많은 대상으로 기부 요청을 한다면 돈이 없는 서민이지만 기부 경험이 많은 대상이 기부에 참여할 확률이 상대적으로 높다. 그러기에 단체가 정기기부자로 타겟팅한 대상 중에서 기부경험자를 우선으로 한 정기기부 참여 독려가 생산적이고 효과를 극대화할 수 있으며 그에 따른 잠재 기부자의 정보에서 기부경험 유무에 대한 정보도 미리 파악하고 있으면 정기기부 유치에 큰 도움이 될 것이다.

(3) 기부자 관리 주요 솔루션 업체

기부자의 경우 기부자의 세액 공제와 법인세 손금산입에 대한 기부금영수증 발급이라는 법적 필수 요건을 위해 단체는 기부자의 정보를 관리해야 한다. 또한, 기부자의 적절한 정보 관리와 피드백, 예우를 위해서 기부자 관리의 체계적이고 효과적인 시스템을 구축해야 하지만, 단체는 기부자 관리의 전문성과 고도화된 프로그램을 개발하기 어려우므로 전문적인 기부자 관리 솔루션 업체에서 개발한 기부관리프로그램을 도입하는 것이 좋다. 비영리단체 회원이나 기부자 관리에 특화된 3개의 업체를 소개하지만, 그 외에도 여러 프로그램이 있으므로 단체에 적합한 기부자 관리 프로그램을 활용하면 좋을 것이다.

① 도너스(www.donus.org)

2007년에 창업하고 도너스 기부 관리프로그램을 런칭하였으며 기본적인 기부자 정보관리부터 온라인 기부신청서 개발과 운영, 간편결제 시스템, 기부자 마이페이지 운영, 웹푸시 모금, 기부금 CMS/카드 출금업무 자동화, 기부금영수증 발급 자동화, 데이터 상세검색, 맞춤형 기부자 분석, 카카오톡/문자/이메일

메시지 통합발송 기능, 구글 애널리스틱스 연동 등 고도화된 기부관리 프로그램을 만들어 단체들이 이용하고 있다. 주요 사용 단체로는 굿네이버스, 어린이재단, 컴패션, 옥스팜, WWF(세계자연기금), 서울대학교 발전기금, 이랜드재단, 숭실대학교, 카이스트가 있으며 문화예술분야에서는 한국문화예술위원회, 세종문화회관 등이 있다.

일회성 기부 관리프로그램 구입 형태가 아닌 통신요금 납부처럼 월 9만 원, 13만 원, 25만 원 등으로 사용 요금제가 구성되어 있으며, 요금제마다 사용계정 및 결제 서비스 등이 다르게 구성되어 있다.

② 휴먼소프트웨어(www.humansoftware.co.kr)

1997년에 창업하여 2008년에 MRM 기부관리프로그램을 출시하였고 현재 1,500여 단체에서 사용 중이며, 문화예술단체 사용자 중에서는 1,800명 이상의 정기기부자를 유치, 관리하는 '큰들'이 대표적이다. 기본적인 기부자 정보관리부터 잠재기부자, 자원봉사자, 행사참석자, 뉴스레터 구독자, 홈페이지 가입자, 협력기관 등 모든 인적 자원에 대한 통합관리가 가능하며, 관리프로그램에 등록한 정보에 대한 검색/필터링 기능을 고도화하고 자동 이력관리 기능도 탑재 되었다. CMS와 신용카드, 실시간 계좌이체, 휴대폰 결제 외에 카카오, 페이코, 네이버페이 등 간편결제 기능도 사용할 수 있다. 특히 개인정보보호법에 맞춰 데이터를 안전하게 보관·관리해 주는 기능이 있으며 다른 업체와 다르게 단체 맞춤형 기부자 관리 프로그램 설정 화면과 사용자 정의 기능들을 활용할 수 있다. 온라인 기부신청 플랫폼도 운영하고 있으며 기부자 마이페이지 기능, 다양한 PG사와 결제 시스템 실시간 연동, SMS, 포토문자, 알림톡, 친구톡 등 자동화된 메시지 발송 기능도 있다. 기부금영수증 일괄발급, 공익법인 출연재산 보고 등 기부관련 국세청 자료 제출 등도 가능해 행정의 편리성도 갖추었다. 기부 관리프로그램 외에도 Midas 예산회계관리프로그램, SCRM 국내/해외 아동 결연 관리프로그램도 별도로 비용을 납부하면 활용할 수 있다. 다른 프로그램과 동일하게 월 이용료를 납부하는 형태이고 필요에 따라 별도의 1회성 가입·제작비가 추가로 들 수 있다.

③ 스마트레이저(www.smartraiser.co.kr)

2012년에 창업하여 스마트레이저 기부관리 프로그램을 출시하였으며 주요 사용하는 단체로 백혈병소아암협회, 전국재해구호협회, 써빙프렌즈, 빈손채움, 푸른 아시아 등이 있으며 문화예술분야에서는 마포문화재단 등이 있다. 기부자 및 잠재기부자 정보 관리부터 CMS, 신용카드, 실시간 계좌이체, 가상계좌, 페이팔, 카카오페이 등 다양한 결제 기능 운영과 모금이벤트 관리, 헹사 참가신칭 관리, 이벤트 세부기획 관리 등 모금 행사관련 관리가 가능하다. 기부자 통계와 분석을 위한 데이터 대량 입출력이 가능하며 SMS, 자동·예약 이메일 발송, 우편(라벨출력), 카카오톡 발송 기능도 활용할 수 있다. 기부자, 기부금액, 월별, 기간별, 정기기부, 고액기부, 잠재기부자 등 맞춤형 기부 관련 분석 및 보고서 출력기능이 탑재되었다. 기본적인 기부금영수증 발급과 공익법인 관리와 보고를 위한 각종 행정도 편리하게 관리할 수 있도록 되어 있으며 다른 업체와 다른 점은 모금 캠페인을 기획·운영할 수 있도록 자문과 공동 기획을 할 수 있는 제도가 마련되어 있다. 역시 월 이용료를 납부하는 형태이고 필요에 따라 별도의 1회성 가입·제작비가 추가로 들 수 있다.

6. 소규모 예술단체의 기부금 모금

1) 기부에 대한 접근

문화예술단체가 기부를 받는 유형을 구분해 보면 고액기부, (일시, 정기) 소액기부, 물품기부 등으로 구분할 수 있으며, 물품기부의 경우 재원을 조성하는 것과는 다른 측면이므로 대부분 마케팅적인 측면에서 접근해야 한다. 고액기부의 경우는 주로 기업이나 사회지도층·재산가로부터 받게 되는데, 오랜 관계 속에 형성된 네트워크를 통해 받는 경우가 일반적이다. 고액기부가 소액기부보다 문화예술단체 재정에 크게 도움이 되지만, 소액기부가 바탕이 되지 않고 고액기부만 이루어지기는 어려운 측면이 있다.

아직까지 우리나라에서는 문화예술단체에 대한 기부가 활성화되지 않은 상황이므로 소규모 문화예술단체라면 우선은 소액기부로 접근하는 것이 바람직할 수 있으며, 고액기부는 지속적인 인적 네트워크 관리와 개별적인 관계 속에서 진행하여야 한다. 대부분의 소규모 문화예술단체는 상근자 수가 1~5명 내외이고, 재정 규모 또한 열악한 형편으로 기부금 유치 역량의 한계를 갖고 있다. 점점 가속화되고 있는 모금의 경쟁적 상황 속에서 소규모 문화예술단체들이 성공적으로 모금을 수행해 내기란 생각보다 쉽지 않을 것이다. 소규모 문화예술단체의 경우에도 모금의 단계인 '계획-실행-사후관리'의 과정은 모두 수행해야 한다는 것을 명심해야 한다.

2) 조직에 대한 정비

소규모 문화예술단체가 가장 먼저 해야 할 것은 조직에 대한 정비이다. 기부금 모금을 전담할 전문성이 있는 직원을 외부로부터 채용하는 것이 바람직하지만 소규모 문화예술단체에서는 재정 여건상 쉽지 않은 일이다. 어쩔 수 없이 기존의 내부 직원이 모금 업무를 담당해야만 한다. 그렇다고 해서 다른 일을 우선 수행하면서 기부금 모금을 부수적으로 담당하도록 하는 것은 바람직하지 않다. 기부금 모금이 담당 직원의 가장 주요한 업무가 되도록 인원을 재배치하여야 하며 경우에 따라 모금과 연계가 있는 홍보마케팅과 기획 업무 등 다른 업무를 병행하는 것은 어쩔 수 없는 현실일 것이다.

단체에서는 전담 직원에게 모금에 대한 교육과 컨설팅을 받을 수 있는 기회를 제공해 주어야 한다. 문화예술 기부 교육과 컨설팅은 한국문화예술위원회, 예술경영지원센터 등이 운영하고 있으며 일반 기부 교육과 컨설팅은 희망제작소, 도움과나눔, 한국모금가협회 등이 운영하고 있다. 기부금 모금은 전문적인 영역이며 이에 따라 다양한 교육과 경험, 네트워크 형성이 필요하다. 공연 기획을 하는 직원에게 어느 날 갑자기 복식부기를 하라고 하고, 그것도 못하냐고 하면서 책임을 물을 수 없는 것처럼 기부금 모금 전담 직원에게 교육과 컨설팅의 참여를 통한 지식 습득과 네트워킹은 필수이다.

또 한 가지 중요한 것은 모금에는 홍보, 예산관리, 사업집행 등 다양한 분야와 연계가 되어 있기에 모금을 담당하지 않는 다른 직원에게도 모금업무의 필요성과 중요성에 대하여 이해시키기 위한 단체의 노력이 필요하며 모금 전담 직원에 대한 배려도 잊지 말아야 한다. 3~5년간 실패를 하더라도 기반조성, 네트워크 구축과 홍보를 통한 확산을 위해 격려해주고 기다려줄 수 있어야 한다. 기부금 모금이 없다면 우리 단체가 하고 있는 공연이나 전시도 할 수 없다는 절심함을 가져야 한다.

3) 모금 명분 정립

소규모 문화예술단체에는 모금가가 없으며 내부 임직원의 모금에 대한 이해도가 낮을 수밖에 없으므로, 기부금 유치 및 관리 과정을 모두 충실하게 수행하기 어렵다. 그럼에도 불구하고 준비단계에서 반드시 하고 넘어가야 하는 것은 모금 명분을 정립하는 것이다. 모금 명분에 대한 내용은 앞에서 설명하였기 때문에 반복하지는 않겠지만 절대 문화예술단체가 돈이 없어서 기부를 받는다는 구걸(begging) 방식의 생각은 버려야 한다.

4) 해야 할 일 정하기

소규모 문화예술단체들이 기부금 모금을 시작하려면 무엇부터 해야 하는지 막막함만 느끼게 된다. 제일 먼저 모금 명분을 작성하고 나서, 다음 단계로 기부금 유치를 함에 있어 모금과 관련하여 해야 할 일을 정하는 것이다. 문화예술단체의 역량이나 모금에 대한 이해도가 다르고 문화예술단체에 대한 사회적 인지도가 다르므로 일률적으로 정할 수는 없지만, 다음과 같이 순서를 정해보는 것도 좋은 방법이다.

① 해야만 하는 것
② 할 수 있는 것
③ 하고 싶은 것
④ 할 수 없는 것

기부금 유치를 위한 우선순위를 결정하는 과정을 통해서 단체가 내외부적으로 처한 상황에 대한 자연스러운 성찰과 활용 가능한 자원들에 대해서 솔직한 논의를 하게 된다.

5) 소액기부의 주요 방법

소규모 문화예술단체가 기부를 유치함에 있어 가장 어려움을 느끼는 부분은 비용에 대한 부담감이기 때문에 적은 비용으로 최적의 효과를 볼 수 있는 방법을 찾아야 한다.

(1) 저비용과 고효율

잠재 기부자들에게 문화예술단체의 이름이나 지금 집중하고 있는 사업에 대해 적극적으로 홍보하기 위해서는 대중 매체(지상파 TV, 케이블, 라디오, 신문 등)를 통한 대대적인 광고가 가장 효과적이겠지만, 비용이 너무 많이 들어 소규모 문화예술단체로서는 활용하기 어려운 일이다. 이럴 때 온라인·모바일을 통해 저렴한 비용으로 모금 홍보가 가능하며, 잠재 기부자들의 적극적인 참여 또한 이끌어 낼 수 있다.

간단한 동영상, 브로슈어를 제작하여 잠재기부자들에게 URL 웹푸시, 이메일, 문자, 유튜브 등을 통한 홍보를 할 수 있고, 네이버 해피빈 또는 카카오 같이가치를 이용하거나 유명 카페나 파워 블로거들에게 적극적인 홍보를 요청할 수도 있다.

(2) 자원봉사자와 함께 하는 모금

많은 문화예술단체들이 축제, 전시, 공연에 자원봉사자를 활용하고 있으며, 기부금 모금에 있어서도 자원봉사자를 활용하게 되면 적은 비용으로 효과를 만들어 낼 수 있다. 이때 가장 중요한 것은 자원봉사자들에게 정확한 역할을 주는 것과 그 역할 수행에 대한 책임감을 가지도록 잘 교육하고 훈련하는 것이다. 일반적으로 기부금 유치에서 자원봉사자들을 활용할 때 비교적 업무 비중이 작거나 중요도가 떨어지는 역할만 주는 경우가 있는데 이보다는 훨씬 적극적인 의미의 자원봉사자 활용 방법이 필요하다.

(3) 지역 주민들을 움직이게 하는 모금

최근 문화예술단체 중에서 지역 주민들과 함께하는 사업을 기획하고 진행하는 경우를 자주 볼 수 있게 되었다. 지역에 따라 시민들의 성향에도 차이가 있기는 하겠지만 대부분의 경우 지역 주민들은 문화예술단체가 지역 공동체에 끼치는 실제적인 유익이 무엇인지에 대한 관심이 높다. 소규모 문화예술단체들은 이러한 점에 착안해 지역 속에 뿌리 깊이 내릴 수 있는 방법을 최대한 개발하여야 하며, 한정된 지역 주민들과의 소통을 위해서는 적극적인 대면 방법이 훨씬 효과적이다. 작은 규모의 이벤트를 마련해서 지역 주민들을 문화예술단체로 초대하는 것은 단체에 대한 친밀도를 확실하게 향상 시키는 방법이다.

6) 한국문화예술위원회의 모금 지원

한국문화예술위원회는 소규모 문화예술단체의 기부 활성화를 위해 아래의 3가지 사업으로 지원하고 있으며 문화예술단체라면 누구나 혜택을 받을 수 있다. 아래의 간략한 소개와 함께 제9절 '한국문화예술위원회 사례'에서 보다 자세히 설명하겠다.

(1) '조건부 기부금' 제도

소규모 문화예술단체 중 공익법인(기부금단체)으로 등록이 되어 있지 않거나, 기업의 요청 또는 기부금 집행-정산에 도움이 필요한 경우 한국문화예술위원회 조건부 기부금 제도를 활용할 수 있다. 기부자는 특정단체를 지정하여 한국문화예술위원회에 기부를 하고, 해당 문화예술단체는 전액 보조금 형태로 지원을 받아 사용한 후 한국문화예술위원회에 결과보고를 하는 과정으로 진행하고 있다. 기부금영수증은 기부자에게 한국문화예술위원회가 발급하는 구조이다.

(2) '정기기부(CMS) 역량강화' 사업

소규모 문화예술단체를 통해 문화예술 기부의 필요성을 사회에 알리고, 기부금 모금을 통해 단체의 자생력 강화와 문화예술 가치 확산을 목표로 하는 사업이며, 예술단체가 정기기부 사업을 할 수 있도록 플랫폼(수수료 지원, 역량 강화 프로그램, 온라인 모금페이지 개설 등)을 한국문화예술위원회에서 제공하는 사업이다. 소규모예술단체에서 인력과 시간, 예산의 부족으로 정기기부제도를 운영하기 힘든 경우 한국문화예술위원회 정기기부 역량 강화사업을 지원받으면 효과적인 정기기부 유치와 관리를 할 수 있다.

(3) '크라우드펀딩 매칭' 지원 사업

소규모 문화예술단체에 문화예술 창작 활동 실현을 위해 2011년 4월부터 ARKO 크라우드펀딩을 운영하였으며, 최근에는 민간 전문 크라우드펀딩 플랫폼인 텀블벅 및 카카오같이가치와 MOU를 체결하여 크라우드펀딩 매칭 사업을 진행하고 있다. 매칭 지원금은 목표액에 따라 50만원~150만원까지 지원 받을 수 있다.

7) 사후관리

아무리 소규모 문화예술단체라고 할지라도 기부자에 대한 예우는 필요하다. 많은 문화예술단체들이 기부금 유치에 대한 어려움을 토로하며 기부자들에게 줄 대가가 없다고 힘들어 한다. 예우는 꼭 기부자에게 물질적인 것을 보답하는 것은 아니다. 반대로 생각해 보면 물질적인 대가를 바라고 소규모 문화예술단체에 기부하는 사람은 거의 없기 때문이다. 기부자에 대한 예우는 정말로 감사하는 마음에서 출발하는 것이며 단체가 할 수 있는 것에서 찾으면 된다. '제9절 문화예술 기부 사례' 중에서 큰들의 사례를 꼭 읽어보기 바란다.

또 기부자에 대한 사후관리가 반드시 필요하다. 사후관리를 통해 지속적인 기부가 이루어지게 해야 하며, 좋은 사후관리는 더 큰 기부도 가능하게 만든다. 소규모 예술단체일수록 기부자의 수는 제한적일 수밖에 없다. 제한된 기부자가 일회성으로 기부하고 떠나게 해서는 안 되며 지속적인 관계유지를 통해 추가적인 일회성 기부와 함께 나중에는 정기기부 참여에도 동참할 수 있도록 해야 한다.

제 8 절
후원회 운영

1. 후원회의 필요성

어떠한 방식으로든 후원이 이루어지게 되면 비슷한 목적이나 동기의식을 가진 구성원 간에 후원회가 조직된다. 후원자가 아니라 '후원회'라는 이름이 붙는다는 이유는 나름대로의 조직체계(회장, 부회장, 운영위원 등)와 자체적인 규정 또는 규율이 존재하기 때문이다. 후원의 개념, 방식 등이 다양하게 전개되는 것과 마찬가지로 후원회 또한 단체나 배우·작가 등의 팬클럽 차원에서부터 실질적인 금품을 모금하기 위한 모임에 이르기까지 다양한 모습을 띠게 되는데, 이러한 후원회는 왜 필요하며 후원회 조성이 갖는 장점은 무엇일까?

후원회가 조성되면 그 대상이 되는 단체나 개인에게는 우선 정신적으로 큰 도움이 될 수 있다. 특히 기부금품을 모금하기 위한 모임이 아니더라도 후원회 구성원의 규모 자체가 대상에 대한 가치를 증명하게 되기 때문이다. 문화예술단체의 특성상 비영리적인 성격이 많기 때문에 충성도 있는 고정관객의 확보와 그들의 지속적인 성원과 관심은 매우 중요하다고 볼 수 있다.

후원회를 통한 기부금의 조성은 문화예술단체의 가장 기본적인 자체 재원조달의 방법이다. 특별한 별도의 수익사업을 벌이지 않는 한, 문화예술단체 입장에서는 특정한 대가없이 해당 단체의 고유활동이나 사업에 일조하는 후원회의 구성은 문화예술단체가 고유의 활동에만 전념할 수 있도록 하는 큰 힘을 제공해 주는 것이다. 또한 후원회에 속한 구성원들은 자기 자신의 기부뿐만 아니라, 문화예술단체에서 필요로 하는 각종 재원에 대한 정보를 제공해 주기도 하며 실질적인 재원조성 역할을 수행하기도 한다.

2. 후원회 운영 형태

후원회의 형성은 단체 지지자들의 자발적인 조직에 의한 것과 문화예술단체에서 필요에 의해 조직한 것으로 크게 구분할 수 있다. 자발적인 모임에 의한 조직들은 주로 충성도 있는 관객의 동호회적인 성격이 많기 때문에 문화예술단체 입장에서는 구체적인 기부금 조성을 위한 접근보다는 주로 다양한 정보의 제공이나 직접적인 서비스를 통해 후원회 운영에 관여하는 것이 좋다고 할 수 있다. 본서에서는 문화예술단체에서 필요에 의해 조직한 일반적인 후원회의 운영 형태와 그 모습들을 정리해 보도록 한다.

1) 회원제 방식의 후원회 운영

비영리적인 성격이 강한 문화예술단체는 회원제를 실시하는 경우가 많다. 특히 사단법인이나 비법인 임의단체의 경우 대외적인 사업을 펼치는데 필요한 회원 확보에 주력하게 되는데, 회원제 방식의 후원회는 이러한 일반적인 회원제에 후원회원제를 적용한 예라 할 수 있다. 이는 일반회원제와 마찬가지로 일정한 자격 요건을 정하게 되며 그에 상응한 구체적인 혜택과 예우를 제공한다. 따라서 후원회원이 선택한 자격 요건에 따라 후원회원으로의 자격 기간이나 기회가 정해지게 되고 그 기간이나 기회가 지나고 나면 후원회원에 대한 혜택을 받을 수 없게 된다. 이러한 방식은 문화예술단체가 주도적으로 후원회를 구성하고 운영에 많이 관여하게 된다. 주로 극장이나 극장을 소유 또는 일정기간 임대하고 있는 문화예술단체 및 특정 기간의 행사나 공연을 위한 후원회원제 등에 적용하고 있다.

후원회 모금 방식은, 단체가 정한 후원회원의 자격에 참여자가 동의함으로써 회원인증이 되고 이에 따른 의무로 일정 기간 또는 일시에 회비를 납부하는 형태로 관리·운영한다. 이러한 방식은 엄밀하게 말하면 유료 회원제의 한 형태로 볼 수도 있는데, 문화예술단체 사업의 수입원을 미리 확보할 수 있다는 장점이 있지만 지속적 활동을 위한 자발성이 떨어지다 보니 지속적으로 운영하기 어려운 단점이 있다고 할 수 있다.

2) 별도 후원회 조직/운영

회원제 방식의 후원회는 정해진 요건에 맞춰 문화예술단체에서 다수를 상대로 후원회원을 확대하려고 노력하는 반면, 별도 후원회 조직은 주로 소수의 인적 네트워크나 후원자의 간접적인 동기에 의한 경우가 적용되는 형태라 할 수 있다. 이러한 형태는 '。。추진위원회', '。。。발전위원회', '。。기금위원회' 등 조직의 명칭도 구체적으로 제시되기도 하고, 자체 예산을 수립하여 상설조직으로 운영되기도 한다. 문화예술단체는 후원회를 직접 이끌고 나가기보다는 조력자 역할을 수행하게 된다. 이러한 방식의 경우는 회원들이 후원금에 상응하는 직접적인 혜택보다는 후원회원으로서의 존중과 대우에 관심을 두게 된다.

모금의 형태는 회원들의 직접적인 기부에 의한 방식 또는 회원의 소개를 통해 기업의 기부를 유도하는 등에 의한 방식으로 진행되고 비고정적이라 할 수 있다. 앞서 언급한 회원제 방식의 경우, 문화예술단체가 목표를 설정하여 이의 달성을 위한 노력을 기울이는 반면, 별도 후원회의 경우에는 후원회원의 자발적인 노력과 활약에 기대하게 된다. 대부분 문화예술단체와는 별개의 조직이므로 구체적인 조직의 형태(대부분 임의단체로 보아야 할 것임)를 정하기가 어렵다. 이러한 후원회를 운영하려면 후원회를 주도할 인사가 꼭 필요하다.

3. 후원회의 특성

후원회의 형태나 그 모습들은 대상 단체의 규모나 성격에 따라 다양하게 펼쳐져 있으나 일반적으로 다음과 같은 공통된 특성을 볼 수 있다. 문화예술단체 운영자 입장에서는 후원회가 갖는 특성을 잘 고려하여 이들이 지속적인 후원과 지지자가 될 수 있는 분위기와 여건을 조성해야 한다.

① 구성원이 충성도 높은 팬(fan)층이다.
어떠한 형태의 후원회이든지 후원회의 구성원들은 모두 문화예술단체 또는 예술가의 충성도 높은 팬층이거나 팬이 될 가능성이 높은 집단이라고 볼 수 있다.

② 자율적인 모임이다.

후원회는 해당 단체가 가진 고유목적에 동의하는 한, 하나 이상의 모임을 언제든지 만들 수 있다. 후원회가 만들어지게 되면 후원대상 단체에 대한 발전과 지지를 높이기 위해 자체적인 규정을 정해서 운영하게 되며 후원을 받는 단체에서 이를 제재하거나 간섭해서는 안 된다.

③ 가입 및 탈퇴가 자유롭다.

후원회는 회원의 자발적인 참여가 중요하기 때문에 회원의 가입이나 탈퇴가 언제든지 가능하다. 따라서 후원 대상이 되는 단체의 활약이 기대에 못 미치거나 고유의 사업수행을 하지 못할 경우에 후원회는 언제라도 해체될 수 있다.

④ 개별적인 동기가 다양하다.

후원자들의 후원 동기는 개인만이 가진 특수한 경험에서부터 사회적인 지위에 따른 관심 등 후원대상 단체에 거는 기대가 다양할 수 있다. 후원을 받는 단체의 입장에서는 후원회에 참여하는 후원자들 각각의 후원 동기를 잘 이해하고 살필 수 있어야 한다.

4. 바람직한 후원회 운영 방향

후원회의 조성은 대상이 되는 문화예술단체의 고유활동에 대한 자부심으로 인식되어야 한다. 그 자부심에 어울리는 후원회의 직접적인 활동과 기부금의 투명하고 구체적인 쓰임을 통해 문화예술단체의 고유활동에 실질적인 보탬이 되어야 할 것이다. 간혹 '후원'이라는 의미 자체의 본질을 망각한 채 무조건적으로 구걸하듯 후원을 유도하거나 후원대상 단체에게 후원을 통한 필요 이상의 반대급부를 요구하는 식의 어긋난 후원문화가 조성되지 않도록 후원회의 올바른 역할과 후원대상 단체와의 체계적인 상호관계가 필요하다.

① 명칭

구체적이고 후원회 또는 활동을 상징적으로 표현할 수 있는 명칭이 제시되어야 한다.

② 후원회의 목적 설정

후원대상에 대한 구체적인 목적 설정이 필요하다. 단체의 운영 또는 존립을 위한 후원인지, 해당 단체가 벌이는 특정 사업의 운영인지 등에 대한 것을 명확하게 하여야 후원자도 그 뜻에 동의하여 후원을 할 수 있으며, 자금을 집행할 때도 논란의 여지를 없앨 수 있을 것이다.

③ 후원회 운영 규정

후원회가 조성되면 지속적인 존속과 원활한 활동을 위해 후원대상 단체의 고유 권한을 범하지 않는 범위 내에서 자율적인 규정을 정하여 운영해 나가야 한다. 이는 필요한 경우 상임이나 상설 회의구조 등의 구체적인 조직의 형태를 꾸려 가는 것을 의미하며 이러한 후원회 자체 규정에 대해서 후원을 받는 단체 입장에서도 존중해 주어야 한다.

④ 후원 방법 등의 다양화

후원 회원들은 후원을 받는 문화예술단체에 직접적인 관계가 있지 않은 지지자들이기 때문에 후원 방법에 대해 구속을 두어서는 안 된다. 본인이 아닌 타인을 통해 물질적인 후원을 할 수 있으며 금품이 아니더라도 후원회원이 보유하고 있는 재능이나 정보, 추가 후원자 추천 등 이 해당 단체에 직·간접적으로 도움이 될 수 있기 때문이다.

⑤ 보고 및 평가

후원회를 통해 조성된 재원이 해당 단체의 사업에 쓰이게 되면 후원회도 그 단체의 사업에 동참 또는 관여하게 된 것이므로, 후원금의 사용뿐만 아니라 사업 전체의 결과에 대한 것을 알려 줄 필요가 있다. 이를 통해 후원 회원들로 하여금 단체에 대한 신뢰를 쌓게 하고 후원에 대한 결실을 확인할 수 있도록 하여, 다음 기회에도 지속적으로 후원 활동을 할 수 있는 동기를 부여해 주어야 한다. 한 번의 후원을 받기 위한 노력보다는 지속적인 후원을 할 수 있도록 하는 여건과 분위기를 조성하여야 한다.

5. 국가나 지방자치단체 산하단체의 후원회

2000년을 전후하여 국가나 지방자치단체의 산하단체로 되어 있던 예술단이나 공연장 등이 별도의 법인으로 분리되어 독립하였지만, 아직도 산하단체는 많이 존재하고 있다. 이러한 단체는 기부금을 모집하는데 민간단체보다 어려움을 겪게 되며, 실무적으로 후원회를 조직하는 방법에 법과 제도적 문제가 발생한다. 만약 단체 내부에 후원회 조직을 두게 된다면 기부금은 모두 국가나 지방자치단체에 세입으로 들어가게 된다. 기부자들이나 단체에서는 당연히 그런 방법을 원하지는 않을 것이다.

그렇다면 단체의 외부에 후원회를 두어 임의단체 형식으로 운영을 하여야 하는데 이 방법도 상당한 문제를 내포하고 있다. 우선 후원회에 기부금을 제공한 개인이나 단체는 지정기부금으로 인정받지 못하기 때문에 세금혜택 면에서 불리함을 감수하여야 한다. 또한, 임의단체인 후원회 명의로 은행에 자금을 예치하여 관리한다면 이에 대한 재산권이 애매해진다. 이를 피하기 위해서는 실명으로 계좌를 개설해야 하는데 어쩔 수 없이 후원회장 개인 명의로 관리할 수밖에 없다. 이렇게 되면 제도적으로 후원회의 재정적인 투명성을 확보하기는 어려울 것이다.

이러한 문제를 피하고자 최근에는 별도의 비영리법인을 설립하여 협찬이나 기부금을 모집하여 관리하기도 하는 방법이 시도되고 있다. 이러한 방식은 대학에서 발전기금이라는 명목으로 운영되고 있는 것으로, 국립극장에서 별도의 재단법인 국립극장발전기금(현 국립극장진흥재단)을 설립하였으며 국립현대미술관에서 별도의 사단법인 현대미술관회를 설립하여 운영하고 있다. 별도

설립 비영리법인은 협찬이나 기부를 자유롭게 받을 수 있으며 후원회를 조직하는 데에도 전혀 문제가 없다. 따라서 여기서 조성된 재원을 가지고 문화예술단체가 활동하는 비용의 일정 부분을 부담하게 되는 것이다. 이러한 방법도 문화예술단체 자체가 별도 법인으로 설립되지 않는 환경에서는 고려해 볼 만한 방법이라 할 수 있을 것이다.

제 9절
문화예술 기부 사례

1. 한국문화예술위원회 사례

1) 예술나무운동

한국문화예술위원회는 2012년 11월부터 예술분야 후원활성화를 위한 대국민 캠페인 '예술나무운동'을 추진하였으며, '예술나무' 브랜드화 및 적극적 홍보활동으로 문화예술분야 기부의 중요성 등에 대한 공감대를 형성하고 전체 기부금 증가에 중요한 영향을 끼치고 있다.

문화예술의 가치와 나눔확산을 위한 공동선언

문화는 우리가 살아가는 사회의 품격이며 예술은 그 원천이다.
문화예술은 인간적인 삶의 기초이자 즐거움과 보람, 소통과 통합, 발전과 번영의 원동력이다.
그러므로 문화는 모두에게서 태어나야 하며 예술은 모두에게로 돌아가야 한다.

문화예술을 만들고 누리고 나누는 권리는 미루거나 양보할 수 없는 핵심 인권이다.
대한민국 헌법은 문화적 생활에서 차별받지 아니할 권리, 예술표현의 자유, 예술가의 권리를 보장하고 있다.
따라서 모든 국민은 문화가 주는 창조와 향유의 기쁨을 누려야 마땅하며, 예술가는 자신의 재능을 마음껏
펼치고 사회에 환원할 의무를 지닌다.

문화예술이 발휘하는 창의력은 산업과 경제사회 전 분야에서 변화를 이끄는 핵심역량이다.
문화예술의 창의력은 추격의 시대가 아닌 추월의 시대에서 발전의 동력이며 산업의 원천이다.
문화예술이 경제생활과 무관한 사치이거나 소수만의 전유물로 여기는 무지와 편견은 이제 사라져야 한다.

시대는 바야흐로 산업화, 지식정보화 시대를 넘어서 창의 창조의 새대로 들어섰다.
창의 창조의 동력이며 원천인 문화·예술의 시대를 맞이하면서 우리는 2012년을 문화예술의 가치확산
원년으로 선포하며 다음과 같이 결의한다.

하나
대한민국 문화예술계는 문화 기본권 신장과 문화예술의 가치확산을 위해 예술나무 운동을 비롯한 다양한
기여활동을 창의적으로 전개한다.

하나
기업과 사회 각계는 문화예술의 창의성이 산업과 사회발전의 원동력임을 공감하고 문화예술의 창조와
나눔활동에 적극 동참한다.

하나
국회와 정부는 문화예술 창달과 문화복지 향상을 제도적으로 뒷받침하며, 특히 문화 예산의 확충을 위해
노력해야 한다.

2012년 10월 19일
문화예술을 사랑하는 사람들

[그림 3-18]
예술나무운동 사업 목표

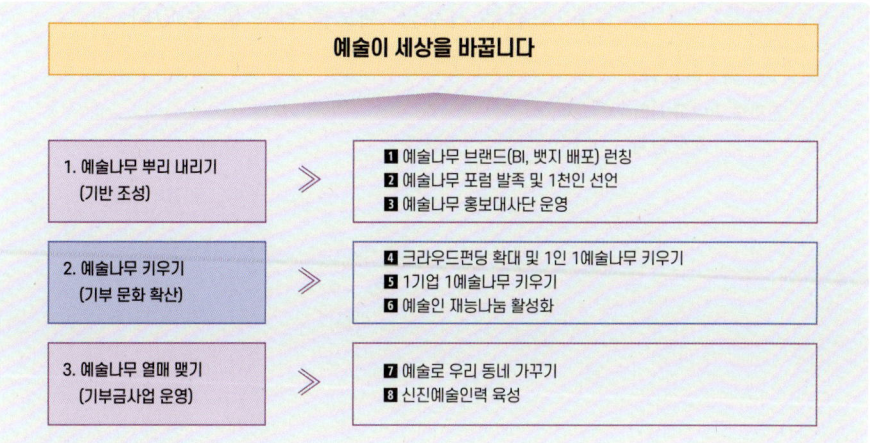

예술나무운동은 예술의 가치를 사회 전반에 확산시키고 그를 통해 후원을 활성화하고자 전개되었으며, 예술을 '우리가 함께 키워야 할 나무'로 형상화하고 한국의 대표적인 후원활성화 브랜드로 성장시키고자 하는 목적에서 시작되었다.

예술나무운동이 시작된 이후 정기기부, 기업의 예술나무 후원 등 다양한 사업을 펼쳤고 그 결과 매년 기부금은 상당한 폭으로 증가하였지만 기업기부에 비해 개인기부가 정체되고 있는 실정이다.

(단위 : 백만 원)

[표 3-38]
예술나무 기부금 현황

구분		2011	2012	2013	2014	2015	2016	2017	2018	2019	2020	2021
예술나무 키우기	1인 1예술나무	-	2	132	235	289	271	303	285	352	420	181
	1기업 1예술나무	-	-	100	2,648	3,048	2,819	2,803	3,709	7,301	4,087	5,566
	크라우드 펀딩	49	70	63	140	59	108	-	-	-	-	-
합계		49	72	295	3,023	3,396	3,198	3,106	3,994	7,653	4,507	5,747

* 1인 1예술나무 : 예술나무 기부금   * 1기업 1예술나무 : 민·관 협력 기부금
* 크라우드펀딩 민간 플랫폼 이관으로 기부금 통계 없음(2017년 이후)

(1) '조건부 기부금' 제도

한국문화예술위원회는 소규모 문화예술단체 중 공익법인(기부금단체)으로 등록이 되어 있지 않거나 기업의 요청이나 기부금 집행-정산에 도움이 필요한 경

우 '조건부 기부금' 제도를 활용 할 수 있다.

[그림 3-19]
조건부 기부금 사업
추진 단계

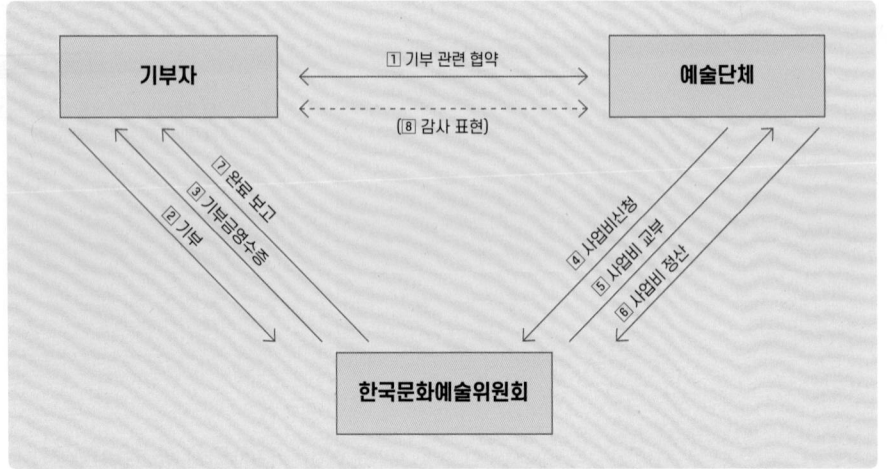

기부자나 기업기부의 경우 한국문화예술위원회에 기부하고 해당 문화예술 단체가 전액 보조금 형태로 지원을 받아 사용하고 한국문화예술위원회에 정산·보고하는 과정으로 진행하고 있다. 기부금영수증의 경우 한국문화예술위원회에서 발급하여 기부자에게 전달하는 구조이다.

[표 3-39]
기부금 수납 현황
(2011-2021년)

(단위 : 백만 원)

구 분	2011	2012	2013	2014	2015	2016	2017	2018	2019	2020	2021
조건부 기부금	14,999	14,654	19,159	18,607	23,509	17,510	19,347	19,182	23,010	13,751	12,466

최근 10년간 기부금 수납 현황을 살펴보면 2020년부터 확산된 코로나-19의 영향으로 기부금이 대폭 감소되어 연평균 증가율은 5.1% 정도로 감소하고 있으나 2019년까지는 지속적인 상승세를 보여주었다.

(2) '정기기부(CMS) 역량강화' 사업

문화예술단체와 협력하여 문화예술 기부의 필요성을 사회에 알리고, 기부금 모금을 통해 단체의 자생력 강화와 문화예술 가치 확산을 목표로 하는 사업이며 예술단체가 정기기부 사업을 할 수 있도록 플랫폼(수수료 지원, 역량 강화 프로그램, 온라인 모금페이지 개설 등)을 한국문화예술 위원회에서 제공하는 사업이다. 정기기부(CMS)는 위에서 설명한 조건부 기부금 제도의 일부이기는 하나 단체에서 인력과 시간, 예산의 부족 등으로 기부금 모집 활동을 하기 힘든 경우 이 제도를 활용하여 정기기부 유치와 관리를 할 수 있다.

[표 3-40] 한국문화예술위원회 정기기부(CMS) 현황

구분	2018년	2019년	2020년	2021년	연평균 증가율
납입 건수	15,162	19,270	22,147	20,941	11.4%
납입액(백만원)	206	274	305	285	11.4%
수혜 단체 수(건)	26	41	55	57	29.9%

(3) '크라우드펀딩 매칭' 지원 사업

한국문화예술위원회는 문화예술단체에 문화예술 창작 활동 실현을 위해 2011년 4월부터 ARKO 크라우드펀딩을 운영하고 있으며 최근에는 민간 전문 크라우드펀딩 플랫폼인 '텀블벅'과 '카카오같이가치'와 MOU를 통해 협력하여 민간 후원형 대표 플랫폼인 '텀블벅'과 창작 역량부분, 사회공헌 대표 플랫폼인 '카카오같이가치'와 사회적가치확산 부분 크라우드 펀딩 매칭 사업을 진행하고 있다. 2022년 현재 매칭 지원금은 목표액에 따라 모여진 펀딩금액에 더해 50만원~150만원까지 문예진흥기금을 지원받을 수 있다.

최근 5년간의 크라우드펀딩 매칭지원 추진결과는 아래 [표 3-41]와 같다.

[표 3-41] 한국문화예술위원회 크라우드펀딩 매칭지원사업 추진 결과

연도	플랫폼	신청건수	선정건수	펀딩 성공건수	모금총액(원)	지원총액(원)	후원인원(명)
2017	텀블벅	37	35	33	314,126,000	84,300,000	1,312
2018	텀블벅	39	38	35	336,547,009	70,500,000	4,900
2019*	텀블벅	93	93	87	511,276,050	90,640,000	8,164
2020**	텀블벅	118	110	106	1,393,851,794	276,917,600	16,529
	카카오	64	26	24	77,704,150	31,675,250	105,843
2021	텀블벅	127	89	80	808,229,529	109,630,000	13,742
	카카오	28	11	11	29,071,500	13,088,400	39,011

* 2019년 소규모 크라우드펀딩 기획전 <예술하는 청춘시대> 성과 포함(37개 프로젝트, 18,500,000원 지원)
** 2020년 코로나19 긴급 크라우드펀딩 프로젝트 <예술나무로 다시, 봄> 성과 포함(47개 프로젝트, 190,501,150원 지원)

2) 문화예술 후원 인증제도

2014년에 제정 및 시행된 「문화예술후원 활성화에 관한 법률」에 따라 한국

문화예술위원회는 문화예술후원분야 후원활동을 촉진하거나 모범적으로 수행하는 단체 및 기업을 지원하기 위해 인증제도를 운영하고 있다. 매년 문화예술 후원 분야에 탁월한 전문성을 갖추고 후원 성과를 일구어 낸 단체 및 기업 등을 심사하여, 문화예술후원매개단체 및 문화예술후원우수기관으로 인증하는 형태로 진행되고 있다. 현재 문화예술후원 매개단체로는 한국메세나협회, 서울문화재단, 세아이운형문화재단 등 사단법인 3개, 재단법인 5개로 총 8개 단체가 인증 받았으며 문화예술후원우수기관으로는 두산, 신세계, 포스코, GS칼텍스 등 공기업 및 공공기관 6개, 대기업 23개, 중견기업 14개, 중소기업 10개로 총 53개 기관이 인증 받았다.

3) 기업과 예술의 만남

기업의 단기적이고 일방적인 문화예술후원활동에서 벗어나 문화예술단체 1:1 결연을 맺는 사업으로 장기적, 지속적인 상호 발전을 추구하는 전략적 파트너십을 맺어 상생의 기반을 구축하는 사업이다. 한국문화예술위원회와 한국메세나협회가 협력하여 추진하고 있으며, 기업이 예술단체를 지원하는 금액에 비례하여 추가로 문예진흥기금을 매칭하여 지원하고 있다. 주요사업으로 예술지원 매칭펀드와 지역 특성화 매칭펀드 등이 있으며 2006년 사업 출범 후 2018년까지 누적 지원건수는 1,893건, 누적 지원금액은 820억 원이다. 예술지원 매칭펀드의 지원대상은 공연예술(연극, 무용, 뮤지컬, 음악 등), 전통예술, 시각예술, 다원예술(재즈, 융복합 등) 등 순수예술활동이며 지원금 매칭비율은 최대 1:1이다. (상세한 내용은 아래 [표 3-42] 참고)

[표 3-42]
예술지원 매칭펀드 지원금액

구분	지원금 매칭비율	기업지원금	펀드교부금
중소기업	최대 1:1	최소 500만원 ~ 상한액 없음	최소 500만원 ~ 최대 2,000만원
중견기업		최소 500만원 ~ 상한액 없음	
대기업		최소 500만원 ~ 상한액 없음	

* 출처 : 한국메세나협회 인터넷 홈페이지(www.mecenat.or.kr/ko/connection/fund.php)

지역특성화 매칭펀드는 예술지원의 수도권 편중현상을 해소하고 지역의 문화예술 활성화를 위해 특화된 프로그램이다. 기업이 공공 문화예술재단(예:

지자체 출연 문화재단) 및 기관의 공공형 문화예술 프로젝트를 지원하는 금액에 비례하여 문예진흥기금을 추가로 매칭하는 형태로 이루어진다.

[표 3-43] 지역특성화 매칭펀드 지원금액

기업지원금		펀드	
사업별 지원액	기관별 지원총액	사업별 지원액	기관별 지원총액
최소 500만원 ~ 상한액 없음	최소 500만원 ~ 상한액 없음	최소 500만원 ~ 최대 3,000만원	최소 500만원 ~ 최대 5,000만원

* 출처 : 한국메세나협회 인터넷 홈페이지(www.mecenat.or.kr/ko/connection/area.php)

위 사업의 사례가 될 수 있는 경우로는 대상 별(학교 밖 청소년·소외노인·다문화가정 등) 문화예술 활동 지원을 통한 사회통합 사업, 취약계층 문화환경 개선을 위한 찾아가는 공연, 문화예술교육 등의 사업, 공공미술 프로젝트 등 문화환경 조성 사업 등이 있다.

이 외에 한국메세나협회가 자체적으로 시행하고 있는 대기업 결연사업까지 포함한 추진 현황은 아래 [표 3-44]와 같다.

[표 3-44] 기업과 예술의 만남 (Art & Business) 추진 현황

구분	2010	2011	2012	2013	2014	2015	2016	2017	2018	2019	2020	2021	계
총 결연 건수	73건	83건	104건	120건	197건	126건	195건	200건	191건	195건	216건	282건	1,982건
기업 결연	23건	23건	25건	30건	32건	33건	37건	38건	38건	44건	39건	40건	402건
매칭 펀드 (기금 포함)	50건	60건	79건	90건	165건	93건	158건	162건	153건	151건	177건	242건	1,580건
총 지원액 (억원)	43.8	44.8	44.9	46.8	72.6	60.8	87.6	79.6	79.2	77.8	77.9	98.8	814.5
기업 결연	28.7	26.8	25.5	24.5	28.3	37.6	41.9	31.8	34.8	34.5	29.2	28.5	371.8
매칭 펀드 (기금 포함)	15.1	18.0	19.4	22.3	44.3	23.2	45.7	47.8	44.4	43.3	48.7	70.3	442.7

* 한국문화예술위원회, (사)한국메세나협회
* 기업 결연 : 2021년부터 대기업을 포함한 모든 기업으로 대상을 확대하여 시행함으로써 사업 명칭 변경(대기업 결연→기업 결연)
* 매칭펀드 : 2021년부터 대기업을 포함한 모든 기업으로 대상을 확대하여 시행

4) 문화예술후원 매개활동

한국문화예술위원회에서는 「문화예술후원 활성화에 관한 법률」에 따라 문화예술분야 후원활동을 지원하는 사업과 더불어 2020년부터 좀 더 체계적인 문화예술후원 매개활동을 촉진하기 위한 사업을 시행하고 있다. 지역문화재단 종사자, 기업사회공헌분야 종사자, 문화예술분야 경력보유여성을 대상으로 문화예술후원활동에 대한 교육과 워크숍 등을 시행하는 과정이 운영되고 있으며 앞으로 재원조성이 필요한 문화예술단체들도 참여할 수 있도록 확대할 예정이다.

① 기업사회공헌 담당자 대상 '메디치 클라스'

기업사회공헌 담당자들을 문화예술후원 매개전문가 양성과정으로 문화마케팅 트렌드와 문화예술기부 우수사례 공유, 기부 참여기업간 네트워킹 등 문화예술의 가치를 확산하고 공감대를 형성하여 기업의 문화예술후원 참여 확대를 유도하는 교육 프로그램을 운영하고 있다.

② 경력보유여성 대상 '아트너스클럽'

문화예술 분야 전공자거나 관련 경력이 있고 문화예술 애호가인 경력보유여성을 대상으로, 문화예술후원 매개전문가(모금전문가)를 양성하는 사업이다. 문화예술기부 콘텐츠 기획, 재원조성 전략, 마케팅 및 기부자 예우 등 이론교육부터 현장 벤치마킹, 심화 멘토링까지 전문가와 함께하는 실무과정을 진행함으로써 문화예술후원 매개를 주도하는 전문인력으로 성장하도록 돕는 프로그램을 운영하고 있다.

③ 지역문화재단 재직자 대상 '후연지기'

지역 문화예술 행정가들을 대상으로 문화예술단체와 예술가를 기업 및 개인 기부자와 연결하여 문화예술 기부를 확산시키는 영역에 전문성을 강화 할 수 있도록 교육 및 컨설팅을 제공하는 과정이다. 기업정보, 문화예술기부, 예우 관리 등의 교육과 더불어 각 재단의 상황을 진단하고 이에 맞는 후원매개전략을 세울 수 있도록 돕는 툴킷을 제공, 컨설팅하여 문화예술기부 확산을 도모하는 교육프로그램을 운영하고 있다.

위 3가지 세부사업의 2021년도 추진현황을 정리하면 아래 [표 3-45]과 같다.

[표 3-45] 2021년도 문화예술후원 매개인력 양성사업

프로그램명	메디치클라스	아트너스클럽	후연지기
참여대상	기업사회공헌 재직자 대상	경력보유여성 대상	지역문화재단(공공기관)
외부협력	한국메세나협회	여성가족부, 한국고용정보원	광역 및 기초 문화재단
기대효과	현업담당자의 후원매개활동 공감대형성, 의욕고취	문화예술 후원매개분야 취·창업 등 확대 및 현업적용도 제고	후원매개 역량강화
참여자수	46명 (35개 기업)	33명 (27명 수료)	67명 (45개 기관)

경력보유 여성 <아트너스클럽> 교육과정은 직업 활동과 연계하여 대상별 맞춤형으로 취업·이직 희망자 대상의 '커리어 과정'과 창업·프리랜서 전향 희망자 대상의 '비즈니스 과정'으로 각각 아래와 같이 운영되었다. '커리어 과정'의 우수 교육 수료생은 한국문화예술위원회, 한국메세나협회에서 일할 수 있는 인턴십 기회를 제공하고 '비즈니스 과정' 우수 교육수료생은 창업지원금(1인당 60만 원)을 제공하였다.

2. 세종문화회관 사례[39]

1) 재원 조성 추진 목표

세종문화회관은 재원 조성 시스템 구축과 운영을 통해 수입을 증대하며 수준 높은 문화예술 프로그램을 운영하고 있다. 문화예술기관 최고의 재원 조성 시스템 구축 및 개발을 목표로 하여 전문성을 확보하고자 하며, 이를 기반으로 세종문화회관의 수입을 증대하고 기관의 재정 건전성을 확보하기 위해 힘쓰고 있다. 또한, 문화예술 펀드레이징의 독자적인 시스템 구축을 통해 국내 문화예술기관 재원 조성 시스템의 선진화에 기여하고자 한다.

---

39) 한국예술경영학회(2021), 책 「사례로 본 한국예술경영」, p.82~97 재구성

[표 3-46] 세종문화회관 재원 조성 추진 목표

재원 조성 시스템 구축	협찬 유치 (partnership)	후원 유치 (patronage)	신규 수익 개발
• 후원 협찬 유치 시스템 구축 관리 • 문화기부 시스템 도입 및 운영 • 유관 기관과 협력한 환류 시스템 구축	• 기업과의 파트너십을 통한 재원 조성 • 시즌제 파트너십 유치 • 콘텐츠 협찬 추진 • 공간 활용 협찬 유치	• 모금 명분 발굴 • 정기후원 캠페인 기획 • 후원회 운영 - 신규회원 유치 - 회관 우호세력 확보	• 공간 활용 수익 창출 - 신규 광고 매체 발굴 - 기업 BTL캠페인 유치 - 모터갤러리 운영 - 미디어아트 기획 운영

2) 재원 조성 추진 내역

(1) 문화예술기관 최고의 재원 조성 시스템 구축

세종문화회관은 문화예술기관 최고의 재원 조성 시스템을 구축하기 위해 기업과 공유가치 창출(CSV)이 가능한 파트너십 시스템을 개발했다. 기업 및 기관 등의 파트너와 협력하여 공유가치를 창출하고 이를 세종문화회관에서 발현하고자 한다. 이를 위해 주요 기업의 연간 마케팅 캠페인 및 콘셉트의 사전 조사를 진행하며 DB를 확보하고 있다. 또한, 회관 사업의 매칭 제안이 가능한 후원 가망 기업들의 포트폴리오를 구축하여 관리하고 있으며, 문화예술기관의 독자적인 정기후원을 운영할 수 있는 시스템을 발굴하여 운영하고 있다.

(2) 기부·협찬 업무 시스템 1.0 계획 수립

세종문화회관은 기부·협찬 업무의 전문성을 강화하고 재원 조성 시스템을 고도화하기 위해 '기부·협찬 업무 시스템 1.0 계획'을 수립하여 2020년 6월부터 적용해오고 있다. 먼저 협찬 캠페인의 운영 노하우 사례를 축적하여 전문성을 강화하기 위해 후원사와 가망 후원사의 대외 커뮤니케이션 및 관리 채널을 일원화하여 운영하고 있다.

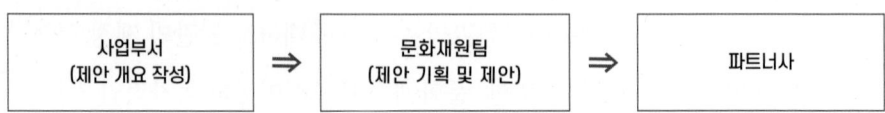

또한 기부, 협찬사와 담당자의 전문 DB 관리 프로그램을 도입해 관리하며,

제안에 대한 예우사항을 통일화하고 파트너십의 기획 제안을 위한 회관 콘텐츠 및 후원사의 포트폴리오를 구축해 운용한다. 이와 같이 체계적인 기부·협찬 업무 프로세스와 더불어 지속 가능한 파트너십 및 민관협력을 통해 회관 콘텐츠 향상에 기여하고자 한다.

(3) 세종시즌 파트너십 유치 강화

세종문화회관은 세종시즌 메인 파트너십 유치를 통한 시즌제 운영 활성화를 목표로 하고 있다. 이를 위해 '시즌 오브 시즌' 등 시즌제 프로그램을 세부 테마로 분류한 스폰서십, 시즌제 킬러 콘텐츠의 기업 네이밍 파트너십 등 세종시즌의 테마와 프로그램을 연계하여 후원 협찬을 유치하고 있으며, 시즌제 프로그램과 기업 캠페인과의 매칭 제안을 지속적으로 추진하고 있다. 또한 파트너사와의 마케팅 캠페인과 연계한 콘텐츠 개발을 통해 시민 문화향유의 기회를 확대하고, 파트너사와의 공동마케팅을 통해 시즌제 홍보를 강화하고 있다. 2018~2019 세종시즌에는 BMW코리아가 참여하였고, 이후 한국토지주택공사, 제네시스 등이 세종시즌과 함께 했다.

(4) 문화기부 캠페인 발굴과 시스템 구축

세종문화회관은 문화예술에 대한 정기적인 개인 기부 캠페인을 위해 모금 명분을 발굴하고, 대중 모금을 첫 시작으로 모금의 필요성과 운영 목표에 부합하는 모금 캠페인을 개발하고 있다. 또한 체계적인 후원 관리와 투명한 운영을 위해 후원자 관리 프로그램을 도입하여 활용하고, 후원자 예우 프로그램 매뉴얼을 개발 및 운영하고 있으며, 기부신청서 및 기부 캠페인 등의 홍보물을 제작하여 기부 캠페인을 홍보하고 있다. 개인(정기) 기부 캠페인을 진행하기 위해 청소년 예술활성화 사업을 진행하고 있다. '세종 꿈나무 오케스트라'는 베네수엘라의 엘 시스테마(El Sistema) 프로그램을 모태로 지난 10년 동안 위기의 청소년이 음악적 교감을 통해 정서적 안정과 성장을 도모해온 '세종 꿈나무 오케스트라, 국악단'의 악기구입비, 캠프운영비, 레슨비 등의 사업비를 모금 캠페인으로 개발하여 세종문화회관의 문화소외청소년 지원과 사회적 가치를 실현

했다. 이에 '세종 꿈나무 오케스트라, 국악단'의 10년 히스토리와 참여 아동의 성장 스토리 등의 기부 이야기를 통해 세종문화회관의 첫 대중모금 캠페인을 론칭하여 '세종 꿈나무 오케스트라, 국악단' 정기 연주회 등의 모금 이벤트를 진행했다.

(5) 후원회 운영 및 활성화

세종문화회관은 장기적인 후원회 발전과 활성화를 위한 운영 방식을 개선했다. 먼저 후원회 운영위원회의 권한과 책임을 강화했으며, 후원회의 운영 방식 개선을 통해 연간 회비 및 예우 프로그램을 강화했다. 또한 후원회원 예우 프로그램 개발을 통해 신규 회원을 발굴하고 다양한 문화예술 프로그램을 기획하여 운영하고 있다. 시즌제, 기획공연 등의 콘텐츠를 활용한 문화예술 프로그램의 다양화를 추구했으며, 후원회 오피니언 리더인 임원진과의 긴밀한 연대를 통한 후원회 활성화 및 세종 우호 세력을 확대하고자 했다. 이를 통해 '세종 꿈나무 오케스트라, 국악단'의 사업비와 유스오케스트라 피아노를 후원 받을 수 있었다.

(6) 세종 현대 모터갤러리 활성화

세종문화회관과 현대자동차와의 파트너십으로 운영되고 있는 세종 현대 모터갤러리의 활성화를 통해 매력적인 콘텐츠를 선보이며 시민과 관광객의 회관 내 집객효과를 기대하고 있다. 세종 현대 모터갤러리는 세종문화회관 대극장 전면 6개 기둥에 롤스크린 5개를 설치해 로비 방향에서 프로젝터를 사용하여 스크린에 영상물을 구현하는 미디어파사드 기법으로 운영된다. 이를 활용하여 신진작가를 발굴하기 위해 국내 작가 대상 작품 제작 및 전시 기회를 제공하고 있으며, 아울러 세계 유수의 미디어 아티스트 작품을 초청해 시민에게 더욱 폭넓은 문화적 경험을 제공하는 데 주력하고 있다. 세종 현대 모터갤러리를 통해 일상과 예술의 경계를 허물고 시민에게 문화 향유의 기회를 제공하며, 회관 브랜드 가치 향상과 더불어 본 갤러리를 통한 융합공연이나 세종 축제를 활용하는 방안을 강구했다. 세종 현대 모터갤러리는 2017년 서울시 좋은빛상

시공부문 최우수상, 서울시 좋은빛상 콘텐츠부문 2018, 2019년 연속 최우수상을 수상했고, 광화문광장의 재구조화에 따라 3년 연장 계약을 진행했다.

(7) 공간 파트너십 유치

[표 3-47] 공간 파트너십 제안

제안 기업	제안 형식	주요 제안 사항
• 재계서열 30위권 기업 • 소비재(B to C) 기업 • 소유 공연장 및 후원 • 공연장이 없는 기업	• 그룹 본사 제안 　(브랜드관리팀, 홍보팀 등) • 커뮤니케이션 대행사를 통한 제안 　(인하우스 및 독립대행사)	• 공연장 네이밍 파트너십 제공 • 옥외 광고 및 공연장 내 광고 • 영업 권한 제공(세종과 수입 분배) • 로비 기업 홍보부스 마련 • 기업 공연 기획, 공연관람권 제공 등

세종문화회관은 극장 네이밍 파트너십 유치를 위해 극장별 파트너십 매칭을 제안했다. 제안기업은 재계서열 30위권 기업, 소비재(B to C) 기업, 소유 공연장이나 후원 공연장이 없는 기업을 대상으로 진행했고, 제안 형식은 브랜드관리팀이나 홍보팀을 통한 그룹 본사 제안 방식과 인하우스 및 독립대행사 등의 커뮤니케이션 대행사를 통해 진행되었다. 주요 제안 내용으로는 공연장 네이밍 파트너십 제공, 옥외 광고 및 공연장 내 광고, 세종과 수입 분배 등의 영업권한 제공, 로비 기업 홍보부스 마련 기업, 공연 기획, 공연관람권 제공 등이 포함되었다. 이를 통해 세종아티스트라운지 조성(퍼시스), 아이들세상 리모델링(투바앤-라바키즈) 등을 성사시켰다.

(8) 신규수익 사업 개발 및 운영

광화문의 입지적 강점을 활용한 실내외 공간 활용을 통해 기업 프로모션을 유치하고자 했고, 이에 기업 BTL캠페인과 연계한 기업 행사를 유치하고 재원을 조성했다. 기업에 광화문이라는 상징적 공간을 활용해 주요 커뮤니케이션 캠페인을 실행하는 것을 제안하였다. 삼성 갤럭시S의 출시 행사, 아우디의 신차 출시 행사, BMW 7시리즈의 출시 행사가 체임버홀 벽면의 미디어 파사드를 활용해 진행하였으며, FCA그룹과 파트너십을 맺고 시민참여 문화 프로그램을 협업하여 수행하였다. 지속적으로 신규 광고 매체를 개발하여 수익창출을 도모하고 있으며, 회관의 다양한 유휴공간을 활용해 협력 주최와의 공동 프로젝트를 제안 및 추진하였다.

(9) 예술경영 전문 기관과 연계한 환류 시스템 구축

　　세종문화회관의 재원 조성을 위해 유관기관과 연계한 시스템을 구축하고자 했고, 다양한 프로그램을 운영했다. 또한 문화예술 컨설팅 기관과 협력한 캠페인들을 기획하고 환류 시스템을 마련했으며, 정부부처의 문화예술 지원 사업과의 지속적인 연계를 맺으며 시스템을 구축했다. '벽산엔지니어링과 함께하는 청소년 예술 활성화 사업', '메트라이프 Gift콘', '종근당 오페라 희망이야기', 등을 한국메세나협회와 함께 진행하였으며 이외에도 '하나투어 COA프로젝트' 등도 다른 문화예술 기관과 협업으로 이루어졌다.

3. 소규모 예술단체 사례

1) 예술공동체 '큰들' 사례[40]

> 큰들은 1984년에 창단한 단체로 상근단원 35명이며, 관객들의 사랑을 받는 좋은 작품을 창작·공연하며 인정과 배려, 감동을 함께 나누며 화목하게 살아가려고 노력하는 예술공동체이다. 매년 100여회의 마당극 및 풍물공연과 문화예술교육, 국제교류 등의 활동을 하고 있다. 여느 예술단체와 마찬가지로 재원은 공연수입, 예술교육수입, 지원사업, 후원회비로 구성되어 있다. 그렇지만 우리나라 예술단체 및 예술기관 중에서 가장 많은 후원회원이 있다는 점이 특이하다고 할 수 있다. 수도권도 아니고 대도시도 아니며 전국적인 지명도가 있는 단체가 아님에도 불구하고 후원회원이 많다는 점은 시사하는 바가 크다. 큰들이 후원회원이 많은 이유는 다양하겠지만 첫째는 절실함에서 찾아볼 수 있다. 왜 그렇게 후원자 관리에 목을 메냐고 단체에게 물어보았더니, '후원자가 없으면 우리는 죽습니다.'라는 답변이 돌아왔다. '자신들은 예술을 하는 사람이고 후원자가 없으면 예술을 할 수 없으니, 예술가가 예술을 못하면 그게 죽는 것'이라는 것이다. 큰들은 이러한 마음가짐으로 1998년에 처음 기부금 모금을 시작하였다. 물론 열악한 재정 상황을 극복하고자 하는 노력의 일환이었지만, 다른 직업에 비해 예술가를 낮춰보는 사회적 시선을 극복하고 선·후배 또는 지인과의 명확한 관계 설정을 하고자 하는 목적도 있었다. 이러한 배경 속에서 주변에 있는 사람부터 적극적으로 후원회원으로 가입시키기 시작하였고, 만나는 사람이면 누구나 후원회원 후보라고 생각하였다. 공연장에 배너를 설치하는 등 관객이 후원회원으로 가입할 수 있게 하였다. 둘째는 가치에 대한 내

---

40) 예술경영지원센터, 「2014 예술경영컨퍼런스」 p.88~96 및 큰들 홈페이지 참조

부 공유에서 찾아볼 수 있다. 기부금 모금은 대표나 담당자만의 몫이 아니라 필요할 때에는 모두가 함께 내 일이라고 생각하고 참여할 수 있도록 큰들의 전 단원은 기부에 대한 가치를 공유하고 있다. 후원자들에게 감사의 편지나 선물을 발송할 때 업무가 일시에 몰리면 모든 단원이 함께 참여하며, 후원확대팀을 구성하여 후원회원 후보자에 대한 토론과 팀별 우수사례를 발표한다. 또한 매주 단원별 개인 후원회원을 소개하며 단원들이 후원회원에 대한 정보를 알 수 있게 하고 있다. 셋째는 후원회원과의 소통이다. 후원회원에게 진정성이 있는 감사표현을 한다. 큰들 소식 및 공연 소식 전하기, 공연 티켓 보내기, 감사전화·문자·손편지 보내기, 생일 선물 보내기 등을 하는데, 받아본 후원회원들이 감동할 수밖에 없게 보낸다. 그리고 공연을 갈 때에는 그 지역의 후원회원을 미리 파악하여 공연소식을 알리며 단원들이 특정 행사에 참여할 때 그곳에 오는 후원회원을 미리 알고 공유하고 있다. 이러한 노력의 결과로 큰들의 후원회원은 2022년말 현재 약 2,000여명이며 75% 정도가 정기 후원회원이고 나머지는 일시에 기부하는 특별회원이다. 기부금 수입은 큰들 재정의 15% 이상을 차지하고 있어 큰 도움이 되고 있다. 하지만 재정수입 이상으로 후원회원은 큰들에게 도움을 주고 있다. 관객으로 참여하고, 공연을 홍보하고, 또 다른 후원회원을 소개하고, 때로는 공연에 직접 참가하기도 한다. 또한 큰들에서 활동하는 것에 대한 단원들의 자부심도 증가하고 있다. 많은 단체들이 기부금 모금에 대한 어려움을 토로하면서 하는 얘기 중 하나가, 우리에게 후원하여도 줄 수 있는 것이 없기 때문에 모금하기 어렵다는 것이다. 큰들에서는 후원회원에게 이렇게 표현하고 있다.

"큰들 후원회원이 되시면… 사실 저희들이 해드릴 것은 별로 없습니다. 다만, 큰들 단원들이 늘 감사히 생각하며 은혜에 보답하기 위해 열심히 노력하겠습니다. 저희 공간에 놀러 오시면 막걸리나 차 한잔 대접하겠습니다^^ 후원회원님 생일을 기억하고 작은 선물을 보내드리겠습니다. 큰들 모든 공연에 초대권을 보내드리고 큰들에서 주관하는 문화예술교육과 악기 판매 시 최대한 할인해 드리겠습니다. 연말정산 때 후원하신 금액에 대한 기부금영수증을 발급해 드립니다."

2) 프린지네트워크 사례[41]

[서울프린지페스티벌 모금전략 수립]'왜, 어떻게'에 대한 설득 가능한 답 찾기

문화예술단체에 대한 기부 문화가 활성화되지 않은 가장 큰 이유 중에 하나는 '요청하지 않아서'라고 한다. "우리는 모금활동을 하고 있고, 당신은 기부할 수 있다"고 말하는 것에서 모금은 시작된다. 서울프린지페스티벌은 한 번의 축제를 만드는 데 최소 4억 원의 예산을 필요로 한다. 그리고 이 가운데 절반을 모금활동을 통해 확보하는 것이 목표이다. 올해 축제를 위해 프린지는 기업모금에 집중하고, 사회공헌적 측면보다는 문화예술마케팅 측면에서 기업과 프린지가 서로에게 힘이 될 수 있는 협력체계를 만들어갈 예정이다. 장기적으로는 적극적인 모금활동을 통해 프린지를 지지하는 한 사람 한 사람이 모여 지속적으로 후원하는 안정적인 재정구조를 가져가고자 한다. 이같이 프

---

[41] 예술경영지원센터, 예술경영웹진 (2011. 4. 7)

린지 재원조성의 방향성을 설정하고, 구체적인 모금전략을 수립하기 위해 장장 10개월에 걸쳐 예술경영지원센터의 지원사업을 통해 모금 컨설팅을 받았다. 여기에 소개할 이야기는 어떤 컨설팅을 받았고, 그것이 지금 프린지에 어떤 변화를 주었는지에 관한 것으로 아쉽게도, 실제 프린지가 얼마만큼의 모금을 했는지에 대한 성공담은 아니다. 하지만 문화예술단체의 모금활동이 조직의 존립과 직결될 만큼 시급하게 다가오고 있는 시점에서, 이제 막 모금활동을 본격적으로 시작해보려는 프린지의 움직임이 시사하는 바가 분명 있을 것이라 기대한다. 모금활동의 프로세스는 크게 설계, 실행, 사후관리의 세 단계로 나누어지는데, 이번에 프린지는 모금설계부터 전략기획안 마련까지의 단계를 밟았다. 컨설팅을 맡은 도움과 나눔은 프린지에게 많은 질문을 던졌고, 이에 대한 답을 좇으며 프린지는 다음과 같은 과정들을 밟아갔다.

- 프린지가 모금을 하려는 이유 찾기
- 프린지를 설명하는 다른 방식의 언어들을 정립 : 모금명분 설정
- 누구에게 무엇을 요청할 것인지를 설정 : 잠재기부자 및 기부자 발굴
- 기부자와 만나는 방법 설계 : 모금전략기획

이해 가능한 언어로 예술활동의 가치를 정리한 모금명분

"왜 프린지에 후원해야 하나요?" 이것은 모금컨설팅에서 받은 첫 질문이었다. 이 질문에는 프린지가 모금활동을 하는 데 실마리가 되는 많은 것들이 담겨있다. 우선은 프린지가 당연하게 여기는 가치 있는 것들에 다른 사람들도 동의할 수 있도록 만들 수 있는가, 프린지가 '말하는' 언어는 후원자가 '들을 수 있는' 언어인가, 프린지에 후원하는 것이 얼마나 긴급한 일인가, 프린지는 어떤 것을 잘하고 무엇이 부족한가, 프린지에 후원하면 무엇이 어떻게 좋아지는가. 서울프린지페스티벌은 심사나 선정 과정 없이 예술가라면 누구나 참여할 수 있는 독립예술축제이다. 화려한 경력을 증명하거나 심사에서 선정되지 않아도 예술가는 예술 활동을 할 수 있어야 하고, 그들이 서야 할 무대는 반드시 존재해야 한다는 의미로 예술가의 처음과 새로운 도전을 함께 하는 축제, 이러한 프린지의 가치에 대해서, 중요성에 대해서, 의미에 대해서 우리 스스로는 단 한 번도 의심을 가져본 적이 없지만, 모금컨설팅을 시작하면서 쏟아지는 다른 영역의 질문들은 우리를 참으로 어렵게 만들었다. 그런 이유로, 프린지는 모금활동에 발동이 걸리는 데 적잖은 시간과 노력이 필요했다. 프린지를 처음 만든 선배들을 만나고, 함께 성장한 예술가들을 만나고, 9년차부터 1년차에 이르는 내부구성원 간에 논의를 해가면서 '우리는 왜 프린지에 후원해야 하는가'에 대한 질문에 대한 답을 찾아나갔다. 매번 준비한 답에 대해 컨설턴트에게서 "어렵다" 혹은 "재미가 없다" 혹은 "후원까지 하기엔 좀 부족하다" 등등의 피드백을 수차례 주고받으며, 우리의 결론을 후원을 요청할 사람들이 이해할 수 있는 언어로 고쳐내었다. 이 과정에서 우리는 완벽하지는 않지만, '모금명분서'라는 형태로 이를 정리할 수 있었다.

3천여 명의 잠재기부자 발굴

모금컨설팅에서 받은 두 번째 질문은 "누가 프린지를 후원하는가?"였다. 프린지를 후원해달라고 요청할 수 있을 만한 사람들, 이른바 '잠재기부자'들의 실제 데이터를 확보하는 것은 모금전략을 수립하는 첫 단추이다. 프린지의 경우, 처음엔 막연하게 '함께하는 예술가? 같이 축제를 만드는 자원활동가인 인디스트? 관객들?' 정도를 떠올렸다. 당연히 충분치 않았다. 그나마도 실제 데이터가 잘

정리되어 있지 않았다. 하지만 컨설팅 과정에서 우리가 갖고 있는 잠재기부자들이 의외로 많다는 사실을 발견했다. 참여예술가, 인디스트는 물론이고 관객들 가운데서도 티켓을 구매한 사람, 뉴스레터 수신자들, 홈페이지 가입자, 프린지를 거쳐 간 이전 스태프들, 미처 정리하지 않았던 각종 행사의 방명록 및 명함들, 모임에서 만난 사람들, 가족, 친지, 사돈의 팔촌, 그리고 프린지와 어울릴 만한 유명인사, 기업들을 꼽아갔다. 그리고 이렇게 모은 약 3천여명의 잠재기부자 데이터로 기부표를 만들었다. 기부표는 모금목표액을 설정하고 이를 달성하기 위해 누구에게 얼마를 요청할 것인지를 정리한 자료이다. 이를 토대로 유사한 접근전략이 필요한 그룹을 묶어 모금전략을 수립하기 시작했다.

기업, 고액기부자, 소액기부자와 관계 맺기
프린지는 크게 기업, 개인고액기부자, 개인소액기부자, 정기기부자 등 네 개로 모금 대상군을 선정했다. 서울프린지페스티벌이라는 축제가 기업의 사회공헌활동과 연계할 수 있는 사회적 합의가 있고 한편으로는 재미있는 콘텐츠가 풍부하다는 점, 마니아가 많이 확보된 만큼 개인고액기부자의 가능성도 열어둘 필요가 있고, 일시적이지만 소액기부를 유도할 수 있는 축제관련 모금상품도 개발할 수 있으며, 장기적으로는 지속적인 개인후원을 늘려가는 것이 재정의 기반을 탄탄히 한다고 판단했기 때문이다. 특히 올해는 이 대상군 중 기업을 대상으로 한 모금활동에 주력하기로 계획을 세웠다. 모금컨설팅을 진행하면서 받은 세 번째 질문은 "기업과 어떻게 만날 것인가"였다. 이 질문에 대한 대답도 과히 쉽지 않았다. 지난 14년간 프린지는 많은 기업의 후원과 협찬을 받아왔다. 하지만 우리가 그들을 동등한 파트너로, 친구로 제대로 인정하고 있었던가 하는 부분에서 슬그머니 물음표가 생겼다. 기업이 축제에 분명 도움을 주기는 하나, 자칫 프린지의 정체성을 위협할 수 있는 거대한 권력이라는 생각이 있어, 경계를 하기도 했고, 후원에 대한 감사표시나 피드백을 하는 데도 상당히 경직되어 있었던 것 같다. 프린지가 기업을 만나 무엇을 요청하고 어떤 것을 줄 수 있을지, 그 상호관계에 대해 고민하고, 합의된 원칙을 마련하고, 세부적으로 적용할 때 유연함을 발휘하는 것이 모금전략을 수립할 때 모금담당자가 가장 많은 에너지를 쏟아야 할 부분이었다.

예술단체의 모금에 대한 스스로의 납득과 준비
장장 10개월의 모금컨설팅이 끝나고 난 뒤, 눈에 보이는 산출물은 우리가 누구인지, 왜 모금활동을 하려고 하는지를 정리한 '모금명분서'와 앞으로 모금활동을 실행하는데 필요한 '전략기획안'이다. 이 가시적인 결과물은 실제 모금활동을 펼치면서 대상에 따라, 상황에 따라 지속적으로 수정, 보완해 가야 할 과정적 결과물이라고 보는 것이 맞겠다. 이번 모금컨설팅을 통해 프린지가 얻은 성과라고 한다면 크게 세 가지를 들 수 있다.

<성과 ①> 프린지와 모금활동의 연결고리 발견
문화예술단체가 모금활동을 하는 데는 장애요인이 많다. 가난과 질병 등에 비해 덜 긴급해 보이는 영역이라는 점, 예술자체가 세상과 고립되어 사회구성원들과 친숙하지 않다는 점, 기부를 할 수 있다고 생각지도 못하는 사람들이 많다는 점, 실제로 후원요청을 하는 예술가들이 많지 않다는 점, 심지어는 그런 활동을 부끄러워하는 문화예술단체가 많다는 점…, 꼽자면 끝이 없다. 무수한 모금 이슈에도 불구하고 프린지가 후원요청을 할 수 있을까, 우리는 과연 모금과 어울리는 조직일까, 하는 의문은 컨설팅 후반까지 우리를 계속 주눅 들게 만들었다. 독립예술이라는 특성이, 그 개성 강한

집단이 지향하는 바에 정직하게 다가가면 갈수록 모금활동과는 멀어지고, 우리 안의 섬처럼 고립되는 것은 아닌가 걱정스럽기도 했다. 하지만 새로운 언어로 프린지를 설명해보고, 프린지의 처음을 돌이켜보고, 함께 성장한 예술가들을 만나보면서, 우리는 프린지와 모금의 연결고리들을 발견했다. 프린지가 지향하는 바에 가까워질수록 프린지가 만들어내는 가치가 더욱 커지고, 그 가치를 인정하고 응원하게 만드는 활동은 더 쉬워진다는 사실을 스스로 납득할 수 있게 된 것이다. 이것이 우리가 모금컨설팅을 통해 얻은 첫 번째 성과이다.

<성과 ②> 프린지 모금 방향 설정과 계획마련
컨설팅 이후 프린지가 얻은 또 하나의 성과는 막연한 모금활동의 욕구가 보다 구체화되었다는 것이다. 현재 서울프린지페스티벌의 재정구조를 분석함으로써 향후 어떤 영역에 재원을 조성할 수 있을지 방향을 설정하고, 모금영역에서는 어떤 부분에 집중하는 것이 좋은지를 논의하고 실행에 옮기는 데에 어떤 것들을 고려해야 하는가 등에 대한 자문을 얻었다.

<성과 ③> 모금 전담인력 배치
마지막 성과는 재원조성과 모금활동에 대해 지속적으로 고민할 수 있는 전담인력이 생긴 것이다. 컨설팅을 진행했던 지난해에도 모금을 주요업무로 맡는 내부 조직은 분명 존재했다. 하지만 모금과 동시에 축제를 만드는 실무자이기도 한 탓에 축제기간 즈음해서는 모금 관련 활동이 전면 중단되고 말았었다. 올해 프린지는 모금TF를 구성했고, 모금 전담 인력은 축제제작 실무에서는 별도의 역할을 맡지 않고 모금설계, 실행, 사후관리에 이르기까지의 모금활동을 고른 호흡으로 진행할 수 있게 되었다.

"우리는 모금하고 있고, 당신은 기부할 수 있다."
서두에서 밝혔듯이 서울프린지페스티벌은 민간영역에서의 재원조성을 위해 모금활동을 하고 있다. 문화예술단체에 대한 기부문화가 활성화되지 않은 가장 큰 이유 중 하나는 '요청하지 않아서'라고 한다. "우리는 모금활동을 하고 있고, 당신은 기부할 수 있다"고 말하는 것에서 모금은 시작된다. 지금 이 글을 쓰는 것 역시 내게는 모금활동의 일환이다. 이 글을 읽고 프린지가 모금활동을 하는 과정을 지원해주고, 지속적으로 자가성장 해나갈 수 있는 동력이 되어줄 파트너를 만난다면, 더없이 큰 성과로 기억할 수 있을 것이다. 나중에는 프린지가 모금활동을 통해 큰 성과를 올렸다는 내용으로 다시 한 번 독자들을 만날 수 있기를 희망한다. 동지들의 뜨거운 관심과 응원이 필요하다.

필자소개
송추향은 서울프린지페스티벌에서 대외협력 및 모금활동을 담당했다. [문화잡지 보일라]기자, 민간싱크탱크 (재)희망제작소 연구원, 재활용자선가게 (재)아름다운가게 매장매니저를 지냈다. 지금은 보리출판사에서 일하고 있으며 자급자족을 꿈꾸는 생활문화기획자, 비주류문화발전소라는 1인조직의 유일한 멤버이다.

(3) 마당극패 '우금치' 사례 [42]

스물아홉살 극단의 현재진행형 고민

「2017 공연예술실태조사」에 의하면 1990년~1994년 사이에 대전에서 창립된 공연단체의 비율은 9.9%이다. 이 중 민간 공연단체는 9.7%, 또 그 중에서도 마당극과 같은 복합장르를 다루는 단체는 3.1%에 불과하다. 바로 이 3.1%에 속하는 (사)마당극패 우금치는 1990년 창립 당시부터 지금까지 구조를 갖춘 조직을 운영하고 모든 단원이 극단 전업활동을 하고 있다. 예술경영지원센터의 <2018 예술경영 우수사례 공모>에서 민간분야 문화체육관광부 장관상을 수상한 29년간의 단체 운영 노하우를 담은 발표 내용도 인상적이었지만, 발표 현장에서 더욱 돋보인 것은 수상 후 서로를 얼싸안고 격려하던 단원 간의 모습이었다. 대전을 기반으로 대전 변두리 포도밭 조립식 가건물, 폐교 등으로 장소를 옮기고 공연장상주단체로 청소년문화센터에 입주하다 현재의 보금자리를 마련하기까지 쉼 없이 꾸준히 달려 온 단체의 이야기를 서면으로 들어보았다.

예술경영지원센터 <2018 예술경영 우수사례 공모>에서의 문화체육관광부 장관상 수상을 축하드립니다. 이번 공모에 참여하게 된 계기는 무엇인가요?
이번 기회를 통해 우리 극단에 대한 객관적인 평가를 받아보고 싶었습니다. 다른 단체들은 어떻게 운영하고 있는지 궁금하기도 했고요. 많은 사람들이 '우금치는 대전의 자랑이다', '대단하다'라고 말씀해주시지만 정작 우리 단원들은 대체 우리가 뭘 잘하고 있다는 것인지 잘 알지 못하거든요. 그저 해해년년이 버틴다는 심정이 더 크니까요. 공모사업에 지원하고 발표도 준비하면서 우리를 돌아보는 계기를 마련하고 객관적인 평가를 받아보자는데 의의를 두었습니다. 상금에 대한 유혹도 없었다고는 못하겠어요.

마당극패 우금치에 대해 간단히 소개해주세요. 1990년 창립 이후로 29년간 단체를 지속하고 계신데, 단체가 지금의 조직 운영구조를 갖추기까지의 과정을 이야기해주실 수 있으실까요?
우리 단체를 간단하게 설명하기가 참 어렵습니다. 먼저 우금치의 전신에 대해 말씀드리자면, 80년대 초반 전국적으로 민족극 계열 극단이 비약적으로 확산되던 시기에 대전에서는 1985년 대전충남지역 대학문화패 출신들로 놀이패 '얼카뎅이'를 창단하게 되었습니다.(이후 충남문화운동연합회로 확대 당시) 농촌 순회 촌극, 교육활동, 계몽활동을 하다가 1990년 '놀이패 우금치'라는 이름으로 정식 창단하게 되었어요. 단원들이 탈춤, 연극 동아리 선후배로 만난 사이이고, 그러다보니 예술단체로서의 전문성이 떨어지는 게 아쉬워 시작할 때부터 공동운영·공동창작을 지향하며 월급제·상근제·출퇴근제를 도입하고 본격적으로 풍물·소리·춤 등 전통연희 장르를 배우게 되었죠. 창단부터 대표 외에 회계와 자료·기록정리를 담당하는 사무국과 단원훈련 및 창작을 담당하는 예술국으로 조직을 갖추어 시작했어요. 현재는 크게 대표와 운영위원회로 이루어져 있고, 총무국·기획실·기술국·예술국으로 규모가 꽤 커졌어요. 모든 단원이 배우이자 스텝이고 기획부터 행정업무까지 도맡아 하고 있습니다.

'마당극패'의 특성상 단원들 간의 화합과 공동체성이 매우 중요한 것으로 보입니다. 장기적인 단체 운영이 쉽지만은 않았을 것 같은데 어려운 점이 있다면 무엇일까요?

[42) 예술경영지원센터, 예술경영웹진 (2018.12 20)

세 가지 정도로 정리할 수 있을 것 같아요. 첫 번째는 같이 벌어 같이 책임진다는 공동체성 자체입니다. 다른 공연단체들도 그렇겠지만 우리도 창단부터 지금까지 가장 큰 화두이자 고민이 '공연으로 먹고 살기'입니다. 민간단체가 정부 지원금 없이 16명의 단원들에게 월급을 지급하며 단체를 유지하기는 너무나 힘이 듭니다. 지원사업으로 받는 보조금에 해마다 목숨을 거는 것도 답답하기만 하구요. 더구나 지원사업·축제·문화복지의 확대로 무료공연이 많아져서 초청공연이나 기획공연이 설 자리가 점점 좁아지고 있습니다. 두 번째는 가치관의 차이와 동인시스템 운영의 어려움이에요. 초창기에는 단원 모두가 같은 가치관과 지향점으로 시작했기 때문에 의사결정도 쉽고, 공동창작과 공동운영이 가능했어요. 그런데 점차 외부적으로는 사회적 가치관과 공연시장이 변화하고, 내부적으로는 단원 간에 예술적 격차와 세대차이 등이 생기더군요. 동인시스템이나 공동운영, 책임제 등이 고지식한 운영방식은 아닌지, 제작시스템을 프로젝트 시스템으로 바꾸어야 하는 것은 아닌지 많이 고민하고 있습니다. 공동운영은 충분한 토론을 거쳐 합의점을 찾아가기 때문에 상대적으로 매우 더디게 움직이게 됩니다. 여기에 단원들 간에 의견차가 생길 경우 토론에 많은 시간을 들이게 되구요. 셋째는 전문기획자의 부족을 들 수 있어요. 지원사업, 행정업무, 공연유통을 책임지고 갈 전문기획자가 있으면 좋겠지만 대전의 민간단체에 기획 하러 오려는 사람은 없죠. 앞서 언급했듯이 단원들이 작품 외적으로도 지원사업에 서류작성, 정산, 작품 홍보에 티켓 판매까지 하다 보니 늘 지쳐있습니다. 단원 개개인이 나는 예술가인가? 그냥 생활인인가? 하는 자기 정체성에 대한 고민을 안고 삽니다.

그렇다면 무엇이 우금치를 지켜내고 있나요? 어려운 여건에도 불구하고 극단을 지속해 온 방법이 있다면 말씀해주실 수 있으실까요?

그럼에도 불구하고 우리가 버티는 비결이라면, 공연을 하니까요. 작지만 공연으로 월급도 받으니까요. 첫째는 현재 순회하는 공연 레파토리가 7개가 있으며 언제 어디서든 공연이 가능합니다. 마당극이라는 장소에 구애받지 않는 장점도 있구요. 그런 밑바탕에는 단원들의 극단에 대한 자부심과 주인의식 때문이라고 봅니다. 저를 포함한 단원의 절반 이상은 '우금치가 내 인생이다'라고까지 이야기해요. 16명의 단원 중 7명이 우금치의 시작부터 함께 해 온 창단 멤버이고, 또 3명은 십수 년을, 나머지 6명도 3~7년 정도 함께 해 온 사이에요. 어떤 일이든 선후배 상관없이 배우부터 스텝업무를 같이 합니다. 다른 곳에서 사회생활을 했던 신입단원이 이런 격 없이 지내는 가족 같은 분위기에 당황하는 경우도 있었어요. 두 번째로는 합리적인 운영과 재정을 투명하게 공유하는 것입니다. 저도 최근에 알게 되었는데 보통의 예술단체, 극단들은 대표가 중심이다 보니 재정공유가 되지 않더라고요. 우금치는 모든 수입과 지출을 공유하고, 대표라도 10원 한 장 마음대로 쓸 수 없습니다. 저는 이게 바로 신뢰의 기본이자 지금까지 우리가 지속될 수 있었던 방법이라고 생각해요. 매일 조·종례를 진행하고 부서별 주회의·운영회의, 월례회의를 개최합니다. 상·하반기에는 총회도 열고요. 회의를 통해 모든 사업과 이슈를 점검하고 논의합니다. 사실 이 방식이 모두가 주인의식을 갖고 일에 참여한다는 장점도 있지만 일을 처리하는데 많은 시간이 소비된다는 단점이 있기도 해요.

후원회원과 후원금의 규모는 어느 정도인가요? 지속적으로 후원금, 후원회원을 유치하는 비결이 무엇인지 궁금합니다.

현재 384명의 후원회원, 3개 후원기업이 우금치를 후원해주시고 있습니다. 연간 정기후원금으로 약 6천만 원, 공연후원이나 기타협찬으로 2~3천만 원 등을 합산하면 후원금 규모는 연간 약 8천만

원 정도 됩니다. 사실 비결이라고 하기 뭐하지만 단원들이 문자나 SNS, 전화를 부분적으로 나누어 관리하며 회원들과의 관계 맺기를 하고 있어요. 초대권 발송이나 기부금영수증 발급, 소식지 발송 외에도 후원회원들에게 생일 메세지와 선물을 드리고 있습니다.

조직운영, 홍보마케팅, 재원조성과 같은 단체 운영에 변화를 시도하는 동기가 있다면 무엇인가요? 변화를 위해 무엇을 시도하셨는지, 어떤 성과가 있었는지 궁금합니다.

자생력에 대한 위기감이 들기 때문입니다. 단체 운영 중 지원사업에 대한 의존도가 70%가 넘습니다. 대부분 사업공모로 선정되어야 하는 연간 사업이라 불안정하고 장기적인 계획을 세울 수도 없습니다. 결국 대안으로 최대한 보조사업 의존도를 줄이고 자생적으로 재원을 마련할 수 있는 방안을 찾고 싶은 거죠. 올해 처음으로 예술경영지원센터 '재원조성 모델발굴 사업'으로 컨설팅을 받아 기업후원행사 <별별첫만남>, 개인 후원행사 <마당포유>를 진행해 봤습니다. 생전 처음 받아보는 컨설팅이라서 단원들이 이해하고 해석 하는 데에 많은 차이가 있었어요. 결론적으로는 모든 것이 알아서 얻어질 수는 없고, 우리 일은 우리가 나서서 해야 한다는 것을 깨달았습니다. 그럼에도 매우 만족스러운 점은 컨설팅을 해주셨던 분들과 좋은 인연을 맺었고, 어려운 상황이나 판단이 힘들 때는 자문을 구할 수 있는 곳이 생겼다는 것입니다. 그리고 가감 없이 객관적인 시선으로 우금치를 평가해주고 조언해주어 자극이 되었다는 것입니다. 현재 우금치의 기획 능력을 파악할 수 있는 기회도 되었습니다.

마지막으로 우금치의 향후 목표나 계획이 있다면 말씀해주세요.

28년간 전국을 누비며 공연을 해오다 2016년 대전 대흥동에 '별별마당 우금치'라는 공간을 만들었습니다. 기업·개인후원·스토리펀딩까지 총 2억 7천여 만원의 후원금으로 일부 공간을 보수한 상태인데, 아직 극장을 완성하지는 못해 본격적으로 작품을 올리지는 못했어요. 우선 극장 꼴을 갖추는 계획이 첫 번째이고 완성된 극장에서 활발하게 공연을 해내는 것이 그 다음 목표입니다. 자생력을 갖추기 위해서는 극장 상설공연과 교육사업 등을 병행하고 순회공연·상설공연·마당극 저변확대를 위한 교육 사업에 매진할 계획입니다. '별별마당 우금치'를 대전의 명소 문화브랜드로 만드는 것입니다. 대전의 먹거리로 유명해진 성심당 튀김 소보루처럼 대전의 볼거리로 이름난 마당극패 우금치가 되기 위해 노력할 것입니다.

필자소개

성장순은 (사)마당극패 우금치의 배우이자 '별별마당 우금치' 극장장이다. 우금치 공연기획을 총괄해왔으며 한국연극협회 대전시지회 부지회장이자 성결대·상명대·단국대에 출강 중이다. 마당극 <덕만이 결혼원정기>, 단편마당극 <말이 된 사마장자>, 소리 재담극 <리어왕> 등을 썼다.

[참고문헌]

- 김재중 외(2021). 「한국문화예술 재원흐름 동향조사: 분석 프레임 설정을 중심으로」
- 김주호·용호성, 『예술경영』, 김영사, 2002
- 국세청(2021), 「2021 공익법인 세무안내」
- 보건복지부 · 한국보건사회연구원, 「나눔실태 2019」, 2020
- 아름다운재단, 기빙코리아 2020, 2020
- 안광호·하영원·박흥수, 『마케팅원론』, 학현사, 2004
- 안운석·장형섭, 『마케팅의 이해』, 도서출판 두남, 2003
- 예술경영지원센터, '2013전문예술법인단체 백서', 2013. 9. 10
- 예술경영지원센터, 문화예술단체를 위한 기부금 모금 입문편, 2010
- 예술경영지원센터, '2013모금스쿨-문화예술분야 재원조성 실무' 강의자료, 2013
- 예술경영지원센터, '2010 예술경영 아카데미 모금스쿨 : 문화예술분야 기부금 모집 전문가 양성과정' 강의 자료, 2010
- 예술경영지원센터, '문화예술 기획경영 아카데미-전문예술법인단체 재원조성 캠프' 강의자료, 2010
- 예술경영지원센터, 통계로 읽는 공연예술 10년, 2021
- 예술경영지원센터, 2021전문예술법인·단체 백서, 2022
- 예술경영지원센터, 2014 예술경영컨퍼런스 자료집
- 예술경영지원센터, 예술경영웹진
- 예술경영지원센터(2021), 「2021 전문예술법인·단체_제도설명회 자료집」
- 예술경영지원센터(2009), 「문화예술단체 연차보고서 작성 매뉴얼」
- 이중한 외, 『기업의 문화예술 지원과 방법』, 신구미디어, 1994
- 전국경제인연합회, '2013년 기업·기업재단의 사회공헌백서', 2013
- 정무성, "사회복지관의 후원자 개발을 위한 마케팅 전략에 관한 연구", 카톨릭대학교, 1998

- 크레이그 드리존 외, 이은옥·용호성 옮김, 『예술경영, 어떻게 할 것인가』, 민음사, 1997
- 한국과학기술기획평가원, 이슈페이퍼 2013-18 '지분투자형 크라우드펀딩 : 창조경제 활성화와 국민상상 실현을 위한 새로운 투자방법', 2013
- 한국모금가협회, 기부자와 소통해요 투명성업 챌린지, 2019
- 한국문화예술위원회(2021), 「문화예술후원 매개인력 신직업화 연구」
- (사)한국예술경영학회, 사례로 본 한국 예술경영, 2021
- Bekay Ahn, 비영리단체 모금전략, 예영커뮤니케이션, 2010
- Fine, S, H. (1992) Marketing the Public Sector New Brunswick, NJ : Transaction Publishers, 정무성 前揭論文에서 재인용

제4장

문화예술단체와 기업협찬

제1절 기업과 예술
제2절 기업의 ESG경영
제3절 메세나
제4절 협찬의 과정
제5절 기업과의 성공적인 파트너십 구축
제6절 협찬과 관련한 세무

이 장에서는 재원조성의 한 부분인 협찬에 대해 살펴보기로 한다. 협찬이란 후원의 한 방식이라고 볼 수 있으며, 후원자가 예술단체에게 금전이나 물품 등을 제공하여 일정한 활동을 할 수 있도록 해주는 대신 예술단체는 후원자에게 광고 등의 반대급부를 제공하는 것이다. 기업 입장에서 단지 기업 또는 제품의 홍보효과를 극대화하기 위하여 예술단체 또는 공연이나 축제에 협찬을 하였다면, 협찬이 후원의 한 형태라고 볼 수는 없을 것이다. 그러나 현실적으로 대부분의 협찬이 예술단체의 요청에 의하여 이루어지고 있으며, 기업에서도 이러한 요청에 대하여 홍보의 효율성이나 효과성만을 따지는 것이 아니기 때문에 협찬을 후원의 한 형태라고 볼 수 있는 것이다. 협찬은 반대급부가 있다는 점에서 앞서 설명한 기부와는 중요한 차이가 있다.

기부는 단체에서 행하는 고유목적에 대한 관심과 동의, 단체가 고유목적을 달성할 수 있도록 도와준다는 목적을 갖고 이루어지기 때문에 일반적으로 문화예술단체 자체를 대상으로 이루어진다. 반면에 협찬은 단체에서 행하는 구체적인 사업에 대하여 이루어지는 경우가 더 많다고 할 수 있다. 물론 일정 기간을 정해 단체에서 행하는 모든 사업과 단체 자체의 홍보를 대상으로 협찬을 할 수도 있지만, 자주 발생하지는 않는다.

기부는 DM, ARS 등 불특정 다수를 대상으로 모집행위를 하는 경우가 많으며, 기부를 모집하기 위해 또는 기부한 사람을 위해 별도의 행사나 이벤트를 개최하기도 한다. 상대적으로 협찬의 경우에는 사업에 적합한 기업을 대상으로 직접적인 접촉에 의해 협찬 유치 행위가 이루어지기 때문에 이벤트를 여는 경우는 별로 없다. 다만, 행사 규모가 크고 협찬자가 다수일 경우 이들을 대상으로 설명회를 겸해 이벤트를 하기도 한다.

기부는 개인과 기업 모두에게 적용되지만 협찬은 특성상 기업에 의해 이루어진다. 협찬은 기부와 달리 예술단체에서는 후원자에게 대가를 지불하게 되는데, 기업은 그 대가를 통해 특정한 수요나 이익을 창출하게 된다. 기업 입장에서는 같은 돈을 들여서 더 많은 효과를 보는 매체 또는 방법을 선호하게 되는데 문화예술단체, 문화예술 공연 또는 축제에 협찬을 하는 것은 그러한 효과성과 함께 후원의 개념을 포함하게 되는 경우가 대부분이며, 잘 활용하면 오히려 높은 효율을 가져올 수도 있다.

이 장에서는 어떻게 하면 문화예술과 기업이 서로 Win-Win할 수 있는 목표를 찾아나갈 수 있는지, 그러한 기업과의 협업은 어떤 형태로 이루어질 수 있는지를 알아보도록 한다.

제1절
기업과 예술

기업은 다양한 목적과 방법으로 예술과 관련된 지출을 하고 있다. 대기업을 중심으로 기업문화재단을 설립하여 공간 운영이나 자체 사업을 진행하기도 하고 예술단체를 지원해 주기도 한다. 이러한 활동은 경영자 또는 소유자의 기호일 수도 있고 기업의 사회공헌활동의 일환이기도 하며, 민간문화재단에 대하여는 제2장 제6절에서 설명을 하였다.

굳이 문화재단을 설립하지 않더라도 기업은 예술단체에 직접 후원을 하기도 한다. 표면상으로는 기업의 사회공헌활동이겠지만 때로는 인간관계상 기부나 협찬을 할 때도 있다. 기부의 경우 협찬보다 사회공헌적인 성격이 더 강하며 이에 대하여는 제3장에서 설명하였다.

이 외에도 기업의 필요에 의해 예술을 소비하는 경우도 있다. 직원의 복리후생, 조직문화 개선, 홍보·마케팅 수단, 교육훈련, 접대 등을 목적으로, 티켓을 구매하고, 도서를 구입하고, 예술가를 초빙하여 강연을 듣고, 때로는 예술단체를 초청하여 체험을 하거나 공연을 관람하기도 한다. 또한 건물이나 사무환경 개선을 위해 미술품을 구매하는 등 소비자로서의 역할을 한다. 최근에는 수익 창출을 목적으로 하는 공연에 대한 투자 및 미술품 구입 등도 발생하고 있다.

소비자 또는 투자자로서의 기업은 문화예술단체 입장에서는 고유목적 활동을 통하여 접점이 이루어지게 되므로 재원조성과는 크게 관계가 없다. 그렇지만 지원자 또는 후원자로서, 소비자 또는 투자자로서의 구분이 애매한 경우도 많다. 예를 들어 기업이 어떤 공연에 협찬을 했을 때 기업의 주요 거래처 임직원을 초대하기도 하며, 직원들이 단체 관람을 하기도 한다. 특정 작가의 미술품을 구입하여 로비에 전시한다고 하였을 때 예술가를 후원하기 위한 목적과 사무환경 개선과 미술품 투자의 목적이 혼재되어 있을 수도 있다. 따라서 협찬의 방식으로 기업과 접촉을 할 때에는 소비자로서의 기업에 대한 욕구를 이해하는 것이 바람직하다.

다시 한번 정리해 보면, 기업이 예술에 금전을 지출하는 목적은 사회공헌, 조직관리, 마케팅 측면으로 크게 구분할 수 있다. 인터넷이나 언론을 통해 기업의 사회적 책임이나 사회공헌에 대한 이야기를 자주 볼 수 있는데, 기업의 '사회적 책임'이라는 것은 사회봉사활동, 사회복지에 대한 지원 등과 같은 활동뿐만 아니라 기업의 활동이 환경에 미치는 영향, 고용이나 노동에 대한 문제, 기업인의 도덕적인 문제 등 상당히 광범위한 개념이기 때문에 '기업과 예술'(Art&Business)에 관한 이야기를 할 때에는 사회공헌에 초점을 맞추는 것이 바람직해 보인다.

그렇다면 기업은 왜 사회공헌 활동을 할까? 대부분의 기업은 초기에 내부 또는 외부 압력이나 의무감으로 수동적인 상태에서 사회공헌 활동을 시작하게 된다. 이후 사회공헌 활동에 대한 긍정적인 효과를 누리게 되면 전략적인 측면에서 접근을 하게 되며, 결국 회사의 가치가 높아지는 경험을 한다. 사회공헌 활동을 하다 보면 직원들의 충성심 등 점점 내부적 효과가 발생하고, 사회공헌 활동을 통한 다양한 고객과의 소통이 혁신과 개발로 이어지게 되는 것이다.

사회공헌의 유형으로는 기부, 직접 봉사, 기업 차원의 좋은 사업을 하는 것 등이 있다. 우리나라 기업들이 사회공헌 활동을 시작한 시기는 일부 기업을 제외하고는 대부분 20여 년 전부터 일 것이다. 이때에는 의무감에 의해 사회공헌 활동을 하는 수준이었지만, 이후 기업들은 사회공헌을 지속가능 경영을 위한 투자로 서서히 인식하기 시작하였다. 그러나 투자라는 개념에서 사회공헌을 본다면 역으로 투자에 대한 효과(return)에 관심을 갖게 된다. 이런 측면에서 본다면 예술이 다른 어떤 분야보다도 유리할 수 있으며, 향후 기업의 사회공헌 활동이 예술분야로 더욱 확대될 가능성이 높다.

기업이 예술과 연계된 활동을 하는 것은 사회공헌 외에도 기업의 마케팅적인 접근을 주목할 필요가 있다. 기업의 사회공헌 활동에는 예술보다도 사회복지 또는 환경 등이 우선시되고 있지만, 마케팅 관점에서 문화예술과 관련한 구체적인 개념이 조금씩 정립되기 시작한 것이다. 21세기에 접어들며 '문화마케팅'이라는 단어가 사용되기 시작하더니 한동안 우리나라에서 이 단어를 아주 쉽게 그리고 자주 접할 수 있었으며, 처음 용어가 사용되기 시작한 후 불과 1~2년 만에 문화마케팅은 기업의 필수적인 요소로 거론되기도 하였다. 이후 '아트마케팅' 또는 '컬처노믹스'와 같은 단어가 사용되기도 하였다. 문화라는 단어가 너무 포괄적이기 때문에 굳이 예술이라는 단어를 붙여 아트마케팅이라고 하지만 실제 내용은 문화마케팅과 동일하게 보아도 무방할 것이다. 컬처노믹스(Culturenomics)는 문화(Culture)와 경제(Economics)를 합한 신조어로서 문화를 경제적인 관점에서 바라보고 활용하는 모든 활동을 의미하므로 문화마케팅보다는 조금 더 확대된 개념으로 사용되었다.

이 외에도 '메세나(Mecenat)'라는 용어가 과거로부터 사용되어 오고 있다. 메세나는 고대 로마제국의 재상으로 예술가를 후원했던 마에케나스의 인명에서 유래된 프랑스어로 기업이 문화예술 지원을 통해 사회에 공헌하고, 국가 경쟁력에 이바지하는 활동을 의미한다. 메세나가 문화예술을 자선 관점에서 바라보는 소극적 접근이라면, 문화마케팅은 문화예술을 파트너십으로 바라보는 투자관점의 적극적 접근이라 하겠다. 시대적인 변화에 따라 메세나의 개념 자체를 확대하여 사용하는 경향도 나타나고 있다. 메세나는 어떠한 반대급부를 노리지 않고 문화 및 사회의 여러 분야를 지원하는 자선(Philanthropy)의 의미였지만, 산업화 이후 점차 문화후원(Sponsorship)의 개념으로 인식되었으며 현대에 이르러 문화에 대한 투자를 바탕으로 기업과 문화예술의 상호이익을 추구하는 방향으로 진화한 것이다.

점차 기업의 경영전반에 문화예술이 활용되기 시작하였고, 이를 문화마케팅이라는 울타리에 담아내기가 부족하여 '문화경영'이라는 용어가 보편적으로 사용되기도 하였으나 최근 기업에서는 사회공헌에서 더 나아가 ESG경영이 화두로 떠올랐다. 기업의 ESG경영은 예술과 접목될 부분이 많이 있으며 한국메세나협회에서도 최근에는 'ESG+메세나' 또는 ESG With Mecenat'와 같은 표현을 쓰고 있다. 예술단체, 공연장, 박물관 등도 ESG경영에 관심을 가져야 하지만 예술계에서 기업의 ESG경영에 대하여 잘 알지 못하면 점점 예술과 기업의 접점이 멀어질 수 있을 것이다.

전국경제인연합회가 1993년부터 발간해 온 「주요 기업 및 기업재단 사회공헌백서」는 2017년에 중단되었고, 2018년부터 UN 지속가능발전목표(SDGs:Sustainable Development Goals)[1] 연계성 분석, 주요 기업의 사회적 가치 창출 현황 등을 추가하여 「주요 기업의 사회적 가치 보고서」를 발간하고 있다. '2030 지속가능발전 의제'라고도 하는 지속가능발전목표(SDGs)는 '단 한 사람도 소외되지 않는 것(Leave no one behind)'이라는 슬로건과 함께 인간, 지구, 번영, 평화, 파트너십이라는 5개 영역에서 인류가 나아가야 할 방향성을 17개 목표와 169개 세부 목표로 제시하고 있다. 2021년 보고서의 특이점은 'ESG 및 기타 사회적 가치 실현 사례'가 추가된 것이다. 참고로 2021년 보고서의 주요 내용을 살펴보면, 주요 기업 191개사가 2020년 한 해 동안 지출한 사회공헌비용의 총 규모는 2조 6,122억 7,779만 원, 평균 금액은 136억 7,685만 원으로 조사되었으며, 매출액 대비 사회공헌 지출 비용은 0.18%로 나타났다. 분야별로는 '취약계층 지원'에 대한 지출 비중(33.8%)이 가장 높았으며, 이어 '교육·학교·학술'(24.9%), '문화예술·체육'(12.1%), '응급·재난구호'(4.3%) 순이었는데, 문화예술은 체육과 함께 분류가 되어 있어 실제로 얼마나 지출이 되었는지 파악하기는 어려운 상황이다.

    기업의 협찬에 대한 설명에 앞서 기업의 ESG경영과 메세나에 대하여 살펴보고, 향후 예술단체들이 기업과 관계를 형성할 때 어떠한 노력을 하고 어떻게 접근할 지에 대하여 제언하고자 한다.

---

[1] UN SDGs는 2015년 제 70차 UN총회에서 2030년까지 달성하기로 결의한 것으로 지속가능발전의 이념을 실현하기 위한 인류 공동의 17개 목표로 구성되어 있다.

제2절
기업의 ESG경영

우리나라는 1998년 이후 IMF의 권고에 따라 회계제도 개선에 많은 노력을 기울여왔다. 기업에 투자를 하거나 대출을 할 때 가장 많은 정보를 제공해 주는 회계 자료를 신뢰할 수 없었다는 것이 IMF의 의견이었다. 제도 개선을 꾸준히 해 오고 있지만 과연 회계자료만 갖고 기업을 평가하여 투자를 하거나 금융을 일으키는 것이 바람직한 것인가에 대한 의구심은 그동안 계속 있어왔다. 기업 입장에서는 단기적인 수익성도 중요하지만 경영에 악영향을 줄 수 있는 위험 요소를 어떻게 최소화할 것인가에 대한 고민을 필수적으로 해야만 했다. 기업이 경영활동을 하며 환경문제를 일으킬 경우 사회적 지탄을 받게 되며 기업은 위기에 봉착하게 된다. 간혹 언론에 오너의 2세 또는 3세가 사회적 물의를 일으키는 보도가 나오게 되면 기업은 타격을 받게 된다. 이러한 것들을 종합하여 20여년 전에 '기업의 사회적 책임(Corporate Social Responsibility, CSR)'이라는 용어가 등장하여 사용되었으나 '책임'이라는 단어가 너무나 광범위하고 부담스럽게 작용을 하여 '지속가능경영'이라는 용어를 더 많이 사용하게 되었다. 기업에서는 이를 위한 행위를 사회공헌활동이라고 부르게 되었고 대부분의 대기업 또는 금융회사에는 사회공헌팀이나 사회공헌 담당자가 있었다.

시간이 흘러가며 기업에서는 이러한 활동에 대한 성과를 측정하고 평가하여 경영에 환류하고 싶어졌고, 투자자나 금융회사 입장에서도 투자나 대출 시에 이러한 내용을 반영시키고자 하였다. 그동안은 재무적인 성과 지표가 주로 사용돼 왔으나, 최근 들어서는 비재무적 측면을 고려하는 지표가 필요해졌고 이를 개념적으로 정리한 것이 ESG이다. ESG는 비재무적 요소를 환경(environment), 사회(social), 지배구조(governance)로 구분하여 지표를 개발하고 이를 토대로 비재무적 측면을 평가하고 분석하려는 것이다. 기업들이 지구온난화 방지를 위해 온실가스 배출을 줄이는 노력을 하는지, 사회적 이슈와 관련한 문제가 발생할 소지는 없는지, 기업의 지배구조는 건전한지 등을 고려하는 것이며, 여기에 관심을 갖는 기관투자가나 금융회사가 많아지며 기업들도 이러한 기준을 충족시켜야만 하게 되었다. 대기업이 ESG경영에 관심을 갖고 다양한 노력을 하게 되면, 대기업에 납품을 해야 하는 중견·중소기업들도 이러한 기준을 따라가야 거래를 할 수 있는 상황이 전개되고 있다.

전 세계적으로 기관투자가를 위한 ESG 투자 기준 확립에 가장 앞장서 있는 곳은 유엔(UN)과 유럽연합(EU)이다. 영국은 2000년도에 연기금을 중심으로 'ESG 정보 공시 의무제도'을 처음 도입하였고 이후 독일 등 유럽 국가들이 동참하기 시작하였다. 유엔은 2006년도에 ESG 투자를 위한 책임투자원칙(PRI:Principles for Responsible Investment)을 통해 '사회책임투자 6대 원칙'을 제시하였다. 현재 ESG 공시를 의무화한 유럽 국가는 20개국이며 점차 확대되고 있다.

글로벌 ESG 트랜드가 한국에도 영향을 주면서 많은 기업이 ESG경영에 관심을 갖게 되었고 금융투자회사들도 ESG 투자 상품을 제공하려 노력하고 있다. 또한 금융위원회가 2025년부터 자산 총액 2조원 이상의 유가증권시장 상장사의 'ESG' 공시 의무화를 도입하고, 2030년부터 전체 코스피 상장사로 확대할 것을 계획하고 있다.

최근에는 공연장이나 박물관·미술관 등에서 ESG경영을 하겠다고 선포하는 곳도 생겨나고 있고 점차 확대되어 갈 것이라고 본다. 그렇지만 그에 못지않게 예술계에서 관심을 가져야 할 부분은 기업의 ESG경영이다. 기업의 ESG 경영에 대한 노력은 예술계의 위기이자 기회이다. ESG 중에서 예술과 가장 관계가 있는 부문은 사회(Social)이다. 아직까지 지표가 통일되어 사용되고 있는 것은 아니지만 지금까지는 주로 건강 및 안전, 노사관계, 인권보장, 사회복지 등에 초점이 맞추어져 있다. 문화예술은 기업의 ESG 활동에 주요한 요소로 자리를 잡아야 한다. 이제는 기업과 기부, 협찬 등을 진행하며 ESG를 알아야만 하며, 기업도 예술이 ESG경영에 적합한 영역이라고 인식하여야 한다. 그러한 점에서 최근 한국메세나협회에서 발표한 'ESG경영에 메세나가 필요한 10가지 이유'는 매우 시의 적절하다고 본다.

1. 메세나는 예술을 통해 공동체의 인식을 고취시킨다
2. 메세나는 ESG 실현 노력에 대한 공감을 확대한다
3. 메세나는 이해관계자 소통과 나눔에 도움을 준다
4. 메세나는 노동과 삶의 균형 보장에 기여한다
5. 메세나는 근로자 인권 증진 및 만족도 향상에 영향을 미친다
6. 메세나는 지역사회 참여 및 개발을 가능하게 한다
7. 메세나는 기업 가치를 높이고 주주 이익을 증대시킨다
8. 메세나는 공급망 협력 기회 창출을 지원한다
9. 메세나는 시민 에너지를 독려한다
10. 메세나는 새로운 세대를 위한 사회책임 이행에 협력한다

① 예술을 통한 공동체의 인식 고취
예술은 사람의 마음을 움직이는 힘을 지니고 있습니다. 예술 그 자체로 환경문제를 해결할 수는 없지만, 예술 본연의 인지적 가치와 예술행동은 우리 공동체의 인식을 고취시키고 나아가 기업의 친환경 실현 노력을 뒷받침합니다.

② ESG 실현 노력에 대한 공감 확대
예술을 통한 커뮤니케이션은 창의성과 심미성을 활용한 활동으로, 기업의 사회적 공존 추구에 대한 대중의 공감을 높입니다. 메세나활동은 지역사회와의 감성나눔을 기반으로 하기 때문에 기업이 ESG와 관련된 정보를 공개할 때 정서적 호의와 지지를 얻도록 돕습니다.

③ 이해관계자 소통과 나눔
기업의 문화예술 사회공헌활동은 지역주민을 비롯한 이해관계자와의 문화적 소통을 가능케 하며, 문화나눔을 통해 소득·세대·지역에 구애받지 않고 공동체의 일체감을 조성하여 비차별사회 구현에 기여할 수 있습니다.

④ 노동과 삶의 균형 보장
문화예술은 기업현장에서 근로자들의 정신적 복지를 증진시키고 여가친화적 문화가 스며들게 함으로써 근로자의 삶의 질 향상에 큰 영향을 줍니다. 미국의 메세나기구인AFA(American For the Arts)는 예술이 노동력을 양성하는 데 도움을 준다고 밝히고 있습니다.

⑤ 근로자 인권 증진 및 만족도 영향
포춘이 선정하고 있는 '미국에서 일하기 좋은 100대 기업 리스트'는 직원 응답조사를 기반으로 작성됩니다. 문화예술은 직원 만족도를 높이므로 기업의 사회적 성과를 측정하는 데 있어 기업신뢰도, 존중, 자부심, 동료애 등에 관한 항목에서 긍정적인 답을 이끌어 낼 수 있습니다. 오늘날 기업에서 직원은 가장 중요한 자산이기 때문입니다.

⑥ 지역사회 참여 및 개발

구리 제련소의 폐기물로 인해 황폐화 되었던 일본의 나오시마섬은 베네세그룹의 예술 프로젝트를 통해 미술관을 갖춘 문화명소로 탈바꿈했습니다. 환경이 오염되고 주민들이 떠났던 어촌 마을은 지역 재건을 위한 기업의 투자를 통해 자연과 예술이 조화된 유명 관광지가 되었습니다. 사회 문제 해결을 위한 메세나활동은 공동체의 문화적 재생과 지역 개발에 기여할 수 있습니다.

⑦ 기업 가치 향상과 주주 이익 증대
기업의 가치를 높이는 것은 주주들에게 이익을 돌려주는 일과 같습니다. 예술은 인간의 내적 성숙을 이룰 수 있는 정신활동이며, 예술이 근원적으로 추구하는 아름다움은 개인의 윤리성, 관계 건전성과도 연관됩니다. 따라서, 문화예술로 가꾸는 기업문화는 개개인의 윤리적 성숙을 통해 평판 위험, 인적 위험 등의 비재무 위험에도 대응하는 힘을 발휘하게 됩니다.

⑧ 공급망 협력 기회 창출
기업들은 지속가능성 이슈를 내포한 예술 컨텐츠를 지원하는 방향으로 메세나 정책을 운영할 수 있습니다. 이를 바탕으로 쌓은 차별화된 신뢰는 ESG 시대에 새로운 공급망 협력 기회를 만들어낼 수 있습니다.

⑨ 시민 에너지 독려
ESG 경영환경에서 비즈니스를 변화시킬 수 있는 시민들의 힘은 대단히 큽니다. 기업의 ESG 활동에 예술의 메시지 생산력과 아이디어가 결합되면 환경·사회 등급이 높은 제품이나 서비스를 선호하는 시민 에너지를 독려할 수 있습니다. 예술은 기업이 지향하는 가치의 파이를 키워 미래의 수익 잠재력을 높이는데 기여합니다.

⑩ 새로운 세대를 위한 사회책임 이행
밀레니얼 세대는 기업의 사회 기여를 대단히 중시합니다. 특히 문화예술에 관심이 많은 MZ세대에게 메세나활동은 기업의 사회책임경영 가치를 확인시켜 줄 수 있는 좋은 도구입니다. 또한 아동·청소년 예술교육 지원 활동은 미래 자산인 4C(Creative, Communication, Critical Thinking, Collaboration)를 배양할 기회를 제공하는 사회적 투자(social investment) 수단입니다.

제3절

메세나

1. 메세나의 이해

메세나(Mecenat)는 로마제국의 정치가인 가이우스 클리니우스 마에케나스(Gaius Clinius Maecenas, B.C 76~ A.D 8)라는 실존 인물의 이름으로부터 유래되었으며 마에케나스는 아우구스투스 황제의 충신이자 문화예술의 보호자로서 당시 시인인 비르길리우스와 호라티우스 등을 극진히 보호해 예술 진흥에 크게 기여했다.

이와 같은 유래의 근본 취지를 그대로 담고 있는 프랑스어인 메세나는 예술, 문화, 과학에 대한 두터운 보호와 원조를 의미하는 것으로 기업이 행위 주체가 되고 문화예술이 행위의 대상이 되어 동등한 상호 호혜 관계에서 이루어지는 기업의 문화예술 후원 활동으로 정의될 수 있다. 이는 기업이 사회로부터 취득한 이윤을 다시 사회로 환원하는 의미를 가지며 조건 없는 지원을 통해 문화예술의 발전을 도모하여 삶의 질을 한층 높이는 데에 근본적인 의의가 있다.

기업의 메세나 활동은 문화예술 분야에 국한하여 협의로 사용되기도 하지만, 넓은 의미로는 기업의 사회참여 활동 또는 기업의 사회공헌 활동의 하나로서 문화예술 이외에 장학 학술, 스포츠, 사회복지, 환경보호, 지역사회 개발 등의 분야까지 포괄하고 있다. 이러한 사회공헌 활동 분야는 고정되어 있지 않으며 사회적인 필요에 따라 새로운 분야들이 추가 될 수도 있다.

프랑스에서 메세나는 광의로 해석되어 문화예술 이외에 스포츠의 지원, 사회적, 인도적 입장에서의 환경이나 사회복지에 대한 공익사업지원까지도 포함하나 국내에서는 문화예술에 대한 후원 활동에만 한정된 의미로 사용되고 내용적으로 스폰서십이나 파트너십과 동일한 의미를 갖고 있다.

1980년대 이후 기업들은 전통적인 자선의 개념에 토대를 두고 있는 전략적 자선(Strategic Philanthropy)활동을 활발히 펼치기 시작했으며 우리나라에서는 1994년 한국기업메세나협의회(Korea Business Council for the Arts)의 설립으로 이 용어가 통용되기 시작하였다.[2]

2. 우리나라 메세나 역사

기업에 의한 예술지원이 본격화 된 것은 1967년 미국 뉴욕에 BCA(Business Committee for the Arts)가 설립되면서 부터다. 이후 유럽에 전파되고 여러 나라에서 다양한 예술지원조직이 탄생했는데 아시아에서는 1990년 일본에 '기업메세나협의회'가 창립되고 1994년 5월 우리나라에 '한국기업메세나협의회'가 생기게 되면서 기업에 의한 예술지원이 본격화 되었다.

우리나라의 경우, 문화예술을 포함하는 공익부문에 대한 기업의 지원은 1970년대부터 시작되었는데, 경제성장에 따라 기업은 재정적 능력을 확보하게 되었고 대기업 중심의 경제성장 전략에 따라 중소기업보다는 주로 대기업이 축적한 부를 사회에 환원해야 한다는 사회적 인식이 확대되었기 때문이다. 기업 입장에서는 축적한 재원을 이용하여 공익부문에 대한 지원활동과, 사회복지증진에 기여함으로써 경제발전과정에서 발생된 기업에 대한 부정적인 시각을 해소하는 등의 목적을 달성할 수 있었다. 우리나라 역시 유럽의 경우와 마찬가지로 기업의 공익 부문에 대한 지원은 정부의 기업재단에 대한 상속세와 증여세제의 혜택에 기인한 바가 크다고 볼 수 있다.

기업과 문화예술의 적극적인 연대가 모색되기 시작한 것은 1986년 아시안게임과 1988년 서울올림픽 개최시기부터이며 이러한 대규모 국제이벤트와 맞물려 열린 문화행사들은 기업의 문화예술에 대한 관심을 고조시키는 계기가 되었고 실제로 두 대회를 전후로 개최된 문화예술행사에 소요된 경비 총액의 상당 부분은 기업이 후원한 것으로 나타났다. 그리하여 1994년 기업과 문화예술계를 연결해 주는 '한국기업메세나협의회(현 한국메세나협회)가 발족하였는데 당시 국가 경쟁력 제고를 위한 기업과 문화예술계의 협력에 대한 정부의 정

[2] 「기업메세나 활동 방안」한국정책문화원, 1995, p7

책적 관심이 크게 강조되며 문화부와 한국문화예술진흥원(현 한국문화예술위원회)은 상장기업을 대상으로 적극적인 가입을 권유하였고, 뜻을 함께한 기업이 회원으로 참여하여 오늘날까지 이어지고 있는 것이다. 따라서 우리나라 메세나협회의 설립은 민간 영역의 자발적인 노력에서 비롯되었다기보다는 정부의 정책적 관심과 지원에 기대어 출범한 측면이 크다고 볼 수 있다.

이후 지역차원에서 메세나협회를 설립하려는 시도가 있었고, 경남과 같이 설립 이후 활발하게 활동을 하는 지역도 있지만 추진하다가 중단되거나 설립 이후 활동이 없는 지역도 여러 곳이 있다. 그동안의 우리나라 메세나협회 설립 추진현황을 요약하면 다음과 같다.

[표 4-1] 메세나협회 설립추진현황

지역	창립시기	명칭	활동여부	활동 상황
서울	1994.04	한국메세나협회	○	가장 활발하게 활동 중
전북	2003.06	전북메세나협의회	×	-
광주	2004.01	광주메세나협의회	×	지역메세나 태동의 움직임이 있었으나, 초기 기반 마련에 실패
강원	2005.12	강원메세나협의회	×	-
울산	2007.08	울산메세나운동 추진위원회	×	2006년 지방선거 공약사업으로 채택, 추진됨
부산	2021.12	부산메세나협회	○	2007년 부산메세나진흥원이 설립되었으나 활동이 없었고, 2021년 말에 신규 설립
경남	2007.10	경남메세나협회	○	지역 메세나사업 중 가장 활발함
충북	2008.07	충북메세나협의회	×	기업과 문화예술의 연결고리 기능에 비판적 평가로 활동 중단
제주	2015.12	제주메세나협회	○	2011년부터 제주메세나운동본부로 시작하여 2015년에 법인설립
세종	2021.02	세종시메세나협회	○	2019년부터 설립 추진

각 지역에서 메세나협회가 만들어지는 것은 매우 바람직하지만 그동안의 설립 실패 사례들을 보면, 기업이 초기부터 주도적으로 참여한 것이 아니라 예술계 내에서 메세나협회의 필요성을 인식하고 독자적으로 추진을 하였기 때문이다. 메세나협회가 없는 지역에서는 광역문화재단에서 일부 기능을 수행하고 있으나 점차 민간 기업이 주도하는 협회 형태로 발전시켜 나가야 할 것이다. 한편, 기업의 문화·예술분야에 대한 지원을 이끌어내고 민간의 후원을 활성화시키기 위해 법적·제도적 근거를 마련하고자 2013년 12월 「문화예술후원 활

성화에 관한 법률」이 제정되었는데, 세부 내용은 '4. 메세나 관련 법률의 주요 내용'에서 다시 상세하게 설명하기로 한다.

2022년 12월말 현재 우리나라에는 5개의 메세나협회가 활동하고 있으며 각 협회의 홈페이지와 국세청 공시자료를 토대로 각 단체의 사업과 예산을 간단하게 정리해 보면 다음과 같다.

3. 우리나라의 메세나협회 현황

1) 한국메세나협회

(1) 연혁

- 1994.04. 한국기업메세나협의회 설립, 제1대 회장 동아건설 최원석 회장 취임
- 1999.10. 제1회 문화예술지원기업대상 개최
- 2002.04. 1기업 1문화 운동 시작
- 2001.10. 제2회 메세나대상 개최(명칭 변경)
- 2003.09. '찾아가는 메세나' 사업 론칭
- 2004.02. '한국기업메세나협의회'에서 '한국메세나협의회'로 명칭 변경
- 2004.07. 'Arts for Children' 사업 착수
- 2005.12. '기업과 예술의 만남'(Arts&Business) 사업 출범
- 2007.03. '중소기업 예술지원 매칭펀드' 사업 출범
- 2007.05. A&B포럼 론칭
- 2007.11. 제8회 '메세나대상'을 '한국메세나대회'로 확대 개최 (시상식& 심포지엄)
- 2010.05. '메세나 Arts Friends' 론칭
- 2012.09. '메세나 CEO 문화포럼' 론칭
- 2013.02. '한국메세나협의회'에서 '한국메세나협회'로 명칭 변경
- 2013.12. '문화예술후원 활성화에 관한 법률' 국회 본회의 통과

- 2014.03. 지역특성화 매칭펀드 사업 착수
- 2015.03. 문체부 '문화예술 후원 매개단체' 인증
- 2016.12. 메세나 전국 네트워크 실무 협의체 구성
- 2019.03. 기업 문화소비 활성화 위한 세종문화회관과의 MOU 체결
- 2021.03. 제11대 회장 벽산엔지니어링 김희근 회장 취임

(2) 사업내용

① 기업과 예술의 만남
- 한국메세나협회와 한국문화예술위원회가 기업과 예술단체의 전략적 파트너십을 활성화하고자 공동 운영하는 프로그램
- 추진방향
    - 기업의 효율적인 메세나 활동을 위한 각종 정보 제공 및 카운슬링
    - 기업, 예술단체 간의 교류 사업 기획 및 운영 지원
    - 국제 메세나 유관기관 협력
- 세부활동
    - 기업, 예술단체 결연
    - 예술지원 매칭펀드
    - 지역 특성화 매칭펀드
    - 중소, 중견기업 메세나 활성화 사업
    - 기업 문화소비 활성화 사업
    - 메세나 전국망 구축 사업
    - 1기업 1미술작가 지원 사업
    - 대외협력 사업

② 문화공헌사업
- 한국메세나협회는 출연기업들과 협력하여 지역사회, 기업 임직원, 예술을 사랑하는 일반인 등과의 '문화나눔'과 문화접근성 확대를 위해 찾아가

는 메세나', 'Arts for Children' 및 'Access Arts' 사업을 기획, 운영

ⅰ) 찾아가는 메세나
- 추진방향 : 예술체험 기회 제공을 통한 지역 및 사회계층 간의 문화예술 향유 불균형 해소
- 세부활동 : 종근당 '오페라 희망이야기', 크라운해태 '찾아가는 국악캠프', 현대자동차그룹 '군인의 품격', CJ '스테이지업 문화나눔' 등

ⅱ) Arts for Children
- 추진방향 : 아동, 청소년 및 사회 구성원에게 다양한 문화예술교육 제공
- 세부활동 : 금호타이어 '나를 지켜줘', 넷마블 '창문프로젝트', 우리카드 '우리꿈나무 아트클래스', 인천국제공항공사 'On-Art School', 포스코 '1%나눔 아트스쿨' 등

ⅲ) Access Arts
- 추진방향 : 우수 문화예술단체 발굴, 육성을 통한 자립지원 및 역량강화와 일반인들의 문화예술접근기회 확대
- 세부활동 : 두산연강재단 두산아트스쿨 '창작워크숍', 메트라이프생명 사회공헌재단 'The Gift' 등

③ 조사연구학술사업
- 국내 매출액 상위 500대 기업 및 기업 출연 문화재단, 한국메세나협회 회원사 등을 대상으로 진행되고 있으며 기업들의 메세나 활동을 수치로 확인할 수 있는 국내 유일의 통계자료 생산

(3) 2021년 재무현황

① 재무상태현황(단위:천원)

총자산가액	부채	순자산			
		소계	기본순자산	보통순자산	순자산조정
4,210,256	2,473,064	1,737,192	0	1,737,192	0

② 자산현황(단위:천원)

총자산가액	토지	건물	주식 및 출자지분	금융자산	기타자산
4,210,256	0	0	0	3,409,094	801,162

③ 수익현황(단위:천원)

총계	사업수익					사업외수익	고유목적 사업준비금 환입액
	소계	기부금	보조금	회비수익	기타		
16,866,106	16,860,238	12,550,275	4,309,962	0	0	5,868	0

④ 비용현황(단위:천원)

총계	사업비용					사업외 비용 등 기타	고유목적 사업준비금 전입액
	소계	사업수행비용	일반관리비용	모금비용	기타		
16,526,403	16,526,403	15,084,926	1,441,477	0	0	5	0

⑤ 2021년도 수지예산(단위:천원)

수입		지출	
항목	금액	항목	금액
A&B사업 (국고기금)	4,309,962	A&B사업 (국고기금)	4,309,962
A&B사업 (기업매칭)	2,552,500	A&B사업 (기업매칭)	2,552,550
대기업결연사업	1,278,082	기업결연사업비	1,278,082
문화공헌사업	7,113,873	문화공헌사업비	6,651,006
회비수입	744,300	기타사업비	43,376
사업협찬금	304,129	지정후원사업	250,000
기타사업	0		
지정후원금 (비회원사)	250,000		
합계	16,552,846	합계	15,084,976

2) 부산메세나협회

(1) 연혁
- 2021.10. 협회 발기인 대회(부산 사하구 소재 동성그룹)
- 2021.11. 창립 총회 / 창립 기념 음악회 개최 "BCMF솔로이스트 콘서트"
- 2021.12. 사단법인 부산메세나협회 비영리법인 설립허가 (부산시), 법인 등기 완료

(2) 사업내용
① 기업과 예술의 만남
- 기업이 예술단체에 지원하는 금액에 비례하여 문예진흥기금을 추가로 지원하는 사업

② 문화접대비 활성화 사업
- 문화접대비는 기업 '접대비 한도액의 20%까지' 문화접대 지출액을 추가로 비용으로 인정해, 법인세 부담을 줄여주는 제도

③ 기업과 예술단체 결연 사업
- 기업이 예술단체의 활동 및 운영을 지원하도록 협력하는 사업
- 기업.예술단체 결연 사업을 통해 예술단체들은 기업의 사회공헌, 마케팅.경영전략 차원에서 협력자로 자리매김

(3) 2021년 재무현황
① 자산 및 부채 현황(단위:천원)

총자산가액	토지	건물	주식 및 출자지분	금융자산	기타자산	부채
32,302	0	0	0	31	1	0

② 수익현황(단위:천원)

총계	사업수익					사업외 수익	고유목적 사업준비금 환입액
	소계	기부금	보조금	회비수익	기타		
3	0	0	0	0	0	3	0

③ 비용현황(단위:천원)

총계	사업비용					사업외 비용 등 기타	고유목적 사업준비금 전입액
	소계	사업수행 비용	일반관리 비용	모금비용	기타		
2,700	2,700	0	0	0	2,700	0	0

3) 경남메세나협회

(1) 연혁

- 2007.04. 경남메세나 설립 준비위원회 개최
- 2007.09. 경남메세나협의회 설립, 초대회장 경남은행 정경득 은행장 취임
- 2007.10. '기업과 예술의 만남 결연식' 개최
- 2008.03. <경남 중소기업 예술지원 매칭펀드> 사업 시행
- 2008.10. 창립 1주년 기념 '문화마케팅 전략 세미나' 개최
- 2009.06. 회원사 지원 사업 <미술작품 대여>, <예술동아리 지원> 사업 시행
- 2010.07. 회원사 CEO 및 실무진 대상 '문화경영 세미나', '예술경영 아카데미' 개최
- 2013.09. '기업과 예술의 만남 결연식' - 100개팀 결연 달성 (103개팀 결연)
- 2014.10. 경남메세나필하모닉오케스트라(GMPO) 창단
- 2015.02. "경남메세나협회"로 명칭 변경
- 2015.03. 문화체육관광부 문화예술후원매개단체 제1호 인증
- 2015.11. "경남메세나 발전방안 마련을 위한 토론회" 개최
- 2015.12. 『예술단체 모니터링 및 결연사업 연구보고서』 발간

- 2018.11. 경남 예술지원 누적 결연 1,000개 팀, 누적 지원금 200억 원 돌파
- 2020.10. 문화체육관광부 문화예술후원매개단체 재인증
- 2021.05. 제9대 회장 BNK경남은행 최홍영 은행장 선임
- 2021.11. 2021 경남메세나대회 개최

(2) 사업내용

① 기업과 예술의 만남
- 기업과 문화예술단체간의 결연을 통해 전략적인 파트너십을 구축하여 기업에는 창의적인 기업문화가 꽃피고 문화예술단체는 안정적인 창작활동 기반을 마련하고자 함

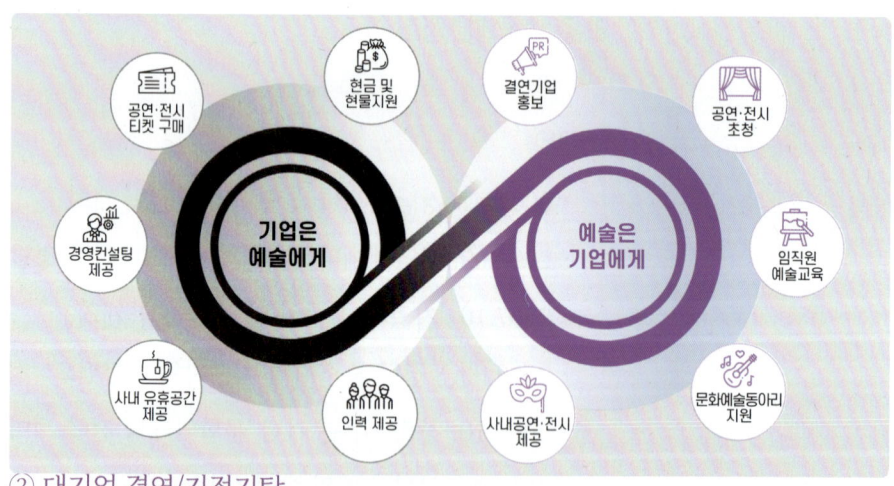

② 대기업 결연/지정기탁
- 기업과 예술단체가 1:1 결연을 통해 파트너십을 맺음으로서 상생 발전을 위한 기반을 구축하고 기업지원금은 지정기부금으로 처리(기부금영수증 발급)

③ 예술지원 매칭펀드
- 경상남도와 경남메세나협회가 공동으로 추진하는 기업과 예술의 만남 사업의 일환으로 중소, 중견기업이 문화예술단체에 지원하는 금액에 비례하여 경상남도에서 추가로 지원하는 Matching-Grant 형식의 프로그램
- 지원자격

- 기업 선정기준

  - 중견기업(「중견기업 성장촉진 및 경쟁력 강화에 의한 특별법」 제2조의 1 및 시행령 제2조)
  - 의료법인, 학교법인을 비롯한 각종 비영리법인과 국·공립'대학교
  - 기업 및 기업 대표들로 구성된 기업 협의체 조직(친목 성격의 조직은 제외)
  - 공공기업의 지역본부 및 지사
  - 심사위원회가 인정하는 기업 등
  ※ 우선 선정대상 : 경남메세나협회 회원기업

- 예술단체 선정기준

  - 경남도내 소재하는 문화예술단체로서 창작활동 실적 및 지속성이 인정되는 예술단체
  - 「문화예술진흥법」 제7조에 따라 지정된 전문예술법인 및 단체
  - 심사위원회에서 지원 가치가 있다고 인정하는 단체 등
  ※ 동일 신청단체에 대해 연중 1회만 지원하는 것을 원칙으로 함

- 지원대상 분야 : 공연예술(연극, 무용, 뮤지컬, 음악 등), 시각예술(미술, 영화, 사진 등), 전통예술, 다원예술 등
- 지원규모 및 기준

기업지원금	매칭비율 (기업지원금:펀드교부금)	펀드교부금
최소300만원~상한선 없음 다수의 기업이 1개의 예술단체 지원 가능 1개의 기업이 다수의 예술단체 지원 가능	최대 1:1	최대 1,500만원

(3) 2021년 재무현황

① 재무상태현황(단위:천원)

총자산가액	부채	순자산			
		소계	기본순자산	보통순자산	순자산조정
231,998	19,873	212,125	50,000	162,125	0

② 자산현황(단위:천원)

총자산가액	토지	건물	주식 및 출자지분	금융자산	기타자산
231,998	0	0	0	229,695	2,303

③ 수익현황(단위:천원)

| 총계 | 사업수익 | | | | | 사업외 수익 | 고유목적 사업준비금 환인액 |
	소계	기부금	보조금	회비수익	기타		
4,312,597	4,310,856	2,650,856	1,660,000	0	0	1,121	620

④ 비용현황(단위:천원)

| 총계 | 사업비용 | | | | | 사업외 비용 등 기타 | 고유목적 사업준비금 전입액 |
	소계	사업수행비용	일반관리비용	모금비용	기타		
4,389,755	4,388,826	3,938,688	450,138	0	0	0	929

4) 제주메세나협회

(1) 연혁

- 2015.09.01. (사)제주메세나협회 설립취지 TF구성
- 2015.10.15. (사)제주메세나협회 발기인 총회
- 2015.12.18. (사)제주메사나협회 창립총회(제1대 회장 이동대 제주은행장 취임)
- 2016.01.06. 법인설립허가
- 2016.07.01. 기획재정부 지정기부금단체 지정
- 2016.11.22. 문화체육관광부 '문화예술후원매개단체' 인증
- 2019.02.25. 2019 정기총회, 이사회(제2대 회장 김대형 제주상공회의소 회장 취임)

- 2019.12.09. 문화체육관광부 '문화예술후원매개단체' 재인증
- 2020.12.22. 2020 메세나 동행의 밤
- 2021.06.02. 제3대 회장 양문석 제주상공회의소회장 취임

(2) 사업내용

① 메세나매칭그란트
- 기업이 문화예술단체·개인예술가를 지원하는 금액에 비례하여 제주특별자치도가 추가로 지원하는 사업

② 기업과 예술의 만남
- 환경개선 프로젝트(2019년~) : 무분별한 쓰레기들로 인하여 지구 생태계가 위협받고 있어 도내 환경문제를 둘러보고 환경과 문화예술을 접목시킨 개선방안을 모색·실천
- 찾아가는 공연장(2017년~) : 도내 곳곳을 찾아가 공연함으로써 지역의 문화예술을 쉽게 접할 수 있는 문화 향유의 기회를 확대하고자 기획

③ 메모리콘서트
- 메세나운동의 가치와 필요성에 대한 사회적 공감대를 형성하기 위해 "메세나로 모두가 행복한 이 순간- 메모리콘서트" 개최

④ 메세나예술영재캠프
- 예술영재학생을 대상으로 도내·외 캠프를 진행하여 전문적인 문화예술 교육기회 제공

⑤ 제주메세나 CEO포럼
- 회원기업 및 문화예술단체 CEO를 대상으로 예술 공연 관람 및 정부, 국회, 언론계, 문화예술계 등 다양한 분야의 전문가를 초청하여 고급 문화경영정보와 지식 제공

⑥ 회원기업 문화향유프로그램
- '기업으로 찾아가는 메세나 문화강좌' : 협회 회원기업을 대상으로 예술강사가 직접 찾아가 다양한 문화예술 프로그램 제공

⑦ 협력네트워크 구축사업
- 메세나운동의 전국적인 확산과 발전을 위하여 국·내외 기관들의 협력 네트워크 구축

⑧ 지정기부금
- 기업이 지정한 문화예술단체에 기부금을 제주메세나협회를 통해 지원

(3) 2021년 재무현황

① 재무상태현황(단위:천원)

총자산가액	부채	순자산			
		소계	기본순자산	보통순자산	순자산조정
38,107	0	38,107	5,000	33,107	0

② 자산현황(단위:천원)

총자산가액	토지	건물	주식 및 출자지분	금융자산	기타자산
38,107	0	0	0	33,107	5,000

③ 수익현황(단위:천원)

총계	사업수익					사업외수익	고유목적사업준비금환입액
	소계	기부금	보조금	회비수익	기타		
1,107,336	1,106,941	450,655	653,400	0	2,886	395	0

④ 비용현황(단위:천원)

총계	사업비용					사업외비용 등 기타	고유목적사업준비금전입액
	소계	사업수행비용	일반관리비용	모금비용	기타		
1,083,537	1,083,537	832,997	250,540	0	0	0	0

5) 세종시메세나협회

(1) 연혁
- 2019.11.05. 사단법인 세종시메세나협회 설립관련 업무회의
- 2020.09.23. 사단법인 세종시메세나협회 창립총회 개최 및 임원 선임
- 2021.02.24. 설립등기 완료
- 2021.03.02. 사단법인 세종시메세나협회 고유번호증 발급
- 2021.07.20. 제1차 이사회 및 정기총회 개최

(2) 사업내용
① 기업과 예술의 만남
- 추진 목적
  - 지역 메세나 운영을 통한 건강한 문화생태계 조성
  - 메세나 인지도 제고 및 관심 유도
- 운영내용
  - 홍보물 기획 : 협회 및 지역메세나 온·오프라인 홍보
  - 기념행사 : 창립기념식 등 행사 운영
  - 예술 후원 : 관내 기업의 협회 가입 및 문화예술후원 유도

② 메세나 아카이브

③ 문화예술 후원의 밤

④ 세종메세나상

(3) 2021년 재무현황

① 자산 및 부채 현황(단위:천원)

총자산가액	토지	건물	주식 및 출자지분	금융자산	기타자산	부채
43,661	0	0	43,661	0	0	966

② 수익현황(단위:천원)

| 총계 | 사업수익 | | | | | 사업외 수익 | 고유목적 사업준비금 환입액 |
	소계	기부금	보조금	회비수익	기타		
149,017	149,000	49,000	100,000	0	0	17	0

③ 비용현황(단위:천원)

| 총계 | 사업비용 | | | | | 사업외 비용 등 기타 | 고유목적 사업준비금 전입액 |
	소계	사업수행비용	일반관리비용	모금비용	기타		
106,322	38,559	35,886	2,673	0	0	67,763	0

<코로나19 이후 기업의 문화예술 후원 현황과 방안>
「2020년도 기업의 문화예술 지원 현황조사」 보고서를 중심으로[3]

글: 김태진_ 세종문화회관 문화재원팀장

코로나19, 관객의 감소가 후원의 감소로

「2020 국민문화예술 활동조사」에 따르면 코로나19이후 문화예술행사 직접관람률은 21.3%가 줄었고 관람 횟수는 절반 이상 줄었다. 이러한 결과를 비추어 볼 때 기업의 홍보마케팅과 사회공헌 활동을 통한 문화예술 후원은 큰 영향을 미친다. 기업이 문화예술을 통한 이미지를 재고하고 상품판매 효과를 극대화하며 관람객들과 소외계층들에게 더욱 서비스와 마케팅 활동을 펼칠 수 있기 때문이다. 관람객과 관람 횟수의 감소는 기업의 문화예술 후원에 직접적인 영향을 미쳐 한국메세나협회 <2020년도 기업의 문화예술 지원 현황조사 보고서(이하, 보고서)> 자료 읽기를 통해 코로나19 여파로 축소한 기업 후원의 분석과 향후 방안 마련에 대해 짚어보고자 한다.

포스트 코로나보다 후원 전략이 필요한 상황

본 보고서에 따르면 조사 응답을 한 기업 중 문화예술 지원 실적이 있는 기업이 39.6%로 아직도 60%가 넘는 기업이 문화예술을 통한 홍보마케팅과 사회공헌활동을 하고 있지 않다고 볼 수 있다. 그만큼 척박한 후원 환경이기도 하지만 한편으로 기업 활동 가능성이 무궁무진한 분야이기도 하다는 것이다. 코로나이후 기업의 문화예술 후원금은 14.6%가 감소하였고 그에 비해 참여한 기업의 수와 후원 건수는 28.7%와 33.4%로 더 큰 폭으로 감소한 것은 대기업의 참여는 유지되었으나 후원금과 사업 수를 축소하고 중소·중견기업은 참여 자체를 축소하여 상대적인 차이가 생긴 것으로 보인다.

구분	2017년	2018년	2019년	2020년	전년 대비(%)
지원 기업수	532	515	547	390	▼28.7
지원 금액(단위:백만원)	194,312	203,954	208,144	177,849	▼14.6
지원 건수	1,415	1,337	1,431	953	▼33.4

2020년도 기업의 문화예술 지원규모
*출처: 한국메세나협회, 「2020년도 기업의 문화예술 지원현황조사 보고서」, 2쪽

분야별로는 클래식(-42.9%), 뮤지컬(-44.6%), 무용(-50%) 등이 큰 폭으로 감소하여 순수예술에서 고급예술의 이미지와 현장관람의 필수적인 요소를 가지고 있는 분야에 감소가 두드러진다. 이에 반해 문화예술교육(-14.5%)은 비대면 방식으로의 전환의 편리성과 유기적인 대처로 인해 감소의 폭이 작았다. 인프라의 경우는 전체 기업 후원 절반 이상이 기업의 문화재단을 통해 복합 문화시설 건립, 운영, 문화예술 직접사업비에 사용된다는 사실이다. 상대적으로 사실상 풀뿌리 문화예술계가 피부에 와 닿는 문화예술 후원이 그리 크지 않다는 사실도 유념해야 한다. 유형별은 후원 및 협찬, 파트너십(18,9%)보다 기업의 자체(행사)기획(71.4%)이 대부분을 차지하여 홍보마케팅과 사회공헌사업을 기업이 자체기획하고 문화예술계의 대상을 선정·참여하는 방식으로 진행하여 문화예술계의 공연, 전시 등의 창작에 간접 지원의 구조로 이루어지는 현실이다. 이것은 기업과 시대 트렌트(4차 산업, 메타버스, AR, VR, ESG 등)를 분석하고 문화예술계와 기업 간의 소통 장을 늘리고 협업을 통한 공동 기획과 사업추진을 열어 기업과 문화예술계, 관람객 모두가 만족할 수 있는 후원의 형태를 만들어 가야 한다. 조건부 기부(9.7%)의 경우 문화예술단체가 영리법인이거나 공익법인(구, 지정기부금 단체) 등록이 되지 않았을 경우 한국문화예술위원회 등 문화예술 공공기관을 통해 기업의 기부금처리 이후 전액 사업비로 지원받는 형태를 말하며 해당하는 문화예술단체의 활용이 더욱 필요한 제도이다.

2019년, 2020년도 기업의 문화예술 분야별 지원 금액
(단위:백만 원)

2019년, 2020년도 기업의 문화예술 분야별 지원 금액(단위: 백만 원)
*출처: 한국메세나협회, 「2020년도 기업의 문화예술 지원현황조사 보고서」, 11쪽

산업군 별은 기업 재단을 제외한 높은 순위로 금융·보험(9.3%), 유통(9.1)의 경우 전통적인 B to C(기업과 소비자간 거래) 기업으로 문화예술을 통한 홍보마케팅과 사회공헌의 필요성이 높으며 다음으로는 기타제조업(7.7), 건설(5.5%) 순으로 CSR에서 CSV로 확대된 기업 활동이 최근에서는 ESG로 변화함에 따라 환경·사회공헌·지배구조를 더욱 중요시하는 기업들의 참여가 두드러진다. 이러한 산업군을 대상으로 문화예술계의 전략적 후원사업 제안으로 참여를 높이는 방법도 마련해야 한다.

무엇이 기업 후원을 이끄는가

'기업은 문화예술에 왜 후원을 하며 얻고자 하는 것은 무엇일까?' 우린 자주 반문해야 한다. 손자병법의 '지피지기 백전불패'처럼 기업을 알고 문화예술을 알아야 후원은 실패하지 않는다. 기업의 문화예술 지원 목적을 보면 사회공헌 전략(63.2%), 마케팅 전략(27.9%), 경영전략(8.9) 순이며 사실상 사회공헌 파트에서 본 보고서의 설문 응답과 참여가 높아 필자는 사회공헌과 마케팅 전략이 비슷한 수준의 목적을 가지고 있다고 보며 문화예술 지원 사업비 지출 예산계정으로 보면 기부금(54.3%), 홍보마케팅비(23.2%) 등으로 구성되어 기업은 사회공헌 파트에서 기부금을 홍보마케팅 파트에서 해당 비용을 지출하는 것으로 볼 수 있다. 사회복지, 교육, 환경, 국제구호 등 분야는 기부금만을 받지만 문화예술 분야는 유일하게 기부금과 홍보마케팅비용 등을 공동으로 지원받아 사용하고 있다. 따라서 문화예술계는 기부금만 국한되어 지원받기보다 기부금을 포함한 홍보마케팅비, 복리후생비 등 다양한 비용을 바탕으로 기업의 참여를 이끌어 내는 노력이 필요하다. 공연이나 전시 등 재원이 필요로 한 사업이 짧게는 며칠에서 길면 몇 달을 두고 기업 후원을 요청할 때가 많다. 그렇지만 매력적인 사업 제안과 상관없이 top-down을 제외한 후원 유치가 되는 경우는 희박하다. 그 이유는 기업의 지원사업 계획 사전 수립 여부를 보면 사전 수립(73.6%), 일부 사전 수립(23.6%)으로 대부분 해당연도 사업의 경우 전년도 10월 전후로 해당 사업과 예산을 배정을 사전에 수립을 완료했다는 사실이다. 문화예술계가 기업에 후원제안을 한다면 지금 이 시기에 내년도 사업을 제안해야 된다는 것이며 단순히 사업의 매력도와 차별화가 부족해서가 아닌 제안 시기의 문제가 더욱 크다는 사실을 인지하고 사전에 제안해야 한다

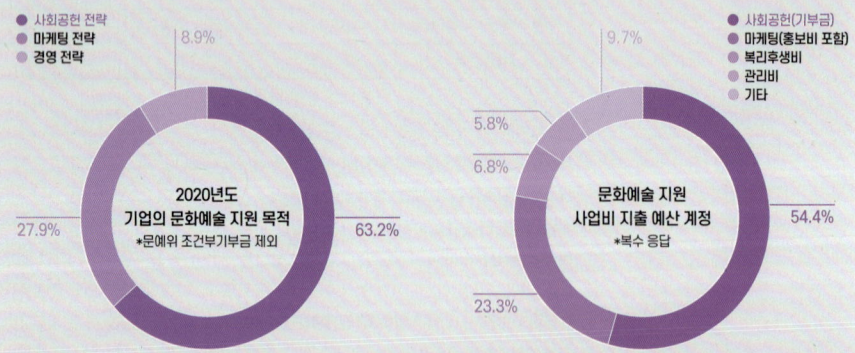

2020년도 기업의 문화예술 지원목적 및 사업비 지출예산 계정
*출처: 한국메세나협회, 「2020년도 기업의 문화예술 지원현황조사 보고서」, 12,14쪽

지원 대상 선정 경위는 자체 선정·발굴(36.4%), 전문기관과의 협업(25.4%), 예술단체의 지원 요청(18.6%) 순으로 나타났다. 기업 사회공헌(CSR) 1세대 부서장이 한 강의에서 기업이 해당 사업의 파트너를 선정하는 방법은 '인터넷 서치와 다른 기업의 소개'라고 했다. 기업은 좋은 제안보다 해당 사업의 파트너(문화예술기관과 예술단체)에 대한 신뢰를 가장 우선으로 하며, 완성도 있는 사업수행과 피드백, 지속가능성을 우선으로 한다는 것을 볼 수 있다. 그래서 자체 선정이나 전문기관과의 협업 등이 지원 대상 선정 경위 비율이 상대적으로 높다. 기업이 전문기관과 협업할 경우, 「문화예술후원 활성화에 관한 법률」에 따른 한국메세나협회, 광역문화재단 등 전문성이 있는 후원 매개단체와의 협업이 신뢰를 바탕으로 한 완성도 있는 사업수행에 적합하다고 본다. 문화예술계는 언론과 온라인, SNS 기반의 홍보마케팅 활성화가 필요하고, 후원 매개단체와의 협력을 통한 기업 제안과 더불어 기업, 공공기관, 매개단체 간 적극적이고 긴밀한 네트워크가 절실히 요구된다.

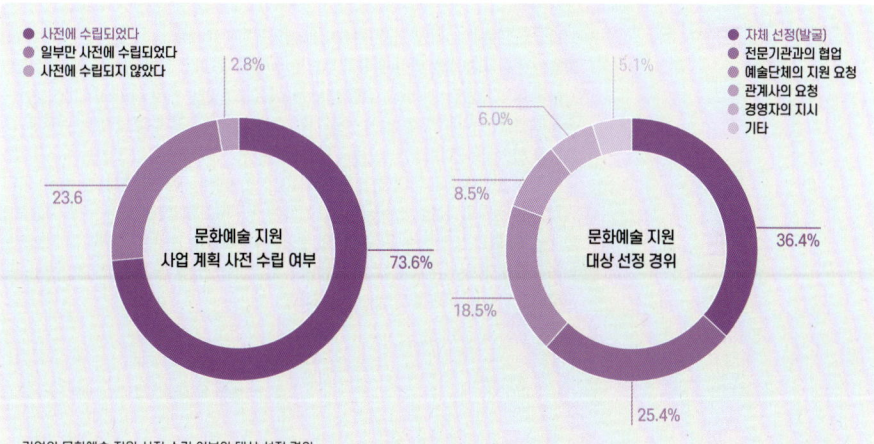

기업의 문화예술 지원 사전 수립 여부와 대상 선정 경위
*출처: 한국메세나협회, 「2020년도 기업의 문화예술 지원현황조사 보고서」, 15페이지

지원 대상의 선정 기준(사업 내용)으로는 8가지 항목 중 1, 2, 4번째 해당이 기업 필요에 맞는 적합도를 우선순위로 하며 낮은 순위로 예술단체 적합도를 보고 있다. 이에 따르면 기업은 예술단체 자체 사업에 기부나 협찬을 요구하는 방식보다 문화예술 사회공헌과 브랜드 전략 방향이 적합한가를 더 중요하게 여긴다는 사실을 알 수 있다. 문화예술계에서 사업 제안을 기획한다면 우선순위로 제안할 기업의 필요를 먼저 파악하고 차순위로 해당 사업의 연계성이 우수함을 드러내는 순서로 진행해야 파트너십이 맺어질 가능성이 크다.

이와 함께 지원 동기를 보면 지역사회(29.6%), 기업 이미지 제고(25.4%), 문화예술계 발전(25.4%) 순이다. 문화예술계의 지원 효과보다 지역사회와 기업의 이미지 제고를 우선하는 것도 기업 자체적인 목적에 부합한 사업 선정과 지원 동기가 있다는 사실을 간과해서는 안 된다. 그래서 문화예술계의 후원은 기업과 문화예술이 함께 성장하고 발전한다는 공동의 목적으로 사업을 제안하고, 후원 유치에 참여해야 한다.

기업의 문화예술 지원 대상 선정 기준(좌) 및 지원 동기(우)
*출처: 한국메세나협회, 「2020년도 기업의 문화예술 지원현황조사 보고서」, 16,17페이지

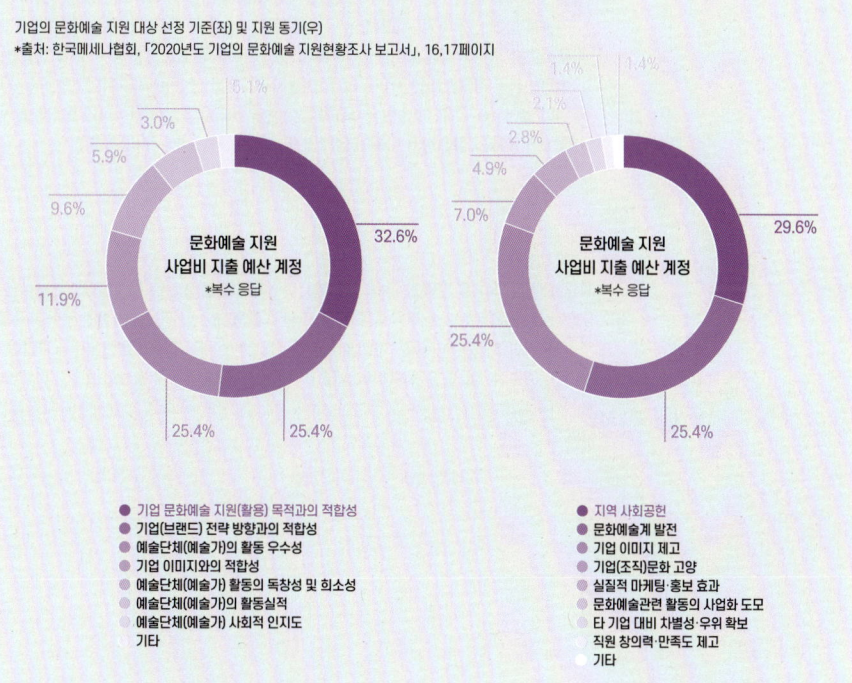

지금까지 문화예술 지원 기업(39.6%)을 분석했다면, 이제 다수에 해당하는 지원 미실시 기업(60.5%)의 인식을 봐야 지속 가능한 문화예술 후원 확장 전략을 수립할 수 있을 것이다. 지원 미실시 인식 이유로는 필요성을 느끼지 못한다(20.8%), 자금의 여유가 없다(20.4%), 담당 부서가 없다(15.6%) 순으로 나타나며, 필요성을 느끼지 못하는 경우는 '굳이 왜 문화예술에 후원해야 하지?'라는 말에 선뜻 자신 있게 답할 후원 명분이 부족한 문제가 가장 크다. 문화예술계가 기업과 긴밀한 소통을 이어간다면 이러한 계기를 만들지 않을까 기대를 해본다. 자금의 여유가 없는 문제는 사실상 기업 사회공헌이 대부분 자선 분야에 집중되어 있고 문화예술에까지 할애할 예산의 문제와 더불어 기업 경영진을 설득할 마땅한 문화가 마련되지 않은 것이다. 담당 부서가 없다는 문제는 한국문화예술위원회가 「문화예술후원 활성화에 관한 법률」에 따른 기업 대상 '메디치 클라스'를 개설하여 기업의 문화예술 이해도를 높이고 전문성을 강화하는 교육프로그램을 운영하고 '(가칭)문화예술 후원매개 전문가'를 육성하여 보다 나은 문화예술 지원 네트워크를 양성, 기업과 문화예술계에 확산하는 것으로 전문성과 인력의 문제를 해결해야 할 것이다.

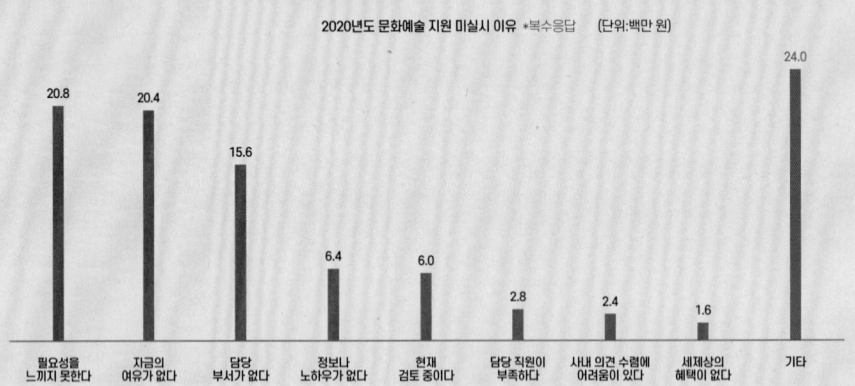

함께하지 않으면 성공하지 못한다

본 보고서를 중심으로 기업의 문화예술 후원을 들여다볼수록 우리는 '기업=지원기관', '예술단체=수혜기관'이 아닌 문화예술을 함께 만들어가는 파트너로 기업은 문화예술계를 존중하고 문화예술계는 기업을 이해하고 다가서는 이러한 자세가 문화예술 후원을 활성화하는 첫 단추이다. 더 나아가 문화예술 후원 문화가 한국사회에 정착하고 전문성과 네트워킹, 지속가능성을 겸비한다면 자연스레 유럽과 미국을 넘어선 문화예술 후원 선진국이 될 것이다. 이것에 노력은 단순히 후원금액이 늘어나는 것이 아닌 한국사회가 문화예술 필요를 절실히 인식하고 문화예술의 향유자가 늘어나며 함께 하는 기업 그리고 국민들의 참여까지 이끌어 낸다면 이보다 좋을 순 없을 것이다.

필자소개

김태진은 학부를 건축과 교육, 사회복지를 전공하였고 연세대 행정대학원에서 사회학(M.A)을 전공하였다. Art Fundraiser(문화예술 재원조성가)로 17년째 활동하고 있으며 현재 세종문화회관 문화재원팀 팀장으로 근무 중이다. 한국국제기아대책기구, 한국문화예술위원회, 상지대학교를 거쳐 왔고 한국모금가협회 전문회원으로도 활동 중이다. 다양한 문화예술기관과 예술단체에 후원 및 재원조성 시스템 구축과 활성화에 참여하고 있다.

4. 메세나 관련 법률의 주요 내용

2011년 기업 메세나, NPO등의 민간 부문을 지칭하는 '새로운 공공'이라는 용어가 등장하며 문화예술진흥을 위한 지원 주체로서 민간을 국가(공공영역)와 대등한 수준까지 끌어올리겠다는 정책이 나왔다.

민간의 문화예술후원활동을 활성화하기 위한 법적·제도적 근거를 마련하기 위해 제정된 「문화예술후원 활성화에 관한 법률」(이하 '메세나법'이라함)과 법 시행령 및 시행규칙이 2014년 7월 29일부터 본격적으로 시행됐다. 메세나법은 지난 2009년 국회부터 한국메세나협회가 기업·예술계의 뜻을 모아 입법지원 사업을 추진한 지 5년여 만에 거둔 성과로, 문화예술후원을 활성화하기 위한 국가와 지방자치단체의 책무, '문화예술후원매개단체'의 인증과 육성·지원, 문화예술후원을 장려하기 위한 조세감면 근거, 문화예술후원자의 포상 등을 주요 내용으로 하고 있다.

특히 이 법에 따라 문화예술후원 관련 업무를 수행하는 비영리법인 또는 단체는 일정 요건을 갖춘 경우, 신청 후 문화체육관광부 장관의 심사 절차를 거쳐 '문화예술후원매개단체'로 인증 받을 수 있다. 인증 단체는 예산의 범위 내에서 운영에 필요한 경비의 전부 또는 일부를 지원받을 수 있게 된다. 또 문화예술후원을 모범적으로 행하고 있는 기업 등 대통령령으로 정하는 기관 역시 법령 등에 정한 기준에 따라 '문화예술후원우수기관'으로 인증 받을 수 있다. 인증 유효기간은 3년으로 신청 및 심사절차를 거쳐 인증 유효기간의 연장을 신청할 수 있다.[4]

1) 법률의 제정과정

[표 4-2] 메세나법 제정 주요 경과

2009. 03	법안 제정을 위한 입법지원사업 착수
2009. 05	메세나법 제정을 위한 국회 공청회
2009(1차) 2011(2차)	문화예술 기부금 세액공제제도 도입방안 연구보고서 발간
2011. 04	'메세나활동의 지원에 관한 법률' 발의 상정_이성헌 의원

[4] 「한국메세나협회 메세나지」, 가을호, 한국메세나협회, 2014, p. 38.

2011. 05	'조세특례제한법 개정안' 발의 이성헌 의원, 조윤선 의원
	18대 국회 회기종료로 법안 자동폐기
2012. 09. 11	'문화예술후원활동의 지원에 관한 법률' 발의 길정우 의원
2012. 12	메세나법 도입의 타당성 연구 보고서 발간
2013. 04	메세나법 제정을 위한 국회 세미나
2013. 06. 17	제19대 국회 법안 상정
2013. 12. 24 2013. 12. 26 2013. 12. 30	국회 상임위 법안소위 상임위 전체회의 법사위 의결
2013. 12. 31	국회 본회의 제39호 안건으로 상정되어 가결됨으로서 법안 제정

프랑스 메세나법에서 착안해 한국메세나협회에서 2008년 말부터 법 제정에 대한 논의가 시작되었고 2009년 초부터 본격적으로 입법 추진이 시작되었다. 위 표에서 알 수 있는 것처럼 18대 국회에서 처음 발의된 이후 국회 회기 종료로 자동 폐기되었다가, 19대 국회에 들어서면서 새누리당 길정우 의원이 대표 발의하여 2013년 말에 재석 인원 231인 중 228인의 찬성으로 가결되었다.

이 법률은 문화예술후원 활성화에 필요한 시책 마련을 국가의 책무로 규정하여 기업 메세나에 대한 조세감면 혜택을 위해 법적 근거를 마련했다는 데 큰 의미가 있다.

2) 법률의 필요성

총규모가 1조 6천억 달러에 이르는 글로벌 문화산업을 주도하고 있는 서구 선진국들의 저력은 탄탄한 기초예술의 경쟁력에서 비롯되고, 이 같은 기초예술 경쟁력은 정부와 기업 차원의 아낌없는 투자가 뒷받침된 결과이다.[5]

우리나라는 외면적으로는 세계에서 여덟 번째로 수출 6,000억 달러 달성, 20-50클럽(1인당 국민소득 2만 달러 이상, 인구 5,000만 명 이상의 기준을 동시에 충족한 국가)에 가입하는 등 지구촌 중심국가로 진입하고 있지만 내실을 따져보면 아직은 가야 할 길이 멀다.[6] OECD 가입 국가 중 전체 24위로 낮은

5) 「한국메세나협회 연차보고서」, 한국메세나협회, 2013, p.17.

6) 전규일, 「한국메세나협회 메세나지」, 봄호, 2014, p. 13.

행복지수를 보이고 있고 급격히 성장한 경제적 위상에 비해 국가 브랜드 가치와 이미지는 상대적으로 저평가되고 있다.

박근혜 정부는 '문화융성' 과제의 실현 방안 중 하나로 문화재정을 국가 예산의 2% 수준으로 확대한다는 계획을 제시하였으나 지금과 같은 저성장 경제구조 속에서 세입 부담을 안고 있는 정부가 재정지출을 늘리는 데에는 한계가 있었다. 이러한 상황에서, 세제혜택을 통해 민간의 자금이 예술계로 흘러가도록 유도하는 것은 정부의 재정 부담을 덜 수 있는 효율적인 방법이었다. 세수감소액 보다 기업의 지원이 더 늘어나고, 예술계의 발전을 통해 추가 세원을 확보할 수 있어 정책효과를 충분히 거둘 수 있기 때문이다.

프랑스의 경우 2003년 「메세나·협회·재단에 관한 법률」을 제정하면서 기업의 예술지원액에 대한 파격적인 세액공제 제도를 도입한 결과, 2002년 2억 유로이던 예술기부금이 2008년 6억 2천만 유로로 세 배 가량 증가했다는 사실이 이를 뒷받침한다.[7]

하지만 우려의 목소리도 있다. 프랑스의 메세나법은 전 세계에서 프랑스에서만 시행하고 있던 제도로 그 제도가 우리나라에 적합한지에 대한 여부다. 프랑스는 시민혁명을 거치면서 예술을 공공재로서 국가에서 지원을 해준다는 사회적 합의와 그에 따른 공공지원이 적지 않게 이루어졌다. 이러한 탓에 프랑스의 기부문화는 OECD 국가에서 가장 낮은 수준으로 나타났고 정부의 재원이 부족해지면서 기금이 고갈되어 부족한 공공재정을 보완하기 위한 방안으로 민간 기부를 이끌어내고자 2003년에 파격적인 세액공제가 포함된 법을 제정한 것이다.

이 제도를 국내에 그대로 가져오는 것은 의미가 없었기에 우리나라의 메세나법은 지역별로 메세나 단체의 설립을 유도하고 지원할 수 있는 근거를 마련한 것이며, 메세나에 참여하는 기업을 증가시키기 위하여 '문화예술 후원 우수기관'을 인증하는 내용이 포함되었다. 그럼에도 민간의 예술후원활동에 대한 실질적 조세를 감면할 수 있도록 조세 관계 법률인 「조세특례제한법」으로 법적 근거를 마련하는 내용이 포함되어 있으나, 아직 이루어지지 않은 상태이다.

한국메세나협회가 「조세특례제한법」이 개정될 경우 발생하는 정책효과

---

7) 이충관, 「경남메세나협회지」, 경남메세나협의회, 2014, p. 15.

에 대해 한미회계법인에 의뢰해 연구한 바에 따르면, 조세 정책효과(예술기부금 및 예술소비 872억 원 순증), 실업 및 고용 효과(1,760명~2,081인 고용 창출), 정부재정 대체효과(672억 원)등이 발생할 뿐만 아니라[8] 문화예술 기부에 대한 사회적 인식이 제고되는 등의 비계량적 효과도 기대할 수 있을 것으로 예상되었다.

    기초예술은 문화산업의 뿌리 역할을 하는 중요한 요소이다. 그러한 기초예술의 육성 및 지원을 위해서는 막대한 공공재원이 투입되어야 하지만 정부 재정에 한계가 있어 그 보완 장치로서 민간, 특히 기업의 지원이 필요하다. 법률개정을 통해 기업의 예술 기부금과 문화예술 교육훈련비 등에 세액공제를 도입하게 되면 기업들의 문화예술에 대한 지원이 크게 늘어나 기초예술의 저변이 튼튼해지는 것은 물론이고 문화예술계 고용확대로 청년실업난 해소에도 일조할 것이다. 「문화예술후원 활성화에 관한 법률」의 제정은 우리나라 기초예술 발전에 중요한 전기가 되는 것으로, 기업의 문화·예술 지원을 활성화하기 위한 근거법이 마련된 만큼 이 법률의 실효성을 지닐 수 있는 「조세특례제한법」의 개정 또한 조속히 이루어져야 하겠다.

3) 시행령의 주요내용

「문화예술후원 활성화에 관한 법률 시행령」[시행 2014.7.29.]은 문화예술후원을 활성화하기 위해 필요한 지원 사항을 정함으로써 문화예술의 발전에 기여하고 국민의 문화적 삶의 질 향상에 이바지함을 목적으로 한다. 법률의 주요내용으로는 문화예술후원을 활성화하기 위한 국가와 지방자치단체의 책무, 문화예술후원매개단체의 인증과 육성·지원, 조세감면 근거, 문화예술후원자 포상, 문화예술후원우수기관의 인증 등이 있으며 이 법률의 시행령을 요약하면 [표 4-3]과 같다.

---

[8]
한국메세나협회, 메세나법 도입의 타당성연구, 2012

[표 4-3]
문화예술후원 활성화에 관한 법률 시행령 요약

조	제목	내용
제1조	목적	위임된 사항과 그 시행에 필요한 사항을 규정
제2조	문화예술후원매개단체의 업무	문화예술후원을 매개하거나 지원하는 업무, 인력의 교육 및 양성, 사회적 인식 제고를 위한 홍보, 자문 및 정보의 제공 등 문화예술후원을 촉진하기 위한 활동
제3조	문화예술후원매개단체의 요건	『민법』에 따른 비영리법인 등 대통령령으로 정하는 조직형태
제4조	문화예술후원매개단체의 인증 절차 등	필요서류 및 인증절차 방법 명시
제5조	인증의 유효기간 연장	유효기간 연장 방법 명시
제6조	매개단체 인증서의 재발급	매개단체 인증서의 재발급 방법 명시
제7조	문화예술후원매개단체 인증의 취소	실적 저조 등 대통령령으로 정하는 기준에 미달하는 경우
제8조	보고 및 서류제출	법 제10조에 따라 업무·회계 및 재산 등에 관한 사항 보고
제9조	문화예술후원우수기관의 인증	문화예술후원을 모범적으로 행하고 있는 기업 등 대통령령으로 정하는 기관 중 각 호에 해당하는 기업 등 명시
제10조	인증의 유효기간 연장	문화예술후원우수기관 인증의 유효기간 연장
제11조	문화예술후원우수기관 인증의 취소	법 제13조에 따라 인증을 취소하였을 때에는 지체 없이 해당 문화예술후원우수기관에 알리고 문화체육관광부 인터넷 홈페이지에 게시
제12조	업무의 위탁	법 제14조 제2항에 따라 각 호의 업무를 문화예술진흥법 20조에 따른 한국문화예술위원회에 위탁
제13조	과태료의 부과기준	법 제15조 제1항에 따른 과태료의 부과기준

시행령 제4조와 제5조에서는 비영리법인 또는 단체가 문화예술후원매개단체로 인증을 받기위한 인증 절차와 연장 여부 조건이 명시되어 있으며 제9조에서는 제12조 제1항에 명시된 바와 같이 문화예술후원을 모범적으로 행하고 있는 기업 등 대통령령으로 정하는 기관(제9조 각 호)에 따라 문화예술후원 우수기관으로 인증할 수 있다고 명시되어 있다.

4) 법률의 한계와 향후 과제

메세나법 도입 효과는 크게 계량적 효과와 비계량적 효과로 구분할 수 있으며, 계량적 효과는 고용효과와 공공재정 대체효과, 비계량적 효과는 문화예술기부에 대한 사회적 인식 제고 측면과 메세나 단체의 네트워킹 효과를 생각할 수 있다.

계량적 효과는 세제 개선을 전제로 하는데, 아직 메세나법으로 인하여 세제가 변경되지는 않은 상태이다. 메세나법에서 당초 도입하려고 하였던 세제는 문화예술에 대한 기부금에 대하여 10% 세액공제, 기업의 문화예술을 활용한 교육훈련비에 대해서는 중소기업 20%, 일반기업은 10%의 세액공제였다. 메세나법 도입은 문화예술에 대한 기부의 사회적 인식을 바꾸기 위한 노력을 시작하였다는 것 자체가 중요한 의미가 있으며, 세제 개선까지 이루어 진다면 금상첨화라고 하겠다.

물론 문화예술 기부에 세제 혜택이 주어진다면 메세나법이 비영리 타분야와의 형평성 논란이 제기될 수 있다. 그렇지만 우리 사회에서 문화예술 분야는 기부금 모금에 있어 다른 비영리분야에 비하여 상대적으로 뒤쳐져 있으며 이러한 현상은 지난 10년간 더욱 심화되어 왔다. 이러한 원인은 상당부분 예술계에 있다고 보아야 한다. 그럼에도 불구하고 비영리 각 부문이 균형을 이룰 때 건강한 사회가 구현되며, 건강한 사회구조 속에서 정부, 시장경제가 더욱 성장할 수 있다. 현재는 문화예술 분야로 인한 비영리 활동의 불균형이 심각하기 때문에 이에 대한 보완이 요구되는 것이다. 그러므로 메세나법은 문화예술만이 아닌 우리 사회 전체에 긍정적인 영향을 미칠 것이다.

제4절
협찬의 과정

법인이 아닌 개인에게 재원조성을 한다면 기부의 방식으로 진행을 하게 되는데, 단체에서 모금 명분을 세우고 모금기획을 하여 불특정다수를 대상으로 하는 모금이 주를 이룬다. 예외적으로 유산기부 등의 경우에는 특정인 또는 소수의 사람을 대상으로 모금하기도 하며, 어떤 경우에는 대상자를 정한 이후 맞춤형 모금을 기획하기도 한다.

이와 반대로 기업의 경우에는 주로 특정 기업을 정한 후 재원조성 사업을 기획하게 되며 예외적으로 기획을 먼저 하고나서 여기에 참여할 기업을 불특정 다수를 대상으로 모집하는 경우도 있다.

기업이 예술을 후원하는 방식은 주로 기부 또는 협찬의 방식이지만 때로는 공동사업의 방식으로 풀어나가기도 한다. 공동사업이 재원조성인지 여부는 애매할 수 있다. 다만 협찬의 보다 확장된 개념 또는 협찬 보상 대가의 하나라고 본다면 재원조성에서 굳이 배제할 필요는 없다, 따라서 이 장에서 후원이라는 용어는 공동사업을 포괄하는 의미로 사용하겠다.

기업의 후원을 이끌어 낼 때, 기업에게 적정한 반대급부를 주고 협찬을 받을 것인지, 명분을 더 강조하며 기부금을 모금할 것인지, 아니면 공동사업을 제안할 것인지를 정한 이후 기업을 찾을 때도 있지만 특정 기업을 정한 이후 후원 방식을 정하는 경우도 자주 발생하며 때로는 이러한 후원 방식이 협상과정에서 변하기도 한다.

협찬, 기부, 공동사업 중 어느 방식이 서로에게 더 적합한지는 가급적 사업 초기단계에서 정하는 것이 좋다. 세 가지 방식에 따라 기업의 담당부서 담당자가 달라질 수는 있지만 진행과정은 거의 유사하므로 협찬을 중심으로 설명하겠다.

협찬은 한정된 타켓 기업에 일정 범위 수준의 금액을 받는 것이므로 이에 적합한 접근 방법을 찾아야만 성공 확률을 높일 수 있다. 사전준비 없이 행사 개요나 브로슈어만 갖고 무작정 기업과 접촉하려고 하는 것은 '되면 좋고 아님 말고'라고 표현할 수밖에 없다. 협찬의 과정은 사전준비단계, 실행단계, 사후관리단계로 구분할 수 있다.

1. 사전준비 단계

사전준비단계라고 이름을 붙이기는 하였지만, 사전준비단계는 특정 협찬 진행에 앞서 준비한다는 의미가 아니라 평상시에 꾸준히 관리해야 한다는 측면에서 접근해야 한다.

1) 정보수집 및 관리

향후 진행할 협찬을 위해 정보를 수집하고 관리하는 것은 예술단체 입장에서 가장 애매하고 어려운 작업이다. 그렇지만 협찬을 위해 기초적이며 중요한 작업이다. 기업에 대한 정보는 관심을 갖는 만큼 얻게 된다. 기본적으로 경제 흐름과 사회적 이슈에 대한 관심에서 출발한다. 예술단체 종사자들과 대화를 나눠보면 최근 화제가 되고 있는 경제 뉴스에 대해 무지한 경우를 많이 경험하게 된다. 경제 흐름과 사회적 이슈는 종종 예술단체에게 좋은 기회를 제공한다는 점을 잊지 말아야 한다.(예를 들어 기업의 서울시내 면세점 진출 등)

조금 더 구체적으로 수집해야 하는 정보로는 산업 전체적인 부분과 개별기업에 대한 부분으로 구분할 수 있다. 우선 산업 전체적인 부분으로 접근해야 할 정보로는 홍보비를 많이 지출하는 기업, 예술 관련 마케팅 비용을 지출하는 기업, 주가 동향, 품목별 시장점유율 등이 있다. 개별기업에 대한 정보로는 어느 기업이 어떤 예술 장르에 협찬 또는 기부를 하는지, 타 분야에는 얼마나 기부를 하고 있는지, 기업 출연 문화재단 설립 여부 및 사업 분야, 기업의 사업아이템에 대한 정보, 기업의 역사 및 경영진 현황과 구조 등 매우 다양하다.

정보를 수집하는 방법에는 기본적으로 신문이나 인터넷 검색이 있지만 산업별 동향이나 구체적인 정보를 얻기 위해서는 경제 관련 잡지 또는 산업별 전문 잡지 등을 지속적으로 구독하는 것도 필요하다. 그러나 무엇보다 좋은 정보를 얻는 경로는 사람인 경우가 많다. 다양한 관계 속에서 예기치 않던 좋은 정보를 얻을 수 있는 것이다. 그렇지만 사람과의 관계에서 정보의 교환은 대부분 편안한 대화 속에서 이루어지며, 일방적으로 듣기만 해서는 지속적인 관계 형성이 되지 않으므로 재미있는 예술 관련 역사 또는 뒷이야기, 최근의 공연 흐름이나 이슈 등을 준비해 두어야 한다.

개인적인 정보수집에서 벗어나기 위해서는 각자의 정보를 조직적으로 활용할 수 있게 데이터를 모으고 공유하는 체계가 필요하다. 예술단체에서 컴퓨터에 시스템을 구축할 필요는 없겠지만 주기적으로 정보를 공유하는 회의나 워크숍 등을 진행하며 기록을 해 두어야 추후 협찬을 기획할 때 정보로서의 가치가 있다.

2) 네트워크 구축

필자는 기업과의 네트워크를 구축하는 것이 협찬의 과정에서 가장 중요하다고 생각한다. 협찬을 기획하며 특정 기업이 대상이 되었을 때 어떻게 누구에게 접근할 것인가? 어렵게 물어물어 담당자 연락처를 알게 되어 협찬제안서를 보낸들 담당자가 관심을 갖고 볼 것인가? 네트워크를 부정적으로 볼 필요는 없다. 학연, 지연 따져가며 부당한 이득을 보자는 것이 아니다. 최소한의 네트워크는 어느 기업에는 어디로(또는 누구에게) 가야 하는지를 아는 것과 그 담당자가 우리 단체를 한번쯤 들어 봤다고 느끼게 만드는 것이다. 물론 이 정도 수준에서 끝내서는 네트워크를 구축했다고 할 수는 없다.

네트워크를 구축하겠다고 인위적인 만남을 만들어 가는 것은 시간이 지나며 동력을 잃게 되며, 업무의 연장선에서 금방 지치게 된다. 각자가 좋아하는 것, 하고 싶은 것들을 찾아 새로운 관계 맺음을 하며 인간관계를 넓혀 나가는 것으로 시작해 보도록 하자. 물론 예술단체의 사업을 기업 담당자에게 지속적으로 알리는 것은 네트워크를 구축하기 위한 가장 기초적인 작업이 될 것이다.

2. 협찬의 실행

1) 협찬 기획

문화예술 관련 사업을 계획하면서 예산을 수립하게 되면, 자금의 부족분을 어떻게 충당할 것인가에 대한 방안을 모색해야 한다. 지원을 받을 것인가, 회비로 충당할 것인가 아니면 기부를 받을 것인가를 결정하게 되는데, 때로는 기업으로부터의 협찬도 부족한 자금을 충당하는데 주요한 방법이 된다. 협찬을 진행할 구체적인 프로젝트가 있으면 협찬 기획을 시작해야 한다. 단순히 단체의 사업비가 부족하다는 이유로 기업에 협찬을 제안해서는 안 된다. 협찬도 후원의 주요한 방식이며 이에 따라 후원을 받고자 하는 명분을 분명하게 정리해야 한다.

한 개인이 새로운 무슨 일을 진행할 때 가족이 동의하지 않는 일에 이웃이 동의할 수 없고 이웃이 동의하지 않는 일에 대중이 동의할 수 없다. 한 개인이 일이라도 결국 사회에서는 관계와 조직 내에서 함께 영향을 미치고 연결되어 있기 때문이다. 해당 협찬 사업을 기획했다면 단체의 이사회와 내부 임직원들을 대상으로 프레젠테이션이나 공유를 통해 사업 내용에 대한 검토와 협력을 요청해서 재원이 조성된 이후 있을 문제요소를 제거하고 기존의 사업과 연계하여 시너지가 발생하는 후원 사업으로 만들 수 있을 것이다. 협찬에 대한 기획 과정을 다음과 같이 정리해 보았다.

① 가장 먼저 생각할 부분은 '무엇을 협찬 받을 것인가'하는 전략을 수립하는 것이다. 단지 재정에 보탬이 되도록 금전적인 협찬을 받을 수도 있다. 실무적으로 대부분의 협찬은 사실 금전으로 시작하지만 해당기업에서 물품협찬을 역으로 제안해 오기도 한다. 경우에 따라서는 그 물품이 유용하게 쓰이기도 하지만 어느 경우에는 이미 그 품목을 구입한 이후여서 아쉬움을 달래기도 한다. 예산을 수립하는 과정에서 일정 금액 이상 구입할 품목에 대하여는

우선적으로 협찬을 시도할 것인지를 검토하고, 협찬에 소요되는 시간을 고려하여 최종적으로 협찬 받을 목표금액과 품목을 정하는 것이 바람직하다. 기업은 돈보다는 자신이 취급하는 제품에 대한 협찬을 보다 쉽게 결정할 수 있다는 것을 명심하자.

② 기업으로부터 협찬을 받기 위해 가장 먼저 해야 할 일은 우리만의 장점 또는 특징을 나열해 보는 것이다. 생각만 하는 것이 아니라 사소한 것까지 구체적으로 리스트를 만들어 보면 도움이 많이 된다.

③ 그 다음으로 타겟(표적) 기업군을 설정하여야 한다. 예를 들어, 미국에 전자제품을 수출하는 기업, 어린이 완구를 만드는 기업, 컴퓨터 제조 회사, 주방용품 제조 회사 등이다. 그룹은 약 2~3개 정도를 선정하는 것이 바람직하다. 너무 많으면 해당 그룹 내의 대상 기업을 조사하고 선정하는데 시간과 노력을 허비해야 한다. 또 1개만 선정하면, 협찬이 잘 안되었을 경우 처음부터 다시 조사하기에 시간이 늦을 수도 있다. 경우에 따라서는 그룹별로 우선순위를 매겨 작업을 하는 것도 효율적일 수 있다.

④ 적절한 기업군을 선택하였다면 해당 기업군에 속하는 회사들이 어떤 회사들이 있는지 리스트를 만들고 인터넷 또는 지인 등을 통해 개략적인 조사를 한다. 기업의 규모(매출, 자본), 주요 제품, 성향, 연락처 등을 표로 만들어 놓는다. 이때 단체가 구축한 네트워크를 활용하게 된다. 이렇게 작성된 리스트를 보고 어떻게 접근할 것인지 기업별로 등급을 매긴다.

⑤ A, B, C와 같이 나눈다고 하면;
  - A는 해당 기업에 맞게 협찬제안서를 만들고 직접 방문하여 접촉할 기업
  - B는 공용의 협찬제안서를 가지고 전화, 우편 또는 이메일을 활용하여 접촉할 기업
  - C는 제외할 기업

분류하는 기준은 매번 다를 수 있으며 협찬을 기획하는 사람이 행사에 맞게 적정하게 대상을 분류하면 된다.

⑥ A로 분류한 기업에 대해서는 그 기업의 역사, 이미지, 추구하는 방향, 주고객층 등에 대하여 숙지하여 우리가 기획하는 공연이나 축제 등과의 연계성

을 깊이 고민해야 한다. 이때 해당기업이 우리 단체에 협찬해야 하는 명분을 개발하여야 하며 기업의 사회공헌 활동에만 초점을 맞추지 말아야 한다. 지역과의 교류가 필요한 기업의 경우 지역주민들을 위한 음악회를 개최하기도 한다. 조직문화 개선을 필요로 하는 기업에게 예술은 유효하게 작용한다. 주요 거래처나 VIP 고객을 초청한 행사를 품위 있게 진행하고자 할 때 예술은 기업에게 좋은 기회를 제공하게 된다. 기업마다 시기별로 필요로 하는 것들이 어떤 것인지에 대한 분석이 이루어진다면 협찬은 훨씬 더 성공확률이 높아진다.

⑦ 기업마다 협찬을 담당하는 부서는 다르다. 어느 기업은 홍보팀에서 하지만, 영업부서에서 담당하는 기업도 있고, 기획실과 같은 부서에서 담당하는 기업도 있다. 기업과 접촉하기 전에 담당자 또는 담당부서를 확인해 두는 것이 좋다. 담당 부서나 담당자를 확인하는 것은 A로 분류한 기업뿐만 아니라 B로 분류한 기업에게도 해당한다.

2) 협찬제안서 작성

기업으로부터 협찬을 받기 위해서는 협찬제안서를 작성하여 기업에 제시해야 한다. 공연이나 축제 또는 전시를 함에 있어 행사 카탈로그나 자체 사업계획서를 들고 가서 대충 말로 협찬을 받으려고 하면 안 된다. 기업은 업무에 대한 역할 분담이 되어 있으며, 대기업일수록 단독으로 의사결정이 내려지지 않고 나름대로의 결재과정을 거쳐야 한다. 정말 좋은 행사라고 담당자가 이해를 하고 도와주고 싶어도 결재를 받기 위한 자료를 기업의 담당자가 만들 수는 없는 것이다. 협찬제안서는 정해진 틀이 있는 것은 아니며 정형화된 양식은 없다. 다만 몇 가지 주요하게 고려해야 할 점을 요약하면 다음과 같다.

① 공용으로 사용할 협찬제안서 초안을 작성한 후 이를 기초로, 구체적인 대상 기업을 선정하여 협찬제안서를 수정하여 작성하는 것이 바람직하다. 한 기업을 대상으로만 제안서를 작성하였다가 다른 기업에 적용시키려면 처음부

터 작업을 다시 하게 된다.

② '기업에게 무엇을 줄 것인가'하는 부분이 가장 핵심이다. 어설프게 세금공제 혜택과 같은 표현은 오히려 안 쓰느니만 못하다. 이 부분은 대상 기업별로 다르게 고민하여 작성해야 한다.

③ 단순히 관객이 몇 명이다 하는 것은 의미가 없다. 최소한 관객의 남녀비율이나 연령별, 지역별 분포 등에 대한 분석을 해야 한다. 교육수준이나 소득수준을 분석할 수 있다면 기업이 협찬을 판단하는데 좋은 자료가 될 것이다. 또한 분석한 자료를 토대로 주요 관객의 성향이나 행태를 담아내도 좋다.

④ 기업의 정책이나 사정에 따라 예술단체가 원하는 금액을 지출하기 어려울 수 있다. 협찬을 하고는 싶으나 서로 생각하는 금액이 맞지 않을 경우를 대비하여야 한다. 제공해 주는 서비스를 다양화하여 단계를 구분하고 기업이 융통성을 갖고 선택할 수 있도록 하는 것도 바람직한 방법이다. 다만 주협찬사(메인스폰서)의 경우에는 단계를 단순화시켜 접근할 필요가 있다.

⑤ 행사 프로그램에 대하여는 필요 이상으로 복잡하게 작성할 필요는 없다. 기업의 관심은 세부적인 프로그램보다는 어떻게 홍보계획이 수립되어 있느냐 하는 것이다. 어느 면에 어느 크기의 광고가 게재되느냐 하는 것보다도 기업들의 주 소비자에게 어떻게 얼마만큼 노출이 되느냐 하는 것이 더 중요하다. 따라서 홍보계획은 자세히 담아낼 필요가 있다. 협찬이 확정되지 않은 상황에서 어떻게 홍보계획을 수립하느냐 하는 사람들도 있지만 그 말은 협찬을 안 받겠다는 얘기나 마찬가지이다. 당연히 협찬을 전제로 계획을 수립해야 한다.

3) 협찬제안서 제출 및 접촉

협찬제안서의 제출은 주로 이메일로 이루어진다. 그렇지만 가급적이면 주협찬사의 경우에는 사전 약속을 정하고 잠깐이라도 대면하여 설명을 하는 것이 바람직하다. 기업에서 관심이 있다면 다시 접촉을 하게 되며, 협찬금액, 반대급부, 기타사항 등을 협의하여 조정하게 된다. 이때 협찬제안서의 내용에 집착할 필요는 없다. 기업의 관심을 유도하여 협상테이블에 앉았다면 협찬제안서는 본래의 역할을 다 했다고 극단적으로 표현할 수도 있다.

상호협의 과정이 끝나고 협찬이 결정되면 협찬금액(또는 물품의 종류 및 수량), 반대급부의 내용, 지급의 시기 및 방법 등을 포함한 협찬계약서를 명확하게 작성해야 사후 분쟁을 막을 수 있다.

기업과 처음 접촉하게 될 경우 상대방은 경영진일 수도 있고 담당자일 수도 있다. 담당자와 접촉하여 경영진에게 결재를 받는 방식(Bottom-up)이 경영진에게 접촉하여 담당자에게 지시하는 방식(Top-down)보다 더 바람직하거나 올바른 방식이라고 할 수는 없다. 이것은 옳고 그름의 문제는 아니며, 어떠한 방식이라도 담당자와 함께한다는 마음가짐을 가져야 한다.

4) 사업 수행

협찬을 무사히 받고 행사를 진행하게 되었다고 협찬 담당자의 업무가 종료된 것은 아니다. 행사 기간 동안 기업의 관심을 유도하여 가급적 행사에 참가할 수 있도록 배려하고 예우를 해 주어야 한다. 기업의 담당자들이 예술단체에 협찬을 할 경우 애로사항으로 얘기하는 것이 협찬을 하고 나면 연락이 잘 안 된다는 것이다. 이럴 경우 기업 담당자들이 결과보고를 위해 필요한 자료를 직접 수집해야 하는 부담을 갖게 된다. 행사 중에도 지속적으로 연락을 하고 상황을 간략하게 전달하며 기업 담당자에게 신뢰를 주어야 한다.

또한 기업에게 반대급부로 제공하는 CI노출이나 기업의 제품 전시에 관객이 반응을 보이는 사진을 확보해야 하며 경우에 따라서는 관객에 대한 설문조사도 진행하여 결과보고에 대한 자료를 취합해야 한다.

5) 사업 홍보

기업은 영업활동을 통하여 창출한 재원을 사회에 환원하고자 하는 목적과 기업의 지속가능경영, ESG경영 등을 실천하기 위하여 후원을 하고 있다. 거래처나 소비자와의 관계에 있어서 사회공헌 활동은 점점 필수적인 요소로 자리매김하고 있으며 이에 따라 기업은 자신의 사회공헌 실적을 외부로 나타내고 싶어 한다. 그러므로 기업의 사회공헌 활동에 대한 홍보는 기부든 협찬이든 그것을 유치하고자 하는 단체의 필수적인 요소가 된다. 기부 또는 협찬을 유치하고 협약을 체결하는 순간부터 사업을 수행하고 사업결과를 보고하는 전 과정에서 신문, 방송, 온라인(SNS, 홈페이지, 유튜브, 웹 소식지 등), 각종 홍보물을 활용해 해당 사업을 적극적으로 알려야 한다. 최근에는 많은 기업들이 사회공헌 사업을 수행하고 있어서 차별화된 언론홍보와 SNS 마케팅을 하기 위한 방법을 강구해야만 한다. 그렇다고 하여 홍보효과를 높이기 위해 왜곡되고 확대된 홍보를 해서는 절대 안 되며, 사실을 정확하고 효과적으로 전달하여 대중들에게 각인될 수 있도록 해야 한다.

3. 사후관리

행사가 완료되면 가급적 빠른 시일 내에 기업에게 결과를 보고해야 한다. 어떠한 방식이든지 기업이 협찬을 통해 얻은 효과를 제시하는 것이 좋다. 또한 협찬에 대한 감사의 글을 잊지 말아야 한다. 결과보고를 제대로 하지 못한다면 다음 기회는 절대로 오지 않는다. 만족스러운 사후관리는 예술단체의 네트워크가 확장되는 결과를 가져 온다.

협찬을 진행하게 되면 성공보다는 실패할 가능성이 훨씬 높지만 첫 술에 배부를 수는 없다. 실제 협찬으로 이어지지 않더라도 끝까지 좋은 이미지를 남겨야 다음을 기약할 수 있다. 또한 성공하지 못한 원인을 분석하고 개선 방안을 마련한다면 그 단체만의 협찬 노하우가 점점 축적될 것이다.

제5절

기업과의 성공적인 파트너십 구축

1. 기업 제안서에 담아야 하는 것

① 사업목적(배경)

어떤 사업을 진행할 때에는 그 사업을 '왜' 하는지에 대한 질문에 답을 해야 한다. 기부금 제안을 위한 사업이라면 특히 '왜'라는 질문에 명확한 답이 있어야 한다. 왜 그 공연에 기부해야 하며, 왜 기업의 도움이 필요한지에 대한 답이 없다면 후원을 제안할 이유가 없게 된다. 관객이 오든 오지 않든 단체가 자신의 예산을 가지고 하는 사업이 아니라 기업의 도움으로 공연을 진행한다면 기업과 대중들의 이해와 설득과정은 필수인 것이다. 그러기에 사업목적이 명확한 기업의 이해를 얻는다는 것은 후원을 제안하는 핵심적인 설득의 요소가 된다. 이것이 바로 모금 명분이 되고 기업이 가지는 신뢰의 기반이 된다. 단체와 기업, 대중이 모두 동의할 수 있는 가치를 전달하고 결국 이루고자 하는 것을 제대로 전달하기 위해 제안서에 담아야 한다. 필요하면 이미지와 수치, 감동적인 메시지와 설명 등을 효과적으로 활용하는 것이 필요하다.

② 사업명

후원을 제안할 때 '이 사업은 무엇이다'라고 떠오르게 하는 명확하고 핵심적인 단어 또는 문장이 바로 사업명이 된다. 자선(사회복지, 국제구호) 분야 사례를 보면 '기아체험 24' '신생아 살리기 모자 뜨기' 등 해당 사업명을 들으면 이 사업이 무엇인지 인지하게 된다. 또한, 호기심과 궁금증을 유발하는 사업명을 활용하여 기업에게 질문을 이끌어내는 방법도 필요하다. 비록 후원을 유치하고 난 뒤에는 큰 의미가 없어 보일지 모르지만 이러한 사업명은 사업의 전달력을 높이고 호기심을 불러일으켜 관심을 높이며, 중장기 후원을 받게 되면 하나의 브랜드가 되므로 사업명을 신중하게 선택해야 한다.

③ 사업 기간

모든 사업에는 시작과 끝이 있다. 사업 기간을 정하는 것은 단순히 해당 사업이 소요되는 기간의 전달만이 아니라 숨은 의미를 많이 가지고 있다. 단체의 경우 이번에 제안하는 사업이 하나일지 모르나 기업의 입장에서는 다수의 사회공헌 사업 중 하나이기에 연중 사회공헌 사업을 수행하기 위해서 연간 일정 중에 중복되는 일정이 없는지, 이슈 메이킹을 하기에 적절한 기간(예: 5월은 가정의 달로 어린이와 노인, 가정과 관련된 사업을 추진)인지 검토하게 된다. VIP 초청 행사 일정이나 신제품 출시 일정 등도 사회공헌 활동이나 협찬 시 고려될 수 있다. 기업은 비용대비 효과를 측정하기에 예산, 대상의 수, 규모와 함께 사업 기간을 보며 전반적인 적절성을 검토한다. 그래서 단체는 해당 사업 기간을 명확하게 기업에게 전달해야 하며 또한 기간의 변경과 조율이 가능한지도 열어둘 필요가 있다.

④ 후원금액

후원금액을 결정하는 문제는 기업 제안 요청에 있어 가장 부담이 되고 말하기 껄끄러우며 기업의 상황에 맞는지 고민이 되는 부분이다. 단체가 필요한 금액과 기업이 집행 할 수 있는 예산 범위나 해당 사업에 적절한 예산인가는 또 다른 문제이기 때문이다. 해당 사업이 마음에 들다가도 단체가 요청하는 금액과 기업이 집행 할 수 있는 예산 범위가 너무 크게 차이가 나면 협의가 틀어지기도 한다. 굳이 사업을 설명하는 초기 단계에서 금액을 언급하는 것이 적절한가는 사람마다 판단이 다를 수 있다. 매도 먼저 맞는 게 좋다고, 필자는 후원금액을 제안서의 사업개요에 해당되는 초반에 삽입하는 것이 적절하다고 본다.

 기업은 매년 10월 전후로 하여 차기년도 사회공헌사업과 예산을 책정한다. 기업의 담당자는 정해진 예산 범위 내에서 회사가 수행할 사업을 결정해야 하므로 문화예술단체가 제안하는 후원금액에 민감할 수밖에 없다. 먼저 단체는 어느 정도 폭에서 후원 요청금액 조정이 가능한지를 미리 검토해야 하며 그 다음은 상황에 따라 기업이 해당 예산을 어느 정도 부담하면 단체가 자부담이나 정부지원을 통해 충당 가능한지 예측할 필요가 있다. 아니면 필요에 따라 총 소요되는 예산에서 자부담을 단체가 어느 정도 하겠다는 것을 미리 밝히는 것도 좋은 방법이다.

⑤ 사업대상과 효과측정

사업대상은 해당 기업 후원금의 사용이 누구를 대상으로 하는가를 나타내는지를 보여주는 것으로 대상은 사람이 될 수 있고 공간이나 제작물이 될 수 있다. 그렇지만 사업 대상 표시의 경우 해당 공간이나 제작물이 되더라도 그것을 활용하는 사람으로 측정할 수 있다. 예를 들어 A 공연의 제작비를 기업이 기부를 한다고 하면 사업대상은 공연의 제작비이지만 그것을 향유하는 관객과 이미지가 노출되는 대중이 효과측정의 척도가 된다. 그러기에 제작비를 사용하는 공연에 관람객 수나 노출되는 대중의 수를 측정하여 이에 대한 효과를 보여줄 필요가 있다. 효과측정은 기업이 제공한 후원금액이 적정한지를 가장 객관적으로 파악할 수 있는 수치가 된다.

⑥ 세부사업계획

지금까지 기업에게 개요 중심으로 제안 내용을 전달했다면, 이제는 세부적인 사업계획이 어떻게 되는지 구체적이고 사실적인 표현을 중심으로 제안서를 작성해야 한다. 해당 제안사업이 어설픈지 아니면 구체적으로 잘 준비가 되었는지 세부사업계획에서 보이므로 자세한 구성과 내용 작성이 필요하다. 만약 아직 세부적인 사업계획이 미흡하지만, 제안을 우선해야 할 사항이 된다면 텍스트 보다는 도식이나 다이어그램 등을 활용하여 세부사업의 구성을 이미지화하여 전달하고 구두로 설명하는 방식이 좋다. 억지로 세부사업이 수립되지 않았는데 방대한 양의 나열식 계획수립을 적으면 기업에게 사업의 준비 상태가 쉽게 드러나 역효과를 낼 수 있다.

⑦ 사업일정표

후원 사업을 포함하여 단체의 모든 연간 사업이나 단위사업 계획을 수립할 때 빠지지 않고 하는 것이 사업 일정표에 따라 계획을 수립하는 일이다. 해당 사업일정표를 작성하더라도 현실에서는 많은 변수가 발생하여 해당 계획일정에 맞게 진행하는데 어려움이 많게 된다. 그럼에도 불구하고 빠짐없이 사업일정표를 월간이나 주간, 일간으로 수립하는 것은 해당 사업수행 과정에서 놓치는 과업이 없도록 확인하기 위함이며 또한 해당 일정보다 늦어지거나 빨라질 때 단체는 그에 따라 대응하기 위해서다. 사업일정표는 사업 기간에서 다룬 것과 같이 기업의 연간 다양한 사회공헌 사업과의 일정 조율과 시즌별 균형 있는 사업수행을 위한 확인을 위해 제안서에 반드시 포함되어야 된다. 비록 해당 사업 일정표에 따른 사업 진행이 어렵더라도 일정에 따른 계획 수립은 구체적이고 사실적으로 해놓아야 빠짐없이 단위사업의 진행을 챙길 수 있다.

⑧ 홍보계획

기업이 후원을 하고 사업에 만족을 하였다고 하더라도, 해당 사업을 대중과 문화예술의 관객, 기업의 고객이 착하고 좋은 사회공헌 사업을 진행하고 있다는 것을 인지하지 못한다면 해당 사업은 지속적인 동력을 잃은 자동차와 같은 상황을 겪게 된다. 홍보의 경우 크게는 홍보물의 제작과 언론매체 등을 활용한 홍보로 나눈다. 홍보물 제작의 경우 기업의 CI나 BI, 제품이미지의 삽입과 디자인적 요소를 활용하여 기업 사회공헌 홍보를 제대로 노출하는 지를 보여주는 도구가 된다. 언론 매체, 온라인을 활용한 홍보의 경우 TV나 신문, SNS와 홈페이지, 이벤트 등을 통해서 어떻게 해당 사업을 대중들에게 각인시킬 것인가에 대한 구체적인 계획을 통해 나타나게 된다. 다만 현실적인 수준을 넘어서 지키지 못할 과도한 홍보계획을 내세워 추후 신뢰의 문제가 생기지 않도록 실현가능한 홍보계획 수립이 필요하다.

⑨ 기대효과

기업의 후원은 예술단체를 만족시키기 위해 이루어지는 것이 아니다. 기업의 후원을 통해 얻을 수 있는 것들을 제안서에 담아야 한다. 기업의 이해관계자

(내부 임직원, 소비자, 지역사회, 거래처 등)가 만족할 만한 내용을 정리한다면 기업과 단체 모두가 Win-Win 하는 후원이 될 것이다.

⑩ 단체소개

현대자동차의 제네시스 차량을 구매하고자 하는 고객의 경우 제네시스의 성능과 디자인, 품질 등을 보고 구매 여부를 판단하지 현대자동차의 역사와 수상내역, 언론보도를 보고 제네시스를 구입하지 않는다. 그렇지만 대부분 제네시스가 현대자동차 제품인 것을 알고 산다. 제안서를 작성할 때 단체소개는 딱 그만큼이다. 하지만 많은 단체들은 기업에 후원 제안을 할 때 제안 내용의 많은 부분을 단체소개에 할애를 한다. 단체의 우수성을 알리고 자랑을 하려고 하지 제안하는 사업의 차별화와 기업의 적합성, 시대의 필요성 등은 소홀하게 작성한다. 기업 후원 제안은 자동차를 구매하는 고객의 경우와 별반 다르지 않다. 단체에 대한 이해가 필요하다면 제안서 가장 마지막에 단체 소개를 간략하게 하여, 사업을 수행하는 단체에 대한 신뢰의 정점을 찍는 방법으로 활용해야 한다.

2. 제안 시 지켜야 하는 것

① 모든 것은 순리대로 가야 한다.

먼저 기업 후원 제안서 작성과 제안과정의 경우 평범한 인간관계와 별반 다르지 않다. 누군가를 만나면 처음부터 친한척하거나 부담스러운 말로 상대를 곤란하게 하지 않는다. 인사를 나누고 간단한 정보에 따른 질의와 함께 조금씩 성향과 필요를 파악하며 대화의 진도가 나간다. 기업후원을 위한 제안도 물 흐르듯 자연스러운 대화와 서로에 대한 이해를 넓혀간 후에 해야지, 초면에 보자마자 제안을 하는 것은 예의가 아니다. 서두에서부터 '우리 단체가 돈이 필요하니 돈을 주세요!'라는 부담을 주어서는 안 된다. 각자를 소개하고 가벼운 정보를 나누는 단계부터 해서 천천히 조금씩 다가가는 것이 필요하다. 남자와 여자가 보자마자 마음에 든다고 사랑한다고 말하지 않는다. 그런 것처럼 대화가 무르익으면서 느끼게 되는 편안함과 신뢰를 쌓는 과정이 우선이다. 충분히 서로를 알고 제안을 해도 늦지 않는다. 순리를 거스르는 성급함과 목적달성을 위한 공격적인 행동은 제안에 하나도 도움이 안 된다는 것을 명심해야 한다.

② 나를 알고 왔겠지?

다수의 단체들이 자기 단체와 제안사업을 소개하는 것에 중점적으로 준비하고 기업과 대화를 하려고 나선다. 그러다 보니 기업은 단체를 만나자마자 단체와 사업 소개를 정신없이 듣게 되고, 단체의 담당자가 어떤 사람인지, 무엇을 가치 있게 생각하는지, 정말 기업을 이해하고 파악하고 왔는지 분간이 되지 않는다. 자기중심적인 단체는 기업에 대한 정보를 미리 파악하지 않고, 기업의 제품, 사회공헌 방향, 신사업 개발 등에 대한 실수를 반복해서 기업 담당자의 인상을 찌푸리게 한다. 평소 남자와 여자가 소개팅을 할 때도 상대의 기호와 정보를 파악하고 실수하지 않고 좋아하는 것에 동질감을 가지려 노력하는데 비해 그러한 단체는 기업에 대한 이해와 공감대 없이 단체가 하고자 하는 것을 설명하는 것에만 집중한다. 기업은 단체가 단지 돈이 필요해서 달라고 요청하는 창구로만 인식하고 왔다는 오해를 불러일으킨다. 단체가 기업에 제안하는 사업보다 기업을 더 깊이 이해하고 기업의 정보를 가지고 대화를 이끌어내야 기업의 더 깊은 공감과 신뢰를 얻어 앞으로의 제안하는 사업의 성공 가능성을 높일 수 있다.

③ 내가 볼 제안서는 없다.

직장을 다니거나 사업을 하는 사람이라면 기본적인 '문서 작성'은 누구나 한다. 그런데 문서를 작성하다 보면 타인이 보기 위해 작성하는 게 아니라 자신이 보기 위해 작성하고 있는 경우를 보게 된다. 자신이 자주 쓰는 언어, 문장, 표현 방식 등을 문서에 고스란히 적어서 타인이 볼 때는 문서의 내용을 이해하기 힘들다는 것이다. 기본적인 문서 작성도 이런 문제점을 가지고 있지만, 기업 후원 제안서의 경우는 상황이 더욱 심각해진다. 기업은 이윤을 목적으로 하는 조직이고 문화예술단체는 예술의 창작과 향유를 목적으로 하는 조직으로 서로 쓰는 언어의 차이가 크다. 그러기에 아무렇지 않게 문화예술과 담당자만의 언어로 만들어진 제안서는 기업이 보기에 정말 이해하기 힘든 제안서가 된다. 하나의 예로 '향유'라는 단어를 기업은 얼마나 접해봤을까? 향유라는 말보다는 관람, 향유자보다는 관람객으로 표기하는 게 기업을 이해시키기에는 더욱 적합한 단어일 것이다. 그래서 기업 후원 제안서를 쓸 때 작성자가 가능하면 다른 사람들에게 제안서를 보여주고 해당 내용이 이해가능한지 검토를 받아보는 것을 추천한다. 그래야 기업도 그 제안서를 보고 전부는 아닐지라도 조금이라도 더 내용을 이해하고 받아들일 수 있을 것이다.

④ 사업 방향은 '논리' vs '감성'

자선(사회복지, 국제구호) 분야의 기업기부 제안의 경우 다른 분야에 비해 인간 감성적 필요와 요구, 어려움과 문제해결을 집중하여 제안하게 된다. 인간 본성에서 가장 연약한 부분이고 본질적인 설득을 위해 가장 좋은 방법이기도 하다. 그렇지만 문화예술 분야의 경우 감성적 내용으로 기업 후원 제안을 하게 되면 기업을 설득하기가 매우 어렵다. 자선분야처럼 경제적 어려움과 1, 2차 (생리적, 안전) 욕구의 감성적 전달 요소가 극히 적기 때문이다. 문화예술단체의 경우는 가능하면 논리적 분석과 필요, 문화예술의 실리적 가치를 전달하고 예우와 문화경영의 만족을 중심으로 제안 내용을 전달해야 효과적이다.

⑤ 사업개요에서 50% 이상 결정된다.

사업개요는 일반적으로 사업목적, 사업명, 사업대상, 후원금액, 주요사업 등을 요약해서 정리된 내용을 말하며 기업은 후원 제안서 초반의 내용인 사업개요만 보고도 제안사업에 대한 관심 여부나 기부 또는 협찬을 할지 말지 대부분 결정이 난다. 그래서 이성 간에 첫인상이 중요한 것처럼 제안서 초반의 매력이 후원 유치에 상당한 결정력을 가진다. 만약 제안의 세부내용이 마음에 들지 않는다면 그것은 기업과 단체가 서로 조율하면서 바꾸면 되기에, 초반의 제안 내용에 집중해서 기업에게 승부수를 띄워야 한다. 그만큼 차별화된 내용인지, 기업에 적합한 내용인지, 설득력이 얼마나 큰지 고민하고 제안해야 한다.

⑥ 주어진 시간이 많지 않다

문화예술단체가 기업에 제안하는 미팅 자리에 동석을 해보면 주어진 시간의 대부분을 단체의 수상 내역이나 언론보도 등을 통해 얼마나 우수한지, 단체가 어떤 사업을 진행하고 있는지를 설명하느라 시간을 다 써버려 정작 제안해야 할 사업은 제대로 설명을 하지 못하고 끝나버리곤 한다. 기업이 듣고 싶은 건 단체의 자랑이 아니라 기업과 함께할 사업이다. 단체의 우수성은 문서로 대신하든지 짧게 전달하고 기업이 궁금해 하는 제안 내용에 선택과 집중을 해야 한다.

⑦ 기본적인 오타와 맞춤법 확인은 필수

오타와 맞춤법은 아무리 여러 번을 보더라도 완벽하게 해결하기는 어렵겠지만 중요한 문서일수록 신중하게 검토해야만 한다. 그런데 제안서의 내용 중 오타가 많고 맞춤법도 틀리는 경우를 종종 보게 된다. 혹시 조금 틀려도 상관없다고 생각하는가? 그럼 큰 오산이다. 기업과 단체가 깊은 친분과 신뢰가 다년간 쌓였다면 이러한 문제점을 크게 생각하지 않겠지만 이제 신뢰를 쌓고 대화와 제안을 초기에 하고 있는 단계에서 제안서의 오타와 맞춤법의 문제는 기업에게 기본적인 예의와 자세가 되어 있지 않고 대충 준비한다는 인식을 심어 준다. 제안서를 작성하는 사람은 누구나 오타와 맞춤법의 문제가 생길 수 있지만, 다른 사람의 검수를 통해서 어느 정도 해결할 수 있는 문제이다. 당연히 할 수 있는 실수라고 생각하지 말자.

⑧ 내가 좋은 것이 아닌, 우리가 좋은 것으로

기업 후원 제안을 하는 사람은 누구나 해당 사업의 매력과 우수성을 드러내고 싶어 한다. 그렇지만 좋다고 하는 부분에 너무 집중하다 보면 내가 좋은 것이 될 수는 있어도 우리가 좋은 것으로 될 수 없다는 것을 알아야 한다. 기업 후원 제안을 할 때 해당 사업의 성과보다 어떻게 하면 기업에게 좋을 수 있을까? 어떻게 하면 관객이 만족할 것인가? 어떻게 하면 이 사업이 대중에게도 좋은 사업으로 인식하여 지속적으로 할 수 있을까? 등을 고민해야 한다. 이제는 '기업의 이미지 제고' 같은 영혼이 없는 긍정 효과를 말하지 말고, 기업이 기대할 수 있는 구체적이고 현실적인 효과를 제시하고 만족 시켜야 한다.

⑨ 예산은 상식적으로 그리고 디테일하게

기업은 수많은 제안서를 이메일과 전화, 미팅을 통해서 하루에도 몇 건씩 검토한다. 단체가 정성스럽게 쓴 제안서이고 정말 제대로 구성한 제안서라고 확신하여도 기업에게는 그저 지나가는 하나의 제안서이며 다른 단체들이 제안하는 제안서와 비교하여 볼 수밖에 없을 것이다. 그중에 예산안은 실제적인 기업의 재원을 집행하는 차원이므로 더욱 신중하게 본다. 단체의 경우 제안서의 예산안은 기업 후원 유치가 되면 그때 되어서 바꾸고 맞추면 된다고 생각하고 전체 예산규모에 대충 배분하여 배치하는 실수를 하게 된다. 그렇지만 기업의 경우 예산안을 보면서 '이걸 진행하는데 이렇게 많이 들어?' '이걸 진행하는데 이걸로 된다고?' 당황하는 경우가 많다. 단체는 예산을 편성할 때 시장가격을 감안하거나 인터넷 검색 등 실수를 줄이려는 노력을 해야 한다. 확정된 사업의 경우 예산안 변경은 사업을 수행하면서 기업과 조율하면서 해도 된다. 초기 제안부터 성의 없이 대충 돈만 받기 위해서 형식적인 예산안을 편성했다는 오해는 없었으면 좋겠다. 기업의 경우 단체에 질문 몇 가지만 해봐도 예산안을 성의 있게 작성했는지 쉽게 알 수 있다. 눈속임은 더 큰 문제를 야기할 수 있으니 정교하게 예산안을 편성해야 한다.

⑩ 오늘은 인사일 뿐이다.

단체는 기업과의 첫 미팅 때 떨리고 조심스러운 마음과 사업에 대한 적절한 브리핑으로 기업에게 좋은 평가와 사업제안이 성사되기를 바란다. 그렇지만 현실은 첫 미팅을 포함하여 초기에는 좋은 기업을 만나 문화예술과 해당 사업의 공감대만 형성되길 바라는 마음만 가져도 큰 성과가 된다. 기업과 친분을 쌓고 신뢰를 얻고 기업이 필요로 하는 문화예술과 관련된 도움을 주면서 좋은 관계를 지속적으로 유지하는 것을 목적으로 하는 것이 좋다. 그 이후 자연스레 기업이 사업을 같이 하자고 먼저 제안을 하는 경우가 가장 바람직하다. 기업을 단순히 사회공헌 사업 예산을 가지고 있고 매력 있는 사업을 제안하면 돈을 주는 곳으로 여기지 않고 지속적인 관계와 서비스 제공, 문화예술에 대한 관심을 증대시키는 일을 한다면 적당한 시기에 제안과 함께 좋은 열매로 기업과 단체가 함께 사회공헌 사업을 펼치고 있을 것이다.

3. 파트너십을 위하여 예술단체가 주의해야 하는 것

 기업이 예술을 통하여 원하던 목적을 달성하고 기업의 가치를 높이기 위해서는 단편적이고 일회적인 행사에서 벗어나 장기적인 전략에서 접근하여야 한다. 또한 예술단체도 지금까지의 소극적인 자세에서 벗어나 시간과 노력을 투입하는 것이 필요하다. 그렇지만 예술단체들이 꾸준한 노력 없이 쉽게 안주하거나 포기하는 것을 종종 보게 된다. 지금까지의 경험을 토대로 예술단체와 기업이 성공적인 파트너십을 갖기 위해 기업에게 접촉할 때 예술단체가 주의하여야 할 것에 대하여 몇 가지 조언을 해주고 싶다.

① 돈으로 접근하지 말아라.
기업과의 네트워크를 구축할 때 처음부터 돈으로 접근하면 절대 안 된다. 사람이나 시설 등으로 접근해야 한다. 기업이 보유하고 있는 강의실, 회의장 등을 의미 있게 사용하는 제안을 한다면 기업은 훨씬 더 긍정적으로 검토를 할 것이다. 기업이 생산하거나 판매하고 있는 제품과 연계한 활동도 금전적인 접근보다는 수월하고 바람직하다.

② 자기 스케줄에 맞추지 말아라.
예술단체를 보면 자기 일정에 맞추어 기업을 접촉하려고 한다. 자기 공연이 언제 하니까 그 일정에 맞춰 기업에게 연락하고 접촉하려고 하지만 이래서는 절대 안 된다. 대기업의 경우에는 대부분 전년도 말 이전에 이미 사업이 결정된다고 보아야 한다. 중소기업과 같이 오너가 중심이 되는 기업의 경우에는 비교적 융통성이 있지만 대기업의 경우에는 훨씬 여지가 적다. 예술단체가 접촉하

고자 하는 기업의 특성을 파악하고, 기업의 일정에 맞추어 제안하고 접촉하여야 한다.

③ 기업의 사회공헌 활동에만 초점을 맞추지 말아라.
기업에서는 다양한 경영활동이 이루어지고 있으며, 예술단체가 기업과 연계될 수 있는 부분은 기부 또는 사회공헌 활동 말고도 훨씬 더 다양하고 효과적인 부분들이 있다. 지역과의 교류가 필요한 기업의 경우 지역주민들을 위한 음악회를 개최하기도 한다. (주)유한킴벌리의 경우 평생학습 개념으로 직원들에게 다양한 교육을 실시하고 있는데, 이 중에서 직무교육은 약 60% 정도이며 나머지는 교양교육에 초점을 맞추고 있다. 교양교육에는 음악감상, 전시회 관람, 독서, 복리후생과 관련된 것들이다. 필자가 근무하고 있는 한미회계법인에서는 공인회계사 자체연수와 직원 야유회 때 예술과 접목을 하고 있으며, 거래처 접대의 일부는 공연티켓으로 지출하고 있다. 대기업에는 예술과 관련한 다양한 동호회가 있으며, 이들은 전문가를 필요로 하고 있다.

④ 장기적으로 접근해라.
예술단체들이 기업과 접촉하고 나서는 대부분 좌절은 겪게 된다. 그리고 나서 '기업이 예술을 모른다', '기업은 너무 상업적이다', '기업에게 접촉하려면 고위층을 알아야 한다'와 같은 생각을 하게 된다. 성공적인 파트너십을 구축하기 위해서는 우선적으로 예술단체가 기업과 네트워크가 형성되어야 한다. 그렇지만 네트워크가 하루아침에 저절로 되지 않을뿐더러 한번 만났다고 되는 것도 아니다. 이번에 안 되었다고 끝이 아닌 것이다. 보통 기업과의 네트워크를 구축하는데 최소한 3년에서 5년 정도가 걸린다고 한다. 기업과 관계형성을 위해 꾸준함이 필요하며 그러기 위해서는 내 것에 대한 확신이 있어야 한다.

⑤ 관심을 갖고 기업에 대한 정보를 꾸준히 수집하라.
기업이 예술을 이해하고 예술단체에 대한 정보를 파악하고 관리하는 것이 아니다. 기업과 만나기 이전부터 기업에 대한 많은 조사와 연구가 필요하다. 가끔

예술단체를 보면, 예술은 쌍방향 커뮤니케이션이라고 하면서 기업에게는 일방적인 것을 요구하고 있다. 기업의 신제품 출시에 대한 정보도 필요하며, 다양한 유형의 잡지를 구독해서 보는 것도 정보의 Source로서 좋을 것이다. 기업에 대한 정보뿐만 아니라 예술단체가 보유한 콘텐츠의 정확한 CRM DATA도 필요하다.

⑥ 기업의 니즈를 파악하고 충족시켜야 한다.

예술단체가 기업에게 줄 수 있는 Benefit이 무엇인가 고민해야 한다. 기업에게 줄 수 있는 Benefit은 무궁무진하지만 제대로 활용하지 못하고 있다. 예술은 다양하며, 항상 새로운 것을 추구하고 이를 통해 콘텐츠가 생성되고 있다. 남자들이 백조의 호수를 공연하고, 무대가 관객 쪽으로 기울어져 가시성을 높인 연극도 있고 아예 관객이 무대 위로 올라가기도 한다. 조금만 노력한다면 기업에게 필요한 많은 것을 예술단체가 제공해 줄 수 있으며, 그때서야 일방적인 수혜가 아니라 파트너십이 형성되는 것이다.

4. 기업사회공헌 담당자가 알려주지 않는 10가지[10]

① 사실 당신의 말을 이해하지 못했다.

예전에 출간된 도서 중 '화성에서 온 남자 금성에서 온 여자'라는 베스트셀러가 있다. 그 책은 남녀 간의 관계에서 대화와 행동의 이해와 공감이 얼마나 다르고 어려운지를 말해주고 있다. 필자는 이 책에 이어서 '화성에서 온 기업, 금성에서 온 단체'라고 말하고 싶다. 필자가 만난 다수의 기업들이 단체를 만나 제안 내용을 들으면 웃고 고개를 끄덕이며 긍정의 표시와 호감을 말하고 있지만 미팅 후 다 같이 하는 말이 단체의 제안에 이해가 되지 않는다고 한목소리로 말한다. 그만큼 기업과 단체는 이윤과 창작, 향유 등에 대한 생각이나 접근방식이 다르고 설립 또는 사업의 목적과 성과 또한 다른 방향을 향하고 있다. 서로가 사용하는 언어, 문화, 업무추진방식 등 너무나 다른 상황에 놓여 있는 가운

---

10) 불편했지만 할 수 없었던 이야기 (CSR실무자와 NPO실무자들의 속마음)

https://brunch.co.kr/@4seasonsanta/9 및 필자 보완·수정

데 기업과 단체는 사회공헌 사업으로 함께해야 한다. 그렇다면 단체는 기업을 이해하고 그들과 소통하기 위해서 기업의 언어와 문화, 업무추진 방식을 알려고 노력해야 한다. 문화예술단체의 특징을 잠시 내려놓고 기업이 쉽게 문화예술에 다가 설 수 있도록 최선을 다해 도와야 한다.

② 모든 단체가 최고라고 말한다.

예술 단체가 기업에 제안할 때 단체와 작품의 우수성을 강조한다. 모든 단체들이 자신들과 작품이 우수하다고 말하는데 사실 기업은 해당 단체가 다른 단체에 비해 무엇이 다르고 무엇이 우수한지 모르겠다는 게 일반적이다. A단체도 연극을 제작하고 B단체도 연극을 제작하니 그냥 다른 연극을 제작할 뿐이라는 것이다. 단체는 단순히 우리단체가 최고라는 말보다는 해당 기업의 사회공헌 방향과 사업수행능력 등을 설명하여 신뢰를 주고 만족도를 높이는 게 우선이지 그냥 일반화된 단체의 우수성은 단순한 메아리에 불과하다는 것을 명심해야 한다.

③ 필요한 것을 받을 수 있다는 착각

예술 단체는 기업에게 기부 또는 협찬 제안을 할 때 많은 기대를 갖게 마련이다. 단체만의 차별화된 사업이고 지금까지 경험해보지 못하였을 것이라 상상하며 기업이 만족할만한 사업을 제안했다고 생각한다. 그렇지만 기업은 수많은 단체가 제안하는 사업에 대부분 관심이 없다. 기업은 단체가 생각하는 것보다 하고 싶은 사회공헌 사업이 구체적이고 사실적이다. 단체가 하고 싶은 사업에 대한 관심보다는 기업이 하고 싶은 사업에 함께할 단체를 찾고 있다. 냉정한 현실이지만 그 상황에서 단체가 하고자 하는 사업을 접목하는 방향을 찾고 신뢰를 얻고 지속적인 파트너십을 형성하여 나중에는 단체가 진정 원하는 기부금 제안사업을 할 수 있도록 관계를 형성해가는 방법을 찾아야 한다. 그러기에 기업과 단체가 서로가 다른 필요를 가지고 있는 것을 인정하고 최대한 합의하여 맞추어 가고 신뢰를 얻는 일로 추진한다면 나중에는 단체가 제안하는 내용을 수용할 수 있도록 만들어 갈 수 있다.

④ 달콤한 사탕 뒤에 숨은 독

많은 단체가 제안서를 작성하여 필자에게 검토를 요청할 때 가장 먼저 하는 말이 'A 공연에 1억이 필요해요.'라는 말이다. 당연히 돈이 필요하니 기업에게 후원을 받으려고 하는 것이 잘못된 것은 아니다. 그렇지만 단순히 거액의 돈을 유치하는 것에 목적을 두게 되면 다가올 위기에 큰 발목을 잡힐 수 있다. 예를 들어 어느 연극 단체가 연간 3억 원의 매출을 하고 있는데 이번 기업기부 제안으로 2억 원을 유치했다고 가정하자, 그럼 해당 단체는 큰 성과를 낸 것이고 더욱 도약할 기회를 얻은 것이다. 그래서 3억 원 규모의 운영에서 5억 원 규모로 단체를 운영하기 위해 조금 더 큰 사무실로 이전하고 직원도 신규로 채용하고 책상과 컴퓨터 등 사무용품도 구매하게 되었다. 그런데 내년에 기업의 사정상 2억 원을 기부하지 못하게 되었다. 그럼 신규로 채용한 인력의 인건비는? 큰 사무실로 옮겨 올라버린 임대료는 어떻게 할 것인가? 단체는 2억 원이라는 기부금을 유치한 것이 중단됨으로써 더 큰 위기를 만들 수 있다. 단체가 단지 지금 현실에 보이는 2억 원이라는 기업 기부 유치보다 더욱 중요하게 생각해야 되는 것은 지속가능한 단체의 운영이다. 2억 원의 기업 기부금을 유치할 때 미리 1년간 시드머니로 신규 연극을 제작하고 내년부터는 자립하여 연극을 운영한다는 계획을 세우거나 매년 2억 원의 기업 기부를 유치하기 위한 시스템을 구축하여 미리 이러한 문제점을 예방해야 하는 것이다. 눈앞에 보이는 달콤함으로 숨은 독을 잊어서는 안 된다.

⑤ 관심을 넘는 참견

기업으로부터 기부금을 유치하면 단체는 해당 사업을 계획대로 진행하려고 바쁘게 시간을 보낸다. 그렇지만 기업은 상황에 따라 사업을 변경하고 각종 홍보자료(사진, 영상, 언론홍보, 마케팅 도구 등)를 요구하고 어떨 때 단체가 바쁜 와중에 무리한 요구를 하여 곤란하게 만들 수 있다. 단체는 기업의 협력업체가 되어 버린 것이 아닌가 하는 생각이 들 때도 있고 곤란한 요구에 어떻게 협의를 해야 될지 난감한 상황에 처할 수도 있다. 단순히 기부금을 지원하는 것으로 그치는 게 아니라 관심을 넘은 참견으로 기업 기부금 사업을 지속하지 못하는 경우도 생긴다. 어쩌면 기업과 단체가 협력하는 기부금 사업이 익숙하지 않아 생기는 오해일 수도 있고, 대부분의 기업이 합리적인 협력 관계를 유지하지만 무리한 요구를 하는 기업이 있을 수 있기 때문이다. 기업과 단체의 소통은 매년 지속적인 파트너십과 높은 만족도를 위한 것이기도 하지만 이러한 문제 발생을 줄이고 무리하고 곤란한 상황을 만들지 않기 위해서도 사업 시작과 수행 중간에 지속적으로 할 필요가 있다. 사업 현장에 초대도 하고 기업 임원과 단체장 간의 협약식, 차담회나 행사 등에 초대를 하여 리더 간의 소통을 확대하면 무리한 요구로 생기는 문제를 줄일 수 있다.

⑥ top-down 방식, 이제 그만하면 안될까?

기업의 경우 매년 10월 전후에 내년도 사회공헌 사업의 규모와 세부사업, 예산을 확정한다. 그래서 차기년도는 사실상 새로운 사업을 결정하고 논의하는 게 아니라 계획된 사회공헌사업을 수행하기 바쁘다. 그런데 단체들은 자신들의 사업이 6개월, 어떤 경우엔 1개월도 채 남지 않은 상황에서 기부금 사업 제안을 하려고 한다. 그것은 기업의 사업 진행 구조를 전혀 이해하지 못하고 단체의 입장에서만 생각하는 것이다. 단체의 입장에서는 1년 전에 기부금 제안사업을 확정하고 제안하기는 생각보다 힘들지 모른다. 그렇다고 단체를 이해하고 기업이 맞추어 줄 수도 없는 게 현실이니 미리 준비하여 적어도 사업 수행 6개월 정도 이상이 남은 시점에 사업제안을 하거나, 가능하면 내년도 사업을 올해 제안하는 것이 적절하다. 이런 와중에도 기업의 임원과 단체의 장은 지역사회에 다양한 네트워크 프로그램을 통해서 만나게 되고 문화예술 사업을 이야기 나누다가 종종 사회공헌 사업을 성사시키기도 한다. 그럴 경우 기업의 임원은 회사에 나와 사회공헌 담당자에게 'A문화예술단체가 이번에 공연한다는데 5천만 원 지원해줘'라고 지시를 하면 기업사회공헌부서나 담당자는 올해 진행하는 사업과 예산이 확정된 가운데 5천만 원을 빼서 지원하기는 참 난감해진다. 그 와중에 예술단체는 경영진 간에 기부금 제안이 된 건이니, 기업 사회공헌 담당자에게 제안서도 제대로 제출하지 않고 소통과 피드백도 미흡한 채 기부금을 지원받아 사업을 수행한다. 기업 사회공헌 부서와 담당자의 입장에서는 기존의 사업을 변경해야 될 리스크와 이렇게 top-down으로 지원을 했을 경우 사업 만족도 관리에 어려움을 토로한다. 그렇게 되면 결국 문화예술 사회공헌사업은 실무자가 준비할 필요도 없고 top-down으로 지시가 내려오면 그냥 지원하는 분야이고 해당 기업 임원이 다른 부서로 변경이 되면 다시는 해당 단체에 기부금을 지원하지 않으려고 한다. 이것은 단순히 한 단체가 기업 기부금을 받느냐의 문제를 넘어서 '문화예술 사회공헌사업은 모두 top-down이고 사업수행과 만족도도 낮다.'라는 이미지가 생겨 전반적인 문화예술 분야가 기업 기부금 유치에 어려움을 겪게 된다. 필자는 top-down 방식의 기업 기부제안이 잘못되었다는 것을 강조하기 위함이 아니다. 지금도 그렇고 앞으로도 top-down 방식은 사라지지 않을 것이지만, 기업 기부금이 쉬운 돈이 아니라 의미 있는 돈으로 가치 있게 쓰고 제대로 된 소통과 피드백, 높은 만족도를 제공하려는 노력을 하여 비록 첫해는 top-down으로 기업 기부금을 받았지만 다음해부터는 사회공헌 부서와 담당자로 하여금 지속가능한 기업 기부제안이 될 수 있도록 만들어야 한다. 이후부터는 단체의 노력으로 기업들의 사회공헌 부서와 사업이 실무적으로 논의하여 bottom-up 방식으로 진행하는 선순환 구조를 만들어야 한다.

⑦ 나는 월급쟁이다.

기업의 사회공헌 부서 담당자의 입장에서 이야기를 해보자. 담당자는 기업에서 수년 전 입사를 해서 대리 승진을 앞두고 있는 월급쟁이다. 최근에 결혼을 하였고 아내가 임신을 해서 앞으로 육아와 살림을 위해 생활비가 더 필요하다. 그 와중에 사회공헌부서에서 단체들에게 기부금을 지원하여 사업 진행을 하고 있는데, 기업과 단체들 간의 이해관계와 소통이 어려워 매번 단체들이 애를 먹이고 힘들게 하여 잦은 야근과 스트레스로 힘들다. 위와 같은 담당자의 상황을 단체는 역지사지로 생각해 보아야 한다. 기업의 사회공헌사업 담당자는 어떤 문화예술 사회공헌 사업을 하고 싶을까? 획기적이고 차별화된 멋진 사업보다는 사업수행능력이 뛰어나고 중간중간 소통도 잘되고 피드백도 좋고 홍보를 통해 어느 단체보다 기업을 돋보이게 만들어 사회공헌 담당자가 회사 직속상관과 임원, 회사 전체 직원들에게 좋은 평가를 받는 사업을 하고 싶을 것이다. 그리고 사회공헌 사업을 앞으로도 잘 수행해서 누구보다 먼저 승진도 하고 인정을 받아 수년 뒤 부서장이 된다면 이것보다 좋은 결과가 없을 것이다. 그렇다면 이제 단체가 사회공헌사업에 해야 될 역할이 무엇인지 알 것이다. 기부금을 지원하는 기업과 해당 부서, 담당자가 사회공헌 사업으로 좋은 열매를 맺을 수 있도록 노력한다면 그것보다 좋은 기업의 만족은 없을 것이다.

⑧ 난 누구와 이야기를 해야 해?

단체에서는 보통 기부금 사업을 담당하는 담당자가 존재하지 않는다. 만약 있다면 다른 일을 하면서 겸직으로 기부금이 들어오면 접수하고 행정적 처리를 하는 기능만 존재할 뿐일 것이다. 적극적인 단체의 경우는 기획이나 홍보 담당자가 겸직으로 해당 기부금 사업을 진행한다. 기업은 기부금 사업을 기획하고 준비한 단체 담당자와 친분을 쌓고 사업을 수행하려고 하는데 담당자가 퇴사하고 새로운 담당자가 배치되어서 사업 이해도 부족하고 수행 능력도 신뢰받지 못해 어려움을 많이 겪고 있다. 이제는 기업에서 습관처럼 '이번에 또 담당자가 바뀌었네요?' 라는 말을 줄곧 한다. 기부금 사업은 단순히 돈을 유치하기 위해 하는 업무가 아니라 사람을 관리하고 인프라를 넓히고 네트워킹을 지속하는 신뢰와 관계를 가장 우선하는 업무이기에 해당 업무의 전문성과 함께 다년간 지속적으로 업무를 수행해야한다. 가능하면 기부금 사업은 전담업무로 지정하고 전문가로 육성된 인력을 채용하고 지속적으로 해당 업무만 담당하게 하는 것이 가장 바람직한 일이다. 그럼에도 불구하고 담당자가 변경해야 될 상황이 생겼을 때 기업의 사회공헌 담당자와 대면을 통해서 담당자 변경 인사를 나누고 사업이 지속할 수 있도록 하고 인수인계 기간을 좀 더 넉넉하게 잡아 행정적인 일보다는 사람과 네트워크 인수인계를 구체적으로 해야 한다.

⑨ 돈 받으면 끝? 장부는 맞추면 돼!

기업으로부터 기부금을 받고 사업을 수행하면서 가장 신뢰를 잃는 행동이 사업제안을 할 때 정한 목적과 다르게 기부금을 사용할 때이다. 예를 들어서 공연을 10회 하기로 했는데 아무런 상의와 소통없이 단체 임의대로 5회를 하고 피드백을 주지 않는 경우이다. 그리고 사업을 수행하고 남은 잔액에 대해 거리낌 없이 단체가 임의대로 사용하는 경우도 있다. 그 외에도 다양한 문제가 현장에서 지금도 일어나는데 이건 「기부금품의 모집 및 사용에 관한 법률」을 위반한 것이며 윤리적으로나 투명성에 심각한 문제를 일으킨다. 단체의 입장에서는 사업 제안 때 했던 내용과 달라지면 기업에서 무리한 요구나 환수를 요청할 수 있다는 위기감에 그렇게 행동할지는 모르지만, 기업의 경우 많은 사회공헌 사업을 수행해 왔기 때문에 이러한 문제가 발생하지 않으면 좋지만, 발생하는 변수에 대한 조율을 한다는 걸 당연히 생각하고 있다. 그렇기에 기부금 제안 목적과 다르게 사용하게 된다면 단체는 주저하지 말고 빠른 시간 내에 기업에게 알리고 어떻게 조율을 할지 논의해야한다.

⑩ 오늘만 웃어주면 되는 거야!

기업은 우리 단체만 아니라 매일 수많은 단체의 제안을 요청 받고 검토를 하고 있다. 기업에 찾아오기도 하고 전화나 메일로도 제안 내용을 검토해달라는 요청을 받는다. 당연히 기업 입장에서는 이러한 잦은 제안에 부담도 되고 스트레스도 받게 되지만 기업의 사회공헌활동이라는 착한 행위 앞에 인상을 찌푸리거나 험한 말로 단체를 곤란하게 하지 않으려고 애쓴다. 그러기에 사업제안을 하는 단계에서 기업을 만나면 친절한 말과 선한 인상으로 제안서를 검토하고 긍정의 입장에서 소통을 하여 단체들은 사업제안이 바로 성사가 될 것이라는 착각을 하게 되고 나중에는 기업이 기부금을 줄 것처럼 하면서 주지 않는다며 화를 내기도 한다. 기업의 경우 찾아온 손님에게 기업에 해가 되는 행동을 하지 않기에 단체는 이러한 사업제안이 기업과 인연이 앞으로의 관계를 형성해 가는 인사의 자리로 여기며 앞으로의 긍정적 가능성을 만들어 가는 시작점으로 생각해야 한다.

제6절
협찬과 관련한 세무

협찬과 관련한 세무를 이해하기 위해서는 우선 협찬에 대하여 용어를 정의를 다시 살펴볼 필요가 있다. 협찬의 사전적 정의는 어떤 개인이나 단체의 일에 재정적으로 도움을 주는 것을 말한다. 사전적으로만 보면 협찬은 기부행위로 볼 수 있는데, 광고 선전을 목적으로 협찬을 하는 경우도 많기 때문에 세법은 기부와 광고 선전을 구분하고 있다.

기부에 해당하는 경우에는 금전 또는 물품을 받은 단체에서 기부금영수증을 기부자에게 발급하고, 광고 선전이 목적인 경우(재단이 광고 용역을 제공)에는 받은 단체에서 세금계산서 또는 계산서를 발행하면 된다.

그렇다면 지출한 기업에서는 세금과 관련하여 기부금과 광고비 중 어느 것이 유리할까? 당연히 광고비가 유리하다. 법인세법(소득세법) 상 광고비는 법인세(소득세) 계산에서 손금(필요경비)으로 인정받지만 기부금의 경우는 법정기부금에 해당하는지, 지정기부금에 해당하는지, 비지정기부금에 해당하는지에 따라 전액 또는 일부가 손금(필요경비)으로 인정받지 못할 수도 있기 때문이다. 또한 세금계산서를 수취하는 경우 부가가치세법상 매입세액을 공제받을 수 있다. 이런 이유로 광고협찬금을 지출한 기업에서는 세금계산서 발행을 요구하게 된다. 일부 기업에서는 세금계산서 또는 계산서 대신 기부금영수증을 요구하는 경우가 있지만 이 경우에는 세무적인 측면보다는 다른 이유가 있는 것이다. 기업의 예산 항목이 기부금일 수도 있고 지출하는 부서(예를 들어 사회공헌팀)의 성격상 기부로 처리하여야 하는 경우도 있으며, 기업 재무제표에서 기부금이 많게 보이고 싶은 경우도 있다.

금전 등을 받는 단체의 세무적인 측면으로 보면, 비영리법인이나 비영리단체라면 가급적 기부금으로 유도하는 것이 좋고 아니라면 어떤 방식도 세무적인 측면에서 크게 다르지 않다. 협찬사의 요구로 세금계산서(또는 계산서)를 발행해야 할 때 고유번호증을 갖고 있는 단체라면 우선 세무서에 가서 수익사업에 대한 사업자등록을 신청하여 사업자등록증을 교부받아야 한다. 이때 본래의 행사(프로그램)가 영리를 목적으로 하지 않는 순수문화예술행사에 포함된다면 면세사업자등록을 하고 협찬에 대하여는 계산서를 발행한다. 계산서만 발행하였다면 부가가치세 신고는 하지 않게 되며, 매입세금계산서 및 매입계산서에 대하여만 신고하면 된다. 영리를 목적으로 하지 않는 순수문화예술행사에 해당되지 않아 과세사업자로 등록을 하게 되면 부가가치세가 포함된 세금계산서를 발행하여야 하며, 발행한 세금계산서에 따라 부가세를 신고 · 납부하여야 한다.

그리고 수익사업에 대해서는 부가가치세 이외에 법인세를 신고하고 납부하여야 할 의무가 생긴다. 법인세는 법인의 수익금액에서 해당 경비를 공제한 차액인 소득금액에 대하여 납부하는 것이므로, 발행한 세금계산서 금액에 대하여 법인세율을 곱하여 산정하는 것은 아니다.

협찬과 관련한 자세한 예규를 찾아보면 다음과 같다.

부가, 부가46015-80, 2000.01.17

[제 목]
비영리단체의 광고 협찬금 및 일시적 임대용역의 면세 여부
[요 지]
허가를 받아 설립된 (사)춘향문화〇〇〇가 고유목적사업의 일환으로 춘향제 행사를 개최하면서 광고협찬금과 부지임대료는 면세됨
[회 신]
민법 제32조의 규정에 의하여 구 문화공보부장관의 허가를 받아 설립된 (사)춘향문화〇〇〇가 고유목적사업의 일환으로 춘향제 행사를 개최하면서
이에 필요한 광고선전탑 설치를 위하여 사업자로부터 받은 광고협찬금과 서커스공연을 위한 부지임대료는
부가가치세법시행령 제37조 제1호에서 규정하는 공익을 목적으로 하는 단체가 그 고유의 사업목적을 위하여 일시적으로 공급하거나 실비 또는 무상으로 공급하는 재화 또는 용역에 해당되므로 부가가치세가 면세된다.

부가 22601-166, 1992.02.11

【질의】 한국과학문화재단이 고유목적사업인 대한민국과학축전을 수행하면서 관련사업 예산으로 사업자로부터 받은 광고협찬금의 과세여부에 대하여 다음과 같이 양설이 있어 질의함.
〈갑설〉 한국과학문화재단은 부가가치세법시행령 제37조에 의하여 고유의 사업목적을 위하여 일시적으로 공급하거나 실비 또는 무상으로 공급하는 재화 및 용역에 해당되어 면세되어야 함.
〈을설〉 한국과학문화재단이 목적사업을 수행하면서 사업자로부터 받은 협찬금, 임대료, 기타 비용 및 관람객의 입장료는 수익사업으로 보아 과세되어야 함.
【회신】 과학기술혁신을 위한 특별법에 의하여 설립되어 주무관청으로부터 허가를 받은 한국과학문화재단이 그 고유의 사업목적을 위하여 과학의 날 기념행사에 대한민국과학축전을 개최하면서 당해 축전의 사전 계획에 의한 개최비용에 소요되는 정도의 광고협찬금을 받는 경우와 축전기간 동안 일시적으로 실비 또는 무상으로 재화 또는 용역을 공급하는 경우에는 부가가치세법 제12조 제1항 제16호 및 동법시행령 제37조 제1호의 규정에 의하여 부가가치세가 면제되는 것임.

[문서번호] 법규부가2012-279 (2012.10.12.) [세목] 부가
[제목]
비영리단체가 판매목적이 아닌 출판물에 광고를 게재해 주고 대가를 받는 경우 부가가치세 과세여부
[요지]
비영리단체가 판매목적이 아닌 출판물에 광고를 게재해 주고 대가를 받는 경우 해당 광고용역에 대해서는 부가가치세가 면제됨
[답변내용]
귀 세법해석 사전답변 신청의 사실관계와 같이 영리 아닌 사업을 목적으로 하는 세계한인의사회 창립총회조직위가 "세계한인의사회 창립총회" 개최 시 총회 참석자에게 무료로 배부할 목적으로 국내·외 한인의사들의 총회 개최 축하메시지가 담긴 출판물(팸플릿)을 제작하면서 의료기관 또는 유관단체의 협찬광고를 출판물에 일부 게재하고 그 대가를 받는 경우 해당 광고용역에 대해서는 『부가가치세법 시행령』 제46조의 2와 같은 법 시행규칙 제13조의 2에 따라 부가가치세가 면제되는 것입니다.
[관련법령]
○ 부가가치세법 제12조

| [문서번호] 법규법인2012-454 (2012.11.30.) | [세목] 법인 |

[제 목]
비영리법인이 주최한 국제학술행사의 협찬금과 참가비의 수익사업 해당여부

[요 지]
비영리법인이 국제학술행사를 개최하면서 유관기관으로부터 받은 협찬금(광고용역의 대가)과 행사참가자로부터 받은 참가비는 수익사업에 해당함

[답변내용]
 사단법인 ○○○가 국제학술행사를 개최하면서 유관기관으로부터 받은 협찬금(광고용역의 대가)과 행사참가자로부터 받은 참가비는『법인세법』제3조제3항 및 같은 법 시행령 제2조제1항에 따른 수익사업에 해당하는 것임

[관련법령]
법인세법 제3조【과세소득의 범위】
법인세법 시행령 제2조【수익사업의 범위】

[참고문헌]

- 김민주 외, 컬덕시대의 문화마케팅, 서울문화재단, 2005
- 김선화, 새로운 문화경영기법·사례분석 및 중소기업 도입방안 연구,
- 남정숙 외, 문화기업의 비밀, 한국메세나협의회, 2008
- 남정숙 외, 문화기업의 비밀, 한국메세나협의회, 2008
- 이중한, 기업의 문화예술 지원과 방법, 신구미디어, 1994
- 이충관, 경남메세나협회지, 경남메세나협의회, 2014
- 중소기업중앙회, 문화경영 우수 성공사례집Ⅱ「중기, 문화로 디자인하다」, 2009
- 중소기업중앙회, 문화경영 우수 성공사례집Ⅲ「중기, 문화로 디자인하다」, 2010
- 중소기업연구원, 2009
- 한국메세나협회, 2009년도 연차보고서, 2009
- 한국메세나협회, 메세나법 도입의 타당성 연구, 2012
- 한국메세나협회, 2019년도 연차보고서, 2019
- 한국메세나협회, 2020년도 연차보고서, 2020
- 한국정책문화원 기업메세나 활동 방안, 1995
- 환경부, 유엔 지속가능발전목표

문화예술단체 재원조성 Art & Culture Organization Fundraising

초판 1쇄 발행	2015년 12월 23일
초판 2쇄 개정판	2023년 2월 28일

지은이	김성규
펴낸이	황용구

펴낸곳	(주)이음스토리
신고번호	제2015-000011호
신고일자	2011년 8월 25일
주소	서울특별시 강동구 천호대로 1121, 1405호
전화	02-964-0561
팩스	0505-905-0561
홈페이지	www.eumstory.net
전자우편	eum@eumstory.net

디자인	윤지예
인쇄	새한문화사

Font
내지: Noto Serif CJK KR, Noto Sans CJK KR, 경기청년바탕, 에스코어 드림, 평창 평화체,
　　　Apple SD 산돌고딕 Neo, Helvetica Neue, Baskerville
표지: Noto Sans CJK KR, Noto Serif KR, 에스코어 드림, 평창 평화체

ISBN 978-89-98555-22-1

ⓒ 김성규, 2023